헌법과 인권

이철호 著

21세기사

　민주주의는 다름과 차이의 인정에서 출발한다. 민주주의는 우리 음식문화의 한가지인 '비빔밥'이라고 생각한다. 비빔밥은 온갖 나물과 고기 따위를 섞고 갖은 양념을 넣어 비벼 먹는 밥이다. 비빔밥은 밥만으로 또는 한 가지 야채로 제 맛을 낼 수 없다. 비빔밥은 주재료인 밥과 콩나물, 고사리나물, 시금치나물, 오이채, 당근채 등 다양한 야채들과 고추장, 참기름, 계란 등 다양한 재료가 버무려짐으로서 제대로 맛을 낸다. 민주주의 사회는 모름지기 비빔밥처럼 생각과 의견이 다양한 사람들이 어울려 살아가는 사회이다. 나와 다른 생각이나 이견(異見)을 가진 사람을 적대시 하는 사회가 아니다. 나와 다른 취향을 가진 사람, 나와 다른 생활양식을 가진 사람이라고 배척하는 사회가 아니다. 우리 구성원들이 말로는 관용과 포용의 사회라 한다. 그러나 현실은 아직도 흑백사회(黑白社會)를 배회하고 있다. 여전히 동지 아니면 적이라는 이분법적 사고가 지배하는 사회이다. 나와 다른 의견을 가지고 있으면 빨갱이요, 요즘은 종북(從北)세력이라고 몰아친다. 이래서는 우리 사회가 발전할 수 없고, 통합될 수 없다. 나와 다른 생각이나 다른 생활양식을 추구하는 사람들이 보기 싫고 인정하고 싶지 않겠지만, 인정하고 공존해야 한다. 인류는 그러한 이견(異見)을 가진 사람들에 의해 변화되어 왔고 발전해왔다. 종교도 마찬가지다. 내가 믿는 종교가 중요한 만큼 다른 사람의 종교도 중요하다는 점을 잊어서는 안된다. 내 종교가 존중받기 위해서는 우선 다른 이의 종교를 존중해야 한다. 다른 사람의 종교는 부정하면서 내 종교만 인정하라고 하는 것은 폭력이나 다름없다.

　세상사 가벼운 일, 가벼운 주제가 있을까 만은 '헌법'과 '인권'이라는 주제는 지구의 무게만큼이나 무거운 주제다. 필자가 감당하기에 버거운 주제들을 그 동안 연구해 왔다.
　우리 현대사의 질곡과 비극은 일제강점기의 어두운 부분을 제대로 청산하지 못하고, 책임을 묻지 못한 것에 기인한다는 것이 평소 생각이다. 평소 역사에 토대를 두고 학문을 하다 보니 자연스레 과거청산 문제에 집중하게 되었다. 또한 권력과 권력자에 대한 감시와 비판적 입장을 견지해 왔다.

중국의 문필가이자 사상가인 노신(魯迅)은 "먹으로 쓴 거짓말은 결코 피로 쓴 진실을 감출 수 없다"고 했다. 권위주의 정권의 패거리들과 그 추종세력들이 먹으로 쓴 거짓말을 방치하는 것도 지식인의 죄악이라는 문제의식 속에서 권위주의 군사독재정권 아래서 저질러진 국가폭력 등의 법리문제를 학문적으로 논구하고자 노력했다. 다시는 그러한 불행한 역사가 되풀이되는 것을 막기 위함이다. 여기 활자화된 내용은 시대정신(時代精神)과 학자적 소명의식(召命意識)을 실천하고자 하는 저자의 외침이고 몸부림의 소산이다. 학문이 일천하다보니 부족하고 미흡함이 한두 곳이 아니다. 선방(禪房) 수도승(修道僧)의 자세로 계속하여 정진할 것을 다짐하면서 머리말에 갈음한다.

대학에 진학하여 학문을 하고자 마음먹은 것은 대학 재학 중 은사님의 정치·사회·문화 등 경계가 없는 해박한 지식과 법사회학적 헌법강의에 매료되면서 부터이다. 은사님과의 만남이 없었다면 학문의 길에 입문하지 않았을지도 모른다. 그만큼 은사님의 학문적 감화(感化)는 컸다. 지금껏 무조건 고개 숙이고 따랐다. 그런 선생님이 지난 해 10월 작고하셨다. 부모님 별세 때와 같이 하늘이 무너지는 듯 했다. 병마로 고생하시는 동안 자주 찾아뵙지 못하고 은사님과 더 많은 시간을 보내지 못했음이 회한으로 남아 있다. 오늘이 있기까지 큰 가르침을 주시고 떠나신 은사 한상범(韓相範)선생님께 이 책을 받친다.

끝으로 항상 응원해주는 아내와 딸에게 감사의 마음을 전한다. 또한 '학문의 길'에 들어선 필자의 내자(內子)에게 격려를 아끼지 않으시는 장인어른께도 이 지면을 빌어 머리 숙여 감사드린다.

문향재(文香齋)에서
2018년 4월 이철호

목 차

1부

헌법과 인권

종교의 자유와 종교 문제

I. 서설

헌법 제20조는 「① 모든 국민은 종교의 자유를 가진다. ② 국교(國敎)는 인정되지 아니하며, 종교와 정치는 분리된다」고 규정하고 있다.

종교란 신과 피안의 세계에 대한 내적 확신을 의미한다. 종교는 물질 이전의 세계를 다룬다는 점에서 현존하는 물질세계를 전제로 하면서 과학적 기초가 결여되어 있는 미신과 구별된다.[1]

종교의 자유는 인류의 귀중한 유산으로 세계 각국의 헌법에서 채택하고 있다.[2] 근대적 의미의 종교의 자유는 유럽에 있어서 종교전쟁(宗敎戰爭)이나 교권(敎權)에 대한 장기간의 투쟁을 거쳐 획득한 근대정신생활의 대원칙으로 자유권 가운데 선구적이고 중추적인 지위를 차지하고 있다.[3]

종교의 자유는 인간의 정신적 자유를 의미하는 까닭에 자연인(自然人)만이 향유할 수 있는 고유한 권리이다. 법인(法人)에 대하여는 성질상 인정되지 않지만 종교단체(宗敎團體)에는 종교적 수단과 관련된 종교적 집회·결사·선교·예배의 자유가 인정된다고 할 수 있다.

한국사회는 어느 특정 종교가 압도적 우위를 차지하는 단일적·일원적 종교사회를 벗어난 다종교(多宗敎)사회[4]이다. 다종교 사회인 우리 사회에서 정치권력과 특정 정치인이 특정종교

---

1) 종교의 개념에 대해서는 송기춘, 우리 헌법상 종교의 개념–미국 연방대법원의 판례를 참고하여, 「헌법학연구」 제5권 제2호(1999), 242면 이하 참조.
2) 세계 각국의 종교의 자유와 종교제도에 대한 개관 책자로는 文化公報部, 『外國의 宗敎制度』, 1989를 참고.
3) 구병삭, 『신헌법원론』, 일신사(1989), 395면.
4) 다종교사회의 종교변화의 특성은 ① 종교 자체가 생존을 위한 하나의 단위집단으로서 사회적으로 철저히 이익집단화된다는 점, ② 종교의 사회적 영향력 약화는 성직자 중심에서 벗어나 평신도의 종교적 요구를 대폭 수용하며, 각 종교가 자기 개성을 살리는 방향으로 나아가게 된다는 점, ③ 세속화에 대해 저항하거나

를 앞세워 헌법이 규정하고 있는 종교의 자유를 침해하는 행위는 용납 될 수 없음에도 불구하고 실제적으로 발생하는 문제를 그냥 지나칠 수는 없다.

우리 사회가 다종교 사회임에도 불구하고 사회일각에서는 종교편향의 문제가 발생하고 있다. 종교편향의 문제는 다시 말해서 공공기관이나 학교에서의 특정종교행위는 곧바로 타종교인과 비종교인에 헌법상의 종교의 자유를 침해하는 하게 된다.

헌법상의 종교의 자유를 살펴보고, 우리 사회에서 발생하고 있는 공직자와 종교의 자유, 공휴일 국가시험 시행 문제 등의 종교문제를 검토하기로 한다.

Ⅱ. 종교의 자유의 내용

1. 신앙의 자유

신앙의 자유는 자기의 종교적 확신을 외부에 표명하는 자유 및 표명할 것을 강요당하지 않는 자유를 말한다. 신앙의 자유에는 신앙선택·신앙변경·신앙고백·신앙침묵·무신앙(無信仰)의 자유가 포함된다. 신앙의 자유는 인간의 내심의 작용이므로 어떠한 이유로도 제한할 수 없는 절대적 자유이다.

국가나 공공단체가 행정상의 필요에서 종교의 실태를 조사하는 것은 신앙침묵의 자유를 침해하는 것은 아니나, 종교의 실태를 조사함에 대하여 응답하지 않은 경우 과태료를 과하는 등 강제하는 것은 허용되지 않는다.[5]

2. 종교적 행사의 자유

종교적 행사의 자유는 예배·기도·독경·예불·의식·축제·행사·포교·선전·교육 등의 종교적 행위를 각 개인이 임의로 할 수 있는 자유와 그러한 행위를 할 것을 강제당하지 않는 자유를 말한다.

경쟁을 방지하기 위해 종교간의 연합이나 세속 이데올로기와 결합하는 현상을 가져다 준다는 점,④ 현실의 문제에 대해서는 될 수 있는 한 도덕적 중립의 입장에 서게 된다는 점이다(윤승용,『현대 한국종교문화의 이해』, 한울아카데미, 1997, 45면 참조).

5) 김기영,『헌법강의』, 박영사(2002), 639면.

3. 종교적 집회·결사의 자유

　종교적 집회의 자유란 종교적 목적으로 동신자(同信者)들이 회합(會合)하는 자유이며, 종교적 결사의 자유란 종교적 목적으로 동신자(同信者)가 종교단체를 결성하는 자유를 말한다. 아울러, 집회나 단체에 가입하거나 그로부터 자유로이 이탈할 수 있는 자유를 의미한다.

　종교적 집회·결사의 자유는 일반적 집회·결사의 자유(헌법 제21조)에 대한 특별관계이므로 더 특별한 보호(광범위한 보장)를 받는다.[6]

4. 선교와 종교교육의 자유

　종교의 자유에는 자신이 신봉하는 종교를 선전할 수 있는 자유와 신자를 규합하기 위한 선교의 자유가 포함된다. 선교의 자유에는 다른 종교를 비판하거나 다른 종교의 신자에 대하여 개종을 권고할 수 있는 자유가 포함된다.[7] 또한 종교의 자유에는 종교를 위한 교육을 실시할 수 있는 종교교육의 자유가 문제된다. 종교적 재단이 설립한 학교에 있어서의 종교교육은 인정되며, 국·공립학교에 있어서는 일반적인 종교교육은 허용되나 정교분리(政敎分離)의 원칙에 따라 특정한 종교교육은 금지된다(교육법 제5조 제2항). 우리나라의 경우 자유선택이 아닌 추첨에 의한 학교배정(중·고교)의 입시제도하에서는 신자가 국·공립학교에 배정될 경우에는 종교교육을 받을 권리가 침해될 수 있고, 비신자나 타종교신자가 특정 종교적 재단이 설립한 종립학교에 배정되는 경우 특정 종교교육을 획일적으로 실시하는 것은 신앙침묵의 자유와 소극적인 신앙실행의 자유를 침해할 수 있어 문제가 된다고 하겠다. 따라서 종교의 자유는 타종교에 대해서도 베풀어야 할 의무를 내포하고 있는 것이 사실이다.[8] 또한 부모의 교육권과

---

6)　민법은 제31조에서 "법인은 법률의 규정에 의함이 아니면 성립하지 못한다"고 규정하여 법인의 자유설립을 부정하고 있고, 제32조에서는 "학술, 종교, 자선, 기예, 사교 기타 영리 아닌 사업을 목적으로 하는 사단 또는 재단은 주무관청의 허가를 얻어 이를 법인으로 할 수 있다"고 규정하여 비영리법인의 설립에 관하여 허가주의를 채용하고 있으며, 현행법령상 비영리법인의 설립허가에 관한 구체적인 기준이 정하여져 있지 아니하므로, 비영리법인의 설립허가를 할 것인지 여부를 주무관청의 정책적 판단에 따른 재량에 맡겨져 있다. 따라서 주무관청의 법인설립 불허가처분에 사실의 기초를 결여하였다든지 또는 사회관념상 현저한 타당성을 잃었다는 등의 사유가 있지 아니하고, 주무관청이 그와 같은 결론에 이르게 된 판단과정에 일응의 합리성이 있음을 부정할 수 없는 경우에는, 다른 특별한 사정이 없는 한 그 불허가처분에 재량권을 일탈·남용한 위법이 있다고 할 수 없다(1996.9.10. 대판 95누18437 : 종교법인을 다른 기타 비영리법인과 동일 취급).

7)　권영성, 『헌법학원론』, 법문사(2002), 460면.

8)　허영, 『한국헌법론』, 박영사(2002), 391면.

자녀의 종교자유와도 문제가 생길 수 있다.[9]

5. 국교부인과 정교분리의 원칙

헌법은 "國敎는 認定되지 아니하며, 宗敎와 政治는 分離된다"(헌법 제20조 제2항)고 규정하여 국가의 종교적 중립성을 명시하고 있다.[10]

국교부인(國敎否認)의 원칙이란 국가가 특정의 종교를 국교로 지정하는 것을 금지하는 것이며(국가의 비종교성), 정교분리(政敎分離)의 원칙이란 정치(국가)와 종교의 결별은 물론 국가나 정치에 대한 종교의 중립과 국가에 의한 모든 종교의 동등한 처우를 의미한다.[11]

국교부인과 정교분리원칙의 내용에는 (1) 국교(國敎)의 부인, (2) 국가에 의한 특정종교의 우대와 차별금지, (3) 국가의 종교교육 금지, (4) 종교의 정치개입 금지를 들 수 있다.

(1) 국교(國敎)란 국가가 특정종교를 지정하여 각종 특권을 부여하거나 국가가 특별히 보호하는 종교를 말한다. 국교의 부인은 국가가 특정한 종교를 국교로 지정할 수 없으며, 특정종교를 보호하거나 특권을 부여해서는 안된다는 것이다. 즉 국교 제도가 인정되지 아니한다고 하는 것은 국가에서 특정 종교를 공인하여 그에 대한 권위와 권한 및 기타 편의를 제공하는 일을 금지한다고 하는 것이다.[12]

(2) 국가는 특정한 종교를 위하여 재정적 · 경제적 우대를 할 수 없으며,[13] 모든 종교에 대하

---

9) ① 정교분리원칙상 국 · 공립학교에서의 특정종교를 위한 종교교육은 금지되나 사립학교에서의 종교교육 및 종교지도자 육성은 선교의 자유의 일환으로서 보장되는 것이고, 교육법 제81조는 능력에 따라 균등하게 교육을 받을 권리를 규정한 위 헌법 제29조 제1항과 마찬가지로 신앙, 성별, 사회적 신분, 경제적 지위 등에 의한 불합리한 차별을 금지하는 것일 뿐이므로 교육기관이 학교설립인가를 받았다 하여 종교지도자 양성을 위한 종교교육을 할 수 없게 되는 것도 아니다(1989.9.26. 대판 87도519). ② 종교교육 및 종교지도자의 양성은 헌법 제20조에 규정된 종교의 자유의 한 내용으로서 보장되지만, 그것이 학교라는 교육기관의 형태를 취할 때에는 헌법 제31조 제1항, 제6항의 규정 및 이에 기한 교육법상의 각 규정들에 의한 규제를 받게 된다(1992.12.22. 대판 92도1742).

10) 정치와 종교의 분리는 ① 역사적으로 宗敎國家로부터 民主國家로의 이행을 보장하는 것이며, ② 정치가 종교와 분리돼지 않은 채 세속정치에 종교적 교리 내지 종교적 가치관이 영향을 미침으로써 다양한 가치관과 정치적 異見의 활성화, 타협과 토론의 민주정치의 기본기능이 침훼되는 것을 방지하는 역할을 하며, ③ 정치와 종교가 분리돼지 않는다면 국민의 종교의 자유는 보장될 수 없으므로, 정교분리는 동 조항에서 보장하는 종교의 자유의 보장을 한층 강화하는 기능을 하며, ④ 국교의 부인 내지 정치와 종교의 분리는 국가로 하여금 宗敎領域에서 중립과 평등을 지키게 함으로써 헌법 제11조의 평등권의 구체적 실현에 이바지하는 기능을 한다(김기영, 앞의 책, 645면).

11) 권영성, 앞의 책, 462면.

12) 한상범, 『주석헌법입문』, 법지사(1988), 73면.

13) 종교적 조형물의 조성 · 복원을 문화재보호의 차원에서 지원하거나 발주하는 행위는 국가나 지방자치단체의

여 동일한 재정적 지원을 하는 것도 '무종교의 자유'라는 관점에서 종교단체에 국한된 보호는 부당한 것으로 보아야 한다.

국가와 지방자치단체는 종교단체에 대해 공금을 지불하거나 공공재산(公共財産)을 이용하게 하는 등 재정적인 원조를 할 수 없다. 그러나 국가 또는 지방자치단체가 전몰자(戰歿者)나 국가유공자(國家有功者)를 위하여 기념비나 위령탑(慰靈塔)을 건립하거나 위령제(慰靈祭)를 지내는 것은 허용된다.[14]

(3) 헌법상 국교부인의 결과 국가는 특정의 종교교육 내지 종교활동을 할 수 없다. 교육기본법은 국·공립학교에서 일반적인 종교교육은 할 수 있지만, 특정종교교육은 금지하고 있다(교육기본법 제6조 제2항). 공무원에게 취임시 특정종교의 양식을 따르는 선서를 하게 하거나, 종교적 행위를 강제 할 수 없다. 또한, 특정종교의 상징물을 공공기관에 전시하는 등의 행위를 해서도 안된다.

(4) 우리 헌법이 정교분리의 원칙을 명문화 하고 있지만, 이것이 국가에 대하여만 그 의무를 부과하고 있는 것인지 아니면 종교단체에게도 정치에 관여할 수 없다는 의무를 부과하고 있는 것인지가 문제된다. 헌법이 정교분리의 원칙을 명문으로 선언하고 있는 취지상 국가의 종교에 대한 간섭은 금지되며, 종교단체의 정치관여(활동)도 금지된다고 보아야 한다. 다만, 종교적 정당의 조직과 활동을 통한 정치 참여는 가능하다.[15]

III. 종교의 자유의 제한과 한계

종교의 자유도 인간의 내심의 작용의 문제인 신앙의 자유를 제외한 종교적 행사, 종교적 집회·결사의 자유, 선교의 자유, 종교교육의 자유 등은 헌법 제37조 제2항에 따라 제한될 수 있다.[16] 그러나 종교의 자유는 그 성질에 비추어 종교적 교의(敎義)나 교리(敎理)의 당부(當否)

문화재보호의무를 수행하는 것에 해당하므로 인정된다(정종섭, 『헌법학원론』, 박영사, 2006, 430면 참조).

14) 구병삭, 앞의 책, 401면; 정종섭, 앞의 책, 430면.

15) 구병삭, 앞의 책, 401면; 김철수, 헌법학개론, 박영사(1999), 579면; 안용교, 한국헌법, 고시연구사(1992), 408면.

16) 성직자의 종교적 행위도 국가안보나 질서유지를 이유로 제한된다고 본 판례로는 "계엄하에서 정치활동을 목적으로 하는 옥내외의 집회가 금지된 시기에 종교행사인 기독교예배집회에서 인간의 기본적 자유, 권력 및 법 등에 관한 연설을 하였음은 정치활동을 목적으로 집회하였다"고 본 판례(대판 1973. 5. 22, 73도525)와 "성직자는 초법규적 존재가 아니며, 성직자의 행위가 사회상규에 반하지 아니한다 하여 그에 적법성이 부여되는 것은 그것이 성직자의 행위이기 때문이 아니라 그 직무로 인한 행위에 정당·적법성을 인정하기

에 대하여는 국가도 판단할 수 없고, 다만 행위화(行爲化)되어 사회성을 띠게 될 때 개별적 · 구체적으로 제한의 가능성과 범위를 결정하여야 한다.[17]

'공공복리(公共福利)'를 위하여 종교의 자유를 제한할 수 있는가와 관련하여, 대법원은 종교의 자유도 공공복리를 위하여서는 법률로써 제한할 수 있다고 적극적인 입장을 보이고 있다.[18] 학설도 중대한 공공복리를 위해서는 법률로 제한할 수 있다고 본다.[19]

종교의 자유를 제한하더라도 그 본질적 내용은 침해할 수 없고, 명백하고 현존하는 위험의 원리와 과잉금지의 원칙에 따라 행해져야 할 것이다.

Ⅳ. 종교문제의 헌법적 검토

1. 공직자와 종교의 자유 문제

기독교인 서울시장이 종교집회에서 서울시를 '하나님께 바치겠다'는 봉헌(奉獻)[20]발언[21]을 하여 논란이 되었고, 지방자치단체장들의 종교편향(기독교 도시화) 발언이 이어졌다.[22] 또한,

---

때문"이라고 하면서 유죄를 선고하였다(대판 1983. 3. 8, 82도3248).

17) 구병삭, 앞의 책, 402면.

18) "종교의 자유는 인간의 정신세계에 기초를 둔 것으로서 인간의 내적 자유인 신앙의 자유를 의미하는 한도 내에서는 밖으로 표현되지 아니한 양심의 자유에 있어서와 같이 제한할 수 없는 것이지만 그것이 종교적 행위로 표출되는 경우에 있어서는 대외적 행위의 자유이기 때문에 질서유지를 위하여 당연히 제한을 받아야 하며 공공복리를 위하여서는 법률로써 이를 제한할 수도 있다"(대판 1995. 4. 28, 95도250; 대판 1997. 6. 27, 97도508).

19) 김철수, 앞의 책, 575면; 구병삭, 앞의 책, 403면; 허 영, 앞의 책, 407면.

20) 봉헌(奉獻)이란 교회에서 신자들이 미사 · 성사 집행 · 전례 또는 심신 행위와 관련해 자발적으로 바치는 일종의 예물을 뜻한다.

21) 이명박 서울시장이 직접 낭독한 '서울을 하나님께 드리는 봉헌서' 전문은 다음과 같다. 〈서울을 하나님께 드리는 봉헌서〉 "흐르는 역사 속에서 서울을 지켜주신/ 하나님의 사랑과 섭리하심에/ 감사와 영광을 돌리며,/ 대한민국의 수도 서울은/ 하나님이 다스리시는 거룩한 도시이며,/ 서울의 시민들은 하나님의 백성이며,/ 서울의 교회와 기독인들은/ 수도 서울을 지키는 영적 파수꾼임을 선포하며,/ 서울의 회복과 부흥을 꿈꾸고 기도하는/ 서울 기독 청년들의 마음과 정성을 담아/ 수도 서울을 하나님께 봉헌합니다. 2004년 5월 31일/ 서울특별시장 이명박 장로 외 서울의 부흥을 꿈꾸며 기도하는 서울 기독청년 일동"(http://www.ohmynews.com/articleview/article_view.asp?menu=c10100&no=174695&rel_no=1&index=2).

22) 이명박 서울시장의 "서울시 봉헌" 발언을 시작으로 서산시장과 포항시장이 참여한 '기관장 홀리 클럽'의 성시화 사건이 연이었으며, 목포시장이 "목포시를 하나님의 도성으로"라는 발언이 터져 나왔다. 이에 앞서 지난해(2003년) 6월에는 순천시 의회에서 순천시를 기독교 성지로 조성하려는 계획을 세웠다 지역 여론에 부딪혀 수정하는 일이 벌어지기도 했다(법보신문, 2004년 12월 13일 참조).

구청장들이 취임식에서 성경에 손을 얹고 취임선서를 해서 반발을 산 경우도 있다.

종교의 자유는 사람으로서 믿음의 문제이다. 공직자(公職者)도 시민의 한사람으로서 종교적 활동은 자유이다. 공직자가 사적(私的)인 종교모임에서 개인자격으로 종교적 발언을 하거나 종교적 행위를 하는 것은 '종교의 행사의 자유'에 해당 되어 헌법적 문제가 제기되지 않는다. 그러나 개인적인 종교 모임에 참석하더라도 그 모임에 지방자치단체의 장(시장)으로 참가하여 축사를 하는 것은 넓게 해석하면 공무집행의 범위에 속한다. 더욱이 봉헌서에 특정지방자치단체장의 직함과 휘장까지 새겨서 바치는 행위는 개인자격으로 한 종교활동이라고 볼 수 없다.23) 공직자들이 공직의 직함을 사적인 종교활동에 이용하는 것과 공직자의 종교 편향적 행위는 헌법이 규정하고 있는 정교분리의 원칙에 위배되는 행위이다. 또한 공직자들의 특정 종교에 대한 편향적 행동은 타종교인과 무종교인의 '신앙의 자유'라는 인권(人權)을 침해하는 것이다. 공직자가 취임식에서 특정종교를 찬양하는 발언을 하는 것도 종교편향성을 드러내는 것으로 공직자의 올바른 처신은 아니다.24)

정치(인)의 종교 이용은 민주정치를 위기로 빠뜨리는 것이며, 종교의 정치 이용은 종교의 추락을 초래한다. 이러한 현상은 많은 사람들의 종교의 자유를 유린한다.25)

국가에 의한 종교적 활동의 금지라는 관점에서 보면, 국가나 지방자치단체가 행하는 모든 행사는 특정종교의 의식에 따를 수 없다. 예를 들면, 대통령취임의식이나 지방자치단체장의 취임식을 특정종교의 의식으로 치르는 등의 종교적 활동을 할 수 없다. 구청장들이 취임식에서 성경에 손을 얹고 취임선서를 행한 것은 공식적인 행사에서 특정종교 의식에 따른 행위로서 지역주민의 종교의 자유를 침해한 것이다.

공직자의 특정 종교에 대한 편향은 다종교 사회에서 사회갈등·분열의 조장과 사회 통합을 저해하는 원인이 될 수도 있다. 공직자의 특정 종교에 대한 편향적 행위를 예방하기 위해서는 직무수행시 종교행위 중립 의무 규정을 구체적으로 명문화하고, 이에 대한 위반시 처벌을 명

---

23) 한국기독교교회협의회(KNCC)는 이명박시장의 "서울을 하나님께 드리는 봉헌서"에 대하여, 〈이명박 서울시장의 "서울을 하나님께 드리는 봉헌" 발언에 대해 우리는 공직자로서 적절치 못한 발언임을 지적합니다. 다양한 종교가 공존하고 있는 우리사회에서 공직자가 특정 종교의 확장에 편승하는 듯한 일은 사려 깊지 못한 처사임을 지적하며, 1천만 서울시민의 대표로서 공정한 처신을 요청합니다. …이하 생략…〉라는 성명서를 발표하기도 했다.

24) 권오승 공정거래위원장은 취임식에서 취임사 낭독 중 개인 소회를 밝히면서 '하나님 도움으로 취임사를 하게 됐다', '모든 일에 있어 자신의 양심과 하나님에 비추어 손색이 없다면 밀어 붙이겠다', '사람들은 서로 오해를 할 수 있지만 하나님의 신앙으로 꿋꿋이 나아갈 수 있을 것이다' 등 특정종교에 편향된 발언을 한 것으로 알려졌다(불교신문, 2006년 5월 19일 참조).

25) 平野武 外, 『憲法と人權保障』, 晃洋書房(1998), 69면.

시할 필요가 있다.[26]

2. 공휴일(일요일) 국가시험 시행 문제

1997년 7급 공채시험일을 특정종교계(기독교계)의 요구를 수용해 평일에 시행하기로 결정하여 논란이 된 적이 있다.[27] 이 문제는 일요일이 특정종교를 신앙하는 사람에게는 매우 중요한 날이고, 한편으로는 특정종교를 종교로 믿지 않는 응시생의 '취업기회 균등보장' 특히, 직장인의 취업기회 균등보장을 침해하는 여지가 있다.[28]

2006년 7급 공채 필기시험일은 8월 11일(금)에 실시되며 평일에 치러 진다. 9급 공채 필기시험은 4월 8일 토요일에 실시되었다.

사법시험 1차 시험일을 일요일로 정하여 종교의 자유를 침해한다고 제기된 헌법소원심판사건[29]에서 헌법재판소는 "종교적 행위의 자유는 신앙의 자유와는 달리 절대적 자유가 아니라 질서유지, 공공복리 등을 위하여 제한할 수 있는 것으로서 사법시험 제1차시험과 같은 대규모 응시생들이 응시하는 시험의 경우 그 시험장소는 중·고등학교 건물을 임차하는 것 이외에 특별한 방법이 없고 또한 시험관리를 위한 2,000여 명의 공무원이 동원되어야 하며 일요일 아닌 평일에 시험이 있을 경우 직장인 또는 학생 신분인 사람들은 결근, 결석을 하여야 하고 그 밖에 시험당일의 원활한 시험관리에도 상당한 지장이 있는 사정이 있는 바, 이러한 사정을 참작한다면 피청구인이 사법시험 제1차 시험 시행일을 일요일로 정하여 공고한 것은 국가공무원법 제35조에 의하여 다수 국민의 편의를 위한 것이므로 이로 인하여 청구인의 종교의 자유가 어느 정도 제한된다 하더라도 이는 공공복리를 위한 부득이한 제한으로 보아야 할 것이고 그 정도를 보더라도 비례의 원칙에 벗어난 것으로 볼 수 없고 청구인의 종교의 자유의 본질적 내용을 침해한 것으로 볼 수도 없다."고 판시하였다. "또한 기독교 문화를 사회적 배경으로 하

---

26) 대한불교 조계종 종교평화위원회는 고위 공직자들의 종교편향 행위를 예방하기 위해 '공직자 윤리법' 개정을 추진하고 있다.

27) 1995년 4월 교육부는 당초 4월 16일 실시하기로 했던 고입·대입 검정고시 시험일자를 불과 2주일여 남겨두고 '시험일자가 부활절과 겹친다'는 이유로 시험일자 변경을 요구하는 개신교계의 요청을 받아들여 5월 5일 어린이 날로 연기해 물의를 빚은 바 있다.

28) 1994년 경남 창녕제일교회 정모목사가 국민고충처리위원회에 1994년 12월 18일 실시되는 중등교사임용시험이 일요일에 실시됨으로 주일성수(主日聖守)를 지키고 있는 자신의 자녀가 시험을 치를 수 없게 됐으므로 시험일자를 평일로 바꿔달라는 민원에 대해 국민고충처리위원회는 "공휴일을 휴일로서 종교적인 성일로서 지키고자 하는 사람들의 응시할 기회를 박탈한다는 점에서 평일로 변경하는 것이 타당하다"고 의결한 적이 있다.

29) 헌재 2001. 9. 27. 2000헌마159 결정.

고 있는 구미 제국과 달리 우리나라에서는 일요일은 특별한 종교의 종교의식일이 아니라 일 반적인 공휴일로 보아야 할 것이고 앞서 본 여러 사정을 참작한다면 사법시험 제1차 시험 시 행일을 일요일로 정한 피청구인의 이 사건 공고가 청구인이 신봉하는 종교를 다른 종교에 비 하여 불합리하게 차별대우하는 것으로 볼 수도 없다."고 하였다.

국가공무원시험은 일요일이나 공휴일에 실시되어 온 것이 관례이다. 또한, 일요일은 특정 종교의 의식일이 아니라 관공서의 공휴일에 관한 규정과 근로기준법에 따른 일반적인 공휴일 로 보아야 한다.

국가공무원법은 "공개경쟁에 의한 채용시험은 동일한 자격을 가진 모든 국민에게 평등하게 공개하여야 하며 시험의 시기 및 장소는 응시자의 편의를 고려하여 결정한다"(동법 제35조)고 규정하고 있다. 사법시험을 비롯한 각종 국가고시와 공채시험 일정은 특정종교가 아닌 모든 국민이 본인의 학업·생계활동 등 일상생활에 지장 없이 응시가 가능하도록 결정되어야 한 다. 또한, 국가공무원을 선발하는 각종시험일의 결정과 같은 국가시책(國家施策)은 정교분리 의 원칙을 무시하거나 특정 종교에 편향되어서는 안된다고 본다.

3. 학교의 종교교육 문제

종교의 자유의 내용으로서 종교적 행사의 자유에는 '종교교육의 자유'가 포함된다. 종교교육 의 자유는 가정이나 학교 등에서 종교의 교리에 관한 교육을 실시하는 것을 의미한다. 특정 종교단체에서 설립한 학교나 육영기관에서 종교교육을 실시하는 것은 원칙적으로 자유이다.

종교교육의 자유와 관련하여, ① 고등학교의 입학은 대도시의 경우 연합고사를 치른 후 이 에 합격한 학생에 대하여 시교육위원회가 강제로 학교를 배정하고 있다. 강제 배정된 학교가 특정 종교단체가 설립한 학교인 경우 특정 종교교육과 종교이념을 일방적으로 수용해야 하는 문제가 발생한다. ② 대학의 입학은 학생의 학교선택권이 자유롭다고 할 수 있다. 그러나 학 생의 학교선택권이 보장되어 있다고 하지만 현실적으로 학생의 입장에서 과연 종교문제까지 고려하여 학교선택을 할 수 있을 정도의 선택의 폭이 보장되어 있는지 의문이다.30) 서양선교 사들에 의해 세워진 미션스쿨(mission school)에서 실시하고 있는 '채플수업'에 대한 논란이 대학의 종교교육 문제를 다시 생각하게 한다.

(1) 자유선택이 아닌 추첨에 의해서 학교가 강제로 배정되는 입시제도하에서는 아무리 종교 이념에 입각해서 설립된 사립학교라 하더라도 획일적인 종교교육을 실시하는 것은 소극

---

30) 성낙인, 『한국헌법연습』, 고시계(1997), 323면.

적인 신앙고백의 자유(신앙침묵의 자유)와 소극적인 신앙실행의 자유를 침해할 가능성이 크기 때문에 문제가 있다고 생각한다.[31] 학생들에게 학교선택의 자유가 보장되지 않은 채 추첨이라는 방법으로 학교를 배정하는 상황에서 기독교계가 설립한 사립학교에 입학하는 상당수 학생이 비기독교 신앙을 가지고 있는 실정이며 모든 국민에게 종교의 자유를 인정한 헌법정신에 비춰 학생들이 성경을 배우지 않을 자유를 가지는 것은 당연하다. 특정 종교재단이 설립한 사립학교라 할지라도 학생들에게 종교의 자유는 인정되어야 한다. 특정 종교재단이 설립한 사립중·고등학교의 경우에도 국가 예산 지원을 받고 있음에 비추어 제3자적 효력에 관한 국가원조설(國家援助說)을 원용하여, 일선 고등학교의 성경 등 종교학습이나 종교모임 등의 활동은 제한되어야 한다. 정책적으로는 학생의 학교선택권을 보장하는 입법적 조치를 취하는 것이 가장 합리적이고 바람직한 방법이라고 본다.

일선 학교(초, 중, 고)에서 종교 일반에 관한 교육은 허용되어야 하지만, 특정 종교를 주입시키는 종교행위는 금지되어야 한다.

(2) 특정 종교재단이 설립한 대학들은 각 학교별로 채플강의(수업)를 4학기, 6학기, 8학기동안 이수토록 하고 있으며, 대부분의 대학들이 주어진 학기를 이수하지 못할 경우 졸업을 못하도록 학칙에 규정하고 있다.[32]

대법원은 "사립대학은 종교교육 내지 종교선전을 위하여 학생들의 신앙을 가지지 않을 자유를 침해하지 않는 범위 내에서 학생들로 하여금 일정한 내용의 종교교육을 받을 것을 졸업요건으로 하는 학칙을 제정할 수 있다"[33]고 판시하고 있다. 또한, "기독교 재단이 설립한 사립대학이 학칙으로 대학예배의 6학기 참석을 졸업요건으로 정한 경우, 위 대학교의 대학예배는 목사에 의한 예배뿐만 아니라 강연이나 드라마 등 다양한 형식을 취하고 있고 학생들에 대하여도 예배시간의 참석만을 졸업의 요건으로 할 뿐 그 태도나 성과 등을 평가하지는 않는 사실 등에 비추어 볼 때, 위 대학교의 예배는 복음 전도나 종교인 양성에 직접적인 목표가 있는 것이 아니고 신앙을 가지지 않을 자유를 침해하지 않는 범위 내에서 학생들에게 종교교육을 함으로써 진리·사랑에 기초한 보편적 교양인을 양성하는 데 목표를 두고 있다고 할 것이므로, 대학예배에의 6학기 참석을 졸업요건으로 정한

---

31) 허 영, 앞의 책, 405면.
32) 대한불교 조계종이 설립한 동국대학교의 경우, 졸업시까지 '자아와 명상'과목의 패스(Pass)제 도입과 교양필수로서 '불교와 인간'(3학점)을 이수토록 하고 있다. 원불교에서 설립한 원광대학교는 '종교와 원불교'라는 교과목을 졸업시까지 이수토록 하고 있다.
33) 대판 1998. 11. 10 선고, 96다37268 판결, [공1998. 12. 15. (72),2830].

위 대학교의 학칙은 헌법상 종교의 자유에 반하는 위헌무효의 학칙은 아니다."라고 판시하고 있다.

대학 입학 당시에는 특정종교의 신자라고 하더라도 성장과정에 있는 학생의 입장으로는 개종의 문제가 발생할 경우에도 현실적으로 이러한 옛 종교교육을 그대로 수용하여야 하는 것도 아픈 상처가 될 수 있다는 점에서 종교교육의 지나친 강요는 대학교육의 본질에 부합하지 못한다고 본다.[34] 또한, 사립대학의 건학이념에 부합하는 종교를 신봉하는 학생이라 할지라도 특정한 시간에 특정한 방법으로의 대학예배 등은 개인의 종교행위가 강요될 수 있는 소지가 있다.

특정 종교재단이 설립한 대학에서 채플시간의 강제는 종교의 자유 가운데 종교적 행위를 강제 받지 않을 소극적 자유를 제약받고 있다고 볼 수 있다.

사립대학에서의 채플강의 문제는 특정 종교설립재단의 대학에서의 종교교육의 자유의 보장과 재학생의 종교의 자유도 보장해야 하는 문제이다. 이는 기본권의 충돌문제로서 이익형량에 의한 방법과 규범조화적 해석에 의해 해결할 문제이다.

학교(대학)선택권이 실질적으로 확보되지 아니하고 명목적인 학교선택권이 보장되고 있는 한국적 특수상황을 외면하고 그저 일반논리로 학생의 입학·재학관계를 당사자의 자유로운 의사표시의 합치에 따른 사법상의 계약의 법리로 해결하는 방안이 적절한 것인가도 재검토를 요한다.[35]

4. 군대와 종교 문제

종교 문제와 관련하여 군대 내에서 문제되는 것은 ① 군종제도의 운영과 ② 군대내 특정종교에 대한 편향 문제와 종교활동의 방해 문제라고 본다.

(1) 군인들도 군대 내에서 헌법이 보장하는 종교 활동을 하고 있다. 군인들의 종교활동을 지원하기 위한 제도가 '군종제도'(軍宗制度)이다.

우리나라의 군종장교 제도는 1950년 12월 이승만 대통령의 창설 지시에 따라 1951년 4월 개신교와 천주교에서 각각 25명의 군종목사와 12명의 군종신부가 입대하면서 시작됐다. 1968년 5월 베트남전쟁 파병을 계기로 불교계의 요청에 따라 군승(軍僧)이 임용되면서

---

34) 성낙인, 앞의 책, 324면.
35) 성낙인, 앞의 책, 323면.

군종제도는 개신교, 천주교, 불교 위주로 운영되었다.

국방부는 1968년 이후 38년간 소수 종교의 군종장교 진입 요구를 인정하지 않았다. 그러나 국방부는 2006년 3월 24일 「군종장교 운영심사위원회」를 개최하여 군종장교 운영제도 개선안과 원불교를 군종장교 대상으로 결정하였다.[36)]

현재의 군종제도는 국민의 종교적 상황에 적응하게 함으로써 다수종교에 대한 배려만 하고 있을 뿐 소수종교를 위한 참여의 가능성을 매우 좁게 하고 있다. 이는 소수종교의 참여를 막으면서 기독교, 불교와 천주교의 카르텔을 형성하여 국가가 이들 종교와 과도한 결속을 맺는 결과를 낳고 있다. 이는 정교분리의 원칙에도 반한다고 보아야 할 것이다. 군종제도에 소수종파의 참여를 막는 것은 조직과 예산의 문제 때문이라고 할 수 있다. 그러나 군종업무를 수행하는 사람을 반드시 현역장교로 임명해야 할 이유는 없는 것이며, 오히려 민간종교인과의 계약을 통하여 근무를 할 수 있도록 하는 것이 군인의 종교생활을 지원하는 제도의 취지에 적합할 것이며, 진정으로 종교적인 관점에서 생각한다면 군대의 계급을 벗어나서 종교활동을 할 수도 있는 것이므로 군이 장교로만 임명할 필요도 없는 것이다. 만약 현재의 제도를 유지할 경우에는 특정 종교인만이 과점하는 군종제도는 국가와 종교의 과도한 결속을 초래하여 정교분리의 원칙에 반하므로 적어도 소수종교의 진입을 인정하는 것이 위헌적 요소를 그나마 줄이는 것이라고 생각한다.[37)]

개정 병역법은 "목사·신부·승려 그 밖에 이와 동등한 직무를 수행하는 자의 자격을 얻기 위하여 신학대학·불교대학 그 밖에 성직자의 양성을 목적으로 하는 대학에 재학하고 있는 사람"(병역법 제58조 제2항 제3호)이라고 규정하여 소수 종교에도 군종장교 대상과 군종 사관후보생 지정 대학의 문호를 개방토록 하고 있다. 따라서 군대내 소수 종교를 가진 장병들의 종교 생활을 보장한다고 하는 면에서도 소수종교의 참여를 허용하는 것이 헌법정신에 부합된다고 본다.

(2) 종교의 핵심은 관용(寬容)이다. 군대 내에서도 여러 종교가 공존하는 이상 타종교를 인정하고 자기의 종교 가치만을 존중받아야 한다고 고집해서는 안된다. 자기가 신봉하는 종교

---

36) 국방부 〈군종장교 운영심사위원회〉는 군내 진입 대상 종교 선정 기준을 ① 사회통념상 종교로 인정되는 교리·조직을 갖추고, 성직자 양성 교육이 제도화되어 있는 단체, ② 교리의 내용이 장병의 올바른 가치관 확립, 도덕심 함양, 정신전력 강화에 이바지할 것, ③ 종교별 국민전체 및 군내 신자수 고려, ④ 관련 종교활동이나 의식 등이 불법이나 공공정책에 반하는 행위가 아닌 단체, ⑤ 성직을 승인 및 취소할 수 있는 종교적 권위를 보유한 단체로 정했다.

37) 송기춘, 종교관련 제도의 헌법적 문제점과 그 개선방향, 「학교 종교자유 신장을 위한 법제개선 방안 세미나자료집」(2006.3.31), 40면 이하.

만을 주장하거나 가치만을 고집하는 극단적인 현상이 무종교인(無宗敎人)에게 무조건 특
정 종교를 강요하거나 타종교에 대한 편향과 타종교의 종교활동을 방해하는 것으로 나타
난다.

군대 일부부대에서는 특정종교를 강요하는 사례[38]와 군부대 내의 특정종교시설물인 '법
당'(法堂)을 폐쇄하고 불상을 훼손하는 행위는 헌법에 의한 종교의 자유를 침해하는 행위
이다.[39]

개인의 신앙생활의 자유와 개인과 타종교에 대한 관용정신이 전제가 되어 여러 종교가 공
존할 때 군대 내에서도 종교 본래의 목적을 달성할 수 있고 군인들의 정신전력 증강에 기
여할 수 있다.

5. 성직자 소득세 과세 문제

성직자에 대한 과세문제는 종교계에 있어서 비과세가 당연한 것으로 인식되었을 뿐만 아니
라 공개토론마저 금기시되어 왔으나 1991년 3월 일부 성직자들에 의한 자진납세의 움직임이
언론에 보도되면서 사회적 관심을 모으게 되었고, 한명수 목사와 손봉호 교수간의 「월간 목회」
를 통한 찬반논쟁이 전개되면서 공개적 논의의 차원으로 발전하여 한국복음주의 협의회 주최
로 공개토론회가 개최되었다.[40] 그 동안 성직자 과세문제는 우리 사회 수면 아래에 있다가 최
근 다시 재정경제부와 국세청이 목사, 스님, 신부 등 종교인(성직자)한테 근로소득세를 물릴
수 있는지를 공식적으로 검토 중이라는 움직임이 보도되면서 다시 쟁점화되었다.

현재는 종교인(성직자)들이 급여를 받더라도 교회나 사찰이 받은 헌금에서 비롯된 일종의
후원금이라고 간주해 종교인(성직자)들한테 별도의 세금을 부과하고 있지 않다.[41]

우리 헌법 제38조는 "모든 국민은 법률이 정하는 바에 따라 납세의 의무를 진다"라고 하여
국민의 기본적 의무의 하나로 납세의무를 규정하고 있다. 또한 헌법 제59조는 조세의 부과는
반드시 법률에 의하여야 한다고 규정하고 있다. 조세의 종류 및 부과의 근거뿐만 아니라 과세
의무자·과세물건·과세표준·세율은 국민의 대표로써 구성되는 의회의 법률로 정하여야
한다는 의미이다. 이는 법률에 근거가 없는 과세가 인정되지 않고, 법률에 근거 없는 감세(減

---

38) 한겨레신문, 1997년 7월 2일, 26면 참조.
39) 군대에서의 불교에 대한 편향문제는 대한불교조계종 포교원·종교편향대책위원회 편, 『종교편향백서』,
    2000을 참고할 것.
40) 한국법제연구원, 국내입법의견조사 제4호(성직자 과세논쟁), 1991, 11, 28, 1면.
41) 한겨레신문, 2006년 5월 8일, 12면.

税)나 면세(免稅) 또한 인정되지 않는다는 의미로 해석한다.

성직자의 소득에 대한 과세문제는 단순히 사회적인 관심의 대상인 것이 아니라 국민의 납세의무와 연관된 법적인 문제이므로 법적인 근거 없이 이의 감면을 인정하는 것은 공평과세의 원칙에 반하게 된다.

미국의 경우 목사의 보수도 개인용역에 대한 대가로 보아 과세해야 한다는 판례(Union Country V. James, 21 Pa 525(71Am Jur 2d, state and local taxation, §492, 787면)가 있으며, 또한 목사나 신부의 사택에 대해서는 면세하는 州와 면세하지 않는 州로 나누어지는데, 면세대상에 포함시키지 않는 주의 논거는 건물의 직접적이고 밀접한 사용이 종교적 목적이 아니라는 점에 있으며, 건물의 우연한 사용이나 소유권의 귀속 또는 교회건물과의 거리 등은 결정적 요소가 아닌 것으로 본다. 면세권을 결정함에 있어서도 건물의 점유자가 누구인가에 의해서가 아니라 그 점유에 내재하는 목적 또는 주된 목적이 무엇인가 하는 것이 결정적 요소라고 한다(71 Am Jur 2d, state and local taxation, §378, 683-4면).[42]

성직자에 대한 과세는 ① 법률상 면세의 근거가 없다는 점, ② 비영리법인에 대한 면세와 달리 종교인에 대한 면세는 종교단체 아닌 다른 비영리법인에서 근무하는 근로자에 대해 과세가 행해지고 있는 것과 비교하면 그것이 종교적 이유에 의한 것 이외에는 마땅히 면세의 근거를 찾기 어렵다는 점, ③ 종교인들도 국가가 제공하는 서비스의 혜택을 누린다는 점, ④ 종교적이 수행하는 사무의 공익적 성격도 뚜렷한 것은 아니다. 아무리 비영리, 사회봉사적 성격을 가지는 단체의 구성원이라도 그 소득에 대해서는 세금을 부과한다는 점[43]에서 시행되어야 한다.

6. 종교단체의 정치활동

역사적으로 20세기의 정치를 보면 종교가 민주주의 사회 발전과 풍요로운 정신성의 형성에 대단히 큰 역할을 해왔다. 한편으로는 종교가 정치에 바람직하지 않은, 민주주의를 위협하는 듯한 영향을 미치고 있는 것은 아닌가 하는 의구심도 높아지고 있다. 일본의 경우 종교단체 특히 신흥종교의 일부단체는 선거활동을 통하여 열성적으로 종교활동을 해오고 있다. 이처럼 선거활동을 통하여 특정의 후보자를 지원하는 것과 같은 형태로 정치에 관여하는 것이 앞으로도 좋은 것인가의 여부가 문제로 제기되고 있다.[44]

---

42) 한국법제연구원, 국내입법의견조사서 제4호, 18면.
43) 송기춘, 앞의 논문, 36 · 37면.
44) 김종문, 『일본의 문화와 종교정책』, 신원문화사(1997), 361면.

우리 헌법 제20조 제2항이 "국교는 인정되지 아니하며, 종교와 정치는 분리된다."고만 규정하고 있어 이것이 국가에 대해서만 그 의무를 부과하고 있는 것인지, 아니면 종교단체에게도 정치에 관여할 수 없다는 의무를 부과하고 있는 것인지가 문제되고 있다.

종교단체가 정치활동을 하는 것은 헌법 제20조 제2항 정교분리의 원칙상 인정되지 않는다는 견해[45]와 종교단체가 특정정파나 정치권력을 지지 또는 반대하는 정치활동을 하는 것도 정치와 종교의 분리의 원칙에 비추어 삼가야 할 것으로 보는 견해[46]가 있다.

한편, 종교인·종교단체의 정치적 표현행위에 대한 제한을 인정하는 현행 실정법상의 제한규정은 없을 뿐만 아니라 그러한 제한을 뒷받침할 수 있는 법적 논리도 발견하기 힘들며, 정치활동을 종교단체에만 금지한다면 종교를 이유로 정치적 표현의 자유를 차별적으로 제한하는 것은 평등위반 및 정치적 표현의 자유의 위헌적 침해가 된다는 점을 근거로 제시하며 종교단체의 정치관여를 허용하는 견해[47]가 있다. 또한, 종교단체의 정치관여를 금지하는 실정법이 없을 뿐만 아니라 종교인의 정치적 표현의 자유를 제한하는 것은 차별우대가 될 것이므로 종교단체의 정치참여는 원칙적으로 허용되어야 한다[48]는 견해도 있다.

종교단체의 정치활동 또는 정치관여는 가뜩이나 혈연·지연·학연에 얽매인 우리 사회를 또다시 종교분열로까지 몰고가지나 않을까 하는 우려를 떨칠 수 없다.

종교단체의 정치개입(정치활동)은 오늘날 새롭게 평가되고 있는 기능적·실질적 권력통제의 측면에서 국가권력의 남용을 비판하고 방지하는 하나의 수단으로서의 이해가 선행되어야지 자파(自派) 종교의 기득권보호나 포고(布敎), 선교 등의 그릇된 목적으로 이용되어서는 안 될 것이다.[49]

V. 맺음말

다종교 사회에서 자기 종교만을 절대시하는 것은 종교갈등을 초래하는 원인이다. 내 종교가 인정받기 위해서는 타인의 종교를 인정하는 자세와 관용의 자세만이 다종교가 공존하는 합리적인 방법이다.

---

45) 김철수, 앞의 책, 589면; 김기영, 앞의 책, 647면; 권영성, 앞의 책, 462면; 홍성방,『헌법 II』, 현암사(2000), 122면.
46) 한상범,『한국헌법』, 예문관(1973), 160면.
47) 양 건,『憲法研究』, 법문사(1995), 345-346면.
48) 김영수, 종교의 자유와 정교분리원칙에 관한 헌법적 고찰,「미국헌법연구」제2호, 1991, 253면.
49) 김영수, 앞의 논문, 253면.

　공직자의 편향적 종교 행위는 다종교 사회에서 사회갈등과 종교 갈등을 유발하는 원인이 될 수 있다. 직무수행시 종교행위 중립 의무 규정을 구체적으로 명문화 할 필요가 있다.

　국가공무원을 선발하는 각종시험일의 결정은 정교분리의 원칙을 무시하거나 특정 종교에 편향되어서는 안된다고 본다.

　군대의 종교활동에서도 무종교인에게 무조건 특정 종교를 강요하거나 타종교에 대한 편향과 타종교의 종교활동을 방해하는 행위는 헌법에 의한 종교의 자유를 침해하는 행위이다. 이러한 종교의 자유 침해행위가 발생하지 않도록 서로가 노력해야 한다.

　특정 종교재단이 설립한 사립중・고등학교의 경우 일선 고등학교의 성경 등 종교학습이나 종교모임 등의 활동은 제한되어야 하고, 정책적으로는 학생의 학교선택권을 보장하는 입법적 조치를 취하는 것이 가장 합리적이고 바람직한 방법이라고 본다. 일선 학교에서 종교 일반에 관한 교육은 허용되어야 하지만, 특정 종교를 주입시키는 종교행위는 금지되어야 한다. 사립 대학에서의 채플강의 문제는 특정 종교설립재단의 대학에서의 종교교육의 자유의 보장과 재학생의 종교의 자유도 보장해야 하는 문제이다. 이는 기본권의 충돌문제로서 이익형량에 의한 방법과 규범조화적 해석에 의해 해결할 문제이다.

　현행 소득세법은 면세 조항을 규정하고 있으나 종교인이 종교단체에서 지급받는 보수에 대해서는 어떤 규정도 두고 있지 않다. 종교인에 대한 소득세 과세문제는 쉬운 문제가 아니다. 그러나 현행법상으로는 종교인에 대한 소득세 면세조항이 없기 때문에 공평과세의 원칙상 원칙적으로 과세하는 것이 법리적으로 타당하다고 본다.

인간의 존엄과 성전환의 문제

I. 머리말

2025년까지 우리와 우리의 후세들은 인류가 일찍이 과거에 경험했던 세계와는 전혀 다른 세계에서 살게 될지도 모른다. 또한 '자유 의지'나 '진보'의 의미에 관한 우리들의 시각이 바뀌게 될 뿐만 아니라, 평등과 민주주의에 관한 개념이 다시 정의될 것이다.[1]

어떤 부모들은 아이를 갖기 위해서 시험관 속에서 수정시킨 후 인체 밖에 있는 인공자궁[2]을 이용하여 태아를 발생시킬 수 있을 것이다. 이처럼, 과학기술의 발전이 인간의 행복과 쾌적한 생활에 큰 공헌을 해 온 것은 우리의 주위를 둘러보면 쉽게 알 수 있다. 특히, 성전환수술과 같은 의료기술의 현저한 진보는 많은 사람들에게 행복을 주었으나 동시에 인권을 포함한 다양한 법적 문제를 제기하고 있는 것도 또한 사실이다.[3]

성전환의 문제는 법학분야에서만 보더라도 헌법적으로는 인간다운 생활을 할 권리·행복추구권·직업선택의 자유를 비롯한 여러 가지 기본권의 보장이라는 문제가 제기될 수 있으며, 가족법분야에서는 결혼과 이혼·친자관계 등의 문제, 사회법 분야에서는 의료보험이나 사회보험 적용 여부, 성전환을 이유로 한 해고 등 직장차별문제, 형법분야에서는 강간죄의 성립여부[4]와 성전환수술의 상해죄 성립여부 문제, 구치소(拘置所)를 비롯한 교정(矯正)분야에서는 성전환자를 어떻게 처우(處遇)할 것인가[5] 등 많은 문제가 제기되고 있다.

---

1) Jeremy Rifkin, 『THE BIOTECH CENTURY』, 전영택·전병기 옮김, 『바이오테크 시대』, 민음사(1999), 21면.
2) 'IKG/AU'라고 명명된 인공자궁에서 태어난 아이가 자신의 정체성을 찾아가는 소설로는 Charlotte Kerner, 『Geboren 1999』, 차경아 옮김, 『1999년생』, 경독(2005)을 참조.
3) 失□俊昭, 科學技術の發展と自己決定權, 法學敎室 제211호(1998년 5월호), 22면.
4) 우리 대법원은 강간사건에서 성전환 수술을 받은 여자의 외형을 갖추었다고는 하지만 성염색체가 남자인 것인 이상 강간죄의 객체인 부녀에 해당하지 않는다며 강간죄가 성립하지 않는다고 判示하였다(大判 1996.6.11, 96도 791).

대법원이 성별(性別) 변경을 원하는 성전환자들의 호적 정정 신청을 허가할지를 놓고 고심하고 있고, 이 문제와 관련하여 2006년 상반기 중 대법원 판례가 나올 것으로 예상된다. 성전환 문제와 관련하여 우리나라에선 2002년 의원입법으로 '성전환자 성별 변경에 관한 특례법'이 발의됐으나 회기 만료로 폐기되었으며, 대법원은 지난 9월 13일 산하 모임인 비교법실무연구회 주최로 전문가를 초청해 성전환에 관한 토론회를 개최하였다.

여기에서는 성전환에 관한 일반적인 내용을 고찰함과 동시에 성별의 구별기준, 성전환과 관련하여 문제가 되고 있는 성전환자의 성별(性別) 정정 문제를 외국의 입법례를 살펴보면서 우리나라 법원의 태도를 살펴본다.

Ⅱ. 성전환의 개념 성별의 구별기준

1. 성전환과 성전환증의 개념

일반적으로 성전환(性轉換)이라 함은 유전적으로 암수의 성이 결정된 후 또는 발현된 후 다른 성으로 전환하는 현상을 말한다.[6] 다시 말해서, 남녀의 성에는 성염색체·생식선·성기 등으로 결정되는 생물학적·육체적인 성별과 호적상·법률상의 성별, 그리고 사회적·정신적 성별의 3가지가 있다. 정상적으로는 이 3가지 성이 일치해야 하나, 그렇지 않은 경우에는 수술이나 재판 등으로 정상적인 성을 찾아야 한다.

성전환증(性轉換症)이란, 성적 주체성 장애가 심한 형태로서 사춘기 이후에도 자신의 선천적 성에 대해 지속적으로 불편감과 부적절감을 느끼며 2년 이상 일차 및 이차적 성징을 제거하고 반대 성징을 획득하려는 집착에 사로 잡혀있는 상태를 말하며, 이런 증상을 가지고 있는 사람을 의학적 용어로 '성전환증자(性轉換症者)'라고 한다. 다시 말해서, 성전환증은 생물학적으로는 전혀 이상이 없음에도 불구하고 자신에게 유전적으로 주어진 성에 동일시하지 못하고 반대의 성으로 전환하려는 일종의 정신질환을 의미하며, 성전환증자는 그 신념에 일치되는 해부학적 외관을 지니기 위하여 호르몬 요법이나 정신적인 치료법으로 교정되지 않는다면 본인의 정신적인 고통을 덜어주기 위해서 육체적인 성을 전환한다.

성전환증에 대한 원인은 명확하게 밝혀지지 않았으나 그 원인으로 크게 2가지를 드는데, 첫

---

5) 여자로 성전환한 사람에 대해 '공중서류 부실기재' 혐의로 구속영장이 발부되자 이를 집행해야 할 검찰이 피의자의 수감장소를 놓고 고심하다가 여성유치장에 수감 결정한 사례가 있다(조선일보, 1999년 11월 26일 참조).

6) 윤가현, 『性心理學』, 성화사(1992), 187면.

째는 태아신경계통 발달에 산전(prenatal)성호르몬의 영향을 받거나, 둘째 산후(postnatal) 사회 및 정신적인 영향으로 생각하고 있다.[7] 생물학적인 요인보다는 심리적인 요인에 좌우된다고 보고되었다. 곧, 어려서부터의 보모의 태도, 양육방법 및 부모와의 부정적 관계가 큰 영향을 미치는 것으로 보고 있다.[8]

2. 성별의 구별기준

성별은 신분관계의 중대한 영향을 미치는 중요한 사항이다. 사람의 성을 구분하는 요소로는 우선 생물학적 요소로 성염색체, 성호르몬, 생식선(내부성기), 외부성기를 들 수 있고, 정신의학적·심리적 요소로는 2차 성증(性徵), 양육 또는 교육으로 인한 성, 성 역할 등을 들 수 있으나, 크게 생물학적 성(sex)과 정신적·사회적 성(gender)으로 구분하는 것이 보통이다.

사람의 성별을 구별하는 기준에는 크게 '성염색체설'과 '사회적기준설'을 들 수 있다.

(1) 성염색체설

사람의 성별은 성염색체(性染色體)에 의하여 결정되고 남자의 염색체는 X+Y이고, 여자의 염색체는 X+X이다. 이것은 수정시(受精時)에 결정되고 불변하는 것이다. 사람의 성별은 근본적으로 성염색체에 의하여 결정되는 것이고, 외부적으로 나타나는 성징(性徵)은 성염색체에 의하여 이미 정해져 있는 성별(性別)을 대변(代辯)하는 것에 불과하다. 또한, 성염색체는 불가변적(不可變的)이지만 성징(性徵)은 일의적(一義的)이고 고정적(固定的)인 것이 아니며 성별은 그 사람의 성염색체에 의하여 결정되는 것이라고 보아야 한다는 것이다.

(2) 사회적 기준설

생물학적 성별의 기준은 성염색체에 의해 결정되지만 법적 성별은 생물학적 성별뿐만 아니라 본인 및 사회의 의식과 역할도 중시하지 않으면 안될 것이다.

성별의 구분이 문제되는 것은 성염색체나 성징(性徵)에 이상이 있는 경우인데, 그 경우에 성염색체만에 의하여 성별을 구분하면 성염색체상의 성(性)과 외부적 성징(外部的 性徵) 내지 사회적(社會的)으로 인식되는 성별이 다르게 되는 경우가 생겨 사회적 혼란을 초래하게 된다. 따라서 사람의 성별은 사회적 인식과 사회적 상당성에 비추어 결정하여야 한다.[9]

---

7) 이영호,『성형외과학』, 의학신문사(1993), 제27장 12면.
8) 오병훈, 성전환증의 정신의학적 평가,『季刊 진리·자유』통권 제8호(1991년 봄호), 44면.

(3) 대법원의 입장

"사람에 있어서 남자, 여자라는 성(性)의 분화는 정자와 난자가 수정된 후 태아의 형성 초기에 성염색체의 구성(정상적인 경우 남성은 XY, 여성은 XX)에 의하여 이루어지고, 발생과정이 진행됨에 따라 각 성염색체의 구성에 맞추어 내부생식기인 고환 또는 난소 등의 해당 성선(性腺)이 형성되고, 이어서 호르몬의 분비와 함께 음경 또는 질, 음순 등의 외부성기가 발달하며, 출생후에는 타고난 성선과 외부성기 및 교육 등에 의하여 심리적, 정신적인 성이 형성되는 것이다." …… 남녀의 성별은 "발생학적인 성인 성염색체의 구성을 기본적인 요소로 하여 성선, 외부성기를 비롯한 신체의 외관은 물론이고 심리적, 정신적인 성, 그리고 사회생활에서 수행하는 주관적, 개인적인 성역할(성전환의 경우에는 그 전후를 포함하여) 및 이에 대한 일반인의 평가나 태도 등 모든 요소를 종합적으로 고려하여 사회통념에 따라 결정하여야 할 것이다."10)라고 하면서도, "어릴 때부터 정신적으로 여성에의 성귀속감을 느껴왔고 성전환 수술로 외견상 여성으로서의 체형을 갖추고 성격도 여성화되어 개인적으로 여성으로서의 생활을 영위해 가고 있다 할지라도, 기본적인 요소인 성염색체의 구성이나 수술 후에도 여성으로서의 생식능력은 없는 점, 그리고 이에 대한 사회 일반인의 평가와 태도 등 여러 요소를 종합적으로 고려하면 피해자를 사회통념상 여자로 볼 수 없다."11)고 밝혀 '성염색체의 형태'를 성별의 주요 판단기준으로 삼고 있다.

(4) 결어

위의 대법원 판결은 스스로가 법률상 성별은 사회통념에 따라 결정된다고 규정하고 있다. 사회통념이란, 불변의 개념이 아니라 국가, 사회, 시대에 따라 다를 수 있고, 같은 사회 안에서도 얼마든지 변화하여 가는 개념이므로, 결국 사회통념에 따라 성별이 결정된다는 것은 성(性)의 가변성(可變性)을 인정함을 전제로 한 것이라는 점에 비추어 볼 때, 위 대법원 판결이 제시하고 있는 성의 구별에 대한 일반론과 이를 실제 사안에 적용한 결론은 다소 자기모순적인 것이 아닌가 하는 의구심이 든다.12)

인간 사회는 단순히 자연적으로 결정된 인간 상태를 그대로 받아들일 것인가의 문제가 아니라, 인간의 존엄이 보장되는 사회 상태(즉, 문화상태)에서는 예컨대 성의 역할도 단순히 생물

---

9) 曺大鉉, 性轉換手術과 性別訂正, 法律新聞, 제1950호(1990년 7월 9일), 11면.
10) 대법원 1996.6.11, 대판96도791 판결.
11) 주10) 판결.
12) 문유석, "性轉換手術을 받은 者의 性別", 『人權과正義』 제311호(2002년 7월호), 92면.

학적 기능의 문제에 그치지 않고 인간의 자기결정(自己決定)에 따른 사회학적, 이데올로기적 변형을 겪게 된다. 인간이 자기귀속성(自己歸屬性), 자기처분성(自己處分性), 상호의존성(相互依存性) 및 상호원조성(相互援助性)을 인간의 인간에 관한 근본결정으로서 선택하는 문제는 오로지 인간의 자기결정에 달려 있다.[13] 따라서 성의 역할을 생물학적 기능으로만 보지 않고 사회에서 그 자신이 행하는 사회적 성을 종합적으로 판단함이 타당하다.

3. 성전환수술과 허용기준

(1) 성전환수술의 개념

성전환 수술(性轉換 手術, surgical sex-reassignment surgery)의 개념은 광의(廣義)의 개념과 협의(狹義)의 개념으로 구분할 필요가 있다. 광의의 개념으로는 성전환증자(性轉換症者)를 대상으로 하여 성기(性器) 등 육체적 변경을 가하는 것뿐만 아니라 반음양(半陰陽)과 같은 성염색체의 이상 또는 성호르몬 분비의 이상으로 인하여 성분화(成分化)의 이상(異常)인 경우로서 자웅양성의 혹은 외부생식기를 가진 사람의 자에 대하여 일련의 육체적 변경을 통하여 정상적인 성을 바로잡아 주는 것까지 포함하는 개념으로 볼 수 있다. 반면 협의(狹義)의 성전환수술은 반음양(半陰陽)은 제외하고, 성전환증 환자(性轉換症 患者)를 대상으로 하여 그의 육체를 반대의 성으로 해부학적으로 유사하게 하기 위하여 성기(性器), 외음부(外陰部) 등에 육체적 변경을 가하는 수술을 의미한다.[14]

성전환수술은 1952년 코펜하겐에서 최초로 의사인 포흐 안델슨(Fogh Anderson) 등에 의해 남성 성전환증 환자인 크리스틴 햄버거(Christine Hamburger)를 상대로 시도되었는데 이 수술은 성공적이었다.[15]

(2) 성전환수술의 허용기준

인위적인 성전환수술로 타고난 성(性)을 바꾼다는 것은 성을 바꾸는 당사자뿐만 아니라 주위의 가족과 사회에 미치는 파급효과가 크기 때문에 문제가 될 수 있다. 성전환증을 앓고 있는

---

13) Werner Maihofer, 『Rechtsstaat Menschliche Wurde』, Frankfurt, 1968 沈在宇譯, 『法治國家와 人間의 尊嚴』, 三英社, 1994, 37면.

14) 김홍신 의원이 2002년 5월 발의한 "성별의변경에관한특별법"(안)에서는 성전환수술을 "「성전환수술」이라 함은 의료법 제2조의 규정에 의한 의사가 성전환증을 가진 환자를 대상으로 그의 육체를 반대의 성의 육체로 해부학적으로 유사하게 하기 위하여 성기, 외음부 등의 일련의 육체에 변경을 행하는 수술을 말한다." 고 정의하고 있다.

15) 이무상, 성전환 수술의 실제, 『季刊 진리·자유』 통권 제8호(1991년 봄호), 49면.

당사자는 성전환수술을 통하여 인간으로서 존엄과 가치를 지니고 행복을 추구하고, 개성을 신장하면서 인간다운 생활을 향유할 수 있게 되는 반면, 극단적으로는 성전환수술이 범죄에 이용되거나 법질서를 위반하는데 악용되어질 수도 있기 때문에 성전환수술에 대한 명확한 허용기준이 마련되어야 한다.

현재 의학계에서 사용되어 지고 있는 성전환수술의 허용기준을 다음과 같다.

1) 대한비뇨기과학회(大韓泌尿器科學會)가 1990년 8월 8일 결정한 성전환증에 대한 성전환수술의 허용기준으로 「성전환증의 외과적 치료의 적응증」[16]이란 제목으로 발표한 12개항의 기준을 보면, ① 근본적으로 정신과질환이므로 정신과에서 정확한 진단이 있어야 한다. ② 정신과적 치료가 상당기간 지속하여 왔으나 성과가 없어야 한다. ③ 수술 전에 바뀌고자 하는 성에 대한 정신 사회학적 적응이 이루어져 있어야 한다. ④ 다른 정신질환이나 우울증이 없어야 한다. ⑤ 수술 전에 바뀌고자하는 성에 개한 호르몬치료를 상당기간 동안 이미 지속하여 왔고, 이에 대한 부작용이 없었어야 한다. ⑥ 나이가 21세 이상으로 사춘기를 지났어야 한다. ⑦ 신체외형이 바뀌고자하는 성에 어울려야 한다. ⑧ 한가족이 성전환수술에 대한 승낙이 있어야 한다. ⑨ 불임에 대한 배우자나 친가족의 동의가 있어야 한다. ⑩ 약물이나 술에 대란 습관성이 없어야 한다. ⑪ 범법기록이 없어야 하며 범죄에 이용될 가능성이 없어야 한다. ⑫ 환자에 대한 추적조사가 잘 이루어 질 수 있는 상황이어야 한다. 또한 동학회(同學會)는 성전환수술이 허용되기 위해서는 위에 제시한 12개항과 정신과전문의(精神科專門醫)의 복수추천이 있음이 바람직하다는 기준을 제시하였다.

2) HBIGDA(Harry Benjaman International Gender Dysphoria Association)에서 제시한 지침은 성전환 수술에 있어서 진단의 전제조건으로 ① 두 명의 사회과학자(이 중 한 명은 박사학위 소지자)가 진단에 참여해야 한다. ② 그 중 한사람은 환자를 6개월 이상 알고 있어야 한다. ③ 환자는 2년 이상 잘못된 육체속에 살고 있다는 감정을 가지고 있어야 한다고 하였다. 동협회(同協會)의 성전환 수술의 허용기준으로 ① 두 명의 행동과학자로부터 수술을 추천하는 문서가 있어야 하고 그 중 한 명은 6개월 이상 환자와 치료적 관계를 맺고 있어야 한다. ② 일년 이상 반대 성(性)의 역할로 성공적으로 살아야 한다. ③ 반대의 삶 동안에 법적, 사회적, 심리적, 성적 측면에서 모두 성공적이어야 하고 호르몬 요법도 시행되고 있어야 한다. 이 기준은 법조계, 의료계, 보험자 측으로부터 모두 인정받는 지침이 되고 있다.[17]

---

16) 의협신보, 1990년 8월 13일, 3면 참조.
17) 최병무, 성전환증의 진단 및 치료, 신경정신의학 제32권 4호(1993년 7월호), 468면.

3) 유계준은 성전환수술의 허용기준으로, 성전환증(性轉換症)의 경우 성전환수술은 일차적으로 정신과 의사의 진찰을 요하며, 성전환을 원하는 사람이 ① 여러 가지 치료를 시도한 결과 성의 주체를 회복하는 치료가 불가능할 때, ② 성전환수술을 스스로 결정할 수 있는 20살이 넘은 성인, ③ 부모의 동의가 있으며, ④ 다른 정신병력이 없을 때, ⑤ 성전환수술을 원하는 사람의 남은 인생을 고려할 때 남자로(또는 여자로) 그대로 사는 것보다 다른 성으로 성전환수술을 해주는 것이 더 행복할 것이라고 판단될 때를 성전환(수술)의 허용기준으로 제시하고 있다.[18]

4. 성전환증자의 특징

성전환증과 성전환증자를 이해하기 위해서는 성전환증자의 특징을 살펴볼 필요가 있다. 우리 사회에서는 성전환증자와 동성애자를 동일시하기도 한다. 그러나 성전환증자는 동성애자나 의상도착증자 등과 명확히 구별된다. 의학자들이 말하는 '성전환증(性轉換症)'의 특징을 몇 가지 요약하면 다음과 같다.[19]

① 성전향증자는 자신의 신체가 가지고 있지 않는 이성(異性)에 자신이 소속되어 있다고 확신하고 있다. 본인은 자신의 신체를 해부학적, 생리학적 사실은 부정하지 않고, 단지 자신이 오해한 신체 속에 사로잡혀 있다고 하는 확신을 가지고 있다. 그러나 당사자의 지능은 극히 평균적이며 오히려 어떤 경우는 평균이상인 경우도 있다. ② 성전환증자에게는 제1차 및 제2차 성징에 관하여 유전학상, 생식선상, 외적 내적 형태학상, 호르몬상 이상한 신체적 증상이 때때로 나타나고 있다. ③ 성전향증자는 이성에 대한 전향의 욕구가 많이 나타나고 있다. 이 욕구는 때때로 유소년기에서 부터 존재하고 있으며, 이는 점점 더 강렬해지면서 고뇌를 불러일으킨다. 그리하여 다른 모든 요구는 극복할 수 있지만, 이는 계속적으로 강렬해지므로 참는다는 것은 거의 불가능한 상황이 된다. 따라서 본인이 성년이 되면 호르몬의 투입, 외과수술, 또는 이름 및 주민등록증의 교체 등을 통하여 신체적으로 사회적으로 현재에 체험하여 확신하고 있는 성으로 동화시켜나가려는 강한 희망을 가지게 된다. ④ 성전향증자는 남성의 경우 음경과 체모, 여성의 경우 유방과 월경 등 이러한 신체적 성징을 아주 혐오하게 된다. ⑤ 성전향증자는 동성애에 대해서 강한 거부감을 나타낸다. 분인들은 스스로를 이성애자로 느끼고 있으며, 때때로 「완전한」 이성의 상대와 교제하고 싶다는 희망을 가지고 있다. 거기에 반해 동성

---

18) 유계준, 성전환 판결의 기준, 한겨레신문, 1990년 7월 7일, 8면.
19) 石原 明,『醫療と法と生命倫理』, 日本評論社(1997), 57−59면 참조.

애자는 자기의 성기에 대한 철저한 혐오감을 가지고 있지는 않지만, 성전향증자에게는 그 점이 나타나고 있다. 이와 같은 면에서 성전향증자는 동성애자와는 다르다고 볼 수 있다. ⑥ 성전향증자는 절대로 정신치료를 거부한다. 본인들은 정신치료를 반자연적인 행위라고 생각하고 있으며, 여기에 반해 성전환수술을 자연적인 것으로 생각하고 있다. 본인들의 이러한 태도는 의사의 성전환수술이외에 치료법은 없다는 것을 알리고 있는 것이다. ⑦ 성전향증자는 성전환에 대한 염원이 방해되고 있다고 느낄 경우에는 광기에 달할 정도의 공격적인 반응을 나타낸다. 본인들은 스트레스와 위기의식으로 정신적인 붕괴상태까지 이르게 된다. 그리고 심하게는 자신의 성기를 절단하거나 자살을 시도하는 경우도 보인다.

Ⅲ. 성전환자 보호의 헌법적 근거와 한계

1. 헌법적 근거

성전환자를 보호해야할 헌법적 근거로는 크게 ① 인간의 존엄과 가치를 향유하며, 행복을 추구할 권리(헌법 제10조), ② 인간다운 생활을 할 권리(헌법 제34조 제1항), ③ 질서유지나 공공복리에 반하지 아니하는 한 프라이버시에 관한 자기결정권을 가진 성적(性的) 소수자(少數者)로서 보호를 받을 권리(헌법 제37조) 등을 들 수 있다.

(1) 인간의 존엄과 자기결정권

헌법 제10조는 "모든 국민은 인간으로서의 존엄과 가치를 가지며, 행복을 추구할 권리를 가진다."고 규정하고 있다. 인간의 존엄과 가치는 우리 헌법이 정하고 있는 기본권 중에서도 가장 기본적이고 핵심적인 권리이다. 그리고 이 조항이 전제로 하고 있는 인간상(人間象)은 인간의 고유 가치에 상응하는 인격성과 공동체관계성 및 공동체구속성에 상응하는 연대성, 즉 사회성 그리고 역사성이 결합된 모습으로 파악하는 것이 타당하다고 본다.

우리 헌법재판소는 "개인의 인격권, 행복추구권은 개인의 자기운명결정권(自己運命決定權)을 그 전제로 하고 있으며, 이 자기운명결정권에는 성적 자기결정권, 특히 혼인의 자유와 혼인에 있어서 상대방을 결정할 수 있는 자유가 포함되어 있다."[20]고 하면서 인격권과 행복추구권을 규정한 헌법 제10조가 자기 결정권의 근거가 된다고 판시하였다.

헌법상의 자기결정권(自己決定權, Selbstimmungsrecht)이란, 타인에게 위해(危害)를 미치

---

20) 헌재 1990.9.10, 89헌마82, 헌법판례집 제2권, 306면 이하.

지 않는 한 자신의 일을 자유의사(自由意思)에 의하여 결정할 수 있다는 것을 의미한다. 자기결정권의 헌법적 근거로는「인간의 존엄과 가치 및 행복추구권(헌법 제10조)」과「국민의 권리와 자유는 헌법에 열거되지 아니한 이유로 경시되지 아니한다(헌법 제37조 1항)」, 헌법 제10조와 프라이버시권(헌법 제17조) 등에 두고 있다.[21]

인간의 존엄과 가치 및 행복추구권의 핵심인 자기결정권의 내용은 구체적인 경우에 여러 가지 형태로 실현된다. 출산에 대한 부녀의 자기결정권, 생명·신체의 처분에 관한 자기결정권, 배우자 등의 선택에 관한 자기결정권, 생활방식으로서 자기결정권이 포함된다.

적어도 인간이 자연(自然)의 일부(一部)인한 출생에 의한 자연적인 성의 결정에 승복하여야 할 것이다. 따라서 헌법상 자기결정권이 인정된다 하더라도 원칙적으로는 남자나 여자가 선천적으로 타고난 자신의 성(性)을 적극적으로 선택하여 성전환하는 것은 자기결정권(自己決定權)에 포함되지 않는다고 본다. 그러나 성전환증에 의한 성전환증자의 성전환은 자기결정권의 예외적인 것으로 보호함이 타당하다고 본다.

자기가 주관적(主觀的)으로 인식하는 성(性)과 객관적 사실(客觀的 事實)이 불일치한 경우 성전환자(性轉換者)의 본인의 의사를 존중해야 할 것이다. 따라서 반음양(半陰陽)의 경우 본인의 의사를 최대한 존중하여 성(性)을 결정해야 할 것이다.[22] 다시 말해서, 단순히 개인의 편의나 일순간의 심리적 불안을 이유로 한 개인의 성별정정(性別訂正)은 어떠한 이유로도 허용될 수 없지만, 성전환증과 같이 '질병의 치료'라는 차원에서 객관적이고 정확한 진단과 사회의 공식적인 의료기관에서의 시술에 의한 성전환은 예외적으로 인정함이 타당하다고 본다.

우리 헌법상의 인간상은 사회생활에서 유리된 개인도 아니고, 현대적 인간집단의 개성 없는 단순한 구성원이 아닌, 공동체의 일원으로서 자각을 가지고 공동체의 구성원과 더불어 살아가고자 하는 인간이라고 볼 때, 성전환증(transsexualism)자도 우리 헌법이 상정하고 있는 인간상의 범주에 포함된다. 또한, 성전환증자도 질병의 하나인 성전환증을 앓고 있는 환자이며 그 이전에 국민의 한 사람인 이상 인간의 존엄과 가치의 향유자가 될 수 있다.[23]

(2) 성적 소수자와 소수자의 기본권

자유민주주의 사회는 다양성을 추구하는 사회라 할 수 있다. 자유민주주의 사회에서 다수자

---

21) 丘秉朔, "憲法上「自己決定權」의 問題", 月刊考試(1990.2), 24면; 金哲洙, 『憲法學槪論』, 박영사(2002), 373면; 權亨俊, "自己決定權에 관한 憲法裁判所의 判例分析", 「法學論叢」 제17집(2000.10), 71면.
22) 金丙坤, 『人間의 尊嚴』, 교육과학사(1996), 121면.
23) 이철호, 성전환증은 질병의 하나, 월간「JURIST」 2002년 8월호, 15면.

의 지배를 정당화시키고, 자유민주주의 사회를 유지·발전시키는 제도적 장치는 「다수결의 원리(多數決의 原理)」이다. 자유민주주의 사회에서 다수(자)의 지배가 정당화되기 위해서는 "소수자(少數者)의 보호(保護)"가 전제되어야 한다. 소수자의 보호가 전제되지 않은 다수결의 원리나 다수자의 지배는 또 다른 형태의 "전제정치(專制政治)"가 지배하는 사회에 불과하다.

　　소수자(少數者)란 "사회구성체의 정치·사회·경제·문화의 제반영역에서 인종, 성, 경제적 능력, 사상이나 도덕, 기타의 이유로 지배적이라고 일컬어지는 가치와 상이한 입장에 있는 부류"24)라고 정의할 수 있다.25) 특히, '성적 소수자'의 사전적 정의는 인종적, 문화적, 육체적, 심리적 특질로 인해 다른 사람과 구별되어 불공평한 대우를 받는 집단을 소수자 집단(Minority)이라 부르는 일반적 정의에서 한 발 나아간 '성적인 특질로 구별되어 차별받는 집단'으로 정리할 수 있다.26)

　　소수자 기본권에 관한 문제의 핵심이 차별에 있다면 그들이 주장할 수 있는 것은 '평등권'이다. 다수자에게 보장되는 모든 자유와 권리를 소수자에게도 '평등하게' 보장하는 것은 소수자 기본권 문제의 본질로서 "모든 소수자보호의 출발점"이 되는 것이다.27)

　　소수자들은 시대와 상황의 변화에 따라 그 사회의 다수가 될 가능성을 가지고 있기 때문에 헌법이 보장하는 여러 가치들의 보호를 받아야 한다. 이 점을 권리주체의 측면에서 바라보면 소수자 그들도 주권을 가진 국민이기 때문에 비록 다수의 국민들과는 다른 입장을 견지한다 하더라도 인간의 존엄성과 행복 추구권에 바탕을 둔 삶을 영위할 권리를 가진다.28)

2. 헌법적 한계

　　헌법상 자기결정권도 그것을 실현할 때는 국가적·사회적 공동생활의 테두리 안에서 타인의 권리, 공중도덕, 사회윤리, 공공복리 등의 존중에 의한 내재적 한계가 있다. 따라서 절대적으로 보장되는 것은 아니라고 본다. 다시 말해서, 성전환은 부부관계·친자관계 등과 같이 가

---

24) 안경환, "소수자 보호를 위한 법리", 『법과사회』 제2호(창작과비평사, 1990), 115면.
25) 소수자의 개념은 그것을 엄밀하게 정의하는 것보다 구체적인 경우에 따라 정의될 수 있는 개방적인 개념으로 열어놓을 필요가 있다. 왜냐하면 소수자의 개념을 처음부터 너무 엄밀하게 정의해 버리면 구체적이고 개별적인 상황에 따라 매우 다양하게 등장할 수 있는 새로운 소수자의 집단을 배제하는 위험성이 발생하게 될 것이다(이준일, 소수자와 평등원칙, 헌법학연구 제8권 제4호, 2002, 222면).
26) 한채윤, 성적 소수자 차별의 본질과 실제 그리고 해소 방안, 한인섭·양현아 편, 『성적 소수자의 인권』, 사람생각(2002), 45면.
27) 이준일, 앞의 논문, 236면.
28) 안경환, "소수자 보호를 위한 법리", 『법과사회』 제2호(창작과비평사, 1990), 115면.

족공동체의 파괴가능성이 있고, 사실상 탈법행위를 합법화하는 수단으로 악용될 여지가 있기 때문이다.

성전환의 요구가 헌법상 인격권, 행복추구권, 혼인의 자유 등의 근거를 갖는다고 하더라도 이러한 권리나 자유가 헌법 제37조 제2항의 질서유지·공공복리를 위하여 제한될 수 있다. 다시 말해서, 자기결정권은 사사(私事)에 관한 것이므로 타인에게 위해를 끼칠 염려가 있는 경우에는 제약을 받는다. 그러나 추상적(抽象的)인 사회성(社會性)에 의한 제약은 인정되지 않는다고 한다. 예를 들면 도덕에 반(反)하든가, 조화를 깨뜨린다든가 하는 추상적이고 막연한 이유로는 제약의 근거가 될 수 없다고 한다.[29]

그러나 특별한 사유도 없이 자유스럽게 성(性)의 변형(變形)이 허용된다고 할 때 엄청난 파급효과는 개인의 자기결정권보장의 이익보다 공공(公共)에 대한 위해(危害)가 훨씬 클 것이기 때문이다.[30]

V. 성전환자의 성별 정정 문제

성전환이 문제가 된 경우로서는 의학적으로 볼 때, 간성(間性)의 경우와 성전환증(性轉換症)의 경우로 나누어 볼 수 있다. 우리 사회에서 문제가 되는 성전환은 성전환증(性轉換症)의 경우를 들 수 있다. 여기서는 외국의 입법례나 판례의 입장을 살펴보고, 우리나라 법원의 태도를 살펴본다.

1. 외국의 입법례와 판례의 태도

성전환 문제에 대한 외국의 태도는 크게 ① 스웨덴·독일 등과 같이 특별법을 제정하여 해결하고 있는 입장과 ② 프랑스·일본 등과 같이 학설 및 판례의 결정에 맡기고 있는 나라로 나눌 수 있다.

(1) 스웨덴

스웨덴은 세계에서 가장 빨리 성전환에 관한 법률을 제정한 나라이다. 1972년 4월 21일 「특정한 경우에 있어서 성의 확정에 관한 법률(Lag 21 april 1972 om faststallande av

---

29) 丘秉朔, 앞의 논문, 28면.
30) 金丙坤, 앞의 책, 120면.

kostillhorighet i vissa fall SFS nr 119)」을 제정・시행함으로서 성전환으로 인해 발생하는 법적 문제들을 해결하고 있다. 스웨덴에서는 性轉換症(變性症)의 경우에는 제1조에 의해, 간성(間性)의 경우에는 제2조에 의해 각각 법정(法定) 성(性)을 정정하는 길이 열려 있다.[31]

(2) 독일

서독연방법원은 1971년 9월 21일 결정 등의 판례는 성별은 일의적(一義的), 불가변적(不可變的)이므로 변경할 수 없다는 이유로 성전환증의 경우에 성별정정을 불허(不許)하였으나, 1980년 9월 10일 「특별한 경우의 이름변경과 성귀속확정에 관한 법률(Gssetz uber die Anderung der Vornamen und Feststellung der Geschlechtszugehorigkeit in besonderen Fallen vom 10. september 1980(BGBI I, 1654))」을 제정하여 성전환으로 인해 발생하는 법률문제를 해결하고 있다. 그러나 이 법률은 스웨덴 법률이 규정하고 있는 것과는 달리 「變性症法(성전환증법) Transsexuellengesetz—TSG」라고 약칭(略稱)되어 있는 것에서도 알 수 있듯이 변성증(성전환증)의 경우에만 관한 것이고 간성(半陰陽)의 경우에 대해서는 규정하고 있지 않다.[32]

(3) 프랑스

프랑스는 성전환에 대하여 판례와 학설에 의해 해결하고 있으며, 간성(間性)과 성전환증(性轉換症)(變性症)을 구별하여 간성(間性)의 경우 대부분 법적 성(性)의 정정(訂正)과 이름의 변경을 인정하고 있다. 성전환증인 경우에는 1975년을 전후하여 1975년 이전판결에서는 법적 성(性)의 정정과 이름의 변경을 부인하였으나, 1976년부터는 法的 性의 정정과 이름의 변경을

---

31) 동 법률의 제1조는 "① 유년기부터 교회기록 장부에 기재된 성과 별개의 성에 소속되어 있다는 것을 자각하고, 장기간 그 성에 순응한 행동을 취하며, 거기에 따라 장래도 그 성을 가진 자로서 생활할 수 있는 자의 경우, 그 자의 신청에 따라 다른 성에 소속시킬 수 있다. ② 본조에 의한 확정은 신청자가 18세 이상이고 또한 생식선(生殖腺)의 적출(摘出) 혹은 그 이외의 사유로 생식이 불가능한 경우에 한해서 인정할 수 있다."고 규정하고 있다. 제2조를 살펴보면, "① 성기의 이상에 의하여 성적 귀속에 의문의 여지가 있는 자는 자신이 바라는 성이 성기의 생장과 합치하고 있을 경우 자신이 바라는 성으로 더욱 합치시키기 위하여 이상한 교정을 할 경우, 또는 그 교정이 불가능한 경우에 자신이 바라는 성이 자신의 신체의 전체적 구조에 더 잘 합치할 때에는 제1조와 마찬가지의 확인을 요구할 수 있다. ② 만 18세 이상인 자 및 18세 미만일지라도 후견인이 없는 자는 제1조와 마찬가지의 신청을 할 수 있다. 그 외의 경우에는 후견인에 의하여 신청이 이루어져야 한다. 신청이 12세 이상인 어린이에 관한 것일 경우에는 확인은 어린이의 동의가 있을 때에 한하여 유효하다."고 규정하고 있다.

32) 大島俊之, 性轉換の法―戸籍訂正を中心として, 判例タインス, No.464(1983.2.20), 99면.

인정하고 있다. 또한, 간혹 法的 性의 訂正과 이름의 변경을 신청한 사건에서 法的 性의 訂正은 인정하지 않고 이름의 변경만을 인정한 사례도 있다.33)

프랑스의 破毀院(Cour de cassation)은 1990년까지는 성전환에 대해서 부정적인 입장을 견지하였다. 破毀院은 1990년 5월 21일 판결에서 "성전환은 그것이 의학적으로 인정된 것이라 할지라도 진정한 성의 전환이라 인정할 수 없다. 성전환자는 당초의 성에 따르는 특징의 일부를 잃었다 하여도 반대의 성의 특징을 획득한 것이 아니다. 그런즉 외과수술에도 불구하고……계속하여 여성으로서의 신체적 동일성을 유지하고 있다고 한 控訴院의 판단은 정당하다."며 성전환을 이유로 신분증서를 변경하는 것을 기각했다.34) 그러나, 프랑스 破毀院은 1992년 12월 11일 대법정을 열어 "치료목적으로 行해진 내과적·외과적인 처지의 결과, 성전환의 증상을 나타내는 자가 이미 당초의 성이 지니는 특징을 모두 상실하고, 그 사회적 행동과 일치하는 반대의 성에 그 자를 근접시키는 신체적 외관을 지니기에 이르렀을 때는 사생활존중의 원칙에 의해 그 자의 민사신분이 이후, 그 자가 그 외관을 지향하는 성을 가리키는(指示하는) 것은 정당화된다. 민사신분의 불처분성의 원칙은 이 변경의 장해가 되지 않는다."고 판례를 변경하여 성전환을 인정하게 되었다.

이렇게 하여 프랑스에서는 ① 성전환증자에 대해서, ② 치료목적으로 의료적 조치가 취해진 그 결과로서, ③ 신체적으로 반대인 성적 외관이 발생하여 그자의 사회적 행동과 일치하기에 이르렀을 경우에는 성별의 변경(신분증서의 기재변경)이 허용된 것이다.35)

(4) 미국

미국에서도 초기에는 성전환수술을 받은 자에 대한 성의 변경을 부인하였다가 점차적으로 성전환 수술을 받은 성전환자의 성의 변경을 인정하는 방향으로 나아가고 있다. 다시 말해서, 성별을 오직 성염색체만으로 결정하는 입장에서 성염색체뿐만 아니라 다른 요소인 심리적·사회적 요소들을 고려하여 결정하고 있는 것으로 보인다.

1973년 Hartin v. Director of Bureau of Records사건에서 "성전환 수술을 받은 자의 성염색체는 여전히 변경될 수 없다. 그러므로 출생증명서(出生證明書)는 그 사람의 출생시의 性別을 반영하여만 한다. 성전환수술은 환자의 마음을 편하게 해주려는 의도에서 실시되는 실험적

---

33) 성전환에 대한 프랑스 법원의 판례의 흐름에 대한 자세한 내용은 大島俊之, 앞의 논문, 87~98면 참조.
34) Càss. civ. lre, J.C.P. 1990, II, 21588, D. 1991, 169, rapp. Massip, Concl. Flipo; 大村敦志, 『消費者·家族と法』, 東京大學出版會(1999), 93면; 大島俊之, 『性同一性障害と法』, 日本評論社(2002), 146면 이하 참조.
35) 大村敦志, 앞의 책, 94면

형태의 심리학적 치료에 불과하며 성별을 결정하는 신체세포를 전혀 변경하지 못한다. 따라서 우리는 성염색체의 기준을 채용하는 것이다."[36]라고 判示하여 성의 변경을 부인하였다. 그후 1976년 M.T v. J.T.사건에서 뉴저지주법원은 "성별은 오직 성염색체만에 의하여서가 아니라 다른 요소들을 고려하여 결정하여야 하고", "환자의 심리학적인 선택이 의학적으로 보아 일시적 변덕이 아닌 건전한 것이고 이에 따라 돌이킬 수 없는 성전환수술이 행하여졌다면 사회는 그 성전환수술을 받은 자가 정상적인 생활을 영위하는 것을 막을 아무런 권리가 없다 … 중략… 성전환이라는 것이 우리 사회에 있어서 대부분 사람들의 본래 모습과 모순되는 것이기는 하지만 그것이 법률적으로 수용될 수 없다고까지 하여서는 아니 된다."[37]고 하여 성의 변경을 인정하게 되었다.

미국은 15개 주에서 성전환수술을 받은 자에 대하여 출생기록부상의 성의 변경을 허용하고 있다.[38]

(5) 일본

일본에서도 성전환자의 성별 변경의 문제를 법원의 판결에 맡기고 있어 법원의 결정이 엇갈리고 있다. 東京家庭裁判所는 성별 정정을 허가한 반면, 名古屋家庭裁判所와 名古屋高等裁判所은 성전환에 의한 성별 정정을 인정하지 않았다.

한편, 일본에서는 性轉換症에 의한 성전환수술로서 睾丸除去手術을 시술한 의사에 대해 優生保護法違反으로 형사책임을 물은 판례가 있다.[39]

2. 우리나라 법원의 태도

우리나라는 성전환자들에 대한 성전환을 허용하는 특별법이 존재하지 않고 있다. 1990년대 성전환 수술을 받은 사람들의 性別訂正 허가신청사건에서 법원에 따라 판결이 엇갈려 사회적·법률적으로 혼선을 빚자 大法院에서는 「性轉換 手術과 性別訂正」이란 참고자료를 만들어 전국법원에 발송한 바 있다.

---

36) 347 N. Y. S. 2d 515(Sup. Ct. of New York, 1973)

37) 355 A. 2d 204(N. J. Super. Ct. App. Div.1976)

38) Leslie Pearlman, TRANSSEXUALISM AS METAPHOR: THE COLLISION OF SEX AND GENDER, Buffalo Law Review, Vol.43(Winter 1995), 851면 각주 75 참조.

39) 東京地判昭44·2·15判時551號, 26面, 東京高判昭45·11·11高判集23券4號, 159面. 이 판례에 대한 자세한 내용은 高島學司, "性轉換手術と優生保護法28條", 醫師判例百選, ジュリスト, No.50(1976) 참조.

우리 법원의 판례 또한 일관되지 않고 일응 대법원에서 제정한 지침에 따라 성염색체에 이상이 있는 경우와 단순히 성전환증으로 인한 수술을 구별하여 취급하고 있는 것으로 보이나, 법원간 또는 담당 판사에 따라 결정 내용이 다르다.[40]

---

40) 성전환자의 성별정정허가신청에 대한 판례의 입장을 정리하면 아래와 같다. (1) 성전환자의 성별정정 기각결정 : ① "남성이 여성으로 성전환수술로 外形上이나 性格上 女性化되었다 하더라도 人間의 性別은 性染色體의 如何에 의하여 결정되어야 한다"(서울가정법원 1987. 10. 12. 87호파3275결정, 同法院 제3항고부 1987. 12. 12. 87브140결정)는 입장에서 성염색체의 변화가 없는 성전환수술에 의한 성별정정은 인정하지 않는다. ② "성은 출생과 동시에 부여받는 것으로서 인위적으로 변경을 허용해선 안되며 이러한 견해는 남·여의 구별을 그 변경이 불가능한 성염색체상의 성에 따라 구별한다. 현재의 의학상 시술되고 있는 성전환수술은 완전한 성의 전환수술이 아니라 본래의 성의 일부 기능을 제거하고 반대성의 일부기능을 갖게하는 정도의 수술에 불과하기 때문에 그 수술로 인하여 성의 전환은 이루어질 수 없으며 성전환수술이 완벽하게 시행될 수 있게 되더라도 성의 전환은 인정되지 않는다. 따라서 성전환수술로 외형상 여성이 된 점은 인정될 수 있으나 판례는 물론 현대의학과 생물학에서도 남녀구분은 성염색체설에 근거하고 있으며 성염색체가 남성이고 난소가 없어 임신이 불가능하기 대문에 여성으로 인정할 수 없다."(수원지방법원 여주지원 1990. 6. 7, 90호파98 결정)며 성별정정허가신청에 대해 기각결정을 내렸다. ③ 수원지방법원 여주지원에서 성별정정이 기각된 당사자는 그 결정에 불복하여 수원지방법원에 항고하였다. 1990년 8월 21일 수원지법 제1민사부는 이 사건 항고심 결정에서 제1심과 마찬가지로 성별정정신청을 받아들이지 않았다. 그 결정 이유에서 "性染色體나 외부성기 등 육체적인 성별에는 이상이 없는데도 性自我나 性別同一性의 인식에 장애가 있어 본인 스스로 반대의 성에 속한다고 믿는, 그 성으로 생활을 하는 性轉換症은 일종의 精神疾患"이라고 밝힌 다음, 각종 치료방법에 의하여도 이에 대한 치유가 불가능하여 외과적 수술로써 그 신체에 환자가 바라는 여성이 가지는 일부 해부학적인 성기의 외관을 갖추어 놓은 경우에 그 인위적 상태로의 性을 인정할 것인가 여부는 醫學의 전결사항이 아니며 사회적, 법적 평가의 문제라고 언급한 후 결론적으로 이는 여성으로서 주요한 내부성기를 지니지 못한 채 여성과 일치하는 일부의 해부학적 구조만을 인위적으로 만들어 놓은 것에 불과하여 현재 우리 사회의 상식이나 사회적 가치관에 비추어 볼 때 그를 완전한 여성으로 볼 수 없다고 판단하였다(법원행정처, 『法院史』, 1995, 1212면). ④ "비록 항고인이 출생 당시 확인된 성인 남성으로서의 외형적 특징을 더 이상 보이지 않게 되었으며 남성으로서의 성격도 상실하여 외견상 여성으로서의 사회생활을 영위해가고 있을지라도 항고인이 성염색체의 구성에 있어 정상적인 남성의 성염색체 구성을 갖추고 있는 이상, 항고인의 위와 같은 증상이나 사유는 정신의학적으로 성적 동일화의 이상인 변성증이란 증후군의 증상을 보이는데 불과하고 위와 같은 증상이나 사유만 가지고 바로 법적인 성을 결정하는 호적상의 성을 「女」라 할 수는 없다."(광주지방법원 1995. 10.5, 95브10 결정)라고 하여 성별 정정을 기각하였다.
(2) 성전환자의 성별정정 허가결정 : ① "「性染色體異常症」의 진단서가 첨부돼 남성으로서의 염색체구조에 이상이 있을 뿐 아니라 호적판결은 신청자의 사회적 신분을 결정하는 것이기 때문에 신체적 조건을 갖춘 이상 일상생활에서의 불편함을 덜어줄 필요가 있다"(청주지방법원 1989. 7. 5, 89호파299 결정)며 男에서 女로의 성별정정허가결정을 내렸다. 이 사안은 성별의 분화가 비정상인 경우로서 성전환수술이 본래의 성별을 회복시키는 경우로서 성전환증자에 대한 성별 정정이 아니라 間性에 대한 성별 정정을 허가한 결정이다. ② "외부성기구조 및 정신과학적 상태로 볼 때 여성과 다를 바 없고, 현실적으로 여성이 된 만큼 사회적·법률적으로 여성으로서 생활하는데 불편이 없도록 해야하며, 유전학상의 염색체에 의한 성구분을 중시하는 견해도 있으나, 정신이나 신체가 완전한 여성인데도 호적에 계속 남성으로 남아있을 경우 군입대

　　우리 법원에서 성전환자에 대한 성별 정정을 허가한 결정들을 종합하여 보면, 남녀 성의 결정에 관하여 생물학적 기준인 '성염색체설'만을 고집하지 않고 정신적·심리적·사회적 성역할을 종합하여 성 정체성을 인정해주는 쪽으로 나아가고 있다고 볼 수 있다.

　　성전환자에 대한 성별정정허가결정은 심리적·사회적 장애로 성전환수술을 받은 사람에 대한 호적상 성별을 바꿀 수 있도록 허가함으로써 사회상을 반영한 결정으로 평가할 수 있다.

　　인간에게 생물학적으로는 發生學的 또는 生殖腺의 性이 중요한 것은 두말 할 것이 없다. 그러나 法的 性은 반드시 그것에 구속될 것은 아니다. 法的 性을 판단함에 있어 生物學的 事實만에 의할 것이 아니라 궁극적으로는 社會通念에 의해야 한다. 따라서 사람의 法的 性을 판단함에 있어서는 外部性器의 形態에 의한 性, 제2차 性徵, 心理學的 性, 社會學的 性이 중시되어야할 것이다.[41]

등 사회생활이나 법적 권리·의무행사에서의 불편이 크다는 점을 참작해야 한다"(대전지방법원 천안지원 1990.4.19, 90호파71 결정)며 男에서 女로의 성별정정허가결정을 내렸다. ③ "법률조항의 흠결을 들어 신청인의 주장을 배척하는 것은 성전환증 환자가 인간으로서의 존엄과 가치를 향유하며, 행복을 추할 권리를 가진 존재로서(헌법 제10조), 인간다운 생활을 할 권리가 있고(헌법 제34조 제1항), 질서유지나 공공복리에 반하지 아니하는 한 프라이버시에 관한 자기결정권을 가진 성적 소수자로서 마땅히 보호를 받아야 한다(헌법 제37조)는 헌법이념에 반하는 것으로서…중략…성전환자인 신청인이 신체의 성을 외과적 수술을 통하여 자신의 성 인식에 부합하는 성으로 변형하거나 자신의 본래 성을 주장하는 것이 우리 사회의 질서유지나 선량한 풍속 또는 공공복리에 반한다고 볼 자료가 없다.…… 신청인은 성도착 등과 같은 성적 이상행동을 하거나 정상행동으로부터의 일탈이나 성적 방종으로 사회질서나 선량한 풍속을 해하는 사람이 아니라, 성정체성장애라는 특이한 병적 현상으로 심각한 고통 가운데 있는 사람이므로, 국가나 사회는 신청인에 대하여 마땅히 적절하고도 합리적인 처우를 하여야 할 필요가 있다. 그에 대한 법률상 처우에 해당하는 호적상 성별 정정을 통하여, 그가 그간에 겪었던 심리적·정신적 장애를 극복하고 이렇다 할 고통 없이 다른 사람들과 자연스럽게 어울려, 남녀 양성체제로 편성된 우리 사회의 정상적인 구성원으로서 자신에게 새로이 부여된 성 역할을 수행하면서 인격을 자유롭게 실현할 수 있도록 하여야 할 것이다."(부산지방법원 가정지원 2002.7.3, 2001호파997,998결정)며 성별 정정을 허가하였다. ④ 2002년 12월 12일 인천지법은 "이(하리수)씨는 비록 염색체가 남성이긴 하지만 외모나 행동은 여자로 살아가는 만큼 신체적으로 여성으로 보는게 타당한데다 …… 여자로서 행복하게 살 권리를 부여하는 것이 마땅하다. ……군입대를 위해 신체검사까지 받았으나 부적격 판정을 받는 등 신체적으로 여성으로 보는 게 타당하다.…… 여성 연예인으로 생활해온 점을 감안할 때 남자로 살아가게 하는 것이 지나치게 가혹하다"며 성별정정 및 개명을 허가하였다(중앙일보, 2002년 12월 14일, 35면 참조).

41) 大島俊之, 앞의 논문, 103면.

Ⅳ. 맺음말

성전환자는 우리 사회 공동체의 구성원으로서 사회구성원과 더불어 생활하고자 하지만, 출생시에 타고난 肉體的 性과 精神的 性(心理的 性)의 불일치 현상으로 인해 사회 구성원으로서 정상적인 사회생활을 하지 못하고 있다. 성전환자도 사회구성원과 더불어 행복을 추구하며 인간답게 살아갈 권리가 있다. 따라서 성전환자들이 자주적(自主的) 인간으로서 사회성(社會性)을 인식하면서 모든 사회생활영역에서 自決과 자유롭게 그리고, 責任있게 자신의 고유가치를 추구하고 실천해 나갈 수 있는 길을 열어주어야 한다.[42]

국내에서도 이미 오래 전부터 성전환증(性轉換症, transsexualism)에 의한 성전환 수술 (transsexual operation)이 행해져 오고 있으며, 의학기술의 발달에 의하여 성전환 수술이 성전환증자의 최종적인 「치료의 수단」으로 자리잡아가고 있는 실정에서 성전환의 문제를 언제까지나 법공백(法空白)으로 방치하여 현실로부터 法이 유리되어, 성전환증자들을 사각지대에 방치시켜서는 안될 것이다.[43]

필자는 성전환증자의 성전환수술 행위가 국민 다수의 도덕이나 윤리감정에 부합하지 못하고, 국민 다수의 눈에는 어리석고 편벽되고 잘못된 것으로 보이는 일이 있을지라도, 그들의 행위가 적어도 국민다수에게 조금도 해를 끼치지 않는 한에 있어서는 국민다수로부터 아무런 방해를 받음이 없어야 한다고 생각한다. 성전환증자들이 성전환수술을 국가질서를 문란하게 할 목적이나 타인을 해할 목적으로 하지 않고 단지 「질병의 치료」라는 목적으로 하는 이상 이를 보호함이 인도적인 차원에서뿐만 아니라 우리 헌법 제10조가 규정하고 있는 인간의 존엄과 가치를 존중한다는 의미에서도 성전환은 허용되어야 하고, 그에 따른 성별 정정 및 개명이 법적으로 뒷받침되어야 한다고 본다.[44]

이제 우리 사회에 던져진 과제는 성전환과 관련된 각 분야의 전문가들이 열린 공론의 장에서 활발한 논의를 거쳐 합의를 도출해 내야 한다. 의학 분야에서는 성전환증에 대한 합리적인 허용기준과 치료방법을 모색하고, 법학 분야에서는 단순한 규제보다는 성전환자들이 인간다운 삶을 누릴 수 있는 길을 열어주는 성별 정정 및 개명에 대한 논의가 있어야 한다. 다시 말해서, 성전환수술 후 성전환자들이 사회공동체 속에서 사회구성원으로서 새로운 성적 역할을 수행하면서 그들이 행복을 추구하며 더불어 살아갈 수 있도록 '특별법' 제정과 같은 입법적 배려가 있어야 하겠다.

---

42) 이철호, "性轉換의 憲法的 檢討", 「亞・太公法研究」 제3집(1994), 104면.
43) 이철호, 위의 논문, 115면.
44) 이철호, 앞의 글(각주23), 15면.

생명권과 사형제도

"인간은 오판(誤判)이나 독재적 권력에 의해서 무고한 생명을 말살시킨 경우가 많습니다. 저 역시 1980년 신군부(新軍部)에 의해서 사형언도(死刑言渡)가 내려지고 대법원(大法院)에서 사형이 확정되었던 사람입니다. 당시 저는 국민의 힘과 세계여론의 저항에 의해서 간신히 목숨을 부지할 수 있었습니다. 저는 2004년 과거 저의 사형을 확정했던 바로 그 대법원에서 다시 무죄(無罪)가 선고되었습니다."

— 김대중 前 대통령 —

I. 머리말

영화 「데드맨 워킹(Dead Man Walking, 1995)」은 헬렌 프리진 수녀의 실화에 바탕을 둔 영화로 사형문제를 다루고 있다. 이 영화는 사형을 통해서라도 희생자의 한을 풀고자 하는 유가족들의 아픈 마음을 무시하지 않으면서도, 국가가 불완전한 사법제도 아래 법의 이름으로 다른 인간의 생명을 빼앗는 일이 과연 올바른지 묻고 있다.

경기 서남부 부녀자 연쇄살해 혐의로 구속 기소된 강호순에게 2009년 4월 8일 사형이 구형된 가운데 사형제 존폐 논란이 또 불거졌다.[1] 수원지검 안산지청 한승헌 검사는 이날 수원지법 안산지원에서 열린 결심공판에서 강호순에게 '살인 및 성폭력범죄처벌법' 위반죄 등을 적

---

[1] 네티즌들은 "억울하게 죽은 사람들을 생각해 강호순의 사형은 집행돼야 한다"는 반응이다. 필명 '모순이'는 다음 아고라에 "시간 끌지 말고 빨리 사형시켜야 한다"며 "인권을 말하며 사형에 반대하는 사람들은 자신의 가족이 똑같이 당했다고 생각해보면 절대 그런 말 못한다"고 주장했다. '홀릭홀릭'이라는 필명을 사용하는 네티즌도 "일반적으로 구형보다 법원이 최종적으로 내리는 선고·확정이 가벼운 것이 사실이니 기다려 봐야 알 것"이라며 "대한민국 국민의 한 사람으로서 검사의 구형대로 형이 확정된다면 좋겠다"고 피력했다. 이어 "이번을 계기로 사형제도가 부활하기를 바란다"고 덧붙였다. 반면 한 네티즌은 "흉악범이라는 이유만으로 사형을 한다면 결국 흉악범과 뭐가 다르냐"며 "하루빨리 사형제를 폐지해야 할 것"이라고 강조했다 (머니투데이, 2009.4.9일자 참조).

용해 사형을 구형했다. 강호순이 2009년 7월 23일 항소심에서 사형 선고가 있은 후 1주일의 상소 기간이 만료된 동년 7월 30일까지 상고장을 제출하지 않아 31일자로 사형이 확정됐다.2)

전국의 형사법 전공 교수 132명이 최근 사형제 폐지를 주장하는 성명서를 발표했다. 이들은 "사형은 야만적이고 비정상적인 형벌"이라며 "사형집행 움직임은 전 세계적인 사형폐지 추세에 역행하는 것이고 인권후진국으로 전락 하는 것을 의미한다"고 주장했다.

우리 법제는 사형 제도를 채택하고 있으며, 집행 방법으로는 일반 형법은 교수형을, 군형법(軍刑法)은 총살형을 채택하고 있다. 같은 범죄를 저지르고 같이 사형을 언도받을 경우라 해도 사형수의 신분이 현역 군인일 경우에는 형 집행일이 민간인보다 2개월 정도 빨리 집행된다. 범죄자의 나이가 만 18세 미만이면 사형은 선고되지 않고 15년의 유기징역에 처한다. 또한 심신장애인이나 임산부의 경우 회복 또는 출산 후에 사형을 집행하도록 규정되어 있다.

1997년 12월 30일에 23명에게 사형이 집행된 이래 더 이상 사형 집행이 이루어지지 않고 있으며, 2007년 6월 15일 춘천 부녀자 납치살해사건의 범인 2명 김종빈(40세)과 조경민(30세)이 사형 확정 판결을 받았고, 장모와 처를 포함해 모두 10명의 부녀자를 살해한 연쇄살인범 강호순(39세)이 항소심에서도 사형을 선고받고 상고를 포기해 형이 확정됐다. 대한민국의 사형 대기 기결수가 모두 66명까지 증가하였으나 현재는 모두 60명이다.

2007년 10월 10일, "세계 사형폐지의 날"을 맞아 한국의 일부 단체들이 "사형폐지 국가 선포식"을 가졌으며, 12월 30일에 10년 동안 사형을 집행하지 않게 됨으로써 국제사면위원회(Amnesty International)의 규정에 의하여 "실질적 사형 폐지국"이 되었다. 천주교와 대한 성공회 등 기독교계 일부와 국제사면위원회(Amnesty International) 한국지부에서도 사형 제도를 폐지할 것을 요청하고 있는데, 기독교계 중 사형 폐지를 주장하는 천주교, 대한 성공회 등에서는 인간이 다른 인간의 생명을 함부로 빼앗을 수 없다는 점과 흉악한 범죄를 저지른 사형수라 할지라도 회개할 기회를 주어야 한다는 점을 근거로 들고 있으며, 예수도 십자가형으로 죽은 사형수라는 점을 주장한다. 국제사면위원회 한국지부에서도 사형 집행 과정에서의 사형수에 대한 인권침해를 지적하면서 반대하고 있다.

1995년 사형에 대한 위헌소송이 제기되었고, 2005년 4월 국가기관으로는 최초로 국가인권위원회에서 '국가의 생명권 보장 의무, 생명권 제한의 법적 근거 미비, 사형 관여자의 양심의 자유 등 침해, 비례의 원칙 위반, 검증되지 않은 사형의 범죄 억제력, 오판 가능성 등을 검토한 결과, 국회의장에게 사형제도는 생명권의 본질적인 내용을 침해하는 것'이므로 사형제도 폐지

---

2) 장모와 처를 포함해 모두 10명의 부녀자를 살해한 연쇄살인범 강호순(39)이 항소심에서도 사형을 선고받고 상고를 포기해 형이 확정됐다.

의견을 공식화하기도 했다.3) 하지만 우리 사회에서 잊을 만하면 간간히 발생하는 흉악 범죄로 인해 사형제도를 절대 존치해야 한다는 의견이 강한 힘을 얻기도 하고, 사형제도 존폐론이 대립하고 있다.

　현재 국내에는 60명의 사형 기결수가 있지만 지난 11년 동안 사형을 집행하지 않아 우리나라는 '사실상 사형폐지(abolitionist in practice)' 국가로 분류되고 있다.4)

<hr/>

3)　2009년 8월 4일 국가인권위원회는 사형제도에 대한 위헌법률심판제청사건(2008헌가23)에 대해, 국가인권위원회법 제28조 제1항 규정에 따라 사형제도 폐지가 헌법 및 국제인권규약에 부합한다는 의견을 헌법재판소에 제출했다. 국가인권위원회는 "인간의 생명권은 인간의 존엄성과 분리될 수 없는 기본권이며, 모든 기본권의 전제가 되는 권리이기 때문에, 사형제도는 근본적인 윤리적 문제, 즉 모든 이에게 살인을 금지하면서 국가가 일정한 공익적 목적을 달성한다는 명목 아래 법과 정의의 이름으로 살인행위를 한다는 윤리적 모순에서 벗어날 수 없다고 보았습니다. 또한, 아무리 훌륭한 사법제도를 갖는다고 하더라도, 재판이 신이 아닌 사람의 영역에 속하는 이상 오판의 가능성을 절대적으로 없앤다는 것은 불가능합니다. 인간은 본질적으로 오류를 범할 수밖에 없는 존재이며 이러한 인간이 만든 사법제도가 운영되는 과정에서 오류가 있을 수 있음은 우리의 역사에서 경험하고 있는 바입니다. 그러므로 국가가 이러한 사법제도의 불완전성에 대한 마지막 안전판으로서 비록 범죄자라고 하더라도 우주보다도 중하다는 생명이 유지되도록 허용하는 것이 윤리적으로 책임지는 자세일 것입니다. 국제적으로도 이제 사형제 폐지는 시대의 대세입니다. 국제인권조약인 유엔 시민적 및 정치적 권리에 관한 국제규약 제6조는 생명권보장을 규정하면서 사형제폐지가 바람직하다는 점을 시사하고 있습니다. 또한 사형집행과정에 수반된 제 문제는 경우에 따라 동규약 제7조의 "잔혹하고 비인도적인 형벌금지원칙"에 위배되기도 합니다. 국제사회는 사형제 폐지를 위하여 지역차원의 국제조약을 체결하여 유럽대륙에서는 한 나라를 제외한 모든 국가에서 사형제도가 폐지되었습니다. 미주인권협약 및 그 추가의정서에서도 사형제폐지에 대한 국제규범을 형성하고 있습니다. 이러한 대세에 과거에 오심을 통한 사형집행을 비롯하여 많은 인권침해를 경험한 우리나라가 이에 동참하지 못할 이유가 없습니다. 더욱이 사형은 현행 「헌법」과 국제인권규약 등의 정신에 부합되지 않는다고 판단되기 때문에 국가인권위원회는 「국가인권위원회법」 제28조 제1항의 규정에 따라 사형제도를 폐지하는 것이 「헌법」 및 국제인권규약에 부합한다는 위와 같은 의견"을 제출하였다(세부적인 국가인권위원회 의견은 「국가인권위원회」 보도자료 참조).

4)　1948년 정부 수립 이후 사형집행의 역사를 한눈에 보여주는 법무부 공식 통계가 나왔다. '건국 이후 사형집행 현황' 자료를 보면, 1948년 이후 사형으로 목숨을 잃은 사람은 모두 920명인 것으로 나타났다. 1949년 7월 14일 첫 번째 사형집행이 이뤄졌고, 1997년 12월 30일이 마지막이었다. 김대중 정부가 출범한 1998년부터 지금까지 사형집행이 없었기 때문에 한국에서는 약 50년간 매년 19명 가까운 사형수가 형장의 이슬로 사라졌다. 사형집행이 가장 많던 시기는 박정희 정권때로 모두 473명이 사형으로 목숨을 잃었다. 전체 920명의 절반을 넘는 수치다. 역대 대통령별 사형집행 현황을 살펴 보면, 이승만 258명/ 허정(대행) 0명/ 윤보선 22명/ 박정희 473명/ 최규하 0명/ 전두환 71명/ 노태우 38명/ 김영삼 57명/ 김대중 0명/ 노무현 0명이다(한겨레21, 제751호, 2009년 3월 12일 참조).

Ⅱ. 헌법상 생명권의 의의와 내용

1. 생명권의 의의와 근거

(1) 생명권(生命權)의 의의

생명은 순수한 자연적 개념이다. 따라서 생명이란 비생명적인 것 또는 죽음에 대칭되는 인간의 인격적·육체적 존재형식, 즉 생존을 의미한다. 생명은 자연과학적으로 판단하여야 하므로 생명에 관한 사회적·법적 평가는 원칙적으로 불가능하지만 타인의 생명을 부정하거나 둘 이상의 생명이 양립할 수 없는 경우에만 예외적으로 사회적·법적 평가가 허용될 수 있다고 하겠다.5)

(2) 생명권의 헌법적 근거

생명권은 제2차대전 중 전체주의국가에서 자행된 인간의 생명 유린에 대한 역사적 반성에서 생명에 대한 권리를 실정화하기에 이르렀다.

현행헌법은 독일기본법(제2조 제2항)·일본헌법과 달리 명문규정은 없지만 학설과 판례는 생명권을 헌법상의 기본권으로 인정하고 있다. 생명권의 헌법적 근거를 어디서 찾을 것인가에 관하여는 견해의 대립이 있다.

ⅰ) 헌법 제10조의 인간의 존엄과 가치에서 찾는 견해(김철수, 헌법학개론, 372면), ⅱ) 헌법 제10조, 제12조 제1항, 제37조 제1항에서 구하는 견해(권영성, 헌법학원론, 387면), ⅲ) 생명권은 인간의 존엄성과 신체의 자유의 전제라는 견해(허영, 한국헌법론, 335면) 등이 있다.

살아있는 사람의 생명에의 권리는 인간의 본질적 가치에 해당하며 생명을 박탈하는 것은 인간의 존엄과 가치를 침해하는 것이므로 생명권의 헌법적 근거는 헌법 제10조의 인간의 존엄과 가치에서 찾는 것이 타당하다고 본다.6)

---

5) 헌법상 생명권을 헌법사(憲法史) 차원에서 정리하면서 세대별 헌법학자들의 이론과 판례를 다루고 있는 논문으로는 황치운, "韓國憲法史에 있어서 生命權에 대한 認識", 「한국에서의 기본권이론의 형성과 발전」(허영박사화갑기념논문집), 박영사(1997), 182면 이하 참조.

6) 판례(대법원, 헌재) : ⅰ) 생명은 한 번 잃으면 영원히 회복할 수 없고, 이 세상 무엇과도 바꿀 수 없는 절대적 존재이며, 한 사람의 생명은 전 지구보다 무겁고 또 귀중하고 엄숙한 것이며, 존엄한 인간존재의 근원인 것이다(1967.9.19. 대판 67도988). ⅱ) 인간의 생명은 고귀하고, 이 세상에서 무엇과도 바꿀 수 없는 존엄한 인간존재의 근원이다. 이러한 생명에 대한 권리는 비록 헌법에 명문의 규정이 없다하더라도 인간의 생존본능과 존재목적에 바탕을 둔 선험적이고 자연법적인 권리로서 헌법에 규정된 모든 기본권의 전제로서 기능하는 기본권 중의 기본권이라 할 것이다(1996.11.28. 95헌바1).

2. 생명권의 주체

생명권은 성질상 인간의 권리이므로 내·외국인을 불문하고 자연인에게만 인정된다. 따라서 법인은 어떠한 경우에도 생명권의 주체가 되지 못한다.

생명권의 주체라고 하더라도 자신의 생명을 마음대로 처분할 수 없을 뿐만 아니라, 자신의 생명처분권을 타인에게 위임할 수도 없다. 따라서 자살할 권리는 인정되지 아니하며 자살방조는 허용되지 아니한다.

자연인의 경우 생명의 시기(始期)와 관련하여 태아가 생명권의 주체가 될 수 있는지가 문제되는데 인간의 생명은 출생으로부터 시작되는 것이 아니라 수정과 착상의 과정을 거치면서 시작되고, 형성중인 생명도 생명이라는 점에서 태아도 생명권의 주체가 된다고 보아야 한다(정종섭, 헌법학원론, 365면).

3. 생명권의 내용

생명권은 국가의 침해에 대한 배제를 요구할 수 있는 자유권적 내용(소극적 생명권)과 국가에 대하여 사회적·경제적 여건을 마련하여 보호해 줄 것을 요구할 수 있는 생존권적 내용(적극적 생명권)을 갖는다. 따라서 우생학적 단종시술이나 안락사·낙태는 원칙적으로 금지되며, 생명을 위협하는 전염병 또는 위급한 상황에 처한 개인이나 집단을 고의로 방치하는 것은 용납되지 아니한다. 특히 사형제도가 문제되나, 사형제도는 다른 생명을 부정하는 불법행위에 대해서만 예외적으로 허용하여야 한다고 본다. 사형제도에 관하여 대법원·헌법재판소(95헌바1)와 다수설은 합헌으로 보나 위헌이라 보는 견해(김철수, 헌법학개론, 373면)도 있다.

4. 생명권의 효력

생명권은 모든 국가권력을 직접 구속하는 효력을 가지므로 입법·행정·사법은 이에 구속된다. 생명권에 대한 국가의 보호 의무는 포괄적이므로 생명에 대한 국가의 직접적인 침해가 금지될 뿐만 아니라, 국가로 하여금 생명을 보호하고 육성해야 할 의무를 진다. 국가는 사인에 의한 불법적인 침해로부터 생명권을 보호할 책임도 진다. 또한 사인상호간에도 생명권은 존중되어야 한다.

5. 생명권의 한계와 제한

생명권도 헌법 제37조 제2항에 따라 제한될 수 있으나 그 본질적 내용은 어떠한 경우에도 침해될 수 없다. 따라서 법률에 의한 생명권의 침해는 언제나 다른 생명을 보호하기 위한 불가 피한 경우에 과잉금지의 원리에 따라 최소침해의 원칙이 존중되어야 할 뿐 아니라 그 침해방 법과 절차의 면에서도 인간의 존엄성을 존중하는 길을 택해야 할 것이다(허영, 한국헌법론, 337면).

생명권의 한계에 관한 문제는 대체로 정당한 이유 없이 타인의 생명을 부정하거나 둘 이상 의 생명이 충돌할 경우에 제기된다. 특히 생명권의 박탈과 사형제도·태아의 생명권과 인공 임신중절[7]·안락사·전투·정당방위 등에 의한 살인·생명의 포기=죽을 권리 등에서 한계 문제가 논의되고 있다.

특별한 임무를 수행하여야 하는 군인·경찰관 등에게 타인의 생명을 구하기 위하여 생명의 희생을 감수하도록 강요할 수 있는지 문제된다. 이러한 강요는 생명의 위협을 무릅쓰고 업무 수행에 최선을 다할 국가적 의무(국민의 생명권 보호)에서 유래하는 것이다. 그러나 생명권을 존중하는 한 직무명령을 어긴 공무원에 대한 국가의 형벌권은 인정될 수 없다는 견해도 있다.

Ⅲ. 사형제도와 사형제도 존폐론

1. 사형제도의 의의와 기원

(1) 사형제도의 의의

사형(死刑; Todesstrafe)은 범죄자 혹은 범죄자라고 주장되는 사람의 생명을 박탈하여 사회 에서 영원히 격리시키는 형벌로, 생명형(生命刑), 또는 극형(極刑)이라고도 한다. 현재 많은 나라에서 폐지되어 무기징역 또는 종신형으로 대체되었다.

일반적으로 사형이란 살인이나 일정 정도 이상의 상해를 가한 자에게 내려지는 형벌이라고 볼 수 있다. 세계적으로 이를 폐지하는 국가가 늘고 있으며, 사형 폐지론이 불거진 계기는 인 권에 대한 인식의 전환과 민주화라고 인식하는 경우도 많다.

---

7) 미국 연방대법원은 Roe v. Wade, 410 U. S. 113(1973)사건에서 태아의 생명권보다 임신여성의 프라이버 시권을 우월하게 보아 임신 초기 3월 이내의 낙태는 주정부가 개입할 수 없고 오로지 임심여성과 의사의 자 율에 맡겨져 있으며, 두 번째 3개월에도 원칙적인 낙태를 인정하지만, 임신여성의 건강을 위한 경우처럼 정당한 이익이 있는 경우에는 낙태에 대한 규제가 가능하며, 마직막 3개월에는 태아의 생명을 보호하기 위 한 주의 이익이 임신여성의 프라이버시(privacy)권보다 우월하다고 판시하였다. 그러나 이후 연방대법원 은 Planned Parenthood Southeastern Pennsylvania v. Casey, 112 S. Ct. 2791(1992)사건에서 여성의 선 택권에 중대한 부담을 주지 않는 한 주정부가 낙태를 규제할 수 있다고 하여 Roe판결의 견해를 사실상 변 경한 것으로 평가된다.

현행 한국 형법은 형벌의 종류로서 사형을 규정하고 있다(형법 제41조). 형법각칙이 법정형으로 사형을 규정하고 있는 범죄는 내란죄(제87조), 외환유치죄(外患誘致罪)(제92조), 여적죄(與敵罪)(제93조), 살인죄(제250조), 강도살인·치사죄(제338조) 등 16종이 있다. 또한 특별형법에도 많은 사형규정을 두고 있다. 예를 들어, 국가보안법의 경우 45개, 특정범죄가중처벌법의 경우 378개, 군형법의 경우 70개 항목에서 사형을 규정하고 있다.

사형은 교도소 내에서 교수(絞首)하여 집행하며(형법 제66조), 집행시기는 법무부장관의 집행명령일로부터 5일 이내이다(형사소송법 제466조). 법무부장관은 판결이 확정된 날로부터 6월 이내에 집행의 명령을 하여야 한다(제465조). 심신장애인 및 임부(姙婦)에 대하여는 법무부장관의 명령으로 사형집행을 정지하고, 회복 또는 출산 후에 집행한다(제469조). 18세 미만인 소년에 대하여는 사형을 과하지 않는다(소년법 제59조).

(2) 사형제도의 기원

사형의 기원은 인류의 역사 초기로까지 거슬러 올라간다. 가장 오래된 실정법인 기원전 18세기의 함무라비 법전은 '눈에는 눈, 이에는 이'라는 동해보복(同害報復) 사상에 입각한 형벌을 제시하였고, 사형이 부과되는 범죄 30여 개가 규정되어 있었다. 사형은 역사상 가장 오래된 형벌이다. 일례로 구약성경에서 알 수 있는 당시 율법은 대부분 사형으로 범죄를 응징하고 있다. 한편, 고조선 8조법에도 "사람을 살해한 자는 죽음으로 갚는다."는 조항이 있어 사형이 집행됐음을 알 수 있다.[8]

영국에서는 1500-1550년 7만 명 이상이 사형으로 목숨을 잃었다. 화형이나 시체 훼손 등 현재보다 잔인한 형벌을 실시하였다. 이후 18세기 서구 계몽주의 사상이 '인간 존엄성'을 강조하면서 사형은 점차 줄어들기 시작했다.

근대 형법학의 아버지라고 불리는 이탈리아의 베카리아는 그의 저서 '범죄와 형벌'에서 최초로 사형제 폐지를 주장했고 그 후 서구 사회에서 치열한 논쟁을 거치게 된다. "인간은 오류 없는 존재일 수 없으므로 사형을 내릴 만큼 충분한 확실성이 결코 보장될 수 없다. 사형은 국민에 대한 국가의 전쟁이요, 법을 빙자한 살인"이라는 게 그의 신념이었다. 이러한 믿음은 서구에서 점차적으로 확산되기에 이르렀다.

사형의 역사가 이토록 오래되었으나 사형 폐지가 세계적으로 이목을 끌게 된 것은 상당히 최근의 일이다. 1961년 국제엠네스티가 출범하였고 1977년 12월 국제사면위원회(國際赦免委

---

8) 사형제도의 기원과 역사에 대해서는 카를 브루노 레더·이상혁 옮김, 『사형』, 하서(2003) 참조.

員會, Amnesty International)가 사형에 무조건 반대한다는 '스톡홀름 선언'[9]을 발표하면서 처음으로 16개국이 이 사안에 서명하게 된다. 30여년이 지난 지금 120여 개 국이 사형제 완전 폐지 혹은 법률상 실질적으로 폐지한 국가가 되었다.[10]

2. 사형제도 존폐론

(1) 사형 존치론

사형제도를 찬성하는 사형존치론(死刑存置論)은 가해자의 응징, 위하력(威嚇力), 범죄자의 격리, 국민의 법감정(法感情), 여러 가지 사회상황 등을 논거로 들고 있다.

사형제도의 존치론은 ① 형벌의 목적을 우선적으로 '응보(Retribution)'에 둠으로써 가해자에 대한 가장 강력한 응징이나 보복으로서 정당화 될 수 있다. ② 위하력(威嚇力)은 범죄에 대한 형벌을 규정함으로써 일반인에게 범죄를 저지르지 못하도록 위협하고 겁주는 효과를 말하는데, 인간이 본질적으로 가장 애착을 가지는 것이 생명이므로 이를 박탈하는 형벌의 예고는 범죄행위에 대한 가장 강력한 위하가 될 것이라고 보는 견해로서 사형존치 논거의 기초로 삼고 있다. ③ 사형제도는 극악한 범죄자를 사회로부터 영원히 격리함으로써 선량한 시민을 보호하는 효과가 있다고 보는 견해이다. ④ 사형은 존치되어야 한다는 것은 일반국민이 갖고 있는 법적 확신에 기초하고 있다고 보는 논거이다.[11] 살인죄에 대한 형벌로서의 사형은 사회질서를 유지하기 위하여 극악무도한 살인범을 배제하려는 국민적 정의 관념의 발로이므로 현재의 조건으로 사형은 존치시켜야 한다고 보는 이론이다.[12] ⑤ 폐지론자들이 사형대신 제시하는 종신형제도는 경제적인 부담도 크거니와 오히려 비인간적일 수도 있다. ⑥ 사형제도의 폐지는 현실적인 정치적·사회적 여러 가지 사정을 고려할 때 아직 '시기상조'라는 논거를 들고 있다.

---

9) 스톡홀름 선언은 1972년 스톡홀름에서 개최한 'UN 인간 환경 회의'에서 결의 채택된 'UN 인간 환경 선언'의 통칭이다.

10) 국제앰네스티의 2007년 조사결과에 따르면 133개 국가에서는 사형 제도가 없거나 10년 동안 집행한 바 없으며, 64개 국가에서는 사형 제도를 유지하고 있다. 그리고 2006년 한 해 동안 25개국에서 적어도 1591명에게 사형이 집행되었으며, 55개국에서 적어도 3861명이 사형을 언도 받았다. 독일은 1949년에, 프랑스는 1982년에 사형제를 폐지했다. 리히텐슈타인은 1984년부터 사형제를 실시하지 않는다. 중화인민공화국은 본토에서는 사형제를 채택하고 있지만, 특이하게도 특별행정구인 홍콩과 마카오는 반환 후에도 사형 제도를 채택하지 않았다. 2007년에 사형을 폐지한 국가는 알바니아와 르완다, 키르기스스탄이다.

11) 국가인권위원회가 2003년 12월부터 12월까지 3개월 동안 실시한 여론조사에 의하면, 일반국민의 경우 전체국민의 65.9%가 사형존치에 찬성하였고, 사형폐지에 찬성한 국민은 34.1%로 나타났다.

12) 齊藤靜敬, 『死刑再考論』, 成文堂(1980), 125면 이하 참조.

(2) 사형 폐지론

사형폐지론을 최초로 주장한 사람은 베카리아(Beccaria)이다. 베카리아는 그의 저서 〈범죄와 형벌〉13)에서 사형은 법률적 관점뿐만 아니라 형벌의 효과에 비추어 보더라도 불필요하다는 점을 강조하고 있다. 베카리아의 영향을 받고 감옥개량가로 유명한 하워드(John Howard)도 사형은 일반예방 효과가 없으므로 폐지해야 한다고 하였다.

사형제도를 반대하는 사형폐지론(死刑廢止論)은 인도주의, 오판의 위험, 사형제도의 위하력 없음, 사형제도의 정치적 악용 가능성 등을 논거로 들고 있다.14)

① 인도주의(人道主義)는 종교적 입장15)에서 출발한 논거로 사형은 인간을 향하여 행하는 행위 중에서 가장 가혹한 행위이므로 당연히 폐지되어야 한다고 보는 논거이다. 사형은 종교적 견지에서도 허용될 수 없다. 인간의 생명은 신만이 허용한 것이며, 생명을 줄 수 없는 인간이 형벌이라는 미명으로 생명을 박탈 할 권리가 없다. ② 사형제도의 존치를 주장하는 입장에서는 사형제도의 위하력(威嚇力)을 절대적으로 신뢰하지만, 사형 폐지입장에서는 위하력을 인정하지 않는다. 사형제도는 생각하는 만큼의 위하력을 갖고 있지 않으며, 위하력에 대한 객관적인 증명이 불가능하다. 또한 사행집행을 행한 다음 날에도 살인이 발생한다는 점이다. ③ 재판은 신(神)이 아닌 인간인 법관에 의하여 행하여지는 것이므로 법관의 '오판(誤判)가능성'을 배제할 수 없다는 점에서 사형제도에 반대하는 가장 강력한 논거이다. 사형 존치론자들은 오늘날의 형사재판은 철저한 증거재판주의에 입각해 있기 때문에 오판의 가능성은 없다고 말하지만, 검사와 판사도 전지전능한 신이 아니며 불완전하기 짝이 없는 인간일 뿐이다. 단 한 번의 오판(誤判)16)은 생명을 박탈당한 사람의 생명회복이 불가능하다는 점이다. ④ 사형제도만큼 '정치적으로 악용(惡用)'될 가능성이 많은 제도도 없다는 점에서 사형제도의 폐지 논거로 주장된다.17) 사형은 권력자나 독재자가 자기의 정적(政敵)이나 반대자를 단숨에 침묵시키고

---

13) 체자레 벡카리아 지음, 이수성 외 옮김, 『범죄와 형벌』, 길안사(1998); 베카리아 지음, 김봉도 옮김, 『범죄와 형벌』, 박문각 (1992).

14) 사형폐지에 대한 일본학자의 저술로는 團藤重光(단도 시케미츠)·(김희진 옮김), 『사형폐지론』, 한국사형폐지운동협의회 발간(2001) 참조.

15) 종교적 입장에서 사형제도 폐지를 다룬 책으로는 김정우, 『사형과 인간의 존엄성』, 대구효성가톨릭대학교 (1996) 참조.

16) 오판(誤判)의 원인에 대해서는 日本弁護士連合人權擁護委員會, 『誤判原因の實證的研究』, 現代人文社(1998) 참조. 또한 誤判의 防止와 救濟에 대해서는 小田, 『誤判救濟と刑事司法の課題』, 日本評論社(2000); 井戸田つよい 『誤判の防止と救濟』, 大學圖書(1998) 참조.

17) 사형제도가 정치적으로 악용된 대표적 사건으로는 1961년 '「민족일보」 조용수 사장 사건'과 '인혁당재건위 조작사건'(1975년 4월 9일 사형집행)을 들 수 있다. 2007년 1월 법원은 '인혁당 재건위 조작 사건' 으로

제거할 수 있는 효율적 수단으로 악용되어온 대표적인 형벌이므로 폐지해야한다. 인류역사가 보여주는 엄연한 사실이다.[18] ⑤ 형벌의 본질은 죄를 범한 범죄인을 교육하고 교화하여 건전한 사회인으로 복귀시키는 것이다. 따라서 교육과 교화를 근원적으로 포기하는 사형은 형벌의 본질에 반하는 제도이므로 허용될 수 없다. ⑥ 사형은 인간이 생명을 누리고 살아갈 수 있는 '생명권'을 근본적으로 부정하는 것이므로 헌법에 위반된다고 본다. 또한 사형은 불공평한 제도이므로 폐지해야 한다. 같은 살인을 하였어도 강자보다는 약자가 사형에 의하여 희생된다. 이것은 정의도, 공평도 아닌 엄연한 차별인 것이다.

IV. 사형제도에 대한 대법원와 헌법재판소의 견해

1. 대법원

대법원은 사형제도를 기본적으로 인정하면서도 중범죄에 한하여 특별한 경우에만 제한적으로 허용될 수 있다는 입장이다.

대법원은 사형제도에 대하여, "인도적 또는 종교적 견지에서 존귀한 생명을 빼앗아가는 사현제도는 모름지기 피해야 할 일이겠지만 한편으로는 범죄로 인하여 침해되는 또 다른 귀중한 생명을 외면할 수 없고 사회공공(社會公共)의 안녕과 질서를 위하여 국가의 형사정책상 사형제도를 존치하는 것도 정당하게 긍인 할 수밖에 없는 것이므로 형법 제338조가 그 법정형(法定刑)으로 사형을 규정하였다 하더라도 이를 헌법에 위반되는 조문이라고 할 수 없다."(1987.9.8. 대판 87도1458)고 판결하였고, "사형은 인간의 생명 그 자체를 영원히 박탈하는 극형으로서 그 생명을 존치시킬 수 없는 부득이한 경우에 한하여 적용되어야 할 궁극의 형벌이므로 사형을 선택할 경우에는 범행의 동기, 태양, 범행의 수단, 잔학성, 결과의 중대성, 피해자의 수, 피해감정, 범인의 연령, 범행후의 정황 등 제반 사정을 참작하여 죄책이 심히 중대

기소돼 유죄판결을 받고 사형당했던 8명에게 재심무죄판결을 하였고, 동년 8월에는 숨진 8명의 희생자 유족들에게 국가가 손해배상금을 지급해야 한다는 판결을 했다. 2008년 1월 16일 서울중앙지방법원은 故 조용수 민족일보 사장에 대한 재심에서 무죄를 선고했다.

18) 정적(政敵)을 법률의 이름으로 사형에 처하여 영원히 제거하는 독재나 사형제도를 교묘하게 악용하여 정적을 무기력화 또는 말살하는 음모가 항상 있을 수 있다. 정치적 암살의 방법으로 사형제도의 악용은 독재권력이 이용해 온 것은 상식이다. 그러한 일을 방지하기 위해서도 사형제도는 폐지해야 한다. 미국인권회의에서 제시한 것처럼 정치범과 양심수에 대한 사형은 절대로 금지되어야 한다는 말이 나와도 전혀 이상하지 않은 것이 이 점이다(한상범, 새 천년을 사형 폐지로 맞자, 「死刑廢止에 관한 特別法」立法促求 決意大會」 자료집, 1999, 13면).

하고 죄형의 균형이나 범죄의 일반예방의 견지에서도 극형이 불가피한 경우 한정되어야 한다"(1987.10.13. 대판87도1240)며 사형선고 자제론의 입장을 보이고 있다. 또한, "우리 법이 사형제도를 두고 있지만, 사형은 사람의 목숨을 빼앗는 마지막 형벌이므로, 사형의 선고는 범행에 대한 책임의 정도와 형벌의 목적에 비추어 그것이 정당화될 수 있는 특별한 사정이 있는 경우에만 허용되어야 하고, 따라서 사형을 선고함에 있어서는 범인의 연령, 직업과 경력, 성행, 지능, 교육정도, 성장과정, 가족관계, 전과의 유무, 피해자와의 관계, 범행의 동기, 사전계획의 유무, 준비의 정도, 수단과 방법, 잔인하고 포악한 정도, 결과의 중대성, 피해자의 수와 피해감정, 범행 후의 심정과 태도, 반성과 가책의 유무, 피해회복의 정도, 재범의 우려 등 양형의 조건이 되는 모든 사항을 참작하여 위와 같은 특별한 사정이 있음을 명확하게 밝혀야 한다"며, 대법원은 사형제도를 기본적으로 인정하면서 특별한 경우에 한하여 제한적으로 허용해야 한다는 입장을 견지하고 있다고 판단된다(1994.3.22. 대판93도3612; 1998.6.9. 대판98도980; 2001.3.9. 대판2000도5590 판결 참조).

2. 헌법재판소

헌법재판소는 생명권과 사형제도에 관한 헌법소원에서, "(가) 생명권 역시 헌법 제37조 제2항에 의한 일반적 법률유보의 대상이 될 수밖에 없는 것이나, 생명권에 대한 제한은 곧 생명권의 완전한 박탈을 의미한다 할 것이므로, 사형이 비례의 원칙에 따라서 최소한 동등한 가치가 있는 다른 생명 또는 그에 못지 아니한 공공(公共)의 리익을 보호하기 위한 불가피성이 충족되는 예외적인 경우에만 적용되는 한, 그것이 비록 생명을 빼앗는 형벌이라 하더라도 헌법 제37조 제2항 단서에 위반되는 것으로 볼 수는 없다. (나) 모든 인간의 생명은 자연적 존재로서 동등한 가치를 갖는다고 할 것이나 그 동등한 가치가 서로 충돌하게 되거나 생명의 침해에 못지 아니한 중대한 공익을 침해하는 등의 경우에는 국민의 생명·재산 등을 보호할 책임이 있는 국가는 어떠한 생명 또는 법익이 보호되어야 할 것인지 그 규준을 제시할 수 있는 것이다. 인간의 생명을 부정하는 등의 범죄행위에 대한 불법적 효과로서 지극히 한정적인 경우에만 부과되는 사형은 죽음에 대한 인간의 본능적 공포심과 범죄에 대한 응보욕구가 서로 맞물려 고안된 "필요악"으로서 불가피하게 선택된 것이며 지금도 여전히 제 기능을 하고 있다는 점에서 정당화될 수 있다. 따라서 사형은 이러한 측면에서 헌법상의 비례의 원칙에 반하지 아니한다 할 것이고, 적어도 우리의 현행 헌법이 스스로 예상하고 있는 형벌의 한 종류이기도 하므로 아직은 우리의 헌법질서에 반하는 것으로 판단되지 아니한다.

형법 제250조 제1항이 규정하고 있는 살인의 죄는 인간생명을 부정하는 범죄행위의 전형이고, 이러한 범죄에는 그 행위의 태양이나 결과의 중대성으로 미루어 보아 반인륜적 범죄라고 규정 지워질 수 있는 극악한 유형의 것들도 포함되어 있을 수 있는 것이다. 따라서 사형(死刑)을 형벌의 한 종류로서 합헌(合憲)이라고 보는 한 그와 같이 타인의 생명을 부정하는 범죄행위에 대하여 행위자의 생명을 부정하는 사형을 그 불법효과의 하나로서 규정한 것은 행위자의 생명과 그 가치가 동일한 하나의 혹은 다수의 생명(生命)을 보호하기 위한 불가피한 수단의 선택이라고 볼 수밖에 없으므로 이를 가리켜 비례의 원칙에 반한다고 할 수 없어 헌법에 위반되는 것이 아니다."(1996. 11. 28. 95헌바1)라며 대법원의 입장을 답습하는 합헌결정을 내렸다. 그러나 사형제도에 관한 합헌결정에도 불구하고 일부 소수의견은 사형제도에 관한 학계의 비판과 국제적 경향을 수용하고 있다는 점에서 의미가 있다고 판단된다.[19)]

V. 사형제도의 헌법적 검토

1. 합헌론

사형이 헌법상 비례의 원칙에 따라서 최소한 동등한 가치가 있는 다른 생명 또는 그에 못지아니한 공공의 이익을 보호하기 위한 불가피성이 충족되는 예외적인 경우에만 적용되는 한, 사형제도가 비록 범죄자의 생명을 빼앗는 형벌이라 하더라도 헌법 제37조 제2항 단서에 위반되는 것으로 볼 수 없다. 또한 현행 헌법이 스스로 예상하고 있는 형벌의 한 종류이기도 하므로 헌법질서에 반하는 것으로 판단되지 아니한다(헌재, 95헌바1). 사형제도는 국민일반에 대한 심리적 위하(威嚇)를 통하여 범죄의 발생을 예방하고 이를 집행함으로써 특수한 사회악의 근원을 영구히 제거하여 사회를 방어한다는 공익상의 목적을 가진 형벌이고, 사형은 인간의

---

19) 사형제도에 관한 재판관 김진우의 반대의견 : 憲法 제10조에 규정된 인간의 尊嚴性에 대한 존중과 보호의 요청은 刑事立法, 刑事法의 적용과 집행의 모든 영역에서 지도적 원리로서 작용한다. 그러므로 刑事法의 영역에서 立法者가 인간의 尊嚴性을 유린하는 惡法의 제정을 통하여 국민의 生命과 自由를 박탈 내지 제한하는 것이나 잔인하고 비인간적인 刑罰제도를 채택하는 것은 憲法 제10조에 반한다. 死刑제도는 나아가 良心에 반하여 법규정에 의하여 死刑을 언도해야 하는 법관은 물론, 또 그 良心에 반하여 직무상 어쩔수 없이 死刑의 집행에 관여하는 자들의 良心의 自由와 인간으로서의 尊嚴과 가치를 침해하는 비인간적인 刑罰제도이기도 하다(헌법판례집 제8권 2집, 539면).
재판관 조승형의 반대의견 : 死刑제도는 生命權의 본질적 내용을 침해하는 生命權의 제한이므로 憲法 제37조 제2항 단서에 위반된다. 가사 헌법 제37조 제2항 단서상의 生命權의 본질적 내용이 침해된 것으로 볼 수 없다고 가정하더라도, 刑罰의 목적은 応報・犯罪의 일반예방・犯罪人의 개선에 있음에도 불구하고 刑罰로서의 死刑은 이와 같은 목적달성에 필요한 정도를 넘어 生命權을 제한하는 것으로 目的의 正当性, 그 수단으로서의 適正性・피해의 最小性 등 제원칙에 반한다.

죽음에 대한 공포본능을 이용한 가장 냉엄한 궁극의 형벌로서 그 위하력이 강한 만큼 이를 통한 일반적 범죄예방효과도 더 클 것이라고 추정되며, 무기징역형이 사형의 일반예방적 효과를 대체할 수 있다고 단정하기는 어려우므로, 사형제도는 헌법상의 과잉금지원칙에 위반되지 않는다[20)는 입장이다.

2. 위헌론

인간의 생명은 인간의 실재 그 자체이고 모든 기본권의 논리적 전제이며 본질적 내용을 이루고 있다. 궁극적으로 인간의 모든 것인 생명을 박탈하지 않고서도 종신형으로 국가의 안전보장·질서유지·공공복지를 유지하는데 하등의 지장이 없을 것이라면서 사형제도의 위헌성을 주장하는 견해[21)도 있다. 헌법 제10조에 규정된 인간의 존엄성에 대한 존중과 보호의 요청은 형사입법, 형사법의 적용과 집행의 모든 영역에서 지도적 원리로서 작용하므로 형사법의 영역에서 입법자가 인간의 존엄성을 유린하는 잔인하고 비인간적인 형벌제도를 채택하는 것은 헌법 제10조에 반한다. 나아가 사형제도는 법규정에 의하여 사형을 언도해야 하는 법관은 물론 사형의 집행에 관여하는 자들의 양심의 자유와 인간으로서의 존엄과 가치를 침해하는 비인간적인 형벌제도이기도 한다.[22)23)

3. 결어

사형제도는 헌법상 생명권의 본질적 내용을 침해하는 생명권의 제한이므로 헌법 제37조 제

---

20) 정종섭, 헌법학원론, 박영사(2006), 368면.
21) 구병삭, 신헌법원론, 박영사(1996), 414면; 배종대, 형법총론, 홍문사(2001), 688면.
22) 사형제 존폐 문제와 더불어 교수형에 대해서도 논란이 있다. 절명까지의 시간이 보통 2~3분 정도이지만 20분을 넘기기도 해 고통이 크며, 사형수가 죽어가면서 내뱉는 신음은 사형 집행에 관여하는 사람들에게도 고통을 주는 만큼 처형방식을 바꾸어야 한다는 주장이다. 故김수환 추기경은 2001년 서울구치소를 방문한 자리에서 마산 주교 시절 사형집행을 참관했던 경험담으로 교수대의 끈이 끊어지면서 떨어져 머리에 피를 흘리는 사형수를 다시 목매다는 모습을 보고는 인간이 해서는 안 될 일이라고 생각했다는 요지이다 (국민일보, 2006년 2월 22일 참조).
23) 사형제도는 인간의 생명권을 침해할 뿐만 아니라 그의 존엄성을 침해하는 제도이다. 또한 사형제도는 사형선고인을 비롯한 사형집행인, 사형집행확인인 등의 존엄성을 침해하며 사형선고인의 양심의 자유도 침해한다. 형사정책적으로 볼 때 사형이 아닌 다른 형벌로도 일반예방적 효과를 달성할 수 있다고 본다. 무엇보다도 오판에 의한 사형집행의 경우 생명을 회복할 수 없다는 점을 잊어서는 안된다. 한마디로 사형제도는 문명에 반하는 잔인하고 비인도적인 제도이다. 따라서 생명권을 보장하려면 사형제도는 폐지하는 것이 논리적 일관성을 갖는다. 즉 사형제도는 원칙적으로 위헌이라고 하겠다(계희열,『헌법학(중)』, 박영사, 2000, 246면).

2항 단서에 위반이라고 본다. 헌법 제37조 제2항 단서상의 생명권의 본질적 내용이 침해된 것으로 볼 수 없다고 가정하더라도, 형벌의 목적은 응보범죄의 일반예방·범죄인의 교화 개선에 있음에도 불구하고 형벌로서의 사형은 이와 같은 목적 달성에 필요한 정도를 넘어 생명권을 제한하는 목적의 정당성, 그 수단으로서의 적정성, 피해의 최소성 등의 원칙에 반한다고 판단됨으로 사형제도는 위헌이라고 본다.

VI. 맺음말

사형제도 폐지에 대한 대안으로 제시되는 방안으로 '사형집행 유예제도'도입[24]과 '종신형'제도의 도입을 들 수 있다.

사형집행 유예제도는 세계에서 유일하게 중국[25]에서만 시행되고 있는 제도로서, 사형을 선고하되 2년간 집행을 미뤄 이 기간 동안 범죄의 정상과 범인의 개전 및 개선가능성 등 모범적인 수형생활을 하면 무기징역이나 무기금고 등으로 형을 감경하는 제도이다.[26] 사형존치론은 사형을 단순히 도태형으로만 이해하고 형벌의 교육목적적 본질을 간과하고 있는 점에서 문제점이 있고 사형폐지론은 사형이 갖는 일반예방력과 사형에 대한 세론을 경시하고 있다는 문제점을 가지고 있다. 이러한 존치론과 폐지론의 문제점을 해결해 줄 수 있는 제도로서 인도주의적 견지에서 사형은 죄악이라는 것과 오판(誤判)에 의한 집행 후의 구제수단이 없다는 문제점을 해소하면서 사형존치론의 근거가 되는 사형의 위하력과 사형존치를 요구하는 국민의 감정 모두를 만족시키는 과도기적 사형존치론 즉, 사형과 무기형의 중간적 의미를 갖는 제도가 이 사형집행 유예제도라고 할 수 있다.[27]

사형제 폐지에 대한 대체형으로 사형폐지국에서는 가석방을 수반한 무기형과 가석방을 수

---

24) 국내에서는 중국 유학 또는 연수 경험이 있는 전국 52명의 법조인들로 구성된 〈중국법연구회〉가 대표적으로 사형제 폐지의 대안으로 '사형집행유예제' 도입 및 추진을 주장하고 있다(경향신문, 2004년 12월 8일 참조).

25) 사형집행 유예제도를 규정하고 있는 중화인민공화국형법 제43조와 제46조는 다음과 같다. 제43조 ① …사형의 판결을 내려야 할 범죄자에 대하여 반드시 즉시 집행하지 않아도 되는 때에는 사형의 판결과 동시에 형의 집행유예 2년을 선고하고 노동개조를 실시하여 그 태도를 관찰할 수 있다. 제46조 ① 사형의 집행유예판결을 받은 자가 사형의 집행유예 기간 중에 개전의 정이 현저하고 이에 더하여 공적을 세운 경우에는 2년의 기간이 만료된 후 15년 이상 20년 이하의 유기징역형으로 감형된다. ② 개조를 거부하는 정상이 악질이며 이 사실이 명확한 때에는 최고인민법원이 재정 또는 인가를 하여 사형을 집행한다.

26) 손해목, "사형제도론", 「권문택교수화갑기념논문집」, 1983, 157면 참조.

27) 이훈동, "사형제도에 대한 새로운 視覺", 矯正研究(제16호), 2002, 168면.

반하지 않는 절대적 무기형 내지 절대적 종신형[28])을 시행하고 있다.

  1933년 이후 나치의 학살을 경험한 독일은 제2차 세계대전 종료직후인 1949년 사형제도를 폐지하면서 30년 이상 가석방 없는 종신형제도를 시행하였었다. 그러나 1978년 독일연방헌법재판소의 위헌판결과 이에 따른 1981년 형법개정으로 절대적 종신형제도는 폐지되고 종신형에 대하여도 가석방을 할 수 있게 되었다. 미국의 경우 미시간주도 1931년 사형제도를 폐지하면서 가석방 없는 종신형으로 대체한 바가 있다. 절대적 종신형을 채택할 경우 위헌성의 문제가 제기되기 하지만 어디까지나 사형폐지로 가기 위한 과도적 단계로서의 의미로 보아야 할 것이고, 특별한 경우에는 사면제도를 통하여 수형자의 기본권에 대한 본질적 침해를 방지할 수 있을 것이다.[29])

  사형제도 존치론과 폐지론의 어떠한 견해도 각각의 이념과 세계관에 근거한 나름대로의 논거를 갖고 있으며 자신의 입장만을 고집한다면 다른 일방을 부정한다는 이른바 절대적 모순의 세계관 속에서 논의의 평행선을 달릴 수밖에 없게 될 것이다.[30]) 그러나 인간의 생명은 한 번 잃으면 영원히 회복할 수 없고, 이 세상 무엇과도 바꿀 수 없는 절대적 존재이며, 한 사람의 생명은 전 지구보다 무겁고 또 귀중하고 엄숙한 것이며, 존엄한 인간존재의 근원이다. 사형제도가 일반국민과 범죄자에 대하여 일반예방효과가 있는지의 여부를 충분히 검증할 수 없고 범죄자에 대한 특별예방효과는 생명 박탈로 기대할 수 없다. 더욱이 사형 집행후 오판(誤判)이 밝혀지더라도 회복이 불가능하다는 점이야 말로 사형제도 폐지의 근본적인 논거이다. 또한 사형이 집행되어도 범죄 피해자나 유가족에 대한 보상에 도움이 되지 못하고 사형집행 관계인들이 받는 고통 등도 외면할 수 없다.

  흉악범 한 명이 나타났다고 그동안 우리 사회가 어렵게 쌓아온 사형제 폐지의 공감대를 한순간에 허물어버리는 것은 성숙한 인권사회가 지향하는 모습은 아니다. 헌법상의 생명권을 침해하는 사형제도는 폐지하는 것이 여러 가지 면에서 타당하다고 본다.

---

28) 일본의 경우 終身刑 導入과 관련한 是非에서 종신형을 도입할 경우, 형무소 건축비로 100억엔으로 1,000명 수용하는 형무소 1동을 건축해야 하고, 매년 필요로 하는 수용비는 1인당 매년 60만엔으로 1,000명당 6억엔, 매년 필요한 인건비는 직원은 300명으로 평균 연봉을 최저로 잡아 6백만엔 총 18억엔을 제시하며 발상의 전환을 촉구하며 종신형 제도에 부정적 입장을 보이기도 한다(坂本敏夫, 『死刑のすへて』, 文藝春秋, 2007, 247면).
29) 윤종행, "사형제도와 인간의 존엄성", 「법학연구」(연세대학교 법학연구소), 2003, 92면.
30) 이훈동, 위의 논문, 174면.

형사사법과 인권보장

> "베카리아는 근대 형사법의 원칙인 죄형법정주의를 이론적으로 기초지우는 데 이바지한 이탈리아의 법사상가로 법학도가 기억하는 정도로 지나쳐 버리기도 하고 있다. 그러나 그가 제기했던 문제인 법률에 의한 사전명시에 따른 형벌부과, 범죄와 형벌사이의 형평성 확보, 고문의 금지와 잔혹 이상한 형벌의 금지, 자백편중의 배제, 법률의 엄정 공정한 해석과 법해석의 특권계급독점의 배제, 증거재판, 구금기간 장기화의 금지, 사형폐지 및 범죄예방 및 근절대책으로서의 사회정책의 필요성 등을 제시한 선각자이다"
>
> — 한상범, "고문과 밀고, 밀고자 없는 세상을 위하여", 『인권문제 입문』중에서 —

I. 서론

형사사법(刑事司法)의 생명은 형사사법 운용과정에서 공정성과 형평성이 지켜져야 한다. 그러면 우리 사회 형사사법절차에서 공정성과 형평성은 지켜지고 있는가? 권력과 부를 소유한 이들과 법률소외계층 사이에 수사착수여부, 구속과 기소여부, 양형문제, 법집행 단계에서 공정성과 형평성이 심각할 정도로 훼손되고 사법 불신의 벽이 생기고 있다고 본다.[1]

법치주의(法治主義)와 형사사법(刑事司法)의 기본적인 토대를 흔들어 버리는 근본적인 원

---

1) KBS 2TV 시사프로그램 〈추적 60분〉은 2007년 3월 14일 방영된 '대한민국의 특별한 국민들'편에서 김영삼, 김대중, 노무현 정부에서 특별사면을 받은 소위 우리 사회 고위층(정치인, 경제인, 고위공직자)인사 153명을 분석한 결과, 1인당 선고형량은 평균 30.9개월이었지만 실제 수감기간은 10.8개월에 불과한 것으로 나타났다. 특히 죄를 짓고도 구치소에 단 하루도 수감되지 않은 경우도 82명으로 전체의 53.6%였다. 또한, 참여연대 〈배임, 횡령 기업인 범죄 판결사례 조사〉자료에 의하면, 2000년 이후 특경가법상 배임, 횡령혐의로 기소된 기업인 69명 판결사례를 조사해 본 바에 의하면 1심 재판의 실형 비율은 특경가법 전체에 비해 8% 낮고, 1심 실형이 항소심에서 집행유예로 바뀌는 비율은 형사사건 전제에 비해 2.6배 법정형이 징역5년 또는 3년 이상의 중범죄임에도 피고인의 80%가 집행유예, 횡령금액이 5억이든 100억 이상이든 상관없이 집행유예가 82.8%로 나타났다. 이러한 분석자료들은 우리사회의 형사사법의 형평성과 공정성에 심각한 문제가 있음을 보여주고 있다.

인은 법집행의 불공정성(不公正性)이다. 불공정한 법집행의 출발은 대통령의 사면권 남용(赦免權 濫用)과 비리 지도층으로 대변되는 소위 '가진 자'들에 대한 보석 허가와 형집행정지의 남용에서 기인한다고 본다. 보석허가 결정은 재판부의 고유재량이므로 존중되어야 하고, 피고인의 보석신청은 형사소송절차상 피고인에게 주어진 권리행사이므로 법적 절차의 흠은 없다. 그러나 부당한 보석허가는 국민의 법감정(法感情)과는 괴리가 있고, 국민들로 하여금 '유전무죄, 무전유죄'의 「법적 허무주의」를 갖게 한다. 형집행정지는 형의 집행으로 인하여 현저히 건강을 해하거나 생명을 보전할 수 없을 염려가 있는 때 형의 집행을 정지하고 석방하는 제도이다. 재소자들의 인권을 고려하여 운영되는 제도가 가진 자들에게는 죄를 짓고도 합법적으로 법망을 빠져나가는 「탈옥통로」로 악용되고 있다.

　헌법상 신체의 자유는 모든 사회적·경제적·정신적 자유의 근간 또는 전제가 되는 기본권으로 연혁상으로도 다른 기본권에 앞서 취급되었다.[2] 신체의 자유의 보장은 1215년 대헌장을 비롯하여 1628년 권리청원을 거쳐 1679년 Habeas Corpus Act(인신보호법), 1689년 권리장전, 1776년 Virginia권리장전, 1789년 프랑스 인권선언 등에 의하여 완성된 후 세계 각국의 헌법이 규정하고 있는 기본권이다.

　우리 헌법은 제12조 제1항에서 「모든 국민은 신체의 자유를 가진다」고 규정한 것 외에, 신체의 자유가 침해되지 않도록 이하에서 자세한 규정을 두고 있다. 즉, 죄형법정주의와 적법절차조항(동조 제1항 2문), 고문금지·불리한 진술의 거부(제2항), 영장주의(제3항), 변호인의 조력을 받을 권리·국선변호인제도(제4항), 구속이유고지제도(제5항), 구속적부심사제(제6항), 자백의 증거능력제한(제7항), 형벌불소급의 원칙(제13조 제1항), 재판청구권(제27조), 형사보상청구권(제28조) 등이 그것이다. 이 중 적법절차보장(適法節次保障), 구속이유고지제도(拘束理由告知制度), 형사피의자(刑事被疑者)의 형사보상청구권 등은 현행헌법에서 신설된 조항이다.

　신체의 자유란 법률이나 적법절차에 의하지 아니하고는 신체의 안전성과 활동의 자율성(임의성)을 제한 또는 침해당하지 아니하는 자유를 말하며, 이를 인신(人身)의 자유라고도 한다. 이는 천부적·초국가적(超國家的) 자연권으로서 상대적 자연권이며 소극적·방어적 공권이다.

　법무부는 2007년 2월 22일, '2007년도 주요 업무계획 및 중점추진과제'를 발표했다. 2007년 법무부 주요계획 및 중점추진과제 중에는 「인권존중의 수사 시스템 정착」의 내용으로 '수사

---

2)　형사절차나 행정절차에서 특히 신체의 자유에 대한 보장·강화는 신체의 자유의 보장이야말로 모든 자유의 기초라는 명제에 대한 깊은 공통의 이해가 나타나고 있는 증거라 할 수 있다(스기하라 야스오, 석인선 譯, 『인권의 역사』, 한울, 1995, 115면 참조).

과정에서의 인권침해 방지'와 '소외계층에 법적 지원체제 강화'가 포함되어 있다. 첫째, 수사과정에서의 인권침해 방지에는 ① 아동·여성 조사시 영상녹화 적극 활용, ② 관련법 개정을 통하여 가정폭력범죄에 대한 즉각적 구제조치 강구, ③ 부서별 전담 수사관제도 시행, ④ 체포·구속 장소 감찰활동 내실화, ⑤ 인권침해 사례 발견 시 즉각적인 시정조치로 인권보호 강화가 포함되어 있다. 둘째, '소외계층에 법적 지원체제 강화' 내용으로는 ① 도시영세민 등 (법률) 취약계층에 대한 법률구조 역량 강화, ② 전 국민의 50%까지 법률구조 대상자 확대, ③ 무료 법률구조 대상자 확대(성폭력 피해여성, 한부모 가족, 의사상자 등에 대한 무료법률구조 확대를 위하여 여성가족부 등 출연기관과 협의)를 내용으로 하고 있다.

II. 형사피고인·피의자의 권리와 내용

1. 무죄추정권(無罪推定權)

헌법 제27조 4항은 「형사피고인은 유죄의 판결이 확정될 때까지는 무죄로 추정된다」고 규정하여 무죄추정의 원칙을 선언하고 있다.

영미법에서는 피의자·피고인의 인권보장적 요청에 의하여 일찍부터 무죄의 추정이 형사절차의 기본원리로 인정되었고, 대륙법에 있어서는 탄핵주의적(彈劾主義的) 형사제도의 확립에 따라 무죄의 추정이 형사소송의 지도원리로 확립되었다. 세계인권선언은 제11조 제1항에서 "모든 형사피의자는 자신의 변호에 필요한 모든 것이 보장된 공개 재판에서 법률에 따라 유죄로 입증될 때까지 무죄로 추정받을 권리를 가진다"고 규정하여 무죄추정의 원칙이 형사피의자와 피고인의 권리임을 선언하고 있다.

무죄추정의 원칙(presumption of innocence)이란 형사절차와 관련하여 아직 공소의 제기가 없는 피의자는 물론 공소가 제기된 피고인까지도 유죄의 판결이 확정될 때까지는 원칙적으로 죄가 없는 자에 준하여 다루어져야 하고 그 불이익은 필요최소한에 그쳐야 한다는 원칙이다.[3] 이 무죄 추정의 원칙은 수사절차와 공판절차에 이르기까지 형사절차의 전과정을 지배하는 원칙이다. 따라서 공소가 제기된 무죄추정의 원칙이 적용되는 이상 아직 공소조차 되지 아니한 형사 피의자에게 무죄추정의 원칙이 적용되는 것은 당연하다.[4]

이는 인권의 존중·존엄성을 인식하여 수사과정에서의 신체보호는 물론 보도 등에서 형사

---

3) 권영성, 헌법학원론, 법문사(2002), 413면.
4) 헌재 1992. 1. 28, 91헌마111.

피의자와 피고인의 명예훼손을 막기 위한 것이다. 또한 이는 형사절차의 운영에 있어 기본지침으로서 판결 그 자체는 물론 판결의 형성과정에서도 준수되어야 할 헌법상 원칙이다.

무죄추정권은 공소・행형절차에서도 존중되어야 한다.[5] 헌법 제27조 제4항에서의 유죄판결이란 실형선고 외에 형의 면제, 형의 집행유예・선고유예의 판결까지 의미한다.[6] 그러나 재판을 형식적으로 종결시키는 면소판결은 여기서 제외된다. 범죄사실의 입증책임은 검사에게 있고, 「의심스러울 때는 피고의 이익으로」(In dubio pro reo) 판단하여야 한다.[7][8] 또한 불구속수사・불구속재판을 원칙으로 하고, 예외적으로 도피우려 내지 증거인멸의 우려가 있는 때에 한하여 구속수사・구속재판이 인정되어야 한다.

헌법 제27조의 무죄추정의 원칙은 신체의 자유를 보장하기 위한 기본적인 규정이다. 무죄추정의 원칙에 따라 불구속수사 원칙하에 예외적으로 구속수사가 인정되는 것이고, 구속수사의 경우에도 구속기간은 가능한 한 최소한에 그쳐야 하며, 수사기관에 의한 신체구속은 신체적・정신적 고통 외에도 자백강요, 사술(邪術), 유도(誘導), 고문 등의 사전예방을 위해서도 최소한에 그쳐야 한다.[9] 무죄추정의 원칙은 형사절차에 있어 피의자・피고인에 대한 부당한 대우(취급)를 배제할 것을 요구하고 있다. 예를 들면, 피의자 또는 피고인에게 고문을 가하고 모욕적 언사(言辭)를 한다는 것은 무죄추정의 원칙에 반한다(피의자 또는 피고인에게 반말을 사

---

5) 사립학교교원에 대하여 공소가 제기된 경우(약식명령이 청구된 자 제외) 벌금형이나 무죄판결이 선고될 가능성이 있음에도 불구하고 공소가 제기되었다는 이유만으로 당해 교원에 대하여 아무런 청문의 기회를 부여하지 아니한 채 무조건 직위해제하도록 한 사립학교법 제58조의 2 제1항 단서규정은 헌법 제37조 제2항의 비례의 원칙에 위반하여 헌법 제15조의 직업선택의 자유를 침해하고, 헌법 제27조 제4항의 무죄추정의 원칙에 반하여 기소사실만으로 유죄인 것처럼 불이익한 처분을 하는 것이므로 헌법에 위반된다(1994.7.29. 93헌가3・7병합).

6) 공소제기가 된 피고인이라도 유죄의 확정판결이 있기까지는 원칙적으로 죄가 없는 자에 준하여 취급하여야 하고 불이익을 입혀서는 아니된다고 할 것으로 가사 그 불이익을 입힌다 하여도 필요한 최소한도에 그치도록 비례의 원칙이 존중되어야 한다는 것이 헌법 제27조 제4항의 무죄추정의 원칙이며, 여기의 불이익에는 형사절차상의 처분에 의한 불이익 뿐만 아니라 그 밖의 기본권제한과 같은 처분에 의한 불이익도 입어서는 아니된다는 의미도 포함된다고 할 것이다(1990.11.19. 90헌가48).

7) 형사재판에 있어 유죄로 인정하기 위해서는 법관이 공소사실의 진실성에 관하여 합리적인 의심이 없을 정도로 확신을 가지게 할 수 있는 증명력이 있는 증거가 있어야 하며, 그와 같은 증명력을 가진 증거가 없는 경우에는 설사 피고인에게 유죄의 의심이 간다고 할지라도 피고인의 이익으로 판단하여야 한다(1992.9.1. 대판 92도1405).

8) 노사간의 합의에 의하여 성립된 단체협약에서 근로조건인 해고사유의 하나로 1심의 유죄판결선고를 규정한 것은, 노사쌍방이 1심의 유죄판결선고가 있으면 그 후 무죄확정시에 복직시킬 것을 조건으로 일단 고용관계를 종식시키기로 합의한 취지여서, 소론과 같이 헌법상 무죄추정의 원칙에 위반되는 무효의 조항이라고 할 수 없다(1993.2.9. 대판 92다22206).

9) 대한변호사협회, 「인권보고서」, 2005년도 제20집(2006.11), 60면.

용하는 것도 무죄추정의 원칙에 반한다). 이러한 의미에서 고문의 절대적 금지, 피고인·피의자에 대한 위압적·모욕적 신문(訊問)의 금지는 무죄추정의 법리에 의해서도 요청된다.[10]

무죄추정의 원칙은 피의자·피고인의 인권보장을 위한 지도원리이므로 형사사법의 민주화(民主化)를 위한 기초적 원리에 해당한다.[11]

2. 고문금지와 묵비권(진술거부권)

(1) 고문금지

헌법 제12조 2항은 「모든 국민은 고문을 받지 아니하며, 형사상 자기에게 불리한 진술을 강요당하지 아니한다」고 하여 고문을 받지 아니할 권리와 묵비권을 규정하고 있다.[12]

고문은 사람이 만들어낸 최악의 형태로서 문명의 수치이고 현대의 야만이다.[13] 고문(拷問)이란 자백을 강제하기 위하여 가해지는 폭력을 의미한다. '몸을 비틀다'라는 라틴어 'torquere'에서 유래한 것으로 자백을 강제하기 위하여 가해지는 폭력을 의미한다.

볼테르(Voltaire)는 "진실을 찾기 위해 고문을 가하는 것은 누구 진범인지를 가리기 위해 결투를 신청하는 것만큼이나 우둔한 짓이다. 흔히 건장한 범인은 고통을 이겨내는 반면 무고하지만 병약한 사람은 고통 앞에 무릎을 꿇는다."는 이유를 들어 고문을 반대했다.

1978년 프랑스혁명의 '인권선언'은 무죄추정의 원칙과 고문(拷問)과 잔혹한 형벌 금지 및 죄형법정주의 등 근대 형사법의 원칙을 명시했다. 시민혁명은 봉건사회의 야만적 악습인 고문과 잔혹한 형벌의 폐지에서 출발한 것이다.

형사사법제도에서 일본 제국주의의 잔재(殘滓)는 정치사찰, 고문의 자행을 비롯해서 정치적

---

10) 백형구, 형사소송법강의, 39면.
11) 백형구, 형사소송법강의, 40면.
12) 〈고문 및 그 밖의 잔혹한 비인도적인 또는 굴욕적인 대우나 처벌의 방지에 관한 협약(Convention against Torture and Other Cruel, Inhuman or Degrading Treatment or Punishment)〉제1장 제1조 제1호에서 고문을 다음과 같이 규정하고 있다. "이 협약의 목적상 '고문'이라 함은 공무원이나 그 밖의 공무 수행자가 직접 또는 이러한 자의 교사·동의·묵인 아래, 어떤 개인이나 제3자로부터 정보나 자백을 얻어내기 위한 목적으로, 개인이나 제3자가 실행하였거나 실행한 혐의가 있는 행위에 대하여 처벌을 하기 위한 목적으로, 개인이나 제3자를 협박·강요할 목적으로, 또는 모든 종류의 차별에 기초한 이유로, 개인에게 고의로 극심한 신체적·정신적 고통을 가하는 행위를 말한다. 다만, 합법적 제재조치로부터 초래되거나, 이에 내재하거나 이에 부수되는 고통은 고문에 포함되지 아니한다."
13) 국내에 출간되어 있는 고문(拷問) 관련 서적으로는 브라이언 이니스, 『고문의 역사(THE HISTORY OF TORTURE)』, 들녘(2004), 존 스웨인, 『고문실의 쾌락』, 자작(2001), 조갑제, 『고문과 조작의 기술자들』, 한길사(1987) 등을 참고할 수 있다.

반대파에게 "빨갱이"나 "위험인물"딱지(낙인)를 붙여 사회적으로 매장하는 것, 피의자나 피고인 심문에서 처음부터 죄인 다루듯 하는 비하 모욕의 행위, 경찰·검찰 기타 정보기관에서 민간인을 죄인 다루듯 딱딱거리고 불편과 겁을 주는 것, 일단 기관에서 요시찰인으로 찍혀 기소되면 거의 절대로 풀려날 수 없는 올가미에 얽히게 되어 있는 폐습, 자기변명의 기회가 거의 무시되며 진행되는 관료적 사법절차 등이다.[14]

우리나라에서 고문의 악습은 독재자에게 빌붙은 일제하 친일 경찰관료와 함께 고스란히 그대로 이어졌다. 이승만 독재시기부터 군사정권에 이르기까지 고문은 독재정권 유지의 필수 제도가 되어 왔다. 독재정권이 끝나고 민주화된 정권에서도 야만적인 가혹행위가 발생하고 있다는 점에서 사법당국의 반성과 재발방지의 대책이 있어야 한다.[15]

고문의 금지는 절대적 금지이기 때문에 공공의 복리를 이유로 하여서도 고문은 결코 허용되지 않는다. 따라서 고문에 의한 자백의 증거능력을 제한하고 있으며, 고문행위를 한 경찰·검찰 등의 공무원을 직권남용죄(職權濫用罪)로 처벌하며[16], 고문당한 사람에게 공무원의 직무상 불법행위를 이유로 하는 국가배상청구권을 인정하고 있다.

(2) 진술거부권(묵비권)

진술거부권(陳述拒否權) 또는 묵비권(黙秘權)이란 현재 피의자나 피고인으로서 수사 또는 공판절차에 계속중인 자뿐만 아니라 장차 피의자나 피고인이 될 자에게도 보장되며, 형사절차뿐만 아니라 행정절차나 국회에서의 조사절차 등에서도 보장된다. 또한 진술거부권은 고문 등 폭행에 의한 강요는 물론 법률로써도 진술을 강요당하지 아니함을 의미한다. 이때, 진술(陳述)이라 함은 언어적 표출, 즉 생각이나 지식, 경험사실을 정신작용의 일환인 언어를 통하여 표출하는 것을 의미한다.[17] 다시 말해서, 진술거부권은 피의자 도는 피고인이 수사절차나 공판절차에서 수사기관의 심문이나 법원의 심문에 대하여 진술을 거부할 수 있는 권리를 의미한다.[18]

---

14) 한상범·이철호, 『경찰과 인권』, 패스앤패스(2003), 93면.
15) 검찰의 수사관행에서 認知搜査의 경우 피의자나 참고인 등에 대한 압박의 문제이다. 고문이나 폭행 등 가혹행위는 거의 사라졌지만, "폭언" 등으로 모욕감을 주거나 잦은 소환조사로 지치게 만든 뒤 자백을 유도하는 수사수법은 여전하다는 점이다.
16) 2004년 살인 혐의로 조사받던 피의자를 숨지게 한 혐의로 서울지검 강력부 수사관들과 이를 공모·방조한 홍謀검사에게 실형을 선고하고 법정구속한 사례도 있다.
17) 헌재 1997.3.27 96헌가11.
18) 교통사고를 일으킨 운전자가 사고를 경찰에 신고할 것을 규정한 도로교통법 제50조 제2항과 신고하지 않은 경우 처벌되도록 규정한 도로교통법 제111조 제3호는 헌법 제12조 제2항의 자기부죄진술거부권(묵비

　　진술거부권(묵비권)은 영·미의 자기부죄거부(自己負罪拒否)의 특권에서 유래되었다. 자기부죄거부의 특권은 17기 후반 영국에서 종교재판소의 청교도(淸敎徒)에 대한 가혹한 강제신문절차(强制訊問節次)에 대한 반동으로 보통재판소(普通裁判所)에 의해서 확립되었다. 이를 계수(繼受)한 미국연방수정헌법 제5조[19]가 자기부죄거부의 특권을 명문으로 규정한 이후 근대 형사소송법의 기본원칙으로 확립되었다.

　　피의자의 진술거부권은 피의자에 대한 자백강요를 배제한다는 점에서 피의자에 대한 인권보장제도로서 중요한 의미를 지니며, 피고인의 진술거부권은 피고인에 대한 인권보장적 취지 외에 무기평등(武器平等)의 원칙에서도 그 존재의의를 찾을 수 있다. 만약 피고인이 공판절차에서 진술의무가 있다고 한다면 피고인은 자기에게 불리한 무기를 상대방인 검사에게 제공하는 결과로 되며 이는 무기평등의 원칙에 반하게 된다.[20]

　　형사피의자나 형사피고인에게 묵비권이 인정되며(무기대등원칙의 실질적 실현) 동시에 묵비권이 있음을 사전에 고지하여야 한다. 진술거부권(묵비권)은 구두진술 뿐만 아니라 문서로 제출하는 경우에도 적용된다.

　　헌법은 불이익한 진술에 한하여 진술의 강요를 금지하고 있으나 형사소송법은 불이익한 진술에 한정하고 있지 아니하므로 이익·불이익을 불문하고 진술거부권을 행사할 수 있다고 본다(형사소송법 제200조 제2항 및 제289조). 진술거부권은 형사상 자기에게 불이익이 될 수 있는 경우이므로 민사·행정상 불이익이 되는 경우는 제외되며, 또한 자기에게 불이익이 되어야 하므로 친구, 친척들에게 불이익이 되는 경우까지는 포함하지 않는다고 하겠다.[21]

　　피의자 또는 피고인에게 진술을 강요하는 것은 진술거부권의 침해이다. 진술거부권을 침해하여 얻은 자백(自白)은 그 진실성 여부를 불문하고 증거능력(證據能力)이 없다. 마약분석(痲

　　권)을 침해할 수 있음을 인정하면서도, 동법 동규정들이 피의자의 구호 및 교통질서의 회복을 위한 조치가 필요한 상황에만 적용되는 것이고 형사책임과 관련되는 사항에는 적용되지 아니하는 것으로 해석하는 한 동규정은 묵비권을 침해하는 것은 아니다(1990.8.27. 89헌가118).

19) 미국연방수정헌법 제5조는 "누구든지 대배심의 고발 …중략… 누구든지 어떠한 형사사건에 있어서도 자기에게 불리한 증언을 강요당하지 아니한다. …후략…"라고 규정하여 自己負罪拒否의 特權을 명문화하고 있다.

20) 백형구, 형사소송법강의, 94면.

21) 수사기관이 피의자를 訊問하면서 피의자에게 진술거부권을 고지하지 아니한 경우에는 그 자백의 임의성이 인정되는 경우에도 위법수집증거배제의 법칙에 의하여 그 자백의 증거능력을 부정하여야 한다(1992.6.23. 대판 92도682). 피의자가 경찰수사단계에서 고문에 의한 자백을 하고 그 임의성없는 심리상태가 검사의 피의자신문시까지 계속되었다고 인정되는 경우에는, 검사의 피의자신문시에 자백강요사실이 없었다 할지라도 검찰자백의 임의성을 부정하여야 한다(1992.11.24. 대판 92도2409).

藥分析, Narkoanalyse)은 진술의 자유에 대한 침해를 의미하므로 진술거부권의 침해이다. 거
짓말탐지기(Polygraph)에 의한 검사는 신문시 인간의 심리를 기계에 의한 검사의 대상으로
삼는다는 점에 문제가 있다. 원칙적으로는 거짓말탐지기의 사용이 허용되지 않으나 검사상대
방이 검사에 동의한 경우에는 허용된다. 그러나 거짓말탐지기의 검사를 강요하는 것은 진술
거부권의 침해에 해당한다.

진술거부권을 행사하였다는 이유로 피의자 또는 피고인에게 불리한 추정을 해서도 안된다.
진술거부권의 행사를 이유로 피의자 또는 피고인을 구속할 수 없으며 진술거부권을 행사했다
는 사실을 들어 유죄의 정황증거(情況證據)로 삼을 수 없다.[22]

헌법재판소는 '변호인의 도움을 받을 권리'를 형사상 자기에게 불리한 진술을 강요당하지 않
는 진술거부권의 실효성을 담보하기 위한 불가결한 전제조건으로 보고 있다. 따라서 헌법상
보장받는 불리한 진술거부권은 구속피의자 또는 구속피고인이 자유롭게 변호인과 접견교통
할 수 있는 경우에만 비로소 그 실효성과 기능이 살아날 수 있다고 헌법재판소는 인식하고 있
다는 것을 알 수 있다.[23]

3. 변호인의 도움을 받을 권리

(1) 의의

헌법 제12조 4항은 「누구든지 체포 또는 구속을 당한 때에는 즉시 변호인의 조력을 받을 권
리를 가진다. 다만, 형사피고인이 스스로 변호인을 구할 수 없을 때에는 법률이 정하는 바에
의하여 국가가 변호인을 붙인다」고 규정하고 있다.

변호인의 조력을 받을 권리(변호인의뢰권)란 신체구속(무죄추정을 받는 피의자·피고인)의
상황에서 발생하는 갖가지 폐해를 제거하고 국가형벌권의 일방적 행사로 인한 구속이 악용되
지 않도록 하기 위하여 인정된 권리이다.

(2) 변호인접견교통권

헌법 제12조 4항은 형사피의자이건 피고인이건 간에, 공소제기 전 혹은 구류·구금되었을
때에 즉시 전문가인 변호인에 의뢰하여, 자기의 법률지식의 보완과 이익 및 안전의 자유를 보

---

22) Miranda설시를 받기 전의 陳述은 부당하지만 설시를 받고 진술거부권의 특권을 포기한 自白은 證據能力
  이 있다(Oregon v. Elstad, 470 U.S. 298(1985)).

23) 허영, 辯護人接見制限의 違憲性, 판례월보 제259호, 13면.

호하고자 하는 것이다.

변호인의 조력을 받을 권리를 실질적으로 보장하기 위하여는 변호인접견교통권이 인정되어야 하며, 이는 신체의 구속을 당한 피의자나 피고인의 인권보장과 방어준비를 위하여 필요불가결한 권리로서, 수사기관의 처분이나 법원의 결정으로도 이를 제한할 수 없다.[24]

형사소송법은 "변호인 또는 변호인이 되려는 자는 신체구속을 당한 피고인 또는 피의자와 접견하고 서류 또는 물건을 수수할 수 있으며 의사로 하여금 진료하게 할 수 있다"(형사소송법 제34조)고 규정하여 변호인의 접견교통권(接見交通權)을 명문화하고 있다.

접견교통권의 주체는 변호인 또는 변호인이 되려는 자이다. 변호인은 사선변호인(私選辯護人), 국선변호인(國選辯護人)을 불문하며 특별변호인(特別辯護)人을 포함한다. 특별변호인은 법원의 허가에 의하여 비로소 변호인의 지위를 갖게 되므로 법원의 허가전(許可前)에는 변호인으로서의 접견교통권은 인정되지 않는다. 또한 국선변호인은 법원의 선정결정에 의해서 비로소 변호인의 지위를 갖는다.

변호인이 되려는 자는 변호인선임의뢰를 받았으나 아직 변호인선임신고를 하지 않은 자가 그 전형적인 경우이나 반드시 피구속자측으로부터 선임의뢰를 받은 자에 한하지 않고 자발적으로 변호인이 되려는 자도 포함된다.[25]

접견교통권과 관련하여 현행법에는 접견의 비밀보장에 관한 명문규정은 없다. 접견교통권의 실질적 보장이라는 관점에서 접견의 비밀은 보장되어 있다고 보는 것이 타당하다.

만일 수사기관이 구속수사중인 피의자 변호인접견을 방해하고 변호인의 조력을 받을 권리를 침해한다면,[26][27] 이것은 형법상 직권남용에 의한 타인의 권리행사방해죄에 해당된다.[28]

---

24) 변호인의 접견교통권은 헌법에 정해 놓은 변호인의 조력을 받을 권리를 실질적으로 보장하기 위한 것으로 국가가 최대한 보장하여야 할 의무를 지는 기본권리의 하나이고, 피구속자에 대한 접견이 접견신청일로부터 상당한 기간이 경과하도록 허용되지 않고 있는 것은 접견불허처분과 동일시한 것으로서 이는 곧 기본권의 침해가 된다는 것은 판례나 학설을 통해서 밝혀져 헌법문제로서는 이미 해명된 과제이다(1991.7.8. 89헌마181).
25) 백형구, "접견교통권", 월간고시(1982년 2월호), 96면.
26) 청구인이 국가안전기획부 면회실에서 그 변호인과 접견할 때 안기부소속 수사관이 참여하여 대화내용을 듣거나 기록한 것은 헌법 제12조 제4항이 규정한 변호인의 조력을 받을 권리를 침해한 것이다. … 미결수용자의 변호인접견에 행형법 제18조 제3항에 따라서 교도관이 참여할 수 있게 한 것도 신체구속을 당한 미결수용자에게 보장된 변호인의 조력을 받을 권리를 침해하는 것이다(1992.1.28. 92헌마111).
27) 미결수용자가 변호사에게 발송의뢰한 서신, 변호사가 미결수에게 보낸 서신에 대해 교도관이 서신검열한 행위는 통신비밀의 자유 및 변호인의 조력을 받을 권리를 침해한 것으로 위헌이다(1995.7.21. 92헌마144).
28) 권영성, 헌법학원론, 418면.

(3) 국선변호인의 조력을 받을 권리

헌법 제12조 4항 단서에서는 국선변호인의 선임은 형사피고인에게만 인정된다. 국선변호인 (國選辯護人)이란 피고인의 이익을 위하여 법원이 직권으로 선임하는 변호인을 의미한다.

국선변호인의 선정은 재판장 또는 법원이 소송법에 의하여 행하는 단독의 의사표시인 명령 (命令)이다. 따라서 국선변호인의 선정에 피선정자의 동의를 요하지 않고, 선정된 변호인은 재판장의 해임명령이 없으면 사임할 수 없다.[29]

형사소송법상 법원이 직권으로 변호인을 선임하여야 하는 경우로는 ⅰ) 피고인이 구속된 때, ⅱ) 피고인이 미성년자인 때, ⅲ) 피고인이 70세 이상인 때, ⅳ) 피고인이 농아자인 때, ⅴ) 피고인이 심신장애의 의심이 있는 때, ⅵ) 피고인이 사형, 무기 또는 단기 3년 이상의 징역이 나 금고에 해당하는 사건으로 기소된 때이다(형사소송법 제33조 제1항). 또한, 법원은 피고인 이 빈곤 그 밖의 사유로 변호인을 선임할 수 없는 경우에 피고인의 청구가 있는 때에는 변호인 을 선정하여야 한다(형사소송법 제33조 제2항). 법원은 피고인의 연령·지능 및 교육 정도 등 을 참작하여 권리보호를 위하여 필요하다고 인정하는 때에는 피고인이 명시적 의사에 반하지 아니하는 범위 안에서 변호인을 선정하여야 한다(형사소송법 제33조 제3항).

즉결심판(卽決審判)을 받은 피고인이 정식재판청구를 함으로써 공판절차가 개시된 경우에 도 피고인이 ① 미성년자인 때, ② 70세 이상의 자인 때, ③ 농아자인 때, ④ 심신장애의 의심 있는 자에 해당하는 때에는 국선변호인을 선정하여야 한다.[30]

피고인이 사형, 무기 또는 단기 3년 이상의 징역이나 금고에 해당하는 사건에 관하여는 변호 인 없이 개정(開廷)하지 못하므로 이 경우 변호인을 선정하여야 하므로 이를 필요적(必要的) 변론사건(辯論事件)이라고 한다.[31] 필요적 변론사건에 해당하는가의 여부는 "법정형"을 기준 으로 결정한다.

체포·구속적부심사를 청구한 피의자가 제33조의 사유에 해당하고, 사선변호인이 없으면

---

29) 임동규, 형사소송법, 법문사(2004), 75면

30) 즉결심판에 관한 절차법 제14조 제4항은 형사소송법 제455조의 규정은 정식재판의 청구에 이를 준용한다 고 규정하고 있고, 형사소송법 제455조 제3항은 "정식재판의 청구가 적법한 때에는 공판절차에 의하여 심 판하여야 한다"고 규정하고 있는 바, 위 각 규정내용에 비추어 보면 즉결심판을 받은 피고인이 정식재판청 구를 함으로써 공판절차가 개시된 경우에는 통상의 공판절차와 마찬가지로 국선변호인의 선정에 관한 형 사소송법 제283조의 규정이 적용된다(대판 1997.2.14, 96도3059).

31) 필요적 변호사건에 해당하는지의 여부는 법정형을 기준으로 판단하며, 필요적 변호사건에서 변호인없이 개정하여 심리를 진행하고 판결한 것은 소송절차의 법령위반에 해당하지만 피고인의 이익을 위하여 만들 어진 필요적 변호의 규정 때문에 피고인에게 불리한 결과를 가져오게 할 수는 없으므로 그와 같은 법령위 반은 무죄판결에 영향을 미친 것으로 되지 않는다(대판 2003.3.25, 2002도5748).

국선변호인을 선정하여야 한다(형사소송법 제214조의 2 제9항).[32]

재심(再審)개시의 결정이 확정된 사건에 있어서 ① 사망자 또는 회복할 수 없는 심신장애자를 위하여 재심의 청구가 있는 때, ② 유죄의 선고를 받은 자가 재심의 판결 전에 사망하거나 회복할 수 없는 심신장애자로 된 때에 재심청구자가 변호인을 선임하지 아니한 경우에도 국선변호인을 선임하여야 한다(형사소송법 제438조 제4항). 군사법원법(軍事法院法)이 적용되는 사건에 관하여 피고인에게 변호인이 없는 때에는 군사법원은 직권으로 변호인을 선정하여야 한다(군사법원법 제62조 제1항).

치료감호의 청구가 있는 사건은 변호인 없이 개정할 수 없으므로 피감호청구인에게 변호인이 없거나 출석하지 않을 때에는 국선변호인을 선정하여야 한다(치료감호법 제15조 제1항).

영장실질심사에서 심문할 피의자에게 변호인이 없는 때에는 지방법원판사는 직권으로 국선변호인을 선정하여야 한다(형사소송법 제201조의2 제9항). 이 경우 변호인의 선정은 피의자에 대한 구속영장 청구가 기각되어 효력이 소멸한 경우를 제외하고는 제1심까지 효력이 있다.

국선변호인은 법원의 관할구역에 사무소를 둔 변호사, 그 관할구역 안에서 근무하는 공익법무관 또는 그 관할구역 안에서 수습중인 사법연수생 중에서 선정한다. 부득이한 때에는 인접한 법원의 관할구역 안에 있는 변호사, 공익법무관, 사법연수생이나 관할구역 안에서 거주하는 변호사 아닌 자 중에서 국선변호인을 선정할 수 있다(형사소송규칙 제14조).

법원은 대법원규칙이 정하는 범위 안에서 국선변호인에게 일당·여비·숙박비 및 보수를 지급한다(형사소송 비용 등에 관한 법률 제2조 제3호, 제8조). 국선변호인의 보수는 대법관회의(大法官會議)에서 정하며, 심급별로 지급하되 체포·구속적부심사에 있어서는 심급에 상관없이 별도로 지급한다. 국선변호인의 보수는 사안의 난이, 국선변호인이 수행한 직무의 내용, 사건처리에 소요된 시간, 기록의 등사나 피고인 또는 피의자 접견 등에 지출한 비용 기타 사항을 참작하여 예산의 범위 안에서 당해 재판장이 이를 증액할 수 있다. 그러나 공익법무관 또는 사법연수생인 국선변호인에 대하여는 보수를 지급하지 아니한다. 다만, 피고인 또는 피의자의 접견을 위한 비용 기타 재판장이 인정하는 실비를 변상할 수 있다(형사소송 비용 등에 관한 규칙 제6조 참조).

국선변호제도는 가진 돈이 얼마냐에 따라 정의의 수준이 결정될 수 없다는 형사사법의 원칙에 따른 것이다. 돈없는 피의자들의 방어권 보장을 위해 영장실질심사 단계에서도 국선 변호인의 도움을 받게 한 제도가 2006년 8월부터 도입되어 시행되고 있다. 그러나 국선변호(國選

---

32) 국선변호인은 원칙적으로 被告人에게만 인정된다. 다만 체포·구속적부심사를 청구한 피의자가 형사소송법 제33조 각호의 국선변호인 선임사유에 해당하고 변호인이 없는 때에는 국선변호인을 선정하여야 한다.

辯護)사건의 영장기각률은 사선변호(私選辯護)의 절반 수준에 그친 것으로 나타났다.[33]

서울중앙지법의 분석에 의하면, 영장실질심사 국선변호제가 시행된 2006년 8월 21일부터 동년 12월 20일까지 4개월 동안 이 법원의 영장실질심사 1881건을 분석해보니 60%가 넘는 1142건에서 국선 변호인이 선임됐으나, 영장기각률은 27.9%(318건)로 사선 변호 사건(48.7%, 298건 중 145건)에 크게 못미친 것으로 나타났다고 밝혔다. 나머지 441건은 아예 영장실질심사를 신청하지 않았다. 이는 사선 변호인들이 구속 가능성이 큰 사건을 아예 수임하지 않는 경향을 감안하더라도, 국선 변호의 질이 사선 변호에 못미치고 있음을 의미하는 것이다.[34] 법원이 재판 직전에야 국선변호인을 지정하고, 영장실질심사 때 수사기관이 피의자의 법정 출석에 비협조적인 것도 국선변호인들이 충실한 변론을 어렵게 만드는 요인이다. 또한, 국선 변호의 질을 높일 목적으로 도입한 「국선 전담 변호인제」[35] 역시 한계가 있다.[36]

국선변호인제도는 '소외계층 피의자 방어권 강화'라는 공익적 법률서비스이다. 경제적 약자인 피의자와 피고인의 권리보호라는 차원에서 국선변호의 실효성을 확보하기 위해서는 국선 변호 수임료를 대폭 인상해야 한다.[37] 또한, 변호사 업계의 공익 활동이 강화되어야 한다.[38]

4. 자백의 증거능력 및 증명력의 제한

헌법 제12조 제7항은 「피고인의 자백이 고문·폭행·협박·구속의 부당한 장기화 또는 기망 기타의 방법에 의하여 자의로 진술된 것이 아니라고 인정될 때 또는 정식재판에 있어서 피고인의 자백이 그에게 불리한 유일한 증거일 때에는 이를 유죄의 증거로 삼거나 이를 이유로 처벌할 수 없다」고 규정하여 자백의 증거능력과 증명력을 제한하고 있는데 이는 자백의 증거

---

33) 기소전 국선변호인제도는 '소외계층 피의자 방어권 강화'라는 차원에서 의미가 있다.

34) 한겨레신문, 2006년 12월 26일, 10면.

35) 국선전담변호사 제도는 지정된 변호사로 하여금 개인적 사건수임을 금하고 국선변호 사건만을 처리하도록 하고, 매월 일정액의 보수를 지급하는 제도이다. 이 제도는 국선변호의 질적 수준을 향상시키고 바람직한 국선변호 모델을 모색하기 위하여, 미국의 국선변호 제공방식 중 피블릭디펜더(public defender) 및 계약변호인(contract attorney) 제도를 모델로 한 것이다.

36) 국선변호인 한 달 평균 수임건수가 일반 변호사의 10배인 40건에 이르고 있으며, 전체 국선 변호 대상의 20%밖에 감당하지 못한다는 점이다(한겨레신문, 2006년 12월 27일, 사설 참조).

37) 법원 공탁금에서 발생하는 이자 수익을 은행이 가져가는 대신 국선변호와 법률구조사업 등에 출연금을 사용하도록 공탁법이 2007년 3월 6일 국회 본회의에서 의결되어 개정되었다. 따라서 국선변호제도가 강화되어 실효성이 높아질 것으로 전망된다.

38) 대한변호사협회는 소속 회원들에게 국선변호 및 무료변호 등 연간 30시간 이상의 공익 활동을 권장하지만 의무 사항이 아니므로 본래 취지와는 달리 실효성이 떨어지고 있다.

능력을 제한함으로서 자백강요를 위한 인신의 침해를 방지하려는데 그 의의가 있다. 즉, 피고인보호의 원칙과 허위배제의 원칙을 기본으로 하면서, 임의성(任意性)없는 자백의 증거능력 자체를 부정하고 보강증거가 없는 불리한 유일한 자백의 증명력을 제한하여 유죄의 증거로 하지 못하게 함으로써 자백의 독립증거성을 부인하려는 데에 목적이 있다.[39]

'자백(自白)'이라 함은 자기의 범죄사실에 대하여 전부 또는 일부를 인정하는 모든 불이익한 진술을 말한다. 자백의 증거능력과 증명력의 제한에 대하여는 형사소송법 제309조와 제310조에 규정되어 있었으나, 헌법은 인권보장의 견지에서 이들 원칙을 특히 규정하고 있다. 임의성(증거수집과정에 위법성이 없는 것) 없는 자백과 보강증거없는 불리한 유일한 자백은 정식재판에서 증거능력 또는 증명력을 가질 수도 없다. 따라서 자백의 증명력의 제한은 정식재판의 경우에만 인정되므로 약식재판(즉결심판 등)에서는 자백만으로도 유죄의 선고를 할 수 있다.[40]

나아가 미국에서는 '법의 적정절차'를 실체적 진실발견에 우선하여 해석함으로써 불법획득한 자백의 과실조차도 무효로 함으로써 자백의 강요를 금하고 있다.

자백은 자기의 범죄사실에 대한 형사책임까지 긍정하는 진술임을 요하지 않는다. 따라서 구성요건에 해당하는 사실을 긍정하면서 위법성조각사유나 책임조각사유의 존재를 주장하는 경우도 자백에 해당한다.[41]

이제 우리 수사분야에서도 피의자의 자백에 의존하는 수사방식을 근본적으로 탈피해야 하고, 이를 위해서는 증거위주의 과학수사(科學搜査)가 뒷받침되어야 한다. 과학수사를 통하여 형사피의자의 인권을 보장하면서 범죄자를 처벌하는 형사사법시스템이 제자리를 잡아야 한다.

5. 신속한 공개재판을 받을 권리

헌법 제27조 3항은 「형사피고인은 상당한 이유가 없는 한 지체없이 공개재판을 받을 권리를 가진다」고 하여 신속한 공개재판을 받을 권리를 규정하고 있다.

미국의 수정헌법 제6조[42]에서도 신속한 재판을 받을 권리를 보장하고 있는 바, 미국헌법이

---

39) 권영성, 헌법학원론, 415면.

40) 공판 전 증인신문(형사사건에서 정식으로 재판이 열리기 전에 검찰이 증인을 판사 앞에 데려가 증언토록 하여 증거로 확보하는 제도)을 규정한 형사소송법 제221조의 2 제2항은 범인필벌의 요구만을 앞세워 과잉된 입법수단으로 증거수집과 증거조사를 허용함으로써 법관의 합리적이고 공정한 자유심증을 방해하여 헌법상 보장된 법관의 독립성을 침해할 우려가 있고, 결과적으로 적법절차의 원칙 및 공정한 재판을 받을 권리에 위배되는 것으로서 헌법에 위반된다(1996.12.26. 96헌바1).

41) 임동규, 앞의 책, 455면.

42) 미국수정헌법 제6조(공정한 재판을 받을 권리)모든 형사 소추에서, 피고인은 범죄가 행하여진 주 및 법률

신속한 재판을 받을 권리를 인정하고 있는 기본취지는 형사피고인의 불안과 고통, 그리고 재판전(裁判前)의 장기구금을 방지하고, 검사의 고소(公訴)에 대하여 이를 유효하게 방어할 수 있도록 하려는 데에 있다.[43)]

재판의 공개라 함은 심리와 판결을 공개하는 것을 말한다. 다만, 심리는 국가의 안전보장 또는 안녕질서를 방해하거나 선량한 풍속을 해할 염려가 있을 때에는 법원의 결정으로 공개하지 아니할 수 있다(헌법 제109조 단서).[44)] 형사재판에서 인신이 구속된 경우에 재판절차가 정당하고 합리적으로 진행되지 않으면 그 자체로서 인신의 자유를 침해하는 일이 발생한다.[45)]

6. 형사보상청구권과 국가배상청구권

형사피의자 또는 형사피고인으로서 구금되었던 자가 법률이 정하는 불기소처분을 받거나 무죄판결을 받은 때에는 법률이 정하는 바에 의하여 국가에 정당한 보상을 청구할 수 있다(헌법 제28조). 또는 불법적인 수사과정 등으로 손해를 입은 경우 형사피의자 등은 국가에 대하여 정당한 배상을 청구할 수 있다(헌법 제29조 1항).

형사보상(刑事補償)이라 함은, 형사재판절차에서 형사피의자 또는 형사피고인으로서 구금되었던 자가 법률이 정하는 불기소처분을 받거나 무죄판결을 받은 때에는 법률이 정하는 바에 의하여 국가에 상당한 보상을 청구할 수 있는 제도를 말한다(헌법 제28조). 형사보상은 피의자보상과 피고인보상으로 구분하여 살펴보아야 한다. 우리 헌법은 형사보상청구권을 기본권으로 보장하고 있으며, 이를 구체화하고 있는 법률이 '형사보상법'(刑事補償法)이다.

현행헌법은 법률이 정하는 불기소처분(不起訴處分)을 받은 경우 형사피의자도 형사보상을 받도록 하고 있을 뿐만 아니라 정당한 보상을 청구할 수 있도록 형사보상의 적정화(適正化)를 기하였다.

형사보상의 내용을 살펴보면, ① 구금에 대한 보상에서는 그 일수에 따라 1일 5천원 이상 대통령령에 정하는 금액 이하의 비율에 의 한 보상금을 지급해야 한다(형사보상법 제4조 제1항). 여기의 구금에는 미결구금과 형의 집행에 의한 구금이 포함되며, 노역장유치의 집행을

이 미리 정하는 지역의 공정한 배심에 의한 신속한 공판을 받을 권리, 사건의 성질과 이유에 관하여 통고 받을 권리, 자기에게 불리한 증언과 대질 심문을 받을 권리, 자기에게 유리한 증언을 얻기 위하여 강제 수속을 취할 권리, 자신의 변호를 위하여 변호인의 도움을 받을 권리가 있다.

43) 김기영, 헌법강의, 박영사(2002), 554면.
44) 성폭력범죄의처벌및피해자보호등에관한법률은 피해자의 사생활을 보호하기 위하여 필요한 경우에 심리의 비공개와 증인신문의 비공개를 인정하고 있다(동법 제22조).
45) 정종섭, 헌법학원론, 2006, 406면.

한 경우도 이에 준한다. ② 사형집행에 대한 보상금은 집행전 구금에 대한 보상금 이외에도 법원은 모든 사정을 고려하여 상당하다고 인정되는 경우 3천만원 내에서 가산한 금액을 보상할 수 있고, 본인의 사망에 의하여 생긴 재산상 손실액이 증명된 경우에는 그 손실액도 보상한다(형사보상법 제4조 제3항). ③ 벌금 또는 과료를 집행한 경우에는 이미 징수한 금액과 그 징수한 금액에 대한 이자를 보상한다. ④ 몰수의 집행에 대한 보상에 있어서는 그 몰수물을 반환하고 그것이 이미 처분되었을 때에는 보상결정시의 시가를 보상하며, 추징금에 대한 보상에 있어서는 그 액수에 징수한 다음날부터 보상결정일까지의 일수에 따라 연 5분의 비율에 의한 금액을 가산한 액을 보상한다(형사보상법 제4조 제6항).

형사보상의 청구권자는 무죄·면소 또는 공소기각의 재판을 받은 본인과 기소유예처분 이외의 불기소처분을 받은 피의자이다. 형사보상청구권은 양도 또는 압류할 수 없다(형사보상법 제22조). 그러나 상속될 수는 있다.

형사보상의 청구는 「피고인보상」의 경우는 무죄, 면소 또는 공소기각의 재판이 확정된 날로부터 1년 이내에(형사보상법 제25조), 「피의자보상」의 경우는 검사로부터 공소를 제기하지 아니하는 처분의 고지 또는 통지를 받은 날로부터 1년 이내에 하여야 한다(형사보상법 제27조 제3항). 피고인보상의 청구는 무죄재판을 한 법원에 하여야 하며(형사보상법 제6조), 피의자보상의 청구는 공소를 제기하지 아니하는 처분을 한 검사가 소속된 지방검찰청의 심의회에 보상을 청구하여야 한다(형사보상법 제27조 제1항). 피고인보상을 청구할 때에는 보상청구서, 재판서의 등본과 그 재판의 확인증명서를 법원에 제출하여야 한다(형사보상법 제8조 제1항). 보상청구는 대리인에 의하여서도 가능하다(형사보상법 제10조). 피의자보상을 청구할 때에는 보상청구서에 공소를 제기하지 아니하는 처분을 받은 사실을 증명하는 서류를 첨부하여 제출하여야 한다(형사보상법 제27조). 형사보상청구는 법원에 보상청구에 대한 재판이 있을 때까지 취소할 수 있다. 다만, 동순위의 상속인이 수신인 경우에는 보상을 청구한 자는 다른 전원의 동의없이 청구를 취소할 수 없다. 보상청구를 취소한 자는 다시 보상을 청구할 수 없다(형사보상법 제12조). 보상금지급을 청구하고자 하는 자는 보상을 결정한 법원에 대응한 검찰청에 보상지급청구서를 제출하여야 한다. 보상결정이 송달된 후 1년 이내에 보상금지급청구를 하지 아니할 때에는 권리를 상실한다. 보상금지급을 받을 수 있는 자가 수인인 경우 그 중 수인에 대한 보상금지급을 역시 그 전원에 대해 효력이 발생한다.

앞서 보았듯이, 현행 형사소송법에서는 형사피고사건으로 미결구금을 당했다가 무죄확정판결을 받을 경우, 국가로부터 형사보상금을 받을 수 있도록 하고 있다. 그러나 관련 예산이 턱없이 부족하고 매년 7-8월이면 그 예산마저 바닥나는 실정이고 형사보상금 지급 결정을 받은 피해자들은 다른 사업비 예산이 전용되거나, 예비비기 확보될 때까지 형사보상금지급이 지체되는 일이 반복되고 있다고 한다. 형사보상금 지급건수가 증가하는 추세에 맞추어 적정한 예산확보와 보상액수도 현실화 해야한다.[46]

7. 형사기록의 열람·복사요구권

형사피의자와 형사피고인은 자신의 피의사실과 관련하여 그 조사절차나 공판절차 등 형사절차에 관하여 자세한 사항의 알 권리를 가지므로, 적어도 자신에 관한 형사소송기록과 소송계속중인 증거서류들을 열람하고 복사하여 주도록 요구할 권리를 가진다(1994.12.29. 92헌바31).[47]

형사소송법은 "변호인은 소송계속중의 관계서류 또는 증거물을 열람 또는 등사 할 수 있다"고 규정하고 있다(동법 제35조). 변호인에게 소송기록의 등사·열람권의 인정은 변호인의 고유권으로서 피고인의 방어준비 즉 변론준비를 위해서 필수적으로 요청된다. 현행 형사소송법에서 열람·등사가 허용되는 것은 '소송계속중의 관계 서류 또는 증거물'에 한정된다.

우리나라에 있어서 형사사법절차의 실태를 살펴보면 수사단계에서 사법경찰(司法警察)과 검사(檢事)는 국가기관으로서의 조직력을 바탕으로 공권력 행사를 통해 실체 규명에 필요한 증거를 거의 대부분 선점(先占)하고 이를 토대로 고소(公訴)를 제기한 후 그 증거들을 사용하여 유죄의 입증활동을 전개하게 된다. 그러므로 변호인(辯護人)이 취해야 할 방어활동의 내용이나 방향도 수사기록의 내용에 따라 거의 절대적인 영향을 받게 된다.[48] 수사기록의 열람(閱覽)·등사(謄寫)는 실질적 당사자대등을 확보하고, 신속 공정한 재판을 실현하기 위하여 필요불가결한 것이며, 그에 대한 지나친 제한은 피고인의 신속·공정한 재판을 받을 권리를 침해하는 것이다. 변호인의 조력을 받을 권리는 단순히 접견교통권에 그치지 아니하고 더 나아가 피고인이 그의 변호인을 통하여 수사서류를 포함한 소송관계서류를 열람·등사하고 이에 대

46) 2004년 형사보상금 예산은 22억 700만원으로 8월말께 이미 동이 났다. 이 때문에 9월 말 현재까지 형사보상금을 지급받지 못하고 있는 사건은 모두 70여건, 금액으로 8억 5700만원에 이르렀다고 한다. 2000년부터 2003년까지 애초 형사보상 관련 예산은 11억 8200여만원씩 책정됐지만, 총 지급액은 매년 책정 예산의 2-3배에 이르렀다고 한다(한겨레신문, 2004년 10월 26일 참조).
47) 형사소송규칙 제40조에서 피고인 또는 변호인이 형사소송법 제56조의 2 제2항에 기하여 녹취를 하고자 할 때에는 미리 법원의 허가를 받도록 규정하였다고 하여 헌법상 형사사건의 피고인에게 보장되는 방어권의 적정한 행사를 위한 권리, 변호인의 조력을 받을 권리 또는 정당한 재판을 받을 권리 등을 침해하였다고 볼 수는 없다(1995.12.28. 91헌마114).
48) 김종구, 『捜査記錄의 閱覽·謄寫와 證據開示』, 법문사(1999), 5면.

한 검토결과를 토대로 공격과 방어의 준비를 할 수 있는 권리도 포함된다고 보아야 한다.[49) 헌법재판소는 열람·등사권도 무제한한 것이 아니고 다른 기본권과 조화를 이루어야 하므로 국가기밀누설, 증거인멸, 증인협박, 사생활침해 등의 폐해를 초래할 우려가 없는 경우에 한하여 허용된다고 보고 있다.

구속영장실질심사 또는 체포·구속적부심사청구에 있어서도 변호인의 수사기록에 대한 열람·등사는 필수적이다.[50) 수사절차에서 수사기록에 대한 접근은 피의자의 불기소처분을 이끌어 내는 효과적인 변호수단이 될 수 있다. 수사기록의 열람·등사권을 공소제기 후로 한정하는 것은 헌법상 보장된 변호인의 조력을 받을 권리를 침해하는 것이다. 따라서 공소제기 전에 변호인의 열람·등사권이 인정되지 않으면 방어권 행사는 사실상 불가능하게 되기 때문에 원칙적으로 수사기록에 대한 변호인의 열람·등사권은 인정되어야 한다고 본다.

8. 체포·구속적부심사제에 의한 보장

헌법 제12조 제6항에 「누구든지 체포 또는 구속을 당한 때에는 적부의 심사를 법원에 청구할 권리를 가진다」라고 규정되어 있는 구속적부심사제도는 체포·구속을 받은 자가 그 적부의 심사를 법원에 청구할 수 있는 제도로서 일명 「인신보호영장제도」라 하며 1679년 영국의 인신보호법에서 연원하여 영미법계에 널리 보급된 것이다.

우리나라도 1948년 미군정법령 제176호로 도입되어 제헌헌법이래 이 제도를 규정하였으나, 유신헌법에서는 삭제하였다가, 제5공화국헌법에 국민의 인권보장의 견지에서 법률유보하에 다시 부활시킨 것이다. 그런데 현행헌법에서 법률유보조항을 삭제함으로써 구속적부심사의 범위를 헌법규정상 확대한 측면이 있다.

체포·구속적부심사제란 체포·구속영장에 의하여 체포나 구속된 피의자 또는 그 변호인·가족 등이 관할법원에 체포 또는 구속의 적부심사를 청구할 경우, 법관이 즉시 피의자와 변호인이 출석한 공개법정에서 체포 또는 구속의 이유(도주염려·증거인멸·주거부정 등)를

---

49) 헌재 1997.11.27, 94헌마60.

50) 우리나라 형사소송법 학자 대부분은 피고인의 방어권 보장, 공판절차의 신속한 진행, 공정한 재판의 보장 등을 논거로 삼아 공소제기 후에는 검사가 아직 법원에 증거서류로 제출하지 아니하고 수중에 보관중인 수사기록 또는 증거물에 대해서까지도 열람·등사가 허용되어야 하며, 따라서 법원은 변호인의 신청이 있는 경우 검사에 대하여 수사서류나 증거물의 열람·등사를 명할 수 있는 것으로 보는 듯하다. 그러나 피고인의 방어권 보장 또는 무기평등의 원칙 등 인권보장의 측면이 중요하다고 하더라도 실체적 진실발견과 인권보장이라는 양대 이념을 정교하게 조화시키기 위해 입법된 절차법인 형사소송법상의 수사기록에 대한 열람·등사에 관한 규정을 지나치게 확장적으로 해석하는 것은 문제가 있다고 생각된다(김종구, 앞의 책, 4면).

밝히도록 하고, 체포 또는 구속의 이유가 부당하거나 적법한 것이 아닐 때에는 법관이 직권으로 피의자를 석방하는 제도를 말한다.

이 제도는 영장발부에 대한 재심사 기회를 줌으로써 인신보호에 만전을 기하기 위함이고, 사후구제책 중 중심이 되는 체포 · 구속적부심사는 영장주의(사전예방책)에 대하여 일종의 보완적 기능을 가진다고 하겠다.

Ⅲ. 맺음말

자유와 권리는 헌법을 비롯한 법률문서에 기록된 것만으로 자동적으로 보장되는 것은 아니다. 권리의 성문화는 보장의 '가능조건'이지 '보장' 그 자체를 의미하는 것은 아니다. 헌법상의 기본권도 현실 생활에서 부단하게 지키려고 노력하는 과정에서 보장되는 것이다.

수사기관이 관례상 시행하고 있는 중간수사 결과발표는 피의자의 무죄추정을 받을 권리를 침해하고 있다. 마치 유죄인처럼 국민들 눈에 비치고 우리 형사법이 유죄추정의 원칙을 채택하고 있는 것처럼 운용되어 헌법이 보장하고 있는 당사자의 기본권을 침해하고 있다. 이에 대한 시정과 보완책이 뒷받침되어야 한다.

경찰이나 검찰이 수사가 제대로 풀리지 않으면 다른 범죄 혐의로 기소하는 '별건수사'(別件搜査)관행도 문제가 되고 있다. 또한, 범죄 혐의를 입증하기 위한 압수수색이 아니라 반대로 압수수색을 통하여 새로운 범죄 혐의를 찾아내려는 잘못된 수사관행도 간혹 발생하고 있다. 참고인에 대한 잦은 소환조사의 잘못된 관행도 고쳐져야 한다.

수사과정에서 고문행위는 근절되었다고 볼 수 있다. 그러나 고문에 이르지 않은 소위 '강압수사'의 문제이다. 강압수사 의혹사건을 들어 보면 ① 살인 혐의로 조사받던 피의자를 숨지게 한 혐의로 서울지검 강력부 수사관들과 이를 방조한 洪아무개 검사 실형 선고(2002.10), ② '오락실 비리'혐의로 기소된 박용운 전 옥천경찰서장사건, 박용운 경찰서장은 대법원 무죄 확정 뒤 "검찰 수사과정에서 강압과 회유 통해 허위자백 받고, 일부 피의자 신문 조서 허위 작성했다"며 당시 수사담당 주임검사 등 8명 형사고소(2004.3), ③ 조사과정에서 피의자 뺨 때린 혐의로 서울서부지검 김아무개 계장 불구속 기소(2005.7), ④ 제주지검 고아무개 전 검사와 수사관 2명, 인천지검 재직 당시 3박 4일동안 뇌물공여 사건 관련자 불법 감금하고 폭행한 혐의로 불구속 기소(2006.11) 등을 들 수 있다. 이러한 불법 · 부당 수사를 근절할 수 있기 위해서는 (1) 수사과정에 변호인 참여를 확대하고, (2) 수사과정에 대하여 영상녹화를 의무화 하는 방안 등도 강구해야 한다.

경찰이나 검찰수사의 특성상 조사를 받는 피의자나 피고인은 위축될 수밖에 없으며, 인권침해 소지가 많기 때문에 인권보호나 적법절차의 준수를 강조하는 것이다. 형사법의 법격언(法格言)중에 '열 사람의 죄인을 놓치는 한이 있더라도 무고한 단 한사람을 만들지 말라'(Better ten guilty escape than one innocent suffers)는 것이 있다. 이 법격언은 언제나 지켜져야 한다. 진실발견과 인권보장이 조화를 이루어 형사사법이 운용되도록 모두가 노력해야 한다고 본다.

존속살해 범죄와
존속살해죄 가중처벌의 위헌성

Ⅰ. 서언

그리스 신화에서 오이디푸스는 "아버지를 죽이고 어머니와 결혼할 것"이라는 신탁(神託)을 받자 끔찍한 운명을 피하려고 방랑길에 오른다. 그는 좁은 길에서 마주친 마차 탄 노인이 길을 비키라고 채찍을 휘두르자 격분해 노인을 죽인다. 나중에 그 노인이 아버지였음을 알고 스스로 눈을 뽑아 실명시킨다. '부친 살해'는 서양문학의 주요한 모티브다. 도스토옙스키(Fyodor Mikhailovich Dostoevskii)가 쓴 '카라마조프의 형제들'이 대표적이다.[1]

한국사회에서도 존속살해[2]는 살인의 대상이 범죄자 자신의 부모라는 점에서 반인륜적 범죄로 인식되고 있다. 그래서 패륜범죄(悖倫犯罪; Immorality Crime)로 불리 운다.[3] 국어사전은

---

1) 조선일보, 2011년 4월 21일, 「만물상」 – 존속살해죄 참조.

2) 살해는 '사람을 해치어 죽임', 시해(弑害)는 '부모나 임금을 죽임'(표준국어대사전)이다. 살해자와 피살자의 관계에 따라 달리 표현하는 것이다. 이에 따르면 '모친 시해'이고 '대통령 살해(피살)'라 해야 앞뒤가 맞는다(한겨레신문, 2012년 3월 23일, 31면 참조). 〈존속 시해〉라고 표현하는 것이 정확하지만, 현재까지 한국사회에서 존속살해라고 표현되어지고, 현행 형법이 '존속살해죄'라고 규정하고 있기에 본 논문에서는 '존속살해'라는 용어를 사용하기로 한다.

3) 존속살인, 존속폭행, 존속유기 등 패륜범죄가 급증 추세다. 2010년에는 존속살인이 5.5일에 한 번꼴로 발생했다. 과거에는 부모의 재산이나 보험금을 노린 경우가 많았으나 요즘은 너무 쉽게 가족을 해친다. 부모 자식 간의 사소한 갈등도 살인으로 이어진다. 잘못된 교육과 팽배한 개인주의, 황금만능주의가 낳은 병폐다. 법무부가 존속살인죄 폐지를 추진 중이다. 부모 등을 죽인 경우 가중 처벌하는 조항을 없애는 것이다. 법무부장관 자문기구인 형사법개정특위가 이런 형법 개정시안을 마련하자 법무부는 정부안을 만들어 올 하반기 국회에 내기로 했다. 이런 사실이 알려지자 찬반 논란이 뜨겁다. 형사법개정특위는 헌법상 평등권과 외국입법례를 고려했다고 말한다. '사회적 신분에 의해 차별을 받지 않는다.'는 헌법 제11조의 평등권 조항을 고려할 때 존속살해죄는 '출생에 따른 차별'이 될 수 있다는 것이다. 오늘날 가족관계는 개인 대 개인의 평등관계로 봐야 하는데 존속범죄만 가중 처벌하는 것은 전근대적이라고 주장한다. 법과 도덕은 구별돼야 하며 도덕 가치 때문에 불평등한 법 조항을 둘 수 없다는 논리다. 헌법재판소는 2002년 "존속상해치사는 인륜에 반하는 행위로 그 패륜성이 사회적 비난을 받아야 할 이유가 충분하고 엄벌하는 것은 우리 윤리관에 비춰 합리적"이라며 재판관 전원일치 의견으로 합헌 결

'패륜'을 가리켜 "인간으로서 마땅히 지켜야 할 도리에 어그러짐 또는 그런 현상"이라고 말한다. 천륜을 "부모와 형제 사이에 마땅히 지켜야 할 도리"라고도 기록한다. 최근 잇달아 발생하는 존속살해 사건은 인간이 지켜야 할 마땅한 도리의 선이 어디인지 가늠하기 어렵게 만들고 있다.

한편, 부모가 자식을 죽이는 것은 무엇이라고 정의할까? 우리 사회에서는 자식이 부모를 죽이고, 한편으로 부모가 자식을 죽이는 살인 사건이 빈번히 발생하고 있다.[4] 왜, 자식이 부모

정했다. 학계에서도 평등권에 어긋나지 않는다는 의견이 적지 않다. 우리나라는 예로부터 효를 중시해왔다. 건강한 가족관계와 사회질서를 이루는 바탕이었다. 사회가 서구화된다고 해서 유구한 우리의 전통과 도덕성이 붕괴한다면 큰일이다. 존속살해 가중 처벌 규정은 분명 예방적, 교육적 측면을 담고 있다. 그렇잖아도 패륜범죄가 늘어나는데 개정 형법이 이를 부추기지는 않을지 걱정된다(세계일보, 2011년 4월 20일 [설왕설래] 패륜범죄 기사 참조).

4) (1) 〈두 딸 살해사건, 그릇된 자식관이 빚은 비극〉 피의자 "빚 3천만원 때문에 범행" : 전북 부안에서 빚에 쪼들리던 40대 여자가 두 딸을 살해한 사건은 채무에 따른 심리적 압박감 외에도 "자식은 내 것"이란 그릇된 자식관이 한데 어우러져 발생한 비극이란 지적이다. 충격적인 소식을 접한 네티즌들은 권씨의 자식에 대한 그릇된 인식을 지적했다. 아이디가 '에이스'인 네티즌은 "아이들이 빚졌냐. 왜 아이들을 죽이냐. 개인회생이나 파산신청하면 빚을 탕감해주는데"라며 안타까워했다. 'uyirop'은 "차라리 아이들은 입양을 보내지. 아이들의 죄라면 부모를 잘못 만난 죄", 'Michael Lee'는 "어른들의 잘못 때문에 아이들이 당해야만 하는 현실이 답답하다"면서 권씨의 잘못된 자식관을 지적했다. 수사를 담당한 경찰관도 "권씨가 '내 자식은 내 것이므로 수단으로 사용할 수 있다'는 잘못된 가치관을 가진 것 같다"면서 "이 사건은 자식을 인격체가 아닌 소유물로 파악한 어머니의 잘못된 판단이 낳은 비극"이라고 진단했다. (2) 생후 80일 된 딸을 때려 숨지게 한 비정한 아버지가 경찰에 구속됐다. 부부싸움을 한 뒤 아이가 시끄럽게 울며 칭얼댄다는 이유로 아이를 살해 한 아버지는 결국 고개를 떨궜다. 자신의 부모에게 아동학대를 당하는 어린 아동들이 매년 증가하고 있어 사회적으로 문제시 되고 있다. 이에 대해 아동학대 전문가인 서울아동복지센터 이기영 소장은 "아동을 어른들의 소유물이 아닌 하나의 인격체로 보아야 한다."라며 "사회 곳곳에서 발생하고 있는 아동학대의 사례를 보면 충격이 아닐 수 없다"고 전했다. "아동학대가 사회적인 문제로 수면 위로 떠오르고 있는 가운데 이를 중요시 생각하고 앞으로는 이런 일이 발생하지 않도록 예방하는 것이 무엇보다도 중요하다"고 덧붙였다. 29살 이 모 씨는 지난 5일 부부싸움을 한 뒤 아내가 집에 돌아오지 않자 아이를 때리기 시작했다. 아이가 심하게 울며 칭얼댔다는 게 그 이유였다. 마포경찰서는 지난 9일 생후 80일 된 딸을 때려 숨지게 한 비정한 아버지 이모 (무직 29세)씨에게 구속영장을 발부했다. 딸을 살해하고도 죄책감 없었던 비정한 아버지는 범행 후 112에 심고를 하고 자신이 키우는 코카그파니엘 견종의 개가 딸에게 해코지해서 사망한 것이라고 말했다. 하지만 무언가 석연치 않았던 경찰이 진술의 모순점을 발견하고 추궁한 결과 뒤늦게 자신이 살해했다고 밝혔다. 사건을 담당했던 경찰 관계자는 "피의자가 그 죄증을 인멸하기 위해 거짓말을 했다는 점과 여전히 범죄 동기나 구체적인 과정에 대해 함구하고 있다"라며 "친부가 생후 80여일 밖에 안 된 자식을 심하게 운다는 이유로 사망에 이르게 폭행한 점에 대해 심리적인 분석 등을 할 예정이다"고 말했다. 이어 그는 "이번 범죄를 통해 아동학대가 얼마나 심각한지를 깨닫게 해 줬다"라며 "경찰에서도 앞으로 더욱더 지속적인 관심을 기울이도록 노력하겠다."고 덧붙였다. 이번 사례처럼 아동학대 폭력은 때론 예상치도 못한 결과를 가져온다. 지난해 전국을 떠들썩하게 만들었던 입양아 학대 사연은 네티즌들을 분노케 했다. 당시 입양한 갓난아기를 상습적으로 학대해 의식불명 상태에 빠지게 한 비정한 양어머니가 경찰

를 죽이면 패륜이고, 부모가 자식을 죽이면 패륜이 아닌가? 자식이 부모를 죽이는 깃을 패륜이라고 비난하려면, 반대로 부모가 자식을 죽이는 것도 같은 가치로 비난받아야 한다. 그 이유는 인간 생명의 가치는 동일하기 때문이다.

한국사회에서 존속가중처벌규정은 오래전부터 논쟁이 된 문제이다.[5] 거슬러 올라가면, 1973년 일본에서 존속살해가중처벌 규정 판결이 있었고,[6] 국내에서 한차례 논쟁이 되었다. 동국대학교 한상범 교수가 사법행정(司法行政)에 「평등의 법리와 전근대적 가족질서」[7]라는 논문을 발표하여 존속살해가중처벌의 문제를 제기했다. 이에 건국대학교 박동희 교수가 반론[8]을 제기했고, 이에 다시 한상범 교수가 사법행정(司法行政)에 「평등의 법리의 곡해(曲解)와 전근대적 가족질서에 대한 오해-박동희 교수의 반론을 보고」[9]를 발표했다. 그 이후 많은 시간이 흘렀지만, 존속살해가중처벌 규정은 한국사회에서 여전히 논쟁의 대상으로 남았다.

한편, 어머니나 장인 등 본인 및 배우자의 '직계존속'을 형사 고소·고발하지 못하도록 한 형사소송법 제224조[10] 조항이 가까스로 합헌을 유지했다.[11] 이 사건은 헌법소원을 청구한 청구

에 검거된 사연을 접한 누리꾼들은 "사회 곳곳에 도가니가 숨어있다"라며 "남의 자식 키우기는 참 어려운 일이지만 갓난아기가, 3개월짜리가 뭘 알겠냐. 자식 키우는 입장에서 가슴이 떨린다."는 분노의 글과 함께 아동학대와 관련된 법을 촉구하고 나섰다.

5) 사회에서 논쟁(論爭)이 된 사안은 당대의 현안과 당대 사람들이 고민하고 논란을 벌였던 문제이다. 한국사회에서 그 동안 이루어진 논쟁을 정리한 책으로는 역사비평 편집위원회가 펴낸 『논쟁으로 본 한국사회 100년』을 참고할 수 있다.

6) 일본에서 존속살해에 대한 형의 가중규정을 처음으로 위헌이라고 한 판결은 1950년 1월 福岡地方裁判所에서 내려졌다. 그러나 일본 최고재판소는 1950년 10월 11일 福岡地方裁判所의 판결을 파기(破棄)하였다. 그리고 1973년 4월 4일 일본 최고재판소는 종래의 입장을 변경하여 존속살해죄에 대한 형의 가중규정은 부분적으로 위헌(違憲)이라고 판시하였다(高橋和之 外 編, 『憲法判例百選(Ⅰ)』, 有斐閣 (2007), 62-63면 참조).

7) 한상범, "평등의 법리와 전근대적 가족질서", 「사법행정」, 1973년 7월호(14권 7호) 참조.

8) 박동희, "과연 존속살해죄는 위헌인가", 사법행정 14,6('73.6), 52-57 및 박동희, "다시한번 존속살해죄에 대하여 : 위헌론을 재강조하는 한상범 교수의 7월호 새법정과 사법행정을 보고", 새법정 제30호(1973년 8월), 32-40면 참조.

9) 한상범, "평등의 법리의 곡해(曲解)와 전근대적 가족질서에 대한 오해-박동희 교수의 반론을 보고", 「사법행정」, 1973년 9월호(14권 9호)참조.

10) 형사소송법 제224조(고소의 제한) "자기 또는 배우자의 직계존속을 고소하지 못한다".

11) 헌법재판소는 2011년 2월 24일 형사소송법 제224조 등이 위헌이라며 낸 헌법소원 청구 사건에서 재판관 4(합헌) 대 5(위헌) 의견으로 합헌 결정을 내렸다. 위헌 결정을 위해선 재판관 6명 이상이 위헌 의견을 내야 한다. 헌법재판소는 "친고죄가 아닌 범죄는 고소와 관계없이 기소될 수 있고, 친고죄 중에서도 성폭력 범죄 등은 특별법으로 직계존속을 고소할 수 있다."면서 "해당 조항이 재판 절차 진술권을 중대하게 제한한다고 보기 어렵다."고 밝혔다. 또 "우리 사회에서 '효'라는 고유의 전통 규범을 수호하기 위해 비속이 존속을 고소하는 행위를 제한한 것은 합리적인 근거가 있는 차별"이라고 덧붙였다. 반면 이공현·김희옥·김종대·이동흡·목영준 재판관은 "고소권을 완전히 박탈하는 것은 재판 절차 진술권의 중대한 제한"이라며 "전통

인의 어머니는 아들이 자신을 폭행했다며 존속상해죄로 고소했지만, 법원은 아들에게 무죄를 선고했다. 헌법소원 청구인의 어머니는 과거에도 재산 문제로 자녀 및 주변 사람들을 수차례 고소했지만, 모두 무혐의 처분이 내려진 것으로 알려졌다. 청구인은 어머니가 거짓으로 자신의 혐의를 만든 만큼 무고 및 위증죄에 해당한다며 고소했지만, 직계존속을 고소·고발할 수 없다는 형사소송법 규정에 따라 받아들여지지 않았다. 2008년 어머니의 고소로 법정에 섰다가 무죄 판결을 받자 헌법소원을 청구했다.[12]

패륜범죄(immorality crime)는 영·유아 유기 살해[13]와 근친상간, 강간, 미성년자 성추행, 치정살해, 존속살해 등 종류도 많고 수법도 다양하다. 존속은 물론, 부부·사제 간의 소송 등 도리에 어긋나는 행위도 패륜 범주에 넣는다. 패륜적 범죄들이 언론에 대서특필 될 때마다 사람들은 경악을 금치 못하며 '어떻게 그런 짓을 할 수 있을까'라는 의문에 빠진다. 신문 사회면을 장식한 역대 패륜 범죄들은 한결같이 '돈'이 원인이다. 보험금을 타내기 위해, 혹은 유산을 빨리 물려받기 위해, 빚을 안 갚아줘서 등이다. 금전 만능주의와 배금주의가 인간을 극도로 타락하게 한 것이다.[14]

경찰 통계를 보면 부모를 살해하는 존속살해 등을 포함한 패륜 범죄는 최근 몇 년 급격히 증가했다. 전국에서 발생한 존속살해 범죄 발생 건수는 2008년 44건에서 2009년 58건, 2010년 66건으로 해마다 늘었다. 40건이 일어난 2006년과 비교하면 5년 만에 발생 건수가 무려 65%나 급증했다. '존속(尊屬)살인'이 2010년의 경우 평균 5.5일에 한번 꼴로 발생했다.

존속살해범죄가 우리사회에 던진 충격은 어제 오늘일 만은 아니다. '자고 나면 패륜범죄'라는 말이 나올 만큼 가족해체에 관한 뉴스는 해를 거듭할수록 증가하고 있다.[15] 멀리는 도박 빚을 갚기 위해 부모를 살해해 온 국민을 경악케 했던 1994년 '박한상군 사건'[16]과 일류대 법

윤리의 보호라는 입법 목적의 정당성은 인정되지만, 차별의 목적과 정도에 비례성을 갖췄다고 볼 수 없다." 고 반대 의견을 냈다(헌재 2011.2.24, 2008헌바56, 판례집 제23권 1집 상, 12면 이하 참조).

12) http://www.seoul.co.kr//news/newsView.php?code=seoul&id=20110225500034&keyword=직계존속%20고소(서울신문 2011년 2월 25일 자 참조).

13) 제 자식을 버리는 여아 유기·살해 범죄가 2년 사이에 2배 급증했다고 한다(gmkdm@hankyung.com 참조).

14) 세계일보, 2008년 12월 13일, [조정진 기자의 책갈피] "패륜 범죄 신드롬 어떻게 차단할 것인가" 참조.

15) 1994년 유산을 노리고 부모를 살해한 '박한상 사건'에서부터 최근에는 서울에서 보험금을 타내려고 부모를 청부살해한 10대까지 나왔다. 패륜범죄 양산은 그만큼 우리 사회가 중병이 들었다는 방증이다. 이 사회에 만연한 황금만능주의와 생명경시풍조가 패륜범죄란 독버섯으로 피어나는 것이다(http://www.cctoday.co.kr/news/articleView.html?idxno=598461#).

16) 1994년 5월 19일 100억원대 사업가 부부가 온몸이 흉기에 찔린 뒤 불에 타 숨진 사건이 발생했다. 잔인하기 이를 데 없는 수법에 경찰은 원한관계에 의한 살인을 의심했다. 그 누구도 원한관계의 한쪽 끝에 친아들이 있을 것이라 상상조차 못했다. 박한상은 대학을 다니다 1993년 LA로 유학을 떠났다. 당시 강남 부유층 자

대를 나와 미국대학에서 공부한 엘리트로서 현직 대학교수로 재직하면서 거액의 유산을 물려 받기 위해 아버지를 살해한 '김성복 사건'[17], 가까이는 2007년 경기도 수원에서 보험금을 노려 부모를 살해하고 누나들에게 중상을 입힌 사건의 범인은 범행 후에도 태연하게 행동해 국민 들을 더욱 놀라게 만들었다. 2010년 10월에는 자신의 집에 불을 질러 잠을 자던, 할머니, 아버 지, 어머니, 여동생 등을 숨지게 한 사건이 발생했고, 2011년 11월 23일 자신의 어머니를 살해 하고 사체를 8개월 동안 방치한 혐의로 고등학교 3학년생이 체포되어 세상을 놀라게 했다.

  언론보도에 의하면, 법무부장관 자문기구인 〈형사법개정특별위원회〉가 전체회의를 열어 형법의 '살인의 죄' 장에 포함된 존속살해 조항(제250조의 제2항)을 없애기로 의견을 모으고 이를 개정 시안에 반영하기로 한 것으로 알려졌다. 이른바 존속살해죄에 대해 조항삭제 소식 이 들려오며 일부 언론이 존속살해죄 폐지를 보도하고, 패륜범죄에 대한 처벌 약화와 국민정 서에 반하는 존속살해죄 폐지에 대한 논란이 일자 법무부는 2011년 4월 19일 공식 해명을 통 해 존속살해죄 조항이 형법에서 삭제된다는 결정은 아직 확정된 것이 아니라고 밝혔다.

제들 사이에 유행한 도피성 유학이었다. 준비 안 된 유학은 그를 학업이 아닌 방탕의 길로 이끌었다. 무엇 보다 도박이 문제였다. 라스베이거스까지 원정 도박을 간 박한상은 생활비 2만3000달러와 자동차 구입비 1만8000달러까지 모두 탕진했다. 이 일로 아버지께 호된 꾸지람을 들었지만 박한상은 말을 듣지 않았다. 오히려 부모만 없으면 재산을 모두 차지할 수 있을 것이란 끔찍한 생각을 품게 된다. 박한상은 범행 사흘 전 부터 세운상가를 돌며 등산용 칼을 사고 휘발유를 차고에 숨겨놓는 등 치밀하게 계획을 세웠다. 그리고 5 월 19일 자정 무렵 박한상은 부모님이 자고 있는 방으로 갔다. 피가 튈 경우를 대비해 옷은 모두 벗었다. 잔 인한 살인 행각이 끝나고 샤워를 했다. 범행에 사용된 도구들은 근처 공원에 내다 버렸다. 불까지 지르고 나서 박한상은 경찰에 신고를 했다. 경찰은 수사 초기 박한상을 의심했지만 용의선상에 올리기를 주저했 다. 진술이 일정치 않고 부모님이 살해당하는 동안 몰랐다는 것도 말이 되지 않았다. 경황이 없어 맨발로 뛰쳐나왔다는 그의 발바닥은 너무나 깨끗했다. 그러나 감히 아들이 부모님께 그런 끔찍한 짓을 할리 없다 고 믿었다. 자기가 먼저 신고를 했을 리 없다는 것도 이유였다. 박한상의 범행은 당시 모두의 상상을 뛰어 넘는 것이었다. 설마 설마 하던 사람들을 충격에 빠뜨린 건 그의 머리카락에 묻은 피를 발견하고서부터다. 아무 상처도 없는 그의 머리에 피가 묻어 있었다. 조사결과 머리카락에 묻은 피는 부모님의 피로 밝혀졌다. 샤워는 했지만 머리는 감지 않았던 것이다. 게다가 박한상의 종아리에는 사람의 치아자국과 흡사한 상처 가 있었다. 이 상처는 아버지의 치아구조와 일치했다. 아들의 손에 죽어가던 아버지가 물어뜯은 흔적이다. 사건 발생 일주일 만에 박한상은 결국 자백 했다. 너무나 끔찍한 범행을 그는 태연히 진술했다. 1심과 2심 에서 사형선고를 받은 그는 무죄를 주장하며 대법원에 상고했다. 1995년 8월 25일 대법원은 사형을 확정판 결했다. 사형은 아직 집행되지 않았다(헤럴드경제, 2010년 3월 29일, 그때 그 사건-1994년 대형사건 릴레 이-지존파 등, http://biz.heraldm.com/common/Detail.jsp?newsMLId=20100325000469참조).

17) 1994년과 1995년에 발생한 박한상, 김성복사건은 세계에 다시없을 엽기적인 희대의 패륜으로 '무자식 상 팔자', '무재산 상팔자'라는 말을 만들어낼 정도로 여론의 재판이 혹독했다. 이 사건을 두고 우리사회가 이 미 패륜적 범행을 막아줄 윤리규범을 상실했으며 또한 전통적 가치체계의 붕괴로 인한 윤리의식 부재와 물 질만능주의의 팽배 탓이라는 개탄의 목소리가 높았다(김희경外, 『어처구니 없는 한국현대사』, 지성사, 1996, 291면).

존속살해죄 조항은 1953년 형법이 제정될 때부터 존재했지만 경직된 규정 때문에 위헌 논란이 계속 제기됐다. 1995년 형법이 개정되면서 이전에는 사형과 무기징역으로만 처벌토록 했던 조항이 7년 이상의 유기징역 선고가 가능하도록 하향 조정됐지만 위헌논란은 여전히 지속되고 있다.

전통적으로 효를 중시하는 우리나라에서 존속살해가 외국에 비해 높다는 것은 참 아니러니(irony) 하면서도 안타까운 현실이다. 이는 자녀의 양육에 대한 우리나라의 독특한 정서(情緒)에서 기인한 것으로 생각된다.[18]

II. 존속살해 범죄의 현황과 특징

1. 존속살해 범죄의 의의

존속살해죄는 자기 또는 배우자의 직계존속을 죽인 죄를 말한다(형법 제250조 제2항). 직계존속이란 법률상의 것을 말하며, 양부모도 직계존속이다. 그러나 인지(認知)되지 않은 사실상의 부는 존속이 아니다. 배우자도 법률상의 배우자만을 의미하며, 사실상의 부부는 포함되지 않는다. 살인행위시에 직계존속이었음을 요하기 때문에, 양자가 파양 후에 양부모를 죽이면 보통살인죄가 된다.

2. 존속살해 범죄의 현황

존속살해 범죄는 전체 살인범죄 중에서 존속살해가 차지하는 비율은 미국 2%, 영국 1%, 프랑스 2.8%이며, 우리나라는 이보다 높은 약5% 수준으로 1년에 약50건 정도가 발생하고 있다(강은영, 2010: 12).

최근 우리나라의 존속살해 범죄 현황을 살펴보면, 2006년 33건, 2007년 33건, 2008년 38건, 2009년 44건, 2010년 45건, 2011년 6월까지 22건이 발생하였다. 존속살해죄 등에 대한 형사공판의 내용은 [표 1]과 같다.

참고로 같은 시기에 발생한 존속 상해범죄는 2006년 169건, 2007년 140건, 2008년 149건, 2009년 132건, 2010년 94건, 2011년 6월까지는 53건이 발생했다. 존속 폭행범죄는 2006년 24건, 2007년 22건, 2008년 30건, 2009년 38건, 2010년 22건이 발행하였다.

---

18) 정성국, "한국의 존속살해 성향분석", 수사연구 2010년 5월호, 29면.

[표 1] 존속살인 · 존속상해 및 존속폭행죄의 제1심 형사공판 결과

종국연도	대표죄명	처리인원수						
		계	자유형	집행유예	재산형	선고유예	무죄	기타
2006년	존속살인	33	29	4	0	0	0	0
	존속상해	169	42	67	41	10	2	7
	존속폭행	24	8	3	4	3	0	6
2007년	존속살인	33	27	4	0	0	1	1
	존속상해	140	39	45	42	4	2	8
	존속폭행	22	4	1	6	1	1	9
2008년	족속살인	38	34	2	0	0	1	1
	존속상해	149	39	50	43	3	2	12
	존속폭행	30	5	7	5	1	2	10
2009년	존속살인	44	34	6	0	0	2	2
	존속상해	132	28	50	38	4	2	10
	존속폭행	38	7	5	11	0	2	13
2010년	존속살인	45	35	6	0	0	0	4
	존속상해	94	20	34	23	2	3	12
	존속폭행	22	3	2	8	0	0	9
2011년 1-6월	존속살인	22	18	2	0	0	0	2
	존속상해	53	10	19	13	2	3	6
	존속폭행	8	3	1	2	0	0	2

* 출처 : 경찰청 국회 제출자료(2011.12.16. 전산자료)

3. 존속살해 범죄의 유형과 특징

(1) 존속살해 범죄의 유형

존속살해 범죄의 유형을 보면, 존속살해는 그 대상에 따라 '부친살해', '모친살해', '양친살해'로 나눌 수 있다. 또한, 존속살해는 존속살해를 한 범죄자의 연령에 따라 '청소년 존속 살해'와 '성인 존속 살해'로 구분할 수 있다.

청소년 존속 살해는 다시 그 범죄 원인에 따라 ① '아동 학대 경험'으로 인한 존속 살해와 ② '심각한 정신 질환'으로 인한 존속 살해, ③ '반사회적 인성'으로 인한 유형으로 나눌 수 있다.

성인 존속 살해는 ① 편집증과 정신분열로 인한 존속살해와 ② 이타주의(利他主義)로 인한 존속 살해, ③ 기타 유형으로 이욕(利慾), 질투(嫉妬), 충동(衝動), 인성장애(人性障碍) 등으로 나눌 수 있다.[19]

(2) 존속살해 범죄의 특징

존속살인 사건은 살인 당시 범인은 극도로 흥분되거나 분노한 상태이기 때문에 피해자의 손상상태를 보면, 주로 머리, 얼굴, 목주위에 집중된 형태이다. 주요 손상부위는 두부와 경부였고, 폭행에 의해 사망한 경우 눈을 중심으로 안면부의 폭행이 많았다. 범행도구도 식칼과 같은 도검류(刀劍類)가 가장 많으며, 그 다음으로 무차별적인 폭행이거나 야구 방망이, 망치와 같은 둔기가 사용됐다. 도검류에 의한 살인의 경우 두부나 안면부, 경부를 무차별하게 찌르는 경우가 많았고, 간혹 부모의 시신을 토막 내거나 사지를 절단에 가깝게 자르는 경우가 많았다. 특히, 정신분열과 연관된 존속살인은 도검류가 많았으며 자창의 수가 많아 잔혹하게 살해됐으나 계획되거나 은폐, 위장된 존속살인은 거의 없었다. 반면 금전에 의한 살인의 경우는 계획적인 경우가 많았고, 계획범죄 뿐 아니라 폭력이나 폭언에 의한 우발적인 살인의 경우에는 불을 지르는 방화나 암매장과 같은 방법으로 사건을 은폐하는 경우가 많았고 사고사(事故死)로 위장하는 경우도 있었다. 존속살해는 대부분 단독 범행으로 발생 되었으며, 범행과정에서 과다한 알코올 섭취나 평상시에 부모를 상습 폭행하는 폭력성향이 존속살인 발생 요인을 상승시켰다.[20]

과거에는 부모의 재산이나 보험금을 노린 경우가 많았으나 요즘은 너무 쉽게 가족을 해치고 있다. 연애·혼수·이사·취업 문제로 생긴 갈등만으로도 가족을 살해하는 극단적인 선택을 한다.

과거에 발생한 존속살해의 특징은 과거에 정신질환을 앓았거나 정신질환을 앓고 있었던 사람에 의한 범죄 비율이 매우 높았으나, 최근에는 평범한 생활을 유지해 오다 순간적인 감정을 참지 못해 우발적으로 범행을 저지르는 비율이 점차 높아지고 있다. 또 존속살해의 경우 재범자에 비해 초범자의 비율이 더 높다. 재범자 중에는 동종전과를 가진 사람은 거의 없고 존속범죄 이외의 전과를 가진 사람들도 찾아보기 힘든 특징이 있다.[21]

2000년 이후 한국사회에서 존속살해범죄자는 20대가 50%로 많다. 전체 살인범죄의 경우와 비교하면 30대와 40대가 약 50%로 다수를 차지하고 있다. 존속살해범의 저연령화로 인해 다른 살인범죄자에 비해 미혼 비율이 70.7%로 높고, 학력수준 역시 높은 편으로 고졸이상 비율이 70%이다. 반면 여자 가해자의 비율은 11.9%로 전체 살인범죄자의 여성비율과 유사하다.

---

19) 강은영, "존속살해범죄의 특성", 수사연구 2010년 5월호, 13면; 최인섭·김지선, 존속범죄의 실태에 관한 연구, 한국형사정책연구원, 1996, 70면.
20) 정성국, 앞의 논문, 26–27면.
21) 최인섭·김지선, 앞의 논문, 57면.

또한 신체장애 및 정신질환 어부 면에서는 66%가 정상이고 알코올 중독(8.5%), 우울증 (6.4%), 정신분열(4.3%) 등의 문제를 가지는 것으로 나타났다. 존속살해범들의 30%는 본범 이전에 전과가 없었고, 20%가 전과1범으로 전체 살인범죄자와 큰 차이를 보이지 않았다(2006 년 기준 살인범죄자 중 전과가 없는 비율 26.5%, 전과1범 10.4%).[22]

Ⅲ. 존속살해죄에 대한 가중처벌 규정의 위헌성 검토

우리 형법 제250조 제2항은 존속살해죄에 대하여 사형, 무기 또는 7년 이상의 징역에 처한 다고 하여 단순살인죄보다 가중처벌 하도록 규정하고 있다. 이러한 가중처벌이 위헌적 차별 취급이 아닌지가 문제된다.

또한, 직계존속에 대한 고소제한의 문제도 위헌성이 있다. 자식이 부모를 살해하면 문제가 되고, 부모가 자식을 죽여도 가중처벌하지 않는 것은 문제가 있다. 제 자식을 버리는 엄마들이 저지르는 '영아 유기 · 살해'범죄가 2년 사이 2배 급증했다.

어찌 보면, 법과 도덕의 문제가 법철학의 해결되지 않은 법철학의 케이프 혼(Cape Horn)이 듯이 존속살해 가중처벌의 문제도 우리 사회가 해결해야 할 법철학 분야의 영원한 숙제인지 도 모른다.

1. 사회적 신분과 존속과 비속

존속과 비속의 관계가 사회적 신분에 해당하는지에 대해서는 존 · 비속의 관계도 사회적 신 분에 당연히 포함된다고 보는 견해와 이는 자연적 · 친족 신분에 불과하다는 견해가 대립한 다. 그러나 헌법 제11조 제1항의 차별금지사유를 예시적인 것으로 보는 이상 존속과 비속관계 를 어떻게 파악하든 헌법의 평등조항이 적용된다는 점에는 이견이 없다.

사회적 신분의 의미에 관해서는 선천적 신분에 한정하려는 입장도 있으나 일반적으로 선천 적 신분과 후천적 신분을 포함하는 것으로 이해하고 있다. 따라서 사회적 신분이란 사람이 사 회에 있어서 일시적이 아니고 장기적으로 차지하고 있는 지위를 말한다. 이에 따라 전과자, 귀 화인, 사용인, 노동자, 교원, 공무원, 직업상의 지위, 부자, 빈자, 농민, 어민, 상인, 학생 등이 포함된다. 현재도 국가, 지방자치단체뿐만 아니라 배우자 및 직계존 · 비속관계라는 이유로 법정형을 무겁게 처벌하는 형법규정의 위헌성 여부가 문제된다. 그것은 결국 평등의 원칙의

---

22) 강은영, 앞의 논문, 14-15면.

내용은 직계존·비속관계라는 이유로 한 차별이 자의에 의한 차별금지의 원칙에 반하는지의 여부가 문제된다.[23]

존속살해죄는 '자기 또는 배우자의 직계존속'을 범죄의 구성요건적 요소로 규정하고 있는데, 자기의 직계존속에 대한 살해의 경우에는 출생을 이유로 한 선천적 신분관계를 의미하고, 배우자의 직계존속에 대한 살해의 경우에는 혼인을 이유로 한 후천적 신분관계를 의미한다고 할 수 있다. 모두 헌법 제11조 제1항에서 차별의 금지사유로 밝히고 있는 사회적 신분에 해당한다.

2. 합헌설과 위헌설

(1) 합헌설

존속살해죄의 가중처벌을 헌법의 평등권에 위배되지 않는다고 보는 합헌설은 다음의 논거를 들고 있다.

① 존속에 대한 존경과 사랑은 인류보편의 윤리이자 사회생활의 기본적 윤리를 의미하므로 존속살해죄가 연혁상 봉건적 가부장제에 기원을 두고 있다 하더라도 오늘날의 관점에서도 형사책임의 본질인 비난가능성이 단순살인에 비하여 크다고 볼 수밖에 없다. ② 법정형의 하한을 단순살인죄(5년)에 비하여 단지 2년을 가중하는데 그치고 있으므로 과잉 차별이라고 볼 수 없고, ③ 존속살해에 대해서도 자수 등의 법률상 감경사유가 있다면 작량감경을 포함한 2회의 감경으로 집행유예의 선고도 가능하다. ④ 존속살해죄의 가중처벌 규정의 입법취지는 존속친에 대한 특별한 보호를 위한 것이 아니라 비속의 패륜성을 특히 비난하기 위한 것으로 존속이 특별이 보호 받는 것은 이로 인한 반사적 이익에 불과하다는 점을 들고 있다.

합헌론의 문제를 지적하면, 도덕원리를 법에 반영시켜 강제하는 것은 비록 법과 도덕이 구별된다 하더라도 책임판단에서는 윤리적 요소를 완전히 제거할 수는 없다. 또한 법에 의한 도덕의 강제가 아니라 패륜(悖倫)으로 인한 책임의 가중을 근거로 형을 가중하는데 지나지 않는 것이다.

존속인 피해자가 통상적인 피해자보다 두텁게 보호받는 차별적 결과가 된다. 피해자인 존속을 더 보호하고자 함이고, 결과적으로 존속이 강한 보호를 받게 된다 하더라도 이는 반사적 이익에 불과하다.[24]

---

23) 성낙인, 『헌법학연습』, 언역(1997), 280면.
24) 헌재 2002.3.28, 2000헌바53.

(2) 위헌설

한상범 교수는 "한국의 형법학 교과서에서도 황산덕(黃山德) 교수의 형법각론은 이 규정(존속살해)을 「가족적 도의관계를 존중하기 위한 가중규정」으로서 합헌시(合憲視)하나, 그 가족적 도의관계가 봉건적 가부장제의 윤리에 입각한 것이 아닐진대 인간의 생명의 존중과 그 보호에 차별을 두는 근거로서 설명되기는 너무나 근거가 박약하고, 특히 「동양전래의 순풍(淳風)」을 들어서 이를 옹호하는데, 그 순풍(淳風)의 정체도 근대법의 이념에 부합될 수 있는 것인지도 의문스럽다"고 언급함으로써 존속살해죄에 대한 형의 가중처벌의 합헌성에 대한 의문을 제기했다.25)

존속살해죄의 가중처벌에 대하여 위헌 주장을 펴는 입장은 인간은 '자손을 낳을 자유'는 있지만, '출생하는 자유'는 없는데 직계비속이라는 신분 때문에 다른 범죄자보다 무거운 책임을 지는 것은 사회적 신분에 따른 차별이라는 점을 강조한다. 또 오늘날 가족관계는 개인 대 개인의 평등관계로 봐야 하는데 존속범죄에만 가중처벌을 하는 것은 봉건적 가족제도를 전제로 해 전근대적이라고 주장한다. ① 존속살해에 대한 가중처벌은 봉건적·반인권적 가부장제의 잔재로 인간의 존엄성에 반하는 불합리한 차별이다. ② 비속의 존속에 대한 윤리는 자발적으로 준수되어야 할 윤리이며 이를 법률로 강제한 성질의 것은 아니다. ③ 존속살인 중에는 그 비난가능성이 크지 않은 경우도 많기 때문에 존속살인에 대해서도 보통살인죄의 법정형에 의해 처벌하는 것으로 충분하다. ④ 존속살해는 법정형의 하한을 7년으로 정하고 있어 작량감경을 하더라도 집행유예를 선고할 수 없도록 법관의 양형재량권을 극도로 제한하고 있다는 점을 들고 있다.

3. 헌법재판소의 입장

존속살해죄의 위헌여부를 직접적으로 다룬 대법원의 판결이나 헌법재판소의 결정은 아직 없다. 그러나 헌법재판소는 존속상해치사죄(형법 제259조 제2항)에 대한 위헌소원사건에서 형법 제259조 제2항이 평등의 원칙에 위배되지 않고 사생활의 자유 등 다른 기본권을 침해하지 않는다는 취지의 결정을 하였다.26) 2000헌바53 사건에서 헌법재판소가 제시한 합헌논거를 볼 때, 존속살해죄의 위헌여부에 대해서도 헌법재판소는 동일한 또는 유사한 논거로 합헌의견을 견지할 것으로 보이므로, 존속상해치사죄에 대한 헌법재판소의 결정논거에 대하여 살

---

25) 한상범, 『한국헌법』, 예문관(1973), 137면.
26) 헌법재판소 2002. 3. 28. 선고 2000헌바53 결정 참조.

퍼볼 필요가 있다.[27][28]

형법 제259조 제1항은 상해치사죄에 대하여 '3년 이상의 유기징역'에 처하도록 규정하고 있는데, 동조 제2항은 존속상해치사죄에 대하여 이보다 형을 가중하여 '무기 또는 5년 이상의 징역'에 처하도록 규정하고 있다.

이와 관련하여 2000헌바53 사건에서는 "형법 제259조 제2항이 평등의 원칙에 위배되는지"에 대하여,[29] 헌법재판소는 "비속의 직계존속에 대한 존경과 사랑은 봉건적 가족제도의 유산이라기보다는 우리 사회윤리의 본질적 구성부분을 이루고 있는 가치질서로서, 특히 유교적 사상을 기반으로 전통적 문화를 계승·발전시켜 온 우리나라의 경우는 더욱 그러한 것이 현실인 이상, '비속'이라는 지위에 의한 가중처벌의 이유와 그 정도의 타당성 등에 비추어 그 차

---

27) 우리 형법상 존속에 대한 범죄를 가중처벌하는 예로는 존속살해(제250조 제2항), 존속상해(제257조 제2항) 및 존속중상해(제258조 제3항), 존속폭행(제260조 제2항), 존속유기 및 존속중유기(제271조 제2항, 제4항), 존속학대(제273조 제2항)와 동 치사상(제275조 제2항), 존속체포·감금(제276조 제2항) 및 존속중체포·감금(제277조 제2항)과 동 치사상(제281조 제2항), 존속협박(제283조 제2항) 등이 있고 그 입법취지는 모두 동일하다고 할 수 있는데, 범죄의 객체가 자기 또는 배우자의 직계존속이라는 특수한 신분관계에 해당하는 경우 가해자인 비속(卑屬)의 패륜성(悖倫性)에 대한 고도의 사회적 비난가능성을 이유로 형을 가중하고 있다.

28) 같은 사건에서 법원은 다음과 같이 합헌의견을 제시하였다. "형벌법규에 있어서 법정형의 종류와 범위의 선택은 여러 가지 요소를 종합적으로 고려하여 입법자가 결정할 사항으로서 광범위한 입법재량 내지 형성의 자유가 인정되어야 할 분야이므로, 법정형의 높고 낮음은 헌법상의 평등의 원칙 및 비례의 원칙 등에 명백히 위배되는 경우가 아닌 한 위헌이라고 할 수 없을 것인데, 이 사건 법률조항은 비속의 패륜성이라고 하는 정상을 '존속'이라는 구성요건요소로 객관화하여 도덕적 윤리를 보호한다는 합리적 근거에 기한 것으로서, 입법목적이 정당하고 수단의 적정성을 잃은 것이라고 볼 수 없으며 그 법정형 역시 지나치게 무겁다고 말할 수 없으므로, 헌법상 평등의 원칙이나 과잉금지의 원칙에 위반되지 아니한다. 또한, 이 사건 법률조항이 학대를 일삼는 존속의 폭력을 감수하도록 그 비속에게 강요하는 규정은 아니므로 인간으로서의 존엄과 가치, 행복추구권을 보장한 헌법 제10조에 반한다고 볼 수 없을 뿐만 아니라, 패륜적 범죄행위가 사생활의 영역에 속한다고 볼 수 없어 헌법 제17조의 사생활의 자유를 침해한다고 말할 수도 없다. 그리고, 이 사건 법률조항에 의하여 존속의 지위에 있는 피해자가 더 강한 보호를 받게 되는 것은 가중처벌 규정의 일반예방적 기능에 기인한 반사적 효과일 뿐 반민주주의적(反民主主義的) 신분제도를 유지하려는 목적에 기인한 것이 아니므로, 개인의 존엄과 양성의 평등을 기초로 한 가족생활의 보장에 관하여 규정하고 있는 헌법 제36조에도 반하지 아니한다."

29) 사건의 개요는 다음과 같다 : 청구인은 2000. 3. 23. 부(父) 정ㅇ문에게 두부출혈상을 가하여 사망에 이르게 하였다는 내용의 존속상해치사죄로, 같은 해 4. 29. 서울지방법원 동부지원 2000고합119호로써 기소되었다. 청구인은 위 사건이 계속 중이던 2000. 5. 17. 존속상해치사죄에 관한 형법 제259조 제2항이 헌법 제10조의 인간으로서의 존엄과 가치 및 행복추구권을 침해하고, 헌법 제11조의 평등의 원칙에 위배되며, 헌법 제17조의 사생활의 자유를 침해할 뿐 아니라 헌법 제36조의 혼인·가족제도 보장의 원칙에 위배된다는 등의 이유로 같은 지원 2000초471호 위헌법률심판제청신청을 하였으나 2000. 6. 19. 기각되었고, 이에 같은 해 7. 11. 이 사건 헌법소원심판청구를 하였다.

별적 취급에는 합리적 근거가 있으므로, 이 사건 법률조항은 헌법 제11조 제1항의 평등원칙에 반한다고 할 수 없다."고 하였다.30) 또한 "형법 제259조 제2항이 사생활의 자유 등 다른 기본권을 침해하는지"에 대해서도, 헌법재판소는 "존속상해치사죄와 같은 범죄행위가 헌법상 보호되는 사생활의 영역에 속한다고 볼 수 없을 뿐만 아니라, 이 사건 법률조항의 입법목적이 정당하고 그 형의 가중에 합리적 이유가 있으며 직계존속이 아닌 통상인에 대한 상해치사죄도 형사상 처벌되고 있는 이상, 그 가중처벌에 의하여 가족관계상 비속의 사생활이 왜곡된다거나 존속에 대한 효의 강요나 개인 윤리문제에의 개입 등 외부로부터 부당한 간섭이 있는 것이라고는 말할 수 없으므로, 이 사건 법률조항은 헌법 제17조의 사생활의 자유를 침해하지 아니한다. 또한, 위 가중처벌에 의하여 가족 개개인의 존엄성 및 양성의 평등이 훼손되거나 인간다운 생활을 보장받지 못하게 되리라는 사정은 찾아볼 수 없고, 오히려 패륜적·반도덕적 행위의 가중처벌을 통하여 친족 내지 가족에 있어서의 자연적·보편적 윤리를 형법상 보호함으로써 개인의 존엄과 가치를 더욱 보장하고 이를 통하여 올바른 사회질서가 형성될 수 있다고 보아야 할 것이므로, 이 사건 법률조항은 혼인제도와 가족제도에 관한 헌법 제36조 제1항에 위배되거나 인간으로서의 존엄과 가치 또는 행복추구권도 침해하지 아니한다."고 하였다.31)

　상해치사죄에 대하여 가중처벌을 규정하고 있는 존속상해치사죄의 위헌여부와 관련하여서는, 근본적으로 신분을 이유로 형을 가중하는 것 자체가 헌법상 평등권 등 다른 기본권을 침해하고 있는지 여부와 신분을 이유로 가중된 처벌을 하는 것이 합리적 근거가 있는지 여부와 별개로 해당 법정형 자체가 과잉금지원칙에 위배되는 것은 아닌지가 문제될 수 있다. 존속상해치사죄에 대한 가중처벌과 관련하여, 특히 '3년 이상의 유기징역'으로 처하도록 규정한 상해치사죄에 대하여 '5년 이상의 유기징역'으로 가중 처벌한 외에 '무기징역'으로까지 처벌한 것이 과잉금지의 원칙 내지 비례의 원칙에 위배되는지에 대하여 깊은 성찰이 필요했음에도 불구하고, 헌법재판소는 이 부분에 대하여 고민이 부족하였다는 점을 문제로 지적할 수 있다. 형법은 고의범인 살인죄에 대하여 '사형·무기 또는 5년 이상의 징역'으로 처하고 있는데, 살해의 고의가 없는 상해죄의 결과범의 한 유형인 존속상해치사죄에 대하여 '무기징역'으로까지 처벌하는 것이 형량에 있어서 체계성을 상실한 과한 처벌에 해당하는지 여부에 대하여 심도 있는 심사가 이루어졌어야 할 것이다.

---

30) 기본적으로 이와 유사한 논거를 제시하고 있는 헌법재판소의 결정으로는 헌법재판소 1992. 4. 28. 선고 90헌바24 결정 ; 1994. 2. 24. 선고 92헌바43 결정 ; 2001. 11. 29. 선고 2001헌바4 결정 등 참조.

31) 기본적으로 이와 유사한 논거를 제시하고 있는 헌법재판소의 결정으로는 헌법재판소 1990. 9. 10. 선고 89헌마82 결정 ; 1997. 3. 27. 선고 95헌가14 결정 ; 1997. 7. 16. 95헌가6 결정 등 참조.

4. 결어

형법상 살인죄의 규정은 사람의 생명을 보호법익으로 한다는 점에서 공통적이다.[32] 존속살해죄의 위헌여부에 대한 판단에 있어서는, 사람의 생명을 공통된 보호법익으로 함에도 불구하고 여타의 살인죄에 대하여 존속살해죄에 대하여 존속과 비속이라는 신분관계를 이유로 하여 가중처벌을 하고 있는 것이 헌법상 평등권 내지 평등원칙에 위배되는 것은 아닌지, 나아가 존속살해죄에 대한 가중처벌이 합리적 이유가 있는 경우라고 할지라도 다른 살인죄와 비교하여 법정형이 체계성을 상실한 과한 처벌에 해당하여 과잉금지의 원칙 내지 비례의 원칙에 위배되는지 여부가 검토되어야 할 것이다.[33]

(1) 존속살해죄의 규정이 헌법상 평등권 내지 평등원칙에 위배되는지 여부

우리 형법은 직계존속이라는 신분관계를 이유로 존속살해죄라는 별개의 범죄구성요건을 두어, 사형·무기 또는 5년 이상의 징역으로 처벌하고 있는 보통살인죄에 대하여 사형·무기 또는 7년 이상의 징역으로 가중하여 처벌하고 있는데, 이것이 헌법 제11조의 평등권 또는 평등원칙에 위배되는지가 문제이다.

헌법 제11조 제1항은 "모든 국민은 법 앞에 평등하다. 누구든지 성별·종교 또는 사회적 신분에 의하여 정치적·경제적·사회적·문화적 생활의 모든 영역에 있어서 차별을 받지 아니한다."고 규정하여, 모든 영역에서 사회적 신분을 이유로 한 차별을 금지하고 있다. 헌법상 평등권 내지 평등원칙은 일체의 차별을 부정하는 절대적 평등을 뜻하는 것이 아니라, 입법과 법적용에 있어서 합리적 근거가 없는 차별을 금지하는 것임을 물론이다. 헌법 제11조 제1항은 입법자에게 본질적으로 같은 것을 자의적으로 다르게, 본질적으로 다른 것을 자의적으로 같게 취급하는 것을 금하는 것이므로, 본질적으로 동일성이 인정될 수 있는지 여부는 당해 법률조항의 의미와 목적에 비추어 차별취급을 정당화할 수 있을 정도의 차이가 없음에도 불구하고 차별한 것인지 여부에 달려 있다.[34] 특히 헌법은 차별의 금지사유로 성별·종교와 더불어 사회적 신분을 스스로 규정하고 있는바, 존속살해죄의 위헌여부와 관련한 심사에 있어서 입

---

32) 우리 형법은 외국의 입법례와 달리 모살(謀殺)·고살(故殺) 등을 구별하지 아니하고 있다.

33) 우리 형법은 보통살인죄(형법 제250조 제1항)를 기본범죄로 하여 사형·무기 또는 5년 이상의 징역으로 처벌하면서, 존속살해죄(형법 제250조 제2항)에 대하여는 사형·무기 또는 7년 이상의 징역으로 가중하여 처벌하고, 영아살해죄(형법 제251조)에 대하여는 10년 이하의 징역으로 감경하여 처벌하고 있다. 또한 촉탁·승낙에 의한 살인죄(형법 제252조 제1항)에 대하여 1년 이상 10년 이하의 징역으로 처벌하고 있다.

34) 헌법재판소 1996. 12. 26. 선고 96헌가18 등 참조.

법자에게 인정되는 입법형성권의 정도는 엄격성을 요한다.[35] 존속살해죄는 '자기 또는 배우자의 직계존속'을 범죄의 구성요건적 요소로 규정하고 있는데, 자기의 직계존속에 대한 살해의 경우에는 출생을 이유로 한 선천적 신분관계를 의미하고, 배우자의 직계존속에 대한 살해의 경우에는 혼인을 이유로 한 후천적 신분관계를 의미한다고 할 수 있다. 모두 헌법 제11조 제1항에서 차별의 금지사유로 밝히고 있는 사회적 신분에 해당한다고 할 것이므로, 원칙적으로 존속살해죄에 대한 가중처벌은 헌법 제11조 제1항에 위배된다는 비난 가능성을 면할 수 없다고 할 것이다.

그런데 헌법재판소는 존속상해치사죄에 대한 위헌여부를 판단하면서, 해당 조항이 비속을 차별 취급하더라도 거기에 합리적 근거가 있으면 헌법상의 평등의 원칙에 위배된다고 할 수 다고 하면서, "혼인과 혈연에 의하여 형성되는 친족에 있어서는 존경과 사랑이 그 존재의 기반이라고 말할 수 있고, 이를 바탕으로 직계존속은 비속에 대하여 경제적 측면에서는 물론 정신적·육체적 측면에서 올바른 사회구성원으로 성장할 수 있도록 양육하며 보호하고 그 비속의 행위에 대하여 법률상·도의상 책임까지 부담하는 한편, 비속은 직계존속에 대하여 가족으로서의 책임 분담과 존경과 보은의 기본적 의무를 부담하게 되는데, 이는 인류가 가족을 구성하고 사회를 형성하기 시작한 이래 확립되어진 친족 내지 가족에 있어서의 자연적·보편적 윤리로서, 이러한 윤리는 가정은 물론 사회를 유지·발전시키는 기본질서를 형성하게 된다는 점에서 형법상 보호되어야 할 가치이며, 이는 배우자의 직계존속에 대하여도 마찬가지이다."라고 한다. 존속에 대한 범행은 보편적 사회질서나 도덕원리, 나아가 인류에도 반하는 행위로 인식되어 그 패륜성에 대하여는 통상의 범죄에 비하여 고도의 사회적 비난을 받아야 할 이유가 충분하므로, 반인륜·패륜행위를 억제하기 위해 존속을 상대로 한 범죄의 가중처벌은 우리의 윤리관에 비추어 합리적이라는 것이다.

---

35) 평등원칙의 위배 여부에 대한 심사의 유형에는 자의금지심사와 비례의 원칙에 의한 심사가 있는데 자의금지심사의 경우에는 차별을 정당화하는 합리적인 이유가 있는지 여부만을 심사하기 때문에 그에 해당하는 비교대상간의 사실상의 차이나 입법목적(차별목적)의 발견·확인에 그치는 반면, 비례의 원칙에 의한 심사의 경우에는 단순히 합리적인 이유의 존부 문제가 아니라 차별을 정당화하는 이유와 차별간의 상관관계에 대한 심사, 즉 비교대상간의 사실상의 차이의 성질과 비중 또는 입법목적(차별목적)의 비중과 차별의 정도에 적정한 균형관계가 이루어져 있는가를 심사한다(헌법재판소 2001. 2. 22. 선고 2000헌마25 결정 등). 헌법이 스스로 차별의 근거로 삼아서는 안 되는 기준을 제시하거나 차별을 특히 금지하고 있는 영역을 제시하고 있다면 그러한 기준을 근거로 한 차별이나 그러한 영역에서의 차별에 대하여 엄격하게 심사하는 것이 정당화된다. 또한 차별적 취급으로 인하여 관련 기본권에 대한 중대한 제한을 초래하게 되는 경우에도 입법형성권은 축소되어 보다 엄격한 심사척도가 적용되어야 한다(헌법재판소 2005. 3. 31. 선고 2003헌바92 결정 등).

그러나, 도덕·윤리적 가치를 법에 반영하여 이를 보호하는 것이 가능하고 책임판단에 있어서 이를 고려할 수 있다는 점에 대하여 수긍할 수 있다는 점을 인정한다고 할지라도, 존비속관계에서 요구되는 도덕·윤리적 가치는 존속과 비속 모두에게 동일한 인류사회의 보편적 가치로 보는 것이 합리적이라 할 것이므로 법적 강제나 책임비난에 있어서 동일하게 적용되는 것이 타당하다고 할 것이다. 특히 혈연적인 존비속관계에 있어서 도덕·윤리적 가치에 대한 위반은 직계비속에게 인류위반이라는 비난을 지우기에 충분하다면 직계존속에 있어서는 천륜위반이라는 가중된 비난을 지우기에 충분함에도, 직계비속에게는 가중된 법적 책임을 묻는 반면 직계존속에게는 가중된 법적 책임을 묻지 않고 있을 뿐만 아니라 오히려 책임을 감경하고 있기까지 하다. 예컨대, 영아살해죄에 있어서는 직계존속의 치욕은폐의 동기나 양육할 수 없는 사정을 형을 감경할만한 사유로 보고 있다. 존속살해의 범죄에 있어서 비속의 이욕(利慾)을 범행원인으로 하는 경우보다 오히려 존속이 비속을 학대하여 발생한 경우가 많고 일반살해의 경우처럼 우발적인 경우가 많다는 점에서 비추어보아도, 반인류·패륜적 이유를 보편화하여 존속살해의 가중 처벌을 합리화하는 것은 문제가 있다.

요컨대, 존속살해죄에 대한 가중처벌은 헌법 제11조의 평등권 내지 평등원칙에 위배되어 위헌이라 할 것이다. 존속과 비속이라는 신분에 있어서 법률상·도의상 책임에 있어서 이중적 기준에 서 있는 헌법재판소의 입장은 법적으로 합리적 타당성을 결하고 있을 뿐만 아니라 사회적으로 보편적 타당성을 결하고 있다고 할 것이다. 영미법계의 국가들은 물론 같은 문화권에 있는 중국 역시 존속관련범죄를 가중 처벌하지 않고, 독일이나 일본의 경우 존속살해범죄에 대한 규정을 삭제한 것은 이와 같은 관점에서 이해할 수 있다.36)

---

36) 일본의 경우, 우리나라와 같이 존속살해죄를 두고 있었으나, 1968. 10. 5. 아이코(가명)라는 29세 여성이 14세부터 자신을 상습적으로 성폭행해온 친부 다케시(가명)를 목 졸라 살해한 사건이 계기가 되어, 1973. 4.4. 일본 최고재판소는 존속살인죄(일본 형법 제200조) 규정에 대해 헌법 제14조의 '국민의 법 앞의 평등'에 위배한다고 위헌 판결을 했다(14명의 재판관 중 8명의 재판관은 존속살인죄를 일반 살인죄보다 가중 처벌하는 것 자체는 위헌이 아니지만 존속살인죄의 법정형이 사형, 무기징역에 한정돼 있는 것은 위헌이라고 주장했고, 6인의 재판관은 일반 살인과 구별해서 존속살해를 규정하는 것 자체가 헌법의 평등권을 침해하는 것으로 위헌이라고 하였으며, 1명의 재판관은 합헌이라고 주장하였다). 최고재판소가 '존속살인죄'에 대해 위헌결정을 했지만, 당시 여당이었던 자민당의 반대로 이 규정은 그대로 유지되다 20년이 지난 1995. 5. 12에 폐지되었다. 합헌론과 위헌론이 계속 대립되어 온 일본의 경우, 위 최고재판소의 판결을 계기로 1995년에 존속살해와 함께 존속상해치사, 존속유기, 존속체포·감금 등 존속관련 가중처벌 규정들이 모두 삭제되었다.

(2) 존속살해죄의 법정형이 평등원칙에 위배되는지 여부

　존속살해죄에 대한 법정형이 다른 범죄의 경우와 비교하여 체계적 정합성에 위배되는지가 문제될 수 있다.

　헌법재판소는 존속상해치사죄에 대한 결정에서, "형벌의 종류와 범위의 선택은 그 범죄의 죄질과 보호법익에 대한 고려뿐만 아니라 우리의 역사와 문화, 입법 당시의 시대적 상황, 국민 일반의 가치관 내지 법감정 그리고 범죄예방을 위한 형사정책적 측면 등 여러 가지 요소를 종합적으로 고려하여 입법자가 결정할 사항으로서 광범위한 입법재량 내지 형성의 자유가 인정되어야 할 분야이므로, 어느 범죄에 대한 법정형이 그 범죄의 죄질 및 이에 따른 행위자의 책임에 비하여 지나치게 가혹한 것이어서 현저히 형벌체계상의 균형을 잃고 있다거나 그 범죄에 대한 형벌 본래의 목적과 기능을 달성함에 있어 필요한 정도를 일탈하였다는 등 헌법상의 평등의 원칙 및 비례의 원칙 등에 명백히 위배되는 경우가 아닌 한 쉽사리 헌법에 위반된다고 단정하여서는 아니되는 바, 이 사건에 있어서 보통의 상해치사죄의 법정형이 3년 이상의 유기징역인 데 비하여 이 사건 법률조항의 법정형은 무기 또는 5년 이상의 징역으로서 형벌 본래의 목적이나 역할, 기능 등 보통 상해치사죄와의 차이를 고려하면 이를 특히 과중한 형벌이라고 볼 수 없고, 더욱이 위 법정형에 대하여는 1회의 법률상 감경 또는 작량감경에 의하더라도 집행유예의 선고가 가능한 점 등에 비추어 볼 때, 이 사건 법률조항에 의한 가중처벌의 정도는 지나치게 가혹하여 형벌체계상의 균형을 상실한 것도 아니고 형벌 본래의 목적과 기능을 달성함에 있어 필요한 정도를 일탈한 것도 아니라 할 것이므로 이를 불합리하다거나 과잉금지원칙에 위반된 것이라고 말할 수도 없다."고 한다.

그러나 위와 같이 존속살해죄에 대한 가중 처벌이 합리적 근거 내지 입법목적의 정당성이 결여되었을 뿐만 아니라, 이에 대한 법정형에 있어서도 다른 범죄의 경우와 비교하여 체계적 정합성과 과잉금지의 원칙 내지 비례의 원칙에 위배된다고 할 것이다. 헌법재판소는 작량감경의 가능성을 들어 법정형이 아닌 처단형을 이유로 합헌이라는 입장이지만, 헌법은 입법자를 구속하므로 입법단계에서 그 내용은 체계적 정합성과 과잉금지의 원칙 내지 비례의 원칙에 부합하여야 한다고 보아야 한다. 법정형을 사형·무기 또는 7년 이상의 징역을 규정하고 있는 형법상 존속살해죄는 보통살인죄에 대한 관계에서나, 다른 살인죄, 예컨대 법정형을 10년 이하의 징역으로 규정한 영아살해죄의 경우나 법정형을 1년 이상 10년 이하의 징역으로 규정한 촉탁·승낙에 의한 살인죄의 경우에 비추어 볼 때, 보아도 현저히 체계성을 상실하고 있다 할 것이다. 물론 이러한 문제는 다른 살인죄에 대한 법정형이 균형을 상실하여 발생한 원인이 크고 존손살해죄는 물론 보통살인죄와의 관계에서도 동일한 문제가 발생할 수 있는바, 입법정책적으로 존속살해죄와 보통살인죄의 구분을 없애고 영아살해죄나 촉탁·승낙에 의한 살인죄의 법정형이 보통살인죄의 경우와 적절히 균형을 이룰 수 있도록 해야 할 것이다.

IV. 맺음말

존속살해 범인은 당연히 법에 의해 엄정한 처벌을 받아야 할 것이다. 하지만 문제는 적발된 존속살해 등 패륜범죄자를 일벌백계로 다스린다고 해서 패륜 범죄가 줄어들 것 같지 않다는 데 있다. 패륜범죄는 비이성적 두뇌구조를 가진 특정 개인의 일탈된 행동이 아니라, 물질만능주의에서 비롯된 사회구조적 병리 현상이기 때문이다. 지금처럼 돈이 최고라는 인식이 어릴 때부터 주입되는 사회구조 속에서는 돈에 눈이 멀어 부모를 해코지하는 패륜 범죄를 막을 길이 없다(경향신문, 2006년 8월 22일, 사설 참조). 존속살해 발생 원인이 정신 질환과 더불어 지속되어온 가정 내 폭력과 폭언이 주된 살해 동기이기 때문에 무엇보다도 이를 예방하기 위해서는 먼저 가족 간에 대화를 통한 소통과 가정불화 해소가 가장 중요하다.[37]

직계존속에 대한 존경과 공경을 강조하는 한국의 전통문화는 현대 한국사회에서도 소중히 간직되어야 할 유산이다. 그렇다고 하여 전통문화에 대한 강조가 봉건적 가부장적 가족개념의 강조로 직결되어서는 안된다. 직계존속에 대한 직계비속의 복종을 강조하고, 직계비속을 독립된 인격체가 아닌 직계존속의 종속물로 보는 관념은 현대 민주주의 사회에서 용납될 수 없다.[38]

---

37) 정성국, 앞의 논문, 29면.

38) 조국, "'존속살해죄'는 패륜아들의 범죄인가", 「당대비평」 통권23호(2003년 가을), 2003, 136면. 존속살해 등과 같은 패륜범죄가 늘어나는 원인으로 우선 〈가족의 해체〉를 지적할 수 있다. 핵가족화(核家族化)가 자리를 잡으면서 가족구성원 간에 대화가 단절되고 가치관의 차이가 벌어지는 등 가족 간의 연대의식이 상실되면서 목적 달성에 가족을 이용하는데 거리낌이 없어졌다는 점이다. 또 부모를 상대로 한 범죄의 경우 1차적으로 자녀 양육 과정에 문제가 있을 가능성이 높다. 경제난도 패륜범죄의 증가를 부른다는 분석이다. 특히 최근 벌어진 일련의 존속살해 등 패륜범죄가 대부분 돈을 노렸다는 것이 이를 뒷받침하고 있다. 최근 발생한 존족살해와 같은 패륜범죄의 가장 큰 원인으로 무한경쟁과 양극화 심화에 따른 사회적 스트레스의 증가, 또한 가족해체에 따른 가족간의 대화단절, 물질만능주의와 이에 따른 인명경시 풍조의 만연을 근본 원인으로 꼽을 수 있다. 패륜범죄는 오랜 시간에 걸쳐 형성된 분노와 감정이 한순간에 발현돼 약자에게 폭발하는 경우가 많다. 억제된 분노와 감정을 다스리기 위해 무엇보다 대화를 통해 이러한 분노와 감정을 밖으로 표출해야 한다. 존속살해와 같은 패륜범죄를 개인의 문제로 국한할 것이 아니라 사회병리 현상의 하나로 간주하고, 심리상담의 활성화를 통하여 분노와 감정을 조절할 수 있는 분노 관리(anger management) 프로그램과 환경을 조성해야 한다. 무엇보다 중요한 것은 심리상담이 정신질환으로 간주돼 병력기록(病歷記錄)이 남는 것부터 개선해야 한다.

한국 사회의 현실생활을 지배하고 있는 것은 여전히 유교적(儒敎的)인 형식주의의 도덕이며 봉건적인 권위주의(權威主義)에 지나지 않는다. 다시 말해서 의리, 인정, 체면, 형식 등에 치우치고 본건적인 의식, 가부장제의 가족주의—관이나 학벌, 파벌, 또는 서열 등으로 나타나는 허망(虛妄)의 권위주의에 의하여 개인은 사회의 모든 곳에서 여러 가지로 속박을 받고 있는 것이다. 그뿐 아니라 민주주의를 표방하고 나선 지금까지의 어느 권력자나 위정자 개인의 자유와 권리의 주장이 결과적으로 기존질서에 대한 위협이 되거나 정권의 유지에 위험시될 때에는 오히려 민주주의 그 자체를 서슴지 않고 부정하기가 일쑤였던 것이다.[39] 한국사회는 외면의 서구의 합리성을 내세우고 있지만, 내면의 의식(意識)에는 유교사회[40]의 문화가 자리 잡고 있다.[41]

1953년 제정된 한국 형법전은 제250조 제1항의 '보통살인죄' 이외에 제250조 제2항에 '존속살해죄'를 별도로 규정하고 있다. 존속살해죄의 법정형은 사형, 무기 또는 7년 이상의 징역으로, 보통살인죄의 법정형인 사형, 무기 또는 5년 이상의 징역에 비하여 상당히 높다. 1995년 형법 개정 이전 존속살해죄의 법정형으로는 사형과 무기만이 규정되어 있었으나, 학계에서는 위헌논란의 영향으로 7년 이상의 징역형이 선택형으로 추가된 것이다. 이러한 한국 형법의 태도는 서구의 경우는 물론이고, 유교적 전통을 공유하고 있는 동북아시아 지역 국가의 형법과 비교하더라도 매우 독특한 것이다. 다시 말해서 현재 중국, 일본, 북한의 형법전(刑法典)에는 존속살해를 가중처벌 하는 규정을 두고 있지 않다(조 국, 2003: 130).

전근대적 가부장적 가족제도의 가장 그릇된 점은 인간의 가치를 차별하는 것이다. 인간의 생명에 대한 차별의식은 결코 용인될 수 없는 점이다. 그 구체적인 형태는 아동천시(兒童賤視)·남녀차별이다. 더 구체적으로 이야기 하면 유교사회의 잔재로서 부모는 자식을 소유물로 생각한다는 것이다. 우리 사회에서 아동학대 문제가 사회문제화 되고 법적 문제가 제기되었을 때 부모가 하는 말이 '내 자식 내가 때리는데, 당신이 뭔데 이야기 하냐?'라는 반응이다. 이것이 전근대적인 유교사회의 문제라는 것이다. 더 직설적으로 표현하면, 아이는 또 낳으면 된다는 사고방식은 비록 그것이 효(孝)를 전제로 하는 것이라고 할지라도 변명될 수 없는 것이다.[42] 누구나 단 한번 세상에 태어나 생명을 받고 태어나는데 이 생명을 자식이라고 해서

---

39) 홍사중, 『한국지성의 고향』, 탐구당(1966), 18−19면.

40) 한국사회에서 유교(儒敎)가 끼친 영향을 현상윤(玄相允) 교수는 『朝鮮儒學史』에서 부정적인 면으로 ① 사대주의, ② 권위주의, ③ 관존민비사상, ④ 남존여비·아동천시, ⑤ 형식·명분의 존중과 관혼상제 중시, ⑥ 노동천시 등을 들고 있다(현상윤, 『조선유학사』, 민중서관, 1949년 참조).

41) 유교사회의 문제점을 헌법 사회학 관점에서 분석한 논문으로는 한상범 "한국인의 법의식의 법사회학적 연구"를 들 수 있다(한상범, "韓國人의 法意識의 法社會學的 硏究", 동국대학교 박사학위논문, 1974 참조).

자기의 사유물(私有物)처럼 차별해서 함부로 다룰 수는 없다. 봉건윤리에 비쳐 보면 자기 부모를 위해 자기 자식을 희생시키는 것을 큰 죄악으로 보지 않는다는 점에 문제가 있는 것이다.

형법상 존속살해죄 가중처벌이나 형사소송법에서 직계존속에 대한 고소제한의 입법목적은 대가족 제도하에서 나름대로 자치적인 해결방법을 모색할 수 있던 제정 당시에는 어느 정도 의미를 가질 수도 있었을 것이나, 고도로 개인화, 서구화되어 친족간의 교류마저 거의 사라진 현대사회에 와서도 수용될 수 있는지는 의문이다.[43]

현대적인 입헌주의 헌법에서 상정하고 있는 인간관(人間觀)에 비추어 본다면 전통적인 가족주의적 인간관이 배태하고 있는 존속살해죄의 가중처벌 규정은 설 자리가 여전히 남아있는지 의문이 아닐 수 없다. 실제로 일반살인죄의 법정형이 사형·무기 또는 5년 이상의 징역이고 존속살인죄의 법정형이 사형·무기징역인 점에 비추어 본다면 일반살인죄로 처벌하여도 그 죄질에 따라 얼마든지 존속살인죄에 대한 반인륜성에 대한 가중처벌의 목적을 달성할 수 있다고 본다면 굳이 전근대적인 법리에 기초한 존속살인죄를 따로 규정할 필요는 없다고 본다.[44]

오늘날 존속살인죄 가중처벌은 각국의 입법례에서 보더라도 논란의 여지가 있다. 동양적 윤리에서 접근하면 형벌규정을 두고 가중처벌(加重處罰) 하는 것을 위헌으로 볼 수 없다. 그러나 현대 입헌주의 헌법에서 상정(上程)하는 인간관에 비추어 보면 전통적인 전(前)근대적 가족주의 인간관은 설 자리를 잃을 수밖에 없다. 결론적으로 존속살해 범죄에 대하여 가중처벌(加重處罰) 하는 것은 위헌(違憲)이다.

---

42) 한상범, "韓國人의 法意識의 法社會學的 硏究", 동국대학교 박사학위 논문, 1974년 참조.
43) 정보건, "직계존속에 대한 고소제한의 위헌성", 대한변협신문, 2010년 10월 4일, 11면.
44) 성낙인, 앞의 책, 284면.

집회의 자유와 집회·시위문화

Ⅰ. 서론

사람이 모여 살아가는 사회라는 집단 안에서는 집단을 구성하는 구성원 상호간의 의사소통이 매우 중요하다. 이러한 의사소통은 사회를 안전하게 유지시키고 발전시켜가는 가장 기본적인 요소가 된다. 의사소통은 상호간 가지고 있는 생각이나 뜻이 서로 통함을 의미하며[1] 서로간의 의사소통에 앞서 필수적인 과정이 의사전달의 과정이다. 의사전달은 개인적 의사전달과 집단적 의사전달로 구분할 수 있다. 집단적 의사전달이란 동일한 의사를 가진 개인이 집단을 이루어 의사를 달리하는 개인 또는 집단에게 그들의 의사를 전달하고자 하는 것으로 이해할 수 있다.

부당하게 대우받았다고 생각하는 집단들은 그들의 요구와 이야기를 들어줄 효과적인 방법을 오래전부터 찾아왔다. 어떠한 의견을 주장하는데 있어서 한명 보다는 다수의 사람들이 주장하는 것이 효과적임에는 틀림이 없기 때문에 집단의 의사주장의 형태는 집회나 시위의 형태로 발전되어 왔다.[2] 이러한 집회나 시위는 민주주의를 근간으로 하는 대부분의 사회에서 인간으로서의 기본권으로 보장하고 있으며 우리나라 역시 헌법 제21조 표현의 자유 조항에서 '모든 국민은 언론·출판의 자유와 집회·결사의 자유를 가진다'라고 명시하여 국민의 기본권으로서 집회·시위를 보장하고 있다. 또한 적법한 집회·시위를 최대한 보장하고 불법한 집회·시위로부터 국민을 보호함으로써 집회 및 시위의 권리보장과 공공의 안녕질서가 조화를 이룰 수 있는 기틀을 마련하기 위해 '집회 및 시위에 관한 법률'을 제정하여 시행해 오고 있다.

2009년 이후 감소추세를 보이던 집회·시위의 발생추이는 최근 세월호 사건, 밀양 송전탑

---

1) 다음포털 한국어 사전, http://dic.daum.net/index.do?dic=kor 검색일: 2014.07.29.
2) 명도현 외, "정보경찰의 집회·시위 채증활동 강화방안", 「한국민간경비학회보」 제11권 제4호, 한국민간경비학회, 2012, 78면.

사건 등 사회적 문제와 연관되어 그 발생 빈도가 증가하고 있으며 연일 집회·시위가 끊이지 않고 있는 실정이다.

집회·시위의 문제는 우리 헌법재판소가 판단하고 있는 바와 같이, 민주주의의 신장을 위해 위축시켜서는 안 될 기본권으로 보호해야 하는 동시에 집단행동의 속성상 의사표현의 수단으로서 공공의 안녕질서나 법적 평화와 마찰을 빚을 가능성이 큰 것 또한 사실이다. 최근 발생하는 집회·시위는 다각적인 관점에서 다양한 문제들이 발생하고 있다. 이를테면 1인 시위에 관한 문제, 플래시 몹(Flash mob)에 관한 문제 그리고 복면시위와 위장집회 혹은 유령집회의 문제와 야간집회금지의 위헌결정, 미신고 옥외집회 등에 대한 문제들이다. 집회·시위를 둘러싼 이러한 문제들은 비단 어제 오늘의 문제만은 아니다.

II. 집회·시위 관련 판례의 동향

1. 집회·시위

(1) 집회 및 시위의 개념

'집회 및 시위에 관한 법률' 제2조 용어의 정의에서 '시위'란 여러 사람이 공동의 목적을 가지고 도로, 광장, 공원 등 일반인이 자유로이 통행할 수 있는 장소를 행진하거나 위력 또는 기세를 보여, 불특정한 사람들의 의견에 영향을 주거나 제압을 가는 행위를 말한다고 규정하고 있으나 '집회'에 대한 정의규정은 두고 있지 않다. 그러나 대법원 판례에 의하면 집회 및 시위에 관한 법률에 의하여 보장 및 규제의 대상이 되는 집회란 "특정 또는 불특정 다수인이 공동의 의견을 형성하여 이를 대외적으로 표명할 목적 아래 일시적으로 일정한 장소에 모이는 것"을 말한다고 판시한 바 있다.[3] 집회에 대한 이러한 대법원의 입장은 명확성의 문제 차원에서 지적이 계속되어 왔다. 그러다 헌법재판소에서 집회 및 시위에 관한 법률 제22조 제2항 중 제6조 제1항 본문에 관한 부분이 죄형법정주의의 명확성의 원칙에 위배되는지 여부에 있어 "일반적으로 집회는 일정한 장소를 전제로 하여 특정 목적을 가진 다수인이 일시적으로 회합하는 것으로 일컬어지고 있다. 그 공동의 목적은 '내적인 유대관계'로 족하다. 건전한 상식과 통상적인 법감정을 가진 사람이면 위와 같은 의미에서 집회시위법상 '집회'가 무엇을 의미하는지를 추론 할 수 있으므로, 심판대상 조항의 '집회'의 개념이 불명확하다고 볼 수 없다."[4]고 판시

---

3) 대법원 2009. 7. 9. 선고 2007도1649 판결.
4) 헌재 2014. 1. 28. 2011헌바174·282·285, 2012헌바39·64·240(병합) 결정.

하여 명확성 원칙의 위배를 부정하였다. 그러나 아직도 집회의 개념에 대한 명확성 원칙의 위배 논란은 끊이지 않고 있다.

(2) 집회의 개념과 명확성의 문제

헌법재판소의 2007헌바22 결정에서 집시법상 집회의 개념이 정의되고 있지 않음으로 이러한 불명확한 규정으로 인해 기자회견과 같이 언론의 자유영역에 속하는 행위까지 집시법의 적용대상으로 규제되고 있는 바 이는 명확성의 원칙에 위반된다고 주장하였으나 헌법재판소는 이를 받아들이지 않았다. 헌법재판소는 "법규범의 의미 내용은 법규범의 문언뿐만 아니라 입법목적이나 입법취지, 입법연혁 그리고 법규범의 체계적 구조 등을 종합적으로 고려하는 해석방법에 의하여 구체화하게 된다"고 하였다. 그러나 헌법재판소는 법규범의 의미내용을 밝히기 위하여 고려한다고 했던 "법규범의 체계적 구조는 전혀 고려하고 있지 않다는 점, 집시법에서 말하는 집회의 개념은 집시법의 다른 조항들에서 규정하는 신고, 보호, 규제, 금지통고 등과 분리해서는 그 개념을 이해할 수 없다는 점, 유권적 법해석 기관인 법원에서도 집회 개념에 대한 일치된 해석이 나오지 않고 있다는 점"에 비판의 대상이 되고 있다.[5]

집회라는 인간행동의 본질적인 성격상 보장과 규제를 위한 법률적인 정의가 쉽지 않은 것은 사실이나 집회라는 개념 자체의 명확성의 문제가 계속되는 상황임을 감안하고 일관성 있는 법집행을 위한 토대를 마련하기 위해서라도 이에 대한 문제는 반드시 해결해야 할 과제인 것으로 생각된다.

(3) 유럽인권협약상 집회의 개념

현재 우리나라에 집회에 대한 법정 규정이 마련되어 있지 않은 사항을 고려할 때 비교법적인 측면에서 외국의 사례를 살펴보는 것 또한 의미가 있을 것으로 생각되어 본고에서는 유럽인권협약에서 규정하고 있는 집회의 의미에 대해 살펴보고자 한다. 유럽인권협회 또한 우리나라와 마찬가지로 집회의 개념에 대해 구체적으로 정의하거나 설명하고 있지는 않다. 그러나 1982년 제기된 Plattform "Ärzte für das Leben" 사건에서, 유럽인권재판소는 집회의 개념에 대해 "공동체 사회에 영향을 미칠 수 있는 사회문제에 관하여 공통된 생각이나 이익에 대한 지지를 목적으로 하는 다수인의 모임"을 의미한다는 입장을 제시하였다.[6] 우리나라 대법원에

---

5) 김종서, "집시법의 몇 가지 문제점", 「법학연구」 제13권 3호, 인하대학교 법학연구소, 2010. 152~153면.
6) 황문규, "유럽인권협약상 집회의 자유와 그 한계-유럽인권재판소 판례를 중심으로-", 「경찰학연구」 제9권 3호, 경찰대학, 2009. 9면.

서 규정한 집회의 개념이 "특정 또는 불특정 다수인이 공동의 의견을 형성하여 이를 대외적으로 표명할 목적 아래 일시적으로 일정한 장소에 모이는 것"이라고 하여 그 범위가 매우 광범위함에 반해 유럽인권재판소는 공동체 사회에 영향을 미칠 수 있는 사회문제에 국한함으로써 현실적 사회문제의 범위는 차치하더라도 상대적으로 명확한 집회에 대한 개념적 접근을 하고 있음을 알 수 있다.

집회의 개념에 대해 대법원 판례에 의한 정의와 기준이 마련되어 있다 하더라도 현재 지속되는 집회·시위와 관련하여 발생하는 문제와 정당한 법집행, 법집행의 일관성을 확보한 법의 해석과 판결을 위해서라도 명확성을 담보하는 집회에 대한 실질적인 정의가 이루어져야 할 것으로 보인다.

(4) 집회와 시위의 관계

집회는 두 가지 관점에서 시위보다 넓은 개념이라고 볼 수 있다. 먼저 개인이 타인과의 의사소통을 통해 형성된 공동의 의사를 표현 할 수 있는 장소라면 그 장소가 일반인이 자유로이 통행할 수 있는 장소이든 없는 장소이든 상관없으며, 이에 반에 시위는 반드시 일반인이 자유로이 통행할 수 있는 장소에서 행사되어야 한다는 점에서 집회는 시위를 포함한다. 또한 집회는 반드시 시위처럼 일정한 장소에 모인 여러 사람이 그들의 공동의 목적을 위해 위력 또는 기세를 보여 불특정한 여러 사람의 의견에 영향을 주거나 제압을 가할 필요가 없기 때문에 집회는 시위를 포함하는 개념으로 바라보고 있다.[7] 현실적으로 집회와 시위가 구분되어 발생되기도 하지만 대부분의 경우 집회에서 시위로 발전하는 등 집회와 시위가 혼재된 형태로 나타난다. 그러나 그 본질적 성격에는 차이가 있음을 기억해야 한다.

2. 집회·시위의 자유와 기능

우리 헌법재판소는 "집회 및 시위의 자유는 사회의 다양한 구성원들이 그들의 의사와 주장을 집단적으로 표명함으로써 국민전체의 여론을 형성한다는 점에서 언론·출판의 자유와 더불어 민주정치의 불가결한 조건이 된다. 오늘날 우리 사회처럼 언론·출판의 수단인 신문·방송 등의 매스미디어가 국가권력과 소수의 대자본에 독점됨으로써 사회의 여러 이해관계 집단이 자신들의 의사를 충분히 표출할 수 없는 상황에서 집회 및 시위의 자유가 가지는 역할과 기능은 더욱 중요하지 않을 수 없다. 즉 집회 및 시위의 자유는 집권정치세력에 대한 정치적

---

7) 이희훈, 『집회의 자유와 집시법』, 경인문화사(2009), 54-55면.

반대의사를 집단적으로 표명하는 효과적인 수단으로서 또한 현대사회에서 소외되고 있는 소수집단이 자신들의 권익과 주장을 옹호하기 위한 적절한 수단을 제공한다는 점에서 그 중요성을 더해 가고 있다. 특히 기존지배체제 내지 집권 정치세력에 대하여 비판적인 입장을 취하는 소수자의 표현행위가 국가공권력의 부당한 간섭이나 제약으로부터 벗어나 보호받기 위하여는 집회 및 시위의 자유의 충분한 보장이 전제되어야 한다는 점에서 집회 및 시위의 자유는 소수자의 보호를 목적으로 하는 민주정치의 기본원리에 부합하는 것이다. 이와 같이 집회 및 시위의 자유는 표현의 자유의 새로운 역할을 대행하는 기본권으로서 민주주의의 제도적 토대를 형성하고 있으므로 헌법상 보장된 기본권 중에서도 극히 중요한 기본권이다."[8]라고 하며, 대의민주주의 체제에 있어서 집회의 자유는 불만과 비판 등을 공개적으로 표출케 함으로써 오히려 정치적 안정에 기여하는 긍정적 기능을 수행하며, 이와 같은 자유의 향유는 민주정치의 바탕이 되는 건전한 여론표현과 여론형성의 수단인 동시에 대의기능이 약화되었을 때에 소수의견의 국정반영의 창구로서의 의미를 지님을 간과해서는 안 될 것이다. 그러한 의미에서 사회불안만 우려해서 무조건 집회·시위를 "타부"시 할 것이 아니라 비폭력적이고 질서파괴의 것이 아니면 민주주의의 신장을 위해 위축시켜서는 안 될 기본권으로 보호하여야 할 것이다."[9]라고 판단하고 있다. 그러면서도 집회 및 시위의 자유는 "다른 한편 언론의 자유와는 달리 다수인의 집단행동에 관한 것이기 때문에 집단행동의 속성상 의사표현의 수단으로서 개인적인 행동의 경우보다 공공의 안녕질서나 법적 평화와 마찰을 빚을 가능성이 큰 것 또한 사실"[10]이라는 점을 지적하고 있다.

헌법이 보장하는 '집회의 자유'는 개인의 인격발현의 요소이자 민주주의를 구성하는 요소라는 이중적 기능을 갖고 있다. 즉, 인간의 존엄성과 자유로운 인격발현을 최고의 가치로 삼는 우리 헌법질서 내에서, 집회의 자유도 다른 모든 기본권과 마찬가지로 일차적으로는 개인의 자기결정과 인격발현에 기여하는 기본권이다. 인간이 타인과의 접촉을 도모하고 서로의 생각을 교환하며 공동으로 인격을 발현하고자 하는 것은 사회적 동물인 인간의 가장 기본적인 욕구에 속하는 것이다. 이를 위해 헌법은 결사의 자유와 더불어 타인과 함께 회합할 수 있는 집회의 자유를 보장하는 것이다. 또한 '집회의 자유'는 개인이 집회에 참가하는 것을 방해하거나 또는 집회에 참가할 것을 강요하는 국가행위를 금지하는 기본권이다. 따라서 '집회의 자유'는 집회의 시간, 장소, 방법과 목적을 국민이 스스로 결정할 권리를 보장한다. 주최자는 집회의

---

8) 헌재 1992. 1. 28. 89헌가8 결정.
9) 헌재 1992. 1. 28. 89헌가8 결정.
10) 헌재 1994. 4. 28. 91헌바14 결정.

대상, 목적, 장소, 시간에 관하여, 참가자는 참가의 형태와 정도, 복장 등을 자유로이 결정할 수 있다.[11] 헌법재판소 또한 집회의 자유는 집회를 통하여 형성된 의사를 집단적으로 표현하고 이를 통하여 불특정 다수인의 의사에 영향을 줄 자유를 포함한다고 판시하고 있다.[12] 따라서 이를 내용으로 하는 시위의 자유 또한 집회의 자유를 규정한 헌법 제21조 제1항에 의하여 보호되는 기본권이라 할 수 있다.

3. 집회 · 시위 관련 판례의 동향

선진 집회 · 시위문화 정착을 위해 집회 · 시위와 관련한 문제점과 개선방안을 논의하기 위하여 쟁점이 되는 판례를 살펴보고자 한다. 현재 집회 · 시위와 관련하여 사회적 시선을 끌고 있는 이슈들은 야간 옥외집회와 관련한 집시법 개정 문제, 1인시위에 관한 문제, 플래시 몹(Flash Mob)에 관한 문제나 복면시위 등의 문제를 거론할 수 있다.

(1) 집회 및 시위에 관한 법률 제10조 등 위헌제청

집시법 10조에 대한 헌법재판소의 위헌 결정은 2014년 3월 27일 헌법재판소 재판관 6:3의 의견으로 해가 뜨기 전이나 해가진 후의 시위를 금지하는 '집회 및 시위에 관한 법률' 제 10조 본문 중 '시위'에 관한 부분 및 이에 위반한 시위에 참가한 자를 형사처벌하는 집시법 제23조 제3호 부분이[13] 집회의 자유를 침해하는지의 여부에 있어 규제가 불가피하다고 보기 어려움에도 시위에 절대적으로 금지한 부분에 한하여 한정위헌결정을 한 사례이다.[14]

결정요지를 살펴보면 한정위헌결정을 한 다수의견은 "시위는 공공의 안녕질서, 법적 평화 및 타인의 평온에 미치는 영향이 크고, 야간이라는 특수한 시간적 상황은 시민들의 평온이 강

---

11) 황교안, 『집회 · 시위법 해설−집회 및 시위에 관한 법률−』, 박영사(2009), 12−13면.
12) 헌재 2005. 11. 24. 2004헌가17 결정.
13) 집시법 제10조 (옥외집회와 시위의 금지시간) 누구든지 해가 뜨기 전이나 해가진 후에는 옥외 집회 또는 시위를 하여서는 아니된다. 다만, 집회의 성격상 부득이하여 주최자가 질서유지인을 두고 미리 신고한 경우에는 관할경찰서장은 질서 유지를 위한 조건을 붙여 해가 뜨기 전이나 해가진 후에도 옥외집회를 허용할 수 있다.
　집시법 제23조 (벌칙) 제10조 본문 또는 제11조를 위반한 자, 제12조에 따른 금지를 위반한 자는 다음 각 호의 구분에 따라 처벌한다.
　1. 주최자는 1년 이하의 징역 또는 100만원 이하의 벌금
　2. 질서유지인은 6개월 이하의 징역 또는 50만원 이하의 벌금 · 구류 또는 과료
　3. 그 사실을 알면서 참가한 자는 50만원 이하의 벌금 · 구류 또는 과료
14) 헌재 2014. 3. 27. 2010헌가2, 2012헌가13(병합) 결정.

하게 요청되는 시간대로, 야간의 시위는 주간의 시위보다 질서를 유지시키기가 어렵다. 야간의 시위 금지는 이러한 특징과 차별성을 고려하여 사회의 안녕질서를 유지하고 시민들의 주거 및 사생활의 평온을 보호하기 위한 것으로서 정당한 목적 달성을 위한 적합한 수단이 된다. 그런데 집시법 제10조 본문에 의하면, 낮 시간이 짧은 동절기의 평일의 경우, 직장인이나 학생은 사실상 시위를 주최하거나 참가할 수 없게 되는 등 집회의 자유가 실질적으로 박탈되는 결과가 초래될 수 있다. 나아가 도시화·산업화가 진행된 현대 사회에서 전통적 의미의 야간, 즉 '해가 뜨기 전이나 해가 진 후'라는 광범위하고 가변적인 시간대는 위와 같은 '야간'이 특징이나 차별성이 명백하다고 보기 어려움에도 일률적으로 야간 시위를 금지하는 것은 목적달성을 위해 필요한 정도를 넘는 지나친 제한으로서 침해의 최소성 원칙 및 법익균형성 원칙에 반한다. 따라서 심판대상조항들은 과잉금지원칙에 위배하여 집회의 자유를 침해한다"고 보았다. 또한 "야간시위를 금지하는 집시법 제10조 본문에는 위헌적인 부분과 합헌적인 부분이 공존하고 있으며, 위 조항 전부의 적용이 중지될 경우 공공의 질서 내지 법적 평화에 대한 침해의 위험이 높아, 일반적인 옥외집회나 시위에 비하여 높은 수준의 규제가 불가피한 경우에도 대응하기 어려운 문제가 발생할 수 있으므로, 현행 집시법의 체계 내에서 시간을 기준으로 한 규율의 측면에서 볼 때 규제가 불가피하다고 보기 어려움에도 시위를 절대적으로 금지하여 위헌성이 명백한 부분에 한하여 위헌 결정을 한다. 심판대상조항들은, 이미 보편화된 야간의 일상적인 생활의 범주에 속하는 '해가진 후부터 같은 날 24시까지의 시위'에 적용하는 한 헌법에 위반 된다"고 판시하였다.

이에 반해 전부위헌결정을 한 소수의견은 "심판대상조항들이 과잉금지원칙에 위배하여 집회의 자유를 침해하는 것으로서 헌법에 위반된다는 점은 다수의견과 견해를 같이 한다. 그런데 법률조항의 내용 중 일부만이 위헌이라고 하더라도, 위헌적인 부분을 명확하게 구분해 낼 수 없는 경우에는 원칙적으로 그 법률조항 자체가 헌법에 위반된다고 보아야 한다. 헌법재판소가 스스로 일정한 시간대를 기준으로 하여 심판대상조항들의 위헌적인 부분과 합헌적인 부분의 경계를 명확하게 정하는 것은 입법자의 일차적인 입법 권한과 책임에 대한 제약으로 작용하여 권력분립의 원칙을 침해할 가능성을 배제할 수 없으며, 심판대상조항들의 위헌적인 부분을 일정한 시간대를 기준으로 명확하게 구분하여 특정할 수는 없다고 할 것이므로, 심판대상조항들에 대하여 전부위헌결정을 하여야 할 것이다"라고 결정의 요지를 밝혀 전부위헌에 대한 여지를 남기기도 하였다.

전부위헌결정을 주장한 3인의 논거를 보면, 집시법에서 시위의 목적, 장소, 방법, 시간, 참가인원, 시간대나 장소에 따른 생활양식의 특성 등 시위가 공공 안녕질서에 미치는 영향에 대한 여러 요소들에 대하여 고려하지 않고 '해가 뜨기 전이나 해가 진 후'라는 광범위하고 가변적인 시간만을 기준으로 시위를 일률적으로 금지한 것에 대하여 위헌성이 지적되었다. 심야시간대에 제한을 하는 경우에도 시위의 방법, 장소, 규모, 발생소음의 정도에 따라 규제의 필요가 있는 경우에만 제한을 할 수 있도록 입법을 개선할 필요가 있다.[15)]

(2) 대법원 2011. 9. 29. 선고 2009도2821 판결

본 판결은 1인 시위에 관련한 판결로써 1인 시위란 피켓 또는 현수막 등을 도구로 하여 1인 혼자 진행하는 시위를 말한다. 이는 집시법 제11조 "누구든지 다음 각 호의 어느 하나에 해당하는 청사 또는 저택의 경계지점으로부터 100미터 이내의 장소에서 옥외집회 또는 시위를 하여서는 아니 된다"는 옥외집회와 시위의 금지장소 조항을 피하고, 법 제2조 제2호에서 "시위란 여러 사람이 공동의 목적을 가지고 도로, 광장, 공원 등 일반인이 자유로이 통행할 수 있는 장소를 행진하거나 위력 또는 기세를 보여, 불특정한 여러 사람의 의견에 영향을 주거나 제압을 가하는 행위를 말한다"는 조항에서 의미하는 여러 사람은 2인 이상을 뜻하는 것으로써, 1인 시위는 신고의 대상에서 제외된다. 이러한 이유로 릴레이 시위 등 변형된 시위가 사회적 논란이 되고 있다.

이와 관련하여 대법원은 2011. 9. 29. 선고 2009도2821 판결의 판시사항 [3]은 "피고인들 등 10인이 갑 주식회사 정문 앞 등에서 1인은 고용보장 등의 주장 내용이 담긴 피켓을 들고 다른 2~4인은 그 옆에 서 있는 방법으로 수회에 걸쳐 미신고 옥외시위를 공모, 공동주최하였다는 취지로 기소된 사안에서, 구 집회 및 시위에 관한 법률에 규정된 신고대상인 시위 및 그 주최 행위에 해당하지 않는다고 보아 전부 무죄로 인정한 원심판결에 법리오해 등의 잘못이 있다"고 판시 하였으며, 판결요지 [3]에서 "피켓을 직접 든 1인 외에 그 주변에 있는 사람들이 별도로 구호를 외치거나 전단을 배포하는 등의 행위를 하지 않았다는 형식적 이유만으로 신고대상이 되지 아니하는 이른바 '1인 시위'에 해당한다고 볼 수 없으며, 위 각 행위에 대한 공동가공의 의사와 공동의사에 기한 기능적 행위지배가 인정되는 피고인들에게는 구체적 실행행위에 직접 관여하였는지와 관계없이 공모공동정범에 의한 주최자로서 책임을 물을 수 있다"[16)]고 판결하였다.

집시법상 사전신고의무를 피하기 위해 새로운 시위의 형태로 나타난 '1인 시위'는 그 평화적

---

15) 헌법재판소 전원재판부 한정위헌결정에 대한 자세한 설명은 김선화, "야간시위 제한 규정에 대한 한정위헌결정의 의미와 과제", 「이슈와 논점」 제827호(2014년 4월 14일), 국회입법조사처 참조.

16) 대법원 2011.9.29. 선고 2009도2821 판결.

인 성격으로 인해 많은 지지를 받으며 시위문화의 한 축으로 정착했다. 그러나 그러한 과정에서 나타난 '릴레이시위' 또는 '인간 띠 잇기'와 같은 변형된 1인 시위의 형태들이 등장하기 시작했으며, 이로 인해 헌법에서 보장하는 집회·시위의 자유와 공공의 안녕과 질서유지라는 두 가지의 숭고한 보호가치 사이에서 일관되고 공정한 법집행을 위한 가이드라인의 부재로 시위자들과 사법당국 모두에게 혼란을 야기되고 있는 실정이다.

'1인 시위'가 표현의 자유를 보장하는 차원에서 최대한 인정되어야 하지만, 상대방의 사회적 명예를 실추시키고 사생활까지 침해하는 경우에는 제한되어야 한다고 본다. 아울러, 집회·시위의 자유 보장과 공공의 안녕과 질서유지를 조화시키기 위해서는 1인 시위에 대한 우리사회 구성원들이 모두 수긍하고 받아들일 수 있는 '가이드라인'을 진지하게 모색해야 한다.

(3) 대법원 2013. 3. 28 선고 2011도2393 판결

본 판결은 집시법 제15조[17] 적용의 배제 조항에서 규정하는 예술행위에 관한 집회로서 집시법의 적용이 배제되는 플래시 몹(Flash mob)에 관한 판결이다. 판시사항 [2]에서 "피고인이 특정 인터넷카페 회원 10여 명과 함께 불특정 다수의 시민들이 지나는 장소에서 퍼포먼스(Performance) 형태의 플래시 몹(flash mob) 방식으로 노조설립신고 반려 규탄 모임을 진행함으로써 집회 및 시위에 관한 법률상 미신고 옥외집회를 개최하였다는 내용으로 기소된 사안에서, 제반 사정에 비추어 위 모임은 실질적으로 같은 법 제2조 제1호의 옥외집회에 해당하여 사전신고의 대상이 된다는 이유로 유죄를 인정한 원심판단을 정당하다고"하였다. 또한 판결요지에서 "퍼포먼스(Performance) 형태의 플래시 몹(flash mob) 방식으로 노조설립신고를 노동부가 반려한 데 대한 규탄 모임을 진행함으로써 집회 및 시위에 관한 법률상 미신고 옥외집회를 개최하였다는 내용으로 기소된 사안에서, 위 모임의 주된 목적, 일시, 장소, 방법, 참여인원, 참여자의 행위 태양, 진행 내용 및 소요시간 등 제반 사정에 비추어 볼 때 집시법 제15조에 의하여 신고의무의 적용이 배제되는 오락 또는 예술 등에 관한 집회라고 볼 수 없고, 그 실질에 있어서 정부의 청년실업 문제 정책을 규탄하는 등 주장하고자 하는 정치·사회적 구호를 대외적으로 널리 알리려는 의도 하에 개최된 집시법 제2조 제1호의 옥외집회에 해당하여 집시법 제6조 제1항에서 정한 사전신고의 대상이 된다고"[18]판결하였다.

'집회 및 시위에 관한 법률' 제15조는 동법 제6조부터 제12조까지의 적용을 배제하는 예외

---

17) 집회 및 시위에 관한 법률 제15조 (적용의 배제) 학문, 예술, 체육, 종교, 의식, 친목, 오락, 관혼상제(冠婚喪祭) 및 국경행사(國慶行事)에 관한 집회에는 제6조부터 제12조까지의 규정을 적용하지 아니한다.

18) 대법원 2013.3.28. 선고 2011도2393 판결.

조항으로 플래시 몹과 같은 퍼포먼스를 예술의 형태로 보아 집시법의 적용을 배제하고 있으나 위 판결에서는 사건의 제반사정에 비추어 집시법의 적용대상이라고 판시하였다.

과거로 거슬러 올라가 1970년대 박정희를 비롯한 군부세력이 지배한 권위주의 정권하에서 전 국민이 오후 6시면 예외 없이 부동(不動)자세로 태극기를 바라보며 '국기에 대한 경례'를 한 행위도 플래시 몹(Flash mob)의 하나였다고 본다. 모임 내용을 기준으로 집회 사전신고 여부를 따지는 대법원의 판결은 문제가 있다고 판단된다. 현재의 법적기준은 예술을 목적으로 하는 수단으로서의 집회와 집회를 목적으로 하는 수단으로서의 예술의 경계와 구분이 모호하여 관련법 적용에 있어 많은 논란과 문제가 발생하고 있는 현실이며, 이와 관련한 세부적인 기준 마련 등 새로운 대안이 필요한 상황이다.

(4) 집회 및 시위에 관한 법률 제11조 제1호 중 국내주재 외국의 외교기관 부분 위헌소원

본 판례는 2003년 10월 30일에 결정된 위헌소원으로 최근의 판례라고 보기 어려울 수 있으나 본 판례의 판시사항 [3] '집회의 자유의 보장' 내용은 결정 이후 최근까지 다수 피인용 됨으로 인해 집회의 자유에 있어 매우 중요한 내용을 담고 있다. 병합사건에 있어 결정요지 [3]을 살펴보면 "집회의 자유는 집회의 시간, 장소, 방법과 목적을 스스로 결정할 권리를 보장한다. 집회의 자유에 의하여 구체적으로 보호되는 주요행위는 집회의 준비 및 조직, 지휘, 참가, 집회장소·시간의 선택이다. 따라서 집회의 자유는 개인이 집회에 참가하는 것을 방해하거나 또는 집회에 참가할 것을 강요하는 국가행위를 금지할 뿐만 아니라, 예컨대 집회장소로의 여행을 방해하거나, 집회장소로부터 귀가하는 것을 방해하거나, 집회참가자에 대한 검문의 방법으로 시간을 지연시킴으로써 집회장소에 접근하는 것을 방해하는 등 집회의 자유행사에 영향을 미치는 모든 조치를 금지한다."19)고 하여 집회의 자유를 최대한 보장하고자 하는 의지를 엿볼 수 있다.

그러나 이와 관련하여 불법 또는 폭력적인 집회·시위를 예방하기 위한 수단의 미비로 기본권으로서의 집회의 자유를 보장함과 동시에 공공의 안녕과 질서 유지라는 양자 간의 균형을 유지하기가 매우 어려운 측면도 존재한다.

---

19) 헌재 2003. 10. 30. 2000헌바67·83(병합) 결정.

(5) 물포발사행위(이하 '이 사건 물포발사행위'라 한다)**에 대한 심판청구가 권리보호의 이익이 있는지 여부(소극)**[20]**(2014. 6. 30, 2011헌마815 전원재판부)**

이 사건 물포발사행위는 이미 종료되어 청구인들의 기본권 침해상황이 종료되었으므로, 이 사건 심판청구가 인용된다고 하더라도 청구인들의 권리구제에 도움이 되지 않아, 권리보호의 이익이 없다. 또한, 구 경찰관직무집행법 제10조, 경찰장비의 사용기준 등에 관한 규정 제2조 제4호, 구 경찰장비관리규칙 제97조 제2항 제3호, 물포운용지침 등 관련규정과 대법원 판례에 의하면, 물포발사행위는 타인의 법익이나 공공의 안녕질서에 대하여 직접적이고 명백한 위험을 초래하는 집회나 시위에 대하여 구체적인 해산사유를 고지하고 최소한의 범위 내에서 이루어져야 하므로, 집회 및 시위 현장에서 청구인들이 주장하는 것과 같은 유형의 근거리에서의 물포 직사살수라는 기본권 침해가 반복될 가능성이 있다고 보기 어렵고, 설령 물포발사행위가 그러한 법령상의 한계를 위반하였다고 하더라도 이는 법원이 구체적인 사실관계를 확정하여 그에 따라 위법 여부를 판단할 문제이지, 헌법재판소가 헌법적으로 해명할 필요가 있는 사안이라고 보기도 어렵다. 따라서 예외적으로 헌법적 해명을 위한 심판의 이익도 인정되지 아니한다.[21]

---

20) 2011년 한미 자유무역협정(FTA) 체결 반대 시위 참가자들이 "경찰이 진압을 위해 물대포를 발사한 것은 기본권을 침해한 것"이라며 헌법소원을 냈지만 각하됐다. 헌법재판소는 지난 26일 박희진 한국청년연대 공동대표 등 2명이 낸 헌법소원사건(2011헌마815)에서 재판관 6(각하):3(위헌) 의견으로 각하 결정했다. 재판부는 "물포 발사 행위는 이미 종료돼 박씨 등의 기본권 침해상황이 종료됐다"며 "심판청구가 인용돼도 박씨 등의 권리구제에 도움이 되지 않아 권리보호 이익이 없다"며 각하했다. 또 "박씨 등이 주장하는 것과 같은 근거리에서의 물포 직사살수라는 기본권 침해가 반복될 가능성이 있다고 보기 어렵다"고 밝혔다. 재판부는 "설령 물포 발사행위가 한계를 위반했다고 하더라도 이는 법원이 구체적 사실 관계를 확정해 위법 여부를 판단할 문제지 헌재가 헌법적으로 해명할 필요가 있는 사안이 아니다"고 덧붙였다. 반면 김이수·서기석·이정미 재판관은 "집회 및 시위 현장에서 물포의 반복 사용이 예상되고, 이에 대한 헌재의 해명도 없었다"며 "예외적으로 헌재가 판단해야 한다"고 반대의견을 밝혔다. 이들 재판관은 "물포는 국민의 생명이나 신체에 중대한 위해를 가할 수 있는 경찰장비로, 구체적 사용 근거나 기준을 법에서 규정해야 하는데 경찰관직무집행법은 이와 관련한 아무런 규정을 두고 있지 않아 헌법에 어긋난다"고 지적했다. 또 "박씨 등 시위 참가자들이 피켓을 들고 구호를 외치며 국회의사당 쪽으로 진행을 시도한 것 외에 적극적인 공격이나 폭력을 행사했다거나 위험한 물건을 소지했다고 볼 사정이 없는데도 물포를 발사한 것은 생명과 신체에 치명적인 결과를 가져올 수 있고, 집회의 자유를 침해한 것"이라고 판단했다. 서울 영등포경찰서는 한미 FTA 저지 범국민운동본부 등이 2011년 11월 여의도에서 FTA 반대 집회를 개최한 뒤 국회의사당 쪽으로 행진을 시도하자 당초 신고한 집회 범위를 벗어났다고 판단해 시위 참가자들에게 물대포를 발사했다. 박씨 등은 경찰의 물대포 발사로 고막천공, 뇌진탕 등의 상해를 입어 기본권을 침해당했다며 2011년 12월 헌법소원을 냈다(법률신문, 2014년 6월 27일 참조).

21) 반대의견(재판관 이정미, 김이수, 서기석): 1. 집회 및 시위현장에서 물포의 반복 사용이 예상되고, 이에 대한 헌법재판소의 해명도 없었으므로, 예외적으로 심판의 이익을 인정하여 본안판단에 나아갈 수 있다. 2.

그러나 이 결정에 대한 반대의견과 같이 "집회 및 시위 현장에서 물포의 반복 사용이 예상되고, 이에 대한 헌재의 해명도 없었다" 따라서 "예외적으로 헌법재판소가 판단해야 한다"고 본다. 또한 물포(물대포)는 국민의 생명이나 신체에 중대한 위해를 가할 수 있는 경찰장비이고, 경찰관직무집행법이 물대표에 대한 구체적 사용 근거나 기준을 규정해야 하는데 동법은 이와 관련한 아무런 규정을 두고 있지 않아 헌법에 어긋난다고 판단된다.

(6) 집회 및 시위에 관한 법률에 따른 교통조건의 통보 방법

집회 및 시위에 관한 법률에 따른 교통조건의 통보 방법과 관련하여 "집회 및 시위에 관한 법률 제8조 제4항이 금지 등 통고서를 '주최자 또는 연락책임자에게 송달'하도록 하면서 집시법 시행령 제7조, 제3조에서 그 송달 방법에 관하여 구체적으로 정하고 있는 반면 집시법 제12조는 단순히 교통소통을 위하여 교통질서를 유지하기 위한 조건을 붙여 집회 또는 시위를 제한할 수 있다고 하면서 다만 집시법 시행령 제12조에서 위와 같이 교통조건을 붙여 제한하는 경우에는 '서면으로 그 조건을 구체적으로 밝혀 주최자에게 알려야 한다'고 정하고 있을 뿐인 점, 집시법 제8조에 따른 금지 등 통고는 직접 집회나 시위 자체를 금지·제한하는 효과가 있으나 집시법 제12조에 따른 교통조건 통보는 교통소통을 위하여 집회나 시위에 대하여 교통질서 유지를 위한 조건을 붙인 것에 불과하여 상대적으로 집회 및 시위의 자유에 미치는 영향이 크지 아니한 점 등에 비추어 보면, 집시법 시행령 제12조에 따른 교통조건 통보의 경우에 집시법 제8조에 따른 금지 등 통고의 송달에 관한 규정을 그대로 따라야만 한다고 보기 어렵다. 따라서 구체적인 통보 방법이나 경위, 수령인과 주최자와의 관계 등에 비추어 집시법 제12조에 따른 교통조건 통보서가 주최자나 연락책임자에게 도달하여 주최자가 그 내용을 알

물포는 국민의 생명이나 신체에 중대한 위해를 가할 수 있는 경찰장비이므로, 구체적인 사용 근거와 기준 등에 관한 중요한 사항이 법률 자체에 직접 규정되어야 한다. 그런데 구 경찰관직무집행법은 아무런 규정을 두고 있지 않으므로, 이를 근거로 행한 이 사건 물포발사행위는 법률유보원칙에 위배된다. 3. 이 사건 물포발사행위는 적법한 해산명령절차를 거치지 아니하였으므로, 적법절차원칙에 위배된다. 4. 피청구인은 시위참가자들이 피켓 등을 들고 마이크와 스피커를 이용하여 구호를 외치면서 국회의사당 쪽으로 진행을 시도한 것 외에 적극적인 공격이나 폭력을 행사하였다거나 위험한 물건 등을 소지하였다고 볼 만한 사정이 없었음에도, 행진한 지 10여 분 정도밖에 되지 않는 시점에서 경고살수에 이어 분산살수(1회 약 15초), 곡사살수(1회 약 10초), 직사살수(3회 총 약 8분)로 이어지는 물포발사를 매우 신속하게 진행하였고, 그 중 생명, 신체에 가장 위험을 끼칠 수 있는 직사살수를 가장 긴 시간 동안 집중적으로 발사하였다. 또한, 직사살수는 발사자의 의도이든 조작실수에 의한 것이든 생명과 신체에 치명적인 결과를 가져올 수 있으므로, 타인의 법익이나 공공의 안녕질서에 직접적인 위험을 명백하게 초래한 경우에 한하여 보충적으로만 사용하여야 함에도 불구하고, 이 사건 물포발사행위는 그러한 위험이 명백하게 초래되었다고 볼 만한 사정이 없었음에도 직사살수의 방법으로 이루어져 집회의 자유를 침해하였다.

수 있는 상태에 이르렀다면 비록 집시법 제8조에 따른 금지 등 통고서의 송달방법을 갖추지 못하였다 하더라도 이는 적법한 교통조건 통보로 보아야 한다"고 판결한 바 있다.[22]

이 판결의 의미는 경찰이 교통을 방해한다는 이유로 집회나 시위를 제한하는 경우, 제한 내용을 통고하는 서면을 주최자에게 '직접' 전달하지 않아도 된다는 대법원의 첫 판결이다. 이 판결로 경찰이 집회나 시위에 대해 해산명령을 내릴 수 있는 여지가 넓어졌다.[23] 따라서 집회 제한입법에서 경찰권에 재량권을 부여하면서 이 재량의 성격을 기속재량이라고 해석하여 합헌적 법률해석을 하는 것은 현실적으로 자유재량적으로 운용되는 경우를 막기 힘들다. 이런 경우 일상적인 방법은 사법권(司法權)을 통해 자유재량적으로 운용되는 경찰권의 일탈행위에 대해 위법확인과 국가배상을 엄격하고 지속적으로 관철함으로써 사법에 의한 경찰권통제가 이루어져야 하는데 실제로 그러하지 못하다. 그렇다면 입법단계에서 그런 가능성을 최소화하는 것이 최선이며, 집회의 자유의 보장을 원칙이 아닌 예외로 만들 수 있는 경찰재량의 인정은 입법단계의 위헌심사에 의해 통제할 필요가 있다.[24]

(7) (가) 집회 또는 시위에 대한 해산명령 사유가 부당한 경우 해산명령 불응죄 성립 여부, (나) 집시법에 따라 신고된 옥외집회 또는 시위와 실제 개최된 옥외집회 또는 시위 사이에 동일성이 인정되는지를 판단하는 기준 : 대법원 2014. 3. 13. 선고 2012도14137 판결

(가) 집회 및 시위에 관한 법률 제20조 제1항은 관할 경찰관서장은 다음 각 호의 어느 하나에 해당하는 집회 또는 시위에 대하여는 상당한 시간 이내에 자진 해산할 것을 요청하고 이에 따르지 아니하면 해산을 명할 수 있다고 규정하고, 제20조 제2항은 집회 또는 시위가 제1항에 따른 해산 명령을 받았을 때에는 모든 참가자는 지체 없이 해산하여야 한다고 규정하는바, 관련 규정의 해석상 관할 경찰관서장이 위 해산명령을 할 때는 해산 사유가 집시법 제20조 제1항 각 호 중 어느 사유에 해당하는지 구체적으로 고지하여야 한다(대법원 2012. 2. 9. 선고 2011도7193 판결 참조). 따라서 해산명령을 하면서 구체적인 해산사유를 고지하지 않았거나 정당하지 않은 사유를 고지하면서 해산명령을 한 경우에는, 그러한 해산명령에 따르지 않았다고 하더라도 집시법 제20조 제2항을 위반하였다고 할 수 없다.

---

22) 대법원 2013. 12. 26. 선고 2013도4485 판결.

23) 법률신문, 2014년 1월 20일 참조.

24) 김종철, "집회의 자유와 입법자 및 경찰권", 한국헌법학회 제54회 학술대회 「자유권의 현실과 올바른 규범적 좌표설정」 자료집, (2009.6.19), 89면.

(나) 집시법에 따라 신고된 옥외집회 또는 시위와 실제 개최된 옥외집회 또는 시위 사이에 동일성이 인정되는지는, 신고된 목적, 일시, 장소, 주최자, 참가단체 및 참가인원과 시위방법 등과 실제 개최된 옥외집회 등의 그것을 서로 비교하여 전체적·종합적으로 판단하여야 하고, 옥외집회 또는 시위를 신고한 주최자가 그 주도 아래 행사를 진행하는 과정에서 신고한 목적·일시·장소·방법 등의 범위를 현저히 일탈하는 행위에 이르렀다고 하더라도 그것만으로 그 옥외집회 또는 시위가 신고 없이 개최된 것으로 볼 수는 없고, 처음부터 옥외집회 또는 시위가 신고된 것과 다른 주최자나 참가단체 등의 주도 아래 신고된 것과는 다른 내용으로 진행되거나, 또는 처음에는 신고한 주최자가 주도하여 옥외집회 또는 시위를 진행하였지만 중간에 주최자나 참가단체 등이 교체되고 이들의 주도 아래 신고된 것과는 다른 내용의 옥외집회 또는 시위로 변경됨으로써 이미 이루어진 옥외집회 또는 시위의 신고는 명목상의 구실에 불과하게 된 것으로 볼 수 있는 정도에 이르러야 한다(대법원 2008. 7. 10. 선고 2006도9471 판결 참조).

집회의 해산은 집회의 자유를 중대하게 제한하는 공권력 행사로서 그 요건과 절차는 엄격하게 해석하여야 하는 점 등에 비추어 볼 때, 사전 신고를 하지 아니한 옥외집회 참가자들에게 위와 같은 해산명령 불응의 죄책을 묻기 위하여는 관할 경찰관서장 등이 직접 참가자들에 대하여 자진 해산할 것을 요청하고, 이에 따르지 아니하는 경우 세 번 이상 자진 해산할 것을 명령하는 등 집시법 시행령 제17조에서 정한 적법한 해산명령의 절차와 방식을 준수하였음이 입증되어야 한다.[25] 따라서 이 판례는 해산명령을 할 때 '구체적인 해산사유'를 고지해야 함을 강조함으로서 집회의 자유를 보다 더 두텁게 보장하는 의미 있는 판결이라고 본다. 또한 대법원의 기존 입장인 신고된 집회와 개최된 집회의 '동일성 여부'는 주최자가 신고한 내용 및 실제 개최된 집회상황 등을 '개별적·종합적'으로 비교·판단해야 한다는 점을 재차 강조하고 있다 할 것이다.

Ⅲ. 우리 사회 집회·시위의 현황과 여러 문제

1. 집회·시위의 현황

(1) 최근 5년간 집회·시위 발생현황

2012년 전체 집회건수는 8,328회로 2011년의 7,762회보다 556회(7.3%) 증가한 반면, 참가

---

25) 대법원 2011. 12. 22. 선고 2010도15797 판결.

자는 1,514,163명으로 전년도 1,659,571명 대비 145,408명이 감소(8.8%)한 것으로 나타났다. 2013년을 기준으로 최근 6년간의 집회 · 시위 발생현황을 살펴보면 〈표 1〉과 같다.

〈표 1〉 최근 6년간 집회 · 시위 발생 건수(2013년 기준)

구분	2008년	2009년	2010년	2011년	2012년	2013년
집회시위(건)	13,406	14,384	8,811	7,762	8,328	9,738
참가자(명)	3,082,069	3,092,668	1,462,894	1,659,571	1,514,163	–

* 자료: 사이버 경찰청 홈페이지, 통계자료 (검색일 2014. 07. 29), 2013 경찰백서, 경찰청, 254면, 재정리

2009년까지 증가하던 집회 · 시위건수는 2010년을 기점으로 감소추세를 보였으며 2013년 발생 건수가 9,738건으로 다시 증가추세를 보이고 있다. 2014년 올해 들어 세월호 사고를 비롯하여 사회적 관심이 쏠리는 사건 · 사고가 빈번하게 발생하면서 집회 · 시위 발생건수는 계속 증가할 것으로 보인다.

(2) 최근 6년간 불법 과격, 폭력시위 현황

최근 6년간 불법 과격 · 폭력시위 현황을 살펴보면 2008년 89건을 시작으로 2009년부터 수치상 감소했다고 볼 수 있으나 불법 · 폭력시위의 발생건수나 부상자의 수는 유동적인 변화보다 매년 반복적으로 꾸준히 불법 · 폭력시위가 발생하고 지속적으로 부상자 또한 발생하고 있다는 점에 주목해야 할 필요가 있다. 〈표 2〉는 최근 6년간 발생한 불법 · 폭력시위가 발생건수와 부상자 수를 정리한 것이다.

〈표 2〉 최근 6년간 불법 과격, 폭력시위 현황

구분	2008년	2009년	2010년	2011년	2012년	2013년
불법 · 폭력 시위(건)	89	45	33	45	51	45
부상자(명)	577	510	18	179	57	92

* 자료: 사이버 경찰청 홈페이지, 통계자료 (검색일 2014. 07. 29) 재구성

(3) 2014년 상반기 주요 집회 · 시위 사법처리 현황

2014년 상반기 주요 집회시위사범은 총 2,323명이 사법처리 되었으며, 전년 동기간 대비 사법처리인원은 934명이 증가하여 67.2% 상승하였다. 그 중 상습시위자 및 경찰관 폭행 시위자

등 19명이 구속처리 되었다. 2014년 상반기 집회·시위사범 사법처리 현황은 〈표 3〉과 같다.

〈표 3〉 2014년 상반기 집회시위사범 사법처리 현황

구 분	처리현황 (명)			
	총계	구속	불구속	기타 (내사종결 등)
2014.1.1. - 6.30	2,323	19	1,990	314
2013.1.1. - 6.30	1,389	6	1,143	240
대 비	934 ↑	13 ↑	847 ↑	74 ↑
증감율(%)	67.2% ↑	216.7% ↑	74.1 ↑	30.8% ↑

* 자료: 14년도 상반기 주요 집회시위 사법처리 67.2% 증가, 19명 구속수사 등 엄정사법처리, 경찰청 브리핑, 2014년 7월

2014년 3월 3일 경찰청장의 '불법·폭력 시위대에 대한 단호한 대처'를 천명한 후 〈표 3〉의 내용과는 별도로 경찰관 폭행 등 폭력시위자에 대한 현장연행이 378명에서 655명으로, 영상·사진자료 분석을 통한 사법처리가 459명에서 580명으로 동시에 증가하였고 수사과정에서 불법행위를 확인하여 사법처리한 인원도 122명에서 199명으로 증가한 것으로 확인되었다.[26]

민주주의를 근간으로 하는 사회에서 집회·시위는 국민의 기본권으로 보장되는 필수 불가결한 요소이다. 이러한 본질적인 성격으로 인해 집회·시위는 지속적으로 발생하고 있으며 그로인한 사회적 문제 또한 계속해서 발생하고 있다. 따라서 이러한 사회적 문제를 해결하고자 하는 노력의 일환으로 현실적이고 실효성을 확보할 수 있는 대안에 대한 논의가 지속적으로 전개되어야 할 것이다.

2. 집회·시위와 관련한 여러 문제

합법적이고 평화로운 집회와 시위는 국민의 기본권으로서 보장되어져야 함이 마땅하다. 그러나 입법의 부재, 법률해석상의 문제 또는 시위에 대응하는 사법기관의 대응방법 등 다양한 원인으로 인해 집회·시위에 관련한 사회문제가 끊이지 않는 실정이다. 야간집회 금지의 위헌결정, 1인 시위, 플래시 몹(Flash mob), 소음규제[27] 등 집회·시위와 관련한 여러 문제를

---

26) 2014년도 상반기 주요 집회시위 사법처리 67.2% 증가, 19명 구속수사 등 엄정사법처리, 경찰청 브리핑, 2014년 7월, 2면.

27) 집회·시위와 관련한 소음규제 문제는 장철준, "집회 및 시위의 자유와 소음규제", 「공법연구」 제42집 제1호(2013.10), 한국공법학회, 301면 이하 참조.

살펴보고자 한다.

(1) 야간집회 금지의 위헌결정

집시법 제10조는 야간옥외집회를 원칙적으로 금지하면서 예외적으로 조건을 붙여 야간옥외집회를 허용할 수 있도록 규정하고 있었으나 헌법재판소가 2009년 9월 24일 헌법불합치 결정을, 2014년 3월 27일 한정위헌결정을 하였다.[28] 2009년 헌법재판소는 결정에서 2010년 6월 말까지 국회를 통해 입법개선을 추진토록 하였으나, 국회는 시한까지 입법개선을 이루지 못하였고 현재까지도 입법개선은 이루어지지 않은 채로 남아있다. 이로 인해 야간옥외집회와 관련하여 경찰의 치안유지 활동 및 사법기관의 법률적용에 있어 어려움을 겪고 있다. 또한 2014년 3월 27일 한정위헌결정에 있어 대법원은 한정위헌결정의 기속력을 인정하지 않고 있어 대상 결정에도 불구하고 종래 관행대로 야간옥외 시위자에 대한 형사처벌의 가능성이 상존하고 있어 위 결정에는 한계가 있다는 지적이 있다.[29] 헌법재판소의 결정 이후에도 새로운 기준과 법률이 마련되지 않아 생기는 사회적 혼란과 법집행에 있어 일관성을 확보할 수 없는 현실적 어려움 등을 비추어 볼 때 입법기관의 신중한 법적 기준의 마련이 속히 요구된다 하겠다.

(2) 1인 시위

'1인 시위'라 함은 자신의 의견을 제3자에게 알리기 위해 또는 영향을 끼치기 위해 공동의 목적을 가진 타인과 같은 장소에서 연대하지 않고 단지 혼자서 행하는 의사표현행위이다.[30] 1인 시위는 집회 및 시위에 관한 법률의 규제적 성격에 대응하는 방식으로 생겨나 일반적인 시위의 한 형태로 자리 잡게 되었다. 집회금지장소에서 시위를 하기 위하여 1인만의 의사표현행위 방법으로 전개되는 1인 시위는 경우에 따라 형법, 경범죄처벌법으로는 처벌될 수 있음을 변론으로 하고, 집시법에는 저촉되지 아니한다는 것이 통설이다. 한편 '릴레이 시위' 등 변형된 1인 시위 즉 다수인이 교대로 1명씩 특정 장소에 나와 차례로 시위하는 순수한 릴레이시위는 물론 대기자들이 인근에 있는 경우에도 설사 대기 과정에서 순간적으로 2인이 되는 경우에도 집회라고 보기 어렵다. 그러나 '인간 띠 잇기 시위'처럼 다수인이 예컨대 25미터 정도의 거리를 두고 시위형태를 전개하는 것은 전체적으로 다수인으로 보이는 한, 다수인이 각자 다른

---

28) 헌재 2009. 9. 24.자 2008헌가25 결정; 헌재 2014. 3. 27.자 2010헌가2 결정.

29) 성중탁, "집시법 제10조에 대한 헌법재판소의 한정위헌 결정의 문제점과 바람직한 집시법 개정방안", 「법학논고 제46집 4호」, 경북대학교 법학연구소, 2014, 89면.

30) 이희훈, 『집회의 자유와 집시법』, 경인문화사(2009), 62면.

내용의 시위를 하는 '혼합 1인 시위'는 공동의 목적을 가진 한 집시법 적용대상이 될 수도 있다고 본다.[31]

1인 시위에 대한 쟁점은 집시법에서 규정하고 있는 사전 신고대상이 아니라는데 있다. 이는 2인 이상의 다중을 요하지 않는 시위의 규모와 시위 방법 등의 내용과 성격상 공공의 안녕과 사회질서 유지에 위해를 가할 우려가 없어 사전신고 대상에서 제외 하고 있다. 그러나 1인 시위와 관련하여 집회 및 시위에 관한 법률의 적용여부를 둘러쌓고 법원, 경찰, 언론, 학계 등 사회전반에 거쳐 논란이 계속되고 있다. 헌법상 표현의 자유로 인정하는 차원에서 1인 시위에 대한 옹호와 비판의 문제 1인 시위에 대한 집시법 적용에 관한 찬반문제 등이 논란이 되고 있다.

변형된 형태의 1인 시위를 불법행위로 보아 집시법 위반으로 다룰 것인가 또는 정당한 표현의 수단으로 보아 집시법의 적용에서 배제 할 것인가에 관한 문제에 있어 이재진과 이정기(2009)는 '1인 시위에 관한 가이드라인 구축'이 필요하다고 주장하였다. 1인 시위에 대한 법률적 근거가 존재하지 않는 점, 가이드라인의 부재로 집시법상의 근거를 두고 유추해석이 서로 달라 시위대와 경찰이 서로 다른 행동을 하게 되는 경우가 많은 점 등을 고려하여 변형된 1인 시위에 대한 소비적 논쟁을 없애기 위해서도 명문화된 가이드라인이 필요하다고 주장하였다.[32]

(3) 플래시 몹(Flash mob)

플래시 몹(Flash mob)이란 대중예술의 한 장르로서, 불특정 다수가 이메일이나 휴대전화, 소셜네트워크 서비스(SNS) 등을 통해 정해진 시간과 장소에 집결해 특정 행위를 하고 바로 해산하는 공연방식을 말한다. 대법원은 새로운 형태의 집회로 플래시 몹(Flash mob)에 대하여, "피고인이 특정 인터넷카페 회원 10여 명과 함께 불특정 다수의 시민들이 지나는 장소에서 퍼포먼스(Performance) 형태의 플래시 몹(flash mob) 방식으로 노조설립신고 반려 규탄 모임을 진행함으로써 집회 및 시위에 관한 법률상 미신고 옥외집회를 개최하였다는 내용으로 기소된 사안에서, 위 모임의 주된 목적, 일시, 장소, 방법, 참여인원, 참여자의 행위 태양, 진행 내용 및 소요시간 등 제반 사정에 비추어 볼 때 집시법 제15조에 의하여 신고의무의 적용이 배제되는 오락 또는 예술 등에 관한 집회라고 볼 수 없고, 그 실질에 있어서 정부의 청년실업 문제 정

---

31) 이규홍, "집회의 자유에 의하여 보장되는 활동의 범주", 「기본권과 위헌심판의 최근 쟁점」 한국헌법학회 헌법연구포럼·대법원 헌법연구회 공동학술포럼 자료집, 2013, 23면.

32) 이재진·이정기, "표현 수단으로서의 1인 시위에 관한 탐색적 연구: 관련 판례분석을 중심으로", 「언론과학연구」 제9권 4호, 한국지역언론학회, 2009, 630-631면.

책을 규탄하는 등 주장하고자 하는 정치·사회적 구호를 대외적으로 널리 알리려는 의도 하에 개최된 집시법 제2조 제1호의 옥외집회에 해당하여 집시법 제6조 제1항에서 정한 사전신고의 대상이 된다"[33]고 판시하였다.[34]

위와 같은 사안에 있어 퍼포먼스 형태의 '플래시 몹'이라 하더라도 정치·사회적 요구가 있다면 집회로 본다는 대법원의 시각을 표현의 자유를 위축시키는 검열이라는 비판 또한 제기되고 있다. 모임의 내용을 기준으로 사전신고 여부를 따지는 것은 사실상의 검열행위로서, 표현의 자유를 위축시키는 판결이라는 비판을 받고 있는 것이다. 따라서 정치적인 내용이 있을 경우 사전신고를 해야 한다는 집시법 규정이 없기 때문에 문화행사에 형식을 갖추고 있다면 내용에 상관없이 신고제로부터 자유로워야 한다고 주장하고 있다.[35] 플래시 몹과 집회와 관련하여 나타나는 문제 또한 1인 시위에서 나타나는 문제와 같이 과거에는 없던 새로운 형태의 인간행동이라는 점에 주목할 필요가 있다. 집시법상 집회의 사전 신고의무조항과 문화·예술 행위와 관련하여 신고를 배제하도록 하는 조항이 서로 상충되기에 앞에서와 같은 혼란을 야기하는 것이라 할 수 있다. 즉, 사회현상에 대한 갈등과 문제를 해결하기 위한 법적 규정이나 문화적 기준과 같은 새로운 현상에 대한 가이드라인이 부재하기 때문이다. 이러한 사회적 갈등과 이해의 상충을 해결하기 위해서는 상식적으로 모두가 수긍할 수 있는 공신력을 가진 가이드라인의 조속한 제시가 필요하다. 더불어 개인 혹은 집단의 사회적 의사전달의 방식 즉, 집회 또는 시위를 통한 의사전달 외에 사회적 안전을 담보하면서 영향력을 갖춘 대안적인 새로운 의사표현의 수단이 필요하다.

(4) 복면시위

복면시위란 마스크 등 복면으로 얼굴을 가린 채 집회 시위에 참가하는 것을 말한다. 헌법재판소는 "집회의 자유는 집회의 시간, 장소, 방법과 목적을 스스로 결정할 권리를 보장한다. 집회의 자유에 의하여 구체적으로 보호되는 주요행위는 집회의 준비 및 조직, 지휘, 참가, 집회장소·시간의 선택이다. 그러나 집회를 방해할 의도로 집회에 참가하는 것은 보호되지 않는

33) 대법원 2013. 3. 28. 선고 2011도2393 판결.
34) 플래시 몹(Flash mob) 판결에 관한 문헌으로는 류인하, "'플래시 몹' 예술표현의 자유 제한 : '최악의 판결'로 선정, 안도현 시인에 대한 배심원 무죄 평결 뒤집은 것도 나쁜 판결 : 올해의 걸림돌 판결", 「주간경향」 통권1057호(2013.12.31), 30-31면; 오승훈, "'사전허가' 대상 된 표현의 자유 : 대법원, 청년유니온의 플래시몹 행사도 집시법 대상이라 밝힌 판결", 「한겨레21」 통권992호(2013.12.30), 53면; 정보통신산업진흥원, 플래시 몹 증가에 따른 영국과 미국의 SNS규제 강화 논란, 「주간기술동향」(2011.9.23), 35-39면 참조.
35) 한겨레신문 기사, http://www.hani.co.kr/arti/society/society_general/580594.html, 2013. 03. 31 등록

다. 주최자는 집회의 대상, 목적, 장소 및 시간에 관하여, 참가자는 참가의 형태와 정도, 복장을 자유로이 결정할 수 있다.”[36] 헌법상 집회의 자유는 집회자가 집회의 방법 중 복장도 자유롭게 스스로 결정할 권리를 보장하는 것이다. 따라서 집회자가 집회시 복면 등을 하고 집회를 할 것인지 아닌지는 그 이유를 불문하고 집회자가 자유롭게 스스로 결정할 수 있는 것이고, 국가는 원칙적으로 이를 보장해야 한다. 다만 예외적으로 복면을 하여 집회가 폭력화되어 공공의 안녕과 질서를 해칠 때에 비로소 복면을 한 집회자에게 복면을 하지 못하도록 집시법은 규정되어야 한다고 본다.[37] 복면 시위와 관련한 문제 역시 1인 시위, 플래시 몹과 관련한 문제와 마찬가지로 집회나 시위 시에 발생할 수 있는 다양한 상황에 대한 설명이나 대응에 대한 지침이 마련되지 않아 나타나는 문제로 볼 수 있다. 물론 인간양식의 모든 행태를 예상하고 그에 대한 대비책을 강구하는 것 자체가 불가능하다 하더라고 최소한 적법한 집회·시위의 보장과 공정한 법집행을 위한 구체적인 법안과 규칙의 마련이 필요한 것으로 보인다.

(5) 위장집회·유령집회

우리 집시법(제8조 제2항)은 “관할경찰관서장은 집회 또는 시위의 시간과 장소가 중복되는 2개 이상의 신고가 있는 경우 그 목적으로 보아 서로 상반되거나 방해가 된다고 인정되면 뒤에 접수된 집회 또는 시위에 대하여 제1항에 준하여 그 집회 또는 시위의 금지를 통고할 수 있다.”고 규정하고 있다. 이러한 점을 악용하여 다른 집단의 집회·시위를 방해할 목적으로 일정한 장소를 독점하여 사용하고자 해당 장소에 1년 전에 또는 그 이전 기간에 미리 집회사전신고를 해 놓은 후 그 기간 실제로는 집회를 개최하지 않는 이른바 ‘위장집회’, ‘유령집회’가 성행하고 있다. 이러한 위장집회를 위해 위장집회자의 집시법상 사전신고로 인하여 사전신고가 된 장소에서 타인이 집회를 개최하지 못하게 되는 결과가 초래되어 타인의 집회의 자유를 침해하는 문제점이 있다.[38]

현행 「집회 및 시위에 관한 법률」은 집회신고 후 집회를 개최하지 않을 경우 관할 경찰서에 알리도록 의무조항을 두고 있으나(동법 제6조 제3항), 이를 어길 경우에 대한 제재조항은 없다. 이러한 법의 미비로 인해 대기업·노동단체들 할 것 없이 모두가 이른바 ‘유령집회’를 악용하고 있는 실정이다. 백재현(민주당) 의원이 서울경찰청으로부터 제출받은 자료에 따르면 2011년 1월부터 2013년 9월 말까지 각종 노조 관련 단체가 서울 시내에서 집회·시위를 열겠

---

36) 헌재 2003. 10. 30. 2000헌바67 결정.
37) 이희훈, 앞의 책, 259면.
38) 이희훈, 앞의 책, 218면.

다며 경찰에 신고한 26만 5,626건 가운데 실제로 집회가 개최된 사례는 8,964건에 그쳐 집회 미개최율이 96.6%에 육박하는 것으로 집계되었다.[39] 〈표 4〉는 최근 3년간 서울시, 집회신고 현황 및 미개최 현황을 분석한 것이다.

〈표 4〉 최근 3년간 서울시, 집회신고 현황 및 미개최 현황

구 분	신고 횟수	개최 횟수	미개최 횟수	미개최율
2011	380,309	9,911	370,398	97.4%
2012	346,698	10,623	336,075	96.9%

* 자료: 10대기업 유령집회(집회신고후 미개최) 개선되고 있지 않아 – 현대, 포스코, 신한지주 등 대기업 집회 방해 높아, 보도자료, 서울지방경찰청, 민주당 백재현 의원실, 2013. 10. 17

2011년부터 2013년 8월말까지, 최근 3년간 서울청과 산하경찰서에 총 신고된 집회의 미개최 현황을 분석한 결과, 대부분 신고만 할 뿐 실제로 미개최 된 것으로 분석되었다. 구체적인 내용을 살펴보면 2011년 총 신고횟수 380,309건 중 97.4%인 370,398건, 2012년 346,798건 중 96.9%인 336,075건, 2013년 8월까지 총 265,626건 중 96.6%인 256,662건이 미개최된 것으로 나타났다.

한편 국내 10대 대기업들이 낸 경찰관서에 신고한 집회신고도 자사를 비판하는 집회를 막기 위한 '유령집회'였던 것으로 조사되었다. 서울지방경찰청으로부터 제출받은 자료에 의하면, 2011년부터 2013년 9월 말까지 서울소재 시가총액 1–10위 대기업이 경찰에 낸 집회신고는 5,642건으로 집계됐고, 이 기간 실제로 집회를 연 것은 56건으로 0.99%에 불과하였다.

위장집회 혹은 유령집회는 정치적 의사를 달리하는 집단의 집회나 시위가 예견되는 장소에 먼저 집회신고를 함으로써 상대 집단의 집회·시위의 개최를 차단하고 방해하기 위한 수단으로 사용되고 있다는 점에 문제가 있다. 또한 일부 대기업들은 이익과 기업이미지만을 생각하여 자사를 비판하는 집회나 시위를 차단하기 위해 유령집회를 신청함으로써 집회·시위의 사전신고 제도를 악용하고 있다. 최근 들어 이러한 현상은 시민들과의 접촉이 활발한 의료기관이나 대형마트 등 사회전반으로 번지고 있어 문제가 심각하다. 유령집회 혹은 위장집회는 헌법에서 보장하고 있는 국민의 기본권을 의도적으로 침해하는 것으로 제도적 보완이 시급하다.

---

39) 10대기업 유령집회(집회신고후 미개최) 개선되고 있지 않아 – 현대, 포스코, 신한지주 등 대기업 집회 방해 높아, 보도자료, 서울지방경찰청, 민주당 백재현 의원실, 2013. 10. 17

IV. 선진 집회·시위문화 정착을 위한 대책

1. 집시법 개정 문제

야간 옥외집회를 원칙적으로 금지하는 '집회 및 시위에 관한 법률 일부개정 법률안'에 대해 헌법재판소가 헌법불합치 결정을 내린 이후 국회가 개정 시한을 넘긴 채 허송세월을 보내면서 '직무유기'를 하고 있다.

국회는 2010년 6월까지 집시법 개정안을 만들어야 하지만, 국회는 4년째 개정안 작업을 미루고 있으며, 2009년 헌법재판소가 일몰 이후 옥외집회를 금지하는 집시법 10조에 대해 헌법불합치 결정을 내리면서 개정 시안을 2010년 6월로 제시한 바 있다. 따라서 국회가 '입법 공백'을 방치하고 있는 것이라 할 수 있으므로 국회의 조속한 입법 개정을 촉구하여야 한다.

2. 이른바 '위장집회' 또는 '유령집회'의 문제

현행 집시법은 사전에 신고한 집회에 대하여 실제 집회를 개최하지 않는 경우에 있어 집회신고를 신청한 관할의 경찰관서장에게 다시 신고하도록 규정하고 있다(집시법 제6조 제3항).[40] 그러나 집회가 개최되지 않음에도 불구하고 집회 미실시의 신고를 하지 않았을 경우 특별히 처벌할 수 있는 제재조항이 없어 현실적으로 규정이 제대로 지켜지고 있지 않은 현실이다.

집회신고를 먼저 해 놓았지만 처음부터 아예 집회를 개최할 의사가 없거나 다른 집회를 방해할 목적으로 집회를 개최하지 않는 허위신고자나 단체에게는 일정액수의 벌금을 부과하는 것이 올바른 집회문화를 정착시킬 수 있다고 생각된다. 따라서 「집회 및 시위에 관한 법률」을 개정하여 이러한 내용을 입법적으로 해결해야 할 것이다.

3. 적법한 집회·시위의 보장과 불법집회·시위의 엄정한 법집행

사회적 약자나 소수자가 사회를 향해 자신들의 의견을 표현할 수 있는 유일한 방법이 집회와 시위이다. 나의 생각, 나와 다른 목소리를 낸다는 이유만으로 소수자나 사회적 약자들의 집회·시위를 부정적으로 바라보는 것은 민주주의 정신에 부합되지 않는다. 따라서 적법한 집회·시위는 최대한 보장하여야 한다.

---

40) 집회 및 시위에 관한 법률 제6조 제3항 : 주최자는 제1항에 따라 신고한 옥외집회 또는 시위를 하지 아니하게 된 경우에는 신고서에 적힌 집회 일시 전에 관할경찰관서장에게 그 사실을 알려야 한다.

우리 대법원도 집회를 규제의 대상으로서가 아니라, 헌법상 보장된 기본권으로서 인식하고 있다고 판단되며, 다음의 판결이 이러한 내용을 담고 있다. 대법원은 "집회의 자유를 보장하고 이에 대한 허가제를 인정하지 아니하는 헌법 제21조 제1항, 제2항 및 집회 및 시위에 관한 법률의 목적을 규정하고 있는 같은 법 제1조 등에 비추어 보면,… 사전신고제가 옥외집회 또는 시위의 자유에 대한 허가제처럼 운용되는 등 실질적으로 옥외집회 또는 시위의 자유를 침해하는 일이 있어서는 아니될 것"이어서, "옥외집회 또는 시위가 그 신고사항에 미비점이 있었다거나 신고의 범위를 일탈하였다고 하더라도 그 신고내용과 동일성이 유지되어 있는 한 신고를 하지 아니한 것이라고 볼 수 는 없으므로, 관할 경찰관서장으로서는 단순히 신고사항에 미비점이 있었다거나 신고의 범위를 일탈하였다는 이유만으로 곧바로 당해 옥외집회 또는 시위 자체를 해산하거나 저지하여서는 아니될 것이고, 옥외집회 또는 시위 당시의 구체적인 상황에 비추어 볼 때 옥외집회 또는 시위의 신고사항 미비점이나 신고범위 일탈로 인하여 타인의 법익 기타 공공의 안녕질서에 대하여 직접적인 위험이 초래된 경우에 비로소 그 위험의 방지·제거에 적합한 제한조치를 취할 수 있되, 그 조치는 법령에 의하여 허용되는 범위 내에서 필요한 최소한도에 그쳐야 할 것이다"고 판시하고 있다.[41]

반면에 집시법을 위반한 불법집회·시위에 대해서는 엄중한 법집행이 이루어져야 한다. 외국에서는 집시법 등을 위반한 사람들에 대해 지위고하를 막론하고 엄정하게 처벌하고 있다. 아래의 최근 사례는 우리 법집행에 시사하는 바가 크다 할 것이다.

미국 연방 하원의원들은 2013년 10월 8일 이민개혁법 개정 촉구 시위에 참가해 도로점거 농성을 벌이다 집회장소 이탈과 교통방해 혐의가 적용돼 무더기로 수갑을 찬 채 경찰에 연행되었다. 2011년 4월에는 빈센트 그레이 워싱턴DC 시장이 상원 건물 앞에서 연방정부 예산안 협상에서 낙태지원금이 폐지된 데 대해 항의하는 시위를 벌이다 수갑을 찬 채 체포되기도 했다.[42] 같은 해 힐러리 클린턴 전 미 국무장관이 런던에서 주차 위반으로 스티커를 떼였으며, 경호원들이 거세게 항의했지만 단속원은 꿋꿋이 14만 원을 부과하기도 했다.[43] 우리사회는

---

41) 대법원 2001. 10. 9 선고 98다20929 판결. 이 대법원 판결의 의미는 우리 법원이 집회를 규제의 대상으로서가 아니라, 헌법상 보장된 기본권으로서 인식하고 보다 높은 차원에서 보장되어야 한다는 대법원의 가치판단을 제시하는 판결이라고 판단된다.

42) 문화일보, 2013년 10월 11일, 10면 참조.

43) 힐러리는 2013년 10월 11일 영국의 유명한 국제 연구소인 '채텀하우스(Chatham House)'가 주관하는 시상식에 참석했다. 그녀와 경호 요원들을 태운 두 대의 벤츠 차량은 인근 유료 공원 주차장에 주차하였으나 시간당 6천 원에 달하는 주차권을 끊지 않았다. 이를 발견한 영국 교통경찰이 해당 차량에 대해 주차 위반 티켓을 발부하려 하자 경호 요원으로 보이는 대여섯 명이 비밀요원 배지를 보여주며 항의에도 불구하고 '용감한' 교통경찰은 가차 없이 40파운드, 우리 돈으로 15만원 상당의 주차위반 과태료를 발부했다고 언론

아직 사회적 신분이나 지위에 따른 예우의 관행이 사회 곳곳에 남아있다. 존경받아 마땅한 사람에 대한 예우나 사회적 약자에 대한 배려가 인간의 미덕이라 할지라도 그 경계는 상식을 뛰어넘어 불법을 눈감아주거나 이를 지위나 신분을 위시로 강요하여서는 아니 될 것이다. 경제를 중심으로 하는 사회적 발전보다 성숙한 시민의식과 준법의식이 절실한 시기이다.

4. 법치주의 확립과 소위 사회지도층의 준법의식

건전하고 올바른 선진 시위문화의 정착을 위해서는 국회의원 등 사회 지도층의 솔선수범이 선행되어야 한다. 법을 만드는 국회의원들이 집시법을 위반하면서 집회와 시위를 하는 상황은 법치주의의 근간을 흔드는 행위이다. 정치인들이 '집회 및 시위에 관한 법률' 등을 위반하는 상황에서 법치주의 확립과 선진 시위문화 정착은 요원하다고 생각된다.

법치주의의 기본적인 토대를 흔들어 버리는 근본적인 원인은 법집행의 불공정성을 지적하지 않을 수 없다. 불공정한 법집행의 출발은 기초질서 위반사범에 대한 관대한 법적용, 대통령의 사면권 남용과 비리 지도층으로 대변되는 사람들에 대한 보석 허가와 형집행정지의 남용·가석방의 특혜에서 기인하는 것으로 보여 진다.

우리 사회에서 법치주의가 올곧게 뿌리내리고, 선진 집회·시위 문화를 정착시키기 위해서는 법위반에 대한 온정주의(溫情主義) 판결의 종식과 불공정한 법집행을 극복하는 것이라고 본다. 한국의 법치주의를 가름하는 변수는 법을 제정하는 국회와 법을 적용·집행하는 사법부에 달려 있다.[44]

5. 「집회·시위자문위원회」의 내실화

현행 「집회 및 시위에 관한 법률」 제21조는 "집회 및 시위의 자유와 공공의 안녕 질서가 조화를 이루도록 하기 위하여 각급 경찰관서에 ① 집회 또는 시위의 금지 또는 제한 통고, ② 금지 통고에 대한 이의 신청에 관한 재결, ③ 집회 또는 시위에 대한 사례 검토, ④ 집회 또는 시위 업무의 처리와 관련하여 필요한 사항에 대하여 각급 경찰관서장의 자문 등에 응하는 집회·시위 자문위원회를 둘 수 있다."고 규정하고 있다(동법 제21조 제1항). 집회·시위자문위원회는 위원장 1명을 두되, 위원장을 포함한 5명 이상 7명 이하의 위원으로 구성된다(동법 제21조 제2항). 위원장과 위원은 각급 경찰관서장이 전문성과 공정성 등을 고려하여 변호사, 교수, 시민단

들은 전하고 있다.

44) 이철호, "한국의 기업인 범죄와 법집행의 문제", 「한국경찰학회보」 제18호, 한국경찰학회, 2008, 266면.

체에서 추천하는 사람, 관할 지역의 주민대표 중에서 위촉한다(동법 제21조 제3항). 위원장 및 위원의 임기는 2년으로 한다(동법 시행령 제18조 제1항). 위원장은 집회·시위자문위원회를 대표하며, 위원회의 업무를 총괄한다. 위원장이 부득이한 사유로 직무를 수행할 수 없을 때에는 위원 중 연장자 순으로 위원장의 직무를 대리한다. 위원회의 회의는 각급 경찰관서장의 요청에 따라 위원장이 소집하며, 위원회의 회의는 재적위원 과반수의 출석으로 개의하고 출석위원 과반수의 찬성으로 의결한다. 위원회는 필요하면 위원이 아닌 자를 위원회의 회의에 출석하게 하여 그 의견을 들을 수 있다. 각급 경찰관서장은 위원회의 위원 등에 대하여 예산의 범위에서 수당, 여비, 그 밖의 필요한 경비를 지급할 수 있다(동법 시행령 제18조 제2항~제7항).

이러한 경찰 내 법정 기구로서 민간인이 참여하는 「집회·시위자문위원회」가 유명무실하게 운영되고 있다. 애초 구성 목적인 집회·시위 자유와 공공질서의 조화를 위한 자문 역할은 온데간데없고, 세금으로 회식만 하는 모임으로 전락했다는 지적이 나온다.[45] 집회·시위문화의 올바른 정착을 위해서는 시민들도 법을 준수하며 집회시위를 개최해야 할 뿐만 아니라 집시법이 정하고 있는 「집회·시위자문위원회」가 제 역할을 할 때 선진 집회·시위문화는 정착될 수 있다고 본다.

V. 맺음말

사회적 약자나 소수자가 사회를 향해 자신들의 의견을 표현할 수 있는 유일한 방법이 집회와 시위이다. 나의 생각, 나와 다른 목소리를 낸다는 이유만으로 소수자나 사회적 약자들의 집회·시위를 부정적으로 바라보는 것은 민주주의 정신에 부합되지 않는다. 폭력적 집회·시위 등 불법한 집회·시위는 사법판단의 대상이 됨이 확실하나 그만큼 적법하게 이루어지는 집회나 시위는 최대한 보장되어야 한다. 끊이지 않고 발생하는 사건·사고와 정치적 대립의 문제가 혼재되어 연일 집회·시위가 사회적 이슈로 대두되는 상황에서 집회·시위와 관련한 최근

---

45) "경향신문 취재 결과 집회·시위자문위는 경찰청을 비롯해 전국 16개 지방경찰청과 195개 경찰서에서 212개가 운영 중이다. 이들은 지난해 총 509회의 회의를 했는데, 이 중 경찰서 내에서 한 회의는 353회다. 나머지 156회 (30%)는 식당 등에서 열린 것으로 파악됐다. 위원들은 참가비로 1회 회의당 5만원씩 받는다. 회의비는 모두 국가예산으로 지불되고 있다. 특히 회의록이 있는 경찰서는 전체의 5분의 1인 40개에 불과한 것으로 밝혀졌다. 대부분의 자문위가 정식 회의록도 작성하지 않은 채 식사만 한 셈이다. 일부 지역에서는 4대 사회악 근절 등 치안정책이나 불법집회 엄정대처 필요성 등을 홍보하는 수단으로 변질된 곳이 많은 것으로 나타났다. 인적 구성도 실제로는 시민단체 추천인은 거의 없었고, 지역 유지들이 다수 자리를 차지하고 있다"(경향신문, 2014년 6월 10일, 12면).

판례의 동향을 살펴보고 집회 · 시위와 관련하여 나타나는 문제점과 이에 대한 대책을 논의해 보고자 하였다.

최근의 판례 동향에 비추어 집회 · 시위와 관련하여 문제로 인식되고 있는 사안들은 야간집회금지 위헌결정과 관련한 입법의 미비에서 오는 사회적 혼란과 법집행 일관성 확보의 어려움, 1인 시위와 관련하여 변형된 1인 시위와 새로운 시위의 형태인 플래시 몹에 대한 집시법 적용의 찬반논란, 집회의 자유와 사회적 안녕과 질서유지 사이에서 복면시위에 관한 문제를 논의 하였다. 더불어 집회 · 시위와 관련하여 법률적 규정의 부재로 인해 집회의 자유를 심각하게 훼손하는 위장집회 혹은 유령집회에 관한 문제를 확인하고 법률적 기준의 마련을 통해 문제를 해결할 수 있는 방향을 제시하였다.

선진 집회 · 시위문화의 정착을 위한 노력의 일환으로 야간 옥외집회 위헌결정에 있어 조속한 입법개정을 통해 입법공백에서 오는 문제를 해결하고, 변형된 1인 시위나 플래시 몹 등의 새로운 시위형태에 관해서는 공신력을 가진 가이드라인의 제시와 의사표현방식의 새로운 수단의 필요성을 확인하였다. 또한 적법한 집회 · 시위의 적극적 보장과 불법한 집회 · 시위에 대한 엄정한 법집행이 필요하며, 법치주의의 확립과 사회지도층의 투철한 준법정신이 중요한 요소라 할 수 있다.

집회나 시위를 바라보는 시각이 곱지만은 않은 문화 속에서 집회 · 시위가 단순히 이익과 편의를 요구하는 불만표출이 아닌 민주주의를 구성하는 필수적인 요소로서 정당하고 적법한 의사표현과 소통의 수단으로, 언제든 누구에게든 침해받지 않는 국민의 기본권으로 자리 잡기 위해서는 사회 전반의 절실한 노력이 필요하다.

직업선택의 자유와 공직자 취업 제한 문제

I. 머리말

한국사회는 정치 경제를 비롯한 모든 분야가 부패구조의 먹이사슬로 얽혀져 이러한 부패현상으로 인하여 '부패공화국(ROTC ; Republic of Total Corruption)'과 '부패문화공화국(Republic of Total Culture of Corruption)'이라고 부를 정도가 되었다.[1]

공직자윤리법은 공직자의 부정한 재산증식을 방지하고 공무집행의 공정성을 확보하기 위한 것이다.

공직자윤리법은 1980년 신군부에 의해 성립한 제5공화국이 들어서면서 소위 '사회정화'차원에서 1981년에 제정되어 1983년부터 시행되었다. 이 법은 정통성이 매우 취약하였던 전두환 정권의 정당성을 사후적으로 정당화하는 하나의 방안으로 추진되었던 사회정화와 공직사회의 정화를 위한 법의 하나로서 마련된 것으로서, 처음부터 정치적 배경을 갖고 제정되었기 때문에 사실상 실효성보다는 형식성에 치중될 수 밖에 없었다.[2]

공직부패(관료부패)라 함은 "공직자(관료)가 자신의 직무와 직·간접적으로 관련된 권력을 부당하게 행사하여 사익을 추구하거나 공익을 침해하는 것", 다시 말해서 "영향력의 불법적 행사"를 의미한다고 하거나, "공직자(관료)들이 그 직무를 수행하기 위하여 부여된 권한을 자기 또는 그가 원하는 사람이나 집단의 사적 이익을 위하여 행사하는 행위"라고 정의하는 것이 보통이다.[3]

---

1) 김창국 외, 부정부패의 사회학, 나남출판, 1997, 279면.
2) 윤태범, 공직자윤리법의 문제점과 개정방향, 「권력형 부패'척결을 위한 제도적 대안」 토론회 자료집(2002년 2월 24일), 참여연대 맑은사회만들기본부, 5면.
3) 김용세, 공직자 부정부패, 두남, 1998, 21면.

1999년 8월 국무조정실 조사심의관실에서 발표한 부패방지 종합대책 보도자료에 의하면, 부패공직자에 대한 사법처리건수는 70년대이후 90년대초까지 완만한 감소세를 보이다가 90년대 초반이후 사정활동의 강화에 따라 크게 증가하고 있다. 이에 대한 사법처리건수의 변화 추이를 살펴보면, 1972년 1,881명, 1981년 1,072명, 1991년 933명, 1996년 3,986명, 1997년 3,153명, 1998년 3,722명으로 크게 증가하고 있다.

우리 사회의 특히, 공직자(관료)부패의 구조적 요인으로는 ① 정치구조의 취약성과 행정통제기능의 저하 ② 정부기능의 허약성과 행정의 자체 등 제기능의 취약 ③ 행정관리기능의 비현실성 ④ 결정권자에 대한 과도한 사적 충성과 연고주의에 의한 준공식문화나 혹은 지하문화 ⑤ 수단의 목표대치나 정도 등을 들 수 있다.4)

한편, 한국부패의 특성으로 (1) 과거 정부주도의 경제성장정책을 추진하는 과정에서 각종 인·허가등의 규제가 남발되어 부패를 유발, 특정기업에 대해 특혜(特惠)를 주고 반대급부(反對給付)로 정치자금을 조달하는 권력형 부패의 관행화, (2) 가부장적 권위주의, 연고주의, 파벌주의, 온정주의 등 사회문화적 요인들이 사회 전반에 부패를 조장하고 있다고 보고 있다.5)

공직자윤리법상의 공직자취업제한문제는 헌법상 직업선택의 자유문제와 관련 있을 뿐만 아니라 한편으로는 우리 사회의 당면 과제인 공직윤리·공직부패문제와도 불가분의 밀접한 관련이 있다.

II. 직업선택의 자유와 공직자 취업제한 문제

1. 공직자취업제한제도의 의의

공직자윤리법은 공직자 및 공직후보자의 재산등록과 등록재산공개를 제도화하고, 공직을 이용한 재산취득의 규제·공직자의 선물신고·퇴직공직자의 취업제한 등을 규정함으로써 공직자의 부정한 재산증식을 방지하고, 공무집행의 공정성을 확보하여 국민에 대한 봉사자로서의 공직자의 윤리를 확립함을 목적으로 하고 있다(공직자윤리법 제1조).

'퇴직후 취업제한'은 본래 기업과 공직을 오가면서 경력을 추구하는 이른바 '회전문

---

4) 김영종, 부패학, 숭실대학교 출판부, 1993, 231면.

5) 정부주도의 경제개발은 관료의 권한을 강화하여 부패의 가능성을 증대시켰고, 해외의존형 발전계획은 해외자본도입과 상품수입, 무기도입 등과 관련하여 불법커미션의 수수를 예고하는 것이었으며, 자본의 독과점상태는 정경유착을 필연적으로 낳게 마련이었다. 한국 부패는 한마디로「정경유착」이 특징이라고 할 수 있다(박원순, 부정부패의 현대사,「한국사 시민강좌」제22집, 일조각, 1998, 114면 참조).

(revolving door)'관행에 따른 비윤리적 로비활동을 방지하기 위하여 마련된 제도적 장치이다. 이러한 제도는 공직자가 기업을 위하여 일할 목적으로 공직을 떠날 때, 재직시 취득한 정보나 형성한 대인관계를 사적 유용성을 위하여 활용할 수 있고, 이럴 경우 정부의 도덕성에 대한 국민적 신뢰를 손상시킬 수 있다는 점을 전제로 하고 있다.[6)]

　퇴직공직자의 취업제한제도는 업무와 관련된 공직비리, 부정부패를 방지·근절하기 위한 방법으로 도입되었으며, 공직자가 퇴직 후 자리를 마련해준다는 조건으로 일선의 특정 업체에 혜택을 주거나 기업과 유착되는 것을 막기 위한 제도적 장치이다. 다시 말해서, 퇴직공직자의 취업제한제도는 공무집행의 공정성을 확보하여 부정부패 없는 투명하고 깨끗한 공직사회를 구현하고자 하는 것이다.

　외국의 경우 (1) 미국은 정부윤리법(Ethics in Government Act of 1978) 제501조·502조에서 퇴직후 유관기업체에 취업을 제한하고 있다. 재직시 담당업무와 관련 있는 기업체와 개인 등을 위한 대리·변호·기타 교섭행위를 금지하고 있다. 재직시 담당업무에 대해서는 무기한으로 취업 등을 제한하고 있으며, 일반적 관련직은 2년, 기타는 1년으로 금지하고 있다. (2) 일본은 국가공무원법 제103조에서 퇴직전 5년간 재직하였던 기관과 밀접한 관련이 있는 사기업에 2년간 취업(참여)을 할 수 없도록 하고 있으며, 규모와 관계없이 퇴직공직자가 취업할 수 있는 업체를 제한하고 있다.

2. 공직자취업제한제도와 직업선택의 자유 침해 문제

　공직자의 취업제한제도가 헌법상 공직자(공무원)에게 보장된 직업선택의 자유를 지나치게 제한하고 있다는 비판이 제기되고 있다.

　이 문제는 헌법상 직업선택의 자유와 '공직자윤리법'이 정하고 있는 취업제한제도의 본래취지가 무엇인가 하는 점에서 그 해결점을 찾을 수 있다고 본다.

　먼저, 직업선택의 자유와 관련하여 논의되었던 변호사의 개업지 제한문제와 검찰총장퇴임 후 공직제한 문제의 위헌여부 등에 관하여 헌법재판소 결정을 중심으로 살펴보기로 한다.

(1) 변호사 개업지 제한 문제

　구 변호사법 제10조 2항에는 "변호사의 개업신고 전 2년 이내인 근무지가 속하는 지방법원

---

6)　김호섭, "부정부패와 공직윤리 : 공직자윤리법의 개정을 중심으로", 「한국행정연구」 5권 4호(1996년 겨울호), 21면.

의 관할구역 안에서는 퇴직한 날로부터 3년간 개업할 수 없다는 취지의 규정을 두고 있었다". 그 조항은 정실개입에 의한 법조윤리의 침해방지라는 목적을 달성하기 위해 제정된 것이었다. 그러나 이 규정은 재직기간이 15년 이내인 경우에만 적용되었고 또 임지선택권을 갖지 못한 군법무관에게도 적용되어 곧바로 개업변호사를 하는 경우와 비추어 차별적이었으며, 개업지는 제한하되 수임사건은 제한하지 않는 등의 불합리점을 갖고 있었다. 결국 평등권에 어긋나는 과잉금지에 해당한다고 하여 위헌결정이 내려져 폐지되었다.[7]

퇴직법조인의 개업지 문제는 직업선택의 자유중 직업행사의 자유와 관계 있을 뿐 아니라 국민의 공정한 재판을 받은 권리와도 밀접 불가분의 관계에 있다. 한편으로는 전관예우의 문제 관련하여 법조비리문제와 직결된다고 볼 수 있다.

퇴직법조인의 개업지 제한규정이 합헌적 내용으로 다듬어져 부활되어야 한다는 견해도 있다.[8] 한인섭교수는 퇴직법조인의 개업지 제한규정은 과잉금지원칙의 일부를 위배하였지만 헌법재판소는 한정합헌결정을 통해 위헌요소를 수정하는 것으로 충분한 것이었다고 하며, 모든 퇴직법조인 및 공무원에 대해 '정실개입에 의한 법조윤리 침해방지'의 취지를 살려 지원·지청 단위로 2년 이내의 기간 동안 수임을 제한하는 내용의 규정이 신설되어야 한다고 주장한다. 2년을 제한하는 이유는 평균적인 전관예우 기간이라는 점, 재판부의 변동과 영향력의 실제를 고려한 것이기도 하고, 일반공무원이 퇴직 후 관련기업에 취업금지 기간이 2년인 것과도 형평을 맞추기 위함이라고 한다.

(2) 검찰총장퇴임후 공직제한 문제

공직자의 취업제한문제와 관련하여 헌법재판소는 "검찰청법 제12조 제4항은 검찰총장 퇴임 후 2년 이내에는 법무장관과 내무부장관직 뿐만 아니라 모든 공직에의 임명을 금지하고 있으므로 심지어 국·공립대학교 총·학장, 교수 등 학교의 경영과 학문연구직에의 임명도 받을 수 없게 되어 있다. 그 입법목적에 비추어 보면 그 제한은 필요 최소한의 범위를 크게 벗어나 직업선택의 자유와 공무담임권을 침해하는 것으로서 헌법상 허용될 수 없다"고 판시하였다.[9]

검찰총장의 퇴임 후 공직취임제한의 문제는 이를 단순히 퇴임 후의 문제만으로 판단할 것이 아니라 이 규정이 갖는 입법목적을 전체적으로 파악하여 판단하여야 한다.[10]

---

7) 헌재 1989.11.20, 89헌마102.
8) 한인섭, 한국형사법과 법의 지배, 한울아카데미, 1998, 251면.
9) 헌재 1997.7.16, 97헌마26, 헌법재판소판례집 제9권 2집, 72면.
10) 성낙인, "檢察總長 退任 後 公職就任 및 政黨活動 制限의 違憲 與否", 判例月報 330호, 9면.

검찰총장이라는 헌법상의 고위직이 아닌 일반직에까지도 퇴임 후 일정기간동안 유관기관에 취업을 금지하고 있는 실정에 비추어 본다면 임기에 해당하는 기간동안 퇴임 후 검찰청법상의 공직취임제한이나 정당활동금지조항은 합헌적일 뿐만 아니라 공직관련 법체계에 비추어 보아도 지나친 입법이라고 할 수 없다.[11]

역대 검찰총장은 사법시험에 합격한 후 검사를 비롯한 오랜 법조경력을 가진 후에 그 직에 오르고 있다. 따라서 그의 평생을 법조인의 신분으로서 활동한 자이기 때문에 만약 검찰총장 퇴임 후 재야법조인으로서 변호사 생활을 하는데 특단의 제한을 가한다면 그것은 3단계이론에서 2단계에 해당하는 위헌의 소지가 있을 수 있다. 그러나 평생을 법조인으로 살아 온 검찰총장으로서의 퇴임 후 일반적으로 변호사개업을 하는 것이 상례이고 또 이에 대한 제한이 전혀 없다는 점에 비추어 본다면 직업의 자유의 본질적 내용에 대한 침해라고 볼 소지도 없다고 본다.[12]

(3) 교육행정공무원(교육부 장관, 차관의 대학 총·학장 취임) 취업제한 문제

전관예우 문제는 비단 법조계에서만 문제되는 현상이 아니라고 본다. 교육계 및 경제계 등에도 전관예우의 관행은 존재한다. 공직자윤리법 제17조에서 퇴직공직자의 취업을 제한하는 규정을 둔 것도 이를 반영한 것이라고 본다.

교육부의 교육행정공무원에 대한 퇴직 후 취업제한 문제를 지적하는 이유는 우리 사회의 공정한 경쟁을 해칠 수 있다는 관점에서 검토하는 것이다.

[표 4]에서 보는 바와 같이 교육부 관료 출신들이 퇴직 후 대학의 총·학장에 임명되는 사례를 보여주고 있다.

교육부 관료 출신들이 퇴직 후 대학의 총·학장에 임명은 공직자윤리법 '공직자 2년 내 취업금지' 예외이다.

공직자윤리법은 영리를 목적으로 하는 사기업체에만 적용되므로 비영리기관인 대학의 총장이나 학장 등으로 나가는 것은 문제가 되지 않는다.

그러나, 공정한 경쟁이라는 측면에서 부당한 경쟁을 유발할 수 있다는 점이다. 다시 말해서, 교육부 관료 출신들이 퇴직 후 각 대학의 총·학장에 임명되어 교육부에 대한 로비스트로 활동되는 면이 있으며 교육부의 대학에 대한 감사 등을 피해 가는 방패막이 역할에 동원되고 있

---

11) 성낙인, 위의 논문, 11면.
12) 성낙인, 한국헌법연습, 언약, 1997, 406-407면.

는 면이 있다.

[표 4] 교육부 관료 출신 대학 총·학장

일반대 총장	
경산대학교	이용준(39대 차관)
여수대학교*	김하준(국립교육평가원장)
순천향대학교	이천수(37대 차관)
중부대학교	장병규(34대 차관)
한경대학교*	이원우(41대 차관) (3월 취임 예정)
사이버 대학 총장	
서울디지털대학교	조규향(36대 차관)
전문대학장	
강원관광대학	강홍섭(전문대 학무과장)
경문대학	이준해(장학편수실장)
경복대학	이보령(기획관리실장)
경북과학대학	권황옥(부이사관)
계명문화대학	오덕렬(대학정책실장)
대구미래대학	이범석(교육연구관)
동아인재대학	양재훈(기획과장)
두원공과대학	이수종(기획관리실장)
신성대학	장기옥(35대 차관)
오산대학	김연수(감사관)

*출처 : 중앙일보, 2001년 2월 6일, 27면 참조.
　　범 례 : 1. ( )안은 교육부 주요 경력
　　　　　　2. *은 대학내 총장 선출위원회가 구성된 외부 인사를 추천받아 공모제로 선출

　공직자윤리법상 4급 이상의 공직자는 담당 업무와 밀접한 관련이 있는 영리사업체에 퇴직 후 2년간 취업할 수 없도록 규정하고 있다. 그러나, 이 영리사업체에는 대학 등 교육기관은 제외되어 있기 때문에 위와 같은 현상이 초래되고 있다.

　교육부의 공직자가 퇴직 후 대학의 로비스트로 변모하는 것을 방지하고, 대학의 공정한 경쟁력을 확보하기 위해서는 공직자의 취업제한 대상자 범위를 교육관료에게도 확대·적용해야 한다.

(4) 공직자의 퇴직 후 취업제한제도의 헌법적 검토

　퇴직 공직자에 대한 취업제한의 문제는 제3단계의 객관적 사유에 의한 직업선택의 자유에

대한 제한으로써 그 침해의 진지성이 가장 큰 것이기는 하지만 퇴직 후 2년 정도의 취업제한
은 공직부패의 근절과 공무집행의 공정성을 확보하기 위한 공공의 이익을 위해 필요하고 가
능하다고 생각된다.13) 또한, 공직자의 공무집행의 공정성 확보와 부패방지라는 깨끗한 공직
사회를 구현하기 위한 목적의 정당성이라는 관점에서 설득력을 얻을 수 있다.

　공직자의 퇴임 후 취업제한으로 침해받는 불이익과 그 기본권의 제한으로 얻을 수 있는 이
익을 비교함에 있어서 헌법상의 직업 선택의 자유가 침해되었다고 보여지지는 않는다.

　공직자윤리법상의 퇴직 후 취업제한규정은 공직부패 방지라는 공공의 이익을 위한 제도적
장치로서 그 입법목적의 정당성이 인정되고, 재직시 유관일선기업체의 유혹을 배제하게 함으
로써 공직자의 부정한 재산증식을 방지하고 공무집행의 공정성을 확보하기 위한 것이므로 헌
법상 직업선택의 자유를 침해하는 것은 아니라고 본다. 또한, 모든 분야의 취업을 금지하고 있
는 것이 아니고 단지 퇴직전 직무와 밀접한 관련이 있는 분야에 한정하여 취업을 제한하고 있
으며, 취업금지기간이 2년에 불과하고, 이와 대체할 수 있는 다른 수단이나 방법이 없으므로
그 적절성이 인정된다고 생각한다.14)

　공직부패의 근절이라는 입법목적의 정당성이 인정되며 수단의 적절성, 피해의 최소성, 법익
의 균형성 등의 관점에서 볼 때, 퇴직공직자의 취업제한제도는 헌법 제15조 직업선택의 자유
에 대한 정당한 제한이라고 본다.

3. 공직자취업제한제도의 문제점과 개선방안

(1) 공직자취업제한제도의 문제점

　공직자취업제한제도가 본래 취지에 부합하지 못하고 겉도는 근본적인 이유는 무엇인가? 가
장 큰 문제점으로 지적할 수 있는 것은 첫째, 취업승인심사 신청 여부를 각 기관장이 판단하도
록 규정하고 있다는 점이다. 소속 직원에 대한 이직(移職)을 가로막는다는 인상을 줄 우려가
있고 인정상 철저한 분석이나 조사가 불가능하다는 점이다.

　둘째, 현행 공직자윤리법 취업금지 대상기업은 자산 및 외형거래액 등 일정규모 이상으로
제한하고 있다. 공직자윤리법은 "공무원과 공직유관기업체의 임・직원은 퇴직일로부터 2년
간 퇴직 전 2년 이내에 담당했던 업무와 밀접한 관련이 있는 일정규모 이상의 영리를 목적으
로 하는 사기업체에 취업할 수 없다"고 규정하고 있으며(동법 제17조), 취업이 제한되는 영리

---

13) 김병록, "公職腐敗의 憲法的 照明", 공법연구 제30집 제2호(2001. 12), 158면 각주25 참조.
14) 同旨 김병록, 위의 논문, 158면.

사기업체의 규모에 대하여 자본금이 50억원 이상이며 외형거래액이 연간 150억원 이상인 기업체라고 규정하고 있다(동법 시행령 제33조). 그러나, 벤처기업의 경우 자산이 50억 이상인 곳은 거의 없으며, 신생회사인 경우 전년도 매출이 없기 때문에 취업이 가능하게 된다. 또한, 기업체의 연구소는 제외되기 때문에 대기업체의 연구소로 이직했다가 2년 후 대기업체로 옮겨가는 우회방법을 악용하는 경우에도 위의 규정은 사문화될 수밖에 없다.

대표적인 사례가 1998년 통상산업부에서 삼성자동차 진출 건을 담당하던 주무과장이 삼성자동차 전무로 옮겨간 것을 들 수 있다. 당시 삼성자동차는 설립된 지 얼마 되지 않았기 때문에 전년도 매출이 없어서 제재할 근거가 없었다.

따라서, 이 규정의 실효성을 높이기 위해서는 기업의 규모나 전년도 매출에 관계없이 퇴직공직자의 취업을 제한하는 문제도 진지하게 검토되어야 한다.

셋째, 공직자 취업제한제도의 예외규정이 많다는 점이다. 공직퇴직자가 공기업이나 국책은행에 취업하는데는 제한이 없다는 것이다. 또한, 앞에서도 지적하였듯이 공직자 취업제한제도는 영리를 목적으로 하는 사기업체에만 적용되므로 비영리기관인 대학의 총·학장 등에 취임하는 경우도 문제가 되지 않는다.

(2) 공직자취업제한제도의 개선방안

첫째, 부패행위로 인해 퇴직한 공직자에 대한 별도의 취업제한 규정이 없어서, 유착 기업체에 곧 바로 취업할 수 있다. 또한, 부패사유로 퇴직한 공직자의 공직 재등용에 관한 제한도 없어서, 짧은 기간 내에 화려하게 복귀한 고위직 부패 공직자가 적지 않으며, 이로 인한 위화감과 와해는 역기능을 수반할 수 있다. 따라서, 부패 사유로 퇴직한 공직자의 사회복귀를 일정기간 유예한다는 관점에서, 이들은 일반퇴직 공직자보다 취업제한을 강화해야 한다.[15] 이에 대해서 부패범죄로 유죄판결을 받은 공직자에 대해서는 영구적으로 공직취임을 금지해야하고 공직취임뿐만 아니라, 자신이 담당했던 업무와 밀접한 관련 있는 사기업체 등에의 취업하는 것도 제한해야 하고, 공직자의 부패행위에 가담했거나, 공직자를 부패시킨 기업에 대해서는 모든 공공입찰에 대한 응찰자격을 박탈해야 한다는 의견도 있다.[16]

---

15) 박재완, "腐敗統制政策의 發展方向",「형사정책연구」제10권 제2호(1999, 여름호), 28면.
16) 부패로 처벌받은 공직자가 사면·복권되거나 형기를 마친 후에 공직에 복귀한 뒤, 패거리 내의 졸개들과 연합하여 부패의 연결고리를 더욱 공고하게 하여 체제부패의 병리구조가 더욱 만연되기 때문이며, 더욱이 국민과 국가에 대하여 공익을 침해한 파렴치한 범죄를 범하고, 유죄판결의 잉크가 마르기도 전에 또다시 공직에 취임하는 것은 법집행에 권위가 설리 없다며 공직부패로 처벌받은 공직자의 영구적 공직취임금지를 주장하고 있다(김용세, 앞의 책, 291–292면 참조).

부패방지법은 비위면직공직자에 대해서 면직 후 5년간 사기업체 등 관련기관(법인·협회)의 취업을 금지하고 있다(부패방지법 제45조 참조).[17]

이 문제에 대해서는 시민단체의 〈공직자윤리법개정안〉을 참고할 수 있다. 부정부패로 파면되었거나 해임된 공직자는 퇴직일로부터 10년간, 퇴직 전 2년 이내에 담당하였던 업무와 밀접한 관련이 있는 유관기업체에의 취업을 금지함으로써 공직자가 부정을 저지른 후에도 버젓이 유관기업의 로비스트로 취업하는 것을 원천 봉쇄하도록 하는 방안이다.[18] 아울러 부정공직자의 취업제한위반의 죄에 대하여는 2년 이하의 징역 또는 2천만원 이하의 벌금에 처하도록 규정하고 있다.

둘째, 공직자의 취업제한제도의 본래 도입취지를 살리기 위해서는 중앙인사위원회가 3급 이상 모든 공무원에 대해 의무적으로 인사적합성을 심사하는 것처럼 공직자윤리위원회도 역시 취업제한대상업체로의 이직(移職)에 대해서는 모두 심사해야 한다고 본다.

Ⅲ. 맺음말

부패는 바로 경쟁력을 떨어뜨리고 게임의 룰을 깨뜨리며 사회정의감을 훼손하기 마련이다. 부패한 경제, 부패한 정치, 부패한 국방은 강할 수 없으며 오래 갈 수 없다. 부패는 그 사회를 붕괴시키는 '내부의 적'인 것이다.[19]

공직자 특히, 고위공직에 있거나 있었던 자는 일반 국민보다도 더 높은 직업윤리가 요구되는 것은 당연하다. 특히 오늘날 공직의 정치오염과 부정부패가 심화되고 있음에 비추어 공직

---

17) 부패방지법의 비위면직공직자에 대한 취업제한규정을 보면, "①공직자가 재직중 직무와 관련된 부패행위로 당연퇴직, 파면 또는 해임된 경우에는 공공기관, 퇴직전 3년간 소속하였던 부서의 업무와 밀접한 관련이 있는 일정규모 이상의 영리를 목적으로 하는 사기업체(이하 "영리사기업체"라 한다) 또는 영리사기업체의 공동이익과 상호협력 등을 위하여 설립된 법인·단체(이하 "협회"라 한다)에 퇴직일부터 5년간 취업할 수 없다. ②공직자윤리법 제17조제2항의 규정은 제1항의 규정에 의한 퇴직전 소속 부서의 업무와 영리사기업체 사이의 밀접한 관련성의 범위와 영리사기업체의 규모 및 협회의 범위에 관하여 이를 준용한다(부패방지법 제45조)"고 규정하고 있다.

18) http://www.pspa.or.kr/2001/2001-6-15.html. 참여연대의 「공직자윤리법」 개정 청원(안) 제19조의 2 (부정공직자의 취업제한)는 "①부정부패로 파면되거나 해임된 공직자는 퇴직일로부터 10년간, 퇴직 전 2년 이내에 담당하였던 업무와 밀접한 관련이 있는 일정 규모 이상의 영리사기업체에 취업할 수 없다. ②제1항의 경우 퇴직공직자의 담당업무와 영리사기업체 사이의 밀접한 관련성의 범위와 영리사기업체의 규모는 국회규칙·대법원규칙·헌법재판소규칙·중앙선거관리위원회규칙 또는 대통령령으로 정한다."고 규정하고 있다.

19) 박원순, "부정부패의 현대사", 『한국사 시민강좌』 제22집(1998), 일조각, 103면.

자에 대하여 공직윤리적인 차원에서의 공직자의 기본권제한과 관련된 입법적 제한을 가하는 것은 비단 우리 나라에 한정되는 것은 아니며, 오히려 전세계적으로 공직관련 윤리법제를 더욱 강화시키고 있는 실정이다.[20]

동방상호신용금고의 부정대출 비리에 금융감독원의 고위간부가 연루된 사실만을 보더라도 우리 사회의 민·관 유착의 폐해는 심각한 수준이다. 퇴직공직자의 취업제한제도의 등장배경이 됐던 비리유형은 아직 사라지지 않았다. 퇴직후 일자리를 얻는다는 조건으로 일선 업체에 혜택을 주는 등 공직자와 기업과의 유착 가능성도 있으며, 공직자가 퇴직과 함께 사기업의 로비스트가 되거나 심지어 국가정보를 유출시킬 수 있는 소지도 여전하다.[21] 최근에도 길형모 전 육군참모총장이 공직자윤리법상의 취업제한규정을 어기고 퇴임10일만에 현역재직시 납품계약업체에 취업한 사실이 밝혀졌다.[22]

공직자윤리법상의 퇴직공직자의 취업제한 조항과 관련하여 취업제한 기업체 뿐만 아니라 퇴직 전 3년 이내 근무한 부서의 업무와 관련 있는 법인, 협회(단체)로 확대하려하자, 협회나 법인 등을 부패의 유착고리 또는 부패사슬로만 보지 말고 국가정책을 각 기업체에 전파하고 민·관교류를 활성화는 긍정적인 기능도 있다고 주장하면서 취업제한 대상의 범위 확대에 반대하는 의견들이 많았다. 그러나, 퇴직공무원이 재직중 업무와 관련된 유관 기업체 등의 대정부 로비스트로 활동하는 등 공직사회내 부패연결고리로 작용한 부분이 많았다. 이러한 관점에서 본다면 퇴직공직자의 취업제한 범위를 더욱더 확대해야 한다고 본다.

아울러 공직자취업제한 문제와 관련하여 공무원상조회(公務員相助會)[23]에 대한 문제도 검토해야 한다고 본다. 공무원상조회의 가입규정도 퇴직공무원으로 제한하고 있으나 상당수 상조회 단체들이 현직공무원으로 구성되어 있는 경우도 있어 공무원의 공정성과 중립성이라는

20) 성낙인, 앞의 논문, 11면.
21) 국민일보, 2000년 10월 29일 사설 참조.
22) 한겨레신문, 2002년 7월 9일, 15면; 동아일보, 2002년 7월 8일 참조.
   참여연대가 정부공직자윤리위원회에 확인한 바에 따르면 길형보 씨는2001년 10월 12일 육군참모총장직을 전역하고 같은 해 10월 22일 한국항공우주산업(주) 사장으로 취임한 이후인 11월 27일에야 정부공직자윤리위원회에 취임승인신청서를 제출했다. 이에 대해 공직자윤리위원회는 이틀후인 11월 29일 '기취업자이므로 심사대상이 되지 않는다'며 공직자윤리법에 따라 해임 및 고발조치를 취할 것을 국방부장관에게 통보한 것으로 밝혀졌다. 그러나 국방부장관은 통보를 무시한 채 같은 해 12월 자체적으로 업무연관성이 없다고 새롭게 판단하고 길형보 씨의 취업을 승인한 것으로 드러났다(http://peoplepower21.org/admin/issue/print_news.php?news_num=2201).
23) 총무처가 1983년 공무원상조회단체의 설립을 장려했고, 각 부처의 공무원상조회의 설립을 촉구한데는 '選擧活動'을 의식한 정치적 의도가 내포되어 있다고 보는 견해가 있다(김태동·윤태범, 官僚腐敗와 統制, 집문당, 1994, 250면 참조).

직업윤리와도 배치되고 있다.[24] 최근에도 국가정보원 직원들의 상조회가 골프장을 인수해 경영해 온 사실이 확인되면서 편법과 위법논란이 제기되었다.[25] 또한, 일부 상조회에서는 현직 공무원들이 직접 참여하여 변칙적인 영리활동을 하고 있어 주요 공직비리(公職非理)의 원천이 되고 있다.[26]

공직자윤리법상의 퇴직후 취업제한규정은 공공의 이익을 위한 제도적 장치로서 그 입법목적의 정당성이 인정되고, 재직시 유관일선기업체의 유혹을 배제하게 함으로써 공직자의 부정한 재산증식을 방지하고 공무집행의 공정성을 확보하기 위한 것이므로 헌법상 직업선택의 자유를 침해하는 것은 아니라고 본다. 또한, 취업금지기간이 2년에 불과하고, 이와 대체할 수 있는 다른 수단이나 방법이 없으므로 그 적절성이 인정된다고 생각한다.

부패문제는 개인의 문제가 아니라 국가의 사활이 걸린 문제로서 지금 당장 팔을 걷어 부치고 달려들어 해결해야 할 문제이다. 강 건너 불구경하고 있을 때가 아니다. 그 누구의 문제가 아닌 우리의 당면 문제이다.

공직자윤리법상의 공직자취업제한문제는 부패문제와 밀접하게 관련된 문제로서 공직자의 퇴직후 퇴직전 직무와 밀접하게 관련된 사기업체의 취업제한은 합헌적이라고 생각한다.

---

24) 김해동 • 윤태범, 위의 책, 250면.
25) 문화일보, 2002년 3월 20일; 중앙일보, 2002년 3월 20일 참조.
26) 김태동 • 윤태범, 앞의 책, 253면.

RFID와 개인정보 보호

I. 서언

공익요원'근무감시 전자칩'물의/전자태그 이용한 개인정보 수집 금지/정관정 홍삼 위조 이젠 꿈도 꾸지마- 수출용에 전파식별 침 부착/세계는 지금 RFID行/전자꼬리표'가 신세계 연다-무선주파수 이용해 정보 처리 하는 신기술 RFID 실용화 '눈 앞'/ 고객 쇼핑패턴 손금보듯-수박 사는 데 2분… 상추 사는 데 5분…/ 잇속에 ID카드? / 일본 도쿄도 RFID로 아동범죄 예방 추진 /어선에 위치추적 전자칩 / 손톱만한 전자칩, 모르는 것이 없네/RFID 미국에선 모든 분야에서 활용 / "사업장 일상적 감시당해" 51%…인권위 조사 / "회사에서 내몸에 전자태크를 인식한다고?"/ 美 시티워치, 직원 신체에 전자칩/ '유비쿼터스 학교' 부산에 3월 첫선 / RFID로 의 료사고 막는다 / 'RFID' 생활 속으로 성큼 / 미국, 외국인 여권에 전자칩 부착 /

ㅡ RFID(Radio Frequency IDentification)관련 일간신문 · 주간지 제목들 ㅡ

　　정보기술의 발달은 국가와 기업의 감시능력을 높여주기 때문에 그만큼 감시사회를 강화할 가능성이 크다. 정보기술은 작업장 · 사무실은 물론이고 사회 전체적 수준에서 시민들의 생활 과 사회적 관계, 재산 등에 관한 데이터를 마음대로 수집하는 것을 가능하게 함으로써 개개인 에 대한 통제를 강화시키는 도구로 활용될 수 있다는 것이다.[1] 다시 말해서, 정보기술의 발달 은 프라이버시의 종말을 가져오는 것일 수도 있다. 정보기술의 발달로 개인의 프라이버시가 위협받고 있는 것은 어제 오늘의 일이 아니다.

　　국가인권위원회가 한국노동사회연구소에 연구를 의뢰하여 발표한 「사업장 감시시스템이 노동인권에 미치는 영향 실태조사」보고서에 따르면, 전자 감시 기술이 주는 불안감을 최하 1 점, 최고 4점으로 매겼을 때 기술 종류에 따른 불안감은 지문 및 생체인식(3.75점), RFID(전자

---

1) 여영학, "과학기술과 인권: 법률가의 사명", 유네스코한국위원회, 『과학기술과 인권』, 당대(2001), 206면.

태그 3.54섬), CCTV(3.38점), 전화송수신 내역 모니터링(3.28점), 진사적자원관리(ERP 3.19점), 출입카드(3.07점), 하드 디스크 모니터링(2.91점), 인터넷 모니터링(2.82점) 순으로 드러났다.

「사업장 감시시스템이 노동인권에 미치는 영향 실태조사」보고서에서 볼 수 있듯이, 정보기술의 발달 중에서 시민의 위협으로 다가온 기술의 하나가 무선주파수 인식기술(Radio Frequency IDentification: RFID)이다. 무선주파수 인식 기술은 바코드 시스템과 마그네틱 카드 시스템이 우리 생활에 밀접하게 이용되고 있으나 생산방식의 변화, 소비자 의식의 변화, 문화 및 기술의 진보, 바코드와 마그네틱 카드의 단점 해소 요구에 의해 개발된 시스템이다. 즉, 무선으로 사람, 물건, 동물 등을 인식, 추적, 식별할 수 있는 기술이다.[2] RFID시스템은 공장자동화, 교통 분야, 의료 분야, 레저 활동, 시설 등 우리 생활 주변에서 응용하고 있으며, 슈퍼나 소매상에서 각 물품에 태그를 붙여서 관리하는 전자 물체 감시(Electronic Article Surveillance: EAS)시스템을 흔히 볼 수 있다.[3]

RFID는 유비쿼터스 환경 구현의 핵심으로서 향후 관련 산업의 활성화와 고용 창출 등을 통한 경제적 효과 제고 및 국민 생활의 패러다임 변화를 통한 사회적 투명성 향상 등으로 이어질 것으로 기대[4]되기도 하지만, 점검되지 않은 RFID의 사용으로 전례 없이 방대한 정보를 소매업자에게 수집케 하고 그것을 고객정보데이터베이스에 링크시킴으로써 소비자 프라이버시를 짓밟는 결과를 낳을 것이라는 우려의 목소리도 만만치 않은 상황이다.[5]

2) 장재득 외, "무선 주파수 인식〔FRID〕시스템 기술 분석", 「전자통신동향분석」제19권 제2호(2004년 4월), 111면.
3) 장재득외, 위의 논문, 112면.
4) 구병문, RFID도입과 프라이버시 보호 관련 법제 현안 분석, 한국전산원(2004), 1면.
5) 그 동안 과학기술에 관한 정책을 결정하고 집행하는 과정에서 시민들은 늘 소외되어 왔다. 국가가 과학기술 정책방향을 일방적으로 결정하게 되며, '국가경쟁력 강화'나 '기업이익의 옹호'를 이념으로 하는 과학기술정책의 이념부터가 대개 시민들의 이해와는 무관하고 의사결정과정에 시민들이 참여할 수 있는 기회가 철저히 차단되어왔다(여영학, 앞의 논문, 202면). 2004년 11월 15일 공청회에서 발표된 한국정보보호진흥원의 RFID프라이버시보호 가이드라인(안)은 이러한 관행의 연장선에 있다. 정보이용 측면, 산업측면을 고려했기에 '전자추적표시스템'에 대한 면죄부를 발부하려 했던 것이다(김영홍, "RFID에서 프라이버시 보호를 위한 몇 가지 생각", 「네트워커」18호 2004년, 11면).

Ⅱ. RFID 개요

1. RFID의 개념

RFID란, 마이크로 칩을 내장한 태그, 레이블, 카드 등에 저장된 데이터를 무선주파수를 이용하여 리더에서 자동인식하는 기술이다. RFID는 비접촉식으로 여러 개의 태그를 동시에 인식할 수 있고, 인식시간이 짧고, 태그에 대용량의 데이터를 저장할 수 있으며, 반영구적인 사용이 가능한 장점이 있다. 그래서 RFID는 기존 바코드나 자기인식장치의 단점을 보완하고 사용의 편리성을 향상시켜 줄 차세대의 핵심기술이다.[6]

RFID의 개념은 관련 기관들마다 관점의 차이로 인해 그 내용을 달리하고 있기 때문에 다양하다고 할 수 있다.[7] RFID의 개념은 RFID범위를 어느 정도까지 규율할 것인가와 연관된다. RFID 태그와 판독기 이외에도 자료를 수집하고, 연계시키는 시스템 전체를 대상으로 규정하는 것이 바람직한 것으로 보인다.[8]

2. RFID의 구성과 종류

RFID 시스템의 종류와 용도를 구분하는 기준은 동작 주파수, 물리적 결합 방법, 시스템의 적용 범위라고 한다. 9-135kHz 등의 단파부터 5.8GHz에 이르는 마이크로파 범위까지 다양한 주파수를 사용할 수 있는데 식별거리는 1cm에서부터 100m까지 다양하다. 현재 기술로 100m까지 '전자추적표'의 정보를 인식하기 위해서는 내장 밧데리가 필요하다. 즉, 장거리 인식을 위해서는 '전자추적표'의 부피가 커져야 함을 의미한다. 종류에 따라 수바이트만의 정보

---

6) 유승화, 『유비쿼터스 사회의 RFID』, 전자신문사(2005), 55면.

7) 한국 RFID/USN협회의 정의를 보면 'RFID/USN(Ubiquitous Sensor Network)은 모든 사물에 부착된 RFID 또는 센싱 기술을 초소형 무선장치에 접목하여 이들 간의 네트워킹과 통신으로 실시간으로 정보를 획득, 처리, 활용하는 네트워크 시스템'으로 파악하고 있다. 情報通信部는 U-센서 네트워크 서비스로서 RFID를 정의하고 있는데, '사물에 전자테그를 부착하고 각 사물의 정보를 수집・가공함으로써 개체 간 정보교환, 측위, 원격처리, 관리 등의 서비스를 제공하는 것'으로 파악하고 있으며, 産業資源部는 RFID에 대해 '제품에 부착된 칩의 정보를 주파수를 통해 일고 쓸 수 있는 무선주파수 인식으로 사람, 상품, 차량 등을 비 접촉으로 인식하는 기술'로 정의하고 있다. 국내 연구기관의 정의로는 IITA의 경우 'Micro-chip을 내장한 Tag, Label, Card 등에 저장된 데이터를 무선주파수를 이용하여 리더기에서 자동으로 인식하는 기술로 정의하고 있으며, ETRI는 '무선주파수를 사용하는 소형 IC칩을 사용하여 비 접촉으로 사물을 인식하는 기술로서, 사물의 위치파악 및 경로 추적을 통해 기업에게 실시간으로 제품의 상황에 관한 정보를 전달할 수 있는 기술'로 설명하고 있다(이은곤, RFID 확산 추진현황 및 전망, 정보통신정책 제16권 6호, 3면 참조).

8) 한국전산원(a), 전파식별(RFID)보급 활성화를 위한 역기능 및 정보보호대책연구, 2004, 181면.

를 담을 수 있기도 하며 운영체계를 답제할 수도 있다. 1mm도 이하의 '전자추적표' 크기로부터 10cm가 넘는 것까지 크기와 모양은 제각각이다.[9]

3. RFID의 활용분야

RFID의 역사는 2차 세계대전 당시 1940년대에 적기와 아군 비행기를 구별하기 위한 수단에서 시작되었다. 아군 비행기의 태그는 아군이라는 사실을 적절한 신호로 레이더에 보내 적기가 아니라는 사실을 알려주기 위해 사용하였다. RFID 기술은 1980년대에 이르러 태그의 크기가 작아지고 가격이 낮아지면서 가축관리, 기타 산업 분야에 사용되기 시작하였다. 1990년대에 들어 무선기술 발전에 따라 저가격, 고기능의 태그가 개발되고 카드(Card), 레이블(Label), 코인(Coin) 등 다양한 형태의 제품이 출현되었다. 2000년대 들어서 무선 인식 기술의 중요성이 부각되면서 다양한 솔루션이 개발되고 전자화폐, 물류관리, 보안시스템 등의 핵심기술로 발전되고 있으며 국방[10], 치안[11], 의료[12], 유통, 교통, 건설, 보안, 제조, 서비스, 행정[13] 등 다

---

9) 함께하는시민행동, RFID와 프라이버시(제4차 빅브라더 보고서), 2004, 8면.

10) 미국은 이라크와의 전쟁에서 RFID를 사용해 눈길을 끌었다. 미군은 RFID칩을 소매끝에 내장해 병사들의 개인 식별, 상태와 위치 파악은 물론 민간인 이동 상황도 파악할 수 있었다. RFID로 전투 현장에서 인명손실 상황을 즉각적으로 파악하기도 했다. 미군은 부상병에게 RFID칩을 부착해 의사들에게 현재 부상상황에 대한 데이터를 제공하고 의사들은 손쉽게 칩에 새로운 데이터를 추가하거나 변경할 수 있는 시스템을 운영하고 있다(매일경제, 2006년 2월 27일 참조).

11) 일본 도쿄도가 등하교 길에서 아이들을 노리는 범죄가 잇따르자 전자태그(RFID)를 어린이들에게 지급해 범죄를 예방하는 방안을 추진 중이다. 이 방법은 전자태그를 가진 아이가 특정 시점을 지났다는 정보를 부모에게 휴대폰으로 e메일로 전달해 부모가 아이의 위치를 실시간으로 파악할 수 있게 된다. 아이가 위험을 감지하고 이 전자태그의 단추를 누르면 가까운 자동판매기에서 경보가 울리게 된다(전자신문, 2006년 3월 2일 참조).

12) 대형 의료사고가 빈번하게 발생하자 이를 사전에 방지할 수 있는 최적의 방안으로 전자태그(RFID)시스템이 급부상하고 있다. 원주기독병원은 신생아 의료관리시스템을 2005년 도입하여 RFID가 부착된 팔찌 등을 이용해 신생아가 뒤바뀌는 사례를 원천적으로 차단하고 있다. 연세대의료원은 혈액 관리에 RFID시스템을 적용하여 혈액형이 섞이는 문제를 해결했다(전자신문, 2006년 1월 19일 참조).

13) 환경부도 최근 RFID기술을 감염성폐기물 관리업무에 도입해 시범운영중이다. 시범실시되는 RFID 시스템은 전자태그가 부착된 감염성 폐기물 보관용기가 리더기(Reader)를 통과하는 순간 폐기물의 운반·처리 과정에 대한 정보가 한국환경자원공사에 설치되어 있는 중앙전산시스템(www.uwms.or.kr)으로 실시간 전송되고, 전자저울에서 폐기물 중량을 계량하면 그 결과가 무선으로 전자태그에 입력되는 등 모든 과정에서 사람이 직접 입력하지 않고 자동으로 처리되도록 개발됐다. 이를 통해 배출자, 수집·운반자, 처리자는 감염성폐기물 관리업무에 소요되는 인적·시간적 비용을 최소화 할 수 있으며, 행정기관은 사전예방적 행정지도와 즉각적인 사고대응이 가능하게 되어 신속하고 투명하게 감염성폐기물을 관리할 수 있게 됐다(사이언스타임스, 2006년 1월 18일 참조).

양한 분야로 적용이 가능하다.[14]

Ⅲ. RFID의 외국의 입법동향과 내용

1. 미국

미국에서는 개별 주별로 RFID와 프라이버시 보호 문제에 관해 논의 중이며 CASPIAN (Consumers Against Supermarket Privacy Invasion and Numbering)등 소비자 단체 등에서도 RFID와 관련해 법안을 마련 입법화를 요구하고 있다.

대표적인 논의로는 미국 캘리포니아주 상원의원 데브라 보웬(Debra Bowen)이 2004년 2월 20일 Senate Bill 1834으로 제출한 캘리포니아주 RFID관련법안을 들 수 있다. 그러나, 이 법안은 RFID가 현재 초기 단계에 있고, 침해 유형을 충분히 예측할 수 없는 가운데 법률적 차원에서 문제를 해결하고자 하는 것은 다소 무리가 있다는 인식에서 의회 통과가 무산되었다. 이 법안의 주요 내용으로는 ① 캘리포니아에서 RFID시스템을 사용하는 주정부나 기업들에게 적용되며, ② RFID를 통해 개인정보를 수집, 저장하는 경우에는 개인정보 주체로부터 서면에 의한 동의를 획득해야 한다. ③ RFID를 통해 수집한 개인정보를 제3자와 공유하고자 하는 경우에도 개인정보 주체로부터 서면에 의한 동의를 획득해야 한다. ④ 소비자는 RFID를 통해 수집된 개인정보에 대해 접근권을 보장해야 함. ⑤ 사업자는 RFID를 통해 수집된 개인정보를 안전하게 보관·관리할 책임을 부여하고 있고, ⑥ 상점에서 상품에 RFID를 사용할 경우에 소비자에게 상점을 떠나기 전에 RFID 태그의 분리 또는 파괴의 권한을 부여하고 있다. ⑦ RFID구조상 불가피하게 수집된 정보가 개인을 식별할 수 없는 정보일 경우에는 본 법안의 적용을 배제하고 있다.

미국 CASPIAN은 2003년 6월 11일 RFID와 관련하여 개인정보 피해 발생 가능성을 우려하여 'RFID 알권리법안 2003'을 제안했다. 이 'RFID 알권리법안'의 주요 내용으로는 ① RFID 태그 부착 표시를 명확히 함으로써 소비자가 RFID의 활용 여부를 손쉽게 인지할 수 있도록 하고, ② RFID 태그에 포함된 정보가 개인식별정보와 연결되는 것을 불법으로 정의 하고 있다. ③ 음식, 약품, 화장품, 알콜, 담배의 경우 RFID 태그를 장착한 제품에는 이를 고지하는 라벨을 표시해야 함을 규정하고 있다. ④ 소비자의 프라이버시를 보호하기 위한 조항들과 소비자와 사업자 교육에 대한 내용을 포함하고 있다.

---

14) 유승화, 앞의 책, 56면.

2. 일본

RFID와 관련하여 일본에서는 총무성이 2003년 4월부터 '유비쿼터스 네트워크 시대에서 전자 태그의 고도 활용에 관한 연구 조사회'를 설치·운영하여 의료, 음식, 교육 등 다양한 분야에서 전자 태그의 고도 활용을 위한 종합적인 추진 방안 등을 검토해 왔고, 2003년 2월부터 경제산업성이 "상품 유통관리(Traceability)의 향상에 관한 연구회"를 설치하여 소비자에게 상품의 출처정보를 제공하기 위한 상품의 유통관리나 상품의 저가격에서의 제공을 가능하게 하는 유통의 효율화, 효율적 재고 관리 등을 위한 가이드라인 등을 검토해 왔다. 총무성과 산업경제성이 각기 별도의 가이드라인(안)을 마련했으나 내용 중복이 많아 공동작업을 추진하여, 2004년 6월 8일 '전자태그 관련 프라이버시 보호 가이드라인'을 발표한 바 있다.

'전자태그관련 프라이버시 보호 가이드라인'의 주요 내용을 살펴보면, ① RFID를 사용하는 사업자는 소비자에게 RFID 사용에 관한 사항을 고지할 의무가 있고, ② 소비자는 물품구매 후에 물품에 부착된 RFID태그의 이용 중지를 사업자에게 요청할 수 있다. ③ RFID를 통해 수집된 비개인정보가 기타 개인정보와 결합하는 경우에는 RFID를 통해 수집된 비개인정보도 개인정보로 취급하며, ④ 사업자에게 RFID 태그에 포함된 개인정보의 정확성을 유지할 의무를 부과하고 있다.

일본의 경우, 비록 별도의 법률을 제정하지 않고, 민간부문에서의 소비자 권익 보호라는 측면에서 RFID와 프라이버시 보호 문제에 제한적으로 접근하였으나, 향후 RFID의 보편화에 따른 RFID 활용 사업자 등에 의한 개인정보 및 프라이버시 침해 가능성을 인식하고 이를 미연에 방지하는 차원에서 가이드라인을 마련했다는 데에 의의가 있다.[15]

3. 유럽

EU에서는 개인정보의 자동처리와 관련된 개인의 보호를 위한 유럽회의협약(Article 29 Date Protection Working Party)에서 기술적 이슈(Technical Issues) 중 하나로 RFID를 다루고 있고 2004년 결과물을 목표로 진행중에 있으며 EU 각 나라별로는 프라이버시와 관련된 시민단체들이 활동하고 있고 RFID법안을 만들 것을 요구하고 있으나 아직까지는 미국이나 일본의 입법례에 대하여 주의를 기울이고 있는 상황에 머물러 있다. 영국에서도 국가소비자위원회(National Consumer Council)가 RFID문제를 소비자 관련 이슈로 인식하고 논의를 하고 있지만, RFID 규

---

15) 한국전산원(b), IT발전과 개인정보보호 관련 법적 현안 분석, 2004.12, 41면.

제는 그 논의가 아직 진행중일뿐 입법화되지는 못하고 있는 상황이다. 한편 영국의 한 시민단체에서는 RFID 입법과 관련해 2가지 방안을 제시하고 있다. ① 미국과 같은 신규입법을 하는 방안이고, ② RFID 태그를 일종의 컴퓨터로 보고 컴퓨터관련 기존 법규들에 의해 규율되도록 하는 방안을 제시하고 있다. ②의 경우 영국 컴퓨터 부정사용법 제1장의 무권한 접속(unauthorised access)과 영국 데이터보호법(UK Data Protection Act)이 적용될 수 있다.[16)]

Ⅳ. RFID의 문제점과 개인정보보호

1. RFID기술의 특징과 RFID 정보의 특징

(1) RFID기술의 특징

RFID 기술의 특징을 살펴보면, ① 전지를 교환해 줄 필요가 없고, ② 반영구적으로 정보를 입력하고 반복해서 사용할 수 있으며, ③ 전파를 사용해 다량의 데이터를 먼 곳에서도 읽기 · 쓰기를 할 수 있고, ④ 옷의 주머니 속이나 상자, 가방 안에 있더라도 작동하는 특징이 있다. ⑤ 비교적 다량의 정보를 보존하고, ⑥ 비접촉식이기 때문에 내구성이 뛰어나다. ⑦ 외부에서 해석이 매우 곤란하기 때문에 보안성이 뛰어난 장점이 있으며, ⑧ 태그의 크기나 형태는 먼지의 크기까지 서비스의 설정에 따라 다양하게 가공 가능하며, ⑨ 태그의 기능 또한 적용되는 서비스의 성격에 따라 단순한 ID정보 제공에서부터 실시간으로 혈당치를 체크하여 의료기관에 송출하는 기능까지 다양하게 설정할 수 있다.[17)]

(2) RFID 정보의 특징

기존 인터넷 환경에서는 개인신상정보, 부가정보, 관리정보 등 정보가 생성시부터 거의 변하지 않는 정보이며,[18)] 보안기술 또한 이러한 정보 자체를 보호하는데 초점을 맞추고 있는 반면에 RFID 시스템에서 정보는 개인 혹은 기업과 직접적 연관을 가지기보다는 RFID 태그를 활

---

16) 오길영, 개인정보보호를 위한 RFID 규제에 관한 연구, 정보화정책 제12권 제2호, 2005년 여름, 55면; 한국전산원(a), 앞의 논문, 110~112면.

17) 노무라종합연구소, u-네트워크 연구회 譯,「유비쿼터스 네트워크와 시장창조 : 유비쿼터스 총서 2권」, 전자신문사(2002), 89면 이하 참조.

18) 기존의 정보시스템에서 개인과 연관된 정보의 대부분은 개인의 신상명세와 서비스를 제공받기 위한 개인 성향 등이 그 주류를 이루며, 정보는 개인과 직접 연관지어 진다. 이러한 정보들은 개인으로부터 제공시 또는 사용자가 임의로 작성시 직접적으로 소비자의 동의를 받도록 규제하고 있고, 소비자가 정보 수집의 동의 여부를 결정하므로, 소비자가 정보 수집에 대한 인식을 하기 쉽다.

용하면서 생성되는 자료가 정보의 효력을 발휘하여 개인화되거나 기업 자료화되는 시점에서의 데이터가 정보보호의 대상이 된다.[19] 법적인 측면에서 RFID 태그의 식별정보 자체만으로는 개인의 정보로 볼 수는 없으나, 이의 소유자를 파악할 수 있다면 이는 개인정보로 인정될 수 있다. 그러나, RFID 태그 식별정보는 무선을 통해 정보가 수집되므로, 정보의 소유자는 정보 수집 상황을 파악하는 것이 힘들며, 또한 소유자가 정보 수집에 대한 동의를 부여하기 위한 인터페이스가 존재하지 않기 때문에 명시적 동의가 용이하지 않고, 가능하다 해도 번거롭게 되어 회피 가능성이 높다.[20]

기존 시스템과 RFID 정보시스템 정보의 차이점은 〈표 1-1〉에서 보는 바와 같다. 또한, RFID 네트워크에서 다루어지는 정보의 특징과 발생 가능한 문제점 및 침해유형은 아래의 〈표 1-2〉에서 정리할 수 있다.

〈표1-1〉 기존 시스템과 RFID 정보시스템 정보의 차이점

항목	기존 정보시스템	RFID 정보시스템
정보접근매개요소	• 사용자이름(Username) • 암호(Password) • 공인인증서 • 기타	• 태그 식별 코드(RFID)
매개요소가변성	• 사용자 변경 가능	• 사용자 변경 불가능
정보생성주체	• 개인 • 서비스(업무) 관련 업체	• 제조업체(개인과 무관) • ID이력, 실시간 정보(업체) • 기타 개인과 무관한 정보
정보	• 개인신상정보(개인) • 부가정보(서비스제공업체) -개인의 성향 등 • 관리정보(관리자)	• 물품정보(업체) • 제조업체정보(업체) • 이력정보(업체) • 실시간정보(업체) • 개인정보(서비스제공업체)
정보의 특징	• 정보접근 매개요소와 정보자체는 개인과 직접 관련 지워짐	• 개인과 직접 연관성 없는 정보 접근 매개요소의 개인화된 새로운 정보의 생성 및 변화가 이루어짐

* 출처 : 한국전산원, 전파식별(RFID)보급 활성화를 위한 역기능 및 정보보호대책연구, 2004, 39면.

19) 유승화, 앞의 책, 298면.
20) 한국전산원(a), 앞의 논문, 38면.

〈표1-2〉 RFID 정보의 특징

수 집	• RFID 정보 주체의 인식 여부에 관계없이 무제한 수집 가능
정 보 변 화	• RFID 태그 정보는 태그가 부착된 물품이 사업자간의 교환 및 소비자에게 이동했을 경우 해당 태그 정보 변화 가능
개 인 정 보 화	• RFID 태그 정보와 개인정보의 융합시 개인 프라이버시 침해 우려
발생 가능한 문제점	• 개인신상정보 노출 • 개인의 물품 보유 현황 노출 • 위치 정보 노출 • 개인의 구매 패턴 및 선호도 노출 • 타 정보와의 결합을 통한 개인정보화 • 개인의 의사와 무관하게 불법적인 거래
태그 정보의 침해 유형	• 부적절한 접근과 수집 • 부적절한 분석 • 부적절한 정보의 이전 • 원하지 않는 영업행위

* 출처 : 유승화,『유비쿼터스 사회의 RFID』, 전자신문사(2005), 300면.

2. RFID와 개인 정보 침해 가능성과 개인 정보 보호의 필요성

(1) RFID와 개인 정보의 침해 가능성

RFID는 그 특성상 반도체 칩에 기록된 정보를 제3자가 판독할 수 있고 장기적으로 태그 정보와 연동된 데이터베이스를 축적·이용할 수 있다는 점에서 개인정보의 침해 가능성이 제기되고 있다.

RFID 태그에 개인정보가 포함된 경우는 물론이고 RFID 태그가 단순히 사물에 관한 정보만을 담고 있다고 하더라도 신용카드 결제 등을 통해 개인정보와 결합하는 경우에는 프라이버시 침해 가능성이 더욱 높아진다. 아울러 RFID 태그에 개인정보가 포함되어 있고, 여기에 위치정보까지 결합하는 경우에는 실시간으로 개인정보 및 프라이버시 침해가 가능하다.[21] 한편으로 RFID를 이용하는 사업자 또는 관리자에 의한 프라이버시 침해 이외에도 RFID의 기술적 취약 부분을 겨냥한 제3자에 의한 프라이버시 침해 가능성도 존재한다.

RFID는 ① 고도의 식별가능성, ② 기기의 은익 가능성, ③ 정보통합의 가능성이라는 측면에서 개인 정보 침해 가능성이 매우 높다. 기존 바코드는 동종 제품의 일련번호는 모두 동일하여 동종의 제품 중 당해 제품만을 특정할 수 없는데 반해 RFID 태그내의 식별정보는 당해 태그

---

21) 구병문, RFID도입과 프라이버시 보호 관련 법제 현안 분석, 한국전산원(2004), 6면.

만의 고유한 식별정보를 부여 받기 때문에 동종의 제품에 태그가 부착된다고 하여도 모두 서로 다른 식별자를 부여받게 되어 종류와 무관하게 당해 사물을 특정해내는 것이 가능하다. RFID의 기술적 특성은 전 세계적인 사물등록 시스템의 창조를 의미하고, 만약 신용카드 등의 신원확인이 가능한 구매방식을 택한다면 그 등록시스템은 사물의 소유자까지 등록하게 되며, 이는 결과적으로 RFID 정보유출을 가져올 수 있으며 그러한 정보유출은 기본적 신상정보는 물론이거니와 특정인의 신체 사이즈나 선호하는 색깔, 즐겨 찾는 서적의 종류, 복용중인 약물의 이름 등 특정인의 면모를 상세히 살필 수 있는 지극히 민감한 정보들이 유출된다는 점[22]에서 개인의 식별가능성 문제가 개인정보의 침해가능성이 있다.[23]

극소형 태그는 사람이 쉽게 인지할 수 있는 크기가 아니고, 소유자인 개인들이 알지 못한 상황에서 사물들과 문서에 내장되어질 수 있기 때문에 정보유출 통제에 심각한 걸림돌이 된다. 또한, 섬유나 플라스틱 등을 쉽고 조용하게 통과할 수 있는 무선기술의 특징이 태그의 은익가능성과 결합하면 지갑, 쇼핑백, 옷, 가방 등에 들어있는 사물의 식별정보를 소유자가 인식하지 못하는 사이에 리더에게 송출하게 된다. 이러한 RFID의 기술특성이 악용될 경우 정보주체가 대응할 수 없다는 점이다. 숨겨져 있는 리더를 찾아내기도 힘들뿐만 아니라 자신의 옷이나 물건에 붙어있는 먼지크기의 입자들 가운데 정보송신을 수행하는 RFID 태그를 구별해 낼 수 없으며, 나아가 누군가 악의의 목적으로 태그를 슬며시 부착한다고 하여도 이를 인식할 방법이 없다는 점에서 개인정보의 침해가능성이 존재한다.

정보통합은 감시능력의 비약적인 증대를 수반한다. 정보기술이 발전한 오늘날 감시능력은 정보파일의 규모, 정보범위의 포괄성, 네트워크에서 정보흐름의 속도, 피감시자의 투명성, 즉 전자감시기구와 피감시자의 접촉수 등 네가지 구성요소로 이루어진다고 주장한다.[24] RFID시스템에 의한 정보통합의 가능성을 정보주체의 입장에서 살펴본다면 개인의 신상정보는 물론 구매내역을 비롯한 각종의 이력정보와 상황정보 등이 누군가에 의해 상세하게 저장되고 있음을 의미하며, 이러한 통합된 정보를 바탕으로 치밀하게 계산된 각종의 서비스가 정보주체의 눈앞에 펼쳐지게 됨을 의미한다.[25] 다시 말해서, RFID시스템에 의해 수집된 개인정보는 개인이 전혀 모르는 곳에서 자신의 개인정보가 재가공되어 유용될 가능성이 많다. 결국 개인이 자

---

22) 오길영, 앞의 논문, 51면.
23) 우리나라에서 부당한 개인정보 유출은 공공기관 직원의 정보윤리의식의 미약, 시스템상의 문제 등으로 인하여 발생될 수 있는 부분이며, 민간인에 의한 유출은 내·외부인이 공모하여 일으키는 경우와 해커에 의한 경우가 있다(고영삼, 『전자감시사회와 프라이버시』, 한울아카데미, 1998, 151면 참조).
24) 고영삼, 앞의 책, 134면.
25) 오길영, 앞의 논문, 52면.

신의 정보처리와 유통에 대한 통제권을 가지지 못하는 환경에 놓이기 되는 것이다.

(2) RFID와 개인정보 침해 사례

RFID의 정보유출에 따른 개인정보 침해의 사례를 살펴봄으로써 RFID 정보보호 및 프라이버시에 대한 대책의 필요성을 제기하고자 한다.

① 2004년 6월부터 서울지하철공사는 공익근무요원들의 근무지 이탈 여부를 감시하기 위한 전자칩(전자추적표) 목걸이를 패용하도록 하여 인권 침해의 논란을 빚었고, 정부는 지급된 전자칩을 회수하는 모습을 보였다.[26] 일명 '개목걸이 사건'이라 불리우는 공익근무요원 전자칩 패용사건은 기술 발달과 함께 진행되는 개인 정보 보호와 인권 침해에 대한 우려를 보여 준다. 아울러 개인의 단순한 위치정보[27]마저도 이제는 사회적으로 보호받아 마땅한 인식, 인권 침해의 논란을 불러 일으켰다.

② 정부는 그 동안 전자태그를 사람에게 적용할 경우 인권 침해 가능성이 있다며 상품의 재고 및 유통이나 동물을 관리하는 용도로 이용하겠다고 밝혀 왔다. 그러나 한국전산원은 전자태그(RFID) 응용서비스로 '원아 안전관리 모델'을 개발해 서울 영등포구 신길동 구립 푸른어린이집 원아들을 대상으로 현장 실험을 준비하고 있다고 밝혔다.[28] 어린이집 원아들을 대상으로 RFID의 시험 사용은 프라이버시를 침해한다는 반발로 중단되었다. 어린이집 곳곳에 센서를 설치하고, 원아들 몸에 전자칩을 심어 그 칩이 보내는 신호를 감지해 그 위치를 알아내는 것은 인간의 존엄성 침해와 개인의 사생활이 없는 감시사회의 출현을 예고할 수 있다.

---

26) 경향신문, 2004년 6월 2일, 6면.
27) 일반적으로 위치정보란 '개인이나 사물의 위치를 파악할 수 있는 모든 정보'로 정의하고 있으며, 이러한 위치정보의 유형으로는 (1) 고정위치를 나타내 주는 정보로서 주소, 전화번호, 차량번호, IP 주소 등 현재의 상태를 알려주는 것이 아닌 고정된 생활공간에 대한 정보, (2) 특정 시점의 고정위치를 나타내 주는 정보로서 전화의 발신자, 수신자 번호 등 특정시점의 개인의 위치정보, (3) 특정 시점의 고정위치를 나타내 주는 정보로서 인터넷에 남겨진 IP주소 등 특정시점에서 특정인의 위치정보위치 및 활동내용이 파악되는 정보, (4) 특정시점의 이동하는 특정위치를 나타내주는 위치정보로서 이동전화 등의 발신자 정보, 특정 서비스를 제공받은 사실이 공개되는 이동전화 서비스 현황, GPS 기타 다양한 방법을 이용하여 파악한 현재의 위치정보, 신용카드의 이용정보 등이 해당된다(김유향, 위치정보서비스와 개인정보보호, 입법정보 제158호, 1면). 타이어 제조업체인 미셸린은 승용차와 경트럭에 사용될 RFID 1술을 잉용한 타이어 추적시스템(Tracking tires)의 시험운영을 시작하였다. 이 타이어 추적시스템은 제품관리라는 원래 의도와는 달리 RFID 태그 내장 타이어가 부착된 자동차의 위치추적에 악용될 가능성이 있어 문제가 되고 있다. RFID 리더기만 있으면, 추적하고자 하는 자동차가 언제, 어느 곳에 있는지를 파악할 수 있으며, 궁극적으로는 자동차 소유주의 위치까지도 파악이 가능하게 되는 것이다(조정현, RFID기술과 프라이버시 보호, 6면).
28) 한겨레신문, 2004년 10월 15일, 7면.

③ 〈오마이뉴스〉가 입수한 '삼성공장 낭성공상 RFID 추진계획'이라는 문서에는 RFID의 구체적인 이용사례와 향후 계획까지 적시돼 있다고 한다. 직원들에게는 사원증 케이스에 RFID를 부착시키고, 자산과 물류에는 직접 RFID를 설치하도록 했다. 또한, 공장 진입 차량의 경우는 차량 전면에 RFID를 부착해 주요 이동경로에 설치된 안테나를 이용해 관리한다고 명시하고 있다고 한다. 탕정공장에 근무하면서 관련 업무를 담당했던 직원에 따르면, 직원이 출근을 위해 공장 정문을 통과하면 사원 카드 안에 부착된 RFID카드가 작동하고, 사원번호, 주민번호 혹은 RFID 번호만 입력하면 컴퓨터 화면에 그 직원이 정문을 통과한 시간이 몇 시인지, 지금 어디로 가고 있는지, 회사내에서 어디에 위치해 있는지를 한눈에 알 수 있게 보여준다고 한다.[29]

④ 서울시교육청은 2006년 4월 20일 KT와 손을 잡고 서울시내 560여개 초등학교에서 전자명찰 사업을 실시하기로 양해각서(MOU)를 체결하여 '키즈 캐어'라는 서비스 즉 '전자명찰 사업'을 추진하였다. '전자명찰 사업'이란 학생들에게 무선인식(RFID) 칩이 내장된 전자명찰을 부착해 자녀의 등하교 시간 등 관련 사항을 학부모의 휴대전화 문자메시지로 알려주는 서비스다. 서울시교육청은 참교육학부모회와 인권실천시민연대 등 시민단체의 반인권적(反人權的)인 사업이라는 반대에 부딪혀서 사업을 포기하였다.

⑤ 서울 은평구시립도서관은 2003년 5월 13.56MHz에서 작동하는 RFID시스템을 도서의 출납·장서관리용으로 설치하였다. 개인 도서취향 기록이 보다 정밀하게 DB화될 수 있음을 의미한다. 독서의 취향을 분석하여 개인의 내면 일부를 유추·해석할 때 필요한 DB가 될 수 있다.[30]

⑥ 멕시코 정부는 2004년 11월부터 법무장관 사무실을 비롯한 제한구역 출입시 보안 및 신원확인을 위해 법무장관을 비롯한 법무부 직원 160여 명의 몸에 RFID 기술을 이용한 생체 칩을 이식했다. 이것에 사용된 '베리칩'은 미국 Applied Digital Solution의 자회사가 만든 것으로 길이 12mm, 너비 2.1mm 정도의 쌀알 크기로서 주사기를 사용해 간단히 파의 피부 밑에 이식할 수 있다. 인체에 이식된 베리칩은 개인의 위치추적을 통한 개인통제 및 개인정보의 외부 유출로 인한 사생활 침해 가능성이 있는 것으로 보여 적지 않은 논란이 예상된다.[31]

⑦ 미국 오하이오 주의 시티워처닷컴이라는 민간 보안업체가 사람의 몸에 전파 식별(RFID) 장치를 심어 신분을 확인하는 시험에 들어가 '사생활 침해' 논란이 일고 있다. 시티워처닷컴은

---

29) http://www.ohmynews.com/articleview/article_print.asp?menu=c10600.

30) 함께하는시민행동, 「RFID와 프라이버시」 제4차 빅브라더 보고서, 2004, 19면.

31) 아이스뉴스24, 'RFID 매트릭스가 현실로, 멕시코, 생체 칩 대량 이식 충격', 2004. 7. 15.

직원 2명의 오른팔 윗부분에 RFID 기능을 하는 전자 칩을 이식해 시험 중이며, 이는 관공서 등 출입통제구역에서 드나들 때 판독장치가 전자 칩을 지닌 사람을 확인 할 수 있는 지를 알아보는 시험이다.[32] 인체에 영구적으로 RFID 칩이 이식되면 칩 이식 자체가 자신도 모르는 사이에 위치 추적 등에 노출되는 등 프라이버시 침해 등 심각한 인권침해를 초래할 수 있다는 비판이 제기되고 있다.

(3) RFID와 개인 정보 보호의 필요성

국내 개인정보보호법제가 규제하고 있는 개인정보는 주로 개인의 신상정보와 이에 따르는 부가정보로 요약할 수 있다. '정보통신망 이용 촉진 및 정보보호 등에 관한 법률'(이하 정보통신망법)에 의해 보호되는 개인정보의 범위는 "생존하는 개인에 관한 정보로서 성명·주민등록번호 등에 의하여 당해 개인을 알아볼 수 있는 부호·문자·음성·음향 및 영상 등의 정보(당해 정보만으로는 특정 개인을 알아볼 수 없는 경우에는 다른 정보와 용이하게 결합하여 알아볼 수 있는 것을 포함한다)를 말한다."고 규정하고 있다(동법 제2조 제1항 제6호).

개인을 식별할 수 있는 정보에 해당하는 내용을 RFID가 수집하고 있는 경우에는 당연히 정보통신망법의 개인정보에 해당한다. 그리고 당해 RFID로부터 수집된 정보 또는 RFID에 포함되어 있는 정보(제품코드 등)가 직접 개인을 식별할 수 있는 정보가 될 수 없다하더라도 그 RFID의 정보와 신용카드번호, 주민등록번호 등이 서로 연결할 수 있는 형태로 저장되어 관리되는 경우 그 RFID로부터 얻은 정보 또는 RFID에 포함된 정보는 정보통신망법의 개인정보라고 할 수 있다.[33]

전자태그는 그 성질 등이 소비자에게 충분히 인식된 상황에는 도달하지 아니하였기에, 소비자에 물품이 전달되어진 후에도 자신이 보유하고 있는 물품에 전자태그가 붙어 있다는 인식이 없고, 또는 그 성질에 대해서 인식하지 못하며 해당 물품을 소지한 체로 이동하는 등의 케이스가 있을 수 있다. 더욱이 전자태그를 통해서 소지하고 있는 물품의 속성이나 고유번호 등의 정보가 해당 소비자가 깨닫지 못하는 사이에 소비자가 원하지 않는 형태로 읽혀질 위험성이 생각되어 진다. 판매점 등에서 소비자에 물품이 전해지는 단계에서 해당 전자태그를 떼어낸다고 한다면 이러한 위험이 발생하지 않을 것이지만, 앞으로 소비자에게 물품이 전달된 후에도 어떠한 형태로든 소비자 이익의 확보, 혹은 사회적 필요성을 위해서 전자태그를 장착해 둘 경우를 생각하지 아니할 수 없다. 예를 들면, 리사이클 등의 환경보전목적을 위해 장착해

---

32) 동아일보, 2006년 2월 14일, A19면.
33) 한국전산원(c), 유비쿼터스 사회의 역기능에 관한 법제도적 기초연구, 2004. 12, 96면.

둘 필요가 있을 경우나, 자동차의 수리경력을 전자태그에 기억시켜서 정착하는 등의 중고치의 안전 증진 등에 경우가 그러하다. 이러한 것들은 해당 소비자 개인에게 있어서는 편리성 확보를 위한 경우가 아닌 경우가 있다.[34] 이러한 점에서 소비자 개인 정보의 보호 필요성은 더욱더 중요하고 그 보호의 필요성이 제기 되고 있다.

3. RFID의 규제 방법

RFID 규제의 방법에는 자율규제와 강제규제(정부규제)로 나누어 볼 수 있다.

자율규제는 민간이 자율적으로 시행지침을 마련하고 이를 준수하게 하는 것으로 필요에 따라 부분적 입법을 통하여 개인정보를 보호하고 있으며 통제하기 위하여 별도의 정부기관을 운영하지 않고 부분적 법률을 기초로 업계 스스로 지침을 마련하여 준수하도록 하는 규제방법을 말한다. 강제규제(정부규제)는 정부의 적극적인 주도로 이루어지는 것으로, 개인정보보호에 관한 법률 등을 마련하고 개인정보의 취급과 유통을 통제하고 감시하면서 이를 위반한 당사자에게는 강력한 집행수단을 통해 처벌을 내리는 규제방법이다.

RFID 기술처럼 한창 발전도상에 있는 기술과 서비스에 관한 법모델을 모색함에 있어서는, 국제동향이나 주요 선진국들의 입법례를 예의주시하면서 일단은 지침(guideline)이나 권고(recommendation) 등을 통한 일조의 연성법적 접근(soft law approach)을 시도해 볼 필요가 있다는 견해[35]도 있다.

2005년 7월 7일 정보통신부가 RFID 가이드라인(RFID Privacy Protection Guideline)을 제정하였으나 법적 구속력은 없어 한계를 갖고 있으며 RFID사용에 공공부분은 예외로 두어 논란이 있다.

---

34) http: www.action.or.kr/?

35) 홍준형, "유비쿼터스 환경에서의 개인정보 보호", 한국공법학회 제117회 국제학술발표회 자료집 「유비쿼터스 컴퓨팅 시대에서의 개인정보보호」(2004.6.5), 60면.

V. RFID에 대한 대응방안

1. 프라이버시 영향평가

프라이버시 사전영향평가 제도(Privacy Impact Assessment, PIA)라 함은 정부기관이 각종 정보화사업을 추진하는 과정에서 개발하거나 도입하게 되는 정보시스템 등이 개인정보의 수집 및 관리 등의 업무와 밀접한 관계가 있는 경우, 당해 정보시스템 등이 개인정보와 프라이버시에 어떠한 영향을 미치는지를 파악하여 프라이버시 침해 여지가 있다고 판단되는 경우에는 사전에 그 대책을 마련함으로써 정부기관에 의한 프라이버시 침해 가능성 자체를 최소화하는 일련의 절차라고 할 수 있다.[36]

국민이 자신의 권리에 미치는 영향에 대해 실질적으로 평가하고 결정할 수 있도록 하는 것이야말로 영향평가제도의 핵심이다. 개인정보의 주체인 국민 개개인이 자신의 개인정보의 수집과 이용, 전달에 대한 권리를 충분히 행사하기에 어려운 점이 있는 만큼, 평가 과정에서의 참여로 이를 보장해야 할 필요가 있는 것이다.[37]

프라이버시 및 보안과 관련된 정책은 RFID시스템이 광범위하게 구축되어 사용되기 전에 마련되어야 한다. 기술이 널리 쓰이고 피해가 발생한 다음 정책을 만드는 것은 예방차원에서 마련한 정책보다 실효를 거두기 어렵기 때문이다.[38]

RFID와 관련하여 시민단체인 '시민행동'은 프라이버시 영향평가제를 도입해, 정부기관이나 기업이 전자태그(RFID)를 도입할 때는 반드시 미리 개인정보보호위원회에 신고해 평가를 받도록 할 것을 요구했다. 전자태그를 통한 추적 목적과 장소, 거리, 시간을 구체적으로 정해 사전 심의를 받으라는 것이다.

2. 신중한 입법 추진

RFID 정보라는 것이 RFID태그와 리더 상호간의 송수신에 의한 것이 아니라 당해 RFID에 대한 정보를 체계적으로 보유하고 있는 객체검색시스템 서버가 이 양자간에 모든 정보를 제공해 준다는 기술적인 시스템을 이해하고 나면, 그 규제의 대상에 대하여 재고를 하지 않을 수

---

36) 구병문, "프라이버시 영향평가제도의 국내법적 도입방안", 제3회 개인정보보호 정책포럼, 정부혁신지방분권위원회(2004.6.16), 37면 이하 참조.

37) 장여경, 프라이버시 영향평가 제도의 소개와 해외 현황, 「프라이버시 영향평가의 과제와 전망」 토론회 자료집(2004.7.1), 12면.

38) 장종인, RFID기술개발과 프라이버시문제, KISDI Weekly Newsletter, 2006.5/9, vol.146, 52면.

없게 된다. 따라서, RFID 시스템 전반에 대한 규제가 필요하며, 우리나라의 경우 이에 관한 해당규정을 가지고 있는 일본 가이드라인의 입법례를 채택하는 것이 바람직하다고 보는 견해[39]도 존재하며, RFID 외에도 많은 IT관련 신기술이 등장하고 있는 상황에 비추어 볼 때, RFID와 같은 신기술의 등장에 대해 별도의 개별 입법으로 대처하는 경우에는 등장하는 신기술의 수만큼 법률수가 증가하는 문제가 발생한다. RFID로 인해 현재까지 제기되거나 예상되는 문제점 등을 중심으로 기존 개인정보 및 프라이버시 보호 관련 법률의 수정 및 보완 등을 통해 이에 대처하는 식으로 입법 방향을 정하는 것이 바람직하다고 보는 견해[40]도 있으나, 국내에서도 전자태그 이용에 있어서 개인정보를 보호하기 위한 입법을 적극 검토해야 할 것이다. 이러한 법령의 정비에 있어서는 소비자의 권익보호, 정보의 수집 및 이용의 제한, 공개, 사용의 목적 명확화, 개인참가의 권리보장, 정확성과 안전성의 확보 등의 개인정보보호원칙이 반영되어야 할 것이다.[41]

3. 소비자의 권리와 교육 강화

자본주의경제체제에 수반되는 구조적 피해와 대기업의 횡포로부터 무력한 소비자를 보호하기 위하여는 과거와는 다른 적극적인 정책과 제도적 장치가 필요하게 되었다. 그렇기 때문에 소비자의 권리는 오늘날 헌법적 차원에서 기본적 인권으로 보호되게 되었다.[42] 소비자의 권리라 함은 물품 및 용역의 구입·사용에 있어서 거래의 상대방, 구입장소, 가격, 거래조건 등을 자유로이 선택할 수 있는 권리이다.[43] 소비자의 권리가 보호되려면 소비자 스스로의 자각이 중요하다. 따라서 소비에 대한 정보와 교육의 제공은 매우 중요한 의미를 갖는다. 소비자를 기만하는 표시나 설명을 소극적으로 금지시키는 것만이 아니라, 공급자들이 소비자에게 적극적으로 특정한 정보를 제공할 의무를 부과하는 것이 필요하다.[44] 사회경제적 강자인 대기업과 같은 제3자를 통한 개인정보자기결정권의 침해에 대한 보호는 국가혼자만의 노력에 의해서는 이루어 질 수 없으며, 그 효과도 극히 의심스럽다. 도리어 개인과 사회의 공동작업이 더 효율적·경제적이다.[45]

39) 한국전산원(a), 앞의 논문, 182면.
40) 한국전산원(b), 앞의 논문, 51면.
41) 권건보, "유비쿼터스 시대의 개인정보 침해와 그 법적 대응방안", 한국공법학회 제117회 국제학술발표회 자료집 「유비쿼터스 컴퓨팅 시대에서의 개인정보보호」(2004.6.5), 38면.
42) 계희열, 『憲法學(中)』, 박영사(2000), 507면.
43) 헌재 1996.12.26, 96헌가18.
44) 계희열, 앞의 책, 519면.

RFID의 기술은 소비자가 사전에 알지 못하는 부지불식간에 개인정보를 수집한다는 점이며 숨겨진 태그(tag)는 개인들이 알지 못하는 사이에 물건이나 문서에 내장되어질 수 있고, 숨겨진 판독기(reader)는 소비자들이 언제 어디서 정보가 읽혀지고 있는지 모른다는 점이다. 또한, 소비자의 개인정보가 RFID 태그번호와 연결되어 프로파일(profile)되고 추적될 수 있다는 점이다. 이는 개인정보의 중대한 침해요소가 될 수 있다. 따라서 개인(소비자)정보를 보호하기 위해서는 RFID 부착여부, 리더기 설치 장소를 명시하고 RFID성능이나 특성을 명시하여 소비자가 물품구입시 바른 판단을 할 수 있는 정보를 제공하도록 해야 한다. 소비자는 자기정보가 언제, 어디서, 어떤 목적으로 수집되는지에 대해 파악하고 자기정보 제공 여부를 결정할 수 있는 기회를 가져야 한다. 향후 RFID실용화에 대비하여 RFID에 대한 소비자 교육이 강화되어야 한다고 본다.

일본 〈전자태그에 관한 프라이버시 보호 가이드라인〉 제10조에서 사업자, 사업자 단체, 정부기관 등의 관계기관에 소비자 교육의 주체를 다양화하고 있고,[46] CASPIN의 RFID알권리법안(2003)도 소비자와 사업자교육을 규정하고 있다.[47]

VI. 맺음말

현대 정보과학기술의 발달은 개인의 '정보자기결정권'의 주체인 각 개인에게 문명의 이기를 활용한 개인정보보호강화의 기회와, 그 남용을 통한 개인정보침해 위기를 동시에 주었다.

RFID 기술을 기반으로 하는 유비쿼터스 컴퓨팅 사회에서는 기업(企業)이 정부 못지않게 방대한 개인정보를 보유하고 소비자들을 감시, 추적할 수 있는 능력을 지니게 된다. 기업들이 빅브라더스(Big Brother)의 자리를 차지하게 되는 사회는 시민들의 프라이버시가 더욱 위협받

---

45) Hoffmann-Riem, Informationelle Selbstestimmung in der Informationsgesellschaft, AöR, 1998, 531.

46) 제10조(소비자에 대한 설명 및 정보 제공) 사업자, 사업자 단체 및 정부기관 등의 관계기관은 RFID 태그의 이용 목적, 성질, 그 이점·불리점 등에 관하여 소비자가 바른 지식을 가지고 스스로 RFID 태그의 취급에 대해서 의사결정을 할 수 있도록 정보 제공을 실시하는 등 소비자의 RFID 태그에 대한 이해를 돕도록 노력할 필요가 있다.

47) ∮6832(소비자와 사업자 교육) (a) 연방무역위원회는 RFID 기술에 대해 일반인들을 교육시킬 목적으로 문서를 제작 배포하도록 하고, 그 문서에는 최소한 RFID 기술과 회사, 마케터, 정부기관들이 개인의 사적인 정보를 수집하기 위해 RFID를 어떻게 사용할 수 있는지를 묘사해야 한다.
(b) 연방무역위원회(FTC)는 RFID과 개인의 프라이버시를 보호하는 것의 중요성에 대해 사업자들을 교육시킬 목적으로 문서를 제작 배포하도록 하고, 그 문서에는 적어도 RFID를 소개하고, 프라이버시 보호를 옹호하며, 사업자가 이 업 조항을 준수한다는 행동을 확인시키기 위해 어떻게 해야 하는지를 설명하고 있어야 한다.

는 사회가 될 것이다. 또한, RFID기술은 결국에는 프라이비시 제로(Privacy Zero) 혹은 '노 프라이버시(No Privacy)'의 사회를 만들어 낼 것이다.[48]

정보통신분야의 최신기술이라 할 수 있는 RFID 기술은 단순한 바코드의 대체 수준을 넘어서 통신, 물류, 국방, 소방, 금융, 의료, 환경, 교육, 정보가전, 도로, 건설 등 다양한 인간의 생활전반에 활용되어 무한한 부가가치를 창출 가능하여, 향후 전 세계적인 산업구조, 시장구조의 변화뿐만 아니라 인간의 삶의 형태까지 변화시키게 될 유비쿼터스 컴퓨팅의 기반 기술로서 인식되고 있다. 그러나, RFID 기술이 인간의 삶의 전반에 걸쳐 긍정적인 효과를 제공할 지라도, 개인이 인식하지 못하는 중에 노출되는 개인정보의 침해와 같은 역기능이 발생할 수 있다.[49] RFID시스템의 기술적 특성상, 개인이 전혀 인식하지 못하는 상황에서 물품 등에 부착된 RFID 태그를 통해 당해 물품에 관한 정보와 기타 개인에 관한 정보 등이 무단으로 수집될 수 있다. 또한, RFID를 이용한 개인정보의 수집은 단순히 일회적·제한적인 것이 아닌 수시적·계속적인 것이어서 이에 따른 개인정보 및 프라이버시 침해 가능성이 문제될 수 있다.

정보통신기술이 고도로 발달한 현대정보사회(신정보사회)에서 개인정보는 인격의 자유로운 발현과 인간의 존엄성의 한 가운데 자라잡고 있다는 사실을 잊어서는 안된다.

RFID시스템이 사회적으로 확산되고 있음에도 개인정보 침해의 위협으로부터 개인을 보호해 줄 수 있는 법과 제도의 정비는 이루어지고 있지 않다. 개인정보의 침해위협에 대응하기 위하여 이를 사전 고지하고, 부착여부 및 기능 활성화 여부에 대한 선택권의 부여, 이를 부착하도록 유도하는 방향으로의 마케팅 금지, 그리고 RFID 부착에 따른 소비자 이익 외에 프라이버시 침해 가능성에 대한 교육 등에 대한 규정을 담을 수 있는 개별법의 제정에 대한 논의가 구체화되어야 할 것이다.[50] 아울러 유비쿼터스 컴퓨팅 환경에서 개인정보를 효율적으로 보호하기 위해서는 이러한 기술시스템을 계획하고 결정하는 단계에서부터 헌법규범, 국민의 기본권 보호 등이 고려되어야 한다. 왜냐하면 헌법적 테두리 속에서 첨단과학기술의 도입에 관한 사전적 통제가 이루어지지 않은 상황 하에서 이러한 기술들이 시행되고 작동된 후에 국가기관을 통한 사후통제나 개인의 몇몇 사후적 권리를 통하여 이에 효과적으로 대응하는 것은 처음부터 불가능하다는 것이 바로 다가올 유비쿼터스 컴퓨팅 사회의 특징이기 때문이다.[51]

---

48) 조정현, "RFID 기술과 프라이버시 보호", 12면.
49) 한국전산원(a), 앞의 논문, 208면.
50) 한국전산원, 유비쿼터스 사회의 역기능에 관한 법제도적 기초연구, 2004.12, 101면.
51) 한국전산원(a), 앞의 논문, 174-175면.

장애인차별금지법과 장애인의 인권

볼 수 없는 것이 아닙니다. 보는 방법이 다를 뿐입니다.
말할 수 없는 것이 아닙니다. 말하는 방법이 다를 뿐입니다.
걸을 수 없는 것이 아닙니다. 걷는 방법이 다를 뿐입니다.
단지, 방법이 다를 뿐입니다.

― 노동부 및 한국장애인고용촉진공단 협찬 공익광고 ―

I. 서 론

장애인의 권리는 유엔에서 1970년 '장애인 재활 10년 선언'을 채택하면서 부각되기 시작했다.[1] 1972년 '정신 지체인 권리 선언'(Declaration on the Rights of Mentally Retarded Persons), 1975년 '장애인 권리 선언'(Declaration on the Rights of disabled Persons)이 이루어졌다. 1976년에는 '국제 장애인의 해'(1981년)를 설정하고, 1982년에는 1983년부터 10년간 지속되는 'UN 장애인 10년 세계행동계획'(World Programme of Action concerning Disabled Persons)을 채택하였다. 이런 흐름에는 장애인의 인간적 존엄성과 생명 존중, 생존권 및 사회 접근권, 기회 균등권을 보장하려는 정신이 깔려 있었다.[2] 또한 2006년 12월 13일 UN에서는 「장애인권리협약」이 192개 회원국의 만장일치로 UN총회에서 채택되었다. 우리나라는 「장

---

[1] 장애인의 권리는 이미 1948년 「세계인권선언」에서 "모든 사람은 식량·의복·주택·의료, 필수적인 사회 역무를 포함하여 자신과 가족의 건강과 …중략… 질병·장애(disability), 배우자와의 사별, 노령, 그 밖의 자신이 통제할 수 없는 상황에서의 다른 생계 결핍의 경우 사회보장을 누릴 권리가 있다"(제25조)고 규정되어 있다.

[2] 김창엽 외, 『나는 '나쁜' 장애인이고 싶다』, 삼인(2006), 55면.

애인권리협약」의 성안과정에 적극 참여하였으며, 2007년 3월 30일부터 시작된 서명개방에 참여하여 동 협약에 서명하였다. 그러나 「장애인권리협약 선택의정서」에는 서명하지 않았다. 장애인권리협약은 국회비준과 가입을 남겨 놓은 상태이며, 선택의정서는 서명, 비준, 가입의 절차를 남겨놓고 있다.

　우리나라에서는 장애인의 인권보장과 차별금지를 위해 과거에 장애인복지법을 개정하는 등의 노력을 경주하기는 하였으나, 인권보장과 차별금지에 관한 조항들이 여전히 강력한 처벌 규정이나 구체적인 구제방법을 담지 못하는 등의 한계를 보였다. 이러한 한계를 극복하기 위한 노력으로 '장애인차별금지 및 권리 구제 등에 관한 법률'(이하 "장애인차별금지법")이 2007년 3월 6일 국회를 통과하여 법률 제8341호로 제정되었고, 2008년 4월 11일부터 시행되고 있다.

　장애인의 인권을 사회보장수급권의 실체적 권리인 장애복지조치청구권을 중심으로　하여 논의하여 온 것이 일반적인 경향이다. 그러나 장애인의 완전한 참여와 평등을 보장하려면 그 법리적 근거로서 사회법원리에 입각한 포괄적이고 총체적인 장애인 기본권 이론이 적극적으로 구성되어야 할 것이다. 장애인 기본권의 직접적 근거가 되는 것은 인간다운 생활을 할 권리(헌법 제34조)와 그 파생적 권리인 사회보장수급권이지만, 장애인 인권의 이념적 기초는 근원적으로 인간으로서의 존엄과 가치 및 행복추구권과 평등권에 있다고 보아야 한다. 사적자치의 원리가 주축을 이루는 근대 시민법원리 하에서 장애인도 형식적으로는 평등한 권리주체로서의　법적 지위를 향유하지만, 실질적으로는 시민사회와 단절되고 유리된 소외집단으로서 사실상 인간 무능력자로 취급되어 온 것이 주지의 현실이다. 그러나 이제 모든 장애인은 사회공동체와 단절된 고립집단도 아니고, 전체사회의 권력통제를 받는 객체적 격리집단이 아니라 오로지 '잠재적 장애인(예비적 장애인)'과 더불어 다 같이 행복한 삶을 누릴 인격주체성의 향유자일 따름이다.[3]

Ⅱ. 장애인차별금지법의 제정 경과와 의의

1. 장애인차별금지법의 제정배경과 경과

　장애인 차별이 심해질수록 장애인의 인권쟁취를 위한 저항이 커져갔고 이러한 움직임은 장애인 운동으로 구현되었다. 20세기말 장애인을 바라보는 세계적인 패러다임이 '시혜에서 인권으로' 중심축이 옮겨지면서, 장애인들의 인권쟁취노력이 교육과 노동에서 참정권, 이동권,

---

3)　이홍재, "障碍人 人權의 社會法的 保障", 『障碍人福祉法制』 법무자료 제122집, 법무부(1989), 14면.

소비자 생활권 등 전영역으로 확산·전개되어 왔다.[4] 그 결과 「장애인복지법」, 「장애인·노인·임산부 등의 편의증진보장에 관한 법률」, 「특수교육진흥법」, 「장애인고용촉진 및 직업재활법」, 「교통약자의 이동편의증진법」 등 관련 법률들이 지속적으로 제정되었다.[5]

　　장애인차별금지법은 4년여 기간 동안 장애인 당사자가 주체가 되어 법안을 다듬었다는 데에 큰 의미가 있다. 장애인차별금지법 제정은 '시혜에서 인권으로', '인권에서 장애인 당사자의 자기결정권으로', '참여에서 연대로'라는 장애인운동의 이념과 궤를 같이한다고 하겠다. 장애인차별금지법이 제정되기까지 과정을 간략하게 살펴보면, 2001년 2월 NGO인 〈열린네트워크〉가 장애인차별금지법 제정을 위한 국토순례와 서명 운동 시작했고, 2002년 4월 〈장애우권익문제연구소〉는 국회에 장애인차별금지법 입법청원했다. 2002년 11월 장애인차별금지법추진협의회준비위원회를 발족시켰고, 2003년 4월 장애인차별금지법제정추진연대(장추련) 출범, 2003년 6월 "이제 장애인차별금지법이다"공청회 개최, 2003년 11월부터 2004년 3월까지 법제정전문위원회 법안소위에서 장애인차별금지법안 초안 작성, 2005년 4월 독립적 장애인차별금지위원회 설립을 위한 공개토론회 및 촛불집회, 2005년 4월부터 7월까지 민주노동당과 법안 수정, 2005년 9월 20일 노회찬 의원 장애인차별금지법 입법 발의, 2006년 3월 28일부터 장추련 국가인권위원회 점거 농성, 2006년 8월 중순 청와대 측의 제안으로 정부부처와 장추련이 함께 참여하는 「장애인차별금지법민관공동기획단」 구성 12차례의 회의를 통해 2006년 12월 18일 열린우리당 장향숙 의원을 통해 발의되었고, 시각 장애인인 한나라당 정화원 의원 역시 같은 날 법안을 발의했다. 기존의 노회찬 의원의 발의 법안을 포함한 세 개의 법안이 2007년 2월 제265회 임시국회에서 국회 보건복지위원회의 심의를 통해 단일안(보건복지위원장 대안)으로 만들어졌으며, 동 회기 마지막 날인 3월 6일 재석 의원 197명 중 196명의 찬성으로 국회 본회의를 통과하였다.

2. 장애인차별금지법의 제정의 의의

　　장애인차별금지법이 제정된 것은 여러 가지 점에서 의미가 있다. 장애인차별금지법 제정의 의의는 크게, ① 당사자주의, ② 연대주의, ③ 장애 관점의 변화 등으로 요약할 수 있다.[6]

---

4)　한국의 장애인 운동의 발자취에 대한 자세한 내용은 김도현, 『차별에 저항하라─한국의 장애인 운동 20년
　　(1987~2006)』, 박종철출판사(2007) 참조.

5)　박병식, "장애인의 제도적 차별철폐와 법령정비 방안", 월간 법제 (2007.12), 67면.

6)　박종운, 장애인차별금지법의 주요 내용과 의의, 「장애인차별금지법의 제정 의의와 장애인 정책의 방향」
　　국가인권위원회 토론회 자료집(2007. 4. 12), 37면 이하 참조.

① 장애인차별금지법은 장애인 당사자가 직접 법 세정운동을 전개하여 쟁취한 성과 물이라는 데 가장 큰 의미가 있다. 정부가 일부 전문가들을 동원하여 외국의 입법 사례를 도입해 오고, 장애인들은 그에 대해 의견만 제시하던 통상적인 입법절차를 벗어나 장애인 당사자들이 자신들의 입장을 스스로 법안에 담아내고 그것을 입법화하는데 성공했으며, 그 과정에서 훈련된 장애인 운동 진영은 당사자들의 역량을 크게 강화시킬 수 있게 되었다. 아래로부터의 운동이요, 당사자 운동의 결실인 것이다.[7] ② 장애인차별금지법은 장애인 단체들의 연대 운동의 결실이라는 점을 지적할 수 있다. 그동안 장애인 운동은 여러 갈래로 분열되어 왔었고, 그 때문에 몇몇 단체들이 주도하거나 연대한 적은 있어도 장애인차별금지법제정추진연대(장추련)처럼 범장애계(247개의 전국/지방 단체)가 함께 모여 연대 투쟁을 벌인 기억은 사실상 없다고 보아도 무방하다. 장애인차별금지법의 제정은 장애계의 숙원이던 범장애계의 연대를 이루어 냈을 뿐만 아니라, 그 결과가 성공적이라는 점에서도 높이 평가되어야 한다. ③ 장애 관점의 변화를 들 수 있다. 장애인차별금지법은 장애인 문제를 복지와 서비스 개념이 아닌 「인권법」임을 분명히 한 것으로 장애인 인권문제를 상승시키는 기폭제 역할을 한 것이라는 점이다. 다시 말해서 '시혜로부터 인권으로' 패러다임이 변화된 것을 보여준다는 것이다. 그동안 장애인이 국가 및 지방자치단체로부터 뭔가를 물질적으로 지원받는 시혜의 대상이었다면, 「장애인차별금지법」의 제정은 장애인 또한 국민이요 인간으로서의 권리가 있음을 선포하고 그러한 권리가 침해받지 않도록, 침해받은 권리가 구제되도록 하는 인권적 패러다임의 결과물이라 할 수 있다.

Ⅲ. 장애인차별금지법의 주요 내용과 문제점

장애인차별금지법은 장애인 당사자주의에 입각한 입법이며 인권 패러다임으로의 전환을 가져왔으며, 장애인차별에 대한 가이드라인 및 판단기준을 제시하고 있다고 판단된다. 또한, 사회적 약자의 인권 증진을 위한 입법의 모범이라고 평가할 수 있으며, 장애인권리협약 등 국제협약의 각종 국내 이행과 관련하여 중요한 기준으로 작용할 것으로 기대된다. 이하에서는 장애인차별금지법의 내용을 살펴보면서 문제점 여부를 간략히 검토하고자 한다.

---

7) 미국 장애인차별금지법이란 이름으로 불리 우는 ADA(Americans with Disabilities Act)가 세계의 주목을 받은 것은 권리에 입각한 세계 최초의 장애인법이라는 면에서도 그 이유를 찾을 수 있지만, 무엇보다도 '민중 입법 운동'에 의해 만들어진 법률이라는 점이 더 큰 이유일 것이다.

1. 장애인차별금지법의 총칙

2006년 3월 6일 국회 본회의를 통과하여 법률 제8341호로 제정된 「장애인차별금지법」은 총칙, 차별금지, 장애 여성 및 장애 아동 등, 장애인차별시정기구 및 권리구제 등, 손해배상과 입증책임 등, 벌칙의 순서로 총 6개장, 50개 조문으로 구성되어 있다.

「장애인차별금지법」 제1장 총칙은 목적(제1조), 장애와 장애인에 대한 개념 정의(제2조), 각종 용어에 대한 정의(제3조), 차별행위에 대한 구체적인 개념 정의(제4조), 차별판단의 기준 (제5조), 차별금지선언(제6조), 자기결정권 및 선택권(제7조), 국가 및 지방자치단체의 의무 (제8조), 인권위법과의 관계(제9조)로 구성되어 있다.

장애인차별금지법의 목적은 "모든 생활영역에서 장애를 이유로 한 차별을 금지하고 장애를 이유로 차별받은 사람의 권익을 효과적으로 구제함으로써 장애인의 완전한 사회참여와 평등권 실현을 통하여 인간으로서의 존엄과 가치를 구현"함을 목적으로 한다(동법 제1조). 장애인차별금지법에서 금지하는 차별행위의 사유가 되는 장애라 함은 신체적·정신적 손상 또는 기능상실이 장기간에 걸쳐 개인의 일상 또는 사회생활에 상당한 제약을 초래하는 상태를 말한다(동법 제2조 제1항). 또한, 장애인이라 함은 제1항에 따른 장애가 있는 사람을 말한다(동법 제2조 제2항). 장애인차별금지법은 '장기간에 걸친'[8] 경우만 장애로 한정하고 있다. 이는 복지적 관점과 인권적 관점 간의 충돌이라 볼 수 있는데, 복지적 관점에서는 특정된 장애인에게 일정한 급부를 주는 것이 목적이므로 객관적으로 명확하게 규정할 필요가 있지만, 인권적 관점에서는 차별을 당하는 그 순간, 그 상황을 중심으로 그때 그러한 차별의 사유가 '장애'로 인한 것인가의 여부가 중요하기 때문에 장·단기간뿐만 아니라 일시적 장애, 과거의 장애 경력도 포함해야 하는 것이다.[9]

장애인차별금지법 제6조는 "누구든지 장애 또는 과거의 장애경력 또는 장애가 있다고 추측됨을 이유로 차별을 해서는 아니 된다."고 규정함으로써, 차별에 대한 보편적인 금지를 규정하고 있고, 제7조는 "장애인은 자신의 생활 전반에 관하여 자신의 의사에 따라 스스로 선택하고 결정할 권리를 가지며, 장애인 아닌 사람과 동등한 선택권을 보장받기 위하여 필요한 서비스와 정보를 제공 받을 권리를 가진다."고 함으로써 장애인 당사자의 자기결정권[10]과 선택권,

---

8) 장애인권리협약은 제1조에서 "장애인은 다양한 장벽과의 상호작용으로, 다른 사람들과의 동등한 기초 위에서 완전하고 효과적인 사회 참여를 저해하는 장기간의 신체적, 정신적, 지적 또는 감각적 손상을 가진 사람을 포함한다"고 규정하고 있다.

9) 박종운, 앞의 논문, 11면.

10) 障碍人의 自己決定權에 관해서는 障害者生活支援システム研究會, 『障害者福祉改革への提言』, かもが

그리고 이들을 보장받기 위한 서비스와 정보를 제공받을 권리를 보장하고 있다. 장애인차별
금지법 제8조에서 국가 및 지방자치단체가 자신의 임무를 방기하고 국민 개인이나 민간 기업
에 책임을 떠넘기지 않도록, 차별금지 및 권리 구제, 정당한 편의제공을 위한 지원 등의 의무
를 부여하고 있다.

2. 차별금지

장애인차별금지법 제2장에는 '차별금지'라는 제목 아래 6개 절을 두고 있는데, 차별의 영역을
(1) 고용, (2) 교육, (3) 재화와 용역의 제공 및 이용, (4) 사법·행정절차 및 서비스와 참정권,
(5) 모·부성권·성 등, (6) 가족·가정·복지시설 및 건강권 등 생활상의 다양한 영역에 걸
친 차별을 금지토록 규정하고 있다(제10조 내지 제32조).

(1) 고용

장애인차별금지법 제10조는 "① 사용자는 모집·채용, 임금 및 복리후생, 교육·배치·승
진·전보, 정년·퇴직·해고에 있어 장애인을 차별하여서는 아니 된다. ②「노동조합 및 노
동관계조정법」 제2조 제4호에 따른 노동조합은 장애인 근로자의 조합 가입을 거부하거나 조
합원의 권리 및 활동에 차별을 두어서는 아니 된다."고 규정하고 있고, 제11조(정당한 편의제
공 의무)는 사용자로 하여금, ① 장애인이 해당 직무를 수행함에 있어서 장애인 아닌 사람과
동등한 근로조건에서 일할 수 있도록 정당한 편의를 제공하도록 함은 물론, ② 장애인의 의사
에 반하여 다른 직무에 배치하여서는 아니 된다고 규정하면서, 제3항에 위 제1항에 따라 사용
자가 장애인 근로자에게 제공해야 할 정당한 편의의 구체적 내용 및 적용 대상 사업장의 단계
적 범위 등에 관해서는 대통령령으로 정하도록 위임하고 있다.

장애인차별금지법 시행에 따라 제기될 수 있는 가장 근본적인 질문 중 하나는 장애인차별금
지법 적용대상 장애인의 범위이다. 이와 관련하여 제기되는 문제는 크게 두 가지로 첫째, 장애
인차별금지법상 장애개념이 협소하고 개념정의나 기준이 불충분하여 적용대상 장애인에 대
한 논란이 발생할 수 있다는 점이다. 둘째, ADA와 같이 우리나라에서도 고용영역에서 적용대
상 장애인의 범위를 별도로 정의할 필요가 있는가의 문제이다. 장애의 개념을 살펴보면, 장애
인차별금지법에서는 장애를 "신체적·정신적 손상 또는 기능상실이 장기간에 걸쳐 개인의 일
상 또는 사회생활에 상당한 제약을 초래하는 상태"로 정의하고 있으나, 장애인이라 함은 이에

───────────

わ出版(2002), 78-83면 참조.

따른 장애가 있는 사람을 말한다. 이 정의는 인권위법상의 장애 개념이나 장애인차별금지법
을 시행하고 있는 외국에 비해 상대적으로 협소한 것으로, 장애로 인한 단기적·일시적 영향
이나 장애의 사회적 요인 등을 포함하지 못한다. 따라서 장애와 관련된 다양한 이유로 노동시
장에서 차별을 경험하는 장애인을 포괄하지 못한다는 한계를 가지고 있다.[11]

(2) 교육

교육책임자는 장애인의 입학 지원 및 입학을 거부할 수 없고, 전학을 강요할 수 없으며, 「영
유아보육법」에 따른 보육시설, 「유아교육법」 및 「초·중등교육법」에 따른 각급 학교는 장애
인이 당해 교육기관으로 전학하는 것을 거절하여서는 아니 된다. 교육책임자는 당해 교육기
관에 재학 중인 장애인 및 그 보호자가 장애인차별금지법 제14조 제1항 각 호의 편의 제공을
요청할 때 정당한 사유 없이 이를 거절하여서는 아니 된다. 교육책임자는 특정 수업이나 실험
·실습, 현장견학, 수학여행 등 학습을 포함한 모든 교내외 활동에서 장애를 이유로 장애인의
참여를 제한, 배제, 거부하여서는 아니 된다. 교육책임자는 장애인의 입학 지원 시 장애인 아
닌 지원자와 달리 추가 서류, 별도의 양식에 의한 지원 서류 등을 요구하거나, 장애인만을 대
상으로 한 별도의 면접이나 신체검사, 추가시험 등을 요구하여서는 아니 된다. 다만, 추가서류
등의 요구가 장애인의 특성을 고려한 교육시행을 목적으로 함이 명백한 경우에는 그러하지
아니하다(장애인차별금지법 제13조).

장애인차별금지법의 내용 중 교육과 관련하여서는 순회교육에 있어서의 정당한 사유가 분
명하지 않다는 점이다. 이 문제는 교육 참여와 관련한 장애의 중증 여부가 관건이다. 장애가
중증이거나 치료 중에 있어서 교육과정에서 정한 시수를 완전히 이수하게 하는 것은 기술적
으로도 무리가 따른다. 따라서 이에 대한 정당한 사유는 사안에 따라 결정하되, 객관성을 확보
할 수 있는 방안들을 강구해야 할 것이다.[12]

(3) 재화와 용역의 제공 및 이용

장애인차별금지법 제2장 제3절은 재화와 용역 등의 제공에 있어서의 차별금지(제15조), 토
지 및 건물의 매매·임대 등에 있어서의 차별금지(제16조), 금융상품 및 서비스 제공에 있어

---

11) 박자경, "장애인차별금지법과 장애인고용", 「장애인차별금지 및 권리구제 등에 관한 법률 설명회 자료집」
국가인권위원회(2008.4.4), 32면.
12) 김주영, "장애인차별금지법 시행과 교육", 「장애인차별금지 및 권리구제 등에 관한 법률 설명회 자료집」
국가인권위원회(2008.4.4), 58면.

서의 차별금지(제17조), 시설물 접근・이용에 있어서의 차별금지(제18조), 이동 및 교통수단 등에서의 차별금지(제19조), 정보접근에서의 차별금지(제20조), 정보통신・의사소통에서의 정당한 편의제공의무(제21조), 개인정보보호(제22조), 정보접근・의사소통에서의 국가 및 지방자치단체의 의무(제23조), 문화・예술 활동에 있어서의 차별금지(제24조), 체육활동에 있어서의 차별금지(제25조) 등을 규정하고 있다.

　장애인차별금지법 제18조와 관련하여 정당한 편의를 제공해야 하는 대상시설을 새로 지정하거나 단계적 범위를 새로 정하지 않고, 기존의 편의증진법의 대상시설로 대신하겠다는 것이며, 정당한 편의와 내용 역시 편의증진법의 편의시설 설치로 대신하겠다는 것을 의미한다. 이는 정당한 편의의 내용을 편의시설로 축소하는 것을 의미하며 정당한 편의를 제공해야 하는 대상 시설 역시 기존의 편의증진법을 준수해야 하는 시설로 한정한다는 것이다. 그러나 이러한 정당한 편의의 해석은 장애인차별금지법에서 이야기하는 정당한 편의에 대한 본래의 취지를 매우 축소한 것이며, 장애인권리협약에서 이야기하는 정당한 편의와도 거리가 멀다. 또한, 장애인이 시설의 이용과 이동 및 교통수단의 이용에 있어서 당하는 간접차별과 정당한 편의를 제공받지 못함으로써 당하는 차별이 여전히 존속할 것을 의미한다. 결국 장애인차별금지법이 본래의 목적대로 시설의 이용에 있어서의 차별을 효과적이고 실질적으로 구제하기 위해서는 편의증진법이 개정되어야 할 것이다.[13]

(4) 사법・행정절차 및 서비스와 참정권

　장애인차별금지법 제2장 제4절은 사법・행정절차 및 서비스 제공에 있어서의 차별금지와 참정권[14]을 규정하고 있다.

　공공기관 등은 장애인이 생명, 신체 또는 재산권 보호를 포함한 자신의 권리를 보호・보장받기 위하여 필요한 사법・행정절차 및 서비스 제공에 있어 장애인을 차별하여서는 아니 되며, 공공기관 및 그 소속원은 사법・행정절차 및 서비스의 제공에 있어서 장애인에게 장애인차별금지법 제4조 제1항 제1호・제2호 및 제4호부터 제6호까지에서 정한 행위를 하여서는 아니 된다. 공공기관 및 그 소속원은 사법・행정절차 및 서비스를 장애인이 장애인 아닌 사람과

---

13) 배융호, "시설의 접근과 이동 및 교통수단의 이용에 있어서의 차별금지", 「장애인차별금지 및 권리구제 등에 관한 법률 설명회 자료집」 국가인권위원회(2008.4.4), 80~82면.

14) 근대 입헌주의 시민헌법은 참정권에 관한 한 원칙적으로 보통선거제도조차도 인정하지 않는 의외의 모습을 보여주었다. 일정액 이상의 직접세를 납부하거나 일정액 이상의 재산을 소유 또는 사용하는 자에게만 선거권・피선거권을 인정하는 제한선거제도를 취하고 있었다(스기하라 야스오, 이경주譯, 『헌법의 역사』, 이론과 실천, 1999, 44면 이하 참조).

실질적으로 동등한 수준으로 이용할 수 있도록 제공하여야 하며, 이를 위하여 정당한 편의를 제공하여야 한다. 사법기관은 장애인이 형사 사법 절차에서 보호자, 변호인, 통역인, 진술보조인 등의 조력을 받기를 신청할 경우 정당한 사유 없이 이를 거부하여서는 아니 되며, 조력을 받을 권리가 보장되지 아니한 상황에서의 진술로 인하여 형사상 불이익을 받지 아니하도록 필요한 조치를 하여야 한다(동법 제26조). 또한, 국가 및 지방자치단체와 공직선거후보자 및 정당은 장애인이 선거권, 피선거권, 청원권 등을 포함한 참정권을 행사함에 있어서 차별하여서는 아니 되고, 국가 및 지방자치단체는 장애인의 참정권을 보장하기 위하여 필요한 시설 및 설비, 참정권 행사에 관한 홍보 및 정보 전달, 장애의 유형 및 정도에 적합한 기표방법 등 선거용 보조기구의 개발 및 보급, 보조원의 배치 등 정당한 편의를 제공하여야 한다(동법 제27조).

(5) 모·부성권, 성 등

장애인차별금지법 제5절은 모·부성권의 차별금지와 성에서의 차별금지를 규정하고 있는 바, 누구든지 장애인의 임신, 출산, 양육 등 모·부성권[15]에 있어 장애를 이유로 제한·배제·분리·거부하여서는 아니 된다. 입양기관은 장애인이 입양하고자 할 때 장애를 이유로 입양할 수 있는 자격을 제한하여서는 아니 된다. 교육책임자 및 「영유아보육법」에 따른 보육시설 및 그 종사자와 「아동복지법」에 따른 아동복지시설 및 그 종사자 등은 부모가 장애인이라는 이유로 그 자녀를 구분하거나 불이익을 주어서는 아니 된다(동법 제28조).

또한, 모든 장애인의 성에 관한 권리는 존중되어야 하며, 장애인은 이를 주체적으로 표현하고 향유할 수 있는 성적 자기결정권을 가진다고 규정하고 있으며, 가족·가정 및 복지시설 등의 구성원은 장애인에 대하여 장애를 이유로 성생활을 향유할 공간 및 기타 도구의 사용을 제한하는 등 장애인이 성생활을 향유할 기회를 제한하거나 박탈하여서는 아니 된다(동법 제29조).

(6) 가족·가정·복지시설, 건강권 등

가족·가정 및 복지시설 등의 구성원은 장애인의 의사에 반하여 과중한 역할을 강요하거나 장애를 이유로 정당한 사유 없이 의사결정과정에서 장애인을 배제하여서는 아니 된다. 가족·

---

15) 여성장애인들은 일반여성들에 비해 여성의 전통적인 역할이라고 간주되고 있는 어머니, 아내, 조력자 그리고 보호자로서의 역할에 대한 사회적 기대를 상대적으로 덜 받아왔으나 여성장애인들의 모성권에 대한 욕구는 일반여성과 다르지 않다. 여성장애인의 모성권에 대한 자세한 내용은, 오혜경 외, 「여성장애인 임신·출산·육아의 실태조사 결과 및 대안」, 한국여성장애인연합(2002) 및 김종인, "여성장애인의 모성권과 보장방안", 「제15회 RI KOREA 재활대회 학술 자료집」, 한국장애인재활협회(2007.12.11-12), 261-290면 참조.

가정 및 복지시설 등의 구성원은 정당한 사유 없이 장애인의 의사에 반하여 장애인의 외모 또는 신체를 공개하여서는 아니 된다. 가족·가정 및 복지시설 등의 구성원은 장애를 이유로 장애인의 취학 또는 진학 등 교육을 받을 권리와 재산권 행사, 사회활동 참여, 이동 및 거주의 자유를 제한·박탈·구속하거나 권리 등의 행사로부터 배제하여서는 아니 된다(동법 제30조). 장애인은 성별, 연령, 장애의 유형 및 정도, 특성 등에 상관없이 모든 폭력으로부터 자유로울 권리를 가진다. 누구든지 장애인의 성적 자기결정권을 침해하거나 수치심을 자극하는 언어표현, 희롱, 장애 상태를 이용한 추행 및 강간 등을 행하여서는 아니 된다. 국가 및 지방자치단체는 장애인에 대한 괴롭힘 등을 근절하기 위한 인식개선 및 괴롭힘 등 방지 교육을 실시하고 적절한 시책을 강구하여야 한다(동법 제32조).

3. 장애 여성 및 장애 아동 등

장애인차별금지법 제3장에서는 장애와 여성이라는 이중의 차별 사유에 억눌려 있는 장애 여성, 장애아동, 장애인 중에서도 특별한 처우가 필요한 정신 장애인에 대한 차별금지와 권리구제에 관한 특별한 규정을 별도로 두고 있다(제33조 내지 제37조).

(1) 장애 여성에 대한 차별 금지

국가 및 지방자치단체는 장애를 가진 여성임을 이유로 모든 생활 영역에서 차별을 하여서는 아니 된다. 누구든지 장애여성[16]에 대해 임신·출산·양육·가사 등에 있어서 장애를 이유로 그 역할을 강제 또는 박탈해서는 아니 된다. 사용자는 남성근로자 또는 장애인이 아닌 여성 근로자에 비하여 장애여성 근로자를 불리하게 대우하여서는 아니 되며, 직장보육서비스 이용 등에 있어서 정당한 편의제공을 거부하여서는 아니 된다. 교육기관, 사업장, 복지시설 등의 성폭력 예방교육 책임자는 성폭력 예방교육을 실시함에 있어서 장애여성에 대한 성인식 및 성폭력 예방에 관한 내용을 포함시켜야 하며, 그 내용이 장애여성을 왜곡하여서는 아니 된다. 교육기관 및 직업훈련을 주관하는 기관은 장애여성에 대하여 차별을 하여서는 아니 된다(동법 제33조).

---

16) 장애 인구 중에서도 특히 여성은 더 큰 부담을 지면서 이중의 차별을 당하고 있다. 여성 장애인은 비장애 여성의 노동조차 백안시하는 사회속에서 자신의 장애 상황에 적응해야 할 뿐만 아니라, 여성은 일반적으로 남성 장애인, 어린이, 노인을 일차적으로 돌보는 사람이기 때문이다(Micheline Ishay, 조효제 역, 『세계인권사상사』, 도서출판 길, 2005, 514면 참조).

(2) 장애 아동 및 정신적 장애를 가진 사람에 대한 차별금지

누구든지 장애를 가진 아동임을 이유로 모든 생활 영역에서 차별을 하여서는 아니 된다. 누구든지 장애아동에 대하여 교육, 훈련, 건강보호서비스, 재활서비스, 취업준비, 레크리에이션 등을 제공받을 기회를 박탈하여서는 아니 된다. 누구든지 장애아동을 의무교육으로부터 배제하여서는 아니 된다. 누구든지 장애를 이유로 장애아동에 대한 유기, 학대, 착취, 감금, 폭행 등의 부당한 대우를 하여서는 아니 되며, 장애아동의 인권을 무시하고 강제로 시설 수용 및 무리한 재활 치료 또는 훈련을 시켜서는 아니 된다(동법 제35조). 누구든지 정신적 장애를 가진 사람의 특정 정서나 인지적 장애 특성을 부당하게 이용하여 불이익을 주어서는 아니 된다. 국가와 지방자치단체는 정신적 장애를 가진 사람의 인권침해를 예방하기 위하여 교육, 홍보 등 필요한 법적・정책적 조치를 강구하여야 한다(동법 제37조).[17]

4. 장애인차별시정기구 및 권리구제 등

장애인차별금지법 제4장에서는 장애인차별시정기구 및 권리구제 등에 관한 규정으로서, 장애인 차별에 대한 권리구제 방법으로는 국가인권위원회에 장애인차별시정소위원회를 두어 권리구제를 하는 방법(제38조 내지 제41조)과 법무부 장관에 의한 시정명령을 통해 권리구제를 하는 방법(제42조 내지 제45조)으로 구성되어 있다.[18]

장애인차별금지법에서 금지하는 차별행위로 인하여 피해를 입은 사람 또는 그 사실을 알고 있는 사람이나 단체는 국가인권위원회에 그 내용을 진정할 수 있고(동법 제38조), 국가인권위원회는 제38조의 진정이 없는 경우에도 장애인차별금지법에서 금지하는 차별행위가 있다고 믿을 만한 상당한 근거가 있고 그 내용이 중대하다고 인정할 때에는 이를 직권으로 조사할 수 있다(동법 제39조).

국가인권위원회는 장애인차별금지법에서 금지하는 차별행위에 대한 조사와 구제 업무를 전담하는 '장애인차별시정소위원회'를 두는데, 소위원회의 구성・업무 및 운영 등에 관하여 필요한 사항은 위원회의 규칙으로 정하고(장애인차별금지법 제40조), 제38조, 제39조에 따른 진정의 절차・방법・처리, 진정 및 직권에 의한 조사의 방법에 관하여 이 법에 특별한 규정이

---

17) 장애인차별금지법 제37조(정신적 장애를 가진 사람에 대한 차별금지 등)는 정신적 장애인에 대한 부당한 불이익을 금지하고, 국가와 지방자치단체에 정신적 장애인에 대한 인권 침해 예방을 위한 조치를 취할 의무를 부과할 수 있게 되었다는 점에서 의의가 크다. 정신장애인의 인권에 대해서는 이철호, "정신보건법과 정신장애인의 인권", 『憲法學研究』 제13권 제4호(2007.12), 229면 이하 참조.
18) 각국의 차별시정기구에 대해서는 이준일, 『차별금지법』, 고려대학교출판부(2007), 189면 이하 참조.

없는 사항에 관하여는 인권위의 규정을 준용하도록 규정하고 있다(장애인차별금지법 제41조 제1항).

또한, 장애인차별금지법은 법무부장관에게 시정명령권을 부여하고 있다. 시정명령의 내용은 동법에서 금지되는 차별행위를 한 자에게 ① 차별행위의 중지, ② 피해의 원상회복, ③ 차별행위의 재발방지를 위한 조치, ④ 그 밖에 차별시정을 위하여 필요한 조치를 명하는 것인데, 법무부장관은 시정명령을 서면으로 하되 그 이유를 구체적으로 명시하여 차별행위자와 피해자에게 각각 교부하여야 하고, 법무부장관이 차별시정에 필요한 조치를 명하는 기간, 절차, 방법 등에 관하여 필요한 사항은 대통령령으로 정하도록 위임하고 있다(제43조 제2항, 제4항).

장애인차별금지법 중 법원을 통한 권리 구제 수단과 관련하여, 현행 인권위법 제32조 제1항 제5호는 "진정이 제기될 당시 진정의 원인이 된 사실에 관하여 법원 또는 헌법재판소의 재판, 수사기관의 수사 또는 그 밖의 법률에 따른 권리구제절차가 진행 중이거나 종결된 경우"에는 그 진정을 각하하도록 규정하고 있다. 따라서 법원의 임시구제조치를 인권위에 진정하기 전에 신청하는데 아무런 법적인 장해나 해석상 오해가 없도록 하기 위해서는 "다만, 장애차별의 경우 차별행위에 관한 소송 제기 전에 법원의 임시구제절차를 진행할 경우에는 그러하지 아니한다."라는 내용을 추가하는 것이 바람직할 것으로 보인다.[19]

5. 손해배상과 법원의 구제조치 등

장애인차별금지법 제5장은 장애를 이유로 차별함으로써 타인에게 손해를 가한 경우 차별행위로 인한 피해의 회복을 위한 손해배상(제46조)과 분쟁해결에 있어서 장애인들의 정보접근 등의 어려움과 차별행위의 특수성 등을 감안한 원고와 피고 간에 입증책임의 분배(제47조) 등을 규정하고 있다.

(1) 손해배상

누구든지 장애인차별금지법의 규정을 위반하여 타인에게 손해를 가한 자는 그로 인하여 피해를 입은 사람에 대하여 손해배상책임을 진다. 다만, 차별행위를 한 자가 고의 또는 과실이 없음을 증명한 경우에는 그러하지 아니하다(동법 제46조 제1항).[20] 또한, 장애인차별금지법

---

19) 박종운, "장애인차별금지법의 영향 및 전망; 권리구제", 「장애인차별금지 및 권리구제 등에 관한 법률 설명회 자료집」 국가인권위원회(2008.4.4), 103면.

20) 장애인차별금지법 제46조 제1항은 이 법의 규정을 위반한 자의 책임이 가해자의 귀책사유가 있어야 성립하는 과실 책임이라는 점을 명시하면서도, 고의 또는 과실이 없음을 차별행위자로 하여금 증명하도록 규정

의 규정을 위반한 행위로 인하여 손해가 발생한 것은 인정되나 차별행위의 피해자가 재산상 손해를 입증할 수 없을 경우에는 차별행위를 한 자가 그로 인하여 얻은 재산상 이익을 피해자가 입은 재산상 손해로 추정한다. 법원은 제2항에도 불구하고 차별행위의 피해자가 입은 재산상 손해액을 입증하기 위하여 필요한 사실을 입증하는 것이 해당 사실의 성질상 곤란한 경우에는 변론 전체의 취지와 증거조사의 결과에 기초하여 상당한 손해액을 인정할 수 있다(동법 제46조).

(2) 법원의 구제조치

법원은 장애인차별금지법에 따라 금지된 차별행위에 관한 소송 제기 전 또는 소송 제기 중에 피해자의 신청으로 피해자에 대한 차별이 소명되는 경우 본안 판결 전까지 차별행위의 중지 등 그 밖의 적절한 임시조치를 명할 수 있다. 법원은 피해자의 청구에 따라 차별적 행위의 중지, 임금 등 근로조건의 개선, 그 시정을 위한 적극적 조치 등의 판결을 할 수 있다. 법원은 차별행위의 중지 및 차별시정을 위한 적극적 조치가 필요하다고 판단하는 경우에 그 이행 기간을 밝히고, 이를 이행하지 아니하는 때에는 늦어진 기간에 따라 일정한 배상을 하도록 명할 수 있다. 장애인차별금지법은 차별시정기구와 권리구제 수단을 마련하고 있다. 법제적으로 볼 때는 상당한 수준에 도달한 것으로 보아야 한다. 문제는 이러한 법제도가 구체적으로 어떻게 운영되어야 "장애인차별을 금지하고 침해받은 장애인의 권리를 구제해 줄 것인가"이다. 이는 권리침해를 당한 장애인 당사자, 이를 돕는 개인과 단체, 인권위, 법무부, 법원, 사회일반의 다각적인 협력과 투쟁 속에서 비로소 해결책을 찾을 수 있게 될 것이다.

6. 벌칙

장애인차별금지법에서 금지한 차별행위를 행하고 그 행위가 악의적인 것으로 인정되는 경우 법원은 차별을 한 자에 대하여 3년 이하의 징역 또는 3천만원 이하의 벌금에 처할 수 있다(제49조 제1항). 제1항에서 악의적이라 함은 ① 차별의 고의성, ② 차별의 지속성 및 반복성, ③ 차별 피해자에 대한 보복성, ④ 차별 피해의 내용 및 규모를 전부 고려하여 판단하여야 한

함으로써 그 점에 관한 한 입증책임을 전환시키고 있다. 일반 불법행위책임에 관한 법리에 있어서 그러한 귀책사유의 존재는 피해자가 입증해야 한다. 그러나 장애인차별금지법 위반에 있어서는 귀책사유의 부존재를 가해자가 입증하도록 한 것이다. 제1항은 그러한 점에서 큰 의미가 있다(박종운, "장애인차별금지법의 주요 내용과 의의", 「장애인차별금지법의 제정 의의와 장애인 정책의 방향」 국가인권위원회 토론회 자료집, 2007, 32면).

다(제49조 제2항). 법인의 대표자나 법인 또는 개인의 대리인·사용인, 그 밖의 종업원이 그 법인 또는 개인의 업무에 관하여 악의적인 차별행위를 한 때에는 행위자를 벌하는 외에 그 법인 또는 개인에 대하여도 제1항의 벌금형을 과한다.

Ⅳ. 장애인의 인권

1. 장애인의 인권과 정상화(Normalization)

장애인의 차별 금지 법제를 뒷받침하고 있는 이념은 정상화(Normalization)[21]이다. 정상화는 1960년대 후반 스칸디나비아에서 정신 지체인의 서비스 실천의 원칙으로 제기된 이념으로 시설 보호에 반대하며, 일상적인 생활 형태와 리듬을 강조하는 개념이다.

정상화의 이념은 ADA(Americans with Disabilities Act)에서 차별 금지의 법리로 나타난다. 차별을 금지함으로써 장애인을 사회적으로 통합하고 정상적인 생활을 영위하도록 하고자 하는 것이다. 차별 금지의 법리는 크게 ① 상이(相異)한 취급 금지의 법리, ② 간접 차별 금지의 법리, ③ 적절한 배려의 법리를 내용으로 한다.

① 상이(相異)한 취급 금지의 법리는 장애인을 비장애인과 구별하여 명백하게 다른 취급을 하는 행위를 금지하는 것이다. '장애인은 작업 능률이 떨어지고 결근이 잦다', '산업 재해의 발생이 염려 된다'는 등의 일반적인 통념을 기준으로 장애인을 고용하지 않으면 이는 '상이한 취급'으로 간주된다. ② 간접 차별[22] 금지의 법리란 형식상 장애인을 비장애인과 구별하여 상이한 취급을 하지는 않지만 비장애인과 동일한 기준을 적용하면 현저하게 불리한 결과를 초래하게 되는 경우를 말한다. 전화교환원을 채용하면서 교정시력을 기준으로 제시하는 경우 등이 이에 속한다. 또한, 간접 차별에는 본인이 직접 차별하지는 않지만 차별 행위를 하는 단체를 지원하는 것도 포함된다. 이에 의하면 차별적 성향이 강한 단체에 후원금을 내는 것도 차별이다. ③ 적절한 배려의 법리란 합리적인 편의를 제공하지 않으면 이 또한 차별에 해당한다는 것이다. 예를 들면 휠체어 리프트가 장착되지 않은 버스를 운전하는 버스 기사가 버스를 타려는 휠체어 장애인을 보고도 '타시오'라고 말하고 가만히 있는 것도 차별이 된다. 적절한 배려는 소위 적극적 행동(affirmative action)[23]에 해당한다. 역사 속에서 이루어졌던 차별을 없애

---

21) 유동철, "사회 속의 장애: 차별에서 affirmative action으로", 김창엽 외, 앞의 책, 113–115면.

22) 간접 차별의 개념과 역사, 간접 차별의 판단 기준 등에 대한 자세한 내용은 조순경 외, 『간접 차별의 이론과 여성 노동의 현실』, 푸른사상(2007) 참조.

23) 장애인 고용 정책을 중심으로 살펴 본 Affirmative action에 대해서는 최무현, 『한국의 Affirmative action

기 위해서는 차별행위만을 단속할 것이 아니라 적극적인 조치가 있어야 한다는 것이다.

2. 장애인의 교육 인권

장애인 인권 확립을 위해서는 장애인 스스로의 독립이 기본이다. 장애인 독립의 출발은 교육이다.

장애 아동이 학교에 가서 교육받기를 원하면 학교에 갈 수 있고, 장애 아동이 학교에 갈 수 없어 집에서 교육받기를 원하면 집에서 개별적으로 교육받을 수 있는 권리가 장애 아동의 '교육 인권'이다. 장애인 교육만이 아니라 일반 교육 측면에서도 「특수 교육 진흥법」은 획기적인 변화였다. 장애인의 교육 인권에 의한 장애 아동의 주체적 학습권(學習權) 인정은 학습자 중심의 교육으로 장애 아동이 주어진 교육과정에 수동적(소극적)인 적응만을 요구하는 것이 아니라 자기에게 필요하고 적합한 교육을 요구할 권리이다. 이러한 관점에서 「특수교육진흥법」 개정은 교육 인권을 일반교육에 확대 시키는 계기가 되었다.[24]

(1) 장애아동의 교육을 받을 권리

장애인의 교육권은 단순히 입학뿐 아니라 적절한 교육환경과도 직결되는 문제이다. 일반학생과 장애아동이 한 학교, 한 교실에서 함께 교육을 받는 '통합교육'이 국내에 도입된 지 30년이 넘어섰다.

장애아동이 일반학교에 진학할 수 있게 된 것은 1977년 「특수교육진흥법」이 제정되면서였다. 2007년 특수교육진흥법이 「장애인 등에 대한 특수교육법」으로 바뀌면서 2008년부터는 유치원과 고등학교까지 장애아동에 대한 의무교육이 확대된다(동법 제3조).

장애인교육은 정신적 특성, 감각능력, 신체운동 및 신체특성, 사회적 행동, 또는 의사교환능력이 보통 또는 정상으로부터 지나치게 이탈되어 있는 학령기 장애인을 대상으로 교육내용과 교육방법, 교육자료, 교육환경 등에 변화를 주어 가르치는 교육을 뜻한다. 그러나 장애인 교육은 그 자체를 하나의 독립된 교육의 장으로 파악하기보다는 전체 교육의 한 부분으로 보는 것이 바람직할 것이다.[25] 장애인에 대한 편견을 없애고, 함께 더불어 생활하겠다는 인식이 사회에 보편화 될 때, 장애인에 대한 통합교육은 더 빨리 이루어 질 수 있다고 본다.

정책 연구』, 한국학술정보(2005) 참조.

24) 김성재, "장애인의 인권과 그 보장 방안", 한상진 편, 『현대 사회와 인권』, 나남출판(1998), 321면.
25) 윤점룡, "장애인의 교육권", 한국인권재단 편, 『21세기의 인권(II)』, 한길사(2000), 750면.

(2) 장애인의 고등교육권

대학별 장애인 특례입학 실태를 살펴보면, 전체대학 대비 특례입학 미실시 대학으로 현황은 국립대 총 44개 대학 중 68%인 30개가 특례입학 미실시, 사립대 총168개 대학중 미실시로 조사된 대학 69개(총조사된 대학 157개 대학중 99개 미실시)이다. 장애인 특별전형제 실시 대학의 학교별 장애인 정원 대비 현원을 살펴보면, 서울대의 경우 2006년 장애인 특별전형 정원이 20명인데 비해 2006년 실제 장애인 특별전형 모집인수는 4명에 불과하다. 강릉대학교의 경우는 장애인 특별전형을 실시함에도 2006년 모집인원이 한명도 없는 실정이다.

2006년부터는 교직에 대해서도 장애인 의무고용제도가 적용되고 있으며(장애인고용촉진 및 직업재활법 제27조 참조), 국공립학교에서 약 5,000여명의 장애인 교사 일자리가 추가로 마련되었으나 현재 교육대학들은 장애인들을 맞이할 제반여건이 미흡하다. 장애인의 삶의 질을 향상하기 위해 가장 중요한 문제는 무엇보다 장애인의 개인적 특성에 맞게 교육받을 권리가 보장되어야 하며, 장애인이 자신의 적성에 맞는 분야의 직업으로까지 교육이 이루어질 수 있도록 고등교육 분야에서 장애인 교육 환경이 획기적으로 개선되어야 할 것이다. 이를 위해서는 모든 대학 및 공공 교육시설에서 장애인 편의시설 등 장애인 이동과 학습을 위한 기본 환경을 마련함은 물론, 국공립대학 중심으로 장애인 특례 입학 전형을 적극적으로 실시하고, 장애인을 위한 교육 및 향후 진로(직업) 상담의 시스템을 제대로 갖추어야 한다.[26]

3. 장애인의 재화와 용역 이용권

장애인차별금지법은 "재화 · 용역 등의 제공자는 장애인에 대하여 장애를 이유로 장애인 아닌 사람에게 제공하는 것과 실질적으로 동등하지 않은 수준의 편익을 가져다주는 물건, 서비스, 이익, 편의 등을 제공하여서는 아니 된다"고 규정하고 있다(동법 제15조 제1항).

장애인차별금지법에 이러한 규정은 두게 된 것은 장애인에 대한 민간보험사들의 보험가입상의 차별문제에서 비롯되었다. 장애인들은 소비자이면서도 소비자의 지위를 박탈당해 왔다. 민간보험사들은 심신상실 · 박약자(정신지체장애인)를 피보험자로 한 보험계약은 무효라는 상법 제732조[27]를 들어 보험가입을 거부해 왔다. 국가인권위원회 출범 이후 2007년 12월 31일까지 민간보험회사의 장애차별관련 진정건수는 전체 장애차별 진정사건(580건)의 5.5%(32

---

26) 2006년 9월 24일 한나라당 이주호 국회의원 보도자료 인용 참조.

27) 상법 제732조(15歲未滿者等에 對한 契約의 禁止)는 "15歲未滿者, 心神喪失者 또는 心神薄弱者의 死亡을 保險事故로 한 保險契約은 無效로 한다."고 규정하고 있다.

건)에 달할 만큼 높은 비중을 차지하고 있습니다.[28)]

　뇌성마비 장애인이라는 이유로 보험 가입을 거절당한 후 민간보험사를 상대로 낸 손해배상 청구소송에서 사법부는 "보험사는 위자료 200만원을 지급하라"며 원고 일부승소 판결을 내렸다(서울중앙지방법원 2004. 2. 12. 선고 2003가단150990 판결, 확정됨). 이는 사보험(私保險)처럼 계약자유의 원칙(契約自由의 原則)이 적용되는 범위에 속한다고 할지라도 「장애인복지법」 제8조에서 정한 차별금지영역에 해당한다는 것과 회사측이 장애인을 차별하지 않았음을 합리적 근거를 들어 입증해야 한다는 것을 명시적으로 밝혔다는 점에서 사적 영역에서의 차별 시정에 있어서 획기적 발판을 마련해 주었다.[29)]

　장애인의 재화·용역 이용권과 관련하여, 보호자 없는 장애인에 대하여 탑승을 거절한 사례도 발생했다[30)]. 모(某)항공사가 특정 장애인에게 보호자 탑승을 의무화한 규정은 장애인에 대한 인권침해라고 판단된다.

　장애를 이유로 한 용역의 차별과 관련하여, 신체장애를 이유로 결혼정보회사의 회원가입 자격을 제한하는 것이 장애인의 평등권을 침해하는 행위인지 여부에 대한 국가인권위원회는 "결혼은 인간이 가정을 꾸리기 위한 하나의 방법으로 자신의 의사에 따라 자유로이 선택할 수 있어야 하며, 장애를 가진 자 또한 자유로운 의사에 의해 결혼을 선택할 수 있고 그 기회가 제한되어서는 아니 됨에도 불구하고 결혼정보회사가 신체장애인을 결혼에 부적합 또는 자격이 없다고 약관에 규정하여 신체장애를 이유로 하여 회원 가입자격을 제한한 것은 장애인을 비하·모욕하는 것이고, 신체장애를 이유로 혼인에 관한 정보를 제공받을 기회를 제한한 것이므로 장애인의 평등권을 침해하는 행위라 판단된다."[31)]고 결정하였다.

4. 장애인의 노동권과 취업 문제

　노동 분야는 장애인의 노동권과 관련하여 차별이 제일 심한 분야이다. 모집, 채용, 승진, 해

---

28) 32건의 민간보험 장애차별 진정 중 국가인권위원회가 권고한 사건은 2건이며, 조사과정에서 보험회사가 자발적으로 가입을 승인한 사례는 8건이었다. 나머지 진정사건의 경우는 진정인 스스로 보험가입을 포기하거나 진정을 취하한 경우 등이다(2008년 2월 11일 국가인권위원회 보도자료 참조).

29) 박종운 외, "장애인 차별과 법의 지배", 정인섭 편저, 『사회적 차별과 법의 지배』, 박영사(2004), 218면.

30) 서울로 가는 某항공 비행기를 타려던 뇌병변 3급 장애인 김아무개 씨는 탑승을 거절당했다. 항공사 직원은 "뇌병변이나 정신지체, 정신장애, 발달장애 3급 이상 장애인은 보호자가 반드시 동반 탑승해야 한다는 게 내부 규정"이라고 이유를 밝혔다. 혼자 비행기를 타는 게 아무 문제가 없다고 생각한 김씨는 억울했으나 결국 다른 항공사를 이용해 서울로 가야 했다(한겨레신문, 2006년 9월 8일, 10면 참조).

31) 국가인권위원회 2005. 7. 19자 04진차381 결정.

고 등 차별 사례는 수없이 많다. 그 동안 상애인의 노동권은 일단 진입 자체가 거의 불가능했다. 그 이유는 형식적인 고용할당제와 노동의 진입에서 해고까지 차별을 막을 수 있는 강력한 수단이 없기 때문이었다. 또 전반적인 사회의식이 장애를 개인의 무능력으로 치부하는 풍토가 한 몫 더했다.[32]

(1) 장애인 의무교용제도와 그 실태

장애인의 고용촉진을 위해 '장애인 의무 고용제도'를 도입하여 취업에 어려움이 많은 장애인의 고용촉진을 위해 일정 규모 이상의 사업주에게 일정 비율 이상의 장애인을 고용하도록 의무를 부과하고, 의무를 이행하지 않은 경우에는 부담금을 납부하게 하는 제도이다(장애인고용촉진 및 직업재활법 제28조). 장애인 고용의무제도는 민간부문 뿐 아니라 정부부문도 의무고용제도를 시행하고 있다.[33] 국가와 지방자치단체의 장은 장애인을 소속 공무원 정원의 100분의 3 이상 고용하여야 한다(장애인고용촉진 및 직업재활법 제27조 제1항).

국내 대기업들이 법으로 정해진 장애인 의무 고용률을 지키는 것을 포기하고, 그 대신 고용부담금을 내고 있는 실정이다. 대기업의 장애인 고용률은 정부의 독려에도 불구하고 최근 수년 동안 제자리를 맴돌고 있으며, 이로 인해 납부하는 부담금은 매년 늘고 있다. 국내 30대 그룹의 2005년도 장애인 고용률은 1.14%로 2002년 1.11%와 비슷한 수준이다.[34]

(2) 장애인차별금지법과 장애인 의무 고용제

장애인차별금지법의 주된 영역 중 하나가 고용이라는 것을 고려한다면 장애인차별금지법을 도입하게 되면 장애인 의무고용제가 더 이상 필요하지 않다는 주장이 제기될 수 있다. 이에 대해 장애인차별금지법은 장애인과 비장애인 간의 공정경쟁의 기반을 마련하는 기회 평등을 지향한다. 반면에 장애인의무고용제는 장애인에 대한 역사적 차별에 대한 보상 및 직업적 통합을 위한 실질적 평등을 지향한다는 것이다. 장애인의무고용제는 특히 미국과 같이 제도를 도입하지 않고 있는 국가에서 비장애인에 대한 역차별이며, 궁극적으로 장애인을 동정심으로 채용하도록 강요하는 비효율적인 제도라는 주장을 많이 한다. 그러나 이에 대해 의무고용제

---

32) 이수현, 『우리옆의 약자』, 산지니(2006), 68면.

33) 정부부문의 장애인 고용률은 2004년에 최초로 2%를 달성한 이후 계속 증가하였으나, 2005년 법 개정으로 지난해부터 의무고용직종이 교원, 판사, 군무원 등의 직종까지 확대되어, 2006년 12월말까지 국가 및 지방자치단체 등 87개 기관의 장애인공무원은 12,219명, 장애인 고용률은 1.50%(법 개정 적용)로 추가 인력수요가 1만 명 증가하였다.

34) 문화일보, 2006년 11월 29일, 9면 참조.

는 일반적인 차별 예외사유인 적극적 조치(affirmative action)에 해당하기 때문에 장애인 우대에 따른 비장애인에 대한 차별(역차별)이라고 볼 수 없다는 것이다. 실질적으로 장애인차별금지법과 의무고용제를 함께 사용함으로써 장애인 고용정책의 실효성을 높이는 효과를 예상할 수 있다.

　장애인차별금지법과 장애인의무고용제는 병존이 가능하다. 두 제도의 적용 대상 장애인이 동일하지 않기 때문이다. 먼저 장애인차별금지법의 주요 적용대상 장애인은 정당한 편의제공에 의해 공정한 경쟁이 가능한 직업적 경증장애인이며, 의무고용제의 주요 적용대상 장애인은 정당한 편의제공 만으로는 고용 가능성이 낮은 직업적 중증장애인이다. 따라서 장애인차별금지법은 모든 장애인이 대상이 되지만 비장애인과 정당한 경쟁을 통해서만이 법의 보호대상이 되며, 의무고용제에서는 장애가 심하여 생산성이 떨어지기 때문에 공정한 경쟁이 어려운 중증장애인을 대상으로 한다. 장애인차별금지법과 장애인의무고용제는 대상을 달리 하면서 서로 보완하는 제도이다. 특히 우리나라와 같이 장애인에게 동등한 기회를 제공하지 못하고 있는 국가에서는 장애인의무고용제도 필요하며, 장애인을 차별하고 있는 국가에서는 장애인차별금지법도 당연히 필요하다고 할 수 있다. 문제는 어떻게 두 제도를 유기적으로 연계하여 효율적으로 활용하느냐 하는 것이다. 비장애인과 경쟁이 가능한 직업적 경증장애인은 장애인차별금지법을 통해, 비장애인과 직접적으로 경쟁할 수 없는 직업적 중증장애인은 장애인의무고용제를 통해 취업을 할 수 있도록 지원해야 한다.[35]

　장애인고용은 일반 노동시장에서의 직접 고용이 기본 원칙이나, 보완책으로 고용의무사업체의 간접 고용을 활용한 부담금 감면을 통한 경제적 이익을 보는 사업체가 증가하고 있다.[36] 우리나라에서 장애인 고용 활성화를 위한 간접 고용이 증가하고 있지만 아직 미약한 상태다. 간접 고용을 활성화하자면 특례자회사 설립[37], 노동시장 진입을 위한 직업재활시설의 활성화, 장애인 생산품 우선 구매 인정 등 간접 고용의 다양성 통로를 확보하기 위한 제도적 장치들이 마련되어야 한다.[38] 고용의무제를 도입한 이유는 장애인고용을 확대하기 위한 것이지

---

35) 강동욱, 「장애인 의무고용제 적용대상 조정방안 연구」, 노동부 학술연구용역사업 보고서(2007.10), 89~90면.

36) 우리나라에서는 「연계고용제도」가 시행중이다. 연계고용제도는 장애인 고용 의무가 있는 사업주가 장애인을 다수 고용하고 있는 영세한 업체를 대상으로 안정적인 도급물량을 지원함으로써 장애인 미고용에 따른 부담금을 감면받는 제도이다.

37) 자회사형 표준사업장 제도는 장애인고용의무사업주(모회사)가 장애인고용을 목적으로 일정요건을 갖춘 자회사를 설립하는 경우 자회사에 고용된 장애인을 모회사가 고용한 것으로 간주하는 제도로서, 장애인고용의무사업주(모회사)가 자회사의 발행주식 총수 또는 출자총액의 50%를 초과하여 지배하여야 설립요건이 충족된다(장애인고용촉진 및 직업재활법 제22조 및 동법 시행령 제21조, 시행규칙 제3조 참조).

부담금을 걷기 위한 것은 아니다. 따라서 민간기업의 장애인고용을 확대히기 위해서는 좀더 강력한 강제조치가 필요하다. 또한 장애인고용을 잘 하고 있는 기업에 대한 인센티브도 적극적으로 도입해야 한다.[39]

5. 장애인의 성(性)의 권리

비장애인이 가질 수 있는 흔한 편견 중 하나는 장애인은 성욕도 없고 성관계를 가질 수도 없을 것이라는 생각이다. 이러한 편견은 장애인 가족, 심지어는 당사자에게도 발견할 수 있다. 이것은 장애인이 식욕도 없고, 밥도 먹지 않을 것이라고 생각하는 것과 별반 다르지 않다.[40] 사람들은 장애인을 천사처럼 순결한 영혼을 가졌다고 생각한다. 그러나 장애인도 비장애인들과 똑같이 욕망을 가지고 행복을 추구하며 살고 싶어 한다. 우리 사회는 장애인의 이런 욕망에는 무관심하다. 아니, 애써 외면했는지도 모른다. 장애인을 무성적 존재로 여기고 그들을 보살펴야 한다는 생각을 장애인들에게 주입시킴으로써 정신적 거세를 단행했는지도 모른다.

정신지체, 마비된 하반신, 신체 절단 등의 장애인을 보면 대부분의 비장애인은 성불구(性不具)라 생각하는 것이 현실이다. 하지만 그들에게도 건전한 성적욕망이 존재한다. 결혼해서 가정을 꾸리고 자식을 낳아 기르며 화목한 가정생활을 꾸리고 싶은 게 모든 사람들의 소망이듯 장애인에게도 그와 같은 소망이 존재한다는 것을 비장애인들은 간과하고 있다는 것이 전문가들의 이야기다.

한 장애인단체의 조사에 의하면 현재 지체장애자남성의 40%가 매매춘 경험이 있고, 또 영화 속처럼 '핑크 팰리스'를 마련해달라는 의견도 55%나 나왔다고 한다. 지금껏 수많은 주위 시선들 때문에 자신의 성을 제대로 표현하지 못했던 장애인들 사이에서 성 문제는 점점 공론화되고 있는 것이다.[41]

인간에겐 누구나 성이 있고 자신의 성을 누릴 권리가 있다. 그러나 장애인의 성이 인정받지 못하고 있다는 것은 '그들이 가족이나 이 사회로부터 똑같은 인간으로서 존중 받지 못하고 있다.'라는 것과 별반 다르지 않다. 결국 미혼 장애인 성문제는 그들이 똑같은 욕구를 가진 똑같은 인간이라는 사실을 망각하고 있다는 데 보다 근본적인 문제가 있다.[42] 장애인차별금지법

---

38) 심창우, "장애인 고용, 다양한 방법 활용하자", 한겨레신문, 2006년 9월 30일, 23면 참조.
39) 이수현, 『우리옆의 약자』, 산지니(2006), 85면.
40) 조윤경, 『조윤경의 핑크 스튜디오』, 일송북(2008), 174면.
41) 쿠키뉴스, 한국 장애인의 성, 참담한 수준…"우리도 성욕망 있다", 2006년 4월 20일.
42) 서동일, "영화를 통해 본 미혼 장애인 성문제", 2005년 성재활 세미나 「미혼 성인 장애인 성문제」 자료집,

은 "모든 장애인의 성에 관한 권리는 존중되어야 하며, 장애인은 이를 주체적으로 표현하고 향유할 수 있는 성적 자기결정권을 가진다고 규정하고 있으며, 가족·가정 및 복지시설 등의 구성원은 장애인에 대하여 장애를 이유로 성생활을 향유할 공간 및 기타 도구의 사용을 제한하는 등 장애인이 성생활을 향유할 기회를 제한하거나 박탈하여서는 아니 된다"고 규정하고 있다(동법 제29조).

배우자가 없는 장애인의 성문제를 해결하는 방안으로 섹스자원봉사43) 또는 성매매의 허용 등이 제시되고 있지만 이는 우리사회의 윤리적인, 문화적인, 법적인 문제들과 연결되어 쉬운 문제가 아니다. 그러나 피할 수 없는 문제이다. 우리 사회의 진지한 고민과 공론화 과정이 있어야 한다고 본다.

V. 맺음말

한국사회의 장애에 대한 연구와 접근은 유교를 중심으로 한 전통 문화, 분단 체제에서 강조된 경제 제일주의와 총력안보를 필두로 한 군사주의가 어떻게 현대 한국의 장애 문제를 규정했는가, 장애인이 단지 복지 서비스의 대상에 머무는 것이 아니라 자기 경험을 중심으로 한 자아 해방 및 시민적 주체화를 위한 전략은 무엇인가 등의 질문은 21세기 한국의 장애 문화 연구의 새로운 전환을 요구하고 있다.44)

장애인의 인권을 보장하기 위해서는 우선, 장애인을 바라보는 편견을 버리고 의식의 전환이 선행되어야 한다. 또한 장애인시설에서 생활하고 있는 사람들의 인권보장과 탈시설 및 자립생활을 위한 법제개정 등 정책적 노력이 필요하다. 또한 지적 장애와 정신질환, 치매 등에 의한 의사표현 및 결정 능력이 취약한 성인이 최대한 자기결정권과 선택권을 존중받고 잔존 능력이 존중될 수 있도록 민법에서의 금치산·한정치산제도를 개정하여 성년후견인제도45) 도입이 이루어져야 한다.46)

장애인의 완전한 참여와 평등을 확보하기 위한 실질적 기초는 평등권의 보장에 있다. 모든

국립재활원(2005.10.12), 38면.

43) 섹스자원봉사란 스스로 성욕을 해결할 수 없는 장애인의 성욕을 해결해주려는 사회, 혹은 개인의 활동이다. 따라서 섹스 자원봉사는 자위를 도와주는 것에서부터 성관계를 가지는 것까지 포괄적인 행위를 의미한다. 섹스 자원봉사 등에 대한 자세한 내용은 가와이 가오리(河合香織), 『섹스 자원봉사』, 아롬(2005) 참조.

44) 김창엽 외, 앞의 책, 58면.

45) 成年後見制度에 대한 연구로는 백승흠, "成年後見制度에 관한 硏究: 立法論的 提案을 중심으로", 동국대학교 대학원 박사학위논문(1998) 및 같은이, 『성년후견제도론』, 푸른세상(2005) 참조.

46) 인권법교재발간위원회 편저, 『인권법』, 아카넷(2007), 301면.

영역에 있어서 소극적으로는 장애인에 대한 부당한 갖가지의 차별을 방지하고, 적극적으로는 장애인에 대한 사회적·물리적 제약요인을 제거함으로써 "현재의 장애인"과 "잠재적 장애인" 사이에 실질적 평등이 구현되는 것이다. 장애인 기본권의 실질적 기초가 되는 평등의 의미는 능력에 따른 평등이 아니라 장애인의 "수요(needs)에 따른 평등"으로 해석하여야 한다. 또한 장애인 사이에 있어서도 장애의 정도에 따라서 수요의 정도가 다양하기 때문에 획일적인 보호기준만 제시하게 됨으로써 생길 수 있는 장애인간의 실질적 불평등을 제거하는 것도 중요한 문제이다.[47)]

장애인에게 필요한 것은 돈과 쌀만이 아니라, 근본적으로 이 사회의 구성원으로서 차별을 받지 아니하고, 실질적으로 평등하게 인간으로서의 존엄과 가치를 인정받고 행복을 추구하며 함께 살아가야 하는 것이다.[48)] 이러한 문제를 해결하기 위한 첫 출발이 장애인차별금지법의 올바른 시행이라고 본다.

아울러 장애인에 대한 인식의 변화를 일반화하기 위해서는 장애인에 대한 편견을 제거하고 장애를 만드는 사회현상에 대해 문제의식을 가질 수 있도록 교육해야 한다. 장애인의 인간다운 생활이 보장되기 위해서는 사회에 장애인이 맞춰가는 것이 아니라, 비장애인이 장애 및 장애인을 어떻게 이해할 것이며, 더불어 살기 위해 어떤 행동과 인식을 해야 하는지에 대한 교육이 우선되어야 한다.[49)]

---

47) 이흥재, "障碍人 人權의 社會法的 保障", 『障碍人福祉法制』 법무자료 제122집, 법무부(1989), 15면.
48) 박종운 외, 앞의 논문, 221면.
49) 김동춘·한홍구·조효제 엮음, 『편견을 넘어 평등으로』, 창비(2006), 272면.

정신보건법과 정신장애인의 인권

I. 서론

정신장애인[1]은 정신과 진단을 받는 순간부터 그가 어디서 지낼 수 있고, 직업을 갖는 것이 가능한 지 불가능한지에 그 자신보다는 의사와 보호자의 판단이 우월하며, 인간이라면 누구에게나 자유로운 지역사회에서의 생활이 보장되지 않는, 몸만 큰 아이가 된다. 정신질환자라는 판정을 받는 순간 그가 하는 모든 행동은 폭력적이거나 위험한 것으로 해석되며, 현실적인 판단능력이 없는 사람이 된다. 울어도 문제고, 화내도, 말이 많아도, 흥분해도, 혼잣말을 해도 문제다. 조용히 앉아 있는 것도, 많이 움직여도 문제다. 그들은 더 이상 이름 보다는 진단명으로 분류되는 인간 별종이 된다.[2][3] 그리고 우리사회에서 정신병원이나 정신요양시설은 '형기

---

1) 정신장애자 강제입원에 대해 규정하고 있는 정신보건법에서는 '정신질환'이라는 용어를 사용하고 있는데 동법에 의하면 정신질환을 "정신병(기질적 정신병을 포함한다)·인격장애·알코올 및 약물중독 기타 비정신병적정신장애"로 정의하고 있다(제3조 1호). 정신보건법상의 정신질환이라는 용어는 정신장애를 질병으로 보아 이에 대한 의학적 치료를 강조하는 의료적 시각이 강하게 반영된 것이라 보여진다. 그러나 정신장애자의 처우에 있어서는 치료적인 측면뿐만 아니라 정신장애자의 인권과 재활 측면도 매우 중요하다는 의미에서 정신장애라는 용어를 사용하는 것이 적절하다고 할 것이다(정진수, 형사절차상 취약계층 보호방안-정신장애자 처우를 중심으로-, 한국형사정책연구원, 2005, 30면).

2) 송경옥, "「정신장애자 인권 개선을 위한 법제 연구」에 대한 토론문", 국가인권위원회, 「정신장애인 인권개선을 위한 간담회」 자료집(2007.7.20).

3) 한국사회는 신체적인 능력이나 외모 등에서 평균적인 보통 한국인과 다른 사람들이나, 육체·언어사용 등에서 능력이 떨어지는 사람을 이상하게 생각하는 경향이 있다. 이처럼 소수자에 대한 차별과 억압, 편견의 구조는 한국이 인종·문화적으로 대단히 동질적인 사회라는 점과도 관련되겠지만, 무엇보다도 극단적인 반공주의와 군사권위주의가 획일주의를 강조했고, 이러한 정치·문화적 조건하에서 민주적 토론과 상호존중의 문화를 습득한 사회인을 양성하지 못했으며, 급속한 자본주의 산업화 과정에서 인간존중의 정신보다는 도구적 가치가 압도한 데 기인한다고 볼 수 있다(김동춘·한홍구·조효제 엮음, 『편견을 넘어 평등으로』, 창비, 2006, 36면).

(刑期)없는 감옥'으로 불리기도 한다.

정신병(Psychotic disorder, psychosis)이 의학적 기준으로 질병인 것은 분명하지만, 그렇다고 그것이 단순히 객관적인 의학적 대상만으로 존재하는 것은 아니다. 정신병을 둘러싸고 있는 치료방식이나 제도 등 사회적인 처리과정은 사회문화적인 과정의 일부분이며, 동시에 고도의 정치적인 행위라고 할 수 있다. 즉 정치적, 사회적, 그리고 종교적인 패러다임 및 정신질환자와 그 관련자들의 이해관계에 따라 정신병의 의미나 가치가 달라지는 것이다.4)

한편, 정신질환은 다른 신체적 질환에 비해 치료가 어려울 뿐 아니라, 치료기간도 길고 또한 재발가능성과 위험성이 높은 질환이기 때문에 환자 자신이나 가족들만의 힘으로 효과적인 치료와 관리가 어렵다. 그렇기 때문에 국가가 적극적으로 나서서 이의 예방과 치료를 위해 노력해야 하는 것이다.5)

정신장애인(정신질환자)의 의사에 반하는 강제입원 등 인권 침해적인 문제를 해결하기 위해 제정한 정신보건법이 공포·시행되고 있는 이래, 정신장애인에 대한 강제 입원이 여전히 이루어지고 있으며, 정신병원을 비롯한 사회(복지)시설에서 불법 강제 구금과 격리 등 반인권적인 문제가 발생하고 있다. 다시 말해서 '인권의 시대'에 정신장애인의 인권은 여전히 '원시적인' 상태에 머물고 있는 실정이다.

우리나라의 정신과 관련 시설의 특징은 첫째, 정신장애인의 입·퇴원 과정이 강제적으로 이루어지고 있다는 것이다. 둘째, 정신병원 입원 문제는 강제적으로 이루어지며, 자발적인 의사표현도 무시된다. 또 입원 생활 중에 의료진은 환자에게 전면적인 통제와 규제를 가하며, 이에 불응할 경우 강제력을 동원하여 그에 상응하는 제재를 가하기도 한다. 의료진과 환자 사이에는 일반 병원에서의 의사/환자관계와는 질적으로 다른 권력관계가 성립하며, 의사는 환자에 대하여 전면적인 권력을 행사한다.6)

---

4)　최정기, 정신병원 수용자의 실태와 인권, 최협 외 엮음, 『한국의 소수자, 실태와 전망』, 한울아카데미(2004), 144면.

5)　김용우, 精神疾患의 國家管理問題-精神保健法을 중심으로-, 현안분석 제54호(1992.11), 2면.

6)　최정기, 『감금의 정치』, 책세상(2005), 140면.

Ⅱ. 정신보건법의 역사와 내용

1. 정신보건법의 제정과 개정

(1) 정신보건법 제정

우리나라는 1960년대 이후 정신보건법의 제정에 대한 관심과 함께 입법을 꾸준히 시도하여 오다가 1995년 12월에 국회를 통과하여 법으로 제정되었다. 1984년 〈추적60분〉의 기도원사건 방영으로 인해서 법제정의 필요성이 제기되고, 이에 보사부는 1985년 9월 21일에 입법예고를 하고 11월 14일 국무회의에서 법안심의를 통과시킨 뒤 11월 22일 국회에 제출하였으나 법안이 독재 정치에 시위 학생들이 이용될 것을 우려한 야당의 반대와 대한신경정신의학회, 대한변호사회, 요양시설협회, 한국사회복지협회 등 관련 집단의 반대에 부딪혀 보류되었다.[7]

1991년 대구 나이트클럽 방화사건[8]과 서울 여의도광장 자동차질주사건[9]이 발생하자 법무부가 정신질환과 연계시켜 범죄예방차원에서 정신보건법의 제정에 관여 1992년 1월 보사부는 정신보건법 입법을 재추진할 계획을 발표하였고, 4월 29일과 6월 3일의 두 차례의 공청회를 거쳐 제 14대 국회에 제출하였으나, 정부와 전문직 간의 타협점 찾기의 실패로 법안은 오랫동안 계류되었다. 1995년 9월 이후에 보건복지부, 각종 단체, 정신보건가족협회가 국회의원을 설득하고 민주당이 1995년 2월부터 민주당 안으로 논의해 오던 것을 제출하였으나 정부안과 너무 이질적이어서 갈등이 있었으나, 이에 두 개의 법안을 절충. 3년 이내에 요양원을 요양병원이나 사회복지시설로 전환해야 한다고 되어 있어 협의를 통하여 7년 이내에 전환하도록 수정하여 법안을 통과시켰다. 법안이 발의된 지 10년만인 1995년 12월에 전 6장 61조 부칙 6조로 이루어진 정신보건법이 제정되었다.[10]

---

7) 1985년 정신보건법 제정을 추진할 때부터 반대의 목소리는 높았다. 정신보건법(안)의 강제입원 조치가 잘못하면 정치적 반대파나 기피인물을 가두어두고 정신병자로 몰아 사회적으로 매장해 버릴 수 있는 독소조항과 그 밖에도 사설 요양원의 관리와 정신질환자의 인권문제가 있기 때문이었다(한상범, 『인권문제 입문』, 석림 출판사, 1995, 183면 이하 참조).

8) 동아일보, 1991년 10월 18일, 15면 참조.

9) 중앙일보, 1992년 8월 17일, 23면 참조; 동아일보, 1992년 8월 17일, 23면 참조.

10) 1995년 제정된 정신보건법의 주요내용을 보면, ① 국가・지방자치단체는 정신질환의 예방과 정신질환자의 의료 및 사회복귀 촉진을 위한 연구・조사와 지도・상담 등 필요한 조치를 취하도록 한다. ② 국가 또는 시・도지사는 정신병원을 설치・운영하도록 하고, 시・도지사에게 지역내의 정신병원 또는 병원급이상의 의료기관에 설치되어 있는 정신과를 지정・활용하게 함으로써 보건소와 함께 지역사회의 정신보건사업을 지원하는 등 지역내의 정신질환자에 대하여 관리가 가능하도록 한다. ③ 정신보건시설을 정신의료기관과 사회복귀시설로 구분하고, 시설・장비 및 인력기준 등에 관한 근거규정을 마련한다. ④ 정신요양병

(2) 정신보건법 개정

1) 1차 개정(전문개정 1997.12.31 법률 5486호)[11]

1차 정신보건법의 개정이유는 정신요양병원을 폐지하여 정신병상의 무분별한 증가를 억제하는 한편 사회복지사업법에 의한 정신질환자요양시설을 정신보건법에 규정하고 지역사회정신보건사업을 지원하는 정신의료기관의 범위를 정신과의원까지 확대하고 지역사회정신보건사업에 소요되는 비용을 국가와 지방자치단체가 지원할 수 있는 근거를 마련하며, 보호의무자에 의하여 입원된 환자에 대해 정신과전문의가 퇴원할 수 있다고 판단하면 보호의무자의 퇴원신청이 없어도 즉시 퇴원시키도록 절차를 간소화함으로서 불필요한 장기입원을 억제하고 정신질환자 인권보호를 강화하려는 것이었다.

1차 개정의 주요내용을 보면, ① 정신보건시설을 정신의료기관·정신질환자사회복귀시설 및 정신요양시설로 하고 정신요양병원을 제외하며, 시·도지사가 지역사회정신보건사업을 지원하도록 지정할 수 있는 정신의료기관의 범위를 정신병원 및 병원급 이상의 의료기관에 설치되어 있는 정신과에서 정신과의원까지로 확대한다(동법 제3조 제2호·제3호 및 제8조 제2항 내지 제4항). ② 종전에는 시·도지사에 의하여 정신의료기관에 입원한 환자에 대하여만 환자를 일시 퇴원시켜 그 회복경과를 관찰하는 가퇴원(假退院)이 가능하였으나 앞으로는 보호의무자에 의하여 입원한 환자에 대하여도 가퇴원이 가능하도록 하고, 정신의료기관의 장은 의료를 위하여 정신질환자의 통신·면회 등 행동의 자유를 제한할 수 없으며, 제한할 경우 최소한의 범위 안에서 제한하되, 그 이유를 진료기록부에 기재하도록 한다(동법 제37조 및 제45조 제2항). ③ 국가와 지방자치단체가 보건소의 지역사회정신보건사업에 소요되는 비용을 보

원·사회복귀시설의 설치를 목적으로 법인을 설립하고자 하는 자는 대통령령이 정하는 바에 의하여 보건복지부장관의 허가를 받도록 한다. ⑤ 정신질환자의 보호의무자는 정신질환자로 하여금 적정한 치료를 받도록 노력하여야 하며, 정신과전문의의 진료에 의하지 아니하고 정신질환자를 입원시키거나 입원을 연장시켜서는 아니 되도록 한다. ⑥ 정신질환자의 입원을 자의입원, 동의입원, 평가입원, 시·도지사에 의한 입원 및 응급입원으로 구분하고, 각각의 입원요건과 절차를 규정한다. ⑦ 본인의 의사에 반하는 입원에 대하여 부당여부의 심사와 퇴원을 청구할 수 있는 절차를 마련하고, 이의 심사를 위하여 보건복지부 및 시·도에 정신보건심의위원회를 두도록 한다. ⑧ 정신과전문의 진단에 의하지 아니하는 입원은 금지하고, 전기충격요법 등의 특수치료는 정신질환자 본인 또는 보호의무자의 동의를 얻어 하도록 제한하며, 정신질환자의 행동제한의 금지, 격리제한 등 정신질환자의 권익을 보호하기 위한 규정을 둔다. ⑨ 사회복지사업법의 규정에 의하여 설치한 정신질환자요양시설은 법 시행 후 7년 이내에 정신요양병원 또는 사회복귀시설로 전환하도록 하는 내용이다.

11) 정신보건법의 개정 내용에 대한 자세한 사항은 김훈, 『사회복지법제론』, 학지사(2004), 352-354면 ; 전북정신보건가족협회, 『정신보건법 개정을 위한 입법공청회 및 사랑의 꽃씨 나누기』 자료집, 2007년 3월 27일, 9-15면 참조.

조할 수 있는 근거를 신설하였고, 정신과의사의 의견 또는 진단결과 퇴원이 가능한 환자를 퇴원시키지 아니한 정신의료기관의 장은 1년 이하의 징역 또는 500만원 이하의 벌금에 처하도록 한다(동법 제52조 제2항 및 제57조 제1호).

2) 2차 개정 (일부개정 2000.1.12 법률 6152호)

2차 개정이유는 행정규제기본법에 의한 규제정비계획에 따라 현실적으로 운영 실적이 없는 시·도지사의 정신의료기관 지정제도를 폐지하는 등 현행 제도의 운영상 나타난 일부 미비점을 개선·보완하려는 것이었다.

2차 개정의 주요 내용은 ① 시·도지사가 정신의료기관을 지정하여 당해 정신의료기관으로 하여금 지역사회정신보건사업을 지원하도록 하는 제도를 폐지한다(현행 제8조 제2항 삭제). ② 사회복귀시설을 설치한 자가 그 시설의 폐지·휴지 또는 재개에 관한 신고의무를 위반한 경우 지금까지는 그 시설폐쇄 또는 사업정지와 동시에 과태료를 부과하도록 하였으나, 앞으로는 과태료만 부과하도록 한다(현행 제18조 제1항 제4호 삭제). ③ 정신의료기관에 자의로 입원한 정신질환자에 대한 퇴원중지제도를 폐지하여 당해 환자의 퇴원에 대한 자율성을 보장하고 인권침해의 소지를 없애도록 한다(현행 제23조 제3항 및 제4항 삭제).

3) 3차 개정 (일부개정 2004.1.29 법률 7149호)

3차 개정이유는 지역사회정신보건사업을 원활하게 추진하기 위하여 보건소 등에 정신보건센터를 설치하도록 하고, 정신의료기관이 법정기준에 위반한 경우에는 행정처분을 할 수 있도록 하는 등 현행 제도의 운영상 나타난 일부 미비점을 개선·보완하려는 것이었다.

3차 개정의 주요내용은 ① 정신의료기관이 시설기준 등에 미달하게 된 때에는 허가를 취소하거나 폐쇄 또는 사업의 정지를 명할 수 있도록 한다(동법 제12조 제3항). ② 정신의료기관에 대한 사업정지처분이 그 이용자에게 심한 불편을 주는 때에는 이에 갈음하여 5천만원 이하의 과징금을 부과할 수 있도록 하여 이용자의 편의를 도모하도록 한다(동법 제12조의2 신설). ③ 국가 및 지방자치단체는 지역사회정신보건사업을 전문적으로 수행하기 위하여 보건소 또는 국·공립정신의료기관에 정신보건센터를 설치하도록 한다(동법 제13조 제3항). ④ 지역사회정신보건사업의 전문적이고 집중적인 지원을 위하여 보건복지부장관과 시·도지사는 중앙 및 지방 정신보건사업지원단을 각각 설치·운영할 수 있도록 한다(동법 제13조 제6항). ⑤ 사회복귀시설 설치 등의 신고수리 업무와 사업의 정지 등의 행정처분을 할 수 있는 권한을 시·도지사로부터 시장·군수·구청장에게 이양한다(동법 제15조 제2항, 제17조 및 제18조).

2. 정신보건법의 법적 성격

정신보건법은 '정신질환자'를 규율대상으로 하고 있는 것에서 보는 것과 같이 헌법 제36조 제3항의 "모든 국민은 보건에 관하여 국가의 보호를 받는다"는 규정에 의하여 국가의 국민보건에 관한 적극적 보호의무에 근거한 보건법의 성격을 갖는다. 따라서 정신보건법은 보건의료기본법, 의료법, 응급의료에 관한 법률상 환자의 인권보장을 위한 규정을 받게 된다. 또한 정신보건법은 사회복지법의 성격을 갖는다. 한편 정신보건법은 그 법적 정당성에 대한 보다 엄격한 논증을 필요로 하지만 '자신 또는 타인을 해할 위험'을 강제입원의 요건으로 규정하고 있는 바, 이는 정신보건법이 특별경찰법의 성격을 갖는다는 것이며 따라서 정신질환자를 가진 사람들의 인권에는 경찰법상 경찰작용의 제한과 한계에 관한 법원리가 그대로 타당하게 적용된다.[12] 따라서 정신보건법은 의료법 및 사회보장법(Social Welfare Law)인 동시에 정신장애인(질환자)의 인권보장법으로서의 성격을 지닌다고 볼 수 있다.

3. 정신보건법의 기본이념

정신보건법은 기본 이념으로 ① 모든 精神疾患者는 人間으로서의 尊嚴과 價値를 보장받는다. ② 모든 精神疾患者는 最適의 治療를 받을 權利를 보장받는다. ③ 모든 精神疾患者는 精神疾患이 있다는 이유로 부당한 差別待遇를 받지 아니한다. ④ 未成年者인 精神疾患者에 대하여는 특별히 治療, 보호 및 필요한 敎育을 받을 權利가 보장되어야 한다. ⑤入院治療가 필요한 精神疾患者에 대하여는 항상 自發的 入院이 勸奬되어야 한다. ⑥ 入院중인 精神疾患者는 가능한 한 자유로운 環境이 보장되어야 하며 다른 사람들과 자유로이 意見交換을 할 수 있도록 보장되어야 한다는 점을 규정하고 있다(동법 제2조).

Ⅲ. 국제인권법과 정신장애인 인권선언

1. 「정신장애인 보호와 정신보건 의료 향상을 위한 원칙」과 적용을 위한 지침

UN(국제연합)은 1991년 12월 17일 총회에서 「정신장애인 보호와 정신보건 의료향상을 위한 원칙(Principles for the Protection of Persons with Mental Illness and for the

---

12) 김명연, "보호의무자에 의한 입원에 대한 법치주의적 정비방안 토론문", 국가인권위원회, 「정신장애인 인권개선을 위한 간담회」 자료집(2007.7.20) 참조.

Improvement of Mental Health Care, 이하 MI원칙이라 한다)」을 46/119 결의문으로 채택하였다.

MI원칙은 장애, 인종, 성별, 언어, 종교, 정치적 혹은 다른 견해, 국가적, 종교적 혹은 사회적 기반, 법적 혹은 사회적 지위, 연령, 재산 혹은 출생에 근거를 둔 어떠한 종류의 차별 없이 적용되어야 한다고 규정하고 있으며, 일반제한사항(general limitation clause)[13]과 25개의 원칙(Principles)으로 구성되어 있다.

MI 1원칙은 기본적 자유와 기본권(fundamental freedoms and basic rights)으로 1. 모든 사람은 보건의료 및 사회적 보호 제도 안에서 가장 적절한 정신보건의료를 제공받을 권리가 있다. 2. 모든 정신장애인 또는 정신장애로 치료를 받고 있는 사람은 인간으로서 고유한 존엄성을 토대로 한 인류애와 존경을 바탕으로 치료받아야 한다. 3. 모든 정신장애인 또는 정신장애 치료를 받고 있는 사람은 경제적·성적 착취 및 기타 유형의 착취, 신체적 학대를 비롯한 여러 가지 학대, 치료를 저해하는 행위로부터 보호받을 권리가 있다. 4. 정신장애를 근거로 한 차별이 있어서는 안 된다. '차별'은 기본권의 동등한 향유를 저해하는 모든 분류, 배제 또는 선호를 의미한다. 정신장애인의 권리를 보호하거나 이들의 치료를 위한 특별한 조치들은 차별이라고 보지 않는다. 정신자애인 또는 다른 개인의 인권을 보호하기 위해 필요한 것으로 이 원칙에 따라 행해진 분류, 배제, 선호 등은 차별이라고 보지 않는다. 5. 모든 정신장애인은 세계 인권선언, 경제적·사회적·문화적 권리에 관한 국제협약, 시민권 및 정치적 권리에 관한 국제 협약은 물론이고, 기타 장애인 권리선언이나 모든 형태의 억류·구금하에 있는 사람들을 보호하기 위한 원칙 등 관련 협정에서 인정하는 사회적·정치적·경제적·문화적 권리를 행사할 권리를 가져야 한다. 6. 정신장애로 인한 법적 행위무능력자 판정과 그에 따라 개인 대리인을 선임해야 한다는 판단은, 국내법에 의해 설립된 독립적이고 공정한 심사 기관에서 공정한 심리를 거친 후에 내려야만 한다. 법적 행위능력 여부를 판정받는 대상자에게는 대리인을 선임할 권리가 주어져야 한다. 만약 법적 행위능력 판정 대상자가 대리인을 스스로 구하지 않은 경우, 대리인 선임에 필요한 지불 능력이 없다면 무료로 대리인이 지정되어야 한다. 7. 법원이나 기타 담당 심판 기관이 정신장애인 본인이 자신의 일을 스스로 책임질 수 없다고 결정했을 때에는, 환자의 상황에 필요하고 적합한 범위 내에서 정신장애인의 이익을 보호하기 위한 조치가 취해져야 한다.

---

13) 일반제한사항(general limitation clause)은 "이 원칙에 규정된 권리의 행사는 해당인 또는 타인의 건강이나 안전을 보호하기 위해, 또는 공공의 안전, 질서, 건강 또는 도덕, 타인의 기본권과 자유를 보호하기 위해 필요한 것으로서 법으로 규정되어 있는 사항에 의해서만 제한될 수 있다"고 규정되어 있다.

MI 2원칙은 미성년자에 대한 보호, MI 3원칙은 지역사회에서의 삶(life in the community), MI 4원칙은 정신장애의 판정, MI 5원칙은 의학 검사, MI 6원칙은 비밀보장(confidentiality), MI 7원칙은 지역사회와 문화의 역할, MI 8원칙은 돌봄의 기준, MI 9원칙은 치료, MI 10원칙은 약물 치료, MI 11원칙은 치료에 대한 동의(consent to treatment), MI 12원칙은 권리에 대한 고지, MI 13원칙은 정신보건 시설에서의 권리와 조건 등을 규정하고 있다.[14]

2. 정신장애인 인권 선언

(1) 장애인 권리선언

장애인 권리선언(Declaration on the Rights of Disabled Persons)은 1975년 12월 9일 유엔 총회 결의문 3447에 의하여 선언되었다.

총회는 유엔 회원국들이 유엔 헌장에 의거하여 더 높은 생활수준과 완전고용, 경제적·사회적 진보 및 발전을 촉진시키기 위하여 유엔 기구와 상호 협력하여 공동의 또는 개별적 조치를 취하겠다는 협약에 유념하며, …중략… 1975년 5월 6일 장애 예방 및 장애인의 재활에 관한 경제사회이사회 결의문 1921(LVIII)을 회고하며, 「사회 진보와 발전에 관한 선언」이 심신장애인의 권리보호와 재활 및 복지 확보의 필요성을 제창하였던 사실을 강조하며, 장애인이 다양한 활동 분야에서 자신의 능력을 발휘할 수 있도록 지원하고, 가능한 한 그들이 정상적인 생활로 통합될 수 있도록 촉진하여 심신장애 예방의 필요성이 있음을 유의하며, 일부 국가는 현재의 발전 단계에서 이러한 목적을 위하여 매우 제한된 노력밖에 기울일 수 없다는 사실을 인식하며, 본 「장애인 권리선언」을 선언하였다.

「장애인 권리선언」의 내용을 간략히 살펴보면, (1) '장애인'은 신체적 또는 정신적 능력 면에서 선천적이나 후천적 결함으로 인하여 정상적인 개인 또는 사회생활을 스스로는 완전히 또는 부분적으로 영위할 수 없는 사람을 의미한다고 규정하고 있다. (2) 장애인은 이 선언에 제시된 모든 권리를 향유할 수 있어야 한다. 이 권리는 예외 없이 주어지고, 인종, 피부색, 성별, 언어, 종교, 정치적 또는 기타 견해, 국가나 사회적 출신, 빈부, 출생 또는 장애인 자신이나 그 가족이 처하여 있는 상황에 따라 어떠한 종류의 구별이나 차별 없이 주어져야 한다고 규정하고 있다. (3) 장애인은 의학적·심리학적·기능적 치료 또는 의학적·사회적 재활, 교육, 직

---

14) 「정신장애인 보호와 정신보건 의료향상을 위한 원칙(Principles for the Protection of Persons with Mental Illness and for the Improvement of Mental Health Care」의 자세한 내용은 신영전·최영은 옮김, 『정신장애인의 인권 향상을 위한 지침 』, 한울(2007) 참조.

업 훈련, 재활, 원조, 고정 상담, 직업 알선 및 기타 장애인의 능력과 기능을 최대한 개발하여 사회를 통합 또는 재통합하는 과정을 촉진하는 서비스를 받을 권리가 있다.

(2) 정신지체인 권리선언

정신지체인 권리선언(Declaration on the Rights of Mentally Retarded Persons)은 1971년 12월 20일 유엔 총회 결의문 2856(XXVI)에 의하여 선언되었다.

정신지체인 권리선언의 내용을 보면, 7개 조문으로 이루어진 정신지체인 권리선언은 정신지체인들이 다양한 활동 분야에서 자신의 능력을 발휘할 수 있도록 지원하고, 가능한 한 그들이 정상적인 생활로 통합될 수 있도록 촉진할 필요성이 있음을 유의하며, (1) 정신지체인은 최대한 실현 가능한 정도에서 다른 시민과 동등한 권리를 가진다(제1조). (2) 정신지체인은 적절한 의료 혜택 및 신체 치료를 받을 권리를 가지며 그가 가진 능력과 가능성을 최대한 발전시킬 수 있도록 교육, 훈련, 재활, 지도를 받을 권리를 가진다(제2조). (3) 정신지체인은 경제적 보호와 적절한 삶의 수준을 누릴 권리를 가진다. 정신지체인은 자신의 능력을 최대한 계발하기 위하여 생산적인 일을 수행하거나 기타 의미 있는 직업에 종사할 권리를 가진다(제3조). (4) 가능한 언제든지 정신지체인은 그의 가족 또는 위탁 부모와 함께 살아야 하며 기타 다양한 형태로 지역사회 생활에 참여하여야 한다. 정신지체인과 함께 사는 가족은 지원을 받아야 한다. 만약 시설 보호가 필요하다면 정상인의 삶과 가능한 한 가장 유사한 환경과 조건이 조성되어야 한다(제4조). (5) 정신지체인은 자신의 개인적 복지와 이익을 보호하기 위하여 필요한 경우 자격 있는 후견인을 둘 권리가 있다(제5조). (6) 정신지체인은 착취, 학대 및 비인간적인 처우로부터 보호받을 권리가 있다. 만약 범죄행위로 인하여 기소된다면 그의 정신적 책임을 충분히 감안한 상태에서 공정한 재판을 받을 권리를 가진다(제6조). (7) 정신지체인이 중증 장애로 인하여 그 모든 권리를 유용하게 행사할 수 없을 경우, 또는 그 권리의 일부나 전부가 제한되거나 배제되어야 할 필요가 생겼을 경우에 이를 적용하는 절차가 남용되지 않도록 적절한 법적인 보장을 받아야 한다. 이러한 절차는 자격을 갖춘 전문가에 의한 정신지체인의 사회적 행위능력 평가에 기초하여야 하며 정기적인 심사와 상급 기관에의 항소권을 전제하여야 한다(제7조).

(3) 하와이선언

하와이 선언(Declaration of Hawaii/II)은 1992년 세계정신의학협회(WPA) 총회에서 승인된 것으로, 세계정신의학협회 총회는 문화적 배경과 서계 다양한 나라에 존재하는 법적·사회적

· 경제석 수준에 큰 차이가 있음을 주지시키기 위하여 정신과 의사를 위한 다음의 윤리적 지침을 승인한다. 세계정신의학협회는 이 지침을 정신과 전문의의 윤리적 기준을 위한 최소한의 필요조건으로 간주한다며 10개의 지침을 담고 있다.

하와이 선언의 지침 내용을 간략히 살펴보면, (1) 모든 정신과 의사는 환자에게 그들의 지식을 동원하여 최선의 치료를 제공하여야 하며 환자가 받아들인다면 그들을 배려하여 치료하고 인간으로서의 고유한 존엄성을 존중하여야 한다. (2) 정신과 의사는 환자와 상호 동의에 기초한 치료 관계를 열망하여야 한다. 이의 최선을 위하여 신뢰, 비밀 보장, 협력 및 상호 책임이 요구된다. 몇몇 환자의 경우 이러한 관계 설정이 불가능할 수 있다. 그런 경우에는 환자의 친척이나 다른 가까운 사람과의 접촉이 이루어져야 한다. (3) 정신장애로 인하여 환자가 자신의 최고 이익을 판단할 수 없거나 그러한 치료 없이는 환자 자신 및 타인에게 심각한 손상을 줄 가능성이 있는 경우가 아니라면 환자 개인의 의도에 상반되는 어떠한 절차나 치료가 이루어질 수 없다. (4) 강제적 치료 조건이 더 이상 적용되지 않을 경우 정신과 의사는 환자에게 강제적 성격의 치료를 하지 않아야 하며, 그 이상의 치료가 이루어져야 할 경우에는 환자의 자발적 동의가 있어야 한다. 정신과 의사는 구금에 대하여 이의를 제기할 수 있는 장치와 환자의 안녕과 관련된 기타 사항에 대한 이의를 제기할 수 있다는 것을 환자나 친척, 기타 관계자에게 고지하여야 한다.

IV. 정신장애인의 인권실태와 문제점

정신장애인의 인권상황은 국가인권위원회에 접수된 진정사건의 실지조사 결과와 장복심 의원의 정신병원 현장조사 결과보고서, 시민단체인 「광주참여자치21」의 조사보고서를 중심으로 살펴본다.

1. 정신보건법상 의료 인력의 부족 및 부당한 격리 위주의 환자 수용

보건복지부가 2006년 전국 13개 정신병원을 대상으로 현장조사를 실시한 결과, [표-1] 에서 보는 바와 같이, 13개 병원 중 정신과 전문의 인력기준을 지키지 못한 곳은 12곳에 달했고, 간호사 인력 기준을 지키지 못한 병원도 5곳이나 된 것으로 나타났다. 법에 규정된 의료인력 기준을 제대로 지키지 못했다는 것은 환자에 대한 적정한 진료의 질을 담보할 수 없는 것으로 큰 문제이다. 또한 좁은 병실에 환자를 여럿 수용하는 등 인권침해사례가 무더기로 나타났다. 허가 병상을 초과하여 입원시킨 병원도 울산 D병원(28명초과), 경남 H병원(312명 초과), 경남B

병원(18명초과) 등 3곳이었고, 정신보건법 상 1개 병실에 최대 10명 이하로 규정된 1실 정원을 초과하여 운영한 병원도 경북 S병원(2명 초과), 부산 S병원(2명 초과), 부산 D병원(3명 초과), 경남 B병원(33명 초과), 경남 H병원(8명 초과), 부산 Y병원(2명 초과) 등 총 6곳에 달했던 것으로 드러났다. 이는 정신장애인의 '치료받을 권리'를 침해하는 것이다.

[표-1] 정신보건법 상 의료인력 기준 미달 현황

| 병원명 | 허가 병상수 | 입원 환자수 | 의료인력 | | | | | |
| | | | 정신과전문의 | | | 간호사 | | |
			필요 인원	현원	과부족	필요 인원	현원	과부족
대전 S병원	360	280	5	2	-3	22	21	-1
충북 C병원	190	158	3	2	-1	13	13	0
충남 J병원	298	276	5	4	-1	22	22	0
경북 A병원	252	225	4	2	-2	18	19	+1
경북 S병원	522	519	9	5	-4	40	40	0
부산 S병원	331	280	5	3	-2	22	34	+12
부산 D병원	600	628	11	5	-6	49	49	0
부산 Y병원	540	358	6	6	0	28	30	+3
경남 H병원	540	852	15	4	-11	66	48	-18
경남 B병원	299	317	6	3	-3	25	23	-2
전북 N병원	299	288	5	3	-2	23	23	0
전남 S병원	110	104	2	1	-1	8	6	-2
울산 D병원	194	166	3	1	-2	13	10	-3

※ 정신보건법상 인력기준 : 정신과전문의 연평균 입원환자 60인당 1인, 간호사 연평균 입원환자 13인당1인
　자료출처 : 장복심의원 보도자료(2007년 6월 11일).

정신장애인에 대한 격리와 강박이 정신장애인의 신체에 대한 구속을 의미하는 데도 별다른 조건 없이 허용되는 가장 큰 이유는, 그것이 환자의 치료를 위한 것이라는 의학적인 판단에 따른 것이기 때문이다. 그러나 의사가 절대적으로 부족한 우리나라의 현실에서는 이러한 조치들이 반드시 환자의 치료를 위해서 시행되는 것이라고 보기 어렵다. 그보다는 시설 내의 질서 유지와 환자의 굴복을 강요하기 위해 시행되는 경우가 많다.[15]

---

15) 최정기, 앞의 책, 137면.

2. 정신병원 강제입원 치료의 문제

정신의료와 법률 사이에서 가장 문제가 되는 것은 정신질환자 자신이 자신을 해하는 것을 방지하기 위한 국친사상(國親思想, parents patriae)과 타인을 해할 위험이라는 경찰권사상(警察權思想, police power)을 기초로 하는 정신장애인의 강제입원에 있다.[16] 정신장애인에 대한 격리는 그 결정과정에서 적정절차가 보장되어야 하며 정확한 범죄위험성의 예측이 전제되어야 한다. 그렇지 못하면 사회보호란 미명하에 위험하지 않은 정신장애인을 강제격리하는 것이며, 이는 중대한 인권침해이며 무고한 사람을 범법자로 처벌하는 것과 다름이 없다.[17]

정신보건법은 정신장애인에 대한 효율적인 의료의 하나로 입원 치료를 규정하고 있으며, 입원방법으로는 자의입원(自意入院)(동법 제23조)과 보호의무자에 의한 입원(동법 제24조), 시·도지사에 의한 입원(동법 제25조), 응급입원(應急入院)(동법 제26조)을 규정하고 있다. 그러나 자의입원을 제외하고는 환자 자신의 건강과 안전 또는 타인의 안전을 위하여 입원할 필요가 있는 때(동법 제24조 제2항 제1호), 정신질환으로 의심되는 자가 자신 또는 타인을 해할 위험이 있어 그 증상의 정확한 진단이 필요하다고 인정되는 때(동법 제25조 제3항), 정신질환자로 추정되는 자로서 자신 또는 타인을 해할 위험이 큰 자(동법 제26조 제1항)에 대해서 강제입원을 규정하고 있다.

정신질환자의 입원·치료와 관련하여 문제되는 것은 범죄행위를 하지 않았음에도 불구하고 자신이나 타인을 해할 위험이 있다는 이유에서 정신병원에의 입원을 강요당하는 강제입원[18]이 문제된다.[19] 특히, 가장 문제가 되는 입원유형은 '응급입원'으로 병원에 왔다가 시·군·구청장을 보호자로 하는 '보호의무자에 의한 입원'으로 바뀌는 형태이다. 이 경우 병원 측은 의료급여법에 따라 환자 1인당 국가로부터 일정액의 입원치료비를 받게 되는데, 이를 목적으로 병원 측이 단순 노숙자 등 입원이 필요 없는 사람까지도 입원시키는 경우가 문제가 된다.[20]

UN(국제연합)은 1991년 12월 17일 총회에서 「정신장애인 보호와 정신보건 의료향상을 위

---

16) 李東明, "精神保健法上의 强制入院에 관한 硏究", 형사정책 제13권 제1호(2001), 143면.
17) 정진수, 형사절차상 취약계층 보호방안-정신장애자 처우를 중심으로-, 한국형사정책연구원(2005), 22면.
18) 정신보건법상의 강제입원제도의 문제점에 대한 검토는 竹中 勳, "精神衛生法の强制入院制度おぬくる憲法問題", 判例タイムス, No.484(1983.2.20), 50면 이하 참조; 김병후, "각국 정신보건법에 있는 정신질환자 강제입원", 「정신건강연구」 제14집, 한양대학교 정신건강연구소(1995), 41면 이하 참조.
19) 李東明, 앞의 논문, 139면.
20) 최정기, 정신병원 수용자의 실태와 인권, 150면.

한 원칙(Principles for the Protection of Persons with Mental Illness and for the Improvement of Mental Health Care, 이하 MI원칙이라 한다)」을 46/119 결의문으로 채택하였다. 정신질환자의 입원과 관련하여 MI원칙에 의하면, 정신보건 시설 내 치료가 필요한 사람이 있을 경우, 비자발적 입원(involuntary admission)을 피하기 위해 모든 노력을 기울여야 하고, 정신보건 시설의 출입은 다른 질병을 위한 여타 시설에 대한 출입과 같은 방식으로 관리되어야 한다고 규정하고 있다. 특히 비자발적 입원이 아닌 환자의 경우, MI원칙 16에서 규정한 바와 같이 비자발적 환자로 구금되어야 할 기준에 속하지 않는 한 언제라도 정신보건시설에서 퇴원할 권리를 가지며, 그러한 권리를 고지해주어야 한다고 규정하고 있다(MI원칙 15). 비자발적 입원(involuntary admission)은 ① 정신질환 때문에 환자 자신과 타인에게 절박한 위해의 가능성이 높은 것으로 판단될 때, ② 정신질환이 심하여 판단장애가 있을 때, ③ 그 환자를 입원시키거나 수용하지 않으면 심각한 악화가 초래되고, ④ 입원 이외에는 다른 적절한 치료를 할 수 없다고 판단될 때 시행할 수 있다고 규정하고 있다(MI원칙 16). 하지만 우리나라에서는 유엔의 MI원칙이 적용되고 있지 않다는 것이 문제점으로 지적될 수 있다.[21]

3. 정신보건심판위원회의 구성과 운영 문제

장기입원으로 인한 정신질환자의 인권침해를 예방하기 위해 지방자치단체의 정신보건심판위원회로 하여금 정신질환자의 계속입원 여부에 대한 심사하도록 규정하고 있다(정신보건법 제31조 참조). 광주광역시의 경우, 정신보건심판위원회의 재입원심사로 인한 퇴원율은 거의 1% 이내에 불과하여 사실상 대부부분의 환자들이 계속입원되고 있는 실정이다. 광주광역시도 정신의료기관 입원환자에 대한 재입원여부를 심사하기 위한 정신보건심판위원회가 운영되고 있지만 심사로 인한 퇴원환자는 거의 전무한 형편이다. 치료를 위한 재입원이면 불가피하겠지만 정신질환자의 대부분이 자의에 의한 입원이 아닌 가족이나 단체장에 의한 강제입원인 점을 감안하면 재입원여부에 대한 심사가 보다 명확하게 이루어져야 할 것이다.

---

21) 1992년 세계정신의학협회(WPA)총회에서 승인된 하와이 선언/II(Declaration of Hawaii/II)의 지침 5는 "정신장애로 인하여 환자가 자신의 최고 이익을 판단할 수 없거나 그러한 치료 없이는 환자 자신 및 타인에게 심각한 손상을 줄 가능성이 있는 경우가 아니라면 환자 개인의 의도에 상반되는 어떠한 절차나 치료가 이루질 수 없다."고 규정하고 있으며, 지침 6은 "강제적 치료 조건이 더 이상 적용되지 않을 경우 정신과 의사는 환자에게 강제적 성격의 치료를 하지 않아야 하며, 그 이상의 치료가 이루어져야 할 경우에는 환자의 자발적 동의가 있어야 한다. 정신과 의사는 구금에 대하여 이의를 제기할 수 있는 장치와 환자의 안녕과 관련된 기타 사항에 대한 이의를 제기할 수 있다는 것을 환자나 친척, 기타 관계자에게 고지하여야 한다."고 규정하고 있다.

    정신질환자의 재입원여부를 심사하는 정신보건심판위원회의 구성이 의사 3인 공무원 1인,
변호사 1인으로 구성되어 있어 대부분의 정신질환자에 대한 계속입원여부가 의사에 의해서
좌우되고 있는 실정이다. 따라서 정신보건심판위원회가 대부분 의사로 구성되어 있는 것은
정신질환자의 재입원과 퇴원에 대한 의사결정과정에 정신질환자의 가족이나 관련 전문가 등
다수의 이해관계인의 입장이 원천적으로 반영되지 않는 다는 점을 의미한다.

[표-2] 정신보건심판위원회 재입원심사 결과

시도	연도	계속입원 치료심사 건수	계속입원 심사 결과							
			총계	퇴원		가퇴원(명령)		계속입원	
				건수	%	건수	%	건수	%
총계	2001	66,083	66,083	2,445	3.7			63,638	96.3
	2002	68,229	68,229	2,241	3.3			65,988	96.7
	2003	65,512	65,512	1,883	2.9			63,629	97.1
	2004	75,780	75,780	1,681	2.2			74,099	97.8
	2005	79,181	79,181	2,113	2.7			77,068	97.3
서울	2001	493	493	43	8.7			450	91.3
	2002	495	495	42	8.5			453	91.5
	2003	568	568	55	9.7			513	90.3
	2004	760	760	178	23.4			582	76.6
	2005	725	725	54	7.4			671	92.6
부산	2001	7,487	7,487	219	2.9			7,268	97.1
	2002	7,549	7,549	118	1.6			7,431	98.4
	2003	2,606	2,606	57	2.2			2,549	97.8
	2004	9,021	9,021	92	1.0			8,929	99.0
	2005	8,968	8,968	75	0.8			8,893	99.2
대구	2001	1,811	1,811	54	4.6			1,757	95.4
	2002	1,956	1,956	26	1.3			1,930	98.7
	2003	2,118	2,118	32	1.5			2,086	98.5
	2004	2,259	2,259	24	1.1			2,235	98.9
	2005	2,277	2,277	60	2.6			2,217	97.4
인천	2001	867	867	21	2.5			846	97.5
	2002	1,192	1,192	2	0.2			1,190	99.8
	2003	1,212	1,212	-	-			1,212	100
	2004	1,301	1,301	-	-			1,301	100
	2005	1,384	1,384	-	0.0			1,384	100.0

〈표계속〉

시도	연도	계속입원 치료심사 건수	계속입원 심사 결과						
			총계	퇴원		가퇴원(명령)		계속입원	
				건수	%	건수	%	건수	%
광주	2001	1,482	1,482	5	0.3			1,477	99.7
	2002	1,534	1,534	1	0.1			1,533	99.9
	2003	1,775	1,775	2	0.1			1,773	99.9
	2004	1,787	1,787	4	0.2			1,783	99.8
	2005	2,028	2,028	1	0.0			2,027	100.0
	2006	2,060	2,060	0	0.0			2,060	100.0
대전	2001	3,933	3,933	107	3.0			3,826	97.0
	2002	3,853	3,853	98	3.0			3,755	97.0
	2003	3,980	3,980	54	1.0			3,926	99.0
	2004	4,009	4,009	50	1.0			3,959	99.0
	2005	3,846	3,846	23	0.6			3,823	99.4
울산	2001	903	903	25	2.8			878	97.2
	2002	1,045	1,045	22	2.1			1,023	97.9
	2003	1,163	1,163	14	1.2			1,149	98.8
	2004	1,170	1,170	11	0.9			1,159	99.1
	2005	1,432	1,432	9	0.6			1,423	99.4

* 자료출처 : 참여자치21, 정신의료기관 입원·퇴원환자 현황과 문제점, 2006.

정신보건법 제24조 제3항 및 같은 법 시행규칙 제14조 제2항은 매 6개월마다 계속입원여부에 대한 심사를 청구하도록 규정하고 있음에도 불구하고, 상당수 입원환자들에 대해서 입원 및 퇴원을 반복한 것처럼 진료기록부 등을 허위로 작성하여 계속입원심사청구를 누락시켰고, 계속입원심사를 청구한 경우에도 그 결과를 서면으로 통지하지 않았다. 이는 「헌법」에서 보장하고 있는 신체의 자유(제12조)를 침해하는 것이고 「정신보건법」 제24조 제3항을 위반한 것이며, 퇴원한 적이 없는 환자들의 진료기록부 등(의사지시서·Progress Note·간호기록지 등)에 퇴원과 입원을 반복한 것처럼 기록한 것은 「의료법」 제53조 제1항 제3호의 "진료기록부 등을 허위로 작성한 경우"에 해당한다.[22] "강제입원한 정신질환자는 정신보건심판위원회에 퇴원 요청을 의뢰할 수 있으나, 현재 정신보건심판위원회의 퇴원명령률은 2-3%에 불과하여, 강제입원한 경우 가족 등의 동의를 구하지 못해 장기입원화 될 우려가 높다"는 점에서 강제입

---

22) 국가인권위원회, "강제입원, 퇴원불허, 격리·강박, 폭행 정신보건시설 인권 침해 여전히 심각", 2007년 8월 2일 보도자료 참조.

원의 문제점을 지적할 수 있다.

4. 보호의무자의 자격기준 및 입증절차와 사설응급이송단의 문제

　정신보건법상 정신질환자의 보호의무자는 민법상의 부양의무자 또는 후견인이다. 다만, 금치산자 및 한정치산자, 파산선고를 받고 복권되지 아니한 자, 당해 정신질환자를 상대로 한 소송이 계속중인 자 또는 소송한 사실이 있었던 자와 그 배우자, 미성년자, 행방불명자 자는 보호의무자가 될 수 없다(정신보건법 제21조 제1항).[23]

　문제는 보호의무자 자격이 없는 자에 의한 정신병원 및 정신요양원 등에 입원 및 입원 연장 동의에 의한 인권침해 문제가 발생하고 있다는 점이다. 다시 말해서, 부양의무자나 후견인이 아님에도 동의를 받아 처리하고 있으며, 직계혈족이 아닌 친족의 경우 생계를 같이하는 지 여부를 확인하지 않는 사례가 빈번히 발생한다는 점이다.

　국가인권위원회에 접수된 진정에 의하면, 직계혈족이 아닌 친족들이 입원동의서에 서명하여 입원시킨 사례가 상당수 발견되고 있다. 여기에는 형제, 자매 등 방계혈족은 물론이고 형수, 제수, 올케, 형부, 자형, 처남, 매제, 조카, 이모, 숙모, 큰어머니, 외삼촌, 고모, 숙부, 백부, 사촌누나, 이종누나 등의 친족들이 입원동의서에 서명하여 강제 입원한 경우도 상당한 수 있었는데, 병원은 이들이 환자와 생계를 같이하는 친족에 해당하는지 여부를 확인하여야 함에도 환자의 가족이 자발적으로 보호의무자 입증서류를 제출한 경우를 제외하고는 거의 대부분 보호의무자 확인서류를 받지 않았음이 확인되었다. 특히 일부 환자들의 경우에는 전남편, 의형제, 지인, 교회성도, 주민, 경찰서 형사 등 정신보건법상 보호의무자의 요건에 전혀 해당될 수 없는 사람들이 입원동의서에 서명하여 강제입원 시킨 사례들도 있음이 확인되었다.

　가족에 의한 정신질환자의 입원과정에서도 병원과 미리 협의하고 사설 환자이송업체를 활용하여 물리력을 동원함으로써 정신질환자의 인권을 침해하는 것으로 나타났다. 특히, 사설 환자이송업체의 경우 전화 한통의 연락을 받고서 의뢰자와 강제입원 대상자 사이의 보호의무자격을 확인하지 않고, 입원대상자의 신분도 미확인하는 등 자신들과 커넥션이 있는 정신병원 등에 이송하는 문제는 심각한 인권침해의 유형이다.[24] 정신보건법상 응급입원의 경우를 제외하고

---

23) 정신질환자에 대한 보호의무자가 없거나 보호의무자가 부득이한 사유로 인하여 그 의무를 이행할 수 없는 경우에는 당해 정신질환자의 주소지(주소지가 없거나 알 수 없는 경우에는 현재지)를 관할하는 시장·군수 또는 구청장이 그 보호의무자가 된다(정신보건법 제21조 제3항).
24) 전직 정신병원 근무자의 인터뷰에 의하면, 사설응급구조단의 경우 돈만 건네주면 누구든지 정신병원에 입원시켜 줄 수 있다고 장담하며, 사설응급구조단의 환자이송시 정신병원에서 환자1인당 이송시 리베이트

는 정신과전문의의 진단에 의하지 아니하고 정신질환자를 정신의료기관에 입원시키거나 입원을 연장할 수 없다고 규정하고 있으며(정신보건법 제40조 제1항), 이를 위반하는 경우 5년 이하의 징역 또는 2천만원 이하의 벌금에 처하도록 규정하고 있다(정신보건법 제55조).

5. 사생활의 비밀과 자유 및 통신의 자유 침해

헌법 제17조는 모든 국민의 사생활의 비밀과 자유를 침해받지 아니한다고 규정하고 있고, 정신보건법은 정신장애인들의 권익보호를 위하여 누구든지 정신질환자, 그 보호의무자 또는 보호를 하고 있는 자의 동의 없이 정신질환자에 대하여 녹음·녹화·촬영할 수 없다고 규정하고 있다(정신보건법 제41조 제2항). 그러나 정신병원 등 의료현장에서는 사생활의 침해사례가 빈번하게 발생하고 있다.

샤워시설로 함께 사용되는 병원 화장실에 문과 칸막이가 없어 용변을 보는 모습과 목욕장면이 바로 노출될 뿐만 아니라, 이를 CCTV를 통해 관찰하는 것이 인권침해라며 국가인권위원회에 진정되어, 국가인권위는 피진정병원의 이러한 행위는 입원 환자들로 하여금 인간으로서의 기본적인 품위를 유지할 수 없도록 수치심과 굴욕감을 유발하고 환자들의 인격권과 사생활의 비밀을 침해하는 것으로 판단하여, 피진정병원에 화장실의 차폐시설을 개선할 것 등을 권고했다(결정일자 2007.4.).[25] 또한, 서울 소재 모정신병원은 정신질환치료 경력이 기록된 진정인의 진단서를 사회복지시설 직원에게 무단으로 발급해 준 사례가 국가인권위에 진정되기도 했다. 이 진정에 대하여 국가인권위는 이는 정신병원 정신과전문의는 정신질환자의 진단서를 발급함에 있어 진정인의 법령상 정당한 보호의무자인지 여부를 확인하지 않고 정당한 보호의무자가 아닌 사회복지시설 직원에게 발급하여 준 사실이 확인하여, 이는 헌법 제17조와 의료법 제20조 제1항[26]을 침해한 행위로 판단하고 위 정신병원에 대하여 권한 없는 자에게 진단서를 발급해 준 정신과전문의를 주의조치 할 것과 위 행위에 대한 재발방지를 권고하였다(진

가 제공되며, 환자가 건강보험환자냐 의료급여환자냐에 따라 리베이트 금액도 달라진다고 진술하고 있다(문화방송 [뉴스後] 2007년 9월 1일자 방영 참조).

25) 이 문제와 관련하여 국가인권위원회는 2005년 3월 14일 보건복지부장관에게 '정신의료기관의 CCTV 설치·운영에 관한 법률적 근거와 기준을 마련할 것'을 권고한 바 있다.

26) 의료법 제20조 제1항(기록열람 등)은 의료인 또는 의료기관 종사자는 이 법 또는 다른 법령에서 특히 규정된 경우를 제외하고는 환자에 관한 기록의 열람·사본교부 등 그 내용확인에 응하여서는 아니 된다. 다만, 환자, 그 배우자, 그 직계존비속 또는 배우자의 직계존속(배우자·직계존비속 및 배우자의 직계존속이 없는 경우에는 환자가 지정하는 대리인)이 환자에 관한 기록의 열람·사본교부 등 그 내용확인을 요구한 때에는 환자의 치료목적상 불가피한 경우를 제외하고는 이에 응하여야 한다고 규정하고 있다.

정일자 2006.7. 결정일자 2007.2).

정신보건법은 정신질환자에 대하여 의료를 위하여 필요한 경우 통신의 자유 제한 등 입원 환자에 대한 행동의 자유 제한을 규정하고 있다(정신보건법 제45조 제1항). 입원 환자에 대한 행동의 자유를 제한하더라도 의료를 위해 필요한 경우에 한하여 최소한의 범위 안에서 행하되 그 이유, 제한 당시 환자의 병명 및 증상, 제한 개시 및 종료의 시간, 지시자 및 수행자 등에 관해 진료기록부에 기재하도록 규정하고 있다(정신보건법 제45조 제2항).

국가인권위에 진정된 사례들을 보면, 환자들을 그룹체계로 나누어 부당하게 통신의 자유를 제한하고, 환자가 입원하면 양손과 양발, 가슴을 묶는 등 부당하게 강박을 한다거나(병합사건 진정일자 2005.10. 2005.11. 2006.6 결정일자 2007.2.) 전화사용 횟수를 제한함은 물론 전화 통화 내용을 기록하고, 공중전화의 긴급통화 기능을 정지시켜놓고, 외부인의 환자 면회 시 보호사를 입회시켜 행동의 자유를 제한하고 있다(진정일자 2005.12. 결정일자 2007.4.).

정신보건법 제45조는 정신의료기관의 장에게 '의료를 위하여 필요한 경우에 한하여'라는 조건하에 포괄적으로 환자의 통신의 자유, 면회의 자유, 외출의 자유 등을 무제한으로 금지시킬 권한을 부여하고 있는 바, 이와 같은 규정은 결국 환자들에 대한 치료목적의 격리를 정당화하여 주는 것으로 이는 일종의 사회방위처분적인 성격을 내포하고 있는 것이라고 볼 수 있다.[27]

6. 정신장애인에 대한 신약처방의 문제

세계정신의학회는 항정신병약물사용 가이드라인을 통해 최근 개발된 신약들을 모두 일차약물로 사용하길 권고하고 있다. 국내에서 만든 정신병 치료 가이드라인에도 동일한 원칙이 적용되고 있다. 그러나 이런 신약들이 미국 유럽 등 선진국에서는 90% 이상의 환자에게 사용되고 있는 반면에 아직 국내 정신과 환자들은 이런 신약의 혜택을 충분히 누리지 못하고 있는 실정이다. 문제는 새로운 약물들이 기존의 약물보다 고가라는 데 있다. 그러나 실제로 전체 의료비용 중에서 약값이 차지하는 비용은 2-3%에 지나지 않는다. 그런데도 우리 의료정책은 의료비 증가를 원치 않는 보험공단 측에서는 환자 1인당 진료수가가 많이 청구된 병원에 대한 이른바 의료비 심사를 통해 이런 신약 사용을 암암리에 제한하고 있다는 점이다.[28]

27) 김수원, "정신질환자 인권과 경찰: 정신의료기관 사례를 중심으로", 「정치・정보연구」 제8권 1호(2005), 173면.
28) 권준수, 정신질환 신약처방 제한 없어져야, 동아일보, 2007년 10월 10일, A37면.

V. 맺음말

정신장애인에 대한 강제입원은 그 자체 헌법상 보장된 신체의 자유, 거주이전의 자유를 직접적으로 제약하고, 강제입원이 의도하는 강제치료는 신체를 훼손당하지 않을 권리를 제약하고 부수적으로 행복추구권을 제약한다. 따라서 강제입원에 대하여는 신체를 훼손당하지 않을 권리, 신체의 자유, 거주이전의 자유, 행복추구권 등 개별기본권의 요구조건이 충족되어야 하며 동시에 헌법 제37조 제2항의 기본권제한의 일반원칙, 과잉입법금지와 과소입법금지원칙 등을 준수해야만 한다.29)

가족간의 재산 다툼이나 혼인관계 해소를 위해 위계(僞計)에 의해 배우자 일방을 정신병원에 강제 입원시키는 사례들이 발생하고 있는 것을 보더라도 '법정 입원'이나 '응급 입원'은 분명 인권침해 소지가 많다.30)

현행 정신보건법은 정신질환자를 치료 및 보호의 대상이자 나아가 그들로부터 사회의 방위를 위한 대상으로 보기 때문에 애초부터 정신질환자의 권리장전의 형식으로 만들어져 있지 않다. 따라서 강제치료와 강제입원치료에 있어서 환자들이 지닌 권리에 대해 구체적으로 표현하지 않고 있다는 근본적인 문제점이 있다. 무엇보다도 환자가 자신의 기본적인 상황이 변하는 과정에 대해 고지 받을 권리, 변호인과 보조인을 선택하고 그들로부터 도움을 받을 권리, 치료 상황에 대하여 주기적으로 정보를 제공받을 권리, 자신의 정보를 원칙적으로 언제든지 열람할 수 있는 권리 등이 정신보건법에 명시적으로 규정되어야 한다.

서구의 정신보건 역사가 환자의 입원을 가능하면 줄이고 입원기간도 극단적으로 줄여온 데 비해 우리는 치료효능이 거의 없는 수용정신병상만 증설시켜 환자의 사회복귀를 가로막고 입원기일을 연장시켜왔다.31) 현행 정신보건법상의 정신장애인에 대한 입원에 있어 보호의무자에 의한 입원은 6개월 단위로 심사하도록 되어 있고, 광역자치단체장에 의한 입원의 경우 2주 이내의 증상 진단 이후 계속입원은 3개월로 하고 있다. 입원 기간 즉 치료기간은 질환에 대한 의학 전문적 판단에 달려있는 것일 뿐, 보호의무자가 동의했기 때문에 기간을 늘일 수 있다는

---

29) 국가인권위원회, 「정신장애자 인권개선을 위한 법제연구」 2006년도 인권상황실태조사 연구용역보고서, 9면.

30) 2001년 1월 경기도 모 정신병원에서 근무 당시 종교 문제로 남편과 갈등을 겪고 있던 정백향(정신병원피해자모임 대표)씨는 강제입원되었다가 한 변호사의 도움으로 정신병원을 빠져 나와 정신과 의사와 남편을 고소한 사건이 대표적이다. 이 사건을 담당한 의정부지법 형사합의 2부는 정신병원 입원환자의 정당한 요구를 무시하고 정당한 이유 없이 퇴원시키지 않은 정신병원 의사에게 '감금죄(監禁罪)'를 인정하였다.

31) 김병후, "정신보건법, 정신병, 정신병동", 사회평론(1992년 7월호), 117면.

논리는 성립될 수 없다. 따라서 강제입원은 최소 제한의 원칙에 의거하여 가능한 한 단기간이어야 하므로 3개월을 단위로 통일하는 것이 타당하다.[32]

정신장애인의 사회복귀는 정신장애인의 인권과 관련하여 중요한 문제이다. 정신장애인의 사회구성원으로서의 인권문제는 정신장애인은 치료를 통하여 사회에 복귀하여야 하는 환자일 뿐이고 특별한 존재가 아니라는 전제하에서 출발하여야 한다고 본다.[33] 이러한 문제의식을 토대로 정신장애인의 인권보장 방안의 첫 출발은 정신장애인의 사회복귀대책이라고 본다. 정신장애인의 사회복귀대책을 실현하기 위해서는 지역의 정신의료체계의 정비, 사회복귀 체제의 확립, 환자・가족에 대한 복지정책의 충실화 등 종합적인 대책이 필요하다고 본다.[34] 또한, 우리 사회에서 정신장애인으로 겪는 불평등을 제거하고 비차별적인 사회로의 변화를 위한 조건을 만들어가기 위해서는 정신장애인과 가족의 자기 옹호적 노력과 사회적 인식의 변화가 뒷받침하는 가운데 법 개정이 속히 이루어져야 하겠다. 특히, 정신자애인의 인권보호에 대한 법적 기여도를 높이기 위해서는 정신장애인에 대한 차별과 인권침해에 대한 처벌, 감독 등에 관한 규정과 권리증진에 대한 국가적 책임이 명시될 필요가 있다. 세계정신의학회의 '하와이 선언'이 정신장애인과 정신과 의사의 상호합의와 중립적 소청기관 등을 강조하고, 제3자의 부당한 요구에 대한 정신과 의사의 거부권까지 규정하고 있는 것은 정신보건법에 세부적인 내용을 완벽하게 규정하지 않고서는 정신장애인의 치료와 보호의 이름으로 부당한 인신구속이 행해질 위험이 크기 때문이다. 이러한 점을 토대로 정신보건법 개정논의는 정신장애인의 인권 보장에 초점을 맞추어야 한다.

---

32) 국가인권위원회 보고서, 27면.
33) 유선영, "정신장애인의 인권운동에 관한 토론", 「정신보건사회사업학회」 2000년 춘계 학술대회 자료집, 64면.
34) 大谷 實, 『精神保健法』, 有斐閣(1991), 198면.

2부

한국헌정과 대통령

한국헌정과 이승만 대통령

Ⅰ. 문제의 제기

1998년 국회 개원 50주년 기념사업의 하나로 건국대통령 이승만 박사 기념사업회(회장 신도환 前 국회의원) (이하 '同 기념사업회'라 한다) 에서 국회에 청원서(請願書)를 내면서 건국대통령 이승만 박사흉상 건립문제를 검토하기 시작한 것으로 알려지기 있다. '동 기념사업회'에서 청원서를 제출할 당시에는 국회가 폐회중이어서 공론화(公論化)되지 않았으나 1998년 국회 개원 50주년을 앞두고 긍정적인 방향으로 검토되고 있다는 사실이 알려지고 있다.

'동 기념사업회'가 1997년 7월 국회에 청원서를 내고, 김수한 국회의장이 여야 3당 원내총무(Whip, Floor leader)에게 긍정적으로 검토해 줄 것을 요청하면서 역사학계 등의 심한 반발을 사고 있다. '동 기념사업회'가 국회에 제출한 청원서에 의하면, 1998년 5월 국회 50주년 기념사업의 하나로 국회의사당 입구 로텐다홀 로비에 제헌국회 의장을 지낸 이승만 전(前) 대통령의 흉상 건립을 건의했다고 한다. 그리고 국회는 이승만과 신익희 선생의 흉상을 국회에 세우려다 이승만의 헌정 유린을 문제 삼은 국회 운영위원회 일부 의원들의 반대로 흉상건립안이 부결되었다. 그러나 김수한 국회의장은 이승만 흉상건립 안건을 반드시 통과시키겠다는 의지를 보이고 있다.

한편, 일부 언론사들은 사설(社說)을 통하여 이승만 흉상 건립을 반대하는 국회의원들을 현대사의 흐름을 왜곡하고 자신들의 뿌리 자체를 부정하는 일이며 이승만의 흉상을 국회에 건립하는 것은 우리 현대사를 바로잡는 일로서, 자유민주주의에 기초한 민주국가 반세기의 역사에도 불구하고 우리에겐 대한민국을 세우는데 지도자 역할을 한 국부(國父)가 없다는 부끄러움을 안고 있고, 헌법이 제정되고 정부가 수립되어 오늘에 이르렀기에 건국대통령이자 초대 국회의장인 이승만 박사의 흉상을 국회내에 건립하는 것은 너무나 당연한 일이다며 이승

만의 국회흉상건립을 주장하고 있다.[1]

어떤 인물에 대한 동상이나 흉상을 건립한다는 것은 그 또는 그녀가 당시대에 역사적으로나 사회적으로 빼어난 업적을 이루어 후대의 사람들이 그 업적을 누리고, 이어받고, 역사의 지침으로 삼아 앞으로 역사의 진전에 이바지하기 위함이다. 또 그 동상을 특정 자리에 세우는 것은 그 자리의 존재가치를 높이는데 지대한 공헌이 있는 경우에 국한되기 마련이다.[2] 과연 이승만은 국회 로텐다홀에 흉상을 세워 후대의 사람들에게 교훈을 주는 인물로 삼을 만한가?

여기서 우리가 똑바로 보아야 하는 것은 이승만은 우리의 민족정신과 민주이념에 먹물을 칠해놓은 방해꾼이었다는 것이다. 특히 그것은 일제 잔재를 자기의 집권을 위해 잔존시켜 놓고 그로 말미암아 엄청난 해를 우리에게 끼쳤기 때문이다. 이 점을 철저하게 따지지 않고 이승만을 건국원훈으로 떠받음으로써 그의 반민족적 반민주적 가해행위를 가려버려서는 안된다.[3]

민의의 전당인 국회 로텐다홀에 이승만 흉상을 건립하려는 것은 반역사적 반민주적 행위로서 어떠한 이유로도 정당화 될 수 없는 일임에도 불구하고 이에 대한 우리 사회의 공론화작업과 본격적인 학술적 검토가 미미하기만 하다. 따라서 이러한 문제의식을 가지고 헌정사적 측면에서 국회 이승만 흉상건립의 부당성과 반역사성을 검토하고자 한다.

II. 한국 헌정(憲政)과 제1공화국 이승만의 공과(功過)

이승만 초대 대통령은 발췌개헌(拔萃改憲)과 사사오입개헌, 3.15부정선거 등으로 한국 의회민주주의를 유린한 인물이다.

이승만 전(前) 대통령은 집권기간 내내 반민족적이고 반민주적 반의회적인 행태로 일관했다. 반민족적인 행위로는 건국 초기 청산대상(淸算對象)인 친일세력과 손잡고 헌정을 유린하였고, 더욱이 친일파들을 처벌하기 위한 반민족행위자처벌법이 국회를 통과해 반민족행위자특별위원회(反民特委)가 친일파 청산을 위한 활동을 시작했으나 반민특위(反民特委) 활동에 적극적인 국회의원들에게 간첩혐의를 뒤집어 씌어 1950년 2월 반민특위를 해산시켜버리는 것이 대표적인 반민족행위로 평가되고 있다.

1948년 5 10총선거 후 구성된 제헌의회(制憲議會)가 성안(成案)한 의원내각제 중심의 헌법초안을 "대통령제가 아니면 대통령직을 맡지 않겠다"라며 국민의 민의(民意)를 손바닥 뒤집

---

1) 중앙일보, 1997년 11월 26일, 6면; 조선일보, 1997년 11월 20일, 3면.
2) 강정구, 이승만 흉상과 역사뒤집기, 「殉國」 1997년 11월호, 6면.
3) 한상범, 『한국의 법문화와 일본제국주의 잔재』, 교육과학사(1994), 56-57면.

듯이 바꿔버렸다.[4]

이승만(李承晩)의 이러한 개인적 행태에 의한 정부형태는 후의 제3공화국에서 제6공화국에 이르기 까지 그대로 채택되어 한국 헌정사에 크나큰 영향을 미치고 있다. 제헌헌법제정시 정부형태의 논의과정에서 정치적 편의주의(便宜主義)에 사로잡힌 나머지 합리적인 이론의 요청에 근거하기 보다는 정치세력의 이기적(利己的)인 타협의 산물로서 이질적(異質的)인 요소를 억지로 혼합시킨데서 오는 것이다.[5]

반민주적 반의회적인 행태로는 자신의 집권욕을 만족시키기 위하여 헌법이 상정하고 있는 기본원리나 의회주의의 원리를 백골단(白骨團) 땃벌레 등 폭력단을 동원하여 파괴 유린(蹂躙) 하였으며, 자신의 집권연장에 방해가 되는 정치적 인물이나 언론에 대하여 '반공'이라는 한국판 매카시즘을 동원하여 무차별적인 폭력을 행사함으로서 반민주적인 행태를 서슴없이 행사하였다는 것이다.

특히, 이승만은 상징조작(象徵操作, Symbol Manipulation)을 통하여 국민들을 우민정책(愚民政策)으로 다스리고자 했다는 점을 지나쳐서는 않된다. 이승만을 양녕대군의 후손으로 왕통의식을 상기시키는 여론 조작으로 이왕조 후예들의 매스컴 부각을 통한 복고주의 심정의 자극이나 이왕조의 궁궐 중수나 과거 예찬론을 통한 보수적 향수를 통한 자유주의와 진보주의 의식의 마비 내지 둔화를 위한 심리조작은 여러면에서 직접 간접으로 시도하였다는 것이다.[6] 또한 이승만은 개인의 카리스마에 의한 상징조작으로 권력을 강화하고 영속시키려 했다. 처음에는 '구국의 영웅'으로 자처하다가 '국부(國父)'로 자임하기도 했고, 마침내는 '나 아니면 안된다'고 우기기도 했다.[7] 이승만 시기부터 시작된 상징조작(象徵操作, Symbol Manipulation)은 헌정과정(憲政過程) 내내 부정적(否定的)인 영향을 미치고 있다는 것이다.

이승만이 한국 헌정에 미친 영향을 한마디로 표현하면 '독재와 권위주의적 통치의 선례'를 남겼다는 것이다. 자신의 집권과 영구집권을 위해 독립국가 기초건설의 제1과업인 친일세력 청산을 외면하고 친일파를 온존시켜 취약한 권력기반으로 이용하였다는 점, 자신의 정치적

---

4) 이를 두고 제헌헌법의 기초자였던 유진오(俞鎭午)는 "대한민국 헌법의 비극은 내가 초밥먹는 동안에 이루어진 것이었다"고 회고하고 있다. 俞鎭午가 헌법기초위원회에 제출한 내각제 헌법 초안(草案)이 이승만으로 대표되는 정치세력에 의해 갑자기 대통령제로 점심식사시간에 바뀐 것이다. 한국 헌정사에서 이 점을 우리가 쉽게 지나쳐서는 안된다(俞鎭午, 『憲法起草回顧錄』, 一潮閣, 1980, 101면을 참고할 것).

5) 장명봉, "憲政 40년의 回顧와 展望", 『법학논총』 제1집(국민대학교 법학연구소; 1988), 90면.

6) 韓相範, "市民 憲法과 封建 統治規範의 思想的 差異의 비교를 통해 본 문제", 『아·태공법연구』 제4집 (1997), 13면.

7) 장을병, 李承晩과 象徵操作, 新東亞(1982년 7월호), 91면.

반대세력에게 '반공주의'라는 합법적 테러리즘을 동원하여 정적(政敵)제거 수단으로 악용하였고, 국가를 지키라고 부여한 계엄권을 자신의 영구집권을 위해 전쟁의 와중에서 계엄을 선포 개헌에 악용하였다는 점, 개헌과정에서 의회주의 절차를 무시하는 '날치기통과'의 악선례를 남겼으며, 정권유지를 위해 경찰 등의 억압기구를 통한 강압적 지배를 일상화시키고 관변단체를 동원한 관제데모로서 민의를 조작하고 '정치폭력'을 행사하였다는 것이다.

레벤슈타인(Karl Loewenstein)은 제헌헌법에 대해 "민주주의 국가를 강력한 집행부를 가진 유형으로 개조하려 하고 있으며, 동시에 이승만 초대 대통령에게 알맞게 되어 있다. 가미된 의원내각제적 요소는 그 자체 모순투성이"로 이승만정권에 대하여는 "대통령제로 분장한 이승만의 개인독재"[8]로 평가하고 있다. 이하에서는 이승만 당시의 헌정과정과 문제점을 구체적으로 살펴보기로 한다.

1. 헌법제정(憲法制定) 과정에서 이승만의 문제점

1948년 5 10총선거 후 48년 5월 31일 국회가 구성되고, 동년 6월 3일에는 헌법기초위원회를 구성하였다. 헌법기초위원회는 유진오씨안(兪鎭午氏案)을 원안(原案)으로 하고, 권승렬씨안(權承烈氏案)을 참고안(參考案)으로 하여 초안(草案)을 작성하였다. 유진오씨의 원안은 ① 국회를 양원제(兩院制)로 하고, ② 정부형태를 의원내각제(議院內閣制)로 하고, ③ 법률의 위헌심사권(違憲審査權)을 대법원(大法院)에 부여한 것이었다. 그러나 기초위원회의 토의과정에서 이승만 博士의 강요에 따라 ① 단원제(單院制) 국회, ② 대통령중심제(大統領中心制)로 변경되었고, ③ 헌법위원회제를 채택하기에 이르렀다.[9]

제헌헌법의 초안(草案)인 유진오안(兪鎭午案)이나 참고안(參考案)이었던 권승렬안(權承烈案) 모두 정부형태를 의원내각제(議院內閣制)를 골자로 하고 국회를 양원제(兩院制)로 구성하는 것이었다. 그리고 헌법기초위원들도 의원내각제를 선호 지지하고 있었다. 그러나 국회에서 2독회까지 통과된 의원내각제 헌법안을 "내각책임제 하에서는 어떤 지위도 맡지 않겠다"는 고집과 압력에 굴복하여 단원제(單院制) 국회, 대통령제 헌법으로 변경되었다. 이승만이 표면적으로 정당정치의 기초가 확립되지 못한 국내여건과 군소정당이 난립하고 있는 상태에서는 의원내각제 정부형태가 정국안정을 가져올 수 없다는 이유를 들어 대통령제를 주장하였

---

8)　Karl Loewenstein, Der Staatspräsident Eine rechtsvergleichende Studie, in : Archiv des Öffentlichen Rechts, Bd.75(1949), Heft 2, S. 129-192. 金孝全 譯, 『比較憲法論』, 교육과학사(1991), 51-52면.

9)　김철수, 『한국헌법사』, 대학출판사(1988), 75면.

지만, 이승만이 의원내각제 헌법안을 반대하고 대통령제를 고집한 진짜 이유는, 우파에서 가장 유력한 세력인 한민당 등이 이승만을 '상징적 지도자(象徵的 指導者)인 대통령'으로 옹립하는 의원내각제 정부를 구상하고 있었고[10] 또한 한국민주당(한민당)의 김성수(金性洙)가 국무총리에 선출될 가능성이 크고 김성수(金性洙)가 국무총리에 선출되면 자신의 실권이 없어질 것을 염려하여 의원내각제(議院內閣制) 정부형태를 고집하였던 것이다. 따라서 제헌헌법은 의원내각제 정부형태에서 일순간에 대통령제로 바뀌어진 것이다. 이렇듯 정부형태 변경의 핵심 골자는 제68조 제1항의 국무총리임령에 대한 국회의 승인은 수정안(修正案)대로 통과되었으나, 제2항인 국무위원임명에 대한 국무총리의 추천권(提薦權)은 부결(否決)되고 헌법기초위원회(憲法起草委員會)에서 본회의로 넘어온 '원안(原案)'대로 국무위원 임명은 국무총리(國務總理)의 개입없이 대통령의 뜻대로 하게 되고, 국무총리는 그와 관계없이 대통령이 뿔뿔이 임명한 국무위원들을 어떻게 통어(統御)하고 내각(內閣)의 통일성(統一性)을 유지할 수 없다. 이 결정으로 인하여 대한민국헌법은 결정적으로 대통령제로 넘어가고 대통령의 전제독주(專制獨走)의 길은 환하게 뚫려진 것이었다.[11] 이러한 이승만의 독선적 행태는 '대한민국' 속에 이승만이 존재하는 것이 아니라 이승만이 먼저 존재하고 대한민국이 종속구조로서 존재하는 것이 아닌가 하는 착각을 불러일으킬 정도로 까지 볼 수 있다.

제헌헌법안은 1948년 7월 12일 제28차 국회 본회의에서 재석의원 만장일치로 가결(可決)되어, 동년 7월 12일 국회의장이 서명하고, 동년 7월 17일 공포되었다.

제헌헌법 제정과정에서 이승만의 반민주적 반민족적 행태는 자신의 실권(實權)행사를 위해 정부형태를 대통령제로 고집 강권하여 변경시켰다는 것이다. 이는 헌정 50년 동안 9차에 걸친 개헌이 국민을 위한 개헌이 아니라 대부분 집권자의 장기집권·영구집권과 쿠데타를 일으킨 군인세력들의 집권의 정당성과 정통성 확보라는 정치적 방편으로 악용되었다는 것이다. 이런 면에서 이승만은 자신의 집권욕을 충족시키기 위해 헌법을 농락한 최초의 인물이며 헌정사(憲政史)에 있어 아주 나쁜 선례(先例)를 남겼다.

2. 발췌개헌(拔萃改憲)과 부산 정치파동에서 보여준 이승만의 반민주적 행태

제헌(制憲) 이후 최초의 개헌안(改憲案)은 이승만의 국회경시(國會輕視)와 독재성(獨裁性)에 대한 반발로서 의원내각제를 골자로 한민당(韓民黨)에 의해 제출되었으나 1950년 3월 14

---

10) 한상범, 『헌법이야기』, 현암사(1997), 51면.
11) 兪鎭午, 『憲法起草回顧錄』, 一潮閣(1980), 101면.

일 국회 본회의에서 표결에 붙여진 개헌안은 재석(在席) 179명 중 가(可) 79, 부(否) 33, 기권 66, 무효 1로 재적의원 3분의 2 이상의 찬성을 얻지 못하여 否決되고 말았다. 한민당(韓民黨)이 의원내각제를 골자로 한 개헌안을 제출한 것은 이승만에 의해 국무총리 지명과 내각구성에서 우롱당한 것이 근본적인 이유라고 볼 수 있다.[12] 그래서 이승만을 무력화시키기 위해 1950년 1월 27일 국회에 개헌안을 제출했던 것이다. 1950년 4월 12일 새로 제정된 국회의원 선거법에 따라 동년 5월 30일 제2대 국회의원 총선거가 실시되어 1948년 제헌국회 구성을 위한 5·10총선 당시 선거 참여를 거부했던 중도파(中道派)가 선거에 적극참여하여 대거 당선됨으로 인해 이승만의 정치기반이 크게 약화되었다. 제2대 국회의 원내분포는 이승만에게 등을 돌린 한민당 계열이 다수를 차지하고 있었다.

또한, 당시의 정치 환경은 국민방위군 사건[13] 거창양민학살 사건[14] 등으로 이승만은 추정(醜政)과 실정(失政)으로 이미 국민의 지지와 신망을 잃고 있었다.

이러한 정치환경에서 이승만은 국회에서 대통령으로 당선될 확률이 거의 없었다. 제2대 국회는 언제라도 법적으로 이승만의 권력을 무력화시킬 수 있는 능력을 갖추고 있었다. 이를 극복하고자 이승만은 대통령 직선제와 양원제를 골자로 하는 개헌안을 1951년 11월 30일 국회에 제출했으나, 1952년 1월 18일 표결 결과 재적 163명 중 가 19, 부 143, 기권 1로 이승만의 개헌안은 부결되는 참패를 당하였다. 정부 제안의 개헌안이 부결되자 이승만은 "국회의원들이 민의가 어떻다는 것을 깨닫지 못한다면 각 선거구의 유권자들이 소환을 결정할 것이고, 소환을 결정하면 그대로 실행할 따름이다"라는 담화를 발표하였고, 국회의원 소환 관제(官制)데모를 벌였다.[15] 이승만은 대통령 직선제 개헌안이 국회에서 부결되자 '원외' 자유당과 백골단, 땃벌떼, 민중자결단 등과 경찰력을 동원하여 국회의원 들을 위협하며 국회의원 소환 벽보와 각

---

12) 韓民黨이 이승만에 의해 우롱당했다고 보는 이유로는 첫째, 국무총리 지명에서 김성수씨를 지명할 것으로 알았으나 예상밖으로 李允榮을 국무총리에 지명한 사실이다. 국회에서 李允榮의 국무총리인준안은 한민당의 반대로 부결되고, 또 다시 이승만은 모든 사람의 예상과 기대를 뒤엎고 韓民黨이 가장 꺼려하는 族靑係의 李範奭을 총리에 지명한다. 둘째, 내각구성에서도 한민당의 핵심인사는 내각구성에서 배제하고 金度演만을 재무장관에 입각시킴으로서 철저하게 한민당을 우롱했다고 본다.

13) 국민방위군사건이란, 한국전쟁중 청장년의 예비병력을 국민방위군에 편입시켜 남하시키는 과정에서 국민방위군 간부가 군수품과 식량과 금전을 부정유용하고 다수의 장정들을 식사를 거르게 만들고 병들고 얼어 죽게 만든 사건이다.

14) 거창양민학살사건은 공비토벌을 명령받고 경남 거창군 신원면에 진주한 군병력이 부녀자와 노인을 포함한 마을 주민들을 무차별 학살하고 이를 공비토벌의 전과로 조작한 사건이다. 해방후 전국에 걸쳐 자행된 양민학살에 대해서는 김삼웅, 『양민학살사』, 가람기획(1996)을 참조할 것.

15) 송우 편저, 『韓國憲法改正史』, 集文堂(1980), 99면.

종 삐라를 뿌리는 등 공포분위기를 조성 관제(官制) 민의(民意)를 만들어 내었다. 이러한 이승만의 관제데모와 민의조작 행위는 정치환경을 더욱 더 반이승만 분위기를 확산시키고 있었다.

이승만 정부측이 제안한 개헌안이 부결되자 이와 같은 여세를 몰아 야당 국회의원들은 국회 재적의원 183명의 3분의 2보다 1표가 더 많은 123명이 1952년 4월 17일 내각책임제 개헌안을 국회에 제출하였다. 이에 당황한 이승만은 1952년 5월 14일 국회에서 부결된 대통령 직선제와 양원제를 내용으로 하는 개헌안을 다시 제출한다. 한편, 국회의 분위기가 내각제 개헌안으로 기울자 장면 국무총리를 해임하고 장택상(張澤相)을 국무총리에 임명하고, 이갑성 등 원내 국회의원 52명을 자기 지지파로 포섭하였다.

국회와 정부가 제안한 개헌안이 공고(公告) 중인 가운데 합법적인 방법으로 대통령 직선제 개헌안 통과가 불가능하다고 판단한 이승만은 1952년 5월 25일 0시를 기해 부산 근교에 공비 출몰과 출몰한 공비소탕을 명분으로 부산시를 비롯한 경남과 전남북 23개 시군에 비상계엄을 선포하였다.16) 계엄당국은 동년 5월 26일 새벽부터 언론에 대한 검열을 실시하고 국제공산 당 의 국가전복을 분쇄한다는 구실을 내세워 내각제 개헌을 적극적으로 추진하고 있던 야당 국회의원들을 체포·검거하기 시작하여 동년 5월 29일까지 내각제 개헌 추진 핵심 국회의원 10명을 체포하였고, 5월 26일 47명의 국회의원이 국회통근버스를 이용 국회에 등원하던 중 국회의원이 탑승한 국회통근버스를 크레인으로 견인하여 헌병대로 끌고가 곽상훈·서범석 의원 등을 연행 구속하였다. 사태가 이러자 신변에 위협을 느낀 40여명의 야당 국회의원들이 피신하기에 이르렀다. 한편 국회는 5월 28일 구속 의원 석방 결의를 하였으나 정부는 아무런 반응이 없었고, 이에 김성수(金性洙) 부통령은 사임서를 제출한다.

국회해산과 국회의원 소환 데모에 대응하여 동년 6월 20일 이시영(李始榮)·김성수(金性洙)·조병옥(趙炳玉)·김도연(金度演) 의원 및 재야인사들이 부산 국제구락부에서 반독재 호헌 구국 선언대회 를 개최하여 이승만 독재에 대항하였으나 6 25기념식장에서 이승만 암살 미수 사건이 발생하여 야당은 완전히 전의를 상실하고 정국은 극도로 혼미하기만 하였다.

국무총리 장택상(張澤相)은 이러한 정국의 혼미를 이용하여 "시국을 수습해야 한다"는 명분을 내세워 야당 국회의원을 협박 반 설득 반으로 회유작전을 전개하고, 한편으로 '신라회'라는 추종세력으로 하여금 이승만이 내놓은 대통령 직선제 개한안과 다수의 야당 국회의원이 제출한 의원내각제 개헌안 중에서 적당한 조항을 발췌한 발췌개헌안을 마련하여 1952년 7월 4일 국회에 상정하였다. 1952년 7월 4일 심야에 국회의원을 강제로 연행, 경찰·군대와 테러

---

16) 이 계엄선포의 부당성은 당시 이종찬 육군참모총장이 계엄군의 출동을 거부한 것에서 찾을 수 있다.

단이 에워싼 국회에서 기립표결로써 출석 166명 의원 중 가 163명, 기권 3명으로 강압적으로 가결되었고, 동년 7월 7일 공포 시행되었다.

발췌개헌안의 내용을 살펴보면, ① 국회는 민의원과 참의원으로 구성되는 양원제 국회를 구성하고, ② 대통령과 부통령은 국민이 직접 선거로 선출하고, ③ 국회의 승인을 받아 국무총리를 임명하고, ④ 국회의 국무원에 대한 불신임제가 주된 골자였다.

발췌개헌안의 헌법적 문제점으로 첫째, 국회의원들이 '토론의 자유와 표결(票決)의 자유'를 가졌었느냐 하는 것이다. 국회의원이 강제로 연행되었을 뿐만 아니라 경찰 군대 테러단이 에워싼 국회에서 기립투표에 의한 표결은 원천적으로 토론의 자유와 표결의 자유는 봉쇄되어 있었다. 둘째, 정부가 제출한 개헌안과 야당이 제출한 개헌안이 각기 공고되었지만 두 개헌안을 발췌 절충한 개헌안은 공고되지 않고 법이 정한 국회의 독회를 거치지 않고 표결에 부쳐 가결되었다는 점에서 헌법안의 공고절차에 위반되는 개헌이었다.

발췌개헌안의 국회 강행통과는 이승만의 권력연장을 위한 사실상의 '무혈(無血) 쿠데타 · 친위 쿠데타'나 다름없었다. 발췌개헌안은 이승만 주연(主演), 장택상 · 원용덕 · 이범석 · 이갑성이 조연(助演)한 한편의 영화로 밖에 볼 수 없다. 정치환경의 혼미를 이용 이승만을 만족시키고, 야당 국회의원들에게는 의원내각제의 일부요소를 반영시켜줌으로써 야당 국회의원들에게 최소한의 찬성 명분을 만들어 준 발췌개헌안을 만들어 낸 장택상(張澤相), 영남지구 계엄사령관을 맡아 '국제공산당 사건'을 날조하여 내각제 개헌 추진에 앞장선 야당 국회의원을 체포한 원용덕(元容德), 발췌개헌안을 심의하는 국회의사당을 포위하여 국회의원들을 꼼짝딸싹 못하게 만들고 경찰력과 관제 · 관변 단체를 동원하여 '민의(民意)조작'을 양산한 내무부장관 이범석(李範奭) 등의 활약상이 없었다면 발췌개헌안은 존재할 수 없었다. 발췌개헌안이 통과됨으로써 이승만은 독재정치체제와 영구집권을 위한 헌법상의 기반을 마련하였다.

발췌개헌안 통과와 부산정치파동이 헌정에 미친 영향은 첫째, 발췌개헌안 통과는 사실상 '친위 쿠데타'였고 둘째, 이승만은 국가긴급권인 계엄선포권을 남용함으로써 정치적 격변기에 정치투쟁 또는 정권경쟁에서 악선례를 남겼다. 셋째, 이승만은 관제 어용 단체를 통해 민의(民意) 조작으로서 국회의원 소환운동이라고 하는 수법을 사용했다. 넷째, 경찰과 헌병 및 특무대 등 강권적 권력기구를 최대한 악용했을 뿐만 아니라, 그에 보조적 수단으로 각종 테러단체를 필요에 따라 이용하여 왔고 부산정치파동에서는 그것이 절정에 달하였다는 것이다. 끝으로 이승만은 건국초기에도 그랬지만 자신의 정치적 반대파에 대한 거세, 말살책으로서 용공조작의 수법을 자행하였다는 것이다.[17]

이승만은 자신이 소망한 대로 이 발췌개헌 헌법에 의해 1952년 8월 5일 실시된 제2대 대통령 선거에서 국민들의 직접 선거로 압도적 다수표를 획득하여 대통령에 당선되었다.

3. 사사오입개헌(四捨五入改憲)과 이승만의 반민주적 행태

발췌개헌을 위한 부산정치파동(釜山政治波動)으로 제2대 대통령에 당선된 이승만은 종신대통령(終身大統領)을 꿈꾸고, 그 추종세력들은 이승만 1인 독재와 종신집권을 위한 음모를 추진한다. 이승만 1인 독재체제를 구축하기 위해 이승만의 정적(政敵)이 될 가능성이 있는 정치인물들을 하나 둘씩 제거한다. 발췌개헌의 일등공신인 장택상(張澤相)·이범석(李範奭) 등이 대표적인 인물들이다. 이승만 주변의 정치적 정적들을 제거한 이승만과 추종세력들은 개헌안을 국회에 제출하였을 때의 여론파악을 위한 개헌 사전공작으로서 1954년 1월 23일 외국인의 투자를 유치하기 위해 헌법의 통제경제체제 경제질서조항을 자유시장경제체제로 전환하는 개헌안을 국회에 제출했다. 개헌안에 대한 반대여론이 거세게 일자 동년 3월 9일 제2대 국회의 임기만료를 이유로 하여 개헌안을 자진 철회했다. 이승만과 그 추종세력들은 2대 국회 말기인 54년 3월부터 이승만 종신집권을 위한 개헌공작 작업을 본격적으로 전개하기 시작했다. 이승만 종신집권 개헌 지지를 약속하는 인사들에게 3대 민의원 선거에서 자유당 공천을 주고, 개헌반대 인사들에게는 국회진출 방해작업을 전개하는 동시에 개헌추진국민대회 를 개최하여 민의를 조작하기 시작하였다.

1954년 5월 20일 실시된 제3대 민의원 선거에서 이승만과 자유당(自由黨)은 관권과 금력, 폭력배를 비롯하여 동원 가능한 각종 부정수단과 방법의 대규모 부정선거로 원내 다수의석을 차지하게 되었다. 그러나 개헌에 필요한 3분의 2에 해당하는 의결정족수를 확보하는 데는 실패했다. 따라서 개헌에 필요한 재적 3분의 2를 확보하기 위해 무소속 국회의원들에게 이권(利權을) 약속하는 회유책으로 포섭하고, 이권의 회유책으로도 포섭되지 않는 의원에게는 선거법위반사례를 들어 당선을 무효화시키겠다는 협박으로 포섭하기도 했다. 다시 말해서 사탕과자와 채찍(Zuckerbrot und Peitsche)으로 개헌에 필요한 국회의원을 확보하였다. 국민의 민의(民意)를 인위적 방법으로 바꾸어 버린 것으로 이는 가장 반민주적 작태이다.[18] 우리가 이 점

---

17) 한상범, "발췌개헌안 통과와 정치파동", 『現代韓國을 뒤흔든 60大事件』, 「신동아」 1988년 1월호 별책부록, 86–87면.

18) 선거를 통하여 표출된 국민의 民意를 인위적으로 바꾸어 버린 행태는 이승만 자유당에서 그치지 않고 소위 문민정부(文民政府)라고 불리 우는 金泳三 정권에서 조차 지속되었다는 것이 우리 정치가 안고 있는 비극이다. 김영삼 정권에서 그 대표적인 사례가 제15대 국회의원 선거에서 과반수 확보에 실패하고 선거후 야당의원 빼가기 의 인위적인 방법으로 민의를 변조시킨 것이다.

을 우리가 그냥 지나쳐서는 안된다.

이승만은 제3대 민의원 선거에서 국회 다수의석 확보와 의원 포섭 공작정치로 종신집권(3선
개헌)개헌이 가능하게 되자, "공포 당시 초대 대통령의 중임제한 철폐, 주권의 제약 또는 영토
변경에 대한 국민투표제 도입, 국무위원에 대한 개별적 불신임제 채택, 대통령 궐위시의 부통
령의 대통령 승계제도, 군법회의에 대한 헌법적 근거 부여, 자유시장경제체제로의 전환, 국무
총리제의 폐지, 국민발안제 명시" 등의 제5차 개헌안을 자유당(自由黨) 이기붕(李起鵬)외 135
인의 이름으로 1954년 9월 8일 국회에 제출한다. 이기붕 등이 국회에 제출한 개헌안이 국민투
표제 도입, 자유시장경제체제로의 전환 등을 주요내용으로 하고 있지만, 그것들은 국민들의
눈을 속이기 위한 악세서리 조항에 불과할 뿐이고 동 개헌안(改憲案)의 핵심은 대통령의 중임
제한 규정을 초대대통령에 중임제한을 철폐하여 이승만에게 종신대통령이 될 수 있도록 하는
것이었다. 이승만과 자유당정권은 국민들의 눈을 속이고 기만하기 위해서 초대 대통령의 중
임철폐 조항은 눈에 띄지 않게 하기 위해 부칙에 규정하는 치졸한 방법을 동원하기도 하였
다.[19)

자유당이 제안한 개헌안은 9월 8일 즉시 공고되었다. 자유당의 개헌안이 공고되자 개헌안에
대한 반대여론이 급격히 조성되고, 법정공고기간 30일이 지난 후에도 개헌안 통과에 자신이
없었던 자유당은 동(同) 개헌안(改憲案)을 국회에 상정하지도 못하다가 국회의장인 신익희
(申翼熙)가 영국 엘리자베스여왕 대관식에 정부 특사로 참석하였다가 귀국하는 도중 인도 뉴
델리 공항에서 6·25당시 납북된 조소앙(趙素昻)과 접촉하여 한국에서 비공산(非共産)·비자
본주의(非資本主義)의 제3세력을 형성하여 남북협상을 통한 한국 중립화을 도모하기로 밀담
을 나누었다는 '뉴델리 밀담설(密談說)'을 조작 연출하여 정적(政敵)을 용공(容共)으로 날조하
는 동시에 국가안전에 관한 중대사항은 국민투표로서 결정해야 한다고 주장하면서 국민투표
제 채택을 위한 개헌의 필요성을 외치며 11월 18일 국회 본회의에 상정했다.

이승만과 자유당의 추종세력들은 개헌안을 의결 통과시키기 위하여 혹시나 모를 부결에 대
비하여 국회의원매수와 자유당의 이탈표 방지를 위한 고육지책(苦肉之策)의 방법으로 기립투

---

19) 시중에 출판되어 판매되고 있는 헌법 교과서에 나열된 개헌의 역사를 읽은 다수의 독자들은 우리 헌법의
제헌과 개헌사에 대해 무미건조하고 지루해 하고 있을 것이다. 그것은 개헌의 주요 항목이 대개 본래 개헌
의 취지를 감추거나 합리화하기 위한 가장과 허식의 규정이기 때문이며, 개헌의 정치적 배경에 대한 핵심
을 찌른 접근이 아니기 때문이라며 우리 헌정의 발자취를 개헌의 정치적 배경을 중심으로 개헌의 핵심과
정치적 의도의 정체를 파헤치며 論究하고 있는 한상범(韓相範)의 「1948년 분단국 헌법 제정과 헌정 반세
기의 좌절과 시련」은 수험서 위주의 헌법교과서 속에서 보기 드문 서술로 참고할 만하다(한상범,『헌법이
야기』, 현암사, 1997, 50~66면 참조).

표를 시도하기도 했고 및 암호투표의 예행연습까지 실시하였다.

동(同) 개헌안(改憲案)은 1954년 11월 27일 민의원에서 표결 결과 사전 예행연습과 관제민의를 동원한 국회의원 협박에도 불구하고 찬성 135표로 개헌 통과 의결정족수인 재적의원 3분의 2에 해당하는 136표에 1표 부족으로 부결되었다. 자유당은 개헌안이 부결된 다음날 긴급 의원총회를 소집하여, 서울대학 수학과 교수 최윤식 등을 동원하여 203명의 3분의 2가 135라도 무방하다는 수학적(數學的) 사사오입이론(四捨五入理論)을 도입하여 국가(國史)이래의 희대의 방식으로 부결(否決)된 개헌안을 다시 가결(可決)된 것으로 처리하기로 하고 정부의 공보처장 갈홍기(葛弘基) 이름으로 성명서를 발표한다.[20] 그리고, 11월 29일 자유당(自由黨) 단독으로 개헌안의 가결을 선포하고 만다.

사사오입개헌으로 불리우는 이승만 3선개헌의 문제점은 첫째, 국회의결에서는 수학적 이론인 '사사오입이론(四捨五入理論)'이 인정되지 않음에도 불구하고 동(同) 개헌안을 통과시켰다는 것은 의결정족수 미달로 의결절차에 흠이 있고 둘째, 초대 대통령에 한하여 중임제한을 철폐한 것은 헌법이 상정하고 있는 '평등의 원칙(平等의 原則)'에 위배되는 것으로 위헌적 개헌이라고 볼 수 있다.

4. '영구집권'의 망령과 3.15부정선거

건국 이래 집권자(執權者)로 등장한 이승만과 그 추종세력은 국민의 소리를 외면한 채, 비법적인 횡포(橫幅)과 부정(不正)을 거듭하여 왔다. 특히 그들은 국민으로 부터 이탈한 집권세력으로 전락되어 감에 따라, 합법(合法)을 가장한 영구집권을 꿈꾸었다.[21]

이승만 자유당 정권은 영구집권을 꿈꾸며 1960년 3월 15일에 실시된 제4대 정 부통령 선거에서 사상 유례없는 4할 사전투표, 3인조 5인조 9인조 공개투표, 유령유권자 조작, 투표함 바꿔치기, 기권강요와 기권자의 대리투표, 개표시 혼표와 환표, 득표수 조작발표[22] 등의 방법으

---

20) 공보처장 葛弘基의 성명서 내용은 다음과 같다.
    "어제 崔 부의장(崔淳周)이 본회의에서 가결되지 못한 것 같이 선포한 것은 의사 과정이 잘못된 산출 방법의 보고에 의하여 착오 선포된 것이다. 재적 의원 203명의 3분의 2의 정확한 수치는 135.333…인데 자연인을 정수(整數)아닌 소수점이하까지 나눌 수 없음으로 4사5입(四捨五入)의 수학 원리에 의하여 가장 근사치의 정수인 135명임이 의심할 빠 없음으로 개헌안은 가결된 것이다."
21) 韓相範, 『韓國憲法』, 藝文館(1973), 55면.
22) 개표가 진행되면서 일부 지역에서 이승만 이기붕의 득표수가 총유권자수를 초과하여 內務部長官 최인규로 하여금 득표수를 하향조정하도록 하는 지시를 하기도 하였다. 득표수 조작 발표의 촌극은 사전투표와 換票, 투표함 바꿔치기의 허술함으로 인해 발생한 것이다.

로 부정선거를 자행하였다. 당시 내무부장관이었던 최인규(崔仁圭)는 각 지방의 군수 경찰서 장 등으로부터 미리 사표를 받아놓고서 부정선거에 비협조적이거나 선거결과 득표수가 저조할 때는 파면시키겠다는 방법을 동원하여 권관 동원 선거를 조장하였다. 또한, 자유당은 행정기관뿐만 아니라 '대한반공청년단'이라는 관변단체를 동원하여 유권자들을 협박하고 마산에서는 야당 참관인 출입을 제지하는 등의 부정선거 폭력선거를 만들어 갔다.

자유당은 말단 경찰관에 의해 사전부정선거 계획 음모가 폭로되었음에도 불구하고 관권을 동원한 부정선거를 사전계획대로 강행하는 만용까지 부리며 국민들을 우습게 여기고 무시한 결과 국민들의 저항에 의해 몰락의 길을 걸은 것이다.

부정선거의 결과는 민주당 후보 조병옥(趙炳玉)의 죽음으로 이승만이 독주하여 92%의 득표로 제4대 대통령으로 당선되고, 자유당의 부통령 후보인 이기붕(李起鵬)은 민주당의 장면을 압도적 표차로 누르고 부통령에 당선된다. 이후 부정선거 규탄시위가 마산을 중심으로 전국적으로 확산되자 이기붕이 부통령직을 1960년 4월 24일 사퇴하고 이승만은 마산 부정선거 규탄시위가 공산당이 개입한 혐의가 있다고 발표하면서 부정선거의 모든 책임을 자유당에 전가하면서 자유당 총재직을 사임함으로서 정권을 유지하려 발버둥 쳐보았지만 국민들의 지속적인 하야(下野)요구에 60년 4월 26일 하야성명[23]을 발표하고, 60년 4월 28일 12년 폭정(暴政)과 학정(虐政)의 산실이었던 경무대를 떠나 이화장으로 거처를 옮기고 5월 29일 하와이로 망명하는 불행한 대통령의 모습을 최초로 헌정사에 기록하고 있다.

5. 정권유지 기반으로써 친일인맥 동원과 '반민특위'[24] 와해로 대표되는 반민족적 행태 및 이승만이 내세운 '반일정책'의 허구성

해방된 조국에서 가장 시급한 처리사안은 일제식민통치 때 일제에 빌붙어 동족을 학살하고 일제에 동족의 재산을 강탈하여 헌납하고 조국을 되찾겠다는 독립운동가를 밀고하고 일제의 앞잡이로 출세(?)한 민족반역자들을 처단하는 것이었다.

---

23) 1960년 4월 26일 오전 10시를 기해 발표된 이승만의 하야성명의 내용은 다음과 같다.
　　1. 국민들이 원한다면 대통령직을 사임하겠다.
　　2. 3 · 15선거에 많은 부정이 있었다고 하니 선거를 다시 하도록 지시했다.
　　3. 국민이 원한다면 내각책임제의 개헌을 하겠다.
　　4. 선거로 인한 모든 불만스러운 점을 없애기 위하여 이기붕 의장을 모든 공직에서 완전히 물러나도록 조치했다.
24) 반민특위 발족에서 와해까지를 자세히 다룬 책으로는 정운현 외, 『반민특위: 발족에서 와해까지』, 가람기획(1995)을 참고할 것.

  그러나 미군정(美軍政) 당국이 일제식민지 관료기구를 그대로 부활·온존시킴으로 인해 친일파[25]·친일세력들은 살아남았고, 대한민국 건국 후에도 친일파 친일세력을 청산하기 위해 반족행위자처벌법을 제정하여 반민족행위특별조사위원회(이하 '反民特委'라 한다)를 구성하여 친일파 친일세력 청산을 시도하였지만, 친일파의 조직적 방해과 이승만의 동조 가세로 실패하고 만다. 이승만이 자신의 집권 이데올로기로 '반공정책'과 '반일정책(反日政策)'을 내세우면서도 반민특위의 활동에 대해 매우 부정적이었고, 친일파 처단에 미온적이었던 근본적인 이유는 취약한 자신의 권력기반을 확고히 구축하기 위해 친일파에 추파와 손짓을 하였던 것이다. 일제식민통치 아래서 매국매족을 일삼던 친일파를 등용하였던 것이다. 일제강점기 총독부 치하에서 고등관 이상의 고위공직생활을 하면서 일제의 앞잡이노릇을 한 관리들이 해방 이후에도 다시 고위공직에 임명되어 떵떵거리며 활동한 사실이 실증적인 자료에 의해 밝혀졌다.[26] 일제 식민통치 아래서 일본 천황의 개노릇을 한 친일세력들은 미군정(美軍政)과 이승만 정권을 거쳐 오늘날까지도 그 맥(脈)을 이어오고 있다.[27]

  한국민족이 일본 제국주의의 식민지 통치로부터 해방되자 건국사업의 하나로 가장 화급한 일은 조국과 민족을 일제에게 팔고 일신의 안일과 지위를 위해 동포들과 독립운동가를 앞장 서서 박해한 일제의 주구인 친일파 부일배들을 엄정하게 합법적으로 처벌하여 독립국가건설의 기초와 국가기강 민족기강 민족정기를 바로잡아 나라의 만년대계를 세우고 자손만대에 영원한 교훈을 정립하는 일이었다.[28] 이러한 작업의 일환으로 "이 憲法을 制定한 國會는 檀紀 四千二百七十八年(1945년) 八月 十五日 以前의 惡質的인 反民族行爲를 處罰하는 特別法을 制定할 수 있다"는 제헌헌법(制憲憲法) 제101조에 근거하여 1948년 8월 5일 제헌국회 제40차 본회의에서 '반민족행위처벌법'을 발의하여 1948년 9월 7일 통과시키고, 1948년 9월 22일 공포하여 '반민족행위자처벌법'에 따라 '반민특위(反民特委)'를 설치하여 활동을 시작했다. 반민특위구성과 동시에 반민족행위특별검찰부·반민족행위특별재판부 등을 설치하여 서울에 중앙사무국, 각도에 조사부, 시·군에 조사지부를 두었다. 반민특위(反民特委) 위원장에는 김상덕, 부위원장에 김상돈, 특위위원 조중현 등 8인이 선출되었다.[29] 그리고, 특별재판부장에는

---

25) 친일파의 정의와 범위에 대해서는 임헌영, 「친일파의 정의와 범주」, 『한국현대사와 친일파 청산문제』, 〈반민족문제연구소 8·15기념학술토론회〉 자료집(1993), 3-9면 참조.

26) 한겨레신문, 1993년 8월 17일, 13면 15면 참조.

27) 자세한 내용은 박은경, "일제시대 조선총독부 조선인 관료에 관한 연구 : 사회적 배경과 충원양식을 중심으로", 이화여대 박사학위논문(1994)을 참조할 것.

28) 신용하, "반민특위의 성립과 해체", 韓相範 編著, 『日帝殘滓, 무엇이 문제인가』, 法律行政研究院(1996), 121-122면.

가인(佳人) 김병로(金炳魯) 대법원장 특별검찰부 검찰관장에는 권승렬(權承烈) 검찰총장이 선임되었다. 반민특위는 활동을 종료할 때까지 총 682건을 조사하였다. 특별감찰부는 이 중 559건을 송치받아 221건을 특별재판부에 기소하였으나 특별재판부에서 재판이 종결된 것은 38건에 지나지 않았고, 그나마 38건의 판결내용도 집행유예로 석방한 5명을 포함한 자유형 12건, 공민권 정지 18건, 형면제 2건, 무죄 6건으로 국민의 여망에 부응하지 못하는 기대 이하의 결과를 낳았다.[30] 그러나, 반민특위의 활동은 친일파세력들의 방해공작과 이들을 비호하던 이승만의 부정적 태도로 와해되기 시작했다. 해방 후 미군정 수도경찰청 총경을 지낸 노덕술 서울시경 수사과장 최난수는 반민특위 활동에 적극적인 의원들을 제거하기 위한 암살 음모를 꾸미어 백민태를 암살 하수인으로 포섭하여 노일환·김장열·김웅진 3명의 국회의원을 암살하도록 지시하였으나 극우정치성향을 가지고 있던 백민태는 최난수가 준 암살대상명단에 우파 국회의원들이 포함되어 있는 것을 보고 자수함으로써 암살음모가 폭로되어 암살음모가 미수에 그쳤다. 또한, 서울시경 사찰과장 최운하 종로경찰서 사찰주임 최웅선이 반민특위에 의해 구속되자 1949년 6월 6일 새벽에 중부경찰서장이 40여명의 무장경찰관으로 하여금 반민특위 사무실을 습격하여 특위소속 대원들을 구타 무장해제시키고 관련서류를 탈취하였다. 반민특위 습격사건을 기점으로 반민특위는 와해되기 시작하였고 이승만 정권과 친일세력들은 '국회프락치 사건'을 조작하여 특위활동에 적극적이던 노일환·김약수 등의 국회의원을 구속시킴으로써 반민특위 활동을 추진할 세력이 사라짐으로 반민특위는 사실상 활동이 중단되고 있었다. '국회프락치사건'을 계기로 이승만과 친일세력들은 공포일로부터 기산하여 2년으로 되어있던 공소시효 기간을 1949년 8월 31일로 단축하여 특위활동을 봉쇄하였다. 이로서 반민특위는 9월 20일로 완전히 활동이 끝나고 말았다. 반민특위 습격과 와해는, 이승만의 지시와 배후조정에 의해 민족정기를 바로세우고 독립국가건설의 기초 작업은 출발부터 무너지고 만 것이다. 이승만은 "특경대 해산은 대통령 자신이 직접 경찰에 지시한 것"이라고 당당하게 밝히었다. 이승만은 경찰의 반민특위 습격을 자기가 지시했다고 국내외에 스스로 밝힌 것이었다.[31]

---

29) 反民特委 특별조사위원은 위원장 김상덕(경북대표), 부위원장 김상돈(서울대표), 위원에는 조중현(경기), 박우경(충북), 김명동(충남), 오기열(전북), 김준연(전남), 김효석(경남), 이종순(강원도), 김경배(제주 및 황해) 이다.

30) 자세한 반민특위 재판기록은 1993년 도서출판 다락방에서 영인본으로 출간한 반민특위재판기록(총17권)을 참고할 것. 이 책은 반민특위에 의해 친일파로 기소된 221명중 64명에 대한 조사기록 원본을 수록하고 있으며 친일파에 대한 진상규명과 이승만 등에 의해 좌절된 일제잔재 청산 작업을 수행하는데 귀중한 자료로 평가받고 있다.

이승만은 그의 정치적 지위를 공고히 하기 위하여 자기에게 적대되는 독립운동가를 의식적으로 배척·거세하였고, 이승만 정권말기에는 권력엘리트 구성이 식민지관료출신자(植民地官僚出身者)가 대다수를 이루게 되었다.32)

이승만은 식민통치 하의 친일파 민족반역세력들의 인적·물적 기반을 주축으로 정권을 구축함으로써 자신의 독립운동 및 투쟁은 빛이 퇴색하기 시작했을 뿐만 아니라 반민족적 정권으로 추락하였고 시간이 흐를수록 이승만과 그 추종자들은 그들 정권의 정통성을 강변하기 위하여 '반일'을 내세울 수밖에 없었다. 이승만은 한일국교에 있어서 표면상으로 대일강경론자로서 반일을 일관해 왔던 것으로 인상을 주고 있는데 그것은 주로 미국에 대한 외교적 견제용이고 그로 말미암은 부수적 효과로서 대국민홍보용이었다고 해도 과언이 아니다.33) 일제치하에서 일제의 앞잡이로서 밀정(密偵)과 일제순사의 주구로서 독립운동가를 고문했던 친일세력들은 이승만 정권에서 경찰관료로 옷을 갈아입고 분칠을 하고서 이승만 정권의 첨병 역할을 하며 분단구조를 고착·심화시키고, 일제의 고문수법과 취조기술을 답습하여 민족·민주인사들을 탄압하는 고문과 조작을 이어오는 뿌리를 제공했다.34) 또한, 어용학자들과 교육계의 모리배들은 식민어용사학풍토를 조장하여 민족정기를 새롭게 확립하고 민족정기를 바로잡기는커녕 자신의 친일행각을 숨길 목적으로 근현대사에 대한 연구조차 못하게 하는 풍조를 만들어 내기도 하였다.35)

일제 강점이 종식된 이후 일제하 친일파 민족반역자로서 배신행위를 한 자들이 그대로 주저앉거나 또는 숨어들어 자기들의 정체를 위장할 수 있었던 곳을 들자면 그 하나로 교육기관을 들 수 있다. 교육기관을 관리·경영하는 유지로 둔갑하거나 교육자로 그 권위를 유지한 민족에 대한 죄인인 친일파들이 학원모리배로 또는 교육계의 명사(名士)로 군림해 오면서 교육계는 체질상 친정부적 어용적이 되었다.36) 이들이 일제의 황국신민교육의 앞잡이에서 하루아침

---

31) 신용하, 앞의 글, 152면.

32) 한상범, "政治人의 條件", 『思想界』 1970년 2월호, 100면; 한상범, 『政治權力과 市民의 自由』, 靑龍社(1972), 141면. 제1공화국 친일인맥에 대한 자세한 내용은 임종국, 『실록 친일파』, 돌베게(1991), 272-334면을 참조할 것.

33) 한상범, "헌법정신과 일제잔재", 김철수교수회갑논문집 『현대법의 이론과 실제』, 박영사(1993); 같은 이, 『한국법문화와 일본제국주의 잔재』, 교육과학사(1994), 61면.

34) 해방후 일제 고등경찰과 헌병 출신자들의 변신과정과 고문(拷問) 등에 대한 것은 조갑제, 『고문과 조작의 기술자들』, 한길사(1987), 11-83면을 참조할 것.

35) 강창일, 「한겨레포럼 이승만을 어떻게 평가할 것인가-반일정책의 겉과 속」, 「한겨레신문」, 1995년 2월 23일, 5면.

에 대한민국의 민주시민의 교육의 책임자나 지도자로서 둔갑·변신함으로써 우리의 교육계 부조리는 관(官)과 유착된 세력으로 다져지면서 지속되어 온지 이미 반세기에 이르고 있다. 이들은 4·19혁명 후 한때 지탄을 받아서 그 권자에서 물러서는 듯 하였으나 다시 반동의 물결이 휘몰아치는 군정(軍政)으로 되살아나서 군사통치세력의 비호로 오늘에 이르고 있다.[37]

이승만과 친일세력들의 치밀한 방해공작에 의한 반민특위(反民特委)의 와해로 인한 친일파 단죄와 일제잔재청산의 실패는 민족주의의 좌절, 자주독립국가수립의 실패, 우리 민족 자주성 관철의 실패를 의미한다.[38]

6. 조봉암으로 대표되는 정적(政敵)제거·'보안법'파동·언론탄압(경향신문 폐간) 등에서 보여준 반의회주의·폭력주의의 실상

이승만과 자유당정권은 1954년 사사오입개헌으로 이승만의 장기집권을 위한 발판을 마련하였고, 이후 1956년 5월 15일 실시된 제3대 대통령선거와 제4대 부통령선거에서 선거 결과 총투표수의 80% 이상을 획득할 것이라는 예상과는 달리 투표일 10일을 앞두고 제1야당의 신익희 후보의 사망에도 불구하고 경우 52%(504만6,437표)에 그치고, 부통령에는 장면이 이기붕을 누르고 당선되었다. 이로써 이승만과 자유당은 선거에서 실질적으로 패배한 것이나 마찬가지였다. 1958년 5월 2일 실시된 제4대 국회의원 선거에서도 관권선거 등의 선거부정으로 과반수 의석을 확보하였지만 득표율에서는 야당에 뒤지고 있었다. 이승만정권의 위기는 그동안의 정치적 폭압뿐만 아니라 사회·경제적으로 해방 후 식민지 반봉건성 경제구조를 청산하지 못한 채 대미의존적(對美依存的) 경제구조를 기둥삼음으로 인해 대미종속경제(對美從屬經濟)가 깊어지고 친일관료매판경제가 전개되었다. 이는 국민대중의 빈곤의 항상화와 소외로 이어지고 그것은 또한, 실업의 증가와 소득불평등을 초래하여 국민의 생활은 극도로 피폐해졌다. 거기다 미국의 대미원조 삭감과 달러방위정책 선언·미국의 잉여농산물 도입 등으로 국민들의 불만은 커지고 민심(民心)은 이승만과 자유당으로부터 이반(離反)되고 있었다. 이러한 민심이반(民心離反)현상은 1960년 정·부통령선거에 패배할 수 있으며 이승만의 영구집권에 먹구름을 드리우고 있었다. 이러한 불안심리에서 재집권을 위한 수단으로 이승만의 강

---

36) 해방후 친일 교육계인사 명단 및 경력에 대해서는 이명화, "교육계의 일제잔재", 『일제잔재 19가지』, 가람기획(1994), 62-70면 참조.

37) 한상범, 한국의 교육계, 이대로 좋은가, 한국법학교수회 회보, 1991년 봄호; 같은이, 『官僚主義와 基本的 人權』, 교육과학사(1992), 341-342면.

38) 이세종, "해방 후 친일파 청산의 좌절과 그 현대적 의미", 월간 『殉國』(1995년 8월호), 46면.

력한 정치적 라이벌이었던 조봉암을 제거하기 위해 조봉암과 진보당 간부들에게 간첩혐의와 진보당의 평화통일 주장[39]을 문제 삼아 구속하고 진보당의 등록의 취소하였다.[40] 진보당 재판결과는 조봉암과 양명산에게 사형, 이외의 간부들에게는 무죄를 선고하였다. 이로서 이승만과 자유당은 영구집권을 위해 장애로 등장한 정적(政敵)을 간첩죄를 조작하여 제거하였다. 조봉암 제거는 이승만의 종신(終身)·영구집권(永久執權)을 위해 치밀하게 짜여진 정치일정이었다. 구속된 진보당 간부들에게 살려줄테니 조봉암이 간첩이었다는 것만 진술하라는 등에서 이승만 정권의 비열함과 악랄함을 엿볼 수 있다. '진보당사건'이 집권을 위한 필요에 의해 '사법부(司法府)를 정치수단화'하였다는 점 또한 이승만정권의 평가에서 지나쳐서는 안될 점이다.

1960년 제4대 대통령선거에서 재집권에 대비 사전에 야당과 언론에 재갈을 물릴 목적으로 대공수사(對共搜査)의 이유를 내세워 무술경위를 동원하여 야당의원을 감금하고 여당 단독으로 국회 본회의에서 국가보안법을 개정한 것이 소위 '보안법파동'·'2.4파동'이다.[41] 자유당은 보안법개정을 위해 야당의원들이 식사하러 간 사이에 법사위에서 자유당의원만으로 3분만에 처리하는 변칙을 보여주었고, 이에 대해 야당의원들이 법사위 변칙날치기통과 무효를 주장하며 국회 의사당에서 농성투쟁을 벌이자 자유당은 전국각지에서 무술경관 300명을 특채·훈련시켜 의사당에서 철야농성을 하던 야당의원들을 무차별 폭행하고 지하실에 감금시키고 무술경위들이 국회의사당을 애워 싸고 법절차를 무시하며 일사천리로 국가보안법을 날치기 통과시켰다.[42] 이 보안법파동은 이승만과 자유당이 정권연장을 위한 폭거였다.

한편, 자유당정권은 국회에서 날치기 통과시킨 국가보안법의 효력이 발생하자 1959년 2월 이승만과 자유당정권에 비판적이고 특히, 보안법파동 직후 노골적으로 정부에 대하여 비판하

---

39) 분단 반세기 동안 역대 독재정권들은 자신들의 집권에 방해가 되는 평화통일론 주장이나 논의에 대해 탄압을 하였다. 평화통일 주장에 대해 '容共利敵'혐의로 탄압한 사례를 정리한 책으로는 김삼웅 편저, 『통일론수난사』, 한겨레신문사(1994)를 들 수 있다.

40) 진보당 등록 취소에 대한 헌법적 분석으로는 이철호, "진보당사건의 현대적 조명", 『법과 사회』1999년 하반기(제16·17 합본호), 법과사회이론연구회, 35-53면 참조.

41) '국가보안법파동'·'소위 2.4파동'으로 불리 우는 국가보안법 3차 개정에 대한 자세한 내용은 박원순, 『국가보안법연구』제1권(증보판), 역사비평사(1992), 125-155면 참조.

42) 정부여당의 국회의 날치기통과는 제1공화국에서 그치지 않고 김영삼정권까지 이어져 오고 있다. 김영삼정권에서 날치기통과는 1994년 12월 3일 예산안 날치기 처리, 1996년 12월 13일 노동법 안기부법 날치기통과를 들 수 있다. 1988년 3월까지 우리나라 국회의 날치기 처리를 정리한 문헌으로는 鄭雲鉉, "여당국회의 날치기 통과史", 月刊中央(1988년 11월호) 참조할 것.

는 보도를 한 '경향신문'을 미군징법령 88호를 적용, 폐간시켜 버리는 권력의 횡포를 저지른 다.[43] '경향신문 폐간 조치'는 1년 뒤의 정·부통령 선거를 자유당 마음대로 치루기 위한 사전 작업으로서 언론길들이기·언론말살정책 차원에서 감행된 것이다. 경향신문 폐간조치 이후 각 신문들의 논조(論調)가 부드러워진 것에서 이승만정권의 언론길드이기는 성공한 것이다.

　이승만과 자유당정권은 자신들의 영구집권에 장애가 되는 것으로 판단되면 방법과 수단을 가리지 않고 폭력을 자행하였다. 조봉암과 진보당사건에서는 정적(政敵)에 대한 이승만의 끝 없는 폭력성과 정적제거에도 반공과 간첩조작사건을 이용하는 악선례를 남겼으며, '경향신문 폐간조치'에서 정부에 비협조적이고 비판적인 언론탄압을 악선례 남겼다. 보안법파동에서는 자신들의 정치적 목적을 위해서 야당의원들에게 폭력과 감금조치 등을 동원 힘의 논리로 모 든 것을 처리하는 국회 날치기 통과의 모습들을 연출하였다는 것에서 이승만 정권을 부정적 으로 평가를 할 수 밖에 없다.

III. 맺음말

　앞에서 살펴보았듯이 이승만과 자유당 정권이 한국 헌정에 끼친 악영향은 지금도 계속되고 있다.

　(1) 정치이데올로기로 내세운 '반일정책'(反日政策)은 친일파 청산에 반대하고 이들을 기용 한 사실 자체로 이승만이 내세운 반일정책은 '감정적 반일정책'(感情的 反日政策)이었다는 것 을 증명하고 있다. 민족정기를 바로세우고 독립국가건설의 기초 작업인 친일파 청산을 하지 않고 취약한 권력기반을 유지하기 위해 국가를 팔고 동족을 괴롭힌 일제의 주구들을 온존시 키고, 동시에 반민특위(反民特委)를 와해시킴으로 인해 지금까지 기회주의와 출세주의를 조 장하고 심판이 없는 역사와 정의가 사라진 허무주의와 냉소주의가 판치는 세상을 만들어 버 렸다는 것이다. 단적인 실례가 민족정기를 바로세우기는 커녕 민족정기를 말살함으로 인해 친일의 우두머리인 이완용 후손들이 '조상땅 찾기 소송'을 거리낌 없이 하고 있다는 것이다.

　(2) 이승만이 정치 이데올로기로 내세운 반공주의는 국가체제의 자위를 목적으로 한 정책 이기보다는 정권 반대자들을 탄압하고 배제하고 말살하는 조치로 전락[44]·악용하였다. 이승

43) 경향신문 정간사건을 언론출판의 자유라고 하는 관점에서 분석한 논문으로는 한상범, "言論을 規制하는 權力의 理念的 基礎 :京鄉新聞停刊事件(京鄉新聞 停刊取消請求訴訟事件 1959)을 통하여 본 言論出版의 自由", 『東國論叢』 제2집(1965.11), 동국대학교, 43–63면 참조.
44) 한상범, "憲法과 歷代政權의 政策 이데올로기– 헌법정치에서 역대정권의 정통성 확보를 위한 상징 창출을 통해 본 문제점", 『憲法論叢』 제5집, 헌법재판소(1994), 205면.

만 밑에서 반공주의를 악랄하게 악용한 세력들은 일제하 독립운동가를 탄압하던 헌병·경찰·밀정출신 인물들이다. 이승만과 그 추종세력들이 내세우는 '반공주의'는 이승만이 '나라님'이고 '국부'(國父)이며 감히 그를 반대하는 자는 위험분자이고 결국은 빨갱이로 간주되었고, 친일파 민족반역자나 반사회적 축재에 대한 몰수나 부정축재 환수를 주장하는 이를 빨갱이로 적대시했다. 한국의 반공주의는 친일파의 반민족적 행위자에게 도피처와 변명 구실을 제공하였다. 결국 친일파에게 면죄부를 안겨주며 애국훈장을 달아 주기까지 한 것이다.[45] 이승만은 '8.15공간'에서 정치기반 구축과정에서까지 실권·망명 직전까지 비인도적인 매카시즘으로 정권을 창출 유지해온 한국 매카시즘의 비조인 동시에 이후 집권자들이 그를 배워 정당성이 결여된 정권 획득과 그의 유지과정에 이용될 수 있는 매카시즘 정치의 선례를 구축하였다.[46]

　(3) 자신의 집권연장(執權延長)·영구집권(永久執權)과 독재권력 강화를 위해 반통일정책으로 민족분단을 고착화시켰다는 것이다. 전쟁을 일으킨 세력과는 어떠한 타협도 할 수 없다는 기본논리의 '북진통일론(운동)'을 전개하여 극우반공체제를 강화하면서 남북간의 긴장과 적대의식을 완화할 수 있는 가능성을 배제함으로써 분단을 고착화시켰다는 점이다. 이승만이 내세운 북진통일론은 당시 한국군의 군작전권이 미국에 넘어가 있었고, 한 미상호방위조약이 단독전쟁을 금지하고 있을 뿐만 아니라 미국의 보급이 없이는 전쟁수행이 불가능했다는 것에서 그 허구성이 증명되고 있다. 또한, 조봉암과 진보당이 주장한 '평화통일론'을 용공(容共)으로 매도하여 간첩죄를 뒤집어 씌워 사형시켰다는 점에서도 분단고착화를 엿볼 수 있다.

　(4) 이승만의 반의회주의적 행태는 국가체제 보위를 위한 계엄(戒嚴)을 집권연장을 위한 개헌에 악용함으로써 헌정기간 내내 정당성(正當性)을 결여한 정치세력들이 계엄을 악용하여 정치(政治)를 정치(征治)로 만들어 버렸고, 부정선거를 감행하기 위한 사전정지작업으로 야당과 언론에 재갈을 물리고 족쇄를 채우기 위해 국가보안법·지방자치법 개악(改惡)에 무술경위를 동원하여 민의(民意)의 전당인 국회를 짓밟고, 합법적 반대와 정치적 반대세력에 대해 경찰력과 관변단체들을 이용하여 탄압을 가하였고 각종 불법적 부정선거로 국민의 주권을 찬탈하고 의회주의를 철저히 유린하였다.

　이승만과 자유당 정권은 앞에서 살펴본 바와 같이 헌정사에 긍정적인 부분보다는 부정적인 악영향을 끼친 부분이 더 많다. 이래도 국회 로텐다홀에 이승만의 흉상을 세워야 하는가?

　이승만과 자유당 정권은 영구집권을 위해 헌법개정을 둘러싼 정치적 물리적 폭력을 동원하였을 뿐만 아니라 실정(失政)과 학정(虐政)으로 인해 정권상실 위기때에는 '반공주의' 라는 왕

---

45) 한상범, 『헌법이야기』, 현암사(1997), 69면.
46) 진방식, 『분단한국의 매카시즘』, 형성사(1997), 141면.

가의 보검(寶劍)이나 되는 것처럼, 도깨비 방망이를 휘두르듯 국회프락치 사건, 국제공산당 사건, 인도 뉴델리 밀약설 등을 조작하고 정치적 반대세력을 제거하면서 권력을 유지하고 영구집권을 꿈꾸었지만 열흘 붉은 꽃이 없고(花不十日紅) 10년 가는 권세 없듯이(權不十年) 집권 12년 만에 국민들의 저항에 부딪혀 몰락하여 역사라는 언덕 저 편으로 사라진 것이다. 다시 말해서, 4·19혁명에 의해 몰락한 이승만 정권은 이로서 국민의 심판을 받은 것이다.

그러나, 이승만 흉상 국회 로텐다홀 건립추진세력들은 건국의 공로자 이승만의 흉상이 국회에 없음으로 인해 헌정사가 단절된 것처럼 이야기 하고 있다. 그러나 흉상이 없다고 해서 헌정이 단절되는 것은 아니다. 왜, 건국의 공로자(?)라고 평가받으면서도 흉상이 없는가를 한번 생각해 보아야 할 문제인 것이다. 초대 국회의장 초대 대통령이면서도 영구집권의 망령에 사로잡혀 헌정을 유린하고 헌정을 질곡(桎梏)의 역사로 뒤틀리게 만들었기에, 민중의 힘에 의해 망명이라는 최후의 탈출구를 찾아야 했고, 독립운동을 하였음에도 조국의 땅이 아닌 이국의 땅에서 초라하게 숨져갔으며 그로서 국회 로텐타홀에 흉상이 없는 것이다.

왜, 흉상이 없는가를 반문하며 과거의 잘못과 부끄러움을 자꾸 떠올리고 다시는 헌정사적으로 그러한 부끄러운 행위를 반복하지 않도록 하는 교훈으로 삼으면 되는 것이지, 굳이 흉상을 세워야만 교훈으로 삼을 수 있는 것은 아니다.

역사의식 부재로 반역사적·반민족적·반민주적 역사미화운동이 전개되고 있다. 국회 개원 50주년 기념사업의 하나로 국회 로텐다홀 이승만 흉상건립운동 또한 역사왜곡 미화작업이다. 이승만은 4·19혁명 때 이미 독재자로 낙인찍힌 지 오래이다. 또한, 4·19혁명 당시 탑골공원에 높이 서있던 이승만 동상이 국민들 손에 의해 넘어뜨려졌다. 현행헌법은 헌법전문에 "불의(不義)에 항거한 4·19민주이념(民主理念)을 계승하고" 문구로 이승만과 자유당의 불법적인 독재에 항거한 저항권을 인정하고 있다. 이승만과 자유당 정권이 국민에게 추앙받는 정당한 정권이라면 무엇 때문에 나라의 근본법인 헌법의 전문(前文)에 이승만 정권을 무너뜨린 4·19혁명의 민주이념·민주정신을 명문으로 규정하여 계승하고 있다는 말인가?

국민이 역사의식을 망각하고 감시를 게을리 할 때, 수구기득권 세력들과 친일혐의 일부언론들은 역사왜곡 미화작업으로 역사뒤집기를 시도한다. 이제부터라도 눈을 부릅뜨고서 수구기득권세력들의 준동을 감시하여야 한다. 개인욕심에 의해 헌법과 민주주의를 파괴하고 헌정에 악선례만을 남긴 독재원흉인 이승만 흉상을 민의의 전당에 건립하려는 것은 어떠한 이유로도 정당화될 수 없다.

한국헌정과 박정희 대통령

박정희가 누구인가? 그는 일본천황에게 충성을 맹세하고 지원 입대한 왜군사관 출신 장교로서 우리 독립군을 무수히 고문·학살한 파렴치한 민족 반역자이며, 총칼과 탱크로 군사쿠데타를 일으켜 4월 혁명을 짓밟고 민족과 역사의 발전을 후퇴시킨 악명 높은 세기의 반역자요 독재자이며, 더욱이 노동자, 농민, 서민의 희생 하에 재벌을 살찌우는 과정에서 청탁, 뇌물, 정실주의와 지역감정을 조장하면서 빈익빈 부익부의 부패한 개발독재를 정형화한 장본인이다.

― '사월혁명회' 성명서 중에서―

I. 문제의 제기

1995년 5월 김대중 대통령이 대선 공약으로 제시한 고(故) 박정희 대통령 기념관 건립에 정부차원에서 국고(國庫)로 적극 지원하기로 했다는 소식이 전해지면서부터, 박정희 기념관 건립을 둘러싼 논쟁이 벌어지고, 박정희 기념사업을 추진하는 '민족중흥동지회'와 '박정희대통령 기념사업회' 중심으로 기념관 건립 강행과, 역사학계를 비롯하여 '박정희 기념관 반대 국민연대'를 중심으로 건립 반대운동이 전개되고 있다.

어떤 인물에 대한 동상이나 기념관등을 건립한다는 것은 그 사람이 당대에 역사적으로나 사회적으로 빼어난 업적을 이루어 후대의 사람들이 그 업적을 이어받고, 역사의 지침으로 삼아 앞으로 역사발전과 진전에 이바지하기 위함이다.[1] 이러한 면에서 박정희란 인물은 기념관을 세워 후대의 사람들에게 교훈을 주는 인물로 삼을 만한가?

여기서 우리가 똑바로 보아야 하는 것은 박정희는 민족정신과 민주이념에 먹물을 칠해놓은 방해꾼이었다는 사실이다.

---

1) 강정구, "이승만흉상과 역사뒤집기", 월간 『殉國』 1997년 11월호, 6면.

박정희 집권이래 군사권력참여집단과 그 위성집단들은 박정희 기념관 건립의 정당성 근거로 제일 먼저 드는 것이 경제성장과 보릿고개의 극복이다. 오직 박정희가 있으므로 한국의 경제성장은 가능했으며, 박정희 대통령은 '우리도 할 수 있다. 하면 된다'는 신념을 온 국민에게 불어넣고 근면・자조・협동을 몸으로 실천한 지도자, 수 천년 대물려왔던 가난을 물리치고 경제 기적과 자주국방, 조국근대화를 이룩한 대통령으로서 그러한 공로로 기념관은 건립되어야 한다고 주장한다.

박정희 식 경제성장의 밑거름 밑천이 된 '대일청구권자금'은 일제가 우리 민족에게 자행한 수많은 범죄를 몇 푼의 돈과 바꾼 것이며, 조국 근대화와 경제성장은 박정희란 인물 때문에 가능하였던 것이 아니고, 저임금과 장시간의 중노동에 희생된 노동자의 공로와 도시빈민의 고통을 비롯한 온 국민의 노력과 희생이 있었기 때문에 가능하였던 것이다.

이승만 이래 박정희 등 군사정권 들이 남겨놓은 정경유착(政經癒着)과 재벌의 문어발식 확장의 족벌경영이 경제구조의 왜곡을 가져왔고, 그러한 것이 누적되어 IMF의 지배체제를 불러온 것이다.

정부는 박정희기념사업회가 추진할 709억원에 달하는 박정희기념관 건립사업 중에서 208억원을 국고에서 지원하기로 했고, 이미 정부는 국고로 108억원의 거금을 박정희 기념관 건립에 집행하였다. 서울시는 마포구 상암동 평화공원 내 부지 5천평을 마련 박정희 기념관 건립 부지로 제공하기 위하여 서울시 의회의 '시유지용도 변경 동의안 심의'를 기다리고 있다.

논란이 되고 있는 '박정희 기념관 건립'이 부당하고 박정희가 용납될 수 없는 이유를 법률적 관점에서 분석하고 있는 글이 있다.[2]

위에 든 글에서 한상범 교수는 박정희가 민족과 역사 앞에서 용납될 수 없는 이유로 ① 건국정신을 유린하고 모독한 친일반역자, ② 미군정에 편승한 만주군 군관 박정희 행적의 반민족성, ③ 여순사건 연루자로서 밀고와 배신으로 살아난 인격 파탄자, ④ 군사반란(쿠데타)으로 헌법체제를 전복시킨 범죄자, ⑤ 민정이양 등 공약의 기민성과 민정을 위장한 군사지배로 만든 반민주의 범죄, ⑥ 매국적 한일협정의 죄과와 박정희의 친일 일제제국주의의 인맥의 재생, ⑦ 3선개헌과 유신쿠데타로 영구집권의 강행, ⑧ 정적(政敵)을 모함 날조로 매장 거세한 죄, ⑨ 재벌위주 일본예속 매판경제의 파국과 그에 대한 책임, ⑩ 긴급권과 정보공작으로 지배한 박정희 정권의 무법성을 들고 있다.

---

2) 한상범, 「법률의 관점에서 본 박정희 - 박정희가 용납될 수 없는 이유」, 『민족사랑』 2001년 5월호, 민족문제연구소, 6-11면 참조.

Ⅱ. 박정희 기념관 건립이 부당한 이유

1. 박정희의 친일 행적

박정희는 대구사범학교를 졸업하고 문경에서 초등학교 교사로 근무하다가 평소 꿈꾸었던 군입대가 나이 초과로 어렵게 되자, 지원하여 '일본에 충성을 다하여 보답하고, 나를 죽여서 국가를 받들겠다'는 '진충보국 멸사봉공(盡忠報國 滅私奉公)'이라는 혈서를 쓰고 만주군관학교에 2기생으로 입학하였으며 장교가 되었고, 일본 육사에 편입되고 임관 후에는 일본군 장교로 침략군의 앞잡이가 되어 독립군에 총칼을 겨누어 나라를 되찾고자 모든 것을 희생한 독립군을 토벌·학살한 반민족적 행위자이다.

박정희는 일제가 민족말살 정책의 일환으로 추진한 창씨개명(創氏改名)에 적극적으로 참여하여 조선인 냄새가 나는 '다카기 마사오(高木正雄)'로 창씨개명하였다가 다시 일본식 이름인 '오카모토 미노루(岡本實)'로 이름을 바꾼 인물이다. 이러한 창씨개명에서도 박정희의 정신세계가 민족보다는 자신의 출세와 안위만을 생각했다는 것을 엿볼 수 있다. 아마도 일본식 이름으로서의 세탁은 일본의 영원한 조선지배로 보고 독립이 안될 것이라는 전제 아래 행한 행위로 분석 할 수 있다.

5·16군사쿠데타로 대통령이 된 후에도, 박정희는 청와대에서 밤마다 러일전쟁 당시에 해군함정 지휘관으로서 여순항 기습작전에서 실종된 부하를 구하려 하다가 죽은 신화적 인물로 일본제국 군대가 날조한 영웅으로 찬양하는 노래인 '히로세 쥬사(히로세 중령)'라는 일본군가를 불렀다고 한다. 또한, 5·16군사쿠데타로 정권을 장악한 뒤에는 술에 취해 흥이 날 때마다 일본군복을 입고 청와대 뜰을 거닐면서 "갓데구 로숏토 이사마시구(이기고 돌아오니 용감하구나)"를 시작으로 일본 군가를 불렀고, 일본제국군 장교 승마복을 입고 말채찍을 휘두르며 돌아다니기도 했다고 한다.[3]

또한, 박정희와 만주에서 군생활을 한 일본인 생존자들은 그가 평소 말이 없었고 동료들과도 잘 어울리지 않은 음침한 소유자인데도 '조선비적 토벌나간다'는 토벌명령만 떨어지면 "요오시(좋다)"하고 고함을 질렀다고 한다.[4]

한 나라의 대통령이라고 하는 사람이 만주국이란 일제 괴뢰국가의 하급장교 시절을 그리워해서 그 시절의 치욕스러운 만주국 군복을 입고 대통령관저에서 돌아다녔다고 하는 것은 우

3) 김진, 『청와대비서실』, 중앙일보사, 1992년 참조.
4) 문명자, 『내가 본 박정희와 김대중』, 月刊 말, 1999년 참조.

리에게 참으로 안타까운 일이고 비극이며 치욕이 아닐 수 없다.[5]

이러한 면에서 박정희의 정신·의식구조는 일본군국주의를 지향하는 철저한 친일파였다고 볼 수 있다. 또한, 박정희의 친일성향을 보여주는 것이 매국적인 「한일협정」의 체결이다.[6]

2. 박정희의 헌정파괴 주범

박정희는 5·16군사쿠데타를 일으켜 합법정부를 전복 헌정을 유린하여 집권했으며, 3선개헌과 유신독재를 통해 종신(終身)·영구집권을 추구하는 과정에서 민주주의를 파괴하고 헌정을 유린하였다.

(1) 5·16군사쿠데타와 제3공화국

1) 5·16군사쿠데타의 발생배경과 원인

1961년 5월 16일 발생한 군사쿠데타는 박정희 육군소장을 중심으로 한 일단의 정치지향적인 군인들이 국민의 주권에 의하여 성립된 합법적인 제2공화국의 민주당정권을 무력으로 무너뜨리고 정권을 장악한 군부쿠데타이다.

박정희 소장(小將)의 지휘 아래 약 5,000명의 군인들이 서울로 진입하여 육군본부에 군사혁명위원회를 설치하고, 포고 제1호로 전국에 비상계엄을 선포하였다.

이어서 포고 제4호에서는 일체의 정권을 정부로부터 인수하고 국회와 지방의회를 해산한다고 하였다.

군사혁명위원회는 혁명공약을 발표하여 반공(反共)을 국시(國是)의 제1로 삼는다고 하였고,[7] 사회의 모든 부패와 구악(舊惡)을 일소하고 퇴폐한 국민도의와 민족정기를 바로 잡기 위하여 청신한 기풍을 진작할 것이라고 하였다.[8]

5·16군사쿠데타의 발생배경과 원인을 간략하게 살펴보면, ① 사회적 측면의 원인으로는

---

5) 한상범, 『한국의 법문화와 일본 제국주의의 잔재』, 교육과학사(1994), 63면.

6) 한일협정 체결에 관한 자세한 내용은 한상범 지음, 이철호 엮음, 『박정희와 한일협정』, 21세기사(2015) 참조.

7) 군사쿠데타세력은 혁명공약에서 「反共을 國是의 1로 삼는다」고 발표했다. 군사쿠데타세력이 반공을 전면에 내세운 것은 박정희의 개인적인 좌익이력(左翼履歷)에 대한 미국측의 불신감을 해소하고 미국의 지지를 얻기 위한 것이라고 보는 것이 타당하다(同旨 진덕규, 『한국현대정치사 서설』, 지식산업사, 2000, 150면 참조).

8) 쿠데타세력은 '부정부패 일소'를 내세웠지만, 그들 자신이 더 부패하여 '舊惡 뺨치는 新惡'이라는 세간의 평가가 그들의 혁명(?)공약을 무색하게 하였다. 그들의 대표적인 부정부패사건은 세칭 '4대 의혹사건'으로 중앙정보부가 주동이 되어 저지른 비리 횡령사건이다.

첫째, 자유당정권의 부정부패와 독재 그리고, 그 뒤를 이은 민주당정권의 구태를 벗어나지 못한 정치 행태와 무능, 부정부패와 파벌싸움 등의 들 수 있다. 이러한 요인은 군사쿠데타의 명분을 제공해 주었다. 둘째, 민주주의적 개혁에 대한 민주당의 미온적인 태도와 경제침체에 따른 국민의 불만이 요인이 되었다. 셋째, 민중운동의 고양과 통일운동의 확산으로 군부의 위기감이 높아진 것이 한 원인이 되었다.

한편, ② 5·16군사쿠데타의 보다 직접적인 원인으로는 「군내부의 문제」를 들 수 있는데, 첫째, 6·25와 분단의 고착화를 통한 군부의 비대화, 둘째 군 고위장성의 부정부패 및 불합리한 진급제도에 따른 하급장교들의 불만 누적, 셋째 가장 직접적인 원인이자 동기로 정군운동(整軍運動)의 실패를 꼽을 수 있다. 이른바 하극상 사건의 주모자인 김종필 중령을 비롯한 육사 8기생 영관급 장교들이 5·16군사쿠데타의 주체세력이 되었다. 5·16군사쿠데타는 4월 혁명 이후 양민학살사건의 전모가 조사되면서, 모든 책임을 져야 할 입장에 있던 육본 정보국과 치안국이 양민학살 책임을 은폐하기 위해 일으킨 것이라고 보는 견해가 최근 제기되었다.[9]

2) 제3공화국 헌정

5·16군사쿠데타세력은 국가재건비상조치법이라는 법률을 만들었는데 이는 헌법의 일부효력을 정지하고 헌법에 특례를 규정한 초헌법적인 법률이었다. 이 법률은 나찌의 수권법(授權法)과 흡사한 것으로 법률제정권을 국민대표기관이 아닌 '국가재건최고회의'에게 위임한 「비상조치법」이었다. 이에 따라 위헌적인 법률·명령이 양산되었는데 이 중 일부는 혁명과업수행을 위하여 필요한 것이라 해서 사법심사(司法審査)에서 조차 제외되었다.[10]

국가재건비상조치법의 시행으로 국민의 민의(民意)에 의하여 정당하게 성립된 제2공화국 장면정부의 총사퇴, 국회해산, 헌법재판소의 기능정지 등의 정치적 변혁과 함께 헌법은 파괴되었다. 권력분립이 부인되고 기본권 침해되었던 시기로 비입헌주의 통치기였다.[11]

박정희를 비롯한 군사쿠데타세력은 헌법이 정하고 있는 헌법개정절차가 아닌 국가재건비상조치법의 개정방식을 통하여 헌법을 개정하고, 국민투표법도 제정·공포하였다.

'민정이양'과정에서 군사정권은 정치정화법으로 모든 정치세력의 활동을 금지시켜놓고 자신들의 집권기반이 될 '민주공화당'을 비밀리에 사전 조직했다. 그리고 그들은 공화당 창당자금을 조달하기 위하여 중앙정보부가 일으킨 횡령사건으로 증권파동, 워커힐 사건, 빠찡코사건,

---

9) 이도영, "그들은 왜 피학살자들을 부관참시했나", 「월간 말」(2001년 5월호), 164-167면 참조.
10) 김철수, "헌법에 위반되는 법령문제", 연세춘추 제953호(1983년 5월 9일), 4면.
11) 김철수, "헌정 40년의 素描", 고시연구(1988.7), 46면.

새나라자동차사건 등 이른바 4대 의혹 사건을 저질렀다.

(2) 박정희의 3선 개헌과 유신헌법

박정희의 3선 개헌과 유신헌법을 위한 개헌도 자신의 영구집권을 은폐하기 위해 조국의 평화통일과 국가안전보장을 내세웠다.

1969년 개헌의 뜻을 비친 박정희는 민주공화당 내의 개헌반대세력을 제거하고 야당과 학생들의 양심적인 반대를 탄압하면서 1969년 9월 14일 새벽에 국회본의장이 아닌 국회 제3별관에서 여당의원만으로 3선 개헌안을 변칙적으로 가결시켰고, 1969년 10월 17일 국민투표를 통해 확정했다.

박정희는 1971년 12월 6일 국가비상사태를 선언하였고, 동년 12월 27일에는 야당의 극한 반대와 투쟁을 물리치고 '국가보위에 관한 특별조치법'을 변칙 통과시켰다. 이 법은 초헌법적인 국가긴급권의 행사를 가능하게 한 것이었으며, 1972년 10월 17일에는 '국가보위에 관한 특별조치법'에 의거하여 소위 '10 · 17비상조치'라고 불리는 비상조치를 단행하였다. 이 10 · 17비상조치로 국회가 해산되고 정치활동이 금지되었으며 동시에 전국적인 비상계엄이 선포되어 일시적인 헌정중단을 가져왔다.

특히, 유신으로 가기 위해 변칙적으로 제정한 「국가보위(國家保衛)에 관한 특별조치법(特別措置法)」의 문제점을 살펴보면, '국가보위에 관한 특별조치법'은 법적 근거없이 1971년 12월 27일에 국회에서 통과시켰다. 이 법률은 국가의 위기를 극복하기 위한 것이라는 명목으로 제정된 것으로 초헌법적인 국가긴급권(國家緊急權)의 행사를 가능하게 한 것으로 위헌적(違憲的)인 것이었다.[12]

이 법의 주요한 문제점으로는 ① 전시상태(戰時狀態)가 아님에도 불구하고 단지 국방상의 목적을 위하여 필요한 경우에 대통령의 독자적 판단에 의하여 사전조치를 취 할 수 있게 한 것은 대통령에 대한 무제한적인 독재권(獨裁權)의 부여라고 보아야 한다는 것, ② 국회와 법원에 의한 통제장치가 결여되어 있다는 것, ③ 보상(補償)에 관하여 징발법(徵發法)에 준할 것을 규정하고 있지만, 징발법이 규정하는 보상(補償)은 원칙적으로 재산권(財産權)의 사용 또는 제한에 관한 것이므로, 수용(收用)의 경우에는 입법상의 공백이 생기게 된다는 것 등이다.[13] 헌법재판소도 '국가보위에 관한 특별조치법'은 "초헌법적인 국가긴급권을 대통령에게 부여하고 있다는 점에서 이는 헌법을 부정하고 파괴하는 반입헌주의(反立憲主義) · 반법치주의(反

---

12) 김철수, 『헌법학개론』, 벅영사(1999), 67면.
13) 김승환, "非常事態와 經濟", 구병삭박사정년기념 『公法理論의 現代的 課題』, 박영사(1991), 385면.

法治主義)의 위헌법률(違憲法律)이다"고 결정하였다.[14]

여기서 상기해야할 것은 「국민투표」[15]를 불법의 합법화 수단으로 악용하였다는 것이다. 5·16후 5차 개헌은 헌법의 개헌절차에 의하지 않고 국가재건비상조치법이 정한 국민투표만으로 헌법을 개정하였고, 1972년 12월 27일 통과된 유신헌법도 국민투표 형식을 빌린 친위쿠데타로 무법(無法)을 합법으로 둔갑시키는 조작의 수단으로 악용하였다. 한국 헌정에서 국민투표는 국가권력 찬탈자의 집권 정당화를 위한 신임투표적 색채를 띠고 있으며 불법을 합법화하는 수단으로서 '도깨비 방망이'이와 같이 만능열쇠로 악용되었다.[16] 또한, 박정희는 국가안위를 위한 긴급권인 「계엄제도」를 악용하였다는 점이다. 계엄제도는 국가의 안위에 중대한 문제가 발생했을 때 국가를 지키기 위해 헌법이 부여한 권한임에도 불구하고, 계엄과 긴급조치로 집권을 연장하고 인권을 유린하는 수단으로 악용하였다.

(3) 언론 탄압과 「지역감정」 조장

민족일보 조용수 사장 사형사건[17]을 비롯한, 동아일보 광고탄압사건, 사상계 등록취소, 프레스카드제 실시, 기자협회보 폐간조치 등에서 보는 바와 같이, 국민의 말하는 자유 다시 말해서, 표현의 자유를 극도로 제한하고 자신들의 불법적이고 위헌적인 권력찬탈과 영구·종신집권에 반대하는 양심적인 세력들의 입에 재갈을 물리는 폭거를 저질렀다는 것도 간과해서는 안 된다.

박정희는 자신의 영구·종신집권을 획책하기 위해 부정선거와 '경상도 대통령론'이라는 지역주의를 선동하여 부정 70년대 대통령선거에서 승리하지만, 우리 국민에게는 씻을 수 없는 지역감정을 촉발시켜 지역간·계층간 분열정책의 씨앗을 뿌린 장본인이다.

3. 인권유린과 탄압의 주범

박정희의 군사정권아래서 발생한 인권유린 고문조작사건의 사례로는 크게 인혁당 사건과 민청학련 사건 등을 들 수 있다.

민청학련사건(전국민주청년학생총연맹)이란 군사정부당국이 단순한 시위주도기관을 국가

---

14) 헌재 1994.6.30 선고 헌가18,『헌법재판소판례집』 제6권 1집, 557면 이하 참조.
15) 한국헌정과정에서 국민투표의 악용에 대한 자세한 내용은 강경근 외,『국민투표』, 민음사(1991) 참조.
16) 이철호, "한국 헌정 50년의 문제점", 동국대학원신문, 1998년 5월 7일, 4면.
17) 민족일보 조용수사건의 자세한 법률적 분석은 한상범·이철호,『법은 어떻게 독재의 도구가 되었나』, 삼인(2012), 169-193면 참조.

변란을 목적으로 폭력혁명을 기도한 반정부조직으로 왜곡·날조한 사건이다. 이 사건으로 송치된 사람은 윤보선 전대통령을 비롯하여 253명에 이루고, 이철·김지하 등 14명에게 무기징역과 나머지 관련자들에게도 최하 5년의 징역이라는 중형을 선고하여 국내외에 충격을 주었다. 이후 학계 및 종교계를 중심으로 각계각층의 반독재 민주화투쟁이 격화되고 미국의회에서 군사·경제원조 등이 삭감되는 등 국제여론이 악화되자, 군사정부는 민청학련사건 발생 10여 개월 만에 인혁당 사건관련자와 반공법 위반자 일부를 제외한 사건관련자 전원을 석방함으로써 이 사건이 날조된 것을 스스로 폭로했다.

유신헌법에 출범 후 유신헌법체제에 반대하고 민주화를 요구하는 지식인과 학생들의 저항이 거세어지자 박정희 군사정권은 긴급조치 4호를 선포하여 민청학련 가입자뿐 만 아니라 이들의 활동에 참여한 사람 등을 처벌할 수 있게 하였다.

인혁당 사건은 민청학련의 배후에 북한의 지령을 받은 남한 내 지하조직인 '인혁당 재건위'가 있다고 발표하였다. 인혁당 사건은 고문과 조작으로 날조된 것이라고 관련자와 그 유가족은 주장한다. 결국 인혁당 사건이란 박정희 정권의 장기집권을 위해 저질러진 사법살인이고, 민청학련 사건과 분리할 수 없는 인권침해 사건이다. 그 동안 민청학련 관련자들은 사면·복권이 되었고, 이들의 활동은 유신체제에 저항한 민주화 운동으로 재평가되었다. 그러나 그 배후세력이라고 지목된 인혁당 사건의 관련자들은 아직 진상조차 밝혀내지 못하고 있다.

두 사건 이외에도 박정희의 집권 아래서 민주주의를 수호하고 민주화를 진전시키려다 목숨을 잃고 고문·투옥 등으로 희생된 사람들이 수 없이 많다. 뿐만 아니라 김대중납치사건과 장준하 선생에 대한 의문사 등 정치적 반대파와 정적(政敵)에 대한 인권유린과 탄압도 기억해야 한다.

Ⅲ. 맺음말

'박정희 기념관 반대 국민연대'는 5월 16일 서울 마포구 상암동 박정희 기념관 건립예정 부지에서 '박정희 기념관 반대와 독립군 위령탑 건립 촉구를 위한 국민 대회'를 가졌고 그 행사에서 일본군 장교출신의 기념관을 세울 것이 아니라, 독립운동을 하다가 일본군에 학살당한 독립군 위령탑을 건립하라고 촉구했다.

독립군에게 총칼을 들이댄 민족배반자 일본군 장교출신 박정희의 기념관을 국민들의 혈세로 지원하는 것을 즉시 중단해야 한다. 동서화합이란 정치적 수사(修辭)로 박정희 기념관 건립이 정당화 될 수 없다.

　　김대중 대통령이 기억해야 할 것은 정적(政敵)이었던 박정희를 개인적으로 용서하는 것은 높이 평가받을 수 있지만, 국민이 용납하지 않는 박정희를 국민의 이름과 동서화합이라는 미명 하에 박정희를 용서하는 것은 별개의 문제라는 것이다.

　　한 인물에 대한 역사학의 평가기준은 그가 정치적으로 얼마나 인권을 존중하고 민주주의 발전에 이바지했는가, 경제적으로 생산력을 높이고 사회적 재부(財富)를 확대시키면서도 그것이 얼마나 고루 혜택을 주게 했는가, 사회적으로 계층 간의 갈등을 해소함으로써 만민 평등으로 나아가는 데 얼마나 기여했는가, 문화적으로 인간의 존귀한 속성인 생각하고 말하는 자유를 얼마나 확대시켰는가 하는 것이라고 할 수 있다.[18]

　　과연 박정희는 위에 든 역사적 평가기준으로 볼 때 어떠한 인물인가? ① 인권을 존중했는가? 아니오. 박정희는 인권유린의 최선봉에서 정적을 비롯한 정치적 반대파와 자신의 집권과 영구집권에 걸림돌로 작용하는 민주·양심세력의 인권을 탄압하고 말살했으며, 저임금과 장시간의 노동 등 열악한 노동환경에 도시근로자 등을 방치한 인물이다. ② 민주주의 발전에 이바지했는가? 아니오. 국민들의 민의에 의하여 합법적으로 탄생한 제2공화국 정권을 쿠데타라는 불법적인 군사행동으로 권력을 찬탈하고 헌정질서를 유린한 헌정파괴범에 불과하다. ③ 경제적으로 생산을 높이고 사회적 재부(財富)를 확대시키면서도 그것이 얼마나 고루 혜택을 주게 했는가? 아니오, 부정부패와 정경유착으로 사회적 불평등과 빈익빈 부익부현상을 극심화 시켰을 뿐이다. ④ 사회적으로 계층간의 갈등을 해소함으로써 만민 평등으로 나아가는 데 얼마나 기여했는가? 아니오, 사회적으로 지역간·계층간 화합과 통합보다는 자신의 집권과 영구집권을 획책하기 위해 '지역감정'이라는 분열정책의 씨앗을 뿌린 인물이다. ⑤ 문화적으로 인간의 존귀한 속성인 생각하고 말하는 자유를 얼마나 확대시켰는가? 아니오. 그는 '레드 콤플렉스'라 불리는 반공주의(反共主義)로 사상의 자유와 언론의 자유를 극도로 탄압하고 말살한 장본인이다.

---

18) 강만길, "박대통령을 역사속으로", 한겨레신문, 1999년 11월 1일, 10면 참조.

전두환·노태우 특별사면의 부당성

헌정을 유린한 죄 정권을 찬탈한 죄 / 교묘한 발뺌으로 엉거주춤 넘기려다

국민의 매운 뜻에 쫓겨 새 역사를 썼었다

오랫만에 맛보았던 뿌듯한 자긍인데 / 붓자국도 마르기 전에 사면하라 앞다툰다

아무리 표 되는 일이라나 이리 철을 모를까

국민의 자부심을 이리 쉽게 모독한다 / 죄 없는 양심수엔 눈짓 하나 안주면서

아양을 떨고 있구나 여당 야당 없구나

'대통령 임기 안'에 마음대로 정했다니 / 사면을 하려는가 사죄를 하려는가

국민의 큰 뜻 아니곤 어림없는 일이지

― 고춘식, 「어림없는 일」 ―

Ⅰ. 머리말

1995년 11월 김영삼 대통령은 "5·17쿠데타는 국가와 국민의 명예를 국내외에 실추시킴은 물론 민족의 자존심을 한없이 손상시켜 우리 모두를 슬프게 했으며 국가 최후의 보루로서 조국과 민족을 지키기 위해 헌신하고 있는 선량한 군인들의 명예를 더럽혔다. 따라서 쿠데타를 일으켜 국민들에게 수많은 고통과 슬픔을 안겨준 당사자들을 처리하기 위해 나는 반드시 5·18특별법의 제정이 필요하다고 생각한다. 5·18특별법의 제정을 계기로 이 땅에 정의와 진실, 그리고 법이 살아있다는 것을 국민들에게 보여주는 기회가 되도록 하겠다."[1]라며, 「역사바로세우기」 차원에서 12·12, 5·18쿠데타세력에 대한 처리를 위해 특별법을 제정하기로 했다. 특별법을 제정하여 전두환·노태우를 처벌한지, 특별법을 제정하여 공포한지 1년 9개월도 되지 않고 더욱이 12·12, 5·18재판[2] 상고심 판결문의 잉크가 마르기도 전에 사면을 주장하고 있

---

1) 경향신문, 1995년 11월 25일, 1면 참조.

2) 「12·12, 5·18재판」에 관한 헌정파괴사범처리 법리, 긴급구속영장, 공소장, 판결문 및 특별법 법안 등은

는 것은 모든 정치세력의 당리당략(黨利黨略)을 떠나 우리사회의 역사의식(歷史意識)과 호헌의식(護憲意識)의 결여인 동시에 우리 사회에 만연되어 있는 부정부패 척결이 얼마나 어려우며 전직대통령에 대한 부패청산작업이 국민에 대한 기만적이었던가를 보여주고 있다.

전두환·노태우 사면 논의가 어제, 오늘에 걸쳐 거론된 것만은 아니다. 12·12, 5·18재판 과정에서부터 대법원의 상고심 판결이 확정되자말자 사면시기와 사면주장이 시중(市中)에 회자되기 시작했다.

시중에 회자(膾炙)되고 있는 사면시기에 대한 시나리오는 1) 대구·경북(TK)세력을 끌어 안기위해 12월 대선전에 사면을 전격 시행할 것이라는 설, 여기에는 개천절(開天節) 특사나 성탄절특사로 사면을 전격적으로 단행할 것이라는 견해도 있다. 2) 1998년 2월 차기정권 출범 전에 사면을 시행할 것이라는 설이다. 이는 차기정권의 정치적 부담을 덜어주고, '역사바로세우기'차원에서 전직대통령을 구속시킨 만큼 결자해지(結者解之)차원에서 사면한다는 것이다. 3) 역사바로세우기 차원에서 전·노사면 문제를 새정권에 일임한다는 설이다. 이는 김영삼 정권 임기중에 사면을 단행할 경우, 김영삼 정권이 추진한 역사바로세우기와 부정부패 척결 이 정치적 깜짝쇼에 지나지 않은 정치재판이었다는 것을 증명하는 모순에 빠지고 만다는 논리에서 출발한다.

최근 대통령선거 후보자의 한사람인 제1 야당총재가 '용서론'을 앞세워 자신의 평소 지론(持論)을 변경하여 전두환·노태우 사면을 거론하자, 이에 뒤질세라 여당 대통령 후보가 참모들과 긴급구수회의 후에 당의 공식적 기구의 공론화 과정을 거치지 않고 전두환·노태우 사면을 추석전에 해줄 것을 주례회동시에 대통령에게 건의할 것이라고 언론에 발표하였다. 여당 대통령후보와 청와대간에 조율(調律)이 없었던 탓인지 청와대는 '추석전 전·노사면이나 형집행정지 등의 조치는 없다'고 공식발표 하였다. 그러면서도 임기중 사면에 대한 가능성을 배제하지는 않았다. 또한, 사면은 정치적으로 결정될 사안이 아니라 국민적 합의와 국민통합, 국가역량 결집을 위해 필요한 시기에 할 것이라고 밝혔다. 이로서 정치권의 최근 사면주장은 해프닝(happening) 아닌 해프닝으로 다시 수면 아래로 잠수하고 있다. 그러나 전두환·노태우 사면 논의가 완전히 없어진 것은 아니다. 언제라도 다시 수면위로 부상하여 우리 사회를 과열시킬 사안이다.

대선후보들이 스스로 원칙을 허물어 뜨려가면서 국민의 동의도 없이 표만을 의식하여 정략적으로 전두환·노태우를 사면해야한다고 주장하는 것은 민주주의의 기본질서를 파괴하는

한상범·이철호 外, 『12·12, 5·18재판과 저항권』, 법률행정연구원(1997)을 참고할 것.

행위이며, 특별법을 제정하여 헌정질서파괴범을 처벌한 본래의 뜻을 저버리는 것이다. 대선후보들이 권력욕에 눈이 어두워 전두환·노태우 사면을 끝까지 주장한다면, 1995년 검찰이「12·12, 5·18광주민주화운동」고소·고발사건과 관련하여 '무혐의 불기소 처분'을 하였을 때 국민들이 보여준 특별법 제정운동이나 1996년 정기국회의 '안기부법' '노동법'날치기 처리에서 보여준 것처럼 사면반대운동을 지속적으로 전개해야한다고 본다. 국민은 두려운 존재라는 것을 국민 스스로가 보여주어야 한다. 어린아이가 울어야 젖을 주고, 귀저기를 갈아주듯이 가만히 있으면 우민정책으로 국민을 꼭두각시처럼 조정하려는 것이 정치인들의 속성이다. 국민이 똑바로 정신을 차리지 않는다면 1987년 6·10시민항쟁의 뒷마무리를 안일하게 너무나 낙관적으로 받아들여 '선거혁명론'에 안주하고 민주세력의 분열로 인해 실질적 민주화로 진전되지 못하고 진정한 문민정부를 달성하지 못했다는 사실을 인식해야 한다.

　아울러 대선후보자들은 권력욕에 눈이 어두워 특별사면의 대상자인 전직 대통령 전두환·노태우로 대표되는 티케이(T·K)라고 불리 우는 대구·경북의 일정한 정치세력의 지지 획득과 회유를 목적으로 정략적(政略的) 차원에서 사면을 추진한다면, 역사적 심판의 굴레와 집권 이후 사면 부당성의 오점(汚點)에서 벗어날 수 없으며 사면이라는 부당한 과거에 발목이 잡혀 개혁을 추진할 수 없다는 것을 알아야 한다.

II. 헌법상 사면권의 내용

1. 사면권의 의의

　사면권(赦免權)이라 함은 대통령이 국가원수로서 법률이 정하는 바에 의하여 사면·감형·복권을 명하는 권한을 말한다. 대통령의 사면권은 역사적으로 군주의 은사권(恩赦權) 내지 은전권(恩典權)의 유물이다. 영국 헨리7세 이후 보통법(Commen Law)상의 제도로 확립되어, 1787년 미연방헌법에 헌법상 최초 명문으로 규정된 이래로 프랑스 제5공화국, 서독기본법, 이탈리아 헌법 등에서 사면에 관하여 명문으로 규정하고 있다.

　현행헌법은 '대통령은 법률이 정하는 바에 의하여 사면·감형·복권을 명할 수 있다(헌법 제79조 1항)'규정하고 있으며, 하위법률인 사면법(赦免法)이 사면의 대상자 및 사면의 절차와 사면의 효과를 규정하고 있다.

2. 사면권의 대상자와 사면권의 내용

　사면권의 대상자에서 일반사면의 대상자는 죄를 범한 자이며 특별사면과 감형은 형의 언도를 받은 자이다. 복권은 형의 언도로 인하여 법령의 정하는 바에 의한 자격이 상실되거나 또는 정지된 자이다(사면법 제3조).

사면의 종류에는 크게 광의의 사면과 협의의 사면으로 구분된다. 협의의 사면이라 함은 일반사면과 특별사면을 의미하며 광의의 사면은 협의의 사면뿐만 아니라 감형과 복권까지 포함하는 개념이다.

일반사면은 대통령으로 범죄의 종류를 정하여 이에 해당하는 모든 범죄인에게 행하여지는 사면으로서 형의 언도(言渡)를 받은 자에 대하여서는 그 형의 언도의 효력을 상실시키고 형의 언도를 받지 않은 자에 대해서는 공소권(公訴權)을 소멸시키는 것이다. 일반사면은 대통령령(大統領令)의 형식으로 실시하되 국무회의의 심의를 거쳐(헌법 제89조 9호), 국회의 동의를 얻어야 한다(헌법 제79조 제2항).

특별사면은 이미 형의 선고를 받은 특정인에 대하여 그 형의 집행을 면제하거나 특별한 사정이 있을 때에는 그 후의 형의 선고의 효력을 상실하게 하는 것이다. 특별사면은 일반사면과는 달리 국회의 동의를 요하지 않는다.

감형(減刑)은 형의 언도를 받은 자에게 형을 변경하는 일반감형(一般減刑)과 형의 언도를 받은 자에게 형의 집행을 감경하는 특별감형(特別減刑)이 있다(사면법 제5조 1항 3,4호). 복권(復權)이라 함은 형의 언도로 인하여 상실·정지된 법률상 자격을 회복시켜 주는 제도로서 형집행이 종료된 자 또는 집행이 면제된 자를 그 대상으로 한다. 복권(復權)에는 죄 또는 형의 종류를 정하여 일반적으로 이에 관련된 모든 자에게 행하는 일반복권과 특정한 자에 대하여 개별적으로 행하는 특별복권이 있다. 일반복권은 대통령령(大統領令)으로 행하며 국무회의의 심의를 거쳐야 한다. 반면에 특별복권은 법무부장관의 상신(上申)에 의하여 대통령령으로 행하며 국무회의의 심의를 거쳐야 한다(사면법 제9조, 헌법 제89조 9호).

3. 사면권의 한계

대통령의 사면권 행사는 집행권에 의하여 사법권의 효과를 변경하게 되어 사법권에 대한 중대한 간섭이 되는 것이다. 사면권이 대통령의 고유한 권한이지만, 사면권이 무제한적으로 허용되는 것이 아니다. 현행헌법은 사면권의 한계에 관하여 명문규정을 두고 있지 않다. 그러나 대통령이 사면권을 행사함에는 헌법내재적 한계를 따라야 한다는 것이 우리 헌법학(憲法學)의 통설적 견해이다.

사면권에 대한 헌법내재적 한계를 살펴보면, 사면권은 정치적 남용이나 집권당에 유리한 조치로 행사할 수 없고, 진실로 국가이익과 국민화합의 차원에서 행사되어야 한다. 탄핵 등 정치적 책임을 진 자에 대해서는 공소권 소멸이나 탄핵소추권 소멸은 있을 수 없으며, 또한 사법권의 본질적 내용을 침해하지 않는 범위에서 합리적인 기준과 원칙에 따라 행사되어야 하며,[3) 입법권의 본질적 권한을 침해하는 사면은 금지된다.

　사면권의 목적상 한계로 국가이익과 국민화합의 차원에서 행사되고 정치적 남용이나 집권 당에 유리한 조치로 당리당략적 차원에서 행사할 수 없다. 그러면, 국가이익과 국민화합을 어떻게 판단 객관화 시킬것인가가 문제된다. 사면검토 시기에 사면대상자들에 대한 찬반 양론이 첨예하게 대립할 때에 사면을 단행하는 것은 사면의 목적상의 한계를 벗어난 것에 해당한다고 판단할 수 밖에 없다. 사면권의 권력분립상 한계는 사법권 및 입법권의 본질적 침해가 금지된다는 것이다. 사면은 사면행위 자체가 법원이 선고한 유죄판결의 효력을 일부 또는 전부를 변경하는 것이므로 권력분립의 원칙에서 본다면 사법권에 대한 본질적 침해에 해당한다. 그러나, 대통령의 사면권은 사법의 효력을 변경하는 권력분립상의 예외에 해당한다. 사면권 행사로 인한 사법권의 본질적 침해는 사법적으로 재심절차나 비상상고, 헌법소원에 의해 구제가 가능한 경우에 사면이 허용되는 때이다. 그리고 국회의 고유한 권한인 입법작용이나 국정통제기관으로서의 권한을 사면이 본질적으로 침해할 수 없다는 것이다. 국회의 탄핵결정에 대하여 이를 사면할 수 있다고 한다면 국회의 탄핵소추권을 형해화시키고 유명무실하게 만들어 버리는 것이기 때문에 헌법이 정하고 있는 탄핵소추권의 의의를 평가한다면 국회의 탄핵결정에 대해서는 사면은 허용될 수 없다. 법률제정에 국회의 처벌의지가 강력하게 표출되어 제정된 법률에 의하여 단죄된 형사범에 대하여 대통령이 사면권을 행사한다면 이는 사면행위가 입법권의 본질적 부분을 침해하는 것에 해당한다. 대통령의 사면권은 위의 헌법 내재적 한계를 벗어나지 않은 범위내에서 행사되어야 한다.

4. 사면권의 효과

　대통령이 행사한 사면권의 효과를 살펴보면, 일반사면(一般赦免)은 형의 언도(言渡)의 효력이 상실되며 형의 언도를 받지 않은 자에 대하여는 공소권(公訴權)이 상실된다. 그러나 특별한 규정이 있을 때에는 례외로 한다(사면법 제5조 1호).

　특별사면(特別赦免)은 형의 집행(執行)이 면제된다. 그러나 특별한 사정이 있을 때에는 이후 형의 언도의 효력을 상실케 할 수 있다(동법 제5조 2호). 일반에 대한 감형은 특별한 규정이 없는 경우에는 형을 변경한다(동법 제5조 3호). 특정한 자에 대한 감형은 형의 집행을 경감

---

3)　권영성, 『헌법학원론』, 법문사(1997), 896면.

한다. 단 특별한 사정이 있을 때에는 刑을 변경할 수 있다(동법 제5조 4호). 복권은 형의 언도의 효력으로 인하여 상실 또는 정지된 자격을 회복한다(동법 제5조 5호). 형의 언도에 의한 기성(既成)의 효과는 사면, 감형, 복권으로 인하여 변경되지 않는다. 이는 형의 언도에 의한 효력은 장래에 향하여 상실될 뿐 소급효가 인정되지 않는다는 것을 의미한다.

5. 사면권 행사와 사법심사(司法審査)

대통령이 사면권을 남용하는 경우 사법권행사에 대하여 사법적 통제가 가능한가가 문제된다. 부정설에 의하면 사면은 권력분립의 원리와 무관한 제도이고 법으로부터 자유로운 행위이며, 통치행위의 일종이기 때문에 사법적 심사의 대상이 되지 않는다는 입장이다. 독일연방헌법재판소는 사면결정(赦免決定)은 사법적 심사의 대상이 되지 아니한다는 견해를 취하고 있다.

반면에 사법심사 긍정설은 사면권이 권력분립의 원리와 무관하다는 부정설의 주장은 민주국가의 헌법체계에서는 받아들일 수 없으며, 사면권의 행사를 사법적 심사의 대상에서 제외되는 통치행위라고 하는 것은 법적 해석의 오해라고 비판하고 있다.[4] 헌법상의 내재적 한계를 벗어난 대통령의 사면행위는 비록 법원에 의한 사법심사의 대상은 되지 않는다 하더라도 헌법재판소에 의한 헌법적 통제의 대상은 될 수 있을 것이다.[5]

Ⅲ. 전두환 · 노태우 赦免주장의 부당성

-전 · 노赦免주장을 통해 본 正義 · 歷史바로세우기 세력과 反正義 · 守舊 · 旣得權 세력의 대결-

사면주장이 추구하고자 하는 목적이 무엇인가를 우리는 솔직하고 진지하게 살펴보아야 하며 그러한 작업만이 무너진 법적 정의를 바로 세우는 길이며 잃어버린 민족정기를 바로 세우는 첫걸음이다. 또한, 우리 사회를 올바른 방향으로 이끌어가는 길인 동시에 국력을 소진(消盡)시키는 소모적 논쟁을 지양할 수 있는 유일한 길이며 역사를 바로세우는 길이다.

머리말에서도 밝혔듯이 전두환 · 노태우사면 주장은 하루아침에 거론된 것은 아니다. 여기서는 전두환 · 노태우사면(赦免)을 통해 守舊 · 旣得權 · 反歷史的 세력과 正義 · 歷史바로세

---

4) 권영성, 앞의 책, 897면.
5) 이석연, "대통령의 사면권 행사와 한계", 시민과 변호사(1997년 5월호), 83면.

우기 세력의 대결을 살펴보며 우리 사회가 나아가야할 방향을 모색해 보고자 한다.

　전두환·노태우 사면을 주장하는 세력들은 다음과 같은 이유를 거론하며 사면을 제기하고·주장한다.

　"두 전직 대통령에 대한 평가는 후세에 맡기고 국민 대화합의 큰길에 참여할 수 있도록 사면조치가 이루어져야 한다"(대구·경북도민회), "두 전직대통령이 이미 사법처리를 받은 만큼 국민화합차원에서 석방돼야 한다"(대구공업중고 동창회), "국민 화해와 통합을 위해 전직 대통령의 조속한 사면해야 한다"(불교계 및 개신교, 대종교 일부 종교지도자). "한명도 아닌 두 명의 전직 대통령의 교도소 수감은 국가적 수치다", "재판과정에서 수모를 받았으니 충분한 죄값을 치루었다"등과 같은 감상적이며 동정론을 동원하여 사면을 주장하고 있다. 심지어 12·12, 5·18재판이 진행되는 도중에 여권의 실세라고 하는 徐某씨는 (당시 15대 국회의원 당선자) 한 시사주간지 인터뷰에서 "전·노씨가 부정한 일을 한것은 잘못이지만 국가원수로서 한 때 조국에 기여한 바도 있으니 사면해야 한다고 본다"[6] 며 때 아닌 사면론을 주장하기도 했다.

　한편, 「5·18완전해결과 정의실현·희망을 위한 과거청산국민위원회」는 전두환·노태우가 사면되어서는 안되는 4가지 이유를 다음과 같이 들고 있다.

1. 전두환·노태우는 권력을 찬탈했던 반란과 내란의 두목들이고, 수 천 억원씩의 부정축재를 한 '세기의 도둑'입니다. 전노 사면은 내란, 반란, 부정축재 등 역사적인 범죄행위에 면죄부를 주고, 앞으로 이런 범죄를 저질러도 처벌 받지 않아도 된다는 선례를 남기게 됩니다.
2. 대통령은 역사의 심판에 미루고 검찰은 두 번 씩이나 "성공한 쿠데타는 처벌할 수 없다"며 불기소 처분했으나, 국민들이 들고 일어나 5·18특별법을 제정, 역사적인 범죄행위를 단죄했습니다. 전노 사면은 역사를 바로세우고자 한 우리국민의 노력을 무위로 돌리는 행위입니다.
3. 전두환·노태우 사면은 대선을 앞두고 특정지역의 표를 얻기 위해 불순한 정략적인 의도에서 제기되고 있습니다.
4. 전두환·노태우는 참회하고 용서를 구하기는커녕 자신들의 범죄행위를 부인하고 있습니다. 이들을 사면해놓고 국가는 앞으로 어느 누구에게 형벌권을 행사할 수 있겠습니까?

　위 위원회가 제기한 전두환·노태우 사면의 부당성은 다른 부당성의 이유를 거론할 것도 없이 전두환·노태우반란세력들이 불법으로 정권을 찬탈하여 영화를 누리고 국민을 탄압하

---

6) 『뉴스메이커』, 1996년 5월 1일자.

고 있을 때, 양심적인 민주인사들과 민주화를 부르짖으며 5·6공 세력에 항의·저항했던 국민들은 그들의 탄압으로 피해를 입고 지금도 당시의 아픔과 고통을 간직하고 생활하고 있으며, 전두환·노태우를 반대했다는 이유하나만으로 양심수들은 지금도 교도소에 구금되어 있다. 또한, 헌정질서파괴세력들이 저지른 무수한 인권침해 범죄의 진상규명과 피해자의 명예회복이 이루어지고 있지 않기 때문에 사면 주장이 부당한 것이다.

전두환·노태우 등 5·18관련자들에 대한 사면 관련 공청회에서 발제자로 나선 김종서교수는 '사면권의 본질과 한계'라는 발제문에서 다음과 같이,
"전·노씨의 사면 주장은 과연 허용될 수 있는 범죄에 대한 것인가? 전·노씨의 사면 주장은 진정 국민화합에 기여하고 구체적 정의의 회복과 실현에 이바지할 것인가? 전·노씨의 사면이 이루어질 수 있는 상황은 성숙되어 있는가? 범죄자인 전·노씨는 진심으로 참회하고 있고 12·12와 5·18의 진상은 완벽하게 규명되었는가? 피해자인 광주시민과 전 국민은 이제 기꺼이 그들을 용서할 것인가? 광주항쟁으로 인하여 생명과 자유와 재산을 잃은 사람들은 공정한 절차에 의하여 구제되고 그 명예를 회복받았는가? 이들 물음에 대하여 단 하나라도 "아니다"란 대답이 나온다면 이미 사면 주장은 그 정당성을 상실하고 있는 것이 될 것이다." 7) 라며 전·노사면주장에 대해 문제제기를 하고 있다. 이 문제제기를 중심으로 전·노사면 주장의 부당성을 검토해 보자.

특별사면은 주로 범인의 개전의 정이 현저하고 벌할 필요가 없을 때, 또는 사법부의 오판(誤判)으로 인하여 국민의 기본권이 침해된 경우나 정치범 및 양심수를 대상으로 하는데, 전·노씨는 양심범이 아니라는 것이다. 그들의 범죄는 권력찬탈에 눈이 어두워 나라를 지키라는 국민의 군대를 불법으로 동원하여 반란을 일으켰으며, 총부리를 양민에게 돌려 수백명을 학살한 내란의 두목이다. 개전의 정이라고는 눈꼽만치도 찾아 볼 수 없다.8) 그리고, 국민의 혈세

---

7) 김종서, "사면권의 본질과 한계", 「전두환·노태우 등 5·18관련자들에 대한 사면 관련 공청회」 자료집 (1997), 14면.

8) 전두환씨의 변호사인 이양우씨가 전한 최근 전두환씨의 심경은 그의 마음을 읽을 수 있는 좋은 자료이다. 신문기사를 그대로 옮겨보면 다음과 같다. "재판과정에서(전씨가) 새롭게 알게 된 사실도 많았다. '무장을 하고 저항한 폭도와의 교전과정에서 상호 피해가 있었다'는 보고 외에 공수부대에 의한 민간인 무차별 살상은 당시 아무런 보고가 없어 전혀 모르고 있다 지난번 재판과정에서 비로소 알게 됐다는 것이다"(한겨레신문, 1997년 9월 3일, 26면 참조). 그 당시 전두환씨가 어떤 직책과 어떤 위치에 있었는가 생각해 보라. 정말로 공수부대의 민간인 무차별 살상을 몰랐을까?

(血稅)를 수천억원씩 부정으로 축재한 파렴치범이라는 사실이다. 현재도 부정축재한 2,000억원의 추징금문제가 미해결로 남아있는 상태이다.

국민화합 차원에서 사면하자고 한다. '국민화합'을 빙자한 사면주장은 언어도단에 해당한다. 우리 역사를 되돌아 볼 때, 국민화합이라는 슬로건을 내걸어 친일파 청산을 위해 설치된 반민특위(反民特委)를 와해시킴으로 인해 친일파청산작업이 좌절되어 민족정기가 무너져버린 뼈아픈 과거를 가지고 있다. 친일파청산문제에 있어 반민특위가 친일파의 준동으로 좌절된 이후 계속하여 친일청산작업을 시도하고 있지만, 친일파와 그 후손들은 시효제도니 소급입법금지를 들먹거리고 국민화합차원에서 "과거를 묻지 말라"며 친일의 행적을 은폐·왜곡하며, 역사의 수레바퀴를 되돌리려하고 있다.9) 5·6공세력들은 특별법제정과정에서부터 민주헌법의 기본원리인 소급입법금지와 일사부재리의 원칙 등에 어긋나느니, 정치적 편의 때문에 5·6공세력을 처벌한다며 사법적 단죄에 조직적으로 저항하였고, "국민화합을 위해 과거를 묻지 마라", "좋은 것이 좋은 것이다"라며 적당히 넘어가자고 한다.1995년 헌정질서파괴죄의 공소시효 등에 관한 특별법의 제정이야말로 법적 가치의 확인이고 무법 상태에 대한 종식의 상징이며 정의 회복의 첫발이라고 하겠다. 이 법의 제정을 두고서 보복이니 전직 대통령에 대한 과잉 조치니 하는 말이 있고 제정 배경의 정치적 문제성을 지적하지만 이 법률의 법리는 백 번 천 번 옳은 것이다. 이러한 법리를 '정치적 보복론'이니 과거의 일에 집착해서 민족의 화해를 해치고 미래 지향에 지장을 초래한다는 등의 궤변으로 소홀히 하면 그 민족은 낙오되고 그러한 사회는 파렴치가 판을 치는 사회로 전락해 자동적으로 붕괴되기 마련이다.10) 이제까지 부정과 불법에 대하여 잘못된 과거를 묻지 않았기 때문에 민족정기는 무너지고 사법적 정의(司法的 正義)가 실종되고 힘세고 목소리 큰놈이 주인노릇하고, 원리원칙은 땅에 팽개쳐지고 불법과 무법·편법만이 판치는 세상이었다. 이러한 잘못을 바로 잡기위해 국민 모두의 열망을 모아 어렵게 5·18특별법(5·18民主化運動에 관한 특별법 및 憲政秩序破壞犯罪 公訴時效 特例法)을 제정하여 반란·내란세력들을 사법적으로 단죄하였건만 국민화합을 빌어 그것을 원점으로 되돌리려하는 것이 전두환·노태우사면주장이다. 전두환·노태우 사면은 국민화합이 아니라 국민을 또다시 법허무주의(法虛無主義)에 빠뜨리는 것이다.

전두환·노태우가 한 때 국가원수로서 국가에 기여한 바가 있으므로 사면하자고 한다. 국헌을 문란시키고 양민을 학살하여 불법으로 권력을 찬탈한 것이 국가에 기여한 행위이며, 그러한 불법에 항거하는 사람들을 탄압하여 교도소에 보낸 인권침해행위 등이 국가에 기여한

---

9) 이철호, 일제잔재 청산에는 시효 없다, 동대신문 1997년 8월 25일, 3면.
10) 한상범, 『헌법이야기』, 현암사(1997), 260면.

행위인가?

국가에 기여한 바가 있으면 죄를 지어도 사면해야 한다면, 한순간 실수로 범죄행위를 저질렀다 할지라도 평소에 지역사회를 위해 봉사와 국가를 위해 좋은 일을 많이 하고 세금을 꼬박꼬박 납부했다면 국가에 기여한 공로가 있는 것 아닌가? 왜, 이런 사람에게 사면을 해주자고 주장하지는 않는가? 대통령이었기 때문에 책임을 더욱더 물어야 하는 것이다. 권한과 권리를 행사하는 만큼 책임과 의무를 져야하는 것이 민주국가의 기초이다. 권한을 행사하고 권리를 누리고서도 책임이나 의무를 다하지 않겠다는 것은 어느 나라 헌법과 법률인가? 법치국가에서는 있을 수 없는 일이다. 전직 대통령이었으니 불법한 행위에 대해서도 형식적·요식적으로 처벌하고 사면한다면, 거미줄에 작은 벌레는 걸려들고 큰 벌레는 빠져나가 버리듯 유권무죄(有權無罪) 무권유죄(無權有罪)의 세상이 되고 마는 것이며 법에 대한 냉소주의만을 조장하는 것이다. 전두환·노태우 사면은 국민들이 어렵게 세운 사법적 정의와 역사적 심판을 일시에 다시 무너뜨리는 행위이다.

전두환·노태우는 자신들의 잘못에 대하여 정말로 반성하고, 진심으로 회개·참회하고 있는가? 전두환·노태우로 대표되는 5·6공 군사반란세력들은 자신들의 잘못을 진심으로 참회하는 기색조차 보이지 않고 있다. 특별법 제정에서부터 재판과정과 대법원 상고심 판결후 이 시간까지 그들이 보여준 모습은 진정한 반성과 참회와는 거리가 멀다.

1995년 12월 전두환은 검찰의 소환에 불응한다는 '골목성명'을 발표하였다. 측근들을 대동하고서 고개를 꼿꼿이 세운 채 성명서를 읽어 내려가던 그의 모습은 전국에 생중계되었고, 그의 골목성명은 전두환의 시대착오적인 역사관과 국민과 역사를 두려워하지 않는다는 것을 보여주었다.

"국민여러분. 저는 …중략… 지난 11월 24일 金대통령은 이 땅에 정의와 진실과 법이 살아있는 것을 국민에게 보여주기 위해 5·18특별법을 만들어 저를 포함한 관련자들을 내란의 주모자로 의법처리하겠다고 했습니다. 우리 모두가 잘 기억하고 있는대로 현재의 김영삼정권은 제5공화국의 집권당이던 민정당과 제3공화국의 공화당을 중심으로 한 신민주공화당, 그리고 야권의 민주당, 3당이 지난 과거사를 모두 포용하는 취지에서 「구국의 일념」이라고까지 표현하며 연합하여 이루어진 것입니다. …중략… 현정부의 통치이념과 관련된 문제입니다. 초대 이승만대통령부터 현정부까지 대한민국의 정통성을 부인하고 타도와 청산의 대상으로 규정한 것은 좌파운동권의 일관된 주장이자 방향입니다. 그런데 현정부는 과거 청산을 무리하게 앞세워 이승만정권을 친일정부로, 3공화국·5공화국·6공화국은 내란에 의한 범죄집단으로 규정하여 과거 모든 정권의 정통성을 부정하고 있습니다 …중략… 저는 이미 지난 13대 국회의 청문회와 장기간의 검찰수사과정을 통해 12·12, 5·17, 5·18등의 사건과 관련하여 제가 할수있는 최대한의 답변을 한바 있고 검찰도 이에 의거하여 적법절차에 따라 수사를 종결한 바 있습니다. …중략… 대한민국의 법질서를 존중하기 위해 사법부가 내릴 조치에는 그것이 어떤 것일지라도 저는 수용하고 따를 것입니다. 끝으로 12·12를 포함한 모든 사건에 대한 책임은 제5공화국을 책임졌던 저에게 모두 물어주시고 이 일을 계기로 여타의 사람들에 대한 정치보복적 행위가 없기를 희망합니다."[11]

성명에 나타난 전두환의 논리는 잘못된 과거청산문제를 정치세력간의 파워게임으로 인식하고 있다는 것이다. 그리고 전두환을 비롯한 세력들이 12·12군사반란과 광주민중들에 대한 반인륜적 학살행위을 참회하고 죄의식을 느끼며 진실을 밝히기 보다는 정치탄압이나 정치보복으로 인식하고 있다는 것이다. 또한, 잘못된 과거청산으로 사법적 정의와 역사바로세우기를 좌파운동권 주장이라고 받아들이고 있다는 것이다. 과거청산과 반인륜적 범죄에 대하여 사법적 단죄가 어떻게 이념문제가 되는지 알 수 없다. 좌파운동권의 논리는 자유민주주의와 자본주의를 부정하고 프롤레타리아 독재를 주장하는 것이지, 불법으로 국민의 군대를 동원하여 국헌을 문란시키고 양민을 학살한 반란세력을 처벌하여 정의를 바로세우자는 것이 좌파운동권의 논리가 아니다.

재판과정에서 보여준 출정(出廷)거부와 재판거부 및 변호인단 퇴장모습은 진정한 참회와는 더욱더 거리가 멀었다. 재판도중 그들은 1980년 광주양민학살 발포명령에 대해서도 "길을 가다 누가 덤벼들면 방어차원에서 어쩔 수 없이 대응하는 것 아니냐"는 식의 해괴한 논리를 펼치고, 증언자의 불리한 증언에 대해서는 검찰신문에 속거나 텔레비전 드라마를 보고 그렇게 판단하는 것 아니냐 라며 이상한 질문을 하기도 하고, 재판지연전술을 펼치기도 했다. 또한, 전두환·노태우 피고인들의 변인호단은 충분한 변론권 보장을 요구하며 걸핏하면 퇴정을 되풀이하고 재판부가 「유죄예단」을 가지고 진행하는 형식적 재판에는 들러리로 임할 수 없다며 20차 공판에서는 집단으로 사임계를 제출하여 '司法府의 不信'을 주장하는 아이러니를 보여주었다.[12] 전두환·노태우 피고인들도 이를 이유로 하여 재판정 출정(出廷)을 거부하는 촌극을

---

11) 전두환의 골목성명 全文은 중앙일보, 1995년 12월 3일, 3면 참조.
12) 신군부반란세력들이 재판과정에서 보여준 재판파행 및 사법부 불신태도와 85년 서울미문화원방화사건 공판을 비교한 신문기사는 우리에게 시사하는 바가 많다. 한국일보, 1996년 7월 10일 4면,「시대의 역설'사

연출하기도 하였다. 그들의 이러한 행동과 처사들은 다분히 의도적이었다. 증인신문과정에서 신군부의 정권탈취의 불법성을 증명하는 유죄의 증거를 사전에 막고 '역사법정'에서 열리는 '역사재판'의 의의를 퇴색시키려는 고도의 정치적 책략이었으며, 정치재판(政治裁判)으로 이끌어 「사법적 정의와 역사바로세우기」에 흠집을 내고자 한 것이다. 과거의 잘못된 행위에 대한 반성과 참회는 무죄의 강변으로 이루어지는 것이 아니다. 과거의 잘못을 솔직하게 시인하고 마음속에서 진실로 사죄하는 자세와 뉘우침이 있어야 한다. 그리고 국민의 용서와 관용을 비는 것이 순서이다. 그들은 진실로 국민과 역사 앞에 사죄하는 모습을 보여주고 있는가? 그들은 지금도 12·12, 5·18재판이 정치재판이었다고 믿는 것 같다. 잘못에 대한 당사자들의 참회와 반성없이 이래도 국민화합차원에서 사면하자는 말인가? 용서와 화해(和解)는 진실규명과 어두운 과거청산이 먼저 이루어져야 가능한 것이다.

전두환·노태우의 사면은 국민의 동의가 전제되어야 하고, 5·6공아래서 저질러진 인권유린에 대한 진상조사와 규명, 피해자의 명예회복과 피해자에 대한 배상이 이루어져야 한다. 80년 광주의 모든 진상이 규명되었고 희생자와 피해자에 대해 명예회복과 구제는 완전히 이루어졌는가? 대답은 '아니다'이다. 12·12, 5·18재판은 1980년 광주민중항쟁의 끝마무리가 아니라 단지 과거청산작업과 진실규명의 시작에 불과한 출발이다. 이 점을 잊어서는 않된다. 5·18일 법정국가기념일로 지정되고, 5·18묘역의 조성과 단장은 과거 광주시민의 상처와 아픔에 대한 외상의 치료일 뿐이다. 이제부터 정말로 광주시민의 마음의 상처와 아픔을 치유해야 한다. 전두환·노태우 등 신군부세력들에 대한 사법적 단죄가 이루어졌지만, 5·18묘역의 국립묘지 인정문제, 5·18희생자들에 대한 국가유공자 지정문제, 5·18희생자의 피해에 대한 보상에서 배상으로의 법적 성격의 명백한 규정, 아직도 논란이 되고 있는 사망자수와 발포책임자 등이 명확하게 밝혀지지 않아 광주에 대한 중요 부분이 아직도 미해결로 남아 있다. 또한, 광주진압작전의 실상과 중앙정보부와 보안사의 역할 등이 밝혀지지 않아 광주에 대한 완전한 진실규명이 이루어지지 않았다. 전두환·노태우 군사반란세력들이 집권의 수단으로 조작한 「김대중내란음모사건」관련자에 대한 재심(再審)도 아직 끝나지 않았다.[13] 더욱이 12·12, 5·18관련자들에 대한 유죄판결이 선고 확정된 이후에도 관련자들의 상훈박탈(치탈)이 이루어지고 있지 않다.[14]

법부不信」기사를 참조하기 바람.

13) 최근 12·12, 5·18사건에 대한 전·노의 확정판결에 따라 재심이 시작된 이후 부산지방법원에서 80년 계엄법 위반 피해자에 대한 첫 무죄판결이 내려졌다(한겨레신문, 1997년 7월 4일, 1면 참조).

14) 이에 대해 정일종합법률법인과 姜喆善변호사는 대통령이 전·노에 대한 훈장치탈의무 불이행으로 행복

　5·6공에서 발생한 수많은 인권유린과 조작사건, 삼청교육대 등에 대한 진상규명과 피해자의 명예회복과 구제가 이루어지지 못하고, 5·6공 군사독재권력에 의한 피해자들의 고통은 지금도 계속되고 있다. 5·6공에 대한 과거청산과 진실규명은 하나도 이루어지지 않고 있는데, 이 모든 것에 대한 책임을 져야할 인물을 풀어주자는 것이 국민의 정당성을 받을 수 없는 전두환·노태우사면주장이다.

　5·6공세력들이 양산한 정치범과 양심수들을 교도소에 나두고서 전두환·노태우 사면만을 주장하는 것 또한 형평성에서 문제가 된다. 전두환·노태우의 불법적 국헌문란과 정권찬탈 및 양민학살에 저항했다는 이유 하나만으로, 단지 전두환·노태우군사세력들을 반대했다는 이유로 양심수들을 교도소에 구금시켜놓고, 가해자인 전두환·노태우만을 사면시키자는 것은 무엇인가 앞뒤가 맞지 않는 처사이다. 지금 우리가 주장해야할 진정한 사면대상은 군사반란·헌정파괴의 주역인 전두환·노태우의 사면주장이 아니라 양심수들에 대한 사면주장이어야 한다.

　위에서 살펴보았듯이 전두환·노태우에 대한 사면주장은 모든 면에서 부당하다. 어느 것 하나 사면의 전제조건을 충족시키지 못하고 있다. 이러함에도 전두환·노태우사면을 주장하고 외치는 것은 역사의 수레바퀴를 되돌리려는 수구 기득권세력의 과거회귀로 밖에 볼 수 없다. 수구 기득권 세력에 대항한 정의·역사바로세우기 세력의 외로운 대결은 지금도 계속되고 있다. 그러나 정의·역사바로세우기 세력에게 그 대결은 외롭지만은 않다. 역사의식과 법적 정의를 소유한 국민들의 든든한 백그라운(Back Ground)가 있기 때문이다.

Ⅳ. 맺음말

– 국민의 힘으로 헌정 50년 만에 어렵게 세운 법치주의를 무너뜨리는 전·노사면은 절대 안된다.–

　전두환·노태우 사면에 대하여 대한 여론조사의 추이를 살펴보면, 1심선고 직후 5·18기념재단이 광주사회조사연구소에 의뢰하여 조사한 보고서에 의하면 지역에 따라 전두환·노태우 사면에 대한 태도가 다르게 나타났다. 광주지역에서는 88%가 압도적으로 사면에 반대한 반면에 비호남지역 가운데 대구·경북을 제외한 기타 지역에서도 63.9%로 사면반대의견이 지배적으로 나타났다.15) 그리고 시간이 흐를수록 전두환·노태우 사면에 대하여 47.9%가 사

　추구권이 침해되었다며 헌법재판소에 훈장치탈의무 불이행 위헌확인청구를 위한 헌법소원을 제기했다 (한겨레신문, 1997년 8월 21일, 31면 참조).

면에 반대하며 47.1%가 사면을 찬성하는 것으로 나타나고 있으며 특히, 전·노사면주장이 영고호저(嶺高湖低)현상을 보이는 것이 특징이다.[16] 최근 정치권의 조건 없는 사면주장에 대한 여론조사에서는 조사대상의 74%가 무조건 사면을 반대하고 있으며 사면을 반대하는 응답자들은 그 이유를 '전·노씨가 아직 죄의 대가를 충분히 치르지 않아서'라고 답변했다고 한다. 또한, 전·노씨 사면 자체에 대한 찬·반조사에서도 54.7%가 반대하고 있으며 찬성은 41.0%로 나타났다고 한다.[17] 이러한 조사결과는 아직 사면에 대한 국민의 동의가 없다는 것을 실증적으로 보여주는 것이다. 그리고 또한, 놓쳐서는 안되는 사실 하나는 국민화합을 이유로 전·노사면은 74.2%가 동의하지 않는다는 사실이다.

"지나간 것을 다시 생각하지 않고 잊어버린다면, 다시 한 번 반복해서 똑같은 죄를 짓는다(Die sich des Verganenen nicht erinnern, sind dazu verurteilt, es noch einmal zu erleben"이는 독일 다카우(DACHAU)수용소안에 있는 경구이다. 1992년 1월 독일 다카우수용소를 방문했을 때, 필자의 눈에는 산타야나(Santayana)의 이 경구가 제일 먼저 눈에 들어왔고, 내 뇌리를 떠나지 않았다. 우리는 과거를 너무 쉽게 망각하는 것 같다. 12·12, 5·18고소·고발사건에 대하여 검찰이 무혐의 불기소처분을 하였을 때 얼마나 많이 분노하고 허탈해했는가? 국민들의 지속적인 관심과 항의에 의하여 얼마나 어렵게 특별법을 제정하여 헌정질서를 무너뜨리고 양민을 학살한 군사반란세력들에게 사법적 단죄를 하였는가? 그런데도 그 당시의 투철한 역사의식과 준엄한 법적 정의는 어디로 사라졌는가? 또한, 1988년 당시 5공청산의 일환으로 전두환씨가 백담사(百潭寺)로 떠나기 전 대국민성명에서 모든 재산을 국가에 헌납한다고 했는데, 그 후 전두환의 모든 재산은 국가에 헌납되었는가? 대충대충을 앞세운 적당주의 사고와 망각이 우리사회를 지배할 때 과거수구기득권 세력들은 다시 발호와 준동을 일삼으며 과거로의 회귀를 추진하게 되는 것이다.

김영삼 정권은 국민대화합이라는 이름으로 문민정부 초기에 개혁의 일환으로 단행한 율곡비리사건의 주범이나 슬롯머신 비리, 한국전력 원자력발전 비리사건 등 권력형 대형비리사건 등의 주범들을 모두 사면·복권시켜 스스로 추진한 개혁을 스스로 뒤엎는 어리석은 정치쇼를 연출하였다.

김영삼 정권은 어렵게 추진한 역사바로세우기 차원의 12·12, 5·18재판의 사법적 단죄를

---

15) 재단법인 5·18기념재단 / 사단법인 광주사회조사연구소,『국민이 보는 5·18재판 − 1심선고에 대한 전국민 여론조사−』, 111−115면.

16) 문화일보, 1997년 7월 23일, 4면 참조.

17) 한겨레신문, 1997년 9월 3일, 2면 참조.

전・노사면 단행으로 마지막 남은 개혁의 성과를 유실시키지 말아야 한다. 김영삼 대통령이야 어떤 자세로 전두환・노태우 처벌을 위한 특별법 제정과 사법적 단죄를 실시했는지 알 수 없지만, 전두환・노태우에 대한 사법적 단죄는 국민의 준엄한 심판이었다. 그러한 국민의 준엄한 심판에 대하여 전두환・노태우 사면을 주장하고 그 주장에 대하여 사면을 단행한다면 사면권 행사가 아무리 대통령의 고유권한이라 할지라도 그 상위의 국민주권에 대한 도전이다.

김영삼 대통령이 취임사(就任辭)에서 밝힌 것처럼, 지금도 '상식과 순리가 통하는 사회, 법과 정의가 강물처럼 흐르는 사회'를 염원한다면 전두환・노태우 사면을 단행해서는 안된다. 전두환・노태우 사면 단행은 김영삼 대통령이 문민정부 이름으로 실천한「역사바로세우기」차원의 12・12, 5・18재판은 한낱 '깜짝 쏘'에 지나지 않으며 역사바로세우기의 허구성과 그 재판이 5・6공세력들이 일관되게 주장하고 있는 정치재판(政治裁判)이었다는 것을 증명하고 만다는 사실을 잊지 말아야 한다.

국민의 힘으로 헌정 50년 만에 어렵게 세운 법치주의를 무너뜨리는 전두환・노태우 사면은 절대 안된다.

〈보론〉

제15대 대통령선거 이후 곧바로 전두환・노태우에 대해 전격적으로 사면이 단행되었다. 사면 이후 전두환・노태우가 보여준 형태와 국민들이 잊지 말고 지속적으로 감시해야 할 문제들을 보론으로 기록한 것이다.

1997년 12월 22일「12・12, 5・18 및 부정축재사건」으로 안양교도소와 서울구치소에서 복역하던 전두환・노태우 전직대통령들이 김영삼대통령의 특별사면조치에 따라 '歷史의 罪人'들이 석방되었다. 전두환・노태우가 구속된 지 2년 만에 그리고, 대법원의 확정판결(1997년 4월 13일)을 받은 지 8개월 만에 석방되었다.

이 사면조치로 김영삼 정부에서 추진한「역사바로세우기」는 종말(終末)을 맞이하고 만 것이다. 김영삼 대통령과 김대중 대통령당선자는 '국민대통합'[18]이란 명분으로 사면을 단행했

---

18) 우리 현대사는 건국초기부터 현재까지「국민대화합」이라는 미명하에 歪曲되어 오고 이있다. 현실이 아무리 어렵고 급하더라도 짚을 것을 짚고 넘어가야 한다며 全・盧赦免의 문제점을 지적하며, 歷史意識을 일깨우고 있는 이원섭의 글은 歷史意識 不在에 살고 있는 우리에게 시사하는 바가 크다. 참고로 관련부분을 인용해 본다. "정치적 이유로 '역사의 정의'가 뒷전으로 밀려서는 안된다는 말이다. 우리 민족에게 언제 어렵고 급하지 않은 적이 있었던가. 해방 직후에는 나라를 세우는 일이 급하다며 친일을 따지지 말고 '대동단

다. 또다시 '국민대통합(화합)' 이라는 명분에 역사의 수레바퀴는 과거로 회귀하고 있다.

범죄자에 대한 사면(赦免)은 범죄자의 참회와 국민들의 관용에 의해 이루어지는 것이 국민 다수의 지지와 정당성을 얻을 수 있다. 그러나 전두환·노태우의 사면은 참회와는 거리가 먼 것 같다. 그들은 석방되면서도 "그동안 본인과 본인 일행으로 인해 여러분께 오랫동안 심려를 끼쳐드려 죄송합니다. 지난 2년 동안 여러분이 보내주신 격려와 애정에 대해서도 자리를 빌려 감사한다는 말을 드립니다(전두환)"·"국민 여러분께 크나큰 심려를 끼쳐드려 정말 죄송합니다. 국민 여러분의 깊고 따뜻한 사랑에 깊이 감사드립니다(노태우)"라는 형식적 석방소감을 말했을 뿐, 진정한 사죄와 반성의 자세를 보이기는커녕 "경제난 극복에 일조하겠다"며 자신들의 「헌정파괴행위」에 대해 정말로 뉘우치는 구석을 찾을 수 없었다.

국민들 특히, 총칼과 군홧발에 의해 가족들의 희생의 아픔을 간직하고 살아온 광주·전남의 5·18관련 단체들도 분노와 증오를 털어버리고 「국민대화합」 차원에서 전두환·노태우가 17년 전 광주·전남에서의 학살에 대해 가슴에서 우러나오는 참회의 말한마디를 간절히 기대했을 것이다.

그러나 전두환의 석방소감에서 참회의 기대를 얼마나 무참히 짓밟아 버리는가를 볼 수 있다.

"그동안 본인과 보인 일행으로 인해 국민 여러분께 오랫동안 심려를 끼쳐드려 죄송합니다. 지난 2년 동안 국민 여러분이 보내주신 격려와 애정에 대해서도 이 자리를 빌려 감사하다는 말을 드립니다.

그런데 최근의 경제대란으로 국민 여러분이 얼마나 놀라고 불안해할 것인지 걱정이 많았습니다. 피땀 흘려 이룩한 경제가 어떻게 됐는지 이해가 되지 않습니다.

그러나 본인은 국민을 믿고, 여러분을 믿습니다. 나라가 어려울 때마다 우리 국민은 놀라운 저력을 보여줬습니다. 본인은 재임기간 중에 그것을 봤습니다. 그래서 나는 우리 국민에게 애정과 신뢰, 존경심을 갖고 있습니다. 우리 국민이 충분히 극복할 수 있다고 믿습니다. 본인은 80년 9월에 대통령에 취임했습니다. 당시는 경제난 정도가 아니었습니다. 나라가 어지러워 도탄에 빠져 있었지만, 우리국민이 이를 극복하고 세계가 놀란 선진

결'하자고 했다. 그 뒤 우리는 그 대가를 톡톡히 치러야 했다. 진정한 화해는 가해자가 잘못을 시인하고 진심으로 사죄할 때 시작된다. 그래야 피해자의 용서로 '대화합'이 가능해진다. 자신의 잘못을 고백하고 증언한 자에 한해 사면해주는 남아공의 '진실화해위원회'식 해결이 옳은 방향이다. 김 당선자가 사면에 앞장선 것은 개인적으로는 '고매한' 결단일지 모르나 역사적으로는 또 한번의 시행착오로 기록될 것이다"(한겨레신문 1997년 12월 26일, 8면, 이원섭칼럼 '역사의 철창' 참조).

국가를 이룩했습니다.…중략…나도 가능한 한 일조를 할 생각입니다. 나라의 위기를 맞아 관록을 갖추고 믿음직한 김대중 당선자가 당선된 것을 기쁘게 생각합니다."[19]

사면으로 석방되어 나오면서 현정부의 경제정책을 비판하면서 은근히 자신의 경제적 치적(?)을 자랑하고 측근들에게 손을 흔들고, 출감 소감을 묻는 기자들의 질문에 "여러분은 교도소에 들어가지 말라"고 농담을 던지며 「양심수」나 「개선장군」인 듯한 태도를 보여주었다. 또한, 조계사 법회(음력 12월 초하루 법회, 1997년 12월 30일)에 참석하여 대중연설을 하면서 자신의 과오에 대해서는 한마디 사죄나 언급도 하지 않고, 자신을 「불행한 일을 당한 사람」이고 자신을 교도소에 보낸 사람은 「나를 해친 사람」이라고 표현했다고 한다. 이런 전두환의 행태에서 진정한 참회는 눈꼽만치도 찾아볼 수 없다. 아직도, 전두환은 자신이 왜, 재판을 받고 구속이 되었는지 모르는 것일까?

전두환·노태우사면을 계기로 또다시 5·6공화국 세력에 의한 「신당창당설(新黨 創黨說)」이 언론에 보도되고 있다.

5·6공 세력들에 의한 신당창당설과 전두환·노태우 전직대통령들의 정치재개설은 全·盧씨가 구속되기 전부터 구속되지 전부터 김영삼 정권의 독단(獨斷)과 실정(失政)을 계기로 정치세력화를 추진한다고 시중에 회자(膾炙)되었다. 최근에는 전두환·노태우가 사면으로 석방되면서 1998년 지방선거에 대구·경북지역을 중심으로 하여 현실정치에 참여할 것이라고 전해진다. 한쪽에서는 현실정치 전면에는 나서지 않고 뒤에서 현실정치를 조정하는 것으로 정치에 참여할 것이라도 전해진다.

역사의 죄인(罪人)들이 정치세력화하고 현실정치에 참여하는 것을 방치해서는 안된다. 전두환·노태우가 현실정치에 참여하지 못하도록 감시를 게을리 해서는 안된다. 토마스 만(Thomas Mann)의 "정치를 경멸하는 국민은 결국 경멸당할 정치밖에 가질 수 없다."는 경구를 잊어서는 안된다.

또한 법원이 선고한 전두환·노태우의 미집행 추징금은 끝까지 추적하여 추징해야 한다는 것이다. 전두환·노태우의 미집행 추징금은 끝까지 추적하여 추징해야 한다는 것이다. 전두환·노태우의 부정축재 재산은 사면과 별개의 문제이므로 추징절차에 의해 엄격히 집행되어야 한다. 검찰은 全씨가 대통령 재임기간중 만든 2,205억원의 비자금 가운데 행방을 찾지 못한 1,400억원에 대해서도 끝까지 추적해야 한다. 만약 부정축재 재산을 추징하지 않고 방치한

---

19) 한겨레신문, 1997년 12월 23일, 27면 참조.

다면 그 돈은 5·6공 세력들의 정치적 재기의 기반으로 이용될 수 있으므로 빨리 추징절차를 밟아야 한다. 이 문제에 대해 참여민주사회시민연대는 '전·노 부정재산 완전몰수와 부패방지법 제정'을 주장하고 있다. 온 국민이 귀 기울여야 할 주장이다.

전두환·노태우를 차기 대통령 취임식장에 초청한다는 말도 들린다. 헌정파괴자(憲政破壞者)이자 부정부패의 장본인인 역사의 죄인들이 취임식장에 자리를 함께하고, 그 회괴한 장면이 전국에 텔레비전을 통해 생중계될 때 국민들과 자라나는 청소년들의 가치관은 얼마 혼란스러울 것인가? 이는 안될 말이다. 어떤 일이 있어도 현실로 나타나서는 안되다.

전두환·노태우에게 다시 한 번「총칼과 군홧발」로 민주주의를 유린하고 양민을 학살한 잘못에 대한 진정한 참회와 반성을 촉구한다.

기업인 범죄와 특별사면

헌법상 사면권이 대통령의 고유 권한이지만, 대통령의 사면권 행사는 집행권에 의하여 사법권의 효과를 변경하게 되는 것으로 사법권에 대한 중대한 간섭이 되는 것이다. 사면권은 정치적 남용이나 집권당에 유리한 조치로 행사할 수 없고, 진실로 국가이익과 국민화합의 차원에서 행사되어야 한다. 또한 사법권의 본질적 내용을 침해하지 않는 범위 내에서 합리적인 기준과 원칙에 따라 행사되어야 한다.

하지만 역대정권들이 단행한 사면과 복권은 집권자들의 정치적 필요에 따라 행사되었고 유달리 권력집단에 속하는 특권층 및 재벌기업인들의 면죄부로 활용되어졌다는 면에서 국민들의 불신을 사고 있으며, 국민화합을 이루었다기보다는 법에 대한 불신과 형평성문제만 초래했다. 또한 이러한 사면은 법의 적용과 집행이 모든 사람에게 평등해야 한다는 헌법상의 원칙을 훼손한 것이며 사법의 근간을 뿌리 채 뒤흔드는 것이었다.

법치주의의 기본적인 토대를 흔들어 버리는 근본적인 원인은 법집행의 불공정성이다. 불공정한 법집행의 출발은 대통령의 사면권 남용과 비리 지도층으로 대변되는 소위 '가진 자'들에 대한 집행유예의 남용, 보석 허가와 형집행정지의 남용·가석방의 특혜에서 기인한다. 특히 우리 사회에서 비리기업인이나 불법정치자금에 연루된 인사들이 구치소 및 교도소 벗어나기 방법이 수학문제 공식 적용하듯 되어 있다. 구속적부심을 제외하면 보석→구속집행정지→형집행정지→가석방→특별사면 등 다섯 차례의 공식을 통하여 법망을 유유히 빠져나간다. 그 마지막 방법으로 특별사면이 남용된다.

특별사면의 명분은 '국민화합'과 '사회통합'을 내세우고, 기업인에 대한 사면은 '경제 살리기'를 내세운다. 그러나 역대 정권에서 이루어진 특별사면은 국민통합·사회통합과는 거리가 멀었다. 여전히 기업인과 정치인들을 대상으로 한 '그들만의 잔치'일 뿐이다.

탈세와 불법정치자금 제공, 배임과 횡령 등 일반 범법자보다 더 큰 죄를 짓고 교도소에 가도 얼마 안 가 정치적 배려로 특별사면을 받고 쉽게 면죄부를 받는 사법 현실이 법집행의 형평성을 훼손하고 있다.

2007년 3월 모 방송국의 시사프로그램이 김영삼, 김대중, 노무현 정부에서 특별사면을 받은 사회 고위층 인사 153명의 법적용 실태를 분석한 결과 1인당 선고형량은 평균 30.9개월이었지만 실제 수감기간은 10.8개월에 불과한 것으로 나타났고, 특히 죄를 짓고도 구치소에 단 하루도 수감되지 않은 경우도 82명으로 전체의 53.6%였다. 다시 한 번 헌법상의 평등권 조항이 유명무실화 되는 것을 확인할 수 있다.

아무리 거액의 뇌물을 제공하고, 배임죄와 횡령죄를 범하여도 집행유예나 특별사면 등으로 복역하지 않고 석방된다는 인식이 있는 상태에서 법치주의의 확립은 요원할 수밖에 없다. 범법행위에 대해서는 누구를 막론하고 예외 없이 처벌된다는 인식을 확립해야만 범죄를 막을 수 있고, 법치주의를 바로 세울 수 있다.

벌레가 거미줄에 걸리면 하루살이와 같이 몸집이 작은 벌레들은 거미줄에 걸려 거미줄을 빠져나갈 수 없지만, 큰 벌레들은 거미줄에 걸려도 그 거미줄을 뚫고 빠져나가 버린다. 이처럼 우리 사회에서도 가난하고 힘없는 사람들은 사소한 법 위반에도 법이 규정하고 있는 처벌을 감수할 수밖에 없다. 그러나 소위 힘 있고 가진 사람들은 천문학적인 숫자의 뇌물을 받아먹고도 '떡값'이니 하면서 말도 안되는 소리를 해되고, 큰 죄를 범하고도 구속되기만 하면 휠체어를 타고 들것에 실려 얼굴에 마스크를 한 채 지병을 이유 삼아 법망을 유유히 빠져나가고 있는 실정이다.

법치주의의 출발은 법을 어긴 범죄자에 대해서 그에 상응하는 처벌을 하는 것이며, 법 앞의 평등은 법률의 내용이 평등할 뿐만 아니라 법의 집행도 평등해야 하는 것을 포함하고 있다. 우리 사회에서 법치주의가 올곧게 뿌리내리고 바로 서기 위해서는 재벌기업인들을 포함한 소위 '가진 자들'에 대한 온정주의 판결의 종식과 불공정한 법집행을 극복하는 것이다.

전두환 신군부의 훈장 잔치

"어디에도 붉은 꽃을 심지 마라/ 거리에도 산비탈에도 너희 집 마당가에도

살아남은 자들의 가슴엔 아직도/ 칸나보다 봉숭아보다 더욱 붉은 저 꽃들

어디에도 붉은 꽃을 심지 마라/ 그 꽃들 베어진 날에 아 빛나던 별들

송정리 기지촌 너머 스러지던 햇살에/ 떠오르는 헬리콥터 날개 노을도 찢고 붉게

무엇을 보았니 아들아/ 나는 깃발 없이 진압군을 보았소

무엇을 들었니 딸들아/ 나는 탱크들의 행진 소릴 들었소

아 우리들의 오월은 아직 끝나지 않았고/ 그날 장군들의 금빛 훈장은 하나도 회수되지 않았네

어디에도 붉은 꽃을 심지 마라/ 소년들의 무덤 앞에 그 훈장을 묻기 전까지

오...

무엇을 보았니 아들아/ 나는 옥상 위의 저격수들을 보았소

무엇을 들었니 딸들아/ 나는 난사하는 기관총 소릴 들었소

어디에도 붉은 꽃을 심지마라/ 여기 망월동 언덕배기의 노여움으로 말하네

잊지마라 잊지마 꽃잎 같은 주검과 훈장/ 누이들의 무덤 앞에 그 훈장을 묻기 전까지

무엇을 보았니 아들아/ 나는 태극기 아래 시신들을 보았소

무엇을 들었니 딸들아/ 나는 절규하는 통곡 소릴 들었소

잊지마라 잊지마, 꽃잎 같은 주검과 훈장

소년들의 무덤 앞에 그 훈장을 묻기 전까지

오..."

〈정태춘 글, 정태춘 · 박은옥 노래 – "5.18"〉

I. 서 론

훈장은 11세기 십자군 원정 때 종교기사단의 표장(標章)에서 유래한 것으로 여겨진다. 종교
기사단을 뜻하는 영어의 'order'가 그대로 훈장이라는 단어로도 쓰인다. 그 후 영국은 카터 훈

장, 영국제국 훈장, 로열 빅토리아 훈장 등을 만들어 세계 제국을 유지하는 수단으로 유효적절하게 사용했다. 훈장은 개인이나 가문의 영예는 물론 다른 사람으로 하여금 본을 뜨게 하는 교육효과까지 있기 때문이다.[1]

우리나라에선 1900년(고종 37년)에 훈장조례가 처음 제정됐으며, 현재 상훈법에 따라 12가지로 무궁화대훈장[2]을 비롯하여 55등급의 훈장이 운영되고 있다. 우리나라 훈장은 멋대로 남발되어 빛이 바랬다. 단적인 예로 1980년 신군부 주역들은 '광주사태' 진압 공로를 내세워 제 손으로 훈장을 나눠 가졌다가, 뒷날 김영삼 정부의 '역사 바로 세우기'로 취소당했다. 전두환 정부 때인 1984년에는 한 해 4,035명(하루 평균 11명)이 훈장을 받기도 했다.[3]

훈장(勳章)이 가장 난처할 때가 있다. 국가에 대한 서운함과 실망을 훈장 반납으로 표현하는 경우다. 1999년 씨랜드 화재참사[4]로 아이를 잃은 김순덕(전 국가대표 필드하키 선수, 아시안게임 금메달리스트)씨는 당국의 무성의한 진상규명과 사회부조리를 비판하며 운동선수 시절에 받은 체육훈장과 메달을 모두 반납하고 "한국에선 살고 싶지 않다."고 밝힌 뒤 뉴질랜드로 이민을 떠났다.[5] 다시는 반복돼선 안 될 우리 사회의 우울한 자화상이다.[6]

---

1) 경향신문사,『餘滴』, 경향신문사(2012), 157면.

2) 정부는 2013년 2월 12일 김황식 국무총리 주재로 국무회의를 열어 대통령의 무궁화대훈장을 포함하는 영예수여안을 심의 의결했다. 1948년 제정된 상훈법(제10조)은 "무궁화대훈장은 우리나라의 최고 훈장으로서 대통령에게 수여하고, 대통령의 배우자와 (전현직) 우방 원수 및 배우자에게도 수여할 수 있다"고 규정해, 현직 대통령은 법적으로 이 훈장을 받게 돼 있다. 김영삼, 김대중, 노무현 대통령 등 역대 대통령들은 모두 이 훈장을 받았다. 대통령 부인이 받는 건, 선택사항이다. 그러나 이명박 대통령이 임기 말 국가 최고 등급 훈장을 자신에게 준다는 점에서 여론의 시선은 곱지 않다. 특히 부인 김윤옥씨와 함께 받는 것도 여론의 화살을 자초했다. 무궁화대훈장은 사용되는 금만 190돈으로 은 110돈과 자수정·루비 등 보석까지 들어간다. 1인당 금값만 4100만원(한 돈, 21만여원 기준)이 넘는다. 특히, 1월 29일 여론의 반대를 무시하고 최시중 전 위원장 등 최측근 비리 인사들을 무더기로 풀어준 뒤에 이어진 일이라 비난의 강도는 더욱 강하다. 노무현 전 대통령 부부는 다른 전직 대통령이 임기 초 이 훈장을 받은 것과 달리 임기 말인 2008년 1월 이 훈장을 받았고, 당시 야당인 한나라당(현 새누리당)은 "집안 잔치를 벌이는 것 같다"면서 비난한 바 있다. 이번 기회에 무궁화대훈장 수여 제도를 바꿔야 한다는 지적도 나왔다. 국가 최고 등급 훈장임에도 대통령으로 대상자가 한정돼 있고 자동으로 수여되다 보니 훈장의 권위가 별로 없다. 사실상 대통령 전용 훈장인 셈이다. 프랑스의 최고 영예 훈장인 레지옹 도뇌르 훈장은 최고의 군사적·문화적 공적을 남긴 사람한테 준다. 이날 국무회의에선 나로호 개발에 참여한 64명한테도 각종 훈·포장을 주도록 의결했다. 애초 김황식 국무총리와 정부부처 장·차관 등 104명에게 훈장을 수여하는 안건이 함께 상정될 예정이었으나 추가 검토가 필요하다는 이유로 연기됐다(한겨레신문, 2013년 2월 13일, "MB부부가 받는 '셀프 훈장' 금값이 무려"기사 참조).

3) 박창식, "유레카: 훈장 남발", 한겨레신문, 2010년 10월 13일, 34면.

4) 「씨랜드 청소년수련원 화재 사고」는 1999년 6월 30일 경기도 화성군에 위치한 청소년수련원인 씨랜드에서 화재가 발생하여 유치원생 19명과 인솔교사 및 강사 4명 등 23명이 숨진 사고이다.

5) 김순덕씨의 훈장 반납에 대한 자세한 내용은, 이철우, "김순덕씨의 훈장 반납과 이 땅이 싫은 이유",「인물

우리사회에서 훈장은 어떤 의미이며, 어떠한 모습으로 국민들 눈에 비처지고 있는가?

12·12군사반란[7]에 성공하여 군의 지휘권을 장악한 전두환·노태우 등 신군부세력은 자신들에 반대했던 인사들을 구속하거나 강제 연행시켰으며, 전두환 보안사령관 등 신군부세력들은 군인사법 등을 무시하고 진급을 했다. 상훈법(賞勳法)을 무시한 채 12·12군사반란에 공이 있는 인물들에게는 무공훈장을 수여했다. 또한 5·18광주민주항쟁 진압작전명인 '충정작전'에 참여하여 무공을 세웠다는 이유로 5·18후 한 달만인 1980년 6월 20일 훈장잔치를 벌였다.

한편, 전두환은 뇌물수수와 군 형법상 반란 등 혐의로 기소돼 무기징역과 함께 2,205억원의 추징금을 선고받았지만, 1997년 대법원이 최종 선고를 내린 지 17년 동안 추징된 금액은 전체 추징금의 24%인 533억원에 불과했다. 미납 추징금은 1,670억원에 달했다. 2003년엔 자신의 전 재산이 29만원[8] 밖에 없다고 말해 많은 비난과 지탄을 받기도 했다.[9][10] 2010년에는 "강연으로 소득이 발생했다"며 법률대리인을 통해 300만원을 낸 뒤로 추징금을 내지 않고 있었다. 2013년 6월 27일 국회 본회의에서 '전두환 추징법'(공무원범죄에 관한 몰수 특별법 일부개정

과 사상」 vol.18(1999.10), 139-140면 참조.

6) 세계일보, 2013년 9월 24일, "[설왕설래] 훈장의 명예회복" 참조.

7) 「12.12군사반란」은 1979년 12월 12일 전두환과 노태우 등을 중심으로 한 정치군인들이 당시 대통령이던 최규하 전 대통령의 재가(裁可)없이 무력을 동원하여 정승화 육군참모총장 겸 계엄사령관 등을 체포하고, 권력을 장악한 위압과 협박해 눌린 최규하 대통령이 사후 재가를 한 사건을 말한다.

8) 전두환은 두 번째 추징금 시효 만기였던 2003년 검찰의 재산명시신청에 자신의 예금자산을 29만원이라고 명시하고 법정에서 다툼을 벌였다. 법정에서 자신의 재산이 "29만원"이라며 판사와 설전을 벌여 국민들의 공분을 샀다. 이로 인해 "29만원 할아버지"라는 불명예스러운 별칭도 얻었다.

9) 2012년 '5.18 32주년 기념-제8회 서울 청소년대회'에서 서울연희초등학교 5학년 유승민 군은 '29만원 할아버지'라는 글로 우수상(서울지방보훈청장상)을 수상했다. "우리 동네 사시는 / 29만원 할아버지 / 아빠랑 듣는 라디오에서는 맨날 29만원밖에 없다고 하시면서 / 어떻게 그렇게 큰 집에 사세요? / 얼마나 큰 잘못을 저지르셨으면 / 할아버지네 집 앞은 / 허락을 안 받으면 못 지나다니요? / 해마다 5월 18일이 되면 / 우리 동네 이야기가 나오는데 / 그것도 할아버지 때문인가요? 호기심 많은 제가 그냥 있을 수 있나요? / 인터넷을 샅샅이 뒤졌죠. / 너무나 끔찍한 사실들을 알게 되었어요. / 왜 군인들에게 시민을 향해 / 총을 쏘라고 명령하셨어요? / 얼마나 많은 시민들이 죽었는지 아세요? / 할아버지가 벌 받을까 두려워 / 그 많은 경찰아저씨들이 지켜주는 것인가요? 29만원 할아버지! / 얼른 잘못을 고백하고 용서를 비세요. / 물론 그런다고 안타깝게 죽은 사람들이 / 되살아나지는 않아요. / 하지만 유족들에게 더 이상 / 마음의 상처를 주면 안 되잖아요. / 제 말이 틀렸나요? / 대답해 보세요! / 29만원 할아버지!". 이 동시는 '29만원 할아버지'라는 동요로도 만들어졌다.

10) 서울시가 2013년 12월 16일 3,000만원 이상 지방세 고액·상습체납자 6,139명을 홈페이지에 공개했는데, 서글프게도 전직대통령을 지냈다는 전두환은 지방세(地方稅)마저도 4,600만원을 체납하고 있는 것으로 드러났다(경향신문, 2013년 12월 17일, 16면, 전두환 4600만원·최순영37억 … 유명인사들 거액 체납 기사 참조). 이러고도 전직대통령이 어쩌고 억울하다며 너스레를 떨고 설래발 칠 것인가. 후안무치(厚顔無恥)라는 단어조차 모르는 사람이다. 아니 그에게는 이 단어가 먼 옛날의 사어(死語)인지도 모르겠다.

안)이 통과[11])되면서 전두환과 그 가족은 검찰의 전방위 압수수색에 직면했고, 결국 백기를 들었다.

전두환은 대통령에서 물러난 후 해외 관광여행시 외교관 여권을 이용해 논란이 됐다.[12] 전두환이 외교관 여권[13]을 반납한 2013년 6월은 국회에서 이른바 '전두환 추징법'이 통과되는 등 추징금 환수 작업이 본격화 되는 시기와 맞물려 있다. 추징금 문제로 여론이 악화되자 여권을 자진 반납한 것으로 분석된다. 또한 2006년 훈장이 취소되고 환수절차가 진행된 지 지난 7년간 반납을 거부했던 훈장 9개 모두를 전두환 일가에 대한 검찰의 소환조사가 본격화되기 직전에 국가에 자진 반납했다.[14]

현실 정치에서는 단순히 망각을 유도하는 데 그치지 않고 필요한 기억은 만들어내고 불편한 기억은 의도적으로 지워버리려 한다. 이것이 바로 기억의 오염 혹은 기억의 조작이다. 과거의

---

11) '전두환 추징법'(공무원범죄에 관한 몰수 특별법 일부개정안)은 공무원이 불법취득한 재산에 대한 추징 시효를 늘리고 추징 대상을 제3자로까지 확대하는 내용이다. 표결은 재석의원 233명중 찬성 228명, 반대 2표와 기권 4표로 압도적 다수의 찬성으로 통과됐다. 추징시효 연장에 따라 거액의 추징금을 미납 중인 전두환에 대한 환수 시효가 2013년 10월에서 2020년 10월까지로 7년 더 연장됐다.

12) 필자는 전두환의 해외여행의 문제점을 오래전에 지적하였다. "정부의 법집행은 더욱 가관이다. 법무부 업무처리 규칙에는 추징금 미납액이 2천만원 이상일 경우에는 출국금지대상으로 규정되어 있다. 대한민국의 어느 국민도 1,000만원의 추징금만 있어도 해외여행이 금지되어 있다. 1,892억원의 추징금을 미납하고 있는 전직 대통령인 전두환씨는 2000년 2월 14일–2000년 3월 10일 김포공항으로 귀국하기까지 측근 20명을 대동하고 26일간 캄보디아·싱가포르·말레이시아·태국을 다녀왔다. 어찌된 일인가? 1천억원대의 추징금을 미납하고 있는 전직 대통령은 해외여행이 자유롭다.…중략… 이는 '모든 국민은 법 앞에 평등하다'(헌법 제11조 제1항)는 우리 헌법상의 평등권을 부인하는 것이다. 그것도 법을 집행하는 검찰과 법무부의 말이다. 전직 대통령이라 할지라도 퇴임 후에는 평범한 시민에 불과할 따름이다. 하물며 그들은 죄인·범죄자이다. 특별사면되었지만, 특별사면의 법률적 효과는 '이미 형의 선고를 받은 특정인에 대하여 형의 집행이 면제되었다'(사면법 제5조 참조)는 것 이상은 아니다. 그는 전직대통령이지만, 금고 이상의 형이 확정된 경우이므로 '전직대통령 예우에 관한 법률'의 적용대상에서 제외되어 있는 상태이다. 미납된 추징금을 받아내지 않는 정부도 문제이고, '돈이 없어 못 갚는다'는 그의 태도에 분개하지 않을 수 없다"(한상범·이철호, 『전두환 체제의 나팔수들』, 패스앤패스, 2004, 148–149면).

13) 현행 여권법 시행령(제10조)은 전직 대통령에 대해서도 외교관 여권이 발급 가능하다고 규정하고 있다. 국제법상 외교관 여권소지자는 특권·면제권을 갖고 출입국 및 세관 수속과정에서 편의를 받을 수 있다. 전두환은 1988년 퇴임 후 유효기간 5년짜리 외교관 여권을 총 4차례 발급 받았고, 이를 이용해 2000년부터 총 7차례 출국했던 것으로 드러났다.

14) 전두환이 내란죄 유죄 판결로 서훈이 취소되고도 반납을 거부해온 훈장 9개를 소장품 기증 과정에서 2013년 4월 뒤늦게 반납한 것으로 드러났다. 국가기록원 대통령기록관실은 2013년 9월 23일 "2013년 4월 전 전대통령 자택을 방문해 기증받은 소장 '박물' 1000여점 가운데 서훈이 취소된 훈장 9점을 발견해 8월 주무부처인 안전행정부에 통보했다"고 밝혔다. 대통령기록관실은 2011년 모든 전직 대통령들에게 소장품 기증을 요청한 데 이어 2013년 4월 전 전 대통령을 방문해 액자·기념품 등 소장품을 기증받는 과정에서 훈장을 돌려받은 것이다(한겨레신문, 2013년 9월 24일 참조).

잘못을 기억하지 못한다면, 그러한 범죄를 저지를 수도 있는 세력에 힘을 보태는 일이 된다. 그래서 모르는 것, 기억하지 못하는 것은 단순히 잘못을 하는 것이 아니라 그러한 세력의 등장을 도와주는 것이고 나아가 죄를 범하는 것이 될 수도 있다.[15]

　　전두환 신군부 세력의 '훈장 잔치'와 훈장 취소의 실태를 검토하면서, 그 전후사정을 우리 사회의 망각에 맞서는 '기억의 투쟁'(struggle of the memories)으로 살펴본다.

Ⅱ. 전두환 신군부의 집권과 '훈장 잔치'

1. 「10·26피살사건」과 전두환의 등장 그리고, 5·17비상계엄확대조치

　　전두환은 1979년 박정희 전 대통령 시해(弑害)사건인 10·26사건[16] 수사를 지휘하던 합동수사본부장의 신분으로 해당 사건수사 및 군 인사를 두고 육군참모총장 겸 계엄사령관이었던 정승화와 갈등을 빚었다.

　　전두환·노태우 등 신군부는 1979년 박정희 전 대통령 서거 후 권력 공백을 틈타 보안사(보안사령부) 조직을 동원해 12·12군사반란[17]을 일으켜 정권을 거머쥐었다.

　　전두환 보안사령관은 대통령 재가(裁可) 없이 정승화 육군참모총장 연행을 진행했다. 그러나 최규하 대통령이 재가를 하지 않자 서울 한남동 육군참모총장 공관에서 총격전을 벌이면서 정승화 총장을 연행했다. 이 때 체포됐던 이들은 당시 계엄사령관 정승화 육군참모총장, 정병주 특수전사령부 사령관, 장태완 수도경비사령부 사령관 등이다.[18] 장태완 당시 수도경비

---

15) 김동춘, 『전쟁정치-한국정치의 매커니즘과 국가폭력』, 도서출판 길(2013), 297-298면.

16) 金大坤, 『10·26과 金載圭』, 이삭(1985) 참조.

17) 박정희가 1961년 5월 하순경에 그를 강제 예편(豫編)시킬 것이라는 사실을 알게 되자 서둘러 5·16쿠데타(coup d'etat)를 결행했듯이, 전두환 또한 정승화 육군참모총장이 전두환 자신을 1979년 12월중에 수도권에서 멀리 떨어진 동해안경비사령관으로 전출시킬 것을 계획하고 그 구상을 국방부장관과 협의한 것으로 알려지자 자신의 동해안 전출 전에 12·12군사반란을 일으켰다(이상우, "12·12사태", 『現代韓國을 뒤흔든 60大事件』, 「신동아」 1988년 1월호 별책부록, 275면 참조).

18) 정부가 1979년 12·12 군사반란 당시 신군부 세력에 맞서다가 희생된 고 김오랑 중령에게 보국훈장을 추서하기로 했다. 그러나 애초 김오랑 중령 기념사업회가 요구한 '무공훈장' 추서는 받아들여지지 않았다. 정부는 2014년 1월 14일 정홍원 국무총리의 주재로 정부세종청사에서 열린 국무회의에서 김 중령에게 보국훈장을 추서하는 영예수여안을 심의·의결했다. 김오랑 중령은 12·12 당시 전두환 소장 등 신군부의 군사반란에 협조하지 않은 정병주 특전사령관의 비서실장이었으며, 정 사령관을 체포하러 온 반란군(제3공수여단)에 맞서 총격전을 벌이다 숨졌다(한겨레신문, 2014년 1월 15일, 10면). 김오랑 중령은 육사 25기로 졸업(1969년)과 동시에 임관한 후 수색중대를 거쳐 베트남전에 참전했고, 육군보병학교와 육군대학 등 필수적인 교육기관 활동을 제외하면 대부분의 군 생활을 특전사에서 보낸 진정한 군인이었다. 특히 베트남

사령관은 전두환과 노태우 등 하극상(下剋上)의 군사 쿠데타를 막기 위해 전차를 이끌고 맞섰지만, 신군부의 위압과 협박해 눌린 최규하 대통령이 정승화 육군참모총장 연행을 사후 재가(裁可)하면서 신군부에 의해 체포됐다.

당시 보안사령관이던 전두환은 12·12 군사반란으로 군부 권력을 장악하고 정치적인 실세로 등장했다. 이후 1980년 5월 전두환을 중심으로 하는 신군부 세력은 5·17 비상계엄을 전국으로 확대하면서,[19] 쿠데타(coup d'etat)를 일으킨 것이다. 이 쿠데타에 반발하는 학생과 시민의 시위가 전국에서 일어났고, 5·18 광주민주화운동을 군사력으로 진압했다.

전두환은 1980년 8월 22일 육군 대장으로 예편했고,[20] 같은 해 9월 체육관 선거를 통해 제11대 대통령에 취임했다. 1980년 9월 전두환이 대한민국 제11대 대통령이 되면서 권력을 완전히 장악했고, 1988년 2월까지 집권했다.

12·12군사반란은 1993년 2월 노태우 전 대통령 임기까지 정당한 행위로 간주됐으나, 김영삼 대통령 문민정부가 출범하여 '역사 바로 세우기' 작업을 통해 '군사반란'으로 규정됐다. 김영삼 전 대통령은 12·12군사반란을 두고 '하극상에 의한 쿠데타적 사건'이라고 말했다.

전쟁 때는 월맹군과의 교전으로 혁혁한 전과를 올려 인헌무공훈장을 받았다. 역사적 재평가를 받은 시기를 생각하면 김오랑 중령에 대한 훈장 추서는 늦은 결정이다. 그나마 다행스러운 것은 군에 대한 국민의 신뢰가 떨어진 최근 상황에서 이번 훈장 추서를 통해 신뢰를 다소 회복하고 후배 군인들에게도 좋은 본보기로 역사에 기록되게 됐다는 점이다. 김오랑 중령은 쿠데타 세력에 의해 35년 전 숨졌지만, 그는 '참군인'으로 국민과 육사 후배들에게 기억되고 있다(문화일보, 2014년 1월 17일, 38면, 이사람-'12·12'때 사령관 지키다 순직···35년만에 훈장).

19) 1980년 5월 학살의 주범은 1979년 12·12 쿠데타 이후 등장한 신군부였다. 1980년 당시 전두환 보안사령관은 보안사 부하들이었던 권정달 정보처장, 허화평 비서실장, 허삼수 인사처장, 이학봉 대공처장 등을 동원해 비상계엄의 전국 확대, 국회 해산 비상대책기구 설치 등으로 '내란'을 강행했다. 전두환 보안사령관은 노태우 수도경비사령관, 황영시 육군 참모차장, 차규헌 육군사관학교장, 정호용 특전사령관 등과 회동해 이를 결정한 뒤 이희성 계엄사령관, 주영복 국방부 장관에게 실행을 압박했다(항쟁 17년만에 학살주범 겨우 구속···1년뒤 사면, 한겨레신문, 2013년 5월 19일).

20) 작가 송숙영과 강유일은 '전두환 전역식 참관기'를 서울신문과 경향신문에 각각 발표하여 전두환을 찬양했다. 이들의 전두환 찬양기는 송숙영 "장군은 우리의 등불이 돼야합니다 – 전두환 장군 전역식전에서"(서울신문, 1980년 8월 23일); 강유일, "이제 새모습으로 우리 인도하리라 – 전두환대장 전역하던날···참관기"(경향신문, 1980년 8월 23일, 3면)이다. 필자(한상범·이철호)는 이들의 글에 대해 '해도 너무 부끄러운 찬양, 개똥 철학의 궤변'으로 야양을 떨었다고 비판한 바 있다(한상범·이철호,『전두환 체제의 나팔수들』, 패스앤패스, 2004, 76-87면 참조).

2. 권력장악 후 신군부 세력의 '훈장 잔치'

'훈장 잔치'는 어제 오늘의 일만은 아닌가 보다. 대한제국 말기에도 매국노(賣國奴)들을 위한 훈장 잔치가 있었다.

경술년 그해의 관보에 드러난 대한제국 마지막 한 달의 풍경 가운데 가장 가관인 것은 아마도 '훈장 수여'와 관련된 대목이 아닌가 싶다. 특히 1910년 8월 26일에는 내각 총리대신 이완용과 궁내부대신 민병석에게 최고 훈장인 금척대수장(金尺大綬章)을 수여한 사실이 기록되어 있다. 그들에게 이른바 '병합조약'의 체결에 앞장서서 동조한 사실 이외에 어떠한 공로가 더 있었는지는 참 알 수 없는 노릇이다. 이들 외에 고관대작들의 부인과 궁중 여인들에게도 조약 공표일을 불과 며칠 앞둔 시점에서 무더기로 훈장이 지급되었다. 특히 최후의 관보 발행일인 1910년 8월 29일자에는 기타의 전·현직 대·소 관원들에 대한 이러한 훈장 지급 목록이 제법 길게 덧붙여져 있고, 이것으로도 모자라 날짜를 소급해 여러 번의 호외가 더 발행된 것으로 확인된다. 아무튼 이러한 무더기 훈장 잔치 덕분에 표훈원(表勳院)은 훈장을 제조하기에 너무 바빠 대한제국의 다른 행정 기구와는 달리 이듬해인 1911년 3월에 가서야 사무 처리가 완전히 종결된 것으로 파악된다. 나라는 망했어도 그로 인해 훈장을 담당하는 기구는 그만큼 수명이 더 길어졌으니 참으로 묘한 아이러니가 아닐 수 없었다.[21]

우리 사회에서 '훈장 잔치'는 몇 십 년 전의 일로 그치는 것만이 아니다.[22] 전두환 신군부의 훈장잔치, 민주화 된 정부 아래서도 정권 말에 훈장잔치를 벌였다. 노무현 정부에서도, 이명박 정부[23]에서도 정권 말에 자기들끼리 훈장잔치를 벌였다.[24] 심지어 '셀프 훈장' 수여로 국민의

---

21) 이순우, "'매국노'들 위해 훈장 잔치 벌이다─'관보'에서 드러난 대한제국 마지막 한 달간의 어처구니없는 풍경", 「시사저널」, 제1085호(2010.8.6) 참조.

22) 절명시(絶命詩)로 유명한 선비 황현 선생은 〈매천야록(梅泉野錄)〉에서 대한제국 당시의 훈장 지급의 난맥상을 꼬집기도 했다. "以李載純·閔泳煥·權在衡·趙秉式·朴齊純·李允用 均有勞勘並敍勳三等 賜太極章 勳章者 創自西洋 惑君主 相贈遺 臣下有特勳 則賜之 雖外臣以勤勞聞則送之 授者有名 受者有榮 上浮慕外國 亦設表勳院 定章格 世所稱賣 國者皆獲賜 期年之後 卒伍厮役 無人不佩 佩者相視而笑 或送外國而有見却者 倭人得之 佩數日 卽鎔之取直 其取 侮於人如此 而猶不悟 自後賜勳 並不錄. 훈장은 서양에서 시작된 것으로 혹은 군주끼리 서로 주고받거나 신하에게 특별한 공로가 있을 경우 하사한다. 비록 외국의 신하라도 공이 있다는 소문이 들리면 보내주니, 주는 자는 명예가 있고 받는 자는 영광스럽게 여겼다. 임금은 외국을 흠모하여 표훈원(表勳院)을 설치하고 훈장의 격식도 정하였는데, 세상에서 매국자라고 불리는 자들이 모두 훈장을 받았으며, 1년 뒤에는 병졸과 하인들조차 훈장을 달지 않은 자가 없어 훈장을 단 자들이 서로 바라보며 웃을 지경이었다. 간혹 훈장을 외국에 보냈지만 거절을 당하기도 하였고, 왜인은 훈장을 받으면 며칠 동안 차고는 바로 녹여서 팔기도 하였다. 사람들에게 멸시를 받는 것이 이런 지경이었으나 여전히 깨닫지 못하고 있었다. 이후로는 훈장 하사에 관한 것은 기록하지 않는다"(황현, 임형택 옮김, 『역주 매천야록(하)』, 문학과지성사, 2005, 49면; 허경진 옮김, 『매천야록』, 서해문집, 2006, 275─276면).

비난을 넘어 조롱거리를 제공하기도 했다.

(1) 12·12군사반란과 신군부의 훈장잔치

12·12군사반란에 성공하여 군의 지휘권을 장악한 전두환·노태우 등 신군부세력은 자신들에 반대하거나 저항했던 인사들을 강제 전역시키고[25] 연행 구속하였다. 또한 전두환 보안사령관 등 신군부세력은 군인사법 등을 무시하며 진급했고, 상훈법(賞勳法)을 무시한 채 12·12군사반란에 공이 있는 인사들에게는 무공훈장을 수여했다.

---

23) 이명박 대통령이 2013년 1월 29일 국무회의에서 훈장 잔치까지 베풀었다. 한 손으로는 비리 측근들을 특별사면하고, 다른 한 손으로는 또 다른 측근들에게 상을 내린 것이다. 임기 말에 측근들에게 챙겨줄 것은 다 챙겨주자는 것이다. 129명의 서훈 대상자에는 강만수 산은금융그룹 회장과 전 새누리당 의원인 안경률 녹색환경협력대사, 김인규 전 KBS 사장 등이 포함했다. 강 회장은 기획재정부장관 시절 고졸채용을 활성화한 공로로, 안 대사는 녹색성장정책에 기여했다는 이유로 국민훈장 최고등급인 무궁화장을 받는다. 김 전 사장은 지상파TV의 디지털전환을 성공적으로 완료해 은탑산업훈장을 받는다. 서훈 대상자는 각 부처의 추천과 행정자치부의 상훈심의회와 국무회의 심의를 거쳐 대통령이 결정한다. 대통령의 측근이라도 국가 발전과 국민복지향상에 기여한 공로가 인정되면 당연히 받아야 한다. 그러나 이번에 훈장 수여자로 결정된 인물들의 배경, 업적, 형평성 등을 보면 측근 챙기기란 인상을 지울 수 없다. 더구나 한일 군사정보보호협정을 무리하게 추진하다 사퇴한 김태효 전 청와대 대외협력기획관과 대선캠프 출신인 김대식, 이상직 전 민주평통사무처장에게 훈장을 수여해 논란을 부른지 한 달도 안 됐다. 4대강 관련 사업으로 훈장을 받은 사람도 무려 120명이나 됐다. 임기 말 대통령의 훈장 남발은 이명박 정부만이 아니다. 지난 참여정부에서도 논란을 불렀다. 이러다 보니 훈장의 의미와 가치가 떨어지고 서훈 대상자 스스로 공개되는 것을 저어하는 현상까지 벌어지고 있다. 훈장을 받은 사람의 명예와 훈장의 품격을 위해서라도 대상자 선정을 엄격히 할 필요가 있다(한국일보, 2013년 1월 31일 사설 '국가와 국민의 훈장 명예롭게 주고받아야').

24) "영국 가터 훈장이 정식훈장으로 제정(1348년)된 뒤 665년 동안 가터훈장을 받은 사람은 1,005명에 불과하다. 메이지부터 아키히토까지 일본 국왕 4명이 내리 받은 점이 걸리지만 가장 권위 있는 훈장으로 평가받는 이유 역시 희소성에 있다. 대한민국은 훈장 남발국가로 꼽힌다. 정부수립 이후 지난해까지 포상된 훈·포장이 100만개를 넘는다. 무공훈장이 여기에서 4분의1을 차지하니 훈장 남발에는 남과 북이 따로 없다. 퇴임하는 대통령 부부가 1억원 예산을 들여 셀프훈장을 수여하는 나라다. 넘치는 훈장에 한몫했던 전두환 전 대통령이 박탈된 훈장 9개를 뒤늦게 반납했단다. 참 골고루 한다. 관자(管子)가 일찍이 간파했던 나라를 떠받치는 네 기둥인 예의염치(禮義廉恥)는 다 어디로 갔는지…"(서울경제 2013년 9월 24일 자, [더블 클릭] 훈장의 품격).

25) 당시 안종훈 군수사령관은 1980년 5월 17일 오전 〈전군주요지휘관회의〉에서 군의 정치개입에 직접 반대했다가 1980년 8월 20일 전역하게 됐다(『12.12,5.17,5.18사건 조사결과보고서』, 국방부과거사진상규명위원회(2007.7.24), 103면). 전두환 등 일단의 정치군인들은 5월 17일 오전 〈전군주요지휘관회의〉를 열어 전군이 '시국수습방안'을 지지하는 것처럼 포장하여 최규하 대통령과 국무총리에게 '비상계엄 전국확대', '비상기구 설치' 등을 실시하도록 강요하였다. 1980년 5월 17일 21시 집총된 군인들이 도열하고 외부와의 연락이 끊긴 상황 속에서 국무회의가 열려 특별한 토의 없이 '비상계엄 전국확대'를 선포하였다. 5월 18일 새벽 2시 신군부는 국회를 점령한 뒤 무력으로 봉쇄하여 헌정중단 사태가 발생했다(이철호, "국가폭력과 인권침해-제5공화국 전두환 정권기를 중심으로-", 「公法論叢」 제6호, 한국국가법학회, 2010, 179면).

국방부 과거사위원회에 따르면, 12·12로 서훈된 인물은 대통령경호업무로 화랑무공훈장 8
명과 인헌무공훈장 11명, 국가안전보장 유공자 자격으로 을지무공훈장 6명과 충무무공훈장
33명, 그리고 계엄업무 유공자 자격으로 화랑무공훈장 14명, 인헌무공훈장 15명이다. 서훈자
들의 당시 계급은 대장에서 하사까지 다양하다.

전두환[26]등 신군부 세력은 진급뿐만 아니라 상훈법도 무시하고 무더기로 훈·포장을 주고
받았다. 상훈법 제13조에 따르면 "무공훈장은 전시 또는 이에 준하는 비상사태하에서 전투에
참가하여 뚜렷한 무공을 세운 자에게 수여"한다고 규정됐다. 또 제22조 무공포장도 같은 이유
로 수여된다고 했다. 그러나 '충정 유공' '대통령 경호 유공' 등은 상훈법의 규정에 맞지 않아
담당부서인 육군본부 인사처장 소장 박경석(朴慶錫)이 반대했음에도 불구하고[27] 신군부 인사
들은 무공훈장을 수여받았다.[28][29] '12·12'와 '5·18'에 관련된 인물들 중 훈장을 받았던 인
물들 중 '5·18' 관련 훈장 수여자 69명은 훈장이 치탈됐다.[30] '5·18' 관련자들은 특별법에
의해 훈·포장이 취소되었으나, '12·12' 관련자들은 실형이 선고된 자만 훈·포장이 취소됐
다. 〈'12·12'와 '5·18' 관련 훈장 대상자 명단〉(자료 1)은 본 글 말미에 수록하였다.

---

26) 전두환 보안사령관은 1977. 2. 1. 소장으로 진급했다. 이어 1980. 3. 1. 중장으로 진급했고, 5개월만인 8. 5.
대장으로 진급한 뒤 8. 21. 전역했다. 전두환의 중장 진급 심사는 육군참모차장 중장 황영시와 육사 교장
중장 차규헌 등이 담당했다. 최근 공개된 당시 보안사에서 촬영했던 〈보안뉴스〉에 따르면, 8. 5. 전두환 보
안사령관은 청와대에서 최규하 대통령으로부터 대장 계급장을 수여받은 뒤 보안사령부에서 열린 대장 진
급 축하 만찬 자리에서 인사법이나 절차상 문제가 있지만 주변의 도움으로 진급했다고 말했다(『
12.12,5.17,5.18사건 조사결과보고서』, 국방부과거사진상규명위원회(2007.7.24), 104면).

27) 광주의 소용돌이가 끝난 직후 참모총장 이희성과 참모차장 황영시로부터 "광주에서의 폭동진압작전 유공
장병에게 무공훈장을 수여하도록 조치하라"는 지시를 받았다. 필자(박경석)는 그 자리에서 "무공훈장은
적과 교전하여 전공을 세운 장병에게 수여하는 것이므로 무리"라고 건의하자 총장은 "폭도는 적이 아닌
가?"라며 단칼로 필자의 건의를 묵살하였다(박경석, "국가와 훈장", 「군사논단」 vol.9, 1997, 21면).

28) 무공훈장은 '태극무공훈장, 을지무공훈장, 충무무공훈장, 화랑무공훈장, 인헌무공훈장'으로 구분하여, 태
극무공훈장의 경우 "전투에 참가하여 필사의 각오로 비범한 능력을 발휘하여 부대의 승패를 좌우하고 그
공적을 내외적으로 선양할 만한 유공자"가 그 요건이며, 을지무공훈장도 "전투에 참가하여 생명의 위험과
난관을 극복하고 탁월한 능력을 발휘하여 작전을 유리하게 전개 그 공적을 국가적으로 선양할 만한 유공
자"가 훈장 수여 요건이다. 즉, 무공훈장은 "전투에 참가"하여 공을 세운 경우에 수여되므로 충정작전이나
경호업무, 계엄업무 등은 무공훈장을 받을 수 없다(『12.12,5.17,5.18사건 조사결과보고서』 국방부과거사
진상규명위원회(2007.7.24), 104면 각주335).

29) 『12.12,5.17,5.18사건 조사결과보고서』 국방부과거사진상규명위원회(2007.7.24), 104면.

30) 1980년 6월 20일에 충정작전 서훈으로 사망 및 부상자 포함하여 69명이 훈·포장을 받았다. 그 중 5·18
내란죄로 유죄를 선고받은 정호용, 최세창은 1998년 12월 29일 국무회의에서 서훈이 치탈되었다. 나머지
67명의 서훈은 2006년 3월 21일 국무회의에서 치탈되었다(사망 22명, 부상 27명 포함).

(2) 5·18광주민주항쟁 진압과 훈장 잔치

5·18광주민주항쟁 진압작전명인 '충정작전'에 참여하여 무공을 세웠다는 이유로 5·18후 한달만인 1980년 6월 20일 충무(3등급), 화랑(4등급), 인헌무공훈장(5등급)과 무공포장, 보국훈장삼일장 및 광복장, 보국포장, 대통령표창, 국무총리표창을 받은 장병은 모두 77명이다. 이 가운데는 정규 군인이 아닌 전투병과교육사령부 소속 군속과 광주경찰서 경장도 포함돼 있으며 이들 개인외에 육군특전사령부와 보병20사단이 단체로 대통령표창을 받기도 했다. 77명 중에 각각 정호용(鄭鎬溶) 당시 특전사령관(소장. 이하 1980년 당시 직책과 계급)과 박준병(朴俊炳) 20사단장(소장)및 합참의장을 지낸 최세창(崔世昌)제3특전여단장(준장)은 태극무공훈장, 을지무공훈장에 이어 3등급인 충무무공훈장을 받아 가장 높은 훈장을 달았다. 이들 외에 장성급으로 합참본부장을 지낸 최웅(崔雄) 제11특전여단장(준장)과 신우식 제7특전여단장(준장)은 대통령표창을 받았다. 대대장과 연대장급인 중령이상자로는 임수원(林守元)중령(제3특전여단 제11대대장)이 화랑무공훈장을 받은 것을 비롯, 모두 7명이 훈·포장을 가슴에 달았다. 이 가운데 특히 임수원 중령을 비롯, 1995년 소장으로 육군보병학교장인 이종규(李鐘圭)제20사단 62연대 3대대장(무공포장), 준장으로 국방대학원 연수중인 권승만(權承萬)제7특전여단 33대대장(국무총리표창)등 3명의 중령은 준장 이상 장성급으로 현역으로 복무했다. 이밖에 당시 소령 3명과 대위 9명, 중위 3명이 훈·포장을 받아 77명중 장교는 모두 27명에 이른다.[31]

---

31) 연합뉴스, 1995년 11월 24일, 〈5.18훈·포장자 그날과 오늘〉 참조.

〈5·18광주민주항쟁 진압 포상자 명단〉

훈장 종류	이름 및 계급	비고
충무무공훈장(3명)	鄭鎬溶 소장, 朴俊炳 소장, 崔世昌 준장	
화랑무공훈장(13명)	林守元 중령(준장), 고성준 대위(중령), 최영준 대위(〃), 차정환 소령(전사), 변상진 소령(〃), 최연안 중위(〃), 조창구 중령(전역), 박병수 대위(〃), 김태용 대위(〃), 김석찬 대위(〃), 임명진 중위(〃), 이종규 상병(전사), 변광열 상병(〃)	
인헌무공훈장(20명)	편종식 대위(중령), 석회업 대위(〃), 정대덕 대위(〃), 전광수 중위(전역), 김용구 상사(〃), 안희선 상사(〃), 이동국 중사(〃), 조진수 중사(〃), 김성범 병장(〃), 한윤수 상병(〃), 이명규 병장(〃), 윤태정 일병(〃), 임춘수 일병(〃), 강대능 상병(〃), 정관철 상사(전사), 박억순 상사(〃), 이영권 중사(〃), 김용석 중사(〃), 이병택 중사(〃), 최갑규 중사(〃)	
무공포장(17명)	李鍾圭 중령(소장), 김갑규 하사(전역), 장원복 하사(〃), 배현수 하사(〃), 배동환 상병(〃), 이종열 일병(〃), 경기만 일병(〃), 김경용 병장(전사), 이상수 병장(〃), 권석원 병장(〃), 이관형 상병(〃), 권용운 상병(〃), 김인태 상병(〃), 김지호 상병(〃), 강용래 병장(〃), 김명철 상병(〃), 최필양 일병(〃)	
삼일장(1명)	김연균 대령(전역)	
광복장(4명)	이기양 대위(중령), 김용주 병장(전역), 박용근 상병(〃), 배승일 군무원(군무원)	
보국포장(11명)	이영배 중사(이등상사), 김기종 하사(〃), 손광식 일병(전사), 호근철 중사(전역), 이연수 중사(〃), 조용희 하사(〃), 강춘구 하사(〃), 안경상 일병(〃), 서영민 일병(〃), 신재덕 일병(〃), 김관식 일병(〃)	
대통령표창 (3명, 2개부대)	崔雄준장, 申佑湜준장, 장운태 중령(전역), 특전사령부 보병 제20사단	
국무총리표창(5명)	權承萬 중령(준장), 안부웅 중령(대령), 오의근 대위(중령), 김정수 일병(전역), 추삼득 경장	추삼득 (경찰)

* 출처 : 연합뉴스, 1993년 6월 4일 참조.

Ⅲ. 「5・18민주화운동 등에 관한 특별법」과 전두환 신군부의 처벌

1. 1988년 여소야대 정국과 1993년 문민정부 출범

　전두환은 무소불위의 제왕적 권력을 행사하다 1988년 2월 24일 퇴임했다. 1988년 4월 총선에서 여소야대(與小野大) 정국이 형성되고, 평민당, 민주당, 공화당 야3당이 국회에서 '5・18 광주 민주화 운동 진상 조사 특별 위원회 구성 결의안'과 함께 '제5공화국에 있어서의 정치 권력형 비리 조사 특별 위원회 구성 결의안'을 통과시켰다. 국회에서 '5공화국 비리'에 대한 진상 조사특위가 구성되자 1988년 11월 23일 강원도 인제군 백담사(百潭寺)로 현대판 유배(流配)를 떠나기 전 연희동 자택에서 '국민에게 속죄하는 뜻에서'라는 대국민 사과성명을 발표하였다. 동 성명서에서 연희동 사저(私邸)와 남은 자금 139억[32]을 포함한 모든 재산을 사회에 헌납(獻納)하겠다고 밝혔다.

　　"제가족의 재산은 연희동집 안채(대지3백85평, 건평 1백16.9평)와 두 아들이 결혼해서 살고 있는 바깥채(대지 94평, 건평 78평), 서초동의 땅 2백평, 그밖에 용평에 콘도(34평) 하나와 골프회원권 2건 등이며 금융자산은 재산등록제도가 처음 실시된 83년 총무처에 등록한 19억여원과 그 증식이자를 포함해서 모두 23억여원을 갖고 있습니다. 대통령직에 있으면서 축재했다고 단죄를 받는 이 사람이 더 이상 재산에 무슨 미련이 있겠습니까. <u>이 재산은 정부가 국민의 뜻에 따라 처리해 주시기 바랍니다.</u>(필자 강조)".[33][34]

　백담사 은둔 중 전두환은 국회의 줄기찬 요구에 의해 1989년 12월 31일 국회 '5공 청산 특별 위원회' 연석회의 청문회에 출석해 125개 항목에 걸친 서면질문에 관해 "잘못이 없다"는 증언을 했고 "죄가 없다"며 항변했다.[35] 전두환은 2년 뒤 재산 환원 약속을 지키지 않은 채 서울 연

---

32) 139억원은 6공세력과 5공세력이 사전에 조절한 액수로서 완벽하게 국민을 우롱한 행위였다.

33) 동아일보, 1988년 11월 23일, 4면 참조.

34) 이후 전두환은 연희동 집과 139억원을 국가에 헌납했는가, 정부는 전두환씨의 대국민성명 이후 국가헌납에 대한 어떤 조치를 취했는가? 광주 민간인 학살・삼청교육대 인권유린 등의 주범인 전두환은 백담사에서 돌아온 이후 줄 곳(서울구치소 및 안양교도소에서 수감된 기간을 제외하고) 지금도 국가에 헌납하겠노라고 했던 대저택에서 살고 있다(한상범・이철호, 『전두환 체제의 나팔수들』, 패스앤패스, 2004, 146면).

35) 전두환은 "그 어떤 군 지휘계통상의 간섭을 할 수 있는 위치에 있지 않은 본인은 군의 배치 이동 등 작전 문제에 대해 관여한 사실이 없다"고 강변했지만, 1980년 당시 전두환이 어떤 직책과 어떤 위치에 있었는가 생

희동 사저로 복귀했고, 이후 한동안 비교적 편안한 나날을 보냈다.

그러나 1994년 전두환·노태우 두 전직 대통령을 단죄해야 한다는 여론이 다시 불붙기 시작했다. 1993년 김영삼 대통령의 「문민정부(文民政府)」가 출범하고, 5·18 광주민주화운동 당시 전두환의 내란 혐의에 대한 공소시효가 1년 앞으로 다가오자 5·18 관련 단체들은 전두환·노태우 등을 내란죄로 검찰에 고발했다. 12·12군사반란에 대한 고소·고발도 이어졌다.

2. 검찰의 불기소 처분과 박계동 의원의 비자금 폭로

1994년 10월 검찰은 12·12사태를 '군사반란(軍事反亂)'이라고 결론 내렸음에도 불구하고, "국론분열의 우려가 있다"는 이유로 전두환·노태우 등에게 불기소 처분을 내렸다. 또한 검찰은 1995년 7월 18일에 5·18 광주민주화운동 당시 전두환 전 대통령 등의 행위에 대해서도 "성공한 쿠데타는 처벌할 수 없다"는 논리[36]로 내란죄(內亂罪)에 해당되는지 여부를 따지지 않고 '공소권 없음'이라는 불기소 처분 결정[37]을 내렸다.

각해 보라. 그는 정말로 공수부대의 민간인 무차별 살상을 몰랐을까?(이철호, "憲法上 赦免權과 전·노赦免 논의에 대한 管見", 「亞·太公法硏究」4('97.12), 119면 각주8) 참조). 1심 재판부는 판결문에서 "보안사령관으로서 계엄사령부 정식 지휘계통을 배후조종해 광주유혈진압을 지시했고 계엄군과 시위대가 격앙돼 있는 상황에서 자위권발동을 배후지시함으로써 실질적으로 발포명령을 내렸다고 볼 수 있다"며 내란목적 살인 등 10개 죄목을 유죄로 인정했다.

36) 당시 주임 검사였던 장윤석 부장의 회견담 일부를 보자. "고려에서 조선으로 넘어가는 과정에서 이성계는 위화도 회군을 하였으며 고려의 충신 정몽주를 선죽교에서 죽였다. 하지만 조선 사회에 속한 이상 누가 이를 사법심사의 대상으로 삼을 수 있는가(동아일보, 1995년 7월 19일, 4면)". 이에 대해 헌법학자 한상범(韓相範)은 "군부집권 세력은 애서서 기존 헌법 질서의 근거를 통해서 정권의 정통성을 확보하려고 헌법개정이란 정치적 연극을 꾸며 국민을 강압해서 그 연출을 진행했다. 바로 그러한 일련의 군사 지배가 내란이고 그것이 민주 헌법에 반한다. 쿠데타가 횡행하는 라틴 아메리카에서도 군사 정변이 불법이란 것은 상식이 되고 있다. 아르헨티나의 검찰이 군부 독재의 수립을 시도한 내란 행위를 새로운 법질서 창출 행위라고 해서 통치행위로 면죄부를 주는 친절을 베푼 적이 없다."라며 검찰의 성공한 쿠데타론의 허구성과 비논리성을 분석했다(한상범, "성공한 쿠데타론의 허구성-內亂을 政權과 새로운 法秩序 창출행위로 용인하는 無法 是認의 脫說", 한상범 외, 『12·12, 5·18재판과 저항권』, 법률행정연구원, 1997, 64-80면 참조). 또한 형법학자 한인섭은 정치행위에 대한 사법자제론 비판과 '공소권 없음' 주장의 터무니없음 등의 내용으로 검찰의 '성공한 쿠데타론'의 반법치성(反法治性)을 비판하고 있다(한인섭, "정치 군부의 내란 행위와 '성공한 쿠데타론'의 반법치성-형사법적 검토를 중심으로", 박은정·한인섭, 『5·18, 법적 책임과 역사적 책임』, 이화여자대학교 출판부, 1995, 102-132면).

37) 1995년 검찰의 〈5·18 광주민주화운동사건〉 불기소 처분에 대한 헌법 및 법철학적 검토를 하고 있는 문헌으로는 허영, "5·18 불기소 처분의 헌법 이론적 문제점", 5·18기념재단 엮음, 『5·18민중항쟁과 법학』, 257-274면; 심헌섭, "5·18 불기소처분의 논거에 대한 법철학적 재검토-분석과 비판", 5·18기념재단 엮음, 앞의 책, 275-300면; 오병선, "5·18 불기소 조치의 법리에 대한 법철학적 검토", 박은정·한인섭, 앞의 책, 66-82면 참조.

12·12에 이어 5·18과 관련된 혐의까지 검찰이 전두환 등을 '불기소 처분'하자 대학교수 등 지식인과 일반시민들이 반발하고 연일 성명서를 발표했다. 5·18 관련단체들은 검찰의 불기소 처분에 반발해 항고했으나 모두 기각됐다. 대학가에서는 대학생들이 동맹휴업을 벌이면서 격렬히 저항했고, 대학교수 등 지식인들이 5·18 관련자를 처벌할 수 있게 특별법을 제정하라고 서명운동을 벌였다.

그러다가 1995년 10월 19일 국회에서 민주당 박계동(朴啓東) 국회의원이 전직 대통령 노태우가 비자금 4천억 원을 감추어두었다는 폭로로 전두환·노태우 전 대통령이 수천억대의 비자금을 조성했다는 사실이 알려지기 시작했다. 여론은 더욱 들끓었고, 검찰은 즉각 노태우의 비자금 의혹에 대한 수사를 시작해 1995년 11월 16일 전직 대통령 노태우를 구속하였다.

3. 김영삼 대통령의 '역사 바로 세우기' 천명

노태우가 구속되자 이를 계기로 12·12와 5·18의 진상을 밝히고, 전두환과 노태우를 단죄해야 한다는 여론이 들끓었다. 1995년 11월 김영삼 대통령은 전두환 등을 단죄하기 위해 "역사 바로 세우기"를 천명하고,[38] 「5·18특별법」을 제정하라고 국회에 주문했다. 검찰도 서울지검에 특별수사본부를 설치하고 12·12와 5·18에 대한 재수사에 들어갔다.[39] 검찰은 재수사를 시작한 직후 전두환 전 대통령을 불러 조사하려고 했지만 그는 응하지 않았다. 검찰의 소환장을 받은 전두환은 소환에 응하는 대신 1995년 12월 2일 연희동 자택 앞에서 검찰의 소환에 불응한다는 '골목성명'[40]을 발표하였다. 측근들을 대동하고서 고개를 꼿꼿이 세운 채 성명

---

[38] 1995년 11월 당시 김영삼 대통령은 "5·17쿠데타는 국가와 국민의 명예를 국내외에 실추시킴은 물론 민족의 자존심을 한없이 손상시켜 우리 모두를 슬프게 했으며 국가 최후의 보루로서 조국과 민족을 지키기 위해 헌신하고 있는 선량한 군인들의 명예를 더럽혔다. 따라서 쿠데타를 일으켜 국민들에게 수많은 고통과 슬픔을 안겨준 당사자들을 처리하기 위해 나는 반드시 5·18특별법의 제정이 필요하다고 생각한다. 5·18특별법의 제정을 계기로 이 땅에 정의와 진실, 그리고 법이 살아있다는 것을 국민들에게 보여주는 기회가 되도록 하겠다."며 역사 바로 세우기를 천명했다(경향신문, 1995년 11월 25일, 1면 참조).

[39] 검찰의 5·18수사와 기소의 문제점에 대해서는 조용환, "5·18특별법과 전·노재판의 문제점", 5·18기념재단 엮음, 앞의 책, 479-484면 참조.

[40] "국민여러분. 저는 ……… 중략 ……… 지난 11월 24일 金대통령은 이 땅에 정의와 진실과 법이 살아있는 것을 국민에게 보여주기 위해 5·18특별법을 만들어 저를 포함한 관련자들을 내란의 주모자로 의법처리 하겠다고 했습니다. 우리 모두가 잘 기억하고 있는대로 현재의 김영삼 정권은 제5공화국의 집권당이던 민정당과 제3공화국의 공화당을 중심으로 한 신민주공화당, 그리고 야권의 민주당, 3당이 지난 과거사를 모두 포용하는 취지에서 「구국의 일념」이라고까지 표현하며 연합하여 이루어진 것입니다. ……중략…… 현정부의 통치이념과 관련된 문제입니다. 초대 이승만대통령부터 현정부까지 대한민국의 정통성을 부인하고 타도와 청산의 대상으로 규정한 것은 좌파운동권의 일관된 주장이자 방향입니다. 그런데 현정부는 과

서를 읽어 내려가던 그의 모습은 전국에 생중계되었고, 그의 골목성명은 전두환의 시대착오
적인 역사관과 국민과 역사를 두려워하지 않는다는 것을 보여주었다.

전두환은 성명 발표 후 검찰 소환에 불응하고, 고향인 경남 합천으로 내려갔다. 검찰은 곧바
로 전두환에게 군형법상 반란수괴 등 6개 죄목을 적용 법원으로부터 사전구속영장을 발부받
은 뒤 경남 합천으로 영장집행팀을 급파했다. 호기롭게 '골목길 성명'을 발표한 지 하루만에
전두환은 합천에서 압송돼 안양교도소에 구속 수감되었다. 전두환은 안양교도소에 수감돼 내
란 혐의와 수 천억원대의 비자금 은닉에 관련한 수사를 받았다.

4.「5·18민주화운동 등에 관한 특별법」제정과 전두환 등 신군부세력의 반발

구속된 전두환은 '단식 투쟁'에 돌입한다. 18일 동안 단식을 하던 그는 기소되는 날 쓰러져
병원으로 옮겨졌으나 투약과 식사를 모두 거절하며 9일 동안 단식을 더 이어갔다.[41][42]

거 청산을 무리하게 앞세워 이승만정권을 친일정부로, 3공화국·5공화국·6공화국은 내란에 의한 범죄
집단으로 규정하여 과거 모든 정권의 정통성을 부정하고 있습니다. ……중략…… 저는 이미 지난 13대 국
회의 청문회와 장기간의 검찰수사과정을 통해 12·12, 5·17, 5·18등의 사건과 관련하여 제가 할 수 있
는 최대한의 답변을 한바 있고 검찰도 이에 의거하여 적법절차에 따라 수사를 종결한 바 있습니다. ……중
략…… 대한민국의 법질서를 존중하기 위해 사법부가 내릴 조치에는 그것이 어떤 것일지라도 저는 수용하
고 따를 것입니다. 끝으로 12·12를 포함한 모든 사건에 대한 책임은 제5공화국을 책임졌던 저에게 모두
물어주시고 이 일을 계기로 여타의 사람들에 대한 정치보복적 행위가 없기를 희망합니다."(전두환의 골목
성명 全文은 중앙일보, 1995년 12월 3일, 3면 참조).
41) 전두환의 단식은 시민들로부터 "자기가 양심수나 독립투사인 줄 안다"는 냉소가 쏟아졌던 것으로 전해진
다. 또한 당시 전두환이 입원했던 병원에는 "전두환에게 왜 약과 먹을 것을 주느냐"는 시민들의 항의가 빗
발쳤다고 한다.
42) 제11대와 제12대 대통령을 지낸 전두환이 12·12 군사반란과 5·18 광주시민 학살 주범으로 1995년 12월
3일 안양교도소에 수감되자마자 항의하는 뜻으로 단식을 시작한 것이다. 전두환의 단식은 전혀 지지를 받
지 못했다. 전두환이 창당한 민정당 후신 신한국당도 "학살로 정권을 찬탈한 자가 정당한 법집행을 정치보
복으로 주장하는 것은 국민 모욕"이라며 자신들은 무관한 양 비난을 퍼부었다. 단식이 며칠 계속되자 정부
는 전두환에게 강제로 급식할 의사를 내비쳤다. "법무부의 한 고위관계자는 12월 7일 '전두환씨의 단식이
계속된다면 재소자를 건강하게 보호해야 할 의무를 규정하고 있는 행형법에 따라 강제 급식이 불가피할 것
으로 보인다'고 말했다. 법무부에 따르면, 전씨에게 강제 급식을 할 땐 교도관 10여명이 전씨의 팔다리와
머리를 붙잡아 움직이지 못하도록 하고 코를 막아 숨을 쉬지 못하도록 한 뒤 고무호스를 입에 넣어 미리 준
비한 죽을 넣는 통상적인 방식을 적용할 계획이다. 이 관계자는 강제 급식을 할 땐 재소자의 나이와 건강상
태 등을 미리 점검해 탈진상태에 이르렀는지를 먼저 알아보며, 보통 단식 시작 10여일 뒤 강제 급식을 하나
전씨는 고령인 점을 고려하면 더 일러질 수도 있다고 말했다. 그러나 그는 '강제 급식은 과거 시국사범들에
게서 고문의 일종이라는 등으로 거세게 비난받았던 점을 고려해 전씨의 건강이 극도로 나빠지는 경우에만
할 것을 신중히 검토하고 있다'고 말했다(한겨레 1995년 12월 8일자)", 경향신문, 2014년 2월 8일, 17면, [황
상익의 의학 파노라마](6) '인간 자율성' 침해한 강제 급식 재인용).

국회는 우여곡절 끝에 1995년 12월 19일 전두환·노태우 전 대통령의 재임기간 동안 12·12와 5·18의 내란죄 공소시효(公訴時效)를 정지시켜 처벌할 수 있도록 하는 것을 내용으로 하는 〈5·18민주화운동 등에 관한 특별법〉과 〈헌정질서 파괴범죄의 공소시효 등에 관한 특례법〉43)을 제정하였다.44)

전두환·노태우를 비롯한 신군부 세력들은 처벌을 피하기 위해 온갖 방법을 동원하며 반발했다. 헌법재판소에 검찰의 수사가 위헌이라며 헌법소원(憲法訴願)까지 냈다. 헌법재판소는 헌법소원의 대상이 되지 않는다며 각하처분(却下處分)했다.

12·12 사건과 관련해 「5·18민주화운동 등에 관한 특별법」이 적용되어 반란모의참여죄, 반란중요임무종사죄로 기소된 장세동·최세창은 위헌법률 심판을 신청했고45)46), 황영시 외

---

43) 제177회 정기국회의 최대 쟁점이던 5.18특별법이 표결 끝에 처리됐다. 신한국당 국민회의 민주당 등 여야(與野)3당의 발의로 상정된 '5.18 민주화운동등에 관한 특별법'은 재석 2백47석 가운데 찬성 2백25, 반대 20, 기권 2표로 무난하게 가 결됐다. 이날 본회의에서 신한국당은 재석 1백66명중 1백51명이 출석, 총 15명이 불참했다고 權海玉수석부총무는 전언. 불참자는 鄭鎬溶 許三守 許和平 琴震鎬 金相球 安武赫 李春九 權翊鉉 姜在涉의원등 5.18특별법에 직·간접적으로 관련된 의원과 黃明秀 金基道 金正男 鄭在文 金珞泰 李敏燮 李在明의원등으로 나타났다. 그러나 黃明秀의원등은 선약이나 와병 또는 상을 당하는 등 불가피한 사정이 있었다는 것이 신한국당 관계자의 설명이다. 또한 국민회의의 경우 지역구 출신의원 53명중 鄭大哲 金令培 金泳鎭 文喜相 金德圭 林采正 崔洛道 鄭均桓 韓和甲 李敬載 李熙天의원등 11명이 불참했다. 민주당은 국민회의 참여 전국구 11명을 포함한 39명중 33명이 참석, 전원 찬표를 던졌으며 불참자는 鞠鍾男 趙尹衡(국민회의 참여) 姜昌成 李東根 朴錫武 鄭機浩의원등이다. 결국 찬성표는 신한국당 1백50, 국민회의 42, 민주당 33명등 모두 2백25명인 것으로 나타났다. 반대 20표는 신한국당 의원중 5共당시 청와대 대변인을 지냈던 崔在旭의원과 자민련 출석의원 19명 전원으로 집계됐다. 다만 기권 2표는 아직까지 분명히 확인되지 않고 있다. 이날 표결에서 특히 주목을 끈 것은 지난번 신한국당의 5.18특별법 제출당시 법안서명에 끝까지 반대한 것으로 알려진 의원들 대부분이 본회의장에 아예 출석하지 않았다는 점이다. 이들의 불참은 자신에게 스스로 족쇄를 채우는 5.18특별법의 처리에 직접 참여하기가 마음에 걸려 끝내 당론에 위배되는 결정을 내린 게 아니냐는 분석들. 그러나 당초 5.18특별법에 반대키로 의견을 모았던 대구(大邱)경북(慶北)출신 의원들 중 朴憲基 柳悖佑 李相得 尹榮卓 朴世直 金漢圭 李康斗 金吉弘 李永昶 黃潤錤 張永喆 金東權 金燦于 潘亨植의원등은 결국 찬성(〈5.18특별법 처리 표분석〉, 연합뉴스, 1995.12.19 참조).

44) "5·18민주화 운동 등에 관한 특별법" 제정에서 헌법재판소 합헌 결정까지의 경위는 한상범·이철호外,『12.12, 5.18재판과 저항권』, 법률행정연구원(1997), 105면 이하; 최재천,『끝나지 않은 5.18』, 향연(2004), 35면 이하 참조.

45) (1) 서울지방검찰청 검사는 1994.10.29. 이른바 12·12 군사반란사건(이하 "12·12사건"이라 한다)과 관련된 피의자 38명에 대하여 기소유예의 불기소처분을 하고, 1995.7.18. 이른바 5·18 내란사건(이하 "5·18사건"이라 한다)과 관련된 피의자 35명에 대하여 공소권 없음의 불기소처분을 하였다. (2) 그런데 5·18민주화운동 등에 관한 특별법(이하 "특별법"이라한다)이 1995.12.21.자로 제정·공포되자, 서울지방검찰청 검사는 1995.12.29. 위 두 사건과 관련된 피의자들 전원에 대하여 사건을 재기한 다음, 1996.1.17. 96헌가2 사건의 제청신청인들에 대하여는 12·12사건과 관련된 반란중요임무종사 등 혐의로, 96헌바7 사건의 청구인들에 대하여는 같은 반란 및 5·18사건과 관련된 내란중요임무종사 등 혐의로 서울지방법원에 각

각 구속영장을 청구하는 한편, 1996.1.30. 96헌바13 사건의 청구인들에 대하여 같은 반란 및 내란중요임무
종사 등의 혐의로 서울지방법원에 구속영장을 청구하였다. (3) (제청신청인 장 세 동 외 1인 : 96헌가2 사
건의 제청신청인들 및 96헌바7,13 사건의 청구인들은 위 각 영장청구일에 각 그 영장청구사건에 관한 재판
의 전제가 되는 특별법 제2조(이하 "이 법률조항"이라 한다)는 공소시효가 이미 완성된 그들의 범죄혐의사
실에 대하여 소급하여 그 공소시효 진행의 정지사유를 정한 것으로서 형벌불소급의 원칙을 천명하고 있는
헌법 제13조 제1항에 위반되는 규정이라고 주장하면서 서울지방법원에 이 법률조항에 대한 위헌심판의
제청신청을 하였다(제청신청인 및 96헌바7 사건 청구인들의 제청신청사건번호: 96초178, 96헌바13 사건
청구인들의 제정신청 사건번호: 96초362). (4) 그런데 위 법원은 1996.1.18. 96헌바2 사건 제청신청인들의
위헌제청신청은 이를 받아들여 헌법재판소에 위 법률조항의 위헌여부에 대한 심판을 제청하였으나(96헌
가2), 96헌바7 사건의 청구인들의 신청과 96헌바13 사건의 청구인들의 신청은 그들의 5·18사건과 관련
한 내란중요임무종사 등의 피의사실이 이 법률조항과 관계없이 아직 공소시효가 완성되지 아니하여 그 혐
의사실만으로 구속영장을 발부하는 이상 이 법률조항의 위헌 여부는 재판의 전제가 되지 않는다는 이유로
1996.1.18.과 1996.1.31.에 이를 각 기각하였다. 이에 96헌바7 사건의 청구인들은 1996.1.26.에, 96헌바13
사건의 청구인들은 1996.2.10.에 헌법재판소법 제68조 제2항에 따라 각각 이 사건 헌법소원심판을 청구하
였다(헌재 1996.2.16, 96헌가2 참조).

46) 제청법원의 위헌제청이유 요지(96헌가2): (1) 헌법 제12조 제1항은 "모든 국민은 신체의 자유를 가진다. 누
구든지 법률에 의하지 아니하고는 체포·구속·압수·수색 또는 심문을 받지 아니하며, 법률과 적법한
절차에 의하지 아니하고는 처벌·보안처분 또는 강제노역을 받지 아니한다."고 규정하고, 헌법 제13조 제
1항은 "모든 국민은 행위시의 법률에 의하여 범죄를 구성하지 아니하는 행위로 소추되지 아니하며, 동일한
범죄에 대하여 거듭 처벌받지 아니 한다"고 규정하여 있는바, 이러한 적법절차원리와 법률불소급의 원칙
에 비추어 이미 공소시효가 완성된 사람에 대하여 소급해서 그 시효를 정지 내지 배제하는 내용의 법률은
위헌이라 판단된다. (2) 제청신청인들에 대한 반란중요임무종사의 피의사실은 군형법 제5조 제2호에 의하
여 사형, 무기 또는 7년 이상의 징역이나 금고에 처할 범죄로서 형사소송법 제250조, 형법 제50조, 형사소
송법 제249조 제1항 제1호에 의하여 그 공소시효가 15년인바, 영장이 청구된 1996.1.17.은 범죄행위가 종
료한 때로부터 15년이 이미 경과된 날임이 기록상 명백하다. (3) 내란 등이 일단 성공하여 그 주도세력이
정치권력을 장악한 경우에는 그 공소시효가 정당한 국가기관이 그 기능을 회복한 이후부터 비로소 진행된
다는 규정은 특별법 제정 이전에는 형사소송법 기타 어떤 법률에도 없었다. 그렇다면 과연 일반적인 공소
시효 규정의 해석을 통하여 군사반란죄의 경우 그 주도세력 등이 집권한 때에는 공소시효가 정지된다고 볼
수 있는지 문제가 될 것인바, 형법상 내란죄는 헌법 또는 법률에 정한 절차에 의하지 아니하고 헌법 또는 법
률의 기능을 소멸시키거나 헌법에 의하여 설치된 국가기관을 강압에 의하여 전복 또는 그 권능행사를 불가
능하게 할 목적으로 폭동한 경우에 성립되는 범죄로서 제청신청인들의 피의사실에 적용될 군형법상의 반
란죄와는 여러 가지 면에서 성격을 달리한다. 즉 내란죄의 보호법익이 국가의 존립과 안전이라고 할 때, 군
사반란죄의 보호법익은 군대의 조직과 기율유지, 전투력 유지 등이라고 보여 지고, 그 외에도 위 두 가지 죄
는 그 목적과 요건들을 달리한다. 따라서 자유민주적 기본질서를 정면으로 유린하는 내란죄에 있어서는
"국가권력의 장악에 성공한 내란행위자에 대하여는 국민으로부터 정당하게 국가권력을 위탁받은 국가기
관이 그 기능을 회복하기까지 사실상 처벌되지 않는 상태가 지속되는 경우에 그 공소시효는 그 기간 동안
정지되는 것으로 보는 견해"가 자유민주적 기본질서의 회복이라는 또 다른 헌법상의 요청에 의하여 가능하
다고 보더라도 그 성격을 달리하는 군사반란죄에 대하여서까지 기존의 적법절차원리나 법률불소급원칙과
의 부조화를 감수하면서 그 공소시효가 정지된다고 해석하기는 어렵다고 판단된다. 그러므로 이 법률조항
은 헌법에 위배될 소지가 있다(헌재 1996.2.16, 96헌가2 참조).

5인은 「5·18민주화운동 등에 관한 특별법」 제2조47)가 위헌이라면서 헌법소원48)을 냈다.49)

47) 5·18민주화운동등에관한특별법(법률 제5029호, 1995.12.21, 제정) 제2조 (공소시효의 정지) ①1979
년 12월 12일과 1980년 5월 18일을 전후하여 발생한 헌정질서파괴범죄의공소시효등에관한특례법 제2조
의 헌정질서파괴범죄행위에 대하여 국가의 소추권행사에 장애사유가 존재한 기간은 공소시효의 진행이
정지된 것으로 본다. ②제1항에서 "국가의 소추권행사에 장애사유가 존재한 기간"이라 함은 당해 범죄행
위의 종료일부터 1993년 2월 24일까지의 기간을 말한다.

48) 청구인들의 주장요지 : 유학성 외 5인 청구인(96헌바7·13 사건) (1) 헌법 제12조 제1항은 "모든 국민은 신
체의 자유를 가진다. 누구든지 법률에 의하지 아니하고는 체포, 구속, 압수, 수색 또는 심문을 받지 아니하
며 법률과 적법한 절차에 의하지 아니하고는 처벌, 보안처분 또는 강제노역을 받지 아니한다."라고 규정하
고 있고, 헌법 제13조 제1항은 "모든 국민은 행위시의 법률에 의하여 범죄를 구성하지 아니한 행위로 소추
되지 아니하며, 동일한 범죄에 대하여 거듭 처벌받지 아니한다."라고 규정하여 법률불소급의 원칙과 일사
부재리의 원칙을 천명하고 있으며, 형법 제1조 제1항은 "범죄의 성립과 처벌은 행위시의 법률에 의한다"고
규정하여 법률불소급의 원칙을 다시 명확히 하고 있다. 이러한 법률불소급의 원칙은 비단 형벌법규뿐만
아니라 위 형법규정에서 명백히 한 바와 같이 범죄의 성립 등에 관한 일체의 법률을 함께 포함하는 것이며,
따라서 이러한 적법절차의 원리와 법률불소급의 원칙상 공시시효 기산점의 임의선정, 그 연장 및 그 정지
사유의 설정 등을 규정한 이 법률조항은 위헌임이 명백하다. (2) 공소시효제도는 범죄 후 일정기간이 경과
하면 공소권을 소멸시키는 제도이다. 그 제도의 목적과 취지는 범죄 후 상당한 기간이 경과하면 이에 대한
응보감정이나 범인의 악성이 소멸하여 가벌성 나아가 형벌권도 소멸하며, 한편 시간의 경과에 따라 증거가
산일하여 오판의 우려가 커진다는 점을 감안하여 그 이후의 소추권행사를 금지하는 데 있고, 이들 사유는
그 모두가 행위자의 이익을 고려하는 것임이 명백하다. 따라서 이와 같은 공소시효제도와 형사법규의 해
석의 기본원칙에 비추어 공소시효의 기산과 그 정지는 법률에 정하여진 바에 엄격히 따라야 할 것이다. 현
행법상 공소시효는 공소의 제기로 정지되고(형사소송법 제253조) 정지된 시효는 공소기각 또는 관할위반
의 재판이 확정된 때로부터 다시 진행하며(형사소송법 제252조), 그 밖의 공소시효 정지사유로는 불기소
처분에 대한 재정신청(형사소송법 제262조의 2)이 있을 뿐이다. 그러므로 국가권력의 장악에 성공한 내란
행위자에 대하여는 국민으로부터 정당하게 국가권력을 위탁받은 국가기관이 그 기능을 회복하기까지 사
실상 처벌되지 않는 상태가 지속되는 기간동안 공소시효의 진행이 정지되는 것으로 보는 견해는 공소시효
제도의 본질과 의미를 정확히 파악하지 못한 것으로 아무런 근거가 없는 것이다. (3) 공소시효의 완성으로
그 소추나 처벌이 불가능하게 된 사안에 대하여 새로이 공소시효의 정지사유를 설정하고, 임의의 기간동안
그 정지사유가 있었던 것으로 보도록 하여 사후입법으로 형사소추와 처벌이 가능하게 한 특별법은 형벌법
규의 이념에 반할 뿐만 아니라 실정법에도 반하는 초법적 억지에 지나지 아니하므로, 이 법률조항은 헌법
제13조 제1항에 위반하는 것임이 명백하다. (4) 이 법률조항 소정의 "1979.12.12.과 1980.5.18.을 전후하
여 발생한 헌정질서파괴범죄행위"란 청구인 등이 범하였다는 12·12 군사반란행위와 5·18 내란행위를
지칭하고 있는 것이 명백하므로, 이 법률조항은 결국 청구인 등 특정인의 특정사건에 대하여 국가형벌권이
특정기간동안 연장되어 존속하는 것을 규정하고 있는 것이다. 그러므로 이 법률조항은 특정인에 대한 공
소시효의 정지를 규정하고 있다는 점에서 "개인대상법률"이며 그 적용대상이 12·12사건과 5·18사건이
라는 특정사건이고, 공소시효 정지기간을 노태우 전대통령의 퇴임일인 1993.2.24.로 규정하여 특정인의
신분변동과 관련지움으로써 특정개별사건에 대해서만 적용한다는 취지를 명백히 하고 있는 점에서 "개별
사건법률"이므로, 이는 전형적인 처분적 법률로서 헌법상 평등의 원칙에 반하는 위헌의 법률조항이다. (5)
나아가 이 법률조항은 12·12사건과 5·18사건 자체를 헌정질서파괴범죄로 규정함으로써 청구인 등이
헌정질서파괴범죄행위를 범하였다는 전제하에 공소시효의 정지를 규정하고 있다. 그러나 위 두 사건에 관

전두환과 함께 처벌받을 처지가 된 장세동 전 안기부장 등도 「5·18민주화운동 등에 관한 특별법」이 위헌이라며 헌법소원을 냈지만, 헌법재판소는 합헌[50]이라는 결정을 내렸다.

검찰 수사는 크게 ① 비자금 조성 의혹, ② 12·12관련 혐의, ③ 5·18관련 혐의로 나누어 진행됐다. 검찰은 1995년 12월 22일 "12·12사건 당시 전두환과 노태우 등이 사전 공모나 대통령 재가 없이 육군참모총장을 불법체포하고 국방부와 육군본부를 무력진압했다"며 두 사람을 군형법상 반란혐의로 재판에 넘겼다. 검찰은 1996년 1월 13일 뇌물을 받아 비자금을 조성한 혐의로 전두환을 추가기소했다. 검찰은 또 같은 해인 1996년 1월 24일 5·18 사건과 관련해서 전두환을 내란목적살인 등 5개 혐의로, 노태우를 내란 중요임무종사 등 4개 혐의로 재차 기소했다.

전두환은 죄수복을 입고 법정에 서는 신세가 되었음에도 오만했다. 재판이 진행되는 동안 계속해서 "모른다, 안 했다"며 혐의를 부인했다. 재판도중 그들은 1980년 광주양민학살 발포명령에 대해서도 "길을 가다 누가 덤벼들면 방어차원에서 어쩔 수 없이 대응하는 것 아니냐"는 식의 해괴한 논리를 펼치고, 증언자의 불리한 증언에 대해서는 "검찰신문에 속거나 텔레비전 드라마를 보고 그렇게 판단하는 것 아니냐"라며 이상한 질문을 하기도 하고, 재판지연전술을 펼치기도 했다. 그의 변호인단이 "야간재판에 응할 수 없다", "일주일에 두 번씩 공판을 진행하지 말라"며 재판을 거부하고 퇴정하는 일을 되풀이 했다.[51][52]

련된 청구인 등의 행위가 헌정질서파괴범죄행위가 되는지의 여부는 법원의 재판을 거쳐야 비로소 확정되는 것이지 입법부가 법률로써 이를 규정할 수는 없는 것이다. 따라서 이 사건 조항은 헌법 제101조 제1항에 의한 법원의 재판권을 침해하고 헌법상 권력분립의 원칙에 위배되며 또한 헌법 제27조 제4항에 의한 무죄추정의 원칙에도 반한다(헌재 1996.2.16, 96헌가2 참조).

49) 「5·18민주화운동 등에 관한 특별법」 제2조에 대한 헌법재판소 결정에 대한 평석으로는 전광석, "불법청산과 헌법문제-5·18민주화운동에 관한 특별법 제2조 위헌제청사건을 중심으로", 5·18기념재단 엮음, 앞의 책, 367면 이하 참조.

50) "개별사건법률은 원칙적으로 평등원칙에 위배되는 자의적 규정이라는 강한 의심을 불러일으키는 것이지만, 개별법률금지의 원칙이 법률제정에 있어서 입법자가 평등원칙을 준수할 것을 요구하는 것이기 때문에 특정규범이 개별사건법률에 해당한다 하여 곧바로 위헌을 뜻하는 것은 아니며, 이러한 차별적 규율이 합리적인 이유로 정당화될 수 있는 경우에는 합헌적일 수 있다. 이른바 12·12 및 5·18사건의 경우 그 이전에 있었던 다른 헌정질서파괴범과 비교해 보면, 공소시효의 완성 여부에 관한 논의가 아직 진행중이고, 집권과정에서의 불법적 요소나 올바른 헌정사의 정립을 위한 과거청산의 요청에 미루어 볼 때 비록 특별법이 개별사건법률이라고 하더라도 입법을 정당화할 수 있는 공익이 인정될 수 있으므로 위 법률조항은 헌법에 위반되지 않는다"(1996.2.16, 96헌가2).

51) 재판과정에서 보여준 출정(出廷)거부와 재판거부 및 변호인단 퇴장모습은 진정한 참회와는 더욱더 거리가 멀었다. 전·노씨 피고인들의 변인호단은 충분한 변론권 보장을 요구하며 걸핏하면 퇴정을 되풀이하고 재판부가 「유죄예단」을 가지고 진행하는 형식적 재판에는 들러리로 임할 수 없다며 20차 공판에서는 집단

5. '세기의 재판'과 사면(赦免)

'세기의 재판'이라고 불리는 전직대통령들에 대한 재판은 1996년 3월 11일-1997년 4월 17일까지 1년 3개월 동안 진행되었다. 1심 법원은 전두환에게 헌정질서의 파괴를 주도하는 등 수많은 피해자가 발생한 점을 중시하여 사형을 선고했다. 노태우에게는 군사반란의 2인자였다는 이유로 22년 6월형을 선고했다. 각각 2,000억대의 추징금도 선고했다. 하지만 며칠 후 전두환은 항소했고, 2심 법원은 1심 선고보다 감형해 전두환에게 무기징역을 선고했다. 노태우에게는 징역 17년을 선고했다. 추징액도 각각 54억, 210억원씩 줄었다.

1997년 4월 17일 대법원 상고심에서는 상고기각이 결정됨으로써 2심 법원이 선고한 형량이 그대로 확정되었다.[53] 전두환에게는 무기징역형과 추징금 2,205억원이, 노태우에게는 징역

으로 사임계를 제출하여 '司法府의 不信'을 주장하는 아이러니를 보여주었다. 전·노피고인들도 이를 이유로 하여 재판정 출정(出廷)을 거부하는 촌극을 연출하기도 하였다. <u>그들의 이러한 행동과 처사들은 다분히 의도적이었다. 증인신문과정에서 신군부의 정권탈취의 불법성을 증명하는 유죄의 증거를 사전에 막고 역사법정에서 열리는 역사재판의 의의를 퇴색시키려는 고도의 정치적 책략이었으며, 정치재판으로 이끌어 「사법적 정의와 역사바로세우기」에 흠집을 내고자 한 것이다</u>(이철호, "憲法上 赦免權과 전·노赦免 논의에 대한 瞥見", 「亞·太公法研究」 4('97.12),122-123면).

52) 전두환을 비롯한 신군부반란세력들이 재판과정에서 보여준 재판파행 및 사법부 불신태도와 1985년 서울 미문화원방화사건 공판을 비교한 신문기사는 우리에게 시사하는 바가 많다. 한국일보, 1996년 7월 10일 4면,「시대의 역설'사법부不信'」기사를 참조하기 바람.

53) [1] 군사반란과 내란을 통하여 정권을 장악한 경우의 가벌성 여부 : [다수의견] 우리 나라는 제헌헌법의 제정을 통하여 국민주권주의, 자유민주주의, 국민의 기본권보장, 법치주의 등을 국가의 근본이념 및 기본원리로 하는 헌법질서를 수립한 이래 여러 차례에 걸친 헌법개정이 있었으나, 지금까지 한결같이 위 헌법질서를 그대로 유지하여 오고 있는 터이므로, 군사반란과 내란을 통하여 폭력으로 헌법에 의하여 설치된 국가기관의 권능행사를 사실상 불가능하게 하고 정권을 장악한 후 국민투표를 거쳐 헌법을 개정하고 개정된 헌법에 따라 국가를 통치하여 왔다고 하더라도 그 군사반란과 내란을 통하여 새로운 법질서를 수립한 것이라고 할 수는 없으며, 우리나라의 헌법질서 아래에서는 헌법에 정한 민주적 절차에 의하지 아니하고 폭력에 의하여 헌법기관의 권능행사를 불가능하게 하거나 정권을 장악하는 행위는 어떠한 경우에도 용인될 수 없다. 따라서 그 군사반란과 내란행위는 처벌의 대상이 된다. [반대의견] 군사반란 및 내란행위에 의하여 정권을 장악한 후 이를 토대로 헌법상 통치체제의 권력구조를 변혁하고 대통령, 국회 등 통치권의 중추인 국가기관을 새로 구성하거나 선출하는 내용의 헌법개정이 국민투표를 거쳐 이루어지고 그 개정 헌법에 의하여 대통령이 새로 선출되고 국회가 새로 구성되는 등 통치권의 담당자가 교체되었다면, 그 군사반란 및 내란행위는 국가의 헌정질서의 변혁을 가져온 고도의 정치적 행위라고 할 것인바, 그와 같이 헌정질서 변혁의 기초가 된 고도의 정치적 행위에 대하여 법적 책임을 물을 수 있는지 또는 그 정치적 행위가 사후에 정당화되었는지 여부의 문제는 국가사회 내에서 정치적 과정을 거쳐 해결되어야 할 정치적·도덕적 문제를 불러일으키는 것으로서 그 본래의 성격상 정치적 책임을 지지 않는 법원이 사법적으로 심사하기에는 부적합한 것이고, 주권자인 국민의 정치적 의사형성과정을 통하여 해결하는 것이 가장 바람직하다. 따라서 그 군사반란 및 내란행위가 비록 형식적으로는 범죄를 구성한다고 할지라도 그 책임 문제는 국가사회의 평화와 정의의 실현을 위하여 움직이는 국민의 정치적 통합과정을 통하여 해결되어야 하는 고도의 정치문제로서, 이에 대하여는 이미 이를 수용하는 방향으로 여러 번에 걸친 국민의 정치적 판단과 결정이 형성되어 온 마

17년형과 추징금 2,628억원이 각각 선고됐다. 이로서 전두환과 노태우 등 군사반란 및 쿠데타 세력들은 그들의 집권이 불법적이었다는 사실이 확정되었다.[54] 이들은 형확정 후 교도소에서

당에 이제 와서 법원이 새삼 사법심사의 일환으로 그 죄책 여부를 가리기에는 적합하지 아니한 문제라 할 것이므로, 법원으로서는 이에 대한 재판권을 행사할 수 없다. [2] 5・18민주화운동등에관한특별법 제2조가 같은 법 시행 당시 공소시효가 완성된 헌정질서파괴범죄행위에 대하여도 적용되는지 여부 : [다수의견] 5・18민주화운동등에관한특별법 제2조는 그 제1항에서 그 적용대상을 '1979년 12월 12일과 1980년 5월 18일을 전후하여 발생한 헌정질서파괴범죄의공소시효등에관한특례법 제2조의 헌정질서파괴범죄행위'라고 특정하고 있으므로, 그에 해당하는 범죄는 5・18민주화운동등에관한특별법의 시행 당시 이미 형사소송법 제249조에 의한 공소시효가 완성되었는지 여부에 관계없이 모두 그 적용대상이 됨이 명백하다고 할 것인데, 위 법률 조항에 대하여는 헌법재판소가 1996. 2. 16. 선고 96헌가2, 96헌마7, 13 사건에서 위 법률 조항이 헌법에 위반되지 아니한다는 합헌결정을 하였으므로, 위 법률 조항의 적용범위에 속하는 범죄에 대하여는 이를 그대로 적용할 수밖에 없다. [반대의견1] 5・18민주화운동등에관한특별법이 적용대상으로 삼는 헌정질서파괴범죄를 처벌하기 위한 공익의 중대성과 그 범죄혐의자들에 대하여 보호해야 할 법적 이익을 교량할 때 5・18민주화운동등에관한특별법 제2조는 그 정당성이 인정된다. 그러나 공소시효가 이미 완성한 다음에 소급적으로 공소시효를 정지시키는 이른바 진정소급효를 갖는 법률규정은 형사소추권이 소멸함으로써 이미 법적・사회적 안정성을 부여받아 국가의 형벌권 행사로부터 자유로워진 범죄혐의자에 대하여 실체적인 죄형의 규정을 소급적으로 신설하여 처벌하는 것과 실질적으로 동일한 결과를 초래하게 되어, 행위시의 법률에 의하지 아니하고는 처벌받지 아니한다는 헌법상의 원칙에 위배되므로, 공소시효에 관한 것이라 하더라도 공소시효가 이미 완성된 경우에 다시 소추할 수 있도록 공소시효를 소급하여 정지하는 내용의 법률은 그 정당성이 인정될 수 없다. 따라서 5・18민주화운동등에관한특별법 제2조는 그 시행 당시 공소시효가 완성하지 않은 범죄에 대하여만 한정하여 적용되고, 이미 공소시효가 완성된 범죄에 대하여까지 적용되는 것은 아니라고 해석하는 것이 옳다. 또한 법원은 헌법재판소의 1996. 2. 16. 선고 96헌가2, 96헌가7, 13결정에서 공소시효가 이미 완성된 경우에도 위 법률 조항이 합헌이라고 한 결정 이유 중의 판단내용에 기속되지 아니하는 것이며, 합헌으로 선고된 법률조항의 의미・내용과 적용범위가 어떠한 것인지를 정하는 권한 곧 법령의 해석・적용의 권한은 바로 사법권의 본질적 내용을 이루는 것으로서, 전적으로 대법원을 최고법원으로 하는 법원에 전속하는 것이며, 법원이 어떠한 법률 조항을 해석・적용함에 있어서 한 가지 해석방법에 의하면 헌법에 위배되는 결과가 되고 다른 해석방법에 의하면 헌법에 합치하는 것으로 볼 수 있을 때에는 위헌적인 해석을 피하고 헌법에 합치하는 해석방법을 택하여야 하는 것임은 또 하나의 헌법수호기관인 법원의 당연한 책무이기도 한 만큼 헌법재판소의 합헌결정에 불구하고 위 법률 조항을 위와 같이 해석・적용함에 아무런 장애가 없다. [반대의견2] 법원은 법률의 내용이 헌법에 위반되더라도 곧바로 그 적용을 거부할 수 있는 것이 아니라, 그 법률이 헌법에 위반되는 여부가 재판의 전제가 된 경우에 헌법 제107조 제1항에 의하여 헌법재판소에 제청하여 그 심판에 의하여 재판하여야 하는바, 이 경우 헌법재판소의 결정 중 각종 위헌결정은 헌법재판소법 제47조에 의하여 법원을 기속하게 되나, 합헌결정은 그 법률을 재판에 적용할 수 있다는 효력이 있을 뿐이므로, 그 법률을 적용함에 있어서 합헌적으로 해석할 책무는 여전히 법원에 남아 있는 것이다. 그런데 헌법재판소의 위 결정은 5・18민주화운동등에관한특별법 제2조가 합헌이라는 것인 만큼 법원에게는 그 법률 조항을 합헌적으로 해석할 의무가 여전히 있는 것이고, 공소시효에 관한 위 법률 조항은 [반대의견1]에서 밝힌 바와 같이 그 시행 당시 공소시효가 완성되지 아니한 자에 대하여만 적용된다고 해석함이 합헌적이다(대법원 1997.4.17. 선고, 96도3376, 전원합의체 판결).

54) "이 '세기적 판결'은 '성공한 쿠데타'도 처벌된다는 헌정사의 큰 획을 긋는 중요한 판례가 되었다. 그리고 이 판결은 법률적 문제를 넘어 '12・12군사쿠데타'와 광주민중항쟁 탄압을 통해 성립한, 전두환・노태우 두 정권의 역사적 정당성을 부인하는 행위와도 연결되는 것이다"(강만길, 『20세기 우리 역사』, 창작과 비평사, 1999, 356면).

복역하다가 1997년 대통령 선거가 끝난 나흘 뒤인 12월 22일 김영삼 대통령은 전두환·노태우에 대한 특별사면 및 복권을 단행했다.[55][56][57] 하지만 전두환·노태우 두 사람에게 각각 부과된 2,000억대의 추징금은 사면대상에서 제외됐다.

IV. 전두환 신군부 세력의 서훈 취소

　1997년 대법원에서 12·12, 5·18관련자들에 대한 유죄판결이 선고 확정된 이후에도 관련자들의 상훈박탈(치탈)이 이루어지고 있지 않았다. 이에 대해 정일종합법률법인과 姜喆善변호사[58]는 대통령이 전두환·노태우에 대한 훈장치탈의무 불이행으로 행복추구권이 침해되었다며 헌법재판소에 훈장치탈의무 불이행 위헌확인청구를 위한 헌법소원을 제기하기도 했다.[59] 헌법재판소는 이른바 12·12 사건 등에 관련하여 유죄판결을 받은 전직대통령 전두환,

55) 전두환 등 신군부세력에 대한 재판 후 단행된 사면(赦免)의 부당성에 대한 비판으로는 이철호, "憲法上 赦免權과 전·노赦免 논의에 대한 管見", 「亞·太公法研究」 제4집(1997.12), 109-130면 참조.

56) 전두환은 사면으로 석방되어 나오면서 현정부(김영삼 정부)의 경제정책을 비판하면서 은근히 자신의 경제적 치적(?)을 자랑하고 측근들에게 손을 흔들고, 출감 소감을 묻는 기자들의 질문에 "여러분은 교도소에 들어가지 말라"고 농담을 던지며 「양심수」나 「개선장군」인 듯한 태도를 보여주었다. 조계사 법회(1997년 12월 30일)에 참석하여 대중연설을 하면서 자신의 과오에 대해서는 한마디 사죄나 언급도 하지 않고, 자신은 「불행한 일을 당한 사람」이고 자신을 교도소에 보낸 사람은 「나를 해친 사람」이라고 표현했다고 한다. 이런 전두환의 행태에서 진정함 참회는 눈꼽만치도 찾아볼 수 없다(이철호, 앞의 논문, 129면).

57) "김영삼 정권은 과거청산에 소극적이었다. 5·18특별법이 제정되기 넉달 전만 해도 검찰은 12·12, 5·18광주민주화운동사건에 대해 각각 '기소유예'처분과 '공소권 없음'의 불기소 결정을 내렸고, 김영삼 대통령도 두 사건을 '역사의 심판'에 맡기자고 했다. 이 때문에 김영삼 정권의 과거청산 작업은 역사를 바로잡는다는 명분에도 불구하고 정치적 돌파구로서 과거청산을 이용한 부분이 많다. 또한 올바른 과거청산은 인적·물적 청산이 동시에 이루어져야 함에도 불구하고, 김영삼 정권의 임기 후반부에 이루어진 과거청산은 '인적 청산'에 치우쳐 권위주의 군사독재정권 아래서 싹튼 잘못된 제도와 기구의 청산에 소홀했다는 지적을 할 수 있다"(이철호, "한국의 과거청산에 관한 특별법 제정과 그 이후 – 독재정권에 의한 국가폭력과 과거청산의 문제", 5·18기념재단 엮음, 앞의 책, 501면).

58) 청구인들의 주장 : 청구외 전○환, 노○우, 황○식, 정○용, 허○평, 이○봉, 허○수, 이○성, 최○창, 주○복, 차○헌, 장○동, 신○희, 박○규 등 14명은 이른바 12·12반란과 5·18내란 및 뇌물수수죄 등의 죄로 기소되어 모두 징역 3년 이상의 형을 선고받고 그 판결이 확정되었다. 그러므로 위 청구외인들은 훈장치탈 사유를 규정한 상훈법 제8조 제1항 제2호 소정의 '국가안전에 관한 죄를 범하여 형을 받은 자' 및 같은 조항 제3호 소정의 '사형·무기 또는 3년 이상의 징역이나 금고의 형을 받은자로서 대통령령으로 정하는 죄를 범한 자'에 해당하므로 훈장치탈권자인 피청구인은 위 청구외인들에게 수여한 일체의 훈장을 치탈하여야 할 것임에도 불구하고 위 청구외인들에 대한 판결이 확정된지 4개월 이상이 지나도록 훈장치탈의무를 불이행하고 있다. 법은 만민에게 평등하고, 모든 국민은 행복을 추구할 권리가 있으며, 국민의 행복추구권은 법의 평등하고 공정한 집행에 의하지 않고서는 보장될 수 없는바, 청구인들은 피청구인이 위 청구외인들에게 특혜를 베푸는 차별적 대우에 대하여 몹시 불쾌한 감정을 느끼고 있으므로 이는 곧 청구인들의 행복추구권을 침해하는 것이다(헌재 1998.9.30, 97헌마263 참조).

노태우 등에 대하여 상훈법에 따른 훈장치탈을 하지 않는 것이 청구인의 기본권을 침해하는 것이 되어 헌법재판소법 제68조 제1항에 의한 헌법소원심판 청구사유에 해당하는지 여부에 대해, "청구외인들에게 수여한 모든 훈장을 치탈하지 아니하고 있는 것만으로는 청구인들의 행복추구권 등 헌법상 보장된 기본권이 침해받을 여지가 없다고 할 것이므로 청구인들로서는 헌법재판소법 제68조 제1항에 의한 헌법소원심판을 청구할 수 없다"(헌재 1998.9.30, 97헌마 263)[60]며 각하결정을 하였다.

2005년 개정전의 상훈법이 서훈 취소 주체에 대한 명시적 규정이 없어 문제가 되었다.[61] 정부는 훈장을 박탈하지 못하는 이유로 5 · 18 민주화운동 특별법에 "오로지 광주 민주화운동을 진압한 것이 공로로 인정돼 받은 상훈"만 치탈할 수 있도록 하고 있는데 다른 공적사항이 섞여 있으며, 주동자인 전두환 · 노태우를 놔두고 하급자들의 서훈부터 취소하기도 어렵다는 점 등을 내세웠다. 일이 이렇게 된 것은 오히려 국방부와 행정자치부 등 해당 부처가 서로 책임을 떠넘기며 의지를 보이지 않는 데 있었다.[62]

1. 참여정부의 서훈 취소

노무현 참여정부(參與政府)는 2006년 3월 21일(화) 국무회의를 개최하여 그간 유보되어 온 전두환 · 노태우 두 전직 대통령 등 서훈취소 요건 해당자 176명의 서훈을 취소하고, 훈장 등을 환수하기로 의결하였다.

참여정부의 서훈취소 조치는, 그 동안 서훈취소 추진주체의 불명확 등으로 「상훈법」 제8조 제1항과 「5 · 18 민주화운동 등에 관한 특별법」 제7조[63]의 서훈취소 관련 규정에도 불구하고 제대로 서훈취소가 이루어지지 않았으나, 2005년 6월 의원입법(議員立法)[64]으로 개정된 상훈

---

59) 한겨레신문, 1997년 8월 21일, 31면 참조.

60) 헌재 1996. 11. 28. 96헌마207, 공보 19, 106 참조.

61) 제8조(치탈) ① 서훈된 자가 다음 각호의 1에 해당할 때에는 그 서훈을 취소하며, 훈장과 이에 관련하여 수여한 물건과 금전은 이를 치탈하고, 외국훈장은 그 패용을 금지한다. 1. 서훈공적이 허위임이 판명된 때 2. 국가안전에 관한 죄를 범한 자로서 형을 받았거나 적대지역으로 도피한 때 3. 사형 · 무기 또는 3년이상의 징역이나 금고의 형을 받은 자로서 대통령령으로 정하는 죄를 범한 자 ②제1항의 규정에 의하여 훈장을 치탈하거나, 패용을 금지하고자 할 때에는 국무회의의 심의를 거쳐야 한다. 〈개정 2001.1.8〉

62) 한겨레신문, 2005년 5월 18일 사설(5 · 18 책임자의 훈장 박탈해야)참조.

63) 5 · 18민주화운동 등에 관한 특별법 제7조(상훈 박탈) 정부는 5 · 18민주화운동과 관련하여 상훈(賞勳)을 받은 자에 대하여 심사한 결과 오로지 5 · 18민주화운동을 진압한 것이 공로로 인정되어 받은 상훈은 「상훈법」 제8조에 따라 서훈(敍勳)을 취소하고, 훈장 등을 환수한다.

64) 기존 「상훈법」(2005년 8월 4일 개정전)이 서훈 취소 주체에 대한 명시적 규정이 없어 걸림돌이 되자 열린

법(법률 제7657호, 2005.8.4 일부 개정, 시행 2005.11.5)[65])에 따라 서훈의 영예성(榮譽性)을 확보하기 위하여 관계부처의 취소요청 없이도 행정자치부장관이 서훈취소 안건을 국무회의에 상정할 수 있게 됨에 따른 것이다.[66])

서훈취소 대상자는 ① 12·12 군사 반란사건과 5·18 광주민주화운동 진압과 관련하여 유죄로 확정된 전두환·노태우 두 전직 대통령 등 16명 이외에, ②「5·18민주화운동 등에 관한 특별법」제7조의 규정에 의거 오로지 광주민주화운동 진압 유공 서훈자인 박준병 등 67명이다.[67])

취소대상이 되는 서훈은 ① 서훈취소 대상자가 받은 서훈 중 취소요건에 해당되는 형이 확정된 경우에 형의 확정이전에 받은 모든 서훈(훈장 및 포장)이 이에 해당되며, ② 이에 따라 전두환은 건국훈장 등 9개 훈장, 노태우는 청조근정훈장 등 11개 훈장이 취소되었다. 다만, 두 전직대통령이 받은 무궁화대훈장의 경우에는 이를 취소할 경우 대통령 재임 자체를 부정하게 되는 문제 등이 있어 취소대상에서 제외하기로 하였다 전해진다.[68])

우리당 노현송 의원은 2005년 5월 행정자치부장관이 잘못 수여된 훈장의 치탈을 국무회의에 요청할 수 있도록 하는 내용의 상훈법 개정안을 대표발의했다. 애초에 서훈 추천을 했던 해당 부처(국방부)가 아닌, 행자부가 직접 주체로 나설 수 있도록 길을 열어놓은 것이다. 이후 개정안은 여당인 열린우리당 주도로 2005년 8월 4일 국회를 통과했다.

65) 상훈법(법률 제7657호, 2005.8.4 일부 개정, 시행 2005.11.5) 개정이유 및 주요내용 「형법」 및 「조세범처벌법」 등에 규정된 죄를 범하여 사형·무기 또는 3년 이상의 징역이나 금고형을 받은 경우를 서훈 취소 사유로 명시하는 한편, 서훈을 취소하거나 훈장 등을 환수하고자 하는 등의 경우에는 국무회의의 심의를 거치도록 하고, 서훈취소 및 훈장 환수 등의 사유가 발생한 경우에는 상당한 기간 이내에 행정자치부장관이 국무회의에 의안을 제출하도록 하려는 것임.

66) 서훈취소 관련 관계법령을 살펴보면, (1) 상훈법 제8조(서훈의 취소 등) ① 서훈된 자가 다음 각 호의 어느 하나에 해당될 때에는 그 서훈을 취소하고, 훈장과 이와 관련하여 수여한 물건과 금전은 이를 환수하며 외국훈장은 그 패용을 금지한다. 2. 국가안전에 관한 죄를 범한 자로서 형을 받았거나 적대지역으로 도피한 경우 3. 「형법」(제115조·제117조·제171조 및 제268조를 제외한다)·「관세법」 및 「조세범처벌법」에 규정된 죄를 범하여 사형·무기 또는 3년 이상의 징역이나 금고의 형을 받은 경우 ② 제1항의 규정에 의하여 서훈을 취소하고, 훈장 등을 환수하거나 훈장 패용을 금지하고자 할 경우에는 국무회의의 심의를 거쳐야 한다. ③ 행정자치부장관은 서훈된 자에게 제1항 각 호의 어느 하나의사유가 발생한 때에는 그 서훈의 취소에 관한 의안을 국무회의에 제출하여야 한다. 이 경우 당해 서훈을 추천한 제5조의 중앙행정기관의 장 등도 행정자치부장관에게 서훈취소에 관한 의안을 국무회의에 제출할 것을 요청할 수 있다. (2) 5·18민주화운동등에관한특별법 제7조(상훈치탈) 정부는 5·18민주화운동과 관련하여 상훈을 받은 자에 대하여 심사한 결과 오로지 광주민주화운동을 진압한 것이 공로로 인정되어 받은 상훈은 상훈법제8조의 규정에 의하여 서훈을 취소하고, 훈장 등을 치탈한다.

67) 2006년 3월 21일 서훈 취소대상에는 이외에 「국가보안법」 등 국가안전에 관한 죄로 형을 받은 고영복 등 6명 그리고, 「형법」 등에 규정된 죄를 범하여 3년 이상의 형을 선고 받은 강득수 등 87명이다.

68) "정부가 엊그제 12·12 군사반란 사건과 5·18 광주민주화운동 진압 관련자·비리 경제인 등 176명의 서

상훈법에 의하면, 정부는 서훈이 취소되면 훈장과 함께 이와 관련해 수여된 물건과 금전을 환수해야 한다(상훈법 제8조). 정부는 취소된 훈장 환수를 위해 두 전직 대통령에게 반납요구 공문을 보내고 자택 방문을 통해 반납을 요구했지만 두 전직 대통령은 7년 넘게 반납을 거부하며 버텨왔다.[69] 12·12 또는 5·18 관련 서훈취소 대상자와 「5·18 민주화운동 등에 관한 특별법」 제7조의 규정에 의한 서훈취소 대상자 명단(〈자료 2〉)은 본 글 말미에 수록하였다.

2. 서훈(敍勳) 환수 실태

12·12군사반란과 5·18광주민주화운동을 무력진압을 이유로 지난 2006년 서훈이 취소된 16명중 훈장을 반납한 사람은 단 2명에 불과한 것으로 드러났다. 2013년 10월 14일 김현 민주당 의원이 안전행정부로부터 제출받은 '12.12 및 5.18 민주화운동 강제진압과 관련된 서훈취소자의 훈·포장 반환현황'에 따르면, 서훈 취소자 16명중 훈장 반환자는 전두환과 장세동 등 2명에 그쳤다.[70]

전두환도 서훈취소 결정 이후 7년여를 버티다가 검찰이 추징금 환수를 전방위로 압박하던 2013년 8월 8일에야 마지못해 자진 반납했다.[71] 장세동(전 안기부장)은 서훈이 취소돼 환수 조치가 내려진 2006년 4월 보국훈장통일장과 청조근정훈장 등 6개를 모두 반납했다. 장기오 전 총무처 장관은 청조근정훈장과 충무무공훈장 등 5개를 반납해야 하지만 보국훈장국선장 1개만 반납했다.[72]

반면 노태우는 취소된 훈장 11개를 아직 반납하지 않고 있다. 이학봉 전 국회의원은 6개, 이

훈을 무더기로 박탈했다. 광주민주화운동 진압 과정에서 단순히 명령에 따랐다가 숨진 사병들의 훈장까지 회수한 것에 대해서는 논란이 있을 수 있지만, 나머지는 취소하는 게 마땅하다. 특히 전두환·노태우 전 대통령의 경우 각각 9건과 11건의 서훈을 박탈하면서 최고 훈장인 무궁화대훈장을 남겨둔 것은 이해할 수 없다. 대통령에게 수여되는 이 훈장을 취소하면 재임 자체를 부정하는 문제가 발생한다니 무슨 소리인지 모르겠다."(국민일보, 2006년 3월 23일, [한마당-김윤호] : "서훈 발탈" 참조).

69) 전직대통령의 서훈취소가 확정된 2006년 3월 28일 이후 안전행정부가 조치한 훈장반환 노력은 반환요구 공문 2회 발송 및 자택방문 4차례가 전부인 것으로 나타났다.

70) 뉴시스, 2013년 10월 14일 "12·12, 5·18무력진압 서훈취소자 훈장반납 2명뿐" 참조.

71) 전두환이 반납한 훈장은 건국훈장 대한민국장, 보국훈장 삼일장, 화랑무공훈장, 충무무공훈장, 태극무공훈장 등 9개다. 이 9개의 훈장은 모두 전두환이 자신이 일으킨 12·12군사반란 이후부터 대통령 재임 시절에 받은 것이다. 9개 훈장 모두 전두환이 본인 스스로에게 줬던 '셀프(self)훈장'들이다. 그 동안 대통령 '전두환'이 개인 '전두환'에게 서훈을 내렸다는 비난을 받아왔다. 이중 7개는 군 재직 당시 받은 무공훈장과 보국훈장들이고, 나머지 2개는 대통령 재임 시절 자기 스스로에게 수여한 수교훈장과 건국훈장이다. 태극무공훈장은 대한민국 군인에게 주어지는 최고등급의 무공훈장이다.

72) 오마이뉴스, 2007년 5월 11일 참조.

희성 전 육군 참모총장 10개, 허삼수 전 국회의원 5개, 신윤희 전 육군 헌병감은 3개를 각각 내놓지 않고 있다. 취소된 훈장을 반납하지 않고 있는 14명은 훈장의 분실 및 멸실 등을 이유(환수진행중 5명, 사망 3명, 분실 및 멸실 6명)로 훈장을 반납하지 않고 있는 것으로 드러났다. 분실했다고 주장하는 반납 대상자는 5명이다. 정호용 전 국방부 장관, 황영시 전 감사원장, 허화평 전 국회의원, 박희도 전 육군 참모총장, 최세창 전 국방부 장관 등이다. 사망으로 회수가 불가능한 사람은 3명이다. 주영복 전 국방부장관(2005년 별세) 3개, 차규헌 전 교통부 장관(2011년) 8개, 박종규 전 육군 88사격단장(2011년) 2개 등이다.[73]

안전행정부는 2006년 3월과 5월 두 전직 대통령에게 두 차례 반환 요구 공문을, 2006년 5월과 2010년 12월에는 모두 세 차례 자택 방문을 통해 반환을 요구했다. 반납을 완료한 전두환과 달리 노태우는 2013년 9월 16일 다시 정부 관계자들이 자택을 방문해 반납을 종용했지만 반납하지 않은 것으로 밝혀졌다. 두 전직 대통령 이외에 14명에게는 2006년 3-5월 모두 세 차례, 2013년에는 10월 8일 한 차례 반납 요구 공문을 발송했다.[74] 훈장에 관한 소관부처인 안전행정부는 훈장 환수에 적극적이지 않은 것으로 드러났다.

V. 맺음말

우리 사회에서는 12·12군사반란과 5·18광주민주화운동의 유혈 진압자들이 군인사법(軍人事法)을 무시하면서 진급했고, 상훈법(賞勳法)을 무시한 채 벌인 '훈장 잔치'의 문제점을 인식하고 있었다. 5·18광주민주화운동이 '폭동'으로까지 매도됐던 현대사 왜곡이 이들의 훈장에 상징적으로 담겨있는 만큼 서훈 자체를 취소하지 않을 경우 전도된 역사를 바로 잡을 수 없다는 심각한 문제의식을 갖고 있었다.[75]

전두환 신군부 세력들이 2006년 3월 21일 노무현 참여정부의 국무회의에서 취소된 훈장 반납 불응에 대해, 2007년 소관 부처는 "행자부는 훈장을 반환치 않는 인사에게 반환요구서를 다시 보낼 계획이다. 하지만 훈장을 돌려받아도 재사용이 불가능하고 사실상 폐기처분할 수밖에 없어 억지로 돌려받는 것도 무의미하다는 지적이다."(경향신문, 2006년 5월 1일 참조). "행자부는 서훈 취소자들의 경우 훈장의 소유 여부와 관계없이 훈기부상에서 훈장 수여 사실이 삭제되기 때문에 훈장 반납이 큰 의미가 없다는 입장이다."(뉴시스, 2007년 5월 11일 참조)

---

73) 경향신문, 2013년 10월 14일, "군사반란 주동자 훈장 반납 버티기" 참조.
74) 경향신문, 2013년 10월 14일, "군사반란 주동자 훈장 반납 버티기" 참조.
75) 국민일보, 2006년 3월 21일 참조.

라는 반응이 기사화 되었다. 정부 관료들의 역사의식 부재(不在)의 한 단면을 보는 것 같아 씁쓸하다.

　'건국훈장 대한민국장'의 경우 현재 가치는 2013년 한국조폐공사 제작단가로 따지면 126만원 정도로 전두환·노태우 등이 받은 훈장들은 대부분 수십만원대에서 100여만원 정도이다. 그러나 이들의 훈장은 단순한 금액의 문제가 아니다. 건국훈장 대한민국장 등 전두환이 반납한 훈장은 서훈기록부에서 이미 삭제 조치돼 법률적 의미는 없다. 그러나 역사적 의미에서 환수되어야 한다. '5·18 광주민주화 운동'이 '폭동'으로까지 매도됐던 현대사 왜곡이 이들의 훈장에 상징적으로 담겨있는 만큼 서훈 취소에 이어 환수까지 이루어 져야만 전도된 역사를 바로 잡을 수 있다.

　상훈법은 서훈 박탈자에 대해 훈장을 환수토록 규정하고 있지만, 이에 응하지 않을 경우 훈장 반환을 강제할 수 있는 법적 규정이 없다. 이로 인해 관련부처인 안전행정부가 환수조치에 적극적이지 못한 것을 고려해, 서훈이 취소되었음에도 반환하지 않을 경우 법적인 처벌을 받을 수 있도록 상훈법을 개정해야한다. 또한 우리가 간과하고 있는 역사적 진실을 지적하고 싶다. 이미 우리 사회에서 「5·18민주화운동 등에 관한 특별법」의 제정과 대법원에서 처벌을 통해 '12·12군사쿠데타'와 5.18광주민주화운동을 무력으로 탄압하고 불법적으로 성립한 전두환·노태우 두 정권의 역사적 정당성을 부인하였다. 이러함에도 전두환·노태우의 '무궁화대훈장'을 취소할 경우 대통령 재임 자체를 부정하게 되는 문제가 있다며 서훈 취소 대상에서 제외한 사실이다. 무궁화대훈장을 취소한다고 해서 재임 자체가 부정되는가? 다른 훈장들은 취소하면서 무궁화대훈장을 남겨둔 것은 그 자체가 이들의 불법적 행동을 용인(容認)하는 것이다. 늦었지만 이제라도 전두환·노태우 이들에 대한 '무궁화대훈장' 서훈 취소를 추진해야 한다.

　전두환·노태우 등의 취소된 훈장 반납이 완료돼야 그들로 인해 왜곡된 역사도 바로 세워진다. 노태우 등 신군부 세력들의 훈장 반납을 촉구한다. 아울러 안전행정부의 적극적인 훈장 환수조치를 촉구한다.

〈자료 1〉 〈 '12 · 12'와 '5 · 18' 관련 훈장 수여 명단〉

순위	성명	당시계급/소속/ 직책	서훈등급	서훈내용	비고
1	정호용	소장/특전사령관	충무무공훈장 (80.6.20)	충정작전에 참가하여 사태진압에 공헌(광주사태)	06.3.21 치탈
2	박준병	소장/20사단장	충무무공훈장 (80.6.20)	충정작전에 참가하여 사태진압에 공헌(광주사태)	06.3.21 치탈
3	최세창	준장/제3공수여단장	충무무공훈장 (80.6.20)	충정작전에 참가하여 사태진압에 공헌 (광주소요사태)	06.3.21 치탈
4	전두환	중장 /보안사령관	태극무공훈장 (80.8.22)	제3땅굴 발견과 충정작전에 공헌 10.26사태 후 국가안보 및 사회안정질서에 기여	06.3.21 치탈
5	권정달	대령/보안사정보처장	충무무공훈장 (80.10.16)	국가안전보장 유공	
6	오○○	소령/특전사27특공대	화랑무공훈장 (80.12.17)	대통령 경호업무 유공	
7	김정용	/보안사	화랑무공훈장 (80.12.17)	대통령 경호업무 유공	
8	권○○	소령/수경사 55경비부대장	화랑무공훈장 (80.12.17)	대통령 경호업무 유공	
9	강○○	소령/청와대 경호실	화랑무공훈장 (80.12.17)	대통령 경호업무 유공	
10	박이준	중령/보안사 청와대 파견	화랑무공훈장 (80.12.17)	대통령 경호업무 유공	
11	차○○	중위/특전사 606대대 6중대장	화랑무공훈장 (12.17)		
12	임재길	중령/수경사 30단 55경비대장	화랑무공훈장 (80.12.17)	대통령 경호업무 유공	
13	신○○	대위/청와대 경호실	화랑무공훈장 (80.12.17)	대통령 경호업무 유공	
14	손○○	중위/보안사령관 비서실 부관	화랑무공훈장 (80.12.17)	대통령 경호업무 유공	
15	최○○	준위/수경사 헌병단	인헌무공훈장 (80.12.17)	대통령 경호업무 유공	
16	황○○	대위/수경사 헌병단	인헌무공훈장 (80.12.17)	대통령 경호업무 유공	
17	이○○	소령/수경사 30단 작전주임	인헌무공훈장 (80.12.17)	대통령 경호업무 유공	
18	한○○	대위/수경사	인헌무공훈장 (80.12.17)	대통령 경호업무 유공	

순위	성명	당시계급/소속/ 직책	서훈등급	서훈내용	비고
19	한○○	대위/수경사	인헌무공훈장 (80.12.17)	대통령 경호업무 유공	
20	차○○	대위/수경사	인헌무공훈장 (80.12.17)	대통령 경호업무 유공	
21	김○○	소령/특전사 606중대장	인헌무공훈장 (80.12.17)	대통령 경호업무 유공	
22	이○○	상사/보안사 비서실	인헌무공훈장 (80.12.17)	대통령 경호업무 유공	
23	임○○	대위/특전사 606대대 특공6중대장	인헌무공훈장 (80.12.17)	대통령 경호업무 유공	
24	조○○	대위/대통령경호실	인헌무공훈장 (80.12.17)	대통령 경호업무 유공	
25	이○○	중위/수경사	인헌무공훈장 (80.12.17)	대통령 경호업무 유공	
26	주영복	국방부장관	청조근정훈장 (80.12.31)	국가안전보장 유공	06.3.21 치탈
27	김종곤	대장/해군참모총장	을지무공훈장 (80.12.31)	국가안전보장 유공	
28	장세동	대령/30경비단장	을지무공훈장 (80.12.31)	국가안전보장 유공	06.3.21 치탈
30	차규헌	중장/수도군단장	을지무공훈장 (80.12.31)	국가안전보장 및 군발전에 기여	06.3.21 치탈
31	노태우	소장/보안사령관	을지무공훈장 (80.12.31)	국가안전보장 유공	06.3.21 치탈
32	우경윤	대령/육군 범죄수사단장	을지무공훈장 (80.12.31)	국가안전보장 유공	
33	윤자중	대장/공군참모총장	을지무공훈장 (80.12.31)	국가안전보장 유공	
34	박희도	준장/1공수여단장	충무무공훈장 (80.12.31)	국가안전보장 유공	06.3.21 치탈
35	김상태	중장/공군작전사령관	충무무공훈장 (80.12.31)	국가안전보장 유공"	
36	송응섭	대령/30사단90연대장	충무무공훈 (80.12.31)	국가안전보장 유공	
37	이필섭	대령/9사단29연대장	충무무공훈장 (80.12.31)	국가안전보장 유공	
38	정수화	대령/20사단60연대장	충무무공훈장 (80.12.31)	국가안전보장 유공	
39	한○○	소령/보안사 수사분실장	충무무공훈장 (80.12.31)	국가안전보장 유공	

순위	성명	당시계급/소속/ 직책	서훈등급	서훈내용	비고
40	허화평	대령/보안사 비서실장	충무무공훈장 (80.12.31)	국가안전보장 유공	06.3.21 치탈
41	허삼수	대령/보안사 6처장	충무무공훈장 (80.12.31)	국가안전보장 유공	06.3.21 치탈
42	소준열	소장/전교사령관	충무무공훈장 (80.12.31)	국가안전보장 유공	
43	김기석	소장/전교사부사령관	충무무공훈장 (80.12.31)	국가안전보장 유공	
44	김택수	중령/1공수여단	충무무공훈장 (80.12.31)	국가안전보장 유공	
45	김○○	소령/수경사 작전보좌관	충무무공훈장 (80.12.31)	국가안전보장 유공	
46	안○○	소령/보안사	충무무공훈장 (80.12.31)	국가안전보장 유공	
47	백운택	준장/71훈련사단장	충무무공훈장 (80.12.31)	국가안전보장 유공	
48	이희근	준장/공군본부	충무무공훈장 (80.12.31)	국가안전보장 유공	
49	이병년	대령/20사단 62연대장	충무무공훈장 (80.12.31)	국가안전보장 유공	
50	김호영	중령/2기갑 16전차대대장	충무무공훈장 (80.12.31)	국가안전보장 유공	
51	정동호	대령/대통령 경호실	충무무공훈장 (80.12.31)	국가안전보장 유공	
52	김정호	대장/해군참모총장	충무무공훈장 (80.12.31)	국가안전보장 유공	
53	김진영	대령/수경사 33경비단장	충무무공훈장 (80.12.31)	국가안전보장 유공	
54	김동진	대령/20사단 61연대장	충무무공훈장 (80.12.31)	국가안전보장 유공	
55	성환옥	대령/육본헌병감실	충무무공훈장 (870.12.31)	국가안전보장 유공	
56	정도영	준장/보안사	충무무공훈장 (80.12.31)	국강안전보장 유공	
57	이진백	중령/수경사 인사참모	충무무공훈장 (80.12.31)	국가안전보장 유공	
58	오일랑	소령/보안사	충무무공훈장 (80.12.31)	국가안전보장 유공	
59	최석립	중령/수경사 33지역대장	충무무공훈장 (80.12.31)	국가안전보장 유공	

순위	성명	당시계급/소속/ 직책	서훈등급	서훈내용	비고
60	정호근	소장/5사단장	충무무공훈장 (80.12.31)	국가안전보장 유공	
61	장기오	준장/5공수여단장	충무무공훈장 (80.12.31)	국가안전보장 유공	06.3.21 치탈
62	김윤호	중장/1군단장	충무무공훈장 (80.12.31)	국가안전보장 유공	
63	김○○	소령/보안사 대공처	충무무공훈장 (80.12.31)	국가안전보장 유공	
64	이학봉	중령/보안사 대공2과장	충무무공훈장 (80.12.31)	국가안전보장 유공	06.3.21 치탈
65	조 홍	준장/수경사 헌병단장	충무무공훈장 (80.12.31)	국가안전보장 유공	
66	신윤희	중령/수경사 33지역대	충무무공훈장 (80.12.31)	국가안전보장 유공	06.3.21 치탈
67	고명승	대령/대통령 경호실	충무무공훈장 (80.12.31)	국가안전보장 유공	
68	이상규	준장/2기갑여단장	화랑무공훈장 (80.12.31)	국가안전보장 유공	
69	함덕선	중령/20사단 작전참모	충무무공훈장 (80.12.31)	국가안전보장 유공	
70	박동원	대령/수경사 작전참모	화랑무공훈장 (80.12.31)	국가안전보장 유공	
71	나○○	대위/3공수 15지역대장	화랑무공훈장 (80.12.31)	국가안전보장 유공	
72	신○○	준위/보안사 대공처	화랑무공훈장 (80.12.31)	국가안전보장 유공	
73	박종규	중령/3공수여단	화랑무공훈장 (80.12.31)	국가안전보장 유공	06.3.21 치탈
74	강신구	대령/5공군비행단	화랑무공훈장 (80.12.31)	국가안전보장 유공	
75	김○○	준위/보안사 대공처	화랑무공훈장 (80.12.31)	국가안전보장 유공	
76	김○○	소령/1공수 2대대 8지역대장	화랑무공훈장 (80.12.31)	국가안전보장 유공	
77	김병두	대령/보안사 110부대장	화랑무공훈장 (80.12.31)	국가안전보장 유공	
78	배○○	중사/3공수	화랑무공훈장 (80.12.31)	국가안전보장 유공	
79	최기덕	소장/해병1사단장	화랑무공훈장 (80.12.31)	국가안전보장 유공	

순위	성명	당시계급/소속/ 직책	서훈등급	서훈내용	비고
80	박○○	상사/보안사 대공처	화랑무공훈장 (80.12.31)	국가안전보장 유공	
81	양○○	준위/보안사 대공처	화랑무공훈장 (80.12.31)	국가안전보장 유공	
82	김경일	중령/1공수 1대대장	화랑무공훈장 (80.12.31)	국가안전보장 유공	
83	박덕화	중령/1공수 5대대장	화랑무공훈장 (80.12.31)	국가안전보장 유공	
84	신○○	중사/3공수여단	화랑무공훈장 (80.12.31)	국가안전보장 유공	
85	박웅	중령/수도기계화사단 대대장보	화랑무공훈장 (80.12.31)	국가안전보장 유공	
86	나동원	소장/계엄사 참모장	충무무공훈장 (81.4.2)	계엄업무를 통하여 국가안전보장에 기여	
87	이완수	대령/육본	화랑무공훈장 (81.4.2)	계엄업무수행 유공	
88	유회국	중령/육사	화랑무공훈장 (81.4.2)	계엄업무수행 유공	
89	이문석	대령/육본	화랑무공훈장 (81.4.2)	계엄업무수행 유공	
90	구창회	대령/33사단	화랑무공훈장 (81.4.2)	계엄업무수행 유공	
91	김을권	준장/계엄사	화랑무공훈장 (81.4.2)	계엄업무수행 유공	
92	이상훈	준장/육본작전처장	화랑무공훈장 (81.4.2)	계엄업무를 통하여 국가안전보장에 기여	
93	홍경린	준장/계엄사	화랑무공훈장 (81.4.2)	계엄업무수행 유공	
94	장기하	준장/육본	화랑무공훈장 (81.4.2)	계엄업무수행 유공	
95	신복현	준장/계엄사	화랑무공훈장 (81.4.2)	계엄업무수행 유공	
96	박희모	소장/제30사단장	화랑무공훈장 (81.4.2)	계엄업무수행 유공	
97	서태석	중령/육본	화랑무공훈장 (81.4.2)	계엄업무수행 유공	
98	신우식	준장/7공수여단장	화랑무공훈장 (81.4.2)	계엄업무수행 유공	
99	이종구	준장/육본작전차장	화랑무공훈장 (81.4.2)	계엄업무수행 유공	

순위	성명	당시계급/소속/ 식책	서훈등급	서훈내용	비고
100	이○○	중사/1공수	인헌무공훈장 (81.4.2)	계엄업무 유공	
101	정낙준	중령/제5공수	인헌무공훈장 (81.4.2)	계엄업무 유공	
102	신문호	중령/30사단	인헌무공훈장 (81.4.2)	계엄업무 유공	
103	박○○	하사/제3공수	인헌무공훈장 (81.4.2)	계엄업무 유공	
104	김완배	중령/제3공수	인헌무공훈장 (81.4.2)	계엄업무 유공	
105	박중환	/특전사	인헌무공훈장 (81.4.2)	계엄업무 유공	
106	김진호	중령/3공수	인헌무공훈장 (81.4.2)	계엄업무 유공	
107	정영무	중령/1공수	인헌무공훈장 (81.4.2)	계엄업무 유공	
108	이도상	중령/5공수	인헌무공훈장 (81.4.2)	계엄업무 유공	
109	김○○	하사/3공수	인헌무공훈장 (81.4.2)	계엄업무 유공	
110	김○○	중사/1공수	인헌무공훈장 (81.4.2)	계엄업무 유공	
111	심○○	중사/3공수	인헌무공훈장 (81.4.2)	계엄업무 유공	
112	주○○	중사/3공수	인헌무공훈장 (81.4.2)	계엄업무 유공	
113	박○○	하사/3공수	인헌무공훈장 (81.4.2)	계엄업무 유공	
114	김○○	중사/1공수	인헌무공훈장 (81.4.2)		
115	변길남	중령/3공수 대대장	인헌무공훈장 (81.4.2)	계엄업무 유공	

* 출처 : 국방부 과거사진상규명위원회(2007), 『12.12,5.17,5.18사건 조사결과보고서』, 105-110면.

〈자료 2〉

「12 · 12 또는 5 · 18 관련」서훈취소 대상자와 「5 · 18 민주화운동 등에 관한 특별법」
제7조의 규정에 의한 서훈취소 대상자

(1) 12 · 12 또는 5 · 18 관련 서훈취소 대상자(16명)

성 명	서훈당시 소속	서훈당시 계급(직위)	취소대상 서훈 (수여일)
1) 전두환 (全斗煥)	수경사	중령	보국훈장삼일장(1968.10.1)
	육군제9사단	대령	화랑무공훈장(1971.3.31)
	육군제9사단	대령	충무무공훈장(1971.7.23)
	육군제9사단	대령	을지무공훈장(1971.10.29)
	특전사제1공수여단	준장	보국훈장천수장(1973.1.24)
	대통령경호실	소장	보국훈장국선장(1978.1.23)
	보안사령부	대장	태극무공훈장(1980.8.22)
		대통령	수교훈장광화대장(1983.3.11)
		대통령	건국훈장대한민국장(1983.3.11)
2) 노태우 (盧泰愚)	육군방첩부대	소령	보국훈장삼일장(1965.7.14)
	육군방첩부대	소령	보국훈장삼일장(1967.6.26)
	육군수도사단	중령	화랑무공훈장(1969.5.31)
	육군수도사단	중령	충무무공훈장(1969.7.30)
	육군수도사단	중령	화랑무공훈장(1969.8.30)
	육군수도사단	중령	인헌무공훈장(1969.9.17)
	육군제25사단	준장	보국훈장천수장(1974.10.1)
	대통령경호실	소장	보국훈장국선장(1979.1.23)
	보안사령부	중장	을지무공훈장(1980.12.31)
	보안사령부	대장	보국훈장통일장(1981.7.15)
	내무부	장관	청조근정훈장(1983.10.25)
3) 정호용 (鄭鎬溶)	육군본부	중령	보국훈장삼일장(1968.10.1)
	육군제9사단	중령	화랑무공훈장(1969.10.24)
	육군제9사단	중령	화랑무공훈장(1970.1.9)
	특전사제7공수여단	준장	보국훈장천수장(1975.10.1)
	특전사령부	중장	보국훈장국선장(1980.10.1)
	육군제3군사령부	대장	보국훈장통일장(1982.10.1)
	육군본부	대장	수교훈장광화장(1985.12.16)

2부 • 한국헌정과 대통령

성 명	서훈당시 소속	서훈당시 계급(직위)	취소대상 서훈 (수여일)
4) 황영시 (黃永時)	육군제5사단	대위	화랑무공훈장(1952.12.10)
	육군보병제56연대	소령	충무무공훈장(1954.6.15)
	육군보병제56연대	소령	화랑무공훈장(1954.7.19)
	국방부	대령	보국훈장삼일장(1965.10.1)
	주월한국군사령부	준장	무공포장(1968.12.1)
	주월야전사령부	준장	충무무공훈장(1969.2.15)
	육군제32사단	준장	보국훈장천수장(1970.10.1)
	육군제1군단사령부	중장	보국훈장국선장(1978.10.1)
	육군제3군사령부	대장	보국훈장통일장(1980.10.1)
	육군본부	대장	수교훈장광화장(1983.12.16)
	감사원	원장	청조근정훈장(1988.12.31)
5) 이학봉 (李鶴捧)	육군방첩부대	대위	보국훈장광복장(1967.6.26)
	보안사령부	대위	보국훈장광복장(1969.3.18)
	보안사령부	소령	화랑무공훈장(1971.6.1)
	육군건설지원단	소령	인헌무공훈장(1971.12.29)
	보안사령부	소령	보국훈장삼일장(1975.5.30)
	보안사령부	대령	충무무공훈장(1980.12.31)
6) 주영복 (周永福)	공군비행단	대위	충무무공훈장(1951.9.28)
	공군비행단	대위	충무무공훈장(1952.5.5)
	공군본부	소령	충무무공훈장(1952.7.31)
	공군제11전투비행단	대령	보국훈장광복장(1962.10.1)
	공군제10전투비행단	준장	보국훈장천수장(1966.10.1)
	공군본부	중장	보국훈장국선장(1973.10.1)
	공군본부	대장	보국훈장통일장(1974.10.1)
	국방부	장관	청조근정훈장(1980.12.31)
7) 이희성 (李熺性)	육군본부	소령	화랑무공훈장(1954.10.15)
	육군제1군사령부	대령	보국훈장광복장(1962.10.1)
	육군정보참모부	준장	보국훈장천수장(1966.10.1)
	육군제1군사령부	준장	보국포장(1968.10.1)
	육군수도사단	소장	충무무공훈장(1971.6.2)
	육군수도사단	소장	을지무공훈장(1971.10.21)
	국방부	소장	보국훈장국선장(1975.10.1)
	육군본부	대장	보국훈장통일장(1980.10.1)
	육군본부	대장	수교훈장광화장(1981.12.16)
	교통부	장관	청조근정훈장(1983.10.25)

성 명	서훈당시 소속	서훈당시 계급(직위)	취소대상 서훈 (수여일)
8) 허화평 (許和平)	보병제12사단	대위	보국훈장광복장(1968.10.1)
	보안사령부	대위	화랑무공훈장(1970.5.22)
	육군제9사단	소령	인헌무공훈장(1971.8.9)
	육군제9사단	중령	보국훈장삼일장(1976.10.1)
	보안사령부	대령	충무무공훈장(1980.12.31)
9) 차규헌 (車圭憲)	육군제5사단	중령	충무무공훈장(1954.6.15)
	육군본부	준장	보국포장(1968.10.1)
	육군건설지원단	준장	화랑무공훈장(1969.4.30)
	육군건설지원단	준장	을지무공훈장(1970.1.28)
	육군제1군사령부	준장	보국훈장천수장(1970.10.1)
	육군수도경비사령부	소장	보국훈장국선장(1978.10.10)
	육군본부	중장	을지무공훈장(1980.12.31)
	육군제2군사령부	대장	보국훈장통일장(1981.10.1)
10) 허삼수 (許三守)	주월한국군사령부	대위	화랑무공훈장(1969.4.29)
	주월한국군사령부	대위	인헌무공훈장(1970.2.19)
	보안사령부	소령	보국훈장삼일장(1973.3.14)
	국보위 사회정화 분과위원회	대령	보국훈장천수장(1980.10.25)
	보안사령부	대령	충무무공훈장(1980.12.31)
11) 박희도 (朴熙道)	육군수도사단	중령	화랑무공훈장(1969.10.31)
	육군수도사단	중령	인헌무공훈장(1970.8.11)
	육군경인지역 방어사령부	대령	보국훈장삼일장(1974.10.1)
	육군제26사단	소장	충무무공훈장(1980.12.31)
	육군특전사령부	중장	보국훈장국선장(1982.10.1)
	육군제3군사령부	대장	보국훈장통일장(1984.10.1)
	육군본부	대장	수교훈장광화장(1988.6.11)
12) 장기오 (張基梧)	육군특전사령부	대령	보국훈장삼일장(1971.10.1)
	육군제5공수여단	준장	보국훈장천수장(1979.10.1)
	육군제5공수여단	준장	충무무공훈장(1980.12.31)
	육군제2군단	중장	보국훈장국선장(1984.10.1)
	총무처	장관	청조근정훈장(1992.5.8)
13) 최세창 (崔世昌)	육군제1공수여단	중령	보국훈장삼일장(1970.10.1)
	육군수도경비사령부	소장	보국훈장천수장(1981.10.1)
	육군제1군단사령부	중장	보국훈장국선장(1983.10.1)
	육군제3군사령부	대장	보국훈장통일장(1986.10.1)
	합동참모본부	대장	수교훈장광화장(1989.4.14)

성 명	서훈당시 소속	서훈당시 계급(직위)	취소대상 서훈 (수여일)
14) 장세동 (張世東)	육군제9사단	소령	화랑무공훈장(1971.7.23)
	육군본부	중령	보국포장(1975.10.1)
	육군제3공수여단	대령	을지무공훈장(1980.12.31)
	대통령경호실	준장	보국훈장천수장(1981.10.1)
	대통령경호실	중장	보국훈장통일장(1984.12.7)
	대통령경호실	실장	청조근정훈장(1987.10.15)
15) 신윤희 (申允熙)	육군수도경비사령부	중령	보국훈장삼일장(1979.10.1)
	육군제33지역대	중령	충무무공훈장(1980.12.31)
	국방부조사대	준장	보국훈장천수장(1989.10.1)
16) 박종규 (朴琮圭)	육군제3공수여단	중령	화랑무공훈장(1980.12.31)
	육군88사격단	대령	체육훈장기린장(1988.5.14)

(2) 5·18민주화운동등에관한특별법 제7조의 규정에 의한 서훈취소 대상자(67명)

성 명	서훈당시 소속	서훈당시 계급	취소대상 서훈 (수여일)
1) 박준병 (朴俊炳)	보병제20사단	소장	충무무공훈장(1980.6.20)
2) 임수원 (林守元)	제3특전여단	중령	화랑무공훈장(1980.6.20)
3) 조창구 (曺昌求)	제11특전여단	중령	화랑무공훈장(1980.6.20)
4) 차정환 (車貞煥)	제11특전여단	소령	화랑무공훈장(1980.6.20)
5) 변상진 (卞相震)	제11특전여단	소령	화랑무공훈장(1980.6.20)
6) 김태용 (金泰龍)	제11특전여단	대위	화랑무공훈장(1980.6.20)
7) 김석찬 (金錫燦)	제11특전여단	대위	화랑무공훈장(1980.6.20)
8) 최영준 (崔永俊)	제11특전여단	대위	화랑무공훈장(1980.6.20)
9) 고성준 (高聖俊)	제7특전여단	대위	화랑무공훈장(1980.6.20)
10) 박병수 (朴炳洙)	제7특전여단	대위	화랑무공훈장(1980.6.20)
11) 최연안 (崔連晏)	제7특전여단	중위	화랑무공훈장(1980.6.20)

성 명	서훈당시 소속	서훈당시 계급	취소대상 서훈 (수여일)
12) 임명진 (林明鎭)	제11특전여단	중위	화랑무공훈장(1980.6.20)
13) 변광열 (卞光烈)	보병제20사단	상병	화랑무공훈장(1980.6.20)
14) 이종규 (李鍾珪)	보병제20사단	상병	화랑무공훈장(1980.6.20)
15) 정태덕 (鄭泰德)	제11특전여단	소령	인헌무공훈장(1980.6.20)
16) 석희업 (石熙業)	제11특전여단	대위	인헌무공훈장(1980.6.20)
17) 편종식 (片鍾植)	제3특전여단	대위	인헌무공훈장(1980.6.20)
18) 전광수 (田光秀)	제7특전여단	중위	인헌무공훈장(1980.6.20)
19) 김성범 (金盛範)	보병제20사단	병장	인헌무공훈장(1980.6.20)
20) 한윤수 (韓潤洙)	육군포병학교	상병	인헌무공훈장(1980.6.20)
21) 이명규 (李明珪)	보병20사단	병장	인헌무공훈장(1980.6.20)
22) 윤태정 (尹泰正)	육군포병학교	일병	인헌무공훈장(1980.6.20)
23) 임춘수 (林春樹)	육군포병학교	일병	인헌무공훈장(1980.6.20)
24) 강대농 (姜大農)	육군화학학교	상병	인헌무공훈장(1980.6.20)
25) 김용구 (金龍九)	제11특전여단	상사	인헌무공훈장(1980.6.20)
26) 어동국 (李東國)	제11특전여단	중사	인헌무공훈장(1980.6.20)
27) 안희선 (安希善)	제3특전여단	중사	인헌무공훈장(1980.6.20)
28) 조진수 (趙鎭守)	제11특전여단	중사	인헌무공훈장(1980.6.20)
29) 박억순 (朴億順)	제11특전여단	상사	인헌무공훈장(1980.6.20)
30) 김용석 (金用錫)	제11특전여단	중사	인헌무공훈장(1980.6.20)

성 명	서훈당시 소속	서훈당시 계급	취소대상 서훈 (수여일)
31) 이병택 (李秉澤)	전투병과교육사령부	중사	인헌무공훈장(1980.6.20)
32) 정관철 (鄭官澈)	제3특전여단	상사	인헌무공훈장(1980.6.20)
33) 이영권 (李永權)	제11특전여단	중사	인헌무공훈장(1980.6.20)
34) 최갑규 (崔鉀圭)	제11특전여단	중사	인헌무공훈장(1980.6.20)
35) 이종규 (李鍾圭)	보병제20사단	중령	무공포장(1980.6.20)
36) 배동환 (裵東煥)	제11특전여단	상병	무공포장(1980.6.20)
37) 김갑규 (金甲圭)	제7특전여단	하사	무공포장(1980.6.20)
38) 김경용 (金琼龍)	제7특전여단	병장	무공포장(1980.6.20)
39) 김명철 (金明哲)	보병제31사단	상병	무공포장(1980.6.20)
40) 최필양 (崔弼陽)	보병제31사단	일병	무공포장(1980.6.20)
41) 이상수 (李相洙)	제11특전여단	병장	무공포장(1980.6.20)
42) 권석원 (權錫元)	제11특전여단	병장	무공포장(1980.6.20)
43) 이관형 (李官炯)	제7특전여단	상병	무공포장(1980.6.20)
44) 권용운 (權用雲)	제11특전여단	상병	무공포장(1980.6.20)
45) 김인태 (金仁泰)	제11특전여단	상병	무공포장(1980.6.20)
46) 김지호 (金知浩)	제11특전여단	상병	무공포장(1980.6.20)
47) 강용래 (姜容來)	보병제31사단	병장	무공포장(1980.6.20)
48) 장원복 (張元福)	제3특전여단	하사	무공포장(1980.6.20)
49) 배현수 (裵鉉洙)	제3특전여단	하사	무공포장(1980.6.20)

성 명	서훈당시 소속	서훈당시 계급	취소대상 서훈 (수여일)
50) 이종열 (李鍾烈)	제11특전여단	일병	무공포장(1980.6.20)
51) 경기만 (庚箕萬)	제11특전여단	일병	무공포장(1980.6.20)
52) 김연균 (金鍊均)	국군광주통합병원	대령	보국훈장삼일장(1980.6.20)
53) 이기양 (李箕楊)	보병제20사단	대위	보국훈장광복장(1980.6.20)
54) 김용주 (金龍柱)	육군화학학교	병장	보국훈장광복장(1980.6.20)
55) 박용근 (朴龍根)	보병제20사단	상병	보국훈장광복장(1980.6.20)
56) 배승일 (裵承逸)	전투병과교육사령부	군속	보국훈장광복장(1980.6.20)
57) 서영민 (徐永珉)	제7특전여단	일병	보국포장(1980.6.20)
58) 강춘구 (姜春求)	제3특전여단	하사	보국포장(1980.6.20)
59) 신재덕 (申載德)	제7특전여단	일병	보국포장(1980.6.20)
60) 김기종 (金埼鍾)	제3특전여단	하사	보국포장(1980.6.20)
61) 김관식 (金寬植)	제7특전여단	일병	보국포장(1980.6.20)
62) 호근철 (胡根哲)	제3특전여단	중사	보국포장(1980.6.20)
63) 이영배 (李榮培)	제7특전여단	중사	보국포장(1980.6.20)
64) 이연수 (李連秀)	제3특전여단	중사	보국포장(1980.6.20)
65) 안경상 (安京相)	제7특전여단	일병	보국포장(1980.6.20)
66) 조용희 (趙庸熙)	제3특전여단	하사	보국포장(1980.6.20)
67) 손광식 (孫光植)	전투병과교육사령부	일병	보국포장(1980.6.20)

* 출처 : 행정자치부, "12·12, 5·18 관련자 등 서훈취소 − 전두환·노태우 두 전직대통령 등 총176명의 서훈취소 결정−" 보도자료(2006.3.21).

사면(赦免)받은 전직 대통령 국립묘지 안장 문제

I. 서 언

국립묘지는 죽은 자와 산 자가 소통할 수 있는 유일한 공간으로 죽은 자에게는 예우에 맞는 안장을, 산 자에게는 깨달음과 감동을 주는 기억의 장소로서 상징적 의미를 가지고 있다. 국립묘지는 국민의 나라사랑정신과 호국보훈의식을 고양하는 교육적 기능과 함께 국가와 민족을 위해 희생한 순국선열, 애국지사, 국가유공자 등의 호국정신을 상징화하여 국민통합의 기능을 효과적으로 수행할 수 있는 실질적 장소로서, 민족이라는 공동체의 발전을 위해 국가보훈의 주요 상징역할을 수행하는 대표적인 상징적 공간이라 할 수 있다.[1]

'국립묘지의 설치 및 운영에 관한 법률'은 국립묘지의 설치와 운영에 관한 사항을 규정함으로써 국가나 사회를 위하여 희생·공헌한 사람이 사망한 후 그를 안장(安葬)하고 그 충의(忠義)와 위훈(偉勳)의 정신을 기리며 선양(宣揚)하는 것을 목적으로 한다(국립묘지의 설치 및 운영에 관한 법률 제1조).

국립묘지는 국립서울현충원, 국립대전현충원, 국립4·19민주묘지, 국립3·15민주묘지, 국립5·18민주묘지, 국립호국원, 국립신암선열공원으로 구분한다(국립묘지의 설치 및 운영에 관한 법률 제3조 제1항). '국립묘지의 설치 및 운영에 관한 법률'은 「장사 등에 관한 법률」보다 우선하여 적용한다(국립묘지의 설치 및 운영에 관한 법률 제4조).

우리나라의 국립묘지는 최초 군인묘지로 설치되어 계급적 차이를 인정한 것으로 보이며, 안장대상이 확대되어 국립묘지로 승격되었음에도 불구하고 안장제도에 대한 차이가 인정되고 있다.[2] 현재 우리의 국립묘지의 안장제도에서는 안장방법, 묘지면적[3], 비석 및 상석 등의 크

---

1) 하상복·형시영, 「국립묘지와 보훈- 추모와 기억의 상징성」, 필코in(2013.2), 8면.
2) 김성봉, 국립묘지 운영 및 관리형황과 개선과제, 이슈와 논점 제1232호(2016.11.25), 국회입법조사처, 4면.
3) 국립묘지의 설치 및 운영에 관한 법률 제12조(묘의 면적 등) ① 제5조 제1항에 따른 안장 대상자의 1기(基)

기[4]와 모양 등에 있어서 안장대상자의 신분이나 계급에 따라 차별을 두고 있어 전근대적인 신분 사회에서 볼 수 있는 비민주주의적 요소를 안고 있다. 자유와 평등 이념의 민주주의를 정체로 하고 있고 민주화가 성숙해 가는 시대적 조류에서 민주주의 수호를 위해 숭고한 생명을 바친 안장대상자를 가장 비민주주의적으로 계급과 신분을 구분하고 이에 따라 안장에 차별을 두고 있다는 것은 큰 모순이 아닐 수 없다.[5] 국립묘지를 선진적으로 운영하고 있는 국가 특히, 민주주의국가에서 안장대상자를 신분이나 계급으로 구분하지 않고, 단지 국가에 대한 공헌도에 따라 구분하고 있다. 즉, 미국 알링턴 국립묘지(Arlington National Cemetery)의 경우 안장대상자를 국가공헌도에 따라 구분하여 시신안장 대상과 화장유골의 납골당 안치 대상자로만 구분하고 있을 뿐, 동일대상자에 대해 국가원수를 제외하고는 계급이나 신분에 따라 차별을 두고 있지 않다. 즉, 신분에 따른 안장제도의 차이가 아닌 고인의 생전의 명예와 업적이 일반 국민의 기억 속에 오래 동안 자리를 잡게 되는 것이며, 무엇보다도 모든 안장자의 헌신은 생전의 신분이나 계급에 다라 가치가 다르지 않고 모두 평등하다는 인식이 내면에 깊숙이 뿌리 박혀 있는 것이다. 따라서 안장방법, 묘의 면적, 묘의 형태, 비석의 크기 및 형태 등의 모든 차별을 원칙적으로 폐지하고 현재 일반 사병의 기준을 동일하게 적용하는 것을 검토하여야 한다.[6][7]

당 묘의 면적은 다음 각 호와 같다.
1. 대통령의 직에 있었던 사람: 264제곱미터 이내
2. 대통령의 직에 있었던 사람 외의 사람: 3.3제곱미터
② 제1항에도 불구하고 제5조 제1항 제1호 가목의 대상자 중 대통령 외의 사람이나 같은 호 파목의 사람은 위원회에서 묘의 면적을 따로 정할 수 있다. 이 경우 묘의 면적은 26.4제곱미터를 넘을 수 없다. ③ 제5조 제3항에 따라 배우자를 함께 안장하는 경우에도 그 합장 후의 묘의 면적은 제1항과 제2항에 따른 1기당 묘의 면적을 넘을 수 없다.

4) 국립묘지의 설치 및 운영에 관한 법률 시행령 제14조(묘의 형태와 묘비 등의 규격) ① 국립묘지 내에 조성하는 묘 및 묘비 등 부속구조물 등의 시설은 국립묘지관리소장이 설치한다. ② 묘는 평장(平葬)으로 한다. 다만, 법 제8조에 따른 시신 안장대상자의 묘는 봉분을 설치하되, 대통령이 아닌 사람의 묘는 평분으로 조성하고, 그 높이는 지표면에서 20센티미터 이하로 한다. ③ 묘에는 유골이나 시신을 유골함이나 관에 넣어 매장하되, 그 깊이는 지표면에서 70센티미터 이상으로 한다. ④ 묘에는 묘비를 설치하되, 법 제8조에 따른 시신 안장대상자의 묘에는 상석(床石)과 묘두름돌 등을 설치할 수 있다.

5) 우리의 국립묘지가 계급에 따라 차별을 두고 있음에도, "'월남전의 영웅' 채명신 장군이 "파월 장병이 묻힌 사병묘역에 안장해 달라"는 유언을 남겨 새삼 군인정신을 일깨우고 있다"("씨줄날줄 −장군의 묘,", 「서울신문」 2013년 11월 29일, 31면 참조).

6) 김주용, 국립묘지 기능 강화 및 관리 활성화 방안 연구, 과장급 국회훈련결과보고서, 국가보훈처(2014.6), 119−120면.

7) 우리나라의 국립묘지는 최초 군인묘지로 설치되어 계급적 차이를 인정한 것으로 보이며, 안장대상이 확대되어 국립묘지로 승격되었음에도 불구하고 안장제도에 대한 차이가 인정되고 있다. 이와 관련 묘지면적이

전두환 전 대통령 부인 이순자씨가 자서전8)을 통해 전 전 대통령의 국립현충원 안장 의사를 밝혀 논란이 되었다.9) 현행 '국가장법'에 의하면 전두환·노태우 두 사람이 사망하는 경우 '전직 대통령'의 자격으로 국가장의 대상이 된다(국가장법 제2조 제1호).10) 전직 대통령의 경우

나 안장방법 등에 있어 신분이나 계급에 따라 차별을 둠으로써 형평성문제에 대한 지적이 제기되어 왔다. 외국의 경우 신분이나 계급에 따라 묘지면적에 차별을 두는 국가는 없으며, 국가에 대한 공헌도에 따라 안장방법 및 묘역구분에 따른 차이만을 인정하고 있다. 국가에 대한 공헌도 측면에서 국가원수의 경우 그 자체로 역사성이나 상징성이 있으므로 예외를 인정할 필요가 있으나, 그 외의 묘에 대해서는 면적과 안장방법을 동일하게 적용할 필요가 있다는 것이 일반적인 견해이다. 따라서 장군묘에 대해서도 장교나 사병과 같이 동일한 묘지면적에 유골형태로 평장하는 것을 고려할 필요가 있다(김성봉, 국립묘지 운영 및 관리형황과 개선과제, 이슈와 논점 제1232호(2016.11.25), 국회입법조사처, 4면).

8) 이순자 자서전, 『당신은 외롭지 않다』, 자작나무숲(2017.10) 참조.

9) "노태우 전 대통령은 현재 건강이 좋지 않은 것으로 전해졌다. 그는 국립묘지에 안장되는 게 마지막 소원이라는 이야기를 해왔다."(조성관, 죽어서도 차별받는 대한민국−美·英은 장성도 사병도 4.49㎡, 「주간조선」2285호, 2013.12.9, 50면); "노 전대통령 그간 측근을 통해 사후 국립묘지에 안장되고자 하는 뜻을 피력해왔다. 노태우 전 대통령은 전체 추징금 2628억원 가운데 2382억원가량을 납부했다. 2205억원의 추징금을 선고받아 533억여원을 납부한 전두환 전 대통령보다 비교적 성실하게 납부해온 것. 노 전대통령이 자신의 비자금으로 만든 회사를 되찾기 위해 동생 재우씨와 조카를 상대로 한 주주확인 청구 소송을 올 7월 취하한 것 역시 국립묘지 안장 의지와 무관하지 않다는 해석이 지배적이다."(정유림, "전두환·노태우 전 대통령 국립묘지 안장 논란: 김형욱 겨냥했던 반국가행위법 위헌 판결로 내란죄 저질러도 국립묘지 행 가능", 「신동아」54권 12호 통권627호(2011년 12월), 161면).

10) 2012년 6월 13일 같은 날, 박홍근 의원과 장병완 의원이 각각 국가장법 일부개정법률안을 대표발의 했다. 박홍근 의원 개정안(의안번호 제1900114)은 전·현직 국가원수에 대하여는 국무회의 의결만으로 장례절차 지원과 조기게양 등의 예우를 하도록 하고 있어 1996년 대법원에서 군사반란 등 죄명으로 각각 무기징역과 17년형이 확정됐고, 2006년에는 12·12 쿠데타 주역들과 함께 서훈이 취소된 바 있는 전두환·노태우 전 대통령도 국가장의 대상에 포함돼 논란이 예상되므로, 이에 '국가장법'의 목적이 온전히 달성될 수 있도록 반국가범죄자에 대하여는 국가장의 대상에서 제외하고자 하는 내용이다(안 제2조제1호 단서 신설). 장병완 의원 개정안(의안번호 제1900120)은 국가장 대상자에 대한 제한 규정이 미비하여 국가장법의 취지인 국민통합의 목적을 저해할 우려가 존재함에 따라, 법률에 이를 명확히 규정할 필요가 있음. 이에 「국가유공자 등 예우 및 지원에 관한 법률」 제79조 제1항 제2호에 따라 내란죄 등 반국가범죄를 저질러 국가 유공자 자격이 제외된 자는 국가장의 영예를 훼손할 수 있으므로 국가장 대상에서 제외되도록 명시적으로 법률에 규정하고자 하는 내용이었다(안 제2조). 아쉽게도 두 개정법률안은 임기만료로 폐기되었다. 20대 국회에서는 박용진의원 대표발의(2016.12.7, 의안번호 제4152호), 김해영의원 대표발의(2016.12.7, 의안번호 제4175호), 추혜선의원 대표발의(2016.12.26, 의안번호 제4606호)로 국가장법 일부개정법률안이 발의돼 있다. 현행 국가장법은 국가장 대상자를 규정하는 입법방식을 취하면서 대상자의 결격 사유에 대해서는 정하고 있지 않은데, 개정안들은 탄핵결정으로 퇴임한 전직 대통령(박용진의원안·추혜선의원안), 탄핵소추의결서를 송달받은 후 사임한 전직 대통령(박용진의원안), 내란 또는 외환의 죄로 금고 이상의 실형이 확정되었고 그 형의 확정 사실에 있어 민주화운동 관련자가 아닌 자(김해영의원안)에 대하여는 국가장을 할 수 없도록 하려는 것이다. 이러한 개정안들의 내용과 관련해서는 견해를 달리하는 논거들이 제시될 수 있다고 생각되는바, 먼저, 적극적인 입장에서는 ① 전직 대통령에 대한 국가장은 재임 시의 업적과 덕망으로 국민적 추앙을 받는 고인에 대한 국민적 추모정서를 함양하고 국가·사회 통합에 기여하는 의의가 있

국내 국립묘지 중에서도 '국립현충원'에 안장될 수 있다. 국립묘지의 설치 및 운영에 관한 법률에 의하면 대통령, 국회의장, 대법원장 또는 헌법재판소장의 직에 있었던 사람과 국가장(國家葬)으로 장례된 사람 등은 현충원 안장이 가능하다(동법 제5조 제1항 제1호 가목 및 국가장법 제2조).11) 그러나 전직 대통령이더라도 '탄핵이나 징계처분에 따라 파면 또는 해임된 사람'에 대해서는 안장을 금지한다. 국립묘지의 '영예성'을 훼손한다고 인정될 시 안장이 금지될 수 있다. 그러나 처벌받은 전직 대통령이라도 사면·복권된 경우 국립묘지 안장 여부에 대한 명확한 규정이 없다.

Ⅱ. 국립묘지별 안장대상자

국립묘지에는 다음 각 호의 구분에 따른 사람의 유골이나 시신을 안장한다. 다만, 유족이 국립묘지 안장을 원하지 아니하는 경우에는 그러하지 아니하다(국립묘지의 설치 및 운영에 관한 법률 제5조 제1항). 국립묘지에 안장된 사람의 배우자는 본인이나 유족의 희망에 따라 합장할 수 있으며, 배우자의 요건을 보면, ① 안장 대상자의 사망 당시의 배우자. 다만, 배우자가

다고 할 것인데, 탄핵소추가 의결되거나 내란 또는 외환의 죄로 금고 이상의 형이 확정된 경우까지 예우를 하는 것은 타당성을 인정하기 어려운 측면이 있고, ② 행정부 수반이자 국가 원수로서 국정의 최고 책임자인 대통령에 대하여 국민의 대표기관인 국회가 중대한 헌법·법률 위반에 대한 판단을 하였음에도 자진 사임하였다는 이유로 국가장의 대상이 된다면 국민의 법 감정 및 정서에 맞지 않으며, ③ 특히 탄핵결정으로 파면된 경우 또는 내란·외환의 죄로 금고 이상의 형이 확정된 경우에는 「전직대통령 예우에 관한 법률」(제7조 제2항)·「국립묘지의 설치 및 운영에 관한 법률」(제5조 제4항)에서 예우나 국립묘지 안장을 배제하는 입법례가 있다는 주장이 가능할 수 있을 것임. 한편, 개정안들의 내용에 소극적인 입장에서는 ① 헌법재판소가 탄핵을 인용하여 파면결정을 선고하기 전에는 대통령이 헌법·법률을 위반하여 직무를 집행한 점이 확정되었다고 볼 수 없는 불확정한 상태이므로 국가장이라는 예우를 배제하는 것에 지나친 측면이 있을 수 있고, ② 이 법 시행 당시 이미 탄핵결정을 받아 퇴임하거나 탄핵소추의결서를 송달받은 후 스스로 사임한 경우에까지 예우를 배제하는 박용진의원안의 부칙(제2조)은 사실상 불이익한 처분을 소급 적용하는 요소가 있으며, ③ 과거 우리 위원회 법안심사 과정에서 "탄핵결정으로 파면된 자, 내란 또는 외환의 죄를 범하여 형사처벌이 확정된 자"를 국가장 대상결격 사유로 명시하자는 의견을 특정인을 대상으로 한 것으로 사회적 논란을 초래할 소지가 있다는 이유로 채택하지 않은 바 있다는 지적이 제시될 수 있을 것임(〈국가장법 일부개정법률안 검토보고서:(박용진의원 대표발의안(제4152호) 김해영의원 대표발의안(제4175호) 추혜선의원 대표발의안(제4606호)〉, 국회 안전행정위원회 수석전문위원 박수철, 2017.7, 8~10면).

11) '국가장법'은 국가 또는 사회에 현저한 공훈을 남겨 국민의 추앙을 받는 사람이 서거(逝去)한 경우에 그 장례를 경건하고 엄숙하게 집행함으로써 국민 통합에 이바지하는 것을 목적으로 한다(동법 제1조). 국가장의 대상자는 ① 전직·현직 대통령, ② 대통령당선인, ③ 국가 또는 사회에 현저한 공훈을 남겨 국민의 추앙을 받는 사람이 서거한 경우에는 유족 등의 의견을 고려하여 행정안전부장관의 제청으로 국무회의의 심의를 마친 후 대통령이 결정하는 바에 따라 국가장(國家葬)으로 할 수 있다(동법 제2조).

사망한 후에 안장 대상자가 재혼한 경우에는 종전의 배우자도 포함하고, 안장 대상자가 사망한 후에 다른 사람과 혼인한 배우자는 제외한다. ② 안장 대상자와 사망 당시에 사실혼 관계에 있던 사람. 이 경우 합장은 제10조에 따른 안장대상심의위원회의 결정에 따른다. 다만, 제6조 제2항에 따라 영정(影幀)이나 위패로 봉안된 사람의 배우자는 그와 함께 위패로 봉안하거나 유골의 형태로 안치할 수 있다(국립묘지의 설치 및 운영에 관한 법률 제5조 제3항).

제주특별자치도에 설치하는 국립호국원에는 국립묘지의 설치 및 운영에 관한 법률 제1항 제1호부터 제4호까지의 어느 하나에 해당하는 사람의 유골이나 시신을 안장한다. 다만, 유족이 국립묘지 안장을 원하지 아니하는 경우에는 그러하지 아니하다(국립묘지의 설치 및 운영에 관한 법률 제5조 제2항).

1. 국립서울현충원 및 국립대전현충원

국립서울현충원 및 국립대전현충원에 안장되는 사람으로는 ㉮ 대통령·국회의장·대법원장 또는 헌법재판소장의 직에 있었던 사람과 「국가장법」 제2조에 따라 국가장으로 장례된 사람, ㉯ 「독립유공자예우에 관한 법률」 제4조에 따른 순국선열과 애국지사로서 사망한 사람, ㉰ 현역군인(「병역법」 제2조 제1항 제4호 및 제7호의 군간부후보생과 전환복무자를 포함한다)과 소집 중인 군인 및 군무원(「국가유공자 등 예우 및 지원에 관한 법률」 제74조 제1항 각 호의 어느 하나에 해당하는 자를 포함한다)으로서 사망한 사람, ㉱ 「상훈법」 제13조에 따른 무공훈장을 수여받은 사람으로서 사망한 사람[12]), ㉲ 장성급(將星級) 장교 또는 20년 이상 군

---

12) 외국인이 「상훈법」 제13조에 따른 무공훈장을 수여받은 후 사망한 경우, 「국립묘지의 설치 및 운영에 관한 법률」 제5조 제1항 제1호 라목에 따라 국립서울현충원 및 국립대전현충원에 안장될 수 있는지? 【회답】 외국인이 「상훈법」 제13조에 따른 무공훈장을 수여받은 후 사망한 경우, 「국립묘지의 설치 및 운영에 관한 법률」 제5조 제1항 제1호 라목에 따라 국립서울현충원 및 국립대전현충원에 안장될 수 있는 것은 아니라 할 것입니다. 【이유】 「국립묘지의 설치 및 운영에 관한 법률」(이하 "국립묘지법"이라 함) 제5조 제1항 제1호 라목에서는 「상훈법」 제13조에 따른 무공훈장을 수여받은 사람으로서 사망한 사람은 국립서울현충원 및 국립대전현충원에 안장한다고 규정하고 있는데, 같은 조 제4항 제1호에서는 대한민국 국적을 상실한 사람(같은 조 제1항 제1호 나목 및 자목에 해당하는 사람은 제외함)은 같은 조 제1항에도 불구하고 국립묘지에 안장될 수 없다고 규정하고 있습니다. 먼저, 법령을 해석할 때에는 가능한 한 법률에 사용된 문언의 통상적인 의미에 충실하게 해석하는 것을 원칙으로 하되, 법률의 입법 취지와 목적, 그 제·개정 연혁, 법질서 전체와의 조화, 다른 법령과의 관계 등을 고려하는 체계적·논리적 해석방법을 추가적으로 동원함으로써 앞서 본 법해석의 요청에 부응하는 타당한 해석이 되도록 하여야 할 것인데(대법원 2009.4.23. 선고 2006다81035 판결례 참조), 국립묘지법령의 입법체계 및 문언을 살펴보면 국립묘지법 제5조 제1항 제1호에서 국립서울현충원 및 국립대전현충원 안장대상자를 열거하면서 같은 호 파목에서만 "외국인을 포함한다"고 명시적으로 규정하고 있는 점에 비추어 볼 때, 같은 호 다른 목에 해당되는 사람에는 외국인이 포함되

에 복무(복무기간 계산은 「군인연금법」 제16조를 준용하되, 사관학교 등 군 양성교육기간을 포함한다)한 사람 중 전역·퇴역 또는 면역된 후 사망한 사람, ⑭ 전투에 참가하여 전사하였

지 않는 것으로 해석하는 것이 타당하다 할 것입니다. 또한, 국립묘지법 제5조 제4항 제1호에서는 대한민국 국적을 상실한 사람은 제1항에도 불구하고 국립묘지에 안장될 수 없으나, 같은 조 제1항 제1호 나목(「독립유공자예우에 관한 법률」 제4조에 따른 순국선열과 애국지사로서 사망한 사람) 및 같은 호 자목(「국가유공자 등 예우 및 지원에 관한 법률」 제4조 제1항 제9호에 따른 6·25참전재일학도의용군인으로서 사망한 사람)에 해당하는 사람은 국적을 상실하여도 안장대상자가 될 수 있다고 규정하고 있는데, 이는 국립묘지법 제5조 제1항 제1호 나목 및 자목 외의 사람인 경우 본인의 의사로 국적을 포기하지 않는 한 국적이 상실되지 않으나, 순국선열과 애국지사 또는 6·25참전재일학도의용군인은 시대적 배경상 불가피하게 국적을 상실하는 경우가 발생할 수 있으므로, 이를 고려하여 국적을 상실하여도 국립묘지에 안장될 수 있도록 한 규정으로 보인다는 점에 비추어 볼 때, 국립묘지법 제5조 제4항 제1호는 같은 조 제1항 제1호 파목과 같이 명시적으로 외국인도 포함된다고 규정하지 않은 이상 같은 호 파목 외의 경우에는 대한민국 국적자만 국립묘지 안장이 가능한 것을 전제로 하고 있다고 볼 수 있고, 국적을 상실하더라도 안장될 수 있는 예외적인 사유를 명시적·제한적으로 규정하고 있는 것으로 보이므로, 무공훈장을 수여받은 외국인은 국립묘지법 제5조 제1항 제1호 라목에 따른 국립묘지 안장대상자가 될 수 없다고 해석하는 것이 입법체계에 부합하는 해석이라 할 것입니다. 더욱이, 입법연혁을 살펴보면, 구 「국립묘지령」(2006.2.16. 대통령령 제19347호로 타법폐지되기 전의 것으로 이하 "구 국립묘지령"이라 함) 제3조 제1항에서는 국립묘지 안장대상자를 열거하면서, 외국인에 대하여는 별도의 호로 분리하여 "대한민국에 공로가 현저한 외국인 사망자 중 국방부장관의 제청에 의하여 국무회의의 심의를 거쳐 대통령이 지정한 자"(제7호)의 경우에만 예외적으로 국립묘지에 안장할 수 있도록 규정하고 있었는데, 종전에 국립묘지 관련법령에는 대통령령인 「국립묘지령」, 「국립4·19묘지규정」 및 「국립5·18묘지규정」이 있었으나 국립묘지의 설치 및 운영에 관한 기본적인 사항을 규정한 법률이 존재하지 아니하므로 국립묘지의 설치 및 운영에 관한 법률적 근거를 마련하기 위해 국립묘지법이 제정(국립묘지의 설치 및 운영에 관한 법률안 제정이유서 참조)되었다는 점에 비추어 볼 때, 국립묘지법은 구 국립묘지령의 원칙을 계승했다고 보는 것이 합리적인바, 그렇다면 대한민국 국적을 가진 자만 국립서울현충원 및 국립대전현충원의 안장대상이 되는 것이 원칙이라 할 것이고, 외국인은 국립묘지법 제5조 제1항 제1호 파목에 따른 국가나 사회에 현저하게 공헌한 사람 중 사망한 사람으로서 대통령령으로 정하는 요건을 갖춘 경우에만 예외적으로 국립서울현충원 및 국립대전현충원에 안장될 수 있다고 보는 것이 구체적 타당성을 갖는 해석이라 할 것입니다. 한편, 「상훈법」 제1조에 따르면 외국인도 훈장을 수여받을 수 있으나, 「상훈법」은 대한민국에 공로가 뚜렷한 사람에 대한 서훈에 관한 사항을 규정하기 위해 제정된 법률이고, 국립묘지법은 국가나 사회를 위하여 희생·공헌한 사람이 사망한 후 그를 안장하고 그 충의와 위훈의 정신을 기리며 선양하는 것을 목적으로 하는 법률(제1조)로서, 두 법은 그 입법취지 및 규율대상을 달리하는 법률이라 할 것인바, 국립묘지법은 그 입법목적에 따라 「상훈법」과는 별도로 국립묘지 안장대상자의 범위를 정할 수 있다고 할 것이므로, 이 사안과 같이 외국인이 「상훈법」 제13조에 따른 무공훈장을 수여받았다 하여 국립묘지법 제5조 제1항 제1호 라목에 따라 국립서울현충원 및 국립대전현충원에 안장될 수 있다고 단정할 수는 없다 할 것입니다. 따라서, 외국인이 「상훈법」 제13조에 따른 무공훈장을 수여받은 후 사망한 경우, 국립묘지법 제5조 제1항 제1호 라목에 따라 국립서울현충원 및 국립대전현충원에 안장될 수 있는 것은 아니라 할 것입니다(국가보훈처 – 무공훈장을 수여받고 사망한 외국인이 국립묘지 안장 대상자에 포함되는지 여부(「국립묘지의 설치 및 운영에 관한 법률」 제5조 등 관련)[법제처 12-0320, 2012.6.28, 국가보훈처]).

거나 임무 수행 중 순직한 예비군대원 또는 경찰관, ㉔ 군인·군무원 또는 경찰관으로 전투나 공무 수행 중 「국가유공자 등 예우 및 지원에 관한 법률」 제4조 제1항 제4호, 제6호 또는 제15호에 따른 상이(傷痍)를 입고 전역·퇴역·면역 또는 퇴직한 사람[「국가유공자 등 예우 및 지원에 관한 법률」 제74조에 따라 전상군경(戰傷軍警) 또는 공상군경(公傷軍警)으로 보아 보상을 받게 되는 사람을 포함한다]으로서 사망한 사람, ㉕ 화재 진압, 인명 구조, 재난·재해 구조, 구급 업무의 수행 또는 그 현장 상황을 가상한 실습훈련과 「소방기본법」 제16조의2 제1항 제1호부터 제4호까지의 소방지원활동 및 제16조의3 제1항의 생활안전활동 중 순직한 소방공무원과 상이를 입고 「국가유공자 등 예우 및 지원에 관한 법률」 제6조의4에 따른 상이등급을 받은 소방공무원으로서 사망한 사람, ㉖ 「국가유공자 등 예우 및 지원에 관한 법률」 제4조 제1항 제9호에 따른 6·25참전재일학도의용군인으로서 사망한 사람, ㉗ 「의사상자 등 예우 및 지원에 관한 법률」 제2조 제2호 및 제3호에 따른 의사자(義死者) 및 의상자(義傷者)로서 사망한 사람 중 대통령령으로 정하는 요건을 갖춘 사람, ㉘ 산불진화·교정업무 등 위험한 직무를 수행하는 공무원으로서 대통령령으로 정하는 요건에 해당하는 직무 수행 중 사망하여 관계 기관의 장이 순직공무원으로 안장을 요청한 사람, ㉙ 「국가유공자 등 예우 및 지원에 관한 법률」 제4조 제1항 제14호 및 제15호에 따른 순직공무원과 공상공무원(「국가유공자 등 예우 및 지원에 관한 법률」 제6조의4 제1항에 따라 상이등급 1급·2급·3급에 해당하는 부상을 입은 공상공무원에 한한다)으로서 카목의 대통령령으로 정하는 요건의 직무에 준하는 위험한 직무수행 중 사망 또는 부상하였다고 인정하여 제10조에 따른 안장대상심의위원회가 안장 대상자로 결정한 사람(경찰공무원과 소방공무원은 제외한다)[13], ㉚ 국가나 사회에 현저하게 공헌한 사람(외국인을 포함한다) 중 사망한 사람으로서 대통령령으로 정하는 요건을 갖춘 사람, ㉛ 「독도

---

13) 「국립묘지의 설치 및 운영에 관한 법률」 제3조에 따라 국립묘지는 국립현충원과 국립호국원 등으로 나뉘는바, 직무 수행 중 사망하여 「국가유공자 등 예우 및 지원에 관한 법률」 제4조 제1항 제5호에 따라 순직군경으로 등록된 소방공무원(지방소방공무원)이 「국립묘지의 설치 및 운영에 관한 법률」 제5조 제1항 제1호 타목에 따른 국립현충원 안장을 위한 안장대상심의위원회 심의 대상이 되기 위한 요건인 "「국가유공자 등 예우 및 지원에 관한 법률」 제4조 제1항 제13호에 따른 순직공무원"에 해당할 수 있는지? 【회답】 직무 수행 중 사망하여 「국가유공자 등 예우 및 지원에 관한 법률」 제4조 제1항 제5호에 따라 순직군경으로 등록된 소방공무원(지방소방공무원)은, 국립묘지법 제5조 제1항 제4호에 따라 국립묘지인 국립호국원 안장대상이 되는 것은 별론으로 하고, 국립묘지법 제5조 제1항 제1호 타목에 따른 국립묘지인 국립현충원 안장을 위한 안장대상심의위원회 심의 대상이 되기 위한 요건인 "「국가유공자 등 예우 및 지원에 관한 법률」 제4조 제1항 제13호에 따른 순직공무원"에 해당할 수 없습니다(국가보훈처 – 순직군경으로 등록된 소방공무원이 「국립묘지의 설치 및 운영에 관한 법률」에 따른 안장대상심의위원회 심의 요건인 순직공무원에 해당할 수 있는지 여부(「국립묘지의 설치 및 운영에 관한 법률」 제5조 제1항 제1호 타목 등)[법제처 11-0638, 2011.12.8, 국가보훈처]).

의용수비대 지원법」 제2조 제1호에 따른 독도의용수비대의 대원으로서 사망한 사람이다.

2. 국립4·19민주묘지 및 국립3·15민주묘지

국립4·19민주묘지 및 국립3·15민주묘지에는 「국가유공자 등 예우 및 지원에 관한 법률」 제4조 제1항 제11호부터 제13호까지의 규정에 따른 4·19혁명사망자와 4·19혁명부상자 또는 4·19혁명공로자로서 사망한 사람의 유골이나 시신을 안장한다.

3. 국립5·18민주묘지

국립5·18민주묘지에는 「5·18민주유공자예우에 관한 법률」 제4조 제1호부터 제3호까지의 규정에 따른 5·18민주화운동사망자와 5·18민주화운동부상자 또는 그 밖의 5·18민주화운동희생자로서 사망한 사람의 유골이나 시신을 안장한다.

4. 국립호국원

국립호국원에는 ㉮ 「국가유공자 등 예우 및 지원에 관한 법률」 제4조 제1항 제3호 또는 제5호에 해당하는 사람과 같은 항 제4호·제6호 또는 제7호에 해당하는 사람으로서 사망한 사람, ㉯ 「참전유공자 예우 및 단체설립에 관한 법률」 제2조 제2호에 따른 참전유공자로서 사망한 사람, ㉰ 「제대군인지원에 관한 법률」 제2조 제1항 제2호에 따른 장기복무 제대군인으로서 사망한 사람의 유골이나 시신을 안장한다.

5. 국립신암선열공원

국립신암선열공원에는 「독립유공자예우에 관한 법률」 제4조에 따른 순국선열 또는 애국지사로서 사망한 사람의 유골이나 시신을 안장한다.

Ⅲ. 국립묘지 안장대상 제외자

국립묘지의 설치 및 운영에 관한 법률은 안장대상자 뿐만 아니라 안장대상 제외자를 명문으로 규정하고 있다(국립묘지의 설치 및 운영에 관한 법률 제5조 제4항).[14]

---

14) 국립묘지법 제5조 제4항 제5호는 심의위원회에 국립묘지 안장 대상자의 부적격 사유인 국립묘지의 영예

국립묘지에 안장될 수 없는 사람으로는 ① 대한민국 국적을 상실한 사람. 다만, 제1항 제1호 나목 및 자목에 해당하는 사람은 제외한다. ② 국립묘지의 설치 및 운영에 관한 법률 제1항 제1호 다목의 사람(「국가유공자 등 예우 및 지원에 관한 법률」 제4조 제1항 제3호 나목과 같은 항 제5호 나목에 해당하는 사람은 제외한다)으로서 복무 중 전사 또는 순직 외의 사유로 사망한 사람, ③ 「국가유공자 등 예우 및 지원에 관한 법률」 제79조 제1항 제1호부터 제4호[15]까지

성 훼손 여부에 대한 심의 권한을 부여하면서도 심의 대상자의 범위나 심의 기준에 관해서는 따로 규정하고 있지 않다. 국립묘지법이 국가나 사회를 위하여 희생·공헌한 사람이 사망한 때에는 국립묘지에 안장하여 그 충의와 위훈의 정신을 기리며 선양하는 것을 목적으로 하고 있음에 비추어 볼 때, 비록 그 희생과 공헌만으로 보면 안장 대상자의 자격요건을 갖추고 있더라도 다른 사유가 있어 그 망인을 국립묘지에 안장하면 국립묘지의 영예성을 훼손한다고 인정될 경우에는 안장 대상에서 제외함으로써 국립묘지 자체의 존엄을 유지하고 영예성을 보존하기 위하여 심의위원회에 다양한 사유에 대한 광범위한 심의 권한을 부여하고 있는 것이다. 따라서 영예성 훼손 여부에 대한 심의위원회의 결정이 현저히 객관성을 결여하였다는 등의 특별한 사정이 없는 한 그 심의 결과는 존중함이 옳다(대법원 2012. 5. 24. 선고 2011두8871 판결, 대법원 2013. 12. 26. 선고 2012두19571 판결 등).

15) 국가유공자 등 예우 및 지원에 관한 법률 제79조(이 법 적용 대상으로부터의 배제) ① 국가보훈처장은 이 법을 적용받고 있거나 적용받을 국가유공자가 다음 각 호의 어느 하나에 해당하면 이 법의 적용 대상에서 제외하고 이 법 또는 다른 법률에 따라 국가유공자, 그 유족 또는 가족이 받을 수 있는 모든 보상을 하지 아니한다.

1. 「국가보안법」을 위반하여 금고 이상의 실형을 선고받고 그 형이 확정된 사람

2. 「형법」 제87조부터 제90조까지, 제92조부터 제101조까지 또는 제103조를 위반하여 금고 이상의 실형을 선고받고 그 형이 확정된 사람

3. 다음 각 목의 어느 하나에 해당하는 죄를 범하여 금고 1년 이상의 실형을 선고받고 그 형이 확정된 사람
   가. 「형법」 제250조부터 제253조까지의 죄 또는 그 미수죄, 제264조의 죄, 제279조의 죄 또는 그 미수죄, 제285조의 죄 또는 그 미수죄, 제287조, 제288조(결혼을 목적으로 제288조 제1항의 죄를 범한 경우는 제외한다), 제289조(결혼을 목적으로 제289조 제2항의 죄를 범한 경우는 제외한다), 제290조, 제291조, 제292조(결혼을 목적으로 한 제288조 제1항 또는 결혼을 목적으로 한 제289조 제2항의 죄로 약취, 유인 또는 매매된 사람을 수수 또는 은닉한 경우 및 결혼을 목적으로 한 제288조 제1항 또는 결혼을 목적으로 한 제289조 제2항의 죄를 범할 목적으로 사람을 모집, 운송 또는 전달한 경우는 제외한다) 및 제294조(결혼을 목적으로 제288조 제1항 또는 결혼을 목적으로 제289조 제2항의 죄를 범한 경우의 미수범, 결혼을 목적으로 한 제288조제1항 또는 결혼을 목적으로 한 제289조 제2항의 죄로 약취, 유인 또는 매매된 사람을 수수 또는 은닉한 죄의 미수범은 제외한다)의 죄, 제297조부터 제301조까지, 제301조의2, 제302조, 제303조와 제305조의 죄, 제332조의 죄(제329조부터 제331조까지의 상습범으로 한정한다) 또는 그 미수죄, 제333조부터 제336조까지의 죄 또는 그 미수죄, 제337조부터 제339조까지의 죄 또는 제337조·제338조 전단·제339조의 미수죄, 제341조의 죄 또는 그 미수죄, 제351조(제347조, 제347조의2, 제348조, 제350조, 제350조의2의 상습범으로 한정한다)의 죄 또는 그 미수죄, 제363조의 죄
   나. 삭제 〈2016.1.6.〉
   다. 「특정범죄가중처벌 등에 관한 법률」 제5조, 제5조의2, 제5조의4 및 제5조의5의 죄
   라. 「특정경제범죄 가중처벌 등에 관한 법률」 제3조의 죄

의 어느 하나에 해당하는 사람. 다만, 수형 사실 자체가「민주화운동 관련자 명예회복 및 보상
등에 관한 법률」제2조 제2호16)에 해당하는 사람으로서의 공적(功績)이 되는 경우에는 국립
묘지에 안장할 수 있다. ④ 탄핵이나 징계처분에 따라 파면 또는 해임된 사람,17) ⑤ 그 밖에

  마.「성폭력범죄의 처벌 등에 관한 특례법」제3조부터 제10조까지 및 제15조(제3조부터 제9조까지의
     미수범으로 한정한다)의 죄
  바.「아동·청소년의 성보호에 관한 법률」제7조, 제8조, 제11조부터 제16조까지 및 제17조제1항의 죄
 4.「국가공무원법」제2조 및「지방공무원법」제2조에 규정된 공무원과 국가나 지방자치단체에서 일상적
   으로 공무에 종사하는 대통령령으로 정하는 직원으로서 재직기간 중 직무와 관련된「형법」제129조부
   터 제133조까지, 제355조부터 제357조까지의 죄,「특정범죄 가중처벌 등에 관한 법률」제2조 및 제3조
   의 죄를 범하여 금고 1년 이상의 형을 선고받고 그 형이 확정된 사람

16) 민주화운동 관련자 명예회복 및 보상 등에 관한 법률 제2조(정의) 이 법에서 사용하는 용어의 뜻은 다음과
   같다. 1. "민주화운동"이란 1964년 3월 24일 이후 자유민주적 기본질서를 문란하게 하고 헌법에 보장된 국
   민의 기본권을 침해한 권위주의적 통치에 항거하여 헌법이 지향하는 이념 및 가치의 실현과 민주헌정질서
   의 확립에 기여하고 국민의 자유와 권리를 회복·신장시킨 활동을 말한다.
   2. "민주화운동 관련자"(이하 "관련자"라 한다)란 다음 각 목의 어느 하나에 해당하는 사람 중 제4조에 따른
   민주화운동관련자명예회복및보상심의위원회에서 심의·결정된 사람을 말한다.
   가. 민주화운동과 관련하여 사망하거나 행방불명된 사람
   나. 민주화운동과 관련하여 상이(傷痍)를 입은 사람
   다. 민주화운동으로 인하여 대통령령으로 정하는 질병을 앓거나 그 후유증으로 사망한 것으로 인정되는
      사람
   라. 민주화운동을 이유로 유죄판결을 받거나 해직되거나 학사징계를 받은 사람
17)「국립묘지의 설치 및 운영에 관한 법률」제5조 제4항 제4호에 따르면 탄핵이나 징계처분에 따라 파면 또는
   해임된 사람은 국립묘지에 안장될 수 없도록 하고 있는바,「비상시경찰관특별징계령」(1950.7.22. 대통령
   긴급명령 제8호로 제정·시행되어 1963.4.17.폐지된 것을 말함) 제3조에 따라 징계처분으로서 면직처분
   을 받은 사람은「국립묘지의 설치 및 운영에 관한 법률」제5조 제4항 제4호에 따른 "징계처분에 따라 파면
   또는 해임된" 것으로 보아 국립묘지(국립호국원)에 안장될 수 없는지?【회답】「비상시경찰관특별징계령」
   (1950. 7. 22. 대통령긴급명령 제8호로 제정·시행되어 1963.4.17.폐지된 것을 말함) 제3조에 따라 징계처
   분으로서 면직처분을 받은 사람은「국립묘지의 설치 및 운영에 관한 법률」제5조 제4항 제4호에 따른 "징
   계처분에 따라 파면 또는 해임된" 것으로 보아 국립묘지(국립호국원)에 안장될 수 없다고 할 것입니다.
   【이유】「국립묘지의 설치 및 운영에 관한 법률」(이하 "국립묘지법"이라 함) 제5조에서는 국립현충원, 국
   립민주묘지, 국립호국원 등의 국립묘지 종류별 안장 대상자를 규정하면서 같은 조 제4항 제4호에서 탄핵
   이나 징계처분에 따라 파면 또는 해임된 사람은 국립묘지에 안장될 수 없도록 규정하고 있습니다. 한편,「
   비상시경찰관특별징계령」(1950.7.22. 대통령긴급명령 제8호로 제정·시행되어 1963.4.17.폐지된 것을
   말하며, 이하 같음) 제1조에서는 "비상사태계속 중 경찰관의 징계는 본령에 의한다. 단, 본령의 규정에 저
   촉하지 아니하는 국가공무원법의 징계에 관한 규정 및 공무원징계령의 규정은 본령에 의한 징계에도 적용
   한다"고 규정하고 있고, 같은 영 제3조제1호에서는 경찰관의 징계사유로 "국가공무원법 제45조 각호에 해
   당하는 소위가 있을 때"를 규정하고 있으며, 같은 영 제4조에서는 비상사태에서의 경찰관의 징계처분을
   "면직, 강위, 정직, 감봉, 근신 또는 견책"으로 정하고 있고,「비상시경찰관특별징계령」이 시행되던 때의 구
   「국가공무원법」(1950.3.3. 법률 제103호로 개정·시행된 것을 말함) 제45조에서는 징계처분으로서 "면
   직, 정직, 감봉 또는 견책"의 처분을 할 수 있다고 규정하고 있는바,「비상시경찰관특별징계령」제3조에 따

제10조에 따른 안장대상심의위원회가 국립묘지의 영예성(榮譽性)을 훼손한다고 인정한 사람18)19)이다.

라 "면직"의 징계처분을 받은 자는 국립묘지법 제5조 제4항 제4호에 따른 "징계처분에 따라 파면 또는 해임된" 것으로 보아 국립묘지(국립호국원)에 안장될 수 없는지가 문제됩니다. 먼저, 국립묘지법은 국립묘지의 설치와 운영에 관한 사항을 규정함으로써 국가나 사회를 위하여 희생·공헌한 사람이 사망한 후 그를 안장(安葬)하고 그 충의(忠義)와 위훈(偉勳)의 정신을 기리며 선양(宣揚)하는 것을 목적으로 하고 있고(제1조), 같은 법 제5조 제4항 제5호에서는 안장대상심의위원회가 국립묘지의 영예성(榮譽性)을 훼손한다고 인정한 사람을 안장대상자에서 제외하도록 하고 있는바, 이러한 규정들을 종합하여 볼 때 국립묘지법상 국립묘지 안장대상은 일반국민의 존경과 헌양의 대상으로 높은 도덕성 등을 갖춘 자로 제한되어야 할 것입니다. 그렇다면, 국립묘지법 제5조 제4항 제4호의 취지는 이러한 도덕성 등의 요건을 갖추지 못한 자를 국립묘지 안장대상에서 제외하려는 것으로, 특히 "징계처분에 따른 파면 또는 해임"은 「공무원징계령」상 중징계 중에서도 가장 중한 처분들 중 하나로서 본인의 의사와 관계 없이 직권으로 공무원의 신분을 박탈하는 것, 즉, 통상 징계면직을 말하는 것이므로 이러한 중한 징계처분을 받은 자를 명시적으로 국립묘지 안장대상에서 배제한 것이라고 볼 수 있고, 「비상시경찰관특별징계령」상 징계처분으로서 "면직"도 당시 가장 중한 징계처분으로서 본인의 의사와 관계없이 직권으로 경찰관의 신분을 박탈하는 것, 즉 징계면직하는 것이어서 국립묘지 안장대상자에서 제외하고 있는 사유인 "징계처분에 따른 파면 또는 해임"과 본질적으로 같다고 할 것이므로, "면직"의 징계처분을 받은 사람도 국립묘지 안장대상자에서 제외된다고 볼 수 있습니다. 따라서, 「비상시경찰관특별징계령」 제3조에 따라 징계처분으로서 면직처분을 받은 사람은 국립묘지법 제5조 제4항 제4호에 따른 "징계처분에 따라 파면 또는 해임된" 것으로 보아 국립묘지(국립호국원)에 안장될 수 없다고 할 것입니다(국가보훈처 – 징계처분으로 면직처분을 받은 자의 국립묘지 안장 여부(「국립묘지의 설치 및 운영에 관한 법률」 제5조 제4항 제4호 등 관련)[법제처 13-0074, 2013.4.15, 국가보훈처]).

18) (가) '국립묘지의 설치 및 운영에 관한 법률' (2008.3.28. 법률 제9078호로 개정된 것, 이하 '국립묘지법'이라 한다) 제1조의 입법목적과 제5조 제3항 제3호, 제19조 제1항, 제20조 제1항, 제22조 제2항 등을 함께 고려하면, 이 사건 법률조항의 '영예성'은 국가나 사회를 위하여 희생·공헌한 점뿐만 아니라, 그러한 희생·공헌의 점들이 그 전후에 이루어진 국가나 사회에 대한 범죄 또는 비행들로 인하여 훼손되지 아니하여야 한다는 것을 의미한다고 할 것인바, 그렇다면 '영예성의 훼손'은 국립묘지의 존엄 및 경건함을 해할 우려가 있는 반국가적·반사회적인 범죄 등을 저지른 경우에 해당하여야 한다고 충분히 예측할 수 있고, 그 심의를 담당하는 안장대상심의위원회는 다양한 분야에서 전문적인 지식을 가진 20명 이내의 위원들의 3분의 2 이상 찬성으로 의결하고 있어, 아무런 기준 없이 자의적으로 법적용을 할 수 있을 정도로 안장대상심의위원회에 지나치게 광범위한 재량권을 부여하고 있다고 볼 수 없으므로, 이 사건 법률조항들은 헌법상 명확성의 원칙에 위배되지 아니한다. (나) 이 사건 법률조항은 안장대상자의 부적격 사유인 '영예성 훼손' 여부를 심의위원회에서 인정할 수 있는 권한을 법률로써 직접 부여하고 있고, 안장대상자 부적격 여부에 대한 보다 구체적인 내용을 대통령령 등으로 정하도록 입법위임하고 있다고는 볼 수 없어, 포괄위임입법금지원칙에 위배되지 아니한다. 다. 국가유공자에 대한 생활의 유지·보장을 위한 예우의 측면이 강한 '국가유공자 등 예우 및 지원에 관한 법률'상의 국가유공자에 대한 대우와 국립묘지 자체의 경건함·엄숙함·영예성 역시 강조되고 있는 국립묘지법상의 국가유공자에 대한 대우는 그 입법목적 등에 따른 차이가 있다고 할 것이어서, 양 법에서 국가유공자를 다르게 대우하고 있다고 하여 차별이 존재한다고 보기 어려워, 헌법상 평등원칙에 위배되지 아니한다(헌재 2011.10.25, 2010헌바272).

19) 국가나 사회를 위하여 희생·공헌한 망자를 국립묘지에 안장함으로써 그의 정신을 기리며 선양하기 위한 국립묘지의 설치 및 운영에 관한 법률의 입법 목적에 비추어 국가기관은 국가나 사회를 위하여 희생·공헌한 망자에

그러나 국립묘지의 설치 및 운영에 관한 법률 제5조 제1항 제1호 나목, 제1항 제2호 또는 제1항 제3호의 안장 대상자가 안장 제외 대상에 해당하더라도, 수형 사실 자체가 독립유공자, 국가유공자, 5·18민주유공자로서의 공적이 되는 경우에는 국립묘지에 안장할 수 있다(국립묘지의 설치 및 운영에 관한 법률 제5조 제5항). 또한 국립묘지의 설치 및 운영에 관한 법률 제5조 제4항 제1호 본문에도 불구하고 대한민국 국적을 가지지 아니한 사람은 대통령령으로 정하는 기준에 따라 제10조에 따른 안장대상심의위원회의 심의·결정으로 국립묘지에 안장할 수 있다(국립묘지의 설치 및 운영에 관한 법률 제5조 제6항).

Ⅳ. 국립묘지 안장대상심의위원회의 설치와 운영

1. 국립묘지 안장대상심의위원회의 설치

(1) 안장대상심의위원회의 심의·의결사항

다음 각 호의 사항을 심의하기 위하여 국가보훈처에 안장대상심의위원회를 둔다(국립묘지의 설치 및 운영에 관한 법률 제10조 제1항).

1. 국립묘지의 설치 및 운영에 관한 법률 제5조 제1항 제1호 차목(「의사상자 등 예우 및 지원에 관한 법률」 제2조 제2호 및 제3호에 따른 의사자(義死者) 및 의상자(義傷者)로서 사망한 사람 중 대통령령으로 정하는 요건을 갖춘 사람), 타목(국가유공자 등 예우 및 지원에 관한 법률」 제4조 제1항 제13호 및 제14호에 따른 순직공무원과 공상공무원(「국가유공자 등 예우 및 지원에 관한 법률」 제6조의4 제1항에 따라 상이등급 1급·2급·3급에 해당하는 부상을 입은 공상공무원에 한한다)으로서 카목의 대통령령으로 정하는 요건의 직무에 준하는 위험한 직무 수행 중 사망 또는 부상하였다고 인정하여 제10조에 따른 안장대상심의위원회가 안장 대상자로 결정한 사람) 및 파목(국가나 사회에 현저하게 공헌한 사람(외국인을 포함한다) 중 사망한 사람으로서 대통령령으로 정하는 요건을 갖춘 사람)에 해당하는 사람의 안장 대상 해당 여부

대하여 그의 정신을 기리며 선양할 정도에 이르렀는지 여부를 판단할 필요가 있는 점, 그런데 이를 판단하는 경우 망자의 국가나 사회에 대한 공헌도를 비롯하여 인품, 그에 대한 역사적인 평가, 여론, 그가 끼친 악영향 등의 다양한 요소를 종합적으로 평가하여야 하므로 영예성을 훼손하는 경우를 법령에 모두 기술하는 것은 입법기술상 불가능하거나 곤란해 보이는 점, 위 국립묘지의 설치 및 운영에 관한 법률의 입법 목적 및 국립묘지에 안장될 수 없는 자를 정하고 있는 같은 법 제5조 제3항 제1 내지 4호의 내용 등에 비추어 국립묘지의 영예성을 훼손하는지 여부를 판단할 수 있는 대강의 기준이 제시되고 있다고 보이는 점 등을 종합하면, 국립묘지의 설치 및 운영에 관한 법률 제5조 제3항 제5호가 입법재량권을 일탈하였다거나 포괄위임입법금지원칙에 위반된다고 할 수 없다(서울행정법원 2010.6.4. 선고 2009구합56501 판결 : 항소 [국립묘지안장거부처분취소]).

2부 ● 한국헌정과 대통령

　2. 국립묘지의 설치 및 운영에 관한 법률 제5조 제3항 제2호(안장 대상자와 사망 당시에 사실혼 관계에 있던 사람. 이 경우 합장은 제10조에 따른 안장대상심의위원회의 결정에 따른다.)에 따른 사실혼 관계에 있던 사람의 안장 대상 해당 여부

　3. 국립묘지의 설치 및 운영에 관한 법률 제5조 제4항 제5호(그 밖에 제10조에 따른 안장대상심의위원회가 국립묘지의 영예성(榮譽性)을 훼손한다고 인정한 사람)에 따른 국립묘지의 영예성 훼손 여부

　3의2. 국립묘지의 설치 및 운영에 관한 법률 제5조 제6항(제4항 제1호 본문에도 불구하고 대한민국 국적을 가지지 아니한 사람은 대통령령으로 정하는 기준에 따라 제10조에 따른 안장대상심의위원회의 심의·결정으로 국립묘지에 안장할 수 있다.)에 해당하는 사람의 안장 대상 해당 여부

　4. 국립묘지의 설치 및 운영에 관한 법률 제12조 제2항(제1항에도 불구하고 제5조 제1항 제1호 가목의 대상자 중 대통령 외의 사람이나 같은 호 파목의 사람은 위원회에서 묘의 면적을 따로 정할 수 있다. 이 경우 묘의 면적은 26.4제곱미터를 넘을 수 없다.)[20]에 따른 묘의 면적 결정사항

　5. 국립묘지의 설치 및 운영에 관한 법률 제15조[21]에 따른 60년이 지난 후의 영구안장 또는 위패봉안 여부

　6. 그 밖에 안장 대상의 선정과 관련된 사항

---

[20]　국립묘지의 설치 및 운영에 관한 법률 제12조(묘의 면적 등) ① 제5조 제1항에 따른 안장 대상자의 1기(基) 당 묘의 면적은 다음 각 호와 같다.
　　1. 대통령의 직에 있었던 사람: 264제곱미터 이내
　　2. 대통령의 직에 있었던 사람 외의 사람: 3.3제곱미터
　　② 제1항에도 불구하고 제5조 제1항 제1호 가목의 대상자 중 대통령 외의 사람이나 같은 호 파목의 사람은 위원회에서 묘의 면적을 따로 정할 수 있다. 이 경우 묘의 면적은 26.4제곱미터를 넘을 수 없다. ③ 제5조 제3항에 따라 배우자를 함께 안장하는 경우에도 그 합장 후의 묘의 면적은 제1항과 제2항에 따른 1기당 묘의 면적을 넘을 수 없다. ④ 묘의 형태와 묘비 등 묘의 부속구조물의 종류와 규격은 대통령령으로 정한다.
[21]　국립묘지의 설치 및 운영에 관한 법률 제15조(안장기간) ① 국가보훈처장은 국립묘지의 안장(위패봉안의 경우는 제외한다)기간을 60년으로 하고, 60년이 지난 후에는 심의위원회의 심의를 거쳐 영구안장 또는 위패봉안 여부를 결정한다. 다만, 유족의 이장 요청이 있는 경우에는 그러하지 아니하다. ② 제1항에 따른 안장기간은 사망일부터 기산(起算)한다. 다만, 이 법 시행 전에 사망한 사람의 안장기간은 이 법 시행일부터 기산하고, 배우자를 합장하는 경우에는 나중에 사망한 사람을 기준으로 하여 기산한다.

(2) 안장대상심의위원회의 구성과 운영

1) 안장대상심의위원회의 구성

안장대상심의위원회는 위원장 1명을 포함한 20명 이내의 민·관 위원으로 구성한다(국립묘지의 설치 및 운영에 관한 법률 제10조 제4항). 안장대상심의위원회의 위원장은 국가보훈처 차장이 되고, 위원은 관련 중앙행정기관의 장의 추천을 받은 사람으로 한다(국립묘지의 설치 및 운영에 관한 법률 제10조 제5항).

안장대상심의위원회의 위원은 다음 각 호의 사람을 국가보훈처장이 성별을 고려하여 임명하거나 위촉한다(국립묘지의 설치 및 운영에 관한 법률 시행령 제8조 제1항).

1. 법무부장관, 국방부장관, 행정자치부장관, 문화체육관광부장관, 보건복지부장관, 국무조정실장 및 국가보훈처장이 소속 고위공무원 중에서 추천·지명하는 7명
2. 학식과 경험이 풍부한 사람으로서 관계 중앙행정기관의 장이 추천하는 사람 중 9명

안장대상심의위원회의 위원장은 심의위원회를 대표하고, 심의위원회를 소집한다. 다만, 심의위원회의 위원장이 부득이한 사유로 그 직무를 수행할 수 없을 때에는 국가보훈처장이 지정하는 심의위원회의 위원이 그 직무를 대행한다(국립묘지의 설치 및 운영에 관한 법률 시행령 제8조 제2항). 국립묘지의 설치 및 운영에 관한 법률 시행령 제8조 제1항 제2호의 심의위원회 위원의 임기는 2년으로 한다(국립묘지의 설치 및 운영에 관한 법률 시행령 제8조 제3항).[22]

2) 안장대상심의위원회의 운영과 회의

안장 대상자의 선정에 관한 안장대상심의위원회의 심의는 접수 후 30일 이내에 끝내야 한다(국립묘지의 설치 및 운영에 관한 법률 제10조 제2항). 안장대상심의위원회는 심의에 필요한 때에는 관계인을 출석시키거나 조사할 수 있으며, 국가·지방자치단체, 그 밖의 공공기관에 관계 사항의 보고나 자료 제출을 요구할 수 있다(국립묘지의 설치 및 운영에 관한 법률 제10조 제3항).

---

22) 국립묘지의 설치 및 운영에 관한 법률 시행령 제8조의2(심의위원회 위원의 해임 및 해촉) 국가보훈처장은 제8조 제1항 제1호 및 제2호에 따른 위원이 다음 각 호의 어느 하나에 해당하는 경우에는 해당 위원을 해임하거나 해촉(解囑)할 수 있다.
  1. 심신장애로 인하여 직무를 수행할 수 없게 된 경우
  2. 직무와 관련된 비위사실이 있는 경우
  3. 직무태만, 품위손상이나 그 밖의 사유로 인하여 위원으로 적합하지 아니하다고 인정되는 경우
  4. 위원 스스로 직무를 수행하는 것이 곤란하다고 의사를 밝히는 경우

안장대상심의위원회의 회의는 위원 9명 이상의 출석으로 개의하고, 출석위원의 3분의 2 이상의 찬성으로 의결한다. 다만, 회의에 부치는 안건의 내용이 경미하거나 회의를 소집할 시간적 여유가 없는 경우에는 서면으로 의결할 수 있다(국립묘지의 설치 및 운영에 관한 법률 시행령 제9조 제1항). 안장대상심의위원회의 위원장은 회의를 소집하려면 회의 개최 5일 전까지 회의 일시·장소 및 안건을 위원에게 알려야 한다. 다만, 긴급한 경우나 부득이한 사유가 있는 경우에는 그러하지 아니하다(국립묘지의 설치 및 운영에 관한 법률 시행령 제9조 제2항). 안장대상심의위원회에 안건 관리 및 회의록 기록 등의 업무를 처리할 간사 1명을 두되, 간사는 국가보훈처 소속 공무원 중에서 위원장이 임명한다(국립묘지의 설치 및 운영에 관한 법률 시행령 제9조 제3항).

2. 국립묘지 안장대상심의위원회 운영규정

국립묘지 안장대상심의위원회 운영규정은 「국립묘지의 설치 및 운영에 관한 법률」 제10조 및 같은 법 시행령 제8조에 따라 국립묘지안장대상심의위원회의 운영에 관하여 위임된 사항과 그 시행에 필요한 사항을 규정함을 목적으로 한다(동 운영규정 제1조).[23][24]

(1) 국립묘지 안장대상심의위원회의 구성

「국립묘지의 설치 및 운영에 관한 법률 시행령」 제8조 제1항 제1호에 따른 안장대상심의위원회의 공무원인 위원은 국무조정실 일반행정정책관, 국가보훈처 보훈예우국장, 법무부 법무심의관, 국방부 인사기획관, 행정안전부 의정관, 문화체육관광부 정책기획관, 보건복지부 사회서비스정책관의 직위에 있는 사람으로 한다(국립묘지 안장대상심의위원회 운영규정 제2조 제1항).

---

23) [국가보훈처훈령 제1189호, 2017.11.22., 일부개정][시행 2017.11.22.].

24) "구 국립묘지안장대상심의위원회 운영규정(2010. 12. 29. 국가보훈처 훈령 제956호로 개정되기 전의 것)은 국가보훈처장이 심의위원회의 운영에 관하여 구 국립묘지의 설치 및 운영에 관한 법률(2011. 8. 4. 법률 제11027호로 개정되기 전의 것) 및 시행령에서 위임된 사항과 그 시행에 필요한 사항을 규정함을 목적으로 하여 국가보훈처 훈령으로 제정된 것으로서, 영예성 훼손 여부 등에 관한 판단의 기준을 정한 행정청 내부의 사무처리준칙이다. 이는 대외적으로 국민이나 법원을 기속하는 효력이 없으므로, 그에 따른 처분의 적법 여부는 위 기준만이 아니라 관계 법령의 규정 내용과 취지에 따라 판단해야 한다. 따라서 위 기준에 부합한다고 하여 곧바로 당해 처분이 적법한 것이라고 할 수는 없지만, 위 기준 자체로 헌법 또는 법률에 합치되지 않거나 이를 적용한 결과가 처분사유의 내용 및 관계 법령의 규정과 취지에 비추어 현저히 부당하다고 인정할 만한 합리적인 이유가 없는 한, 섣불리 위 기준에 따른 처분이 재량권의 범위를 일탈하였거나 재량권을 남용한 것이라고 판단해서는 안 된다."(대법원 2013.12.26, 2012두19571).

「국립묘지의 설치 및 운영에 관한 법률 시행령」 제8조 제1항 제2호에 따른 학식과 경험이 풍부한 사람으로서 관계 중앙행정기관의 장이 추천하는 위원은 ① 학계, 보훈단체, 법조계 등 국립묘지 관리・운영・안장 및 제도 관련 분야 전문가, ② 국가보훈업무 관련 분야에서 공무원 경력이 20년 이상인 사람으로 한다(국립묘지 안장대상심의위원회 운영규정 제2조 제2항).

국가보훈처장은 위촉 위원 후보자별로 위원으로서의 직무 적합성 여부를 확인하기 위하여 후보자가 작성한의 직무윤리 사전진단서(별지 제6호 서식)를 진단한 후 그 결과에 따라 위원을 위촉하여야 한다(국립묘지 안장대상심의위원회 운영규정 제3조의2 제1항). 위원을 신규 위촉하는 경우에는 위원회 업무의 공정한 직무 수행을 위하여 직무윤리서약서(별지 제7호 서식)를 작성하게 하여야 한다(국립묘지 안장대상심의위원회 운영규정 제3조의2 제2항).

국가보훈처장이 국립묘지 안장대상심의위원회의 위원장 직무대행자를 미리 지정하지 아니한 때에는 국가보훈처 보훈예우국장이 그 직무를 대행한다(국립묘지 안장대상심의위원회 운영규정 제2조 제3항). 국립묘지 안장대상심의위원회의 간사는 국가보훈처 예우정책과장으로 한다. 다만, 간사가 부득이한 사유로 그 직무를 수행할 수 없을 때에는 국립묘지에 관한 업무를 담당하는 공무원이 그 직무를 대행할 수 있다(국립묘지 안장대상심의위원회 운영규정 제2조 제4항).

(2) 안장실무운영위원회 구성

안장심의실무운영위원회의 위원장은 국가보훈처 보훈예우국장으로 하고 실무운영위원회의 위원은 국무조정실 일반행정정책관실 과(팀)장, 국가보훈처 예우정책과장, 법무부 법무심의관실 검사, 국방부 인사기획관실 과장, 행정안전부 의정담당관, 문화체육관광부 기획행정담당관, 보건복지부 사회서비스자원과장으로 한다(국립묘지 안장대상심의위원회 운영규정 제3조 제1항). 국립묘지 안장대상심의위원회의 위원장이 위촉하는 실무위원은 제2조 제2항의 규정을 준용한다. 이 경우 "위원"은 "실무위원"으로 본다(국립묘지 안장대상심의위원회 운영규정 제3조 제2항). 실무운영위원회 간사는 국가보훈처 국립묘지업무 담당사무관으로 한다(국립묘지 안장대상심의위원회 운영규정 제3조 제3항).

(3) 국립묘지 안장대상심의위원회의 심의・의결사항

국립묘지 안장대상심의위원회가 심의・의결하는 사항은 다음 각 호와 같다(국립묘지 안장대상심의위원회 운영규정 제4조 제1항).

1. 국립묘지의 설치 및 운영에 관한 법률 제5조 제1항 제1호 차목의 의사상자와 타목의 순직·공상공무원 및 파목의 국가사회공헌자의 안장대상 해당여부
2. 국립묘지의 설치 및 운영에 관한 법률 제12조 제2항에 따라 국회의장, 대법원장, 헌법재판소장, 국가장으로 장례된 사람(대통령은 제외한다) 및 국가사회공헌자의 묘의 면적 결정에 관한 사항
3. 국립묘지의 설치 및 운영에 관한 법률 제5조 제3항에 따라 사실혼 관계에 있던 배우자의 안장대상 해당여부
4. 다음 각 목의 어느 하나에 해당되는 경우에 법 제5조 제4항 제5호의 규정에 따른 영예성 훼손여부
   가. 금고 이상의 형의 선고를 받고 그 형이 확정된 사람
   나. 그 밖에 국가보훈처장 또는 국방부장관이 안장대상심의위원회에서 심의가 필요하다고 인정하는 경우
5. 국립묘지의 설치 및 운영에 관한 법률 제15조에 따라 안장기간 60년이 경과한 후 영구안장 또는 위패봉안 여부
6. 그 밖에 국가보훈처장이 필요하다고 인정하여 위원회에 부의하는 사항

실무운영위원회에서는 국립묘지 안장대상심의위원회 운영규정 제4조 제1항의 제1호 또는 제4호의 안건에 대해 검토한 후 국립묘지 안장대상심의위원회에 그 결과를 보고할 수 있다(국립묘지 안장대상심의위원회 운영규정 제4조 제2항).

국립묘지 안장대상심의위원회 운영규정 제4조 제1항 제4호에 따른 영예성 훼손여부는 ① 과실의 경중 또는 우발적인 행위여부, ② 상대방이 입은 피해의 경중 또는 생계형 범죄여부, ③ 피해자와 합의 및 변제 등 적극적인 피해구제 노력여부, ④ 입대 이전 범행여부, ⑤ 안장대상자 자격요건 취득(유공시점 기준) 이전 범행여부, ⑥ 사면·복권 여부, ⑦ 병적말소, 행방불명 및 전역사유 미확인자 등 병적사항이상 여부, ⑧ 국가적·사회적 법익에 반하는 범죄로써 큰 피해를 발생시켰는지 여부, ⑨ 누범·상습범인지 여부, ⑩ 국가·사회에 기여한 정도(상훈법에 따른 훈·포장자, 정부 표창규정에 따른 표창자, 상이정도, 전쟁 참여 등)의 정상참작 사유를 종합적으로 고려하여 심의·의결한다(국립묘지 안장대상심의위원회 운영규정 제4조 제3항).

(4) 국립묘지 안장대상심의위원회의 회의방법과 회의소집

1) 국립묘지 안장대상심의위원회의 회의방법

국립묘지 안장대상심의위원회의 회의는 소집회의와 서면회의로 구분하여 개최한다(국립묘지 안장대상심의위원회 운영규정 제5조 제1항). 국립묘지 안장대상심의위원회 위원장은 소집회의 개최가 어렵다고 판단하는 경우나 회의를 소집할 시간적 여유가 없는 경우에는 서면회의로 개최할 수 있다(국립묘지 안장대상심의위원회 운영규정 제5조 제2항). 소집회의 진행방식은 안건 제안자 측의 안건 설명, 토론, 의견수렴 또는 표결, 의결의 순으로 진행한다(국립

묘지 안장대상심의위원회 운영규정 제5조 제3항). 소집회의 시 안건의 "보류"는 사실관계에 대한 조사가 미진하거나 반드시 필요한 전문가의 의견청취를 하지 못한 경우 등 보완될 수 있는 사유가 있는 경우에만 할 수 있다(국립묘지 안장대상심의위원회 운영규정 제5조 제4항). 국립묘지 안장대상심의위원회를 운영함에 있어 위원들이 민주적이고 자율적으로 의사표시를 할 수 있도록 중립적이고 공정하게 운영하여야 한다(국립묘지 안장대상심의위원회 운영규정 제5조 제5항). 소집회의는 비공개를 원칙으로 한다(국립묘지 안장대상심의위원회 운영규정 제5조 제6항).

2) 국립묘지 안장대상심의위원회의 회의소집

국립묘지 안장대상심의위원회의 회의 개최는 위원장이 회의개최 5일전까지 회의일정과 안건을 국립묘지 안장대상심의위원회 위원에게 통보하여야 한다. 다만, 긴급한 경우나 부득이한 사유로 위원회를 개최할 필요가 있는 경우에는 그러하지 아니한다(국립묘지 안장대상심의위원회 운영규정 제6조 제1항). 국립묘지 안장대상심의위원회의 소집회의에 공무원인 위원으로 대리 참석할 수 있는 위원은 과(팀)장급 이상으로 하며, 회의진행 중 즉석에서 상정된 안건에 대하여는 의결 권한이 없다(국립묘지 안장대상심의위원회 운영규정 제6조 제2항). 서면회의 개최를 위원들에게 통보를 할 때에는 회의일시, 서면의결서 제출기간, 안건을 명확하게 기재한 통보 문서를 작성해서 위원장의 결재를 받아 시행하여야 한다(국립묘지 안장대상심의위원회 운영규정 제6조 제3항).

(5) 안건의 검토

국립묘지 안장대상심의위원회의 간사는 심의가 필요하여 회부된 안건을 위원회에서 심의하기 전에 구비서류 완비여부 및 내용 등을 미리 검토한 후, 안건제안서를 작성하여야 한다. 다만, 검토결과 미비사항이 발견되었을 때에는 필요한 기간을 정하여 관련 기관과 유족 등 이해관계인으로부터 관계 자료를 제출받아 보완 작성하여야 한다(국립묘지 안장대상심의위원회 운영규정 제7조 제1항). 국립묘지 안장대상심의위원회의 간사는 내용검토를 마친 때에는 심의의결서를 작성하여 안건제안서와 함께 심의위원회에 회부하여야 한다(국립묘지 안장대상심의위원회 운영규정 제7조 제2항). 국립묘지 안장대상심의 위원은 안건에 대하여 심의 의결서를 작성하여 연월일을 기재하고 기명날인 또는 서명하여 제출하여야 한다(국립묘지 안장대상심의위원회 운영규정 제7조 제3항).

(6) 기타

국립묘지 안장대상심의위원회의 간사는 회부된 안건에 대한 위원의 의사를 수합하고 서식에 따른 결정서를 작성하여야 한다(국립묘지 안장대상심의위원회 운영규정 제8조). 국립묘지 안장대상심의위원회에서는 심의·의결된 사항을 별지 제4호 서식에 따른 심의결과통보서나 공문으로 심의의결자 명단을 붙여 해당기관에 송부하여야 한다(국립묘지 안장대상심의위원회 운영규정 제9조). 국립묘지 안장대상심의위원회의 간사는 회의록을 작성·비치하여야 한다(국립묘지 안장대상심의위원회 운영규정 제10조).

국립묘지 안장대상심의위원회의 안건처리는 서면으로 심의함을 원칙으로 하되 필요하다고 판단되는 경우에는 이해관계인을 출석하게 하여 의견을 들을 수 있다(국립묘지 안장대상심의위원회 운영규정 제11조 제2항).

V. 국립묘지 안장에 관한 판례의 동향과 검토

국립묘지 안장대상심의위원회의 '국립묘지 안장거부처분 취소청구' 또는 '국립묘지 안장(이장) 비대상 결정 취소청구' 관련 대법원과 하급법원 판례의 동향을 살펴본다. 국립묘지 안장 유무는 국립묘지 '영예성' 훼손여부에 따라 결정된다고 볼 수 있다.

1. 국립묘지 안장에 관한 판례의 동향과 검토

「국립묘지의 설치 및 운영에 관한 법률」 제5조와 제10조는, 안장대상심의위원회의 설치 근거를 마련하고 안장 제외사유인 '국립묘지의 영예성 훼손 여부'에 대한 판단 권한을 부여하고 있다. 이처럼 '영예성 훼손'이라는 불확정개념을 사용하면서도 구체적 심사 기준은 따로 마련되어 있지 않아서 처분의 적법성에 대한 논란이 분분하게 되었다.[25]

국립묘지법의 입법취지와 국립묘지 안장은 국가유공자와 그 유족에 대한 응분의 예우만이 아니라 국민들의 애국정신 함양에도 중점을 두고 있는 바, '영예성'이라는 개념이 판단의 여지가 있는 추상적이고 포괄적인 개념이기는 하지만 이를 법령에 구체적으로 모두 기술하는 것은 입법기술상 불가능하거나 곤란해보이므로 국가기관이 국립묘지 설치의 취지를 살려 해석하고 판단하고 있다.

대법원을 비롯하여 각급법원의 판례를 보면, ① 전역사유 미확인자를 국립묘지 안장대상에

---

25) 박성철, "판례해설―국가유공자 국립묘지 안장 대상자 결정 사건", 「법률신문」, 2016.4.20.

서 제외하도록 한 구 국립묘지안장대상심의위원회 운영규정 제4조 제4항 제2호가 구 국립묘지의 설치 및 운영에 관한 법률의 취지에 맞는 합리적인 것인지 여부 및 그에 따라 이루어진 안장거부처분이 재량권을 일탈·남용하여 위법한 것이라는 점에 관한 증명책임의 소재에 대하여, 대법원은 "일반적으로 구 국립묘지안장대상심의위원회 운영규정(2010.12.29. 국가보훈처 훈령 제956호로 개정되기 전의 것, 이하 '운영규정'이라 한다) 제4조 제4항 제2호 규정에서 정한 것과 같은 병적의 이상이 있는 경우에는 안장이 신청된 망인에게 국립묘지의 영예성을 훼손할 사유가 존재할 가능성이 높고, 나아가 그러한 사유가 있더라도 영예성이 훼손되지 않는다고 볼 수 있는 특별한 사유가 인정되는 경우에는 안장대상에서 제외하지 않도록 규정한 점에 비추어, 위 규정은 구 국립묘지의 설치 및 운영에 관한 법률(2011.8.4. 법률 제11027호로 개정되기 전의 것)의 취지에 부합하는 합리적인 것이라고 할 수 있다. 그리고 6·25 전쟁 당시의 사회상 등에 비추어 병적에서 전역사유가 확인되지 않는 경우라면 정상적인 전역이 이루어지지 않았을 가능성이 높고, 정상적인 전역이 이루어졌음에도 병적기록 등이 잘못되어 있다면 망인 측에서 다른 방법으로 이를 증명할 수도 있는 점 등의 사정을 고려해 볼 때, 안장대상에서 일단 제외되는 범위에 전역사유 미확인자를 포함시킨 부분 역시 객관적 합리성을 갖춘 것으로 볼 수 있다. 그러므로 위와 같은 운영규정에 따라 이루어진 안장거부처분은 특별한 사정이 없는 한 재량권 범위 내의 것으로 적법하고, 그것이 재량권을 일탈·남용하여 위법한 것이라는 점은 그 처분의 효력을 다투는 당사자가 구체적으로 그 사유를 주장·증명해야 한다."[26]판시하고 있다. ② 군용 휘발류를 횡령하여 군용물횡령죄로 선고유예 판결을 받고 그로 인해 군에서 제적된 원고에 대하여 국립묘지의 영예성을 훼손한다는 이유로 원고의 국립묘지 안장 신청을 거부한 것은 적법하다(서울행정법원 2016. 7. 15. 선고 2016구합51269)[27], ③ 망인은 전시도망죄의 범죄사실로 징역 5월에 집행유예 1년을 선고받았다. 망인이 범죄로 금고 이상의 형의 선고를 받고 그 형이 확정된 점, 망인이 전시상 도망상태에 있었던 기간은 약 9개월로서 이를 단순히 우발적인 행위로 평가하기는 어렵고, …중략… 비록 망인이 특별사면을 받았고 약 30년간 군복무를 성실히 수행하였으며 월남전에 참전하여 무공훈장을 받는

---

26) 대법원 2013.12.26, 2012두19571[국립묘지안장거부처분취소].

27) 원고 주장과 같이 망인이 범행에 소극적으로 가담한 사정이 참작되어 선고유예 판결을 받았고, 군 복무 기간 중 월남전에 참전하였으며, 지휘관으로부터 수차례 표창 등을 받았다는 사정이 있다고 하더라도 과실범이 아니고 정상 전역한 경우에도 해당하지 아니하므로 횡령의 유죄판결에 따른 제적에도 불구하고 망인을 국립묘지에 안장할 특별한 사정이 있다고 보기 어렵다고 보아 망인을 국립묘지의 영예성을 훼손한 경우에 해당한다고 한 안장대상심의위원회의 결정이 현저히 합리성을 상실하여 재량권의 범위를 일탈하였거나 재량권을 남용하였다고 보기도 어렵다(서울행정법원 2016.7.15, 2016구합51269).

등 그 희생과 공헌만으로 보면 안장 대상자의 자격요건을 갖추고 있다고 하더라도, 앞서 본 사정을 고려하여 망인을 국립묘지에 안장하는 것이 국립묘지의 영예성을 훼손한다고 판단한 심의위원회의 결정이 현저히 객관성을 결여하였다고 보기는 어렵다(서울행정법원 2016.3.18, 2015구합9766), ④ 전상군경 3급의 국가유공자로 등록된 망인에게 상습도박과 무고 등으로 2회에 걸쳐 형의 집행유예를 받은 전력이 있어 국립묘지의 영예성을 훼손하였다는 이유로 국립묘지 안장신청을 거부한 처분은 국립묘지의 설치 및 운영에 관한 법률의 입법목적에 비추어 재량권을 일탈·남용한 것으로 볼 수 없다(서울행정법원 2010.6.4, 2009구합56501). ⑤ A의 의료법위반 행위[28]는 그 불법에 대한 비난가능성이 적지 않을 뿐만 아니라 국립묘지법의 입법취지와 국립묘지 안장은 국가유공자와 그 유족에 대한 응분의 예우만이 아니라 국민들의 애국정신 함양에도 중점을 두고 있는 점 등을 고려하여 보면, A을 국립묘지에 안장하는 것은 국립묘지의 영예성(榮譽性)을 훼손한다고 보아 망인을 국립묘지안장비대상자로 결정한 피고의 이 사건 처분이 그 정당성과 객관성을 상당히 결여하여 위법하다고 볼 수 없다(서울행정법원 2009.1.14, 2008구합40332). ⑥ 망인이 사기죄 등의 범죄사실로 기소되어 두 차례에 걸쳐 징역형을 선고받았고,[29] 각 범행의 위법성 및 비난가능성이 작지 않은 점, 국립묘지의 설치 및 운영에 관한 법률의 입법 목적, 국립묘지의 안장이 국가유공자와 그 유족에 대한 응분의 예우뿐만 아니라 국민들의 애국정신 함양에도 중점을 두고 있는 점 등을 종합해 볼 때, 망인을 국립묘지에 안장하는 것이 국립묘지의 영예성을 훼손한다고 보아 망인을 국립묘지안장 비대상자로 결정한 처분이 정당성과 객관성을 현저히 결여하여 재량권을 일탈·남용하였거나 달리 위법하다고 볼 수 없다(수원지법 2011.3.24, 2010구합15651판결:확정). ⑦ 전상군경 국가유공자로 등록되었던 부친이 사망하여 자녀가 망인을 국립묘지인 국립이천호국원에 안장해 줄 것을 신청하였으나, 공무집행방해죄 및 상해죄로 징역 6월을 선고받아 형이 확정[30]된 적이

---

28) A은 "의사면허가 없음에도 불구하고, 1967. 11. 24.경 강원 XX읍 XX리 소재 자신의 집에서 ○○○로부터 임신 2개월의 태아의 낙태수술을 의뢰받고 질경구에 '부지'를 넣고 주사기를 사용하여 '리바노루' 20cc를 주입하고 치료비조로 금 1,000원을 교부받아 의료업을 하였다"는 범죄사실(이하 '이 사건 범죄'라 한다)로 춘천지방법원 강릉지원67고XXXX호로 기소되어 1968. 2. 23. 같은 법원에서 징역 6월에 집행유예 2년의 형을 선고받았고, 그 무렵 위 판결이 확정되었다(서울행정법원 2009.1.14, 2008구합40332).

29) 망인이 위 75노8112 사건에서 피해자의 남편을 취직시켜주겠다고 기망하여 피해자로부터 150,000원을 편취하였다는 범죄사실로 기소되어 징역 10월을 선고받은 사실, 위 79노3367 사건에서 피해자 명의의 월부매매계약서를 위조하고, 이를 행사한 사실 및 이를 이용하여 시가 80,000원 상당의 고려인삼녹용환 2개를 편취하였다는 범죄사실로 기소되어 징역 10월을 선고받은 사실을 인정할 수 있다(수원지법 2011.3.24, 2010구합15651판결:확정).

30) 한편 위 형이 확정된 공무집행방해죄 및 상해죄의 범죄사실은 "1960. 9. 27. 20:20경 봉화경찰서 직할파출

있는 망인의 안장은 국립묘지의 영예성을 훼손한다는 내용의 국립묘지안장대상심의위원회 의결에 따라 국립이천호국원장이 국립묘지안장 비대상자 결정 통지를 한 사안에서, 망인의 범행이 우발적이고 가담 정도가 경미하며 피해 정도도 크지 아니한 점, 망인이 초범이고 범행 이후 전과 없이 성실하게 살아온 것으로 보이는 점, 망인이 평생 신체적 고통을 겪었고 경제적 어려움 속에 살아온 점 등 여러 정상참작 사유와 국립묘지의 설치 및 운영에 관한 법률의 입법 목적을 종합적으로 고려해 보면, 위 처분이 재량권을 일탈·남용하여 위법하다(수원지법 2011.8.11, 2011구합2607판결:확정).

대법원을 비롯하여 각급 법원은 안장대상자로 신청된 자가 상당히 무거운 범죄경력이 있는 경우에 그 정당성과 객관성이 상당히 결여되어 있다고 볼 만한 특별한 사정이 없는 이상, '국립 묘지안장대상심의위원회'의 국립묘지안장 비대상자 결정처분은 위법하지 않다고 보고 있다.

2. 국립묘지안장대상심의위원회 활동과 회의록 공개 문제

강창성 의원[31]의 유족이 국가보훈처 안장대상심의위원회 회의록 공개하라고 소송을 제기 한 것은, 전두환 전 대통령 비자금 조성 관련 뇌물 수수 및 방조죄로 징역 2년 6월의 실형을 선 고받은 고 안현태 전 청와대 경호실장은 2011년 국립묘지에 안장됐다. 신군부와 대립했다는 이유로 강창성씨는 국립묘지에 안장되지 못한 반면 신군부 세력이었던 안현태씨는 뇌물죄를

소 순경 소외 2가 경북 봉화군 봉화면 포저리 소재 세무서 앞 노상에서 소외 3이 소외 4와 싸움을 한다는 신 고를 접하고 그곳에 임하여 싸움을 만류하자, 소외 3은 음주한 기분으로 '네가 무어냐, 경찰관이면 제일이 냐'는 등 협박하면서 주먹으로 얼굴을 2회 구타하였고, 그곳에 있던 망인 역시 음주한 기분으로 이에 가세 하여 소외 2의 얼굴을 주먹으로 2회 구타하고, 다시 소외 3이 소외 2를 땅에 넘어뜨린 후 얼굴과 다리를 1회 씩 발로 차서, 직무를 집행하는 공무원 소외 2를 폭행 및 협박함과 동시에 전치 1주일을 요하는 상해를 가하 였다."는 것이다(수원지법 2011.8.11, 2011구합2607판결:확정).

31) 1949년 육군사관학교 8기로 임관한 고 강창성 보안사령관은 한국전쟁에 참전해 화랑무공훈장 2개, 충무무 공훈장 1개를 받았다. 육사 동기 중 가장 먼저 대령을 달았던 그는 장군도 가장 먼저 됐다. 1971년 보안사령 관이 된 강씨는 1973년 '윤필용 사건' 수사를 담당해 군내 불법 사조직 '하나회'를 적발했다. 윤필용 사건은 1973년 4월 윤필용 당시 수도경비사령관이 이후락 중앙정보부장에게 '박정희 대통령이 노쇠했으니 형님 이 후계자가 돼야 한다'는 발언을 했다가 쿠데타 모의 혐의로 전두환 등 후배 군간부들까지 처벌받은 사건 이다. 강씨는 1976년 예편한 뒤 해운항만청장 등을 지냈다. 1990년대 들어서는 민주당 국회의원으로 정치 에 입문해 민주당 총재 권한대행, 1997년에는 한나라당 총재 권한대행도 역임했다. 그러다 2006년 2월 강 씨는 76세로 사망했다. 강씨는 국립묘지에 안장되지 못했다. 이유는 실형을 선고받았기 때문이다. 강씨는 1980년 하나회를 중심으로 한 신군부가 정권을 잡은 뒤 3년형을 선고받아 2년6개월가량 옥고를 치렀다. 해 운업계로부터 뇌물을 받았기 때문이지만 하나회 수사 이력 등 신군부와 대립한 것도 원인이었다. 당시에 는 금고 이상의 형을 선고받은 자는 국립묘지에 안장될 수 없었다(5공 비리인사 묻힌 국립묘지, 신군부 맞 선 장군은 못가,「경향신문」, 2015년 3월 2일, 2면).

저지르고도 국립묘지에 버젓이 안장되는 소식을 접하고 국립묘지 안장이 거부당한 이유를 알고 싶다며 국가보훈처 안장 대상 심의위원회 회의록을 보여달라고 보훈처에 요청했다. 보훈처는 거부했고, 유족들은 심의위 회의록을 보여달라고 소송을 냈다.[32]

대법원 특별1부는 고(故)강창성 전 의원의 유족이 "국립묘지 안장 대상자를 정한 심의위원회의 회의록을 공개하라"며 국가보훈처를 상대로 낸 정보공개청구 불허가처분 취소소송 상고심(2014두43356)에서 원고일부승소 판결한 원심을 깨고 원고패소 취지로 2015년 2월 26일 사건을 서울고법으로 돌려보냈다.[33]

대법원은 "국립묘지의 설치 및 운영에 관한 법률 제5조, 제10조 제1항, 국립묘지의 설치 및 운영에 관한 법률 시행령 제13조에 의하면, 안장 대상으로 신청된 사람이 위 관계 법령이 규정한 일정한 사유에 해당하여 피고 등이 심의위원회에 심의를 의뢰한 경우 심의위원회는 그 사람의 국립묘지 안장이 국립묘지의 영예성을 훼손하는지 여부 등을 심의하여 그 결과를 심의를 의뢰한 피고 또는 국방부장관에게 통보하여야 하고, 이를 통보받은 피고 또는 국방부장관은 그 안장 여부 등을 결정하고 그 결과를 안장신청을 한 유족 등에게 통보하여야 하는데, 위와 같은 관계 규정의 취지와 내용에 따르면 심의위원회의 심의는 피고 등이 안장 대상으로 신청된 사람의 안장 여부를 결정하기 위한 절차의 하나일 뿐이어서 의사결정과정에 있는 사항에 준하여 비공개정보에 포함될 수 있고, 이에 대한 신청당사자의 알권리는 일정 부분 제한될 수밖에 없는 한계를 지니고 있다.…중략…설령 원심 판단과 같이 이 사건 각 회의록 자체만 놓고 보면 그 내용이 공개되더라도 심의위원들의 공정한 업무수행에 지장이 될 내용이 포함되어 있지 않다 하더라도, 심의위원들로서는 장차 회의록이 공개될 가능성이 있음을 인식하는 것만으로도 솔직하고 자유로운 의사교환에 제한을 받을 수밖에 없을 것이고, 특히 한 사람의 일생의 행적에 대한 평가 과정에서 심의위원들이 한 발언에 대하여는 유족들이 매우 민감한 반응을 보일 가능성이 높으므로 심의위원들이 이를 의식하고 허심탄회한 의견교환을 꺼리게 됨으로써 공정한 심의업무의 수행이 전반적으로 곤란해지게 될 것이며, 이와 같은 문제점은 이 사건 각 회의록을 익명으로 처리한다 하더라도 충분히 해소되기 어렵다. 이 사건 각 회의록의 공개에 의하여 보호되는 알권리의 보장과 비공개에 의하여 보호되는 업무수행의 공정성 등의 이익 등을 위와 같이 비교·교량하여 볼 때, 이 사건 각 회의록은 정보공개법 제9조 제1항 제5호에서 정한 '공개될 경우 업무의 공정한 수행에 현저한 지장을 초래한다고 인정할 만

---

32) "5공 비리인사 묻힌 국립묘지, 신군부 맞선 장군은 못가", 「경향신문」, 2015년 3월 2일, 2면.

33) [판결] 대법원 "국립묘지 안장 심의위 회의록 비공개는 정당"−고(故) 강창성 전 의원 유족 정보공개訴 원고패소 취지 파기환송", 법률신문, 2015년 3월 2일 참조.

한 상당한 이유가 있는 정보'에 해당한다고 보아야 할 것이다."[34][35]라며 회의록 비공개가 타당하다는 입장이다.

　대법원은 각종 정부에서 운영되는 위원회의 의사결정에는 심사위원들의 전문적·주관적 판단이 상당 부분 개입될 수밖에 없고, 공개를 염두에 두지 않은 상태에서의 심사가 더욱 자유롭고 활발한 토의를 거쳐 객관적이고 공정한 심사결과에 이를 개연성이 크다며 회의록에 공개로 인해 사회적으로 불필요한 논란을 불러일으키거나, 심사위원들로서도 심리적 부담으로 인해 심사에 제한을 받을 수밖에 없을 것으로 보여 회의록은 비공개 대상 정보에 해당한다며 회의록 공개에 부정적인 판결(대법원 2014.7.24, 2013두2030[36]; 대법원 2015.2.26, 2014두

---

34) 대법원 2015.2.26, 2014두43356 판결.

35) "원심판결 및 원심이 인용한 제1심판결 이유에 의하면, 원심은 국가보훈처 안장대상심의위원회(이하 '심의위원회'라 한다)가 망 소외 1 및 망 소외 2를 국립묘지에 안장할지 여부를 각 심의·의결함에 있어 그 심의·의결 과정 및 위원들의 발언 내용을 기록한 이 사건 각 회의록에 관하여, ① 소외 1은 국회의원, 소외 2는 육군참모총장을 각 역임한 사람들로 일반적인 국립묘지 안장대상자들보다 강한 공인(公人)의 지위에 있는 점, ② 위 각 회의록은 회의의 진행방식과 내용 등에 비추어 그 내용이 공개되더라도 심의위원들의 공정한 업무수행에 지장이 될 내용을 포함하고 있지 않은 점, ③ 심의위원들의 명단과 발언자를 익명으로 할 경우 회의록의 공개가 심의위원들에게 주는 부담을 상당 부분 감쇄할 것으로 보이는 점 등을 고려하면, 위 각 회의록의 경우에는 공개로 인한 국민의 알권리 보장의 필요성이 비공개로 인하여 보호되는 이익보다 크므로, 이 사건 각 회의록 중 발언자 이름 및 발언자의 신원을 유추할 수 있는 참석대상자·참석자·불참자의 수 및 그 이름, 소속, 직위에 대한 부분을 제외한 나머지 부분은 정보공개법 제9조 제1항 제5호에서 정한 비공개정보에 해당하지 아니한다고 판단하였다"(대법원 2015.2.26, 2014두43356 판결).

36) 공적심사위원회의 심사는 피고가 영전 수여 추천 여부를 결정하기 위한 절차의 하나일 뿐이어서(대법원 2001. 10. 23. 선고 2001두4764 판결 등 참조) 신청당사자의 알권리는 일정 부분 제한될 수밖에 없는 한계를 지니고 있다. 한편 독립유공자 등록신청을 받은 피고는 독립유공자에 해당하는지 여부를 심사한 후 그 심사 결과의 구체적 사유를 밝혀 신청당사자에게 통보하여야 하므로(독립유공자예우에 관한 법률 시행령 제4조 제2항 참조), 이로써 신청당사자의 알권리가 어느 정도 보장된다고 볼 수 있다. 이와 같이 독립유공자 등록에 관한 신청당사자의 알권리 보장에는 불가피한 제한이 따를 수밖에 없고 관계 법령에서 그 제한을 다소나마 해소하기 위한 조치를 마련하고 있다고 볼 수 있다. (2) 독립유공자 등록의 요건인 일제의 국권침탈 전후로부터 1945년 8월 14일까지 국내외에서 국권침탈을 반대하거나 독립운동을 위하여 일제에 항거한 사실은 오래된 과거의 사실로서 그 객관적인 사실 확인도 어려울 뿐더러 일제의 국권침탈이 오랜 기간 전면적으로 이루어졌으므로 위 기간 동안의 객관적 행위사실을 어떻게 평가할 것인가의 가치판단의 문제가 불가피하게 남게 된다(헌법재판소 2010. 6. 24. 선고 2009헌바111 전원재판부 결정 참조). 이와 아울러 등록신청 대상자의 독립운동 이후 사망 시까지 행적 또한 평가의 대상이 되는 점까지 감안하면, 공적심사위원회의 심사에는 심사위원들의 전문적·주관적 판단이 상당 부분 개입될 수밖에 없다. 이러한 심사의 본질에 비추어 공개를 염두에 두지 아니한 상태에서의 심사가 그렇지 아니한 경우보다 더욱 자유롭고 활발한 문답과 토의를 거쳐 객관적이고 공정한 심사 결과에 이를 개연성이 크다고 할 것이다. (3) 반면 위와 같은 공적심사위원회의 광범위한 심사내용 및 심사의 본질 등을 고려하면, 이 사건 회의록에 심사위원들의 대립된 의견이나 최종 심사 결과와 세부적인 면에서 차이가 나는 내용이 포함되어 있을 경우 그 공개로 인하여 신청당사자에게는 물론 사회적으로도 불필요한 논란을 불러일으키거나 외부의 부당한 압력 내

43356등)로 일관하고 있다.

그러나 회의록을 공개하면 공정한 업무 수행에 지장을 초래할 수 있다[37]는 것은 권위주의 시절의 사고방식이라고 본다. 책임행정 구현이라고 하는 점에서 회의록은 공개하는 것이 타당하고, 공개를 염두에 두지 않는 심사는 무성의, 무책임과 같은 또 다른 문제를 내포할 수 있다 할 것이다. 기록이 외부에 공개된다고 할 때 보다 더 책임감 있는 판단과 기록이 남겨진다는 사실에서 보다 더 신중하고 객관적인 판단을 할 수 있다고 본다. 회의록의 비공개가 만능은 아니다.

VI. 제5공화국 신군부 관련자와 국립묘지 안장 여부의 검토

국립 대전 현충원에는 안현태를 포함해 12·12 군사반란 및 5·18 내란 사건 관련자들이 안장되어 있다. 김호영(대령, 전 2기갑여단 16전차 대대장), 유학성(대장, 전 국방부 군수차관보), 정도영(소장, 전 보안사 보안처장 역임), 정동호(준장, 전 청와대 경호실장 대리) 등 4명의 군인들이다. 특히, 유학성은 2심에서 징역 6년형을 선고받았지만 대법원에서 형이 확정되기 이전에 사망함으로써 공소 기각되어 대전 현충원 장군묘역에 안장되었다.[38]

2017년 3월 전두환 전 대통령 부인 이순자씨가 자서전을 통해 전두환 전 대통령의 국립현충원 안장 의사를 밝혀 논란이 일고 있다. 전직 대통령의 경우 국내 국립묘지 중에서도 '국립현충원'에 안장될 수 있다. 국립묘지의 설치 및 운영에 관한 법률에 의하면 대통령, 국회의장, 대법원장 또는 헌법재판소장의 직에 있었던 사람과 국가장(國家葬)으로 장례된 사람 등은 현충원 안장이 가능하다. 그러나 전직 대통령이더라도 '탄핵이나 징계처분에 따라 파면 또는 해임된 사람'에 대해서는 안장을 금지한다. 국립묘지의 '영예성'을 훼손한다고 인정될 시 안장이 금

지 새로운 분쟁에 휘말리는 상황이 초래될 우려가 높고, 심사위원들로서도 공개될 경우에 대한 심리적 부담으로 인하여 솔직하고 자유로운 의사교환에 제한을 받을 수밖에 없을 것으로 보인다. 또한 이는 이 사건 회의록을 익명으로 처리하는 방법으로 해소될 문제는 아니라 할 것이다(대법원 2014.7.24, 2013두20301 판결[행정정보공개청구거부처분취소]).

37) "무릇 역사적 사안을 다루는 사람들은 자신의 이름을 걸지 않으면 안 된다. 이름을 내걸 자신이 없으면 스스로 그 자리에서 물러나는 것이 역사 앞에 죄를 짓지 않는 길이다. 특히 고위 공직자들은 자신의 이름에 책임을 져야 한다. …중략…익명의 그늘에 숨어 찬성표를 던진 고위 공직자들이 역겹다."(경향신문 사설 "국립묘지 안장심의위원 명단 숨길 이유 없다", 「경향신문」, 2011년 9월 22일, 31면).

38) 주정립, 「12·12 군사반란자들의 국립묘지 안장 실태」, 『친일·반민주 인사 국립묘지 안장반대 시민행동 발족식 겸 국립묘지법 개정 공청회』 자료집(2012), 13: 하상복, 『죽은 자의 정치학』, 모티브북(2014). 435면.

지될 수 있다. 처벌받은 전직 대통령이라도 사면·복권된 경우 국립묘지 안장 여부에 대한 명확한 규정이 없다.

안현태의 국립묘지 안장은 궁극적으로 전두환과 노태우 두 전직 대통령의 안장 문제와 연결되어 있다는 면에서 사안의 중대성을 띠고 있다. 안현태의 안장과 동일한 경로를 밟게 된다면 전두환과 노태우 두 전직 대통령의 국립 현충원 안장 또한 가능해진다. 그들은 내란죄 등을 범했지만 사면·복권[39]되었기 때문에 안현태의 경우와 마찬가지로 그들의 안장이 국립묘지의 영예성에 부합하지 않는가의 여부를 판단하기 위해 국립묘지 안장대상심의위원회를 개최할 수 있다. 안현태의 사례가 보여주듯이 국가보훈처 국립묘지 안장대상심의위원회의 결정으로 두 전직 대통령의 현충원 안장이 가능해질 수 있다.[40]

아래에서 안현태의 국립묘지 안장 과정을 살펴보고, 12·12군사반란 및 5·18쿠데타[41]로 처벌받은 전직 대통령의 국립묘지 안장 문제를 검토하기로 한다.

1. 안현태의 국립묘지(대전 현충원) 안장 과정과 부당성

12·12 및 5·18사건 관련자의 국립묘지 안장 문제를 낳게 된 근본적인 원인은 김영삼 문민정부 시절 정치적 의도에서 광주학살 책임자에 대한 전면적 수사가 아니라, 시작부터 정해진 처벌대상자 범위에 맞춘 수사가 진행되어진 것에서 비롯된 것이다.[42]

---

39) 전두환과 노태우 전직 대통령들에 대한 사면(赦免)의 부당성에 대한 비판으로는 이철호, "헌법상 사면권과 전·노赦免논의에 대한 管見", 「아·태공법연구」 제4집(1997), 109-130면 참조.

40) 하상복, 『죽은 자의 정치학』, 모티브북(2014), 451면 각주 8).

41) 12.12,5.18쿠데타에 대한 처벌과정은 한상범外2인 편저, 『12·12, 5·18재판과 저항권』, 법률행정연구원(1997)참조.

42) 이처럼 진실규명이 미흡한 상태에서 애초 5·18의 처리를 '역사에 맡기자'고 했던 김영삼 정권이 정치적 의도에 따라 책임자 처벌에 나서게 됨으로써 그 한계는 처음부터 예상될 수 있는 것이었다. 김영삼 대통령은 '주모자만 처벌'한다는 지시를 하달했고 이에 따라 광주학살 책임자에 대한 전면적 수사가 아니라, 시작부터 정해진 처벌대상자 범위에 맞춘 수사가 진행되었다. '처벌 최소화'를 바라는 대통령의 뜻에 따라 "밝혀진 시민학살의 책임자도 기소하지 않고 그밖에 다른 수많은 범죄들, 예컨대 상무대로 끌고 간 시민들을 고문하여 폭도로 만든 재판과 김대중 내란음모사건을 비롯하여 전국에서 이루어진 조작된 재판들, 삼청교육대, 언론통폐합, 언론인과 공직자 해직 따위의 범죄와 피해자에 대하여 언급도 하지 않을 수" 있었다(안종철 외 2010.140). 이처럼 주요한 공범과 방조범에 대해 조사를 포기함으로써 12·12 및 5·18의 책임자 처벌은 역사적 정의를 바로세우기를 염원하던 국민들의 기대에 크게 못 미치는 수준에서 마무리되었고 이로한 문제점이 오늘날 12·12 및 5·18 사건 관련자의 국립묘지 안장 문제를 낳게 된 한 원인으로 작용한다(주정립, 「12·12 군사반란자들의 국립묘지 안장 실태」, 『친일·반민주 인사 국립묘지 안장반대 시민행동 발족식 겸 국립묘지법 개정 공청회』 자료집(2012), 14면).

 2011년 8월 6일 오전 11시 전두환 전 대통령의 경호실장이었던 안현태가 국립 대전 현충원 장군 제2묘역에 묻혔다. 그는 그해 6월 25일에 사망했지만 바로 안장되지는 못했다. 사망한 지 40일이 지나서야 안장이 가능했던 것은, 안장 자격을 둘러싼 합의가 이루어지지 못했기 때문이다. 그는 국가보훈처에서 안장을 결정한 다음 날 서둘러 국립묘지로 들어갔다. 그렇지만 그는 안장 이후에도 그를 이장해야 한다는 목소리 때문에 경건한 사자의 대우를 받지 못했다.[43]

 안현태는 육군사관학교를 졸업한 뒤 수도경비사령부 30경비단장과 공수여단장을 지냈다. 1985년 1월 소장으로 예편한 뒤 그해부터 1988년까지 대통령 경호실장을 지냈다. '국립묘지의 설치 및 운영에 관한 법률' 제5조(국립묘지별 안장대상자)는 국립 서울 현충원과 국립 대전 현충원에 안장될 자격 중 "장관급 장교 또는 20년 이상 군에 복무한 사람 중 전역·퇴역 또는 면역된 후 사망한 사람"을 포함하고 있다. 이때 "장관급 장교"는 장군을 의미하기 때문에 소장으로 전역한 안현태는 법률적으로는 국립묘지에 안장될 자격이 있다. 그러나 법률은 대한민국 국적을 상실했거나 탄핵이나 징계처분에 따라 파면이나 해임된 사람 등은 국립묘지에 안장될 수 없다고 규정하고 있는데, 그 금지 규정에는 '국가 유공자 등 예우 및 지원에 관한 법률 제79조 제1항 제1호부터 제4호까지의 어느 하나에 해당되는 사람'이 포함되어 있다. 법률 제79조는 국가 유공자 예우 및 지원을 받을 수 없는 사람들로, 국가보안법을 위반해 실형을 선고받고 형이 확정된 사람을 필두로 '특정범죄가중처벌 등에 관한 법률'을 위반해 금고 1년 이상의 실형을 선고 받아 형이 확정된 사람을 포함하고 있다. 이와 같은 법률적 기준에 비춰볼 때 안현태는 안장 자격을 상실한다. 5공화국 비자금 조성에 개입한 혐의로 '특정범죄가중처벌 등에 관한 법률'(뇌물 수수 및 방조죄)에 근거해 1997년 2년 6개월의 실형을 받았기 때문이다. 그런데 '국립묘지의 설치 및 운영에 관한 법률' 제10조는 안장 대상자의 안장 여부를 심의하기 위한 '안장대상심의위원회'의 설치와 운영을 규정하고 있다. 그리고 '국립묘지의 설치 및 운영에 관한 법률 시행령'은 심의위원회의 심의사항을 명시하고 있는데 제13조(심의위원회의 심의) 제3항은 "국립묘지 안장 신청을 받은 국가보훈처장 또는 국방부장관은 안장 등의 대상으로 신청된 사람이 다음 각 호의 어느 하나에 해당되는 경우에는 심의위원회에 심의를 의뢰"할 수 있음을 명시하고 있다. "다음 각 호" 중 3호의 내용이다. "금고 1년 이상의 실형을 선고받은 경우와 국가보훈처장과 국방부장관이 협의하여 정하는 바에 따라 법 제5조 제4항 제5호에 해당하는지 여부에 대한 판단이 필요하다고 인정되는 경우"다. "법 제5조 제4항 제5호"는 국립묘지의 영예성 훼손 여부에 관한 규정이다.[44]

---

43) 하상복, 앞의 책, 15면.
44) 하상복, 앞의 책, 16-17면.

유족이 국립 대전 현충원 안장을 신청한 안현태는 1년 이상의 실형을 선고받았지만, 그의 안장이 국립묘지의 영예성을 훼손하는가의 여부를 판단하기 위해 심의위원회의 심의 대상이 될 수 있다. 안장 신청을 받은 국립 대전 현충원은 2001년 6월 30일 국립묘지안장대상심의위원회에 심사를 의뢰했다. 국립묘지의 설치 및 운영에 관한 법률 시행령 제8조를 근거로 구성된 심의위원회는 2011년 7월 8일과 7월 29일에 회의를 소집해 안현태의 국립묘지안장대상 여부를 심의했으나 위원들 간의 이견으로 결정을 못했다. 의결이 보류된 상태에서 심의위원회는 "회의에 부치는 안건의 내용이 경미하거나 회의를 소집할 시간적 여유가 없는 경우에는 서면으로 의결할 수 있다."는 동법 시행령 제9조를 근거로 같은 해 8월 4일 서면심의를 개최했다. 2011년 8월 5일 국가보훈처는 "국립묘지안장대상심의위원회가 서류심사를 통해 안씨를 국립묘지 안장대상자로 심의·의결했음"을 밝혔다. 전체 15명의 심의위원들 중 9명이 표결에 참여해 정부위원 6명과 민간위원 2명이 찬성하고 1명이 반대했으며, 민간위원 3명은 서면심의에 반발해 사퇴의사를 밝힌 것으로 알려졌다.[45] 언론 보도를 보면, 다음과 같은 점들이 안장 의결의 이유였다. 첫째, 1998년 특별 복권되었다는 점, 둘째, 베트남에 파병돼 국위를 선양한 점, 셋째, 1968년 1·21사태 때 청와대 침투 무장공비를 사살해 화랑무공훈장을 받은 점, 넷째, 대통령 경호실장을 지내며 국가안보에 기여한 점 등이다. 또한 안장심의 회의록 내용에 관한 언론 보도에 따르면 심의위원들은 "대통령 경호실장으로서 저지른 범죄가 아니었다면 훌륭한 군인으로 남았을 것"이라는 의견을 들어 안장을 승인했다.[46][47]

---

45) 안씨의 경우 서면(e메일)으로 진행된 심의에서 15명의 위원 중 9명의 답신을 해, 그중 8명이 찬성하고 1명이 반대했다. 정부당연직 8명 중 6명은 안씨 국립묘지 안장에 찬성했다. 나머지 2명은 표결에 불참했다. 민간위원 중 안장을 찬성한 사람은 2명이었고 1명은 반대했다. 나머지 4명은 불참했고 그 중 3명은 항의 표시로 심사위원직 사의를 표명했다. 국가보훈처가 심의위원들에게 안건자료를 보내면서, 재향군인회, 성우회 등이 제공한 '안장 찬성의견서'는 첨부하고 반대 자료는 첨부하지 않은 것 역시 논란이 됐다. 하지만 국가보훈처는 "심의위원 15명 중 참여한 9명 중 8명이 찬성했으므로 3분의 2가 넘었다"며 국가보훈처의 처리가 적법하다고 주장했다(정유림, "전두환·노태우 전 대통령 국립묘지 안장 논란: 김형욱 겨냥했던 반국가행위법 위헌 판결로 내란죄 저질러도 국립묘지 행 가능", 「신동아」 54권 12호 통권627호, 2011년 12월, 160면).

46) 하상복, 앞의 책, 17–18면.

47) 2011년 당시 안현태씨의 국립묘지 안장에 반대하는 민간 심의위원들이 사퇴 의사를 밝히는 등 강하게 반발했지만 국가보훈처는 이례적으로 서면심의를 통해, 전두환 정권의 비자금 조성에 깊이 관여하고 뇌물죄로 처벌됐던 안씨의 국립묘지 안장을 결정한 바 있다. 이날 국회 정무위원회 소속 조영택 민주당 의원이 공개한 국가보훈처의 제8, 9회 국립묘지안장대상 심의위원회 회의록과 서면심의 결과 자료를 보면, 상당수 심의위원들이 '안씨가 대기업으로부터 받은 뇌물이 떡값 수준이었고, 전두환 전 대통령의 경호실장으로서 저지른 범죄가 아니었다면 훌륭한 군인으로 남았을 것'이라는 등의 이유를 들어 안씨의 국립묘지 안장을 주장했다. 2011년 6월 25일 숨진 안현태 전 청와대 경호실장 지난 7월 8일과 29일 두 차례 열린 회의에서 ㄷ위원은 "안씨가 받은 5천만원의 뇌물은 부하직원들을 위해 사용됐고, 뇌물 성격보다는 떡값 정도의 수준"이

2. 처벌받은 전직 대통령의 국립묘지 안장 문제

'국립묘지의 설치 및 운영에 관한 법률'의 규정에 따라 내란죄로 각각 무기징역과 징역 17년을 선고받았던 전두환·노태우 전직 대통령은 국립묘지 안장 대상에서 제외된다(동법 제5조 제4항). 그러나 12·12군사반란 및 5·18민주화운동과 관련한 헌정질서 파괴범죄 행위자들이 사면(赦免)·복권을 받았을 경우 국립묘지법과 국가장법 등에 이들에 대한 명시적 규정이 없다.

따라서 현행 '국립묘지의 설치 및 운영에 관한 법률'의 규정에 따라 헌정질서 파괴범(내란죄, 군사반란죄, 뇌물죄)들로 처벌받고 사면·복권된 전두환·노태우 전직 대통령들이 사후에 그 유족들이 국립묘지 안장을 신청해 국가보훈처 안장대상심의위원회가 안장을 승인하는 경우 국립묘지에 안장할 수 있게 되는 문제가 발생할 수 있다.

지금 이 문제를 입법적으로 정리해 놓지 않으면 향후 이들의 사망 직후 우리 사회는 국론분열과 소모적 논쟁으로 국가적 낭비를 경험하게 될 것이다.

2012년 김성준 의원이 대표발의한 15명의 국회의원이 발의자로 참여(대표발의: 진성준)한 '국립묘지의 설치 및 운영에 관한 법률 일부개정 법률안'은 그와 같은 '사태'를 방지하기 위한 장치로 고안되었다. 제안 이유가 그 점을 말해준다. "현행법은 대한민국 국적을 상실하거나 형법상 특정한 범죄를 저지른 사람 등에 대하여 국립묘지에 안장될 수 없도록 명시하여 자격을 갖추지 못한 사람의 안장을 원칙적으로 배제하고 있음. 또한 사면법에 따라 사면·복권을 받았다 하더라도 범죄사실이 말소되는 것이 아님에도 불구하고, 안장대상심의위원회가 사면·복권을 이유로 국립묘지의 영예성을 훼손할 수 있는 부적격자 일부를 일관성 없이 안장대상자로 결정하는 부적절한 사례가 발생하고 있으므로, 법률에 이를 명확히 규정할 필요가 있음."(「국립묘지의 설치 및 운영에 관한 법률 일부개정법률안」(의안번호 98: 2012년 6월 12일) 국회-의안정보시스템). 발의안은 현행 국립묘지법 제5조의2(사면·복권을 받은 자의 안장금지), 즉 "제5조제4항제3호의 본문- 조항의 내용은 "국가유공자 등 예우 및 지원에 관한 법률 제79조 제1항 제1호부터 제4호까지의 어느하나에 해당하는 사람" 이다-에 해당하는 사람은

라며 "도덕성을 위배하거나 반사회적 범죄자로 보기는 어렵다"고 말했다. ㄴ위원은 "(안씨의 범죄가) 주범인 전두환 전 대통령의 경호실장이었기 때문에 행한 범죄"라고 주장했고, ㅋ위원도 "(안씨의 행위는) 종범에 해당하는 범죄"라며 안씨의 안장에 찬성했다. 특히 ㅌ위원은 "안씨가 청와대 경호실장이 아니었다면 범죄는 없었을 것"이라며 "군인으로 복무했던 공적을 검토해야 한다"고 말했고, ㅅ위원은 "정경유착은 개인의 문제보다도 구조적 문제로 봐야 한다"는 주장을 펼치기도 했다(전두환 경호실장 안현태씨, 어떻게 국립묘지 안장됐나 했더니…, 「한겨레신문」, 2011년 9월 21일, 2면).

사면법에 따라 사면·복권을 받았더라도 안장대상자가 될 수 없다"는 조항을 신설할 것을 제안했다.[48] 그러나 진성준의원이 대표발의한 「국립묘지의 설치 및 운영에 관한 법률 일부개정법률안」은 임기만료로 폐기되었다.

2017년 6월 천정배 의원이 '5·18민주화운동 등에 관한 특별법 일부 개정 법률안'을 대표 발의했다. 개정안은 전두환·노태우 전 대통령 등 12·12와 5·18 등 헌정 파괴 행위로 유죄를 확정받은 사람이 사면·복권 받아도 국립묘지에 안장되지 못하도록 하는 조항을 신설했다.[49]

「사면법」이 '형의 선고에 따른 기성(旣成)의 효과는 사면, 감형과 복권으로 인하여 변경되지 않는다'고 규정하고 있다는 점과 '사면·복권의 효력은 장래를 향하여 형선고가 상실되거나 자격이 회복되는 것으로 소급효가 인정되지 않는다'는 판례[50]에 따라 안장대상 결격사유가 사면·복권으로 해소되지 않는다는 의견이 있고, 「국립묘지법」에도 불구하고 국립묘지 안장 자격이 사면·복권으로 회복된다는 의견[51] 또한 제시되어 있는데, 개정안은 이를 법률에

---

48) 하상복, 앞의 책, 451면 각주) 8번.

49) 전남일보, 6월 14일자 "헌정파괴 전두환, 국립묘지 안장 금지해야" – 천정배 의원, 5·18특별법 개정 대표 발의 참조.

현 행	개 정 안
〈신 설〉	제8조(국립묘지 안장 금지) 「국립묘지의 설치 및 운영에 관한 법률」 제5조에도 불구하고 제2조의 죄로 유죄를 선고받고 그 형이 확정된 이후 사면·복권을 받은 사람은 국립묘지에 안장될 수 없다.

50) 「사면법」 제5조 제1항 제1호 소정의 '일반사면은 형의 언도의 효력이 상실된다'는 의미는 형법 제65조 소정의 '형의 선고는 효력을 잃는다'는 의미와 마찬가지로 단지 형의 선고의 법률적 효과가 없어진다는 것일 뿐 형의 선고가 있었다는 기왕의 사실 자체의 모든 효과까지 소멸한다는 뜻은 아니다(대법원 1995.12.22. 선고 95도2446). 사립학교교원에 대한 징계해임처분이 무효라면 학교경영자가 해임처분의 유효를 주장하여 교원의 근무를 사실상 거부한다고 하더라도 해임된 교원은 해임처분시부터 여전히 계속하여 교원의 지위를 유지하고 있는 것이라 할 것이고, 그 교원이 복직되지 아니한 기간 동안 금고 이상의 형을 받았다면 사립학교법 제57조, 교육법 제77조제1호, 국가공무원법 제33조제1항제3호, 제4호, 제5호에 의하여 당연퇴직된다 할 것이며, 그 후 특별사면에 의하여 위 금고 이상의 형의 선고의 효력이 상실되었다 할지라도 사면법 제5조제2항에 의하면 형의 선고에 관한 기성의 효과는 사면으로 인하여 변경되지 않는다고 되어 있고 이는 사면의 효과가 소급하지 아니함을 의미하는 것이므로, 당연퇴직으로 말미암아 상실된 교원의 지위가 다시 회복되는 것은 아니다(대법원 1993.6.8. 선고 93다852).

51) 2009년 제35회 국무회의(2009.8.19.)시 김경한 법무부장관 발언. 「국립묘지의 설치 및 운영에 관한 법률」을 보면 국가보안법 위반 행위로 금고 이상의 실형을 선고받아 그 형이 확정된 자 그리고 형법 제250조 내지 제253조를 범한 자 등은 국립묘지에 안장될 수 없다고 되어 있지만, 김대중 前 대통령의 경우 국가보안법 위반 행위에 대해 사면복권을 받은 바 있음. 법무부는 사면복권이 선거권과 피선거권 그리고 국립묘지에 안장될 자격도 회복시켜 주는 것이라고 판단하였음(「5·18민주화운동 등에 관한 특별법 일부개정법률안(천정배의원 대표발의, 제7361호) 검토보고서」(법사위 수석전문위원 박수철, 2017.11 재인용).

2부 • 한국헌정과 대통령

명시적으로 규정하여 안장 제외자의 사면·복권과 관련한 논란 발생을 차단하려는 것[52])이다.

　강창일 위원이 2017년 5월 대표 발의한 '국립묘지의 설치 및 운영에 관한 법률 일부개정법률안'(의안번호6990, 발의연월일 : 2017.5.23)도 사면·복권된 경우와 관련하여서는 현행 '국립묘지의 설치 및 운영에 관한 법률'의 명확한 규정이 없어 내란죄 등으로 무기징역을 선고받았다가 사면·복권 된 전 대통령의 경우 전직 대통령으로서 국립묘지에 안장될 수 있다고 판단될 우려가 있어,「국가유공자 등 예우 및 지원에 관한 법률」제79조 제1항 제1호부터 제4호까지의 어느 하나에 해당하는 사람의 경우 형의 확정 이후에 사면·복권을 받았더라도 국립묘지 안장대상자에서 제외되도록 명확히 하여 국립묘지의 영예성을 보호하려는 것을 내용으로 하고 있다(안 제5조 제4항 제3호).[53]) 강창일 의원 개정안 또한 형의 확정 이후에 사면·복권을 받았더라도 국립묘지 안장대상에서 이들이 제외되도록 명확히 함으로써 형을 선고받고 그 형이 확정된 후 사면·복권된 사람의 국립묘지 안장여부에 대한 논란을 종식하려는 취지이다.[54])

　전두환·노태우 두 전직대통령 국립묘지 안장 여부에 대한 문제를 사전에 해결하기 위한 방법은 관련 법률을 개정하여 입법적으로 해결하는 것이 가장 논리적이고 명쾌하다.

---

52)「5·18민주화운동 등에 관한 특별법 일부개정법률안(천정배의원 대표발의, 제7361호) 검토보고서」(법사위 수석전문위원 박수철, 2017.11).

53)「국립묘지 설치 및 운영에 관한 법률 일부개정법률안(강창일 의원 대표발의, 의안번호 제6990호)참조.

현　행	개　정　안
제5조(국립묘지별 안장 대상자) ① ~ ③ (생　략)	제5조(국립묘지별 안장 대상자) ①~③(현행과 같음)
④ 제1항에도 불구하고 다음 각 호의 어느 하나에 해당하는 사람은 국립묘지에 안장될 수 없다.	④ --.
1.·2. (생　략)	1.·2. (현행과 같음)
3.「국가유공자 등 예우 및 지원에 관한 법률」제79조제1항제1호부터 제4호까지의 어느 하나에 해당하는 <u>사람</u>. 다만, 수형 사실 자체가 「민주화운동관련자 명예회복 및 보상 등에 관한 법률」제2조제2호에 해당하는 사람으로서의 공적(功績)이 되는 경우에는 국립묘지에 안장할 수 있다.	3. --<u>사람(형이 확정된 이후 사면·복권을 받은 사람을 포함한다)</u>. --.

54)「국립묘지 설치 및 운영에 관한 법률 일부개정법률안(강창일 의원 대표발의, 의안번호 제6990호) 검토보고서」정무위원회 전문위원 정운경, 2017.9).

Ⅶ. 맺음말

한국사회는 '책임을 묻지 않는 사회'라 할 것이다. 책임을 묻지 않는 사회는 장래 희망이 없다. 지금 독일에서는 나치 지휘체계의 최하층에서 복무했던 이들까지 단죄하고 있다. 아우슈비츠(Auschwitz)수용소에서 의무병으로 일했던 95살 노인이 기소되고 경비병이었던 94살 노인이 법정에 섰다. 통신 업무를 담당했던 여성 친위대원도 2015년 91살의 나이로 기소됐다. 수감자들의 소지품 분류 등 행정 업무를 했던 94살 노인은 2015년 징역형을 선고받았다.[55]

독재를 경험한 나라들에서는 독재자들의 묘역이전이나 국립묘지 이장 승인이 정치·사회적 논쟁의 대상이 되고 있다. 필리핀 대법원이 독재자 페르디난드 마르코스(Ferdinand Marcos) 전 대통령의 마닐라 국립묘지 묘역 이장을 승인해 논란이 되고 있으며, 스페인에서는 독재자 프란시스코 프랑코(Francisco Paulino Hermenegildo Teódulo Franco y Bahamonde)의 묘역을 국가기념공원인 '전몰자의 계곡'(Basílica Menor de la Santa Cruzdel Valle de los Caídos)에서 다른 곳으로 이전해야 한다는 목소리가 커지고 있다.[56]

1997년 4월 17일 전두환·노태우 전직 대통령들은 내란죄와 군사반란죄, 수뢰죄 등의 죄명으로 각각 무기징역과 17년 형을 선고받았다.[57] 교도소에 복역 중 대법원 판결문의 잉크도 마르기 전인 1997년 12월 22일 특별사면·복권됐다.

현행 '국립묘지의 설치 및 운영에 관한 법률'은 형법에 따른 내란죄 등을 저지르고 금고 이상의 실형이 확정된 경우 국립묘지에 안장될 수 없도록 하고 있지만(동법 제5조 제4항), 사면·복권된 자에 대해서는 관련 규정을 두지 않고 있다.

이 같은 법적 미비를 틈타 2011년 전두환 경호실장 출신 안현태 씨가 뇌물죄 등으로 징역형을 선고 받았지만, 1998년 복권됐고, 국가안보에 기여한 점을 고려한 국가보훈처 '국립묘지 안장대상심의위원회'의 안장 결정으로 대전현충원 국립묘지에 안장됐다.

---

55) 유레카―늙은 전범들의 재판, 「한겨레신문」, 2016년 2월 15일, 30면.
56) "스페인서 장기독재자 프랑코 묘역 이전 논의 재점화", 「연합뉴스」, 2017년 2월 12일; "필리핀 대법원, 마르코스 전 대통령 국립묘지 이장 승인", 「경향신문」, 2016년 11월 9일, 23면 참조.
57) 쿠데타로 집권한 전직 대통령인 전두환과 노태우에게 내란죄 유죄판결을 내려 단죄함으로써 일단 쿠데타 정권을 인정할 수 없음은 분명히 했다. 그런데 그들에 대한 사면 석방과 그들의 부정한 재산과 기득권에 대한 처리의 미미함은 아직도 군정 지배를 나쁘게 보지 않고 멍청하니 기정사실로 인정하는 결과를 남겼다. 흔히 전직 대통령을 어떻게 처벌하겠냐고 한다. 바로 그들이 쿠데타로 대통령이 됐기 때문에 잘못된 것인데도 말이다. 헌정파괴자는 개인이든 집단이든 어느 누구도 치외법권 지역에 놓아두어서 안 되며, 그런 사람들은 미친 개 때려잡듯이 취급해야 한다. 바로 그것이 아리스토텔레스 이래로 내려온 폭군방벌론(暴君放伐論)이 아닌가(한상범·이철호, 『법은 어떻게 독재의 도구가 되었나』, 삼인, 2012, 200면).

우리 사회 수구 기득권세력들은 전두환·노태우 5공 신군부 우두머리들이 대통령을 역임했으므로 전직 대통령 예우차원에서 국립묘지에 안장해야한다는 입장이다. 이처럼 '(중)범죄를 저질렀지만 대통령을 역임했으니 용인하자'는 '괴변(怪變)의 논리'[58]는 우리 사회 곳곳에서 똬리를 틀고 역사의 진전을 가로막고, 사회 발전의 방향을 왜곡하고 있다.

국방부 및 국가보훈처에서는 현재 「사면법」 제5조 제2항에 따라 형을 선고받은 자가 사면·복권이 되더라도 형의 선고에 따른 기성(旣成)의 효과는 변경되지 않는 것으로 보아 「국가유공자 등 예우 및 지원에 관한 법률」 제79조 제1항 제1호부터 제4호까지의 어느 하나에 해당하는 형을 선고받고 그 형이 확정된 사람은 사면·복권 후에도 국립묘지 안장에서 배제하고 있다.[59]

국립묘지 안장과 관련된 판례들을 보아도, 그 동안 사기죄·의료법·전시도망죄·상습도박과 무고죄 등의 위반으로 처벌받은 국립묘지 안장 신청과 관련하여 국립묘지안장대상심의위원회는 국립묘지의 '영예성'을 훼손한다는 이유로 안장을 불허하고 있다. 하물며 전두환·노태우는 이러한 범죄들과는 비교할 수조차 없는 중죄(重罪)인 내란죄와 군사반란죄, 뇌물수뢰죄 등의 범죄로 처벌받은 중죄인들이다.

국립묘지는 군 장성을 지냈거나, 국가에 일정한 공로가 있다고 아무나 묻히는 곳이 아니다. 애국애족의 행적이 뚜렷하고, 평생을 국가에 헌신한 사람 가운데서도 범죄를 저지르지 않은 존경받는 인물이 사후에 국가의 보살핌을 받는 공간인 것이다. 따라서 헌정파괴를 자행하고, 파렴치 범죄와 반인륜 범죄를 저지른 이를 국립묘지에 안장하는 것은 국가의 수치이자 애국선열을 욕보이는 짓이다.[60]

전두환은 5·18 민주화운동 당시 계엄군에게 발포 명령을 내린 당사자로 지목되고 있다. 그러나 그는 사죄는커녕 회고록[61]을 통해 발포 명령을 부인하고, 5·18에 북한군이 개입했다고

---

58) 이 '괴변의 논리'가 문학계에도 널리 퍼져 작동되고 있음을 국문학자 천정환은 다음과 같이 표현하고 있다. "표절에도 불구하고 작품성이 훌륭하다, 일본을 위한 전쟁에 죽으라 선동했음에도 소설은 좋다, 이승만·박정희가 한 모든 일과 전두환을 찬양하는 시를 썼음에도 불구하고 모국어의 마술사다, 상습 성추행범이었음에도 뛰어난 예술가며 민족 시인이다"(한국 현대문학사와 문단, 「경향신문」, 2018년 2월 14일, 31면).

59) 「국립묘지 설치 및 운영에 관한 법률 일부개정법률안(강창일 의원 대표발의, 의안번호 제6990호) 검토보고서」 정무위원회 전문위원 정운경, 2017.9, 4면).

60) '5공 비리' 안현태씨 국립묘지 안장 철회하라, 「경향신문」, 2011년 8월 6일, 23면.

61) '전두환 회고록(1)'(자작나무숲)은 2017년 4월 3일 총3권으로 출간됐다. 전두환은 회고록에서 5·18광주민주화운동을 폭동으로 규정했다. 그리고 그는 5·18당시 계엄군의 발포 명령은 존재하지 않았고 자신은 '광주사태'의 치유와 위무를 위한 '씻김굿의 제물'이었다고 주장했다. 이에 5·18 기념재단 등 5월 단체들은 전두환 회고록 중 '전두환 전 대통령이 5·18에 전혀 관여하지 않았다는 주장(27쪽)' '5·18 당시 헬기

주장하는 등 역사를 왜곡했다. 그는 또한 12・12 군사 반란을 통해 집권 기반을 다지는 등 헌정질서를 유린했다. 그런 자들을 사면・복권을 이유로 신성한 국립묘지에 묻히게 해서는 안 된다. 국회는 천정배 의원이 발의한 '5・18 특별법'개정안과 강창일 의원이 같은 취지로 발의한 '국립묘지의 설치 및 운영에 관한 법률'개정안을 조속히 심의해 통과시켜야 한다. 전두환・노태우 사후에 우리 사회 국론분열과 사회적 혼란이 이는 것을 막기 위해서라도 전두환・노태우에 대한 국립묘지 안장 기준을 지금 확실하게 해둘 필요가 있다.[62] 이를 방기한다면 역사의 파렴치 세력들은 '국립묘지의 설치 및 운영에 관한 법률'의 허점을 비집고 들어와 국립묘지 안장을 추진하게 될 것이다.[63]

사격이 없었다는 주장(379쪽)' '계엄군이 광주 시민에게 총을 겨누지 않았다는 주장(382쪽)' '1980년 5월 21일 전남도청 앞 집단 발포 직전 시위대의 장갑차에 치여 계엄군이 사망했다는 주장(470쪽)' '5・18은 북한군이 개입한 반란이자 폭동이라는 주장(535쪽)' 등 33군데가 사실과 다르다며 전두환 회고록 1권 '혼돈의 시대'에 대한 출판 및 배포금지 가처분 신청(1차 가처분 신청)을 냈다. 광주지방법원 제21민사부(부장판사 박길성)는 2017년 8월 4일 가처분 신청 인용결정을 내렸다. 왜곡한 내용을 삭제하지 않고 회고록을 출판하거나 배포할 경우 전 전 대통령 측이 5・18 단체 등에 1회당 500만원을 지급하라고 명령했다. 출판사 등은 법원이 문제 삼은 곳만 검은 색으로 덧칠한 뒤 회고록을 10월 13일 재발간했다. 이에 반발한 5・18 기념재단 등 5월 단체는 암매장 부인, 무기 피탈 시각 조작, 광주교도소 습격 왜곡 등 40여 곳의 또 다른 허위 사실 내용을 찾아내 2차 가처분 소송을 제기했다. 광주지법은 2018년 1월 31일 재발간된 전두환 회고록 1권 '혼돈의 시대'에 대해 5・18기념재단 등이 제기한 '출판 및 배포 금지 가처분'(2차 가처분 신청) 소송의 최종 심문 기일을 열었다.

62) '전두환 국립묘지 안장 금지 당연하다', 「전남일보」, 2017년 6월 15일.

63) 늦었지만 차제에 전두환・노태우 이들에 대한 '무궁화대훈장' 서훈 취소도 함께 추진해야 한다. 우리 사회는 '5・18민주화운동 등에 관한 특별법'의 제정과 대법원에서 처벌을 통해 '12・12군사쿠데타'와 5.18광주민주화운동을 무력으로 탄압하고 불법적으로 성립한 전두환・노태우 두 정권의 역사적 정당성을 부인하였다. 이러함에도 지난 2006년 신군부세력의 서훈 취소 대상에서 전두환・노태우의 '무궁화대훈장'의 경우는 대통령 재임 자체를 부정하게 되는 문제가 있다며 제외됐다. 하지만 무궁화대훈장을 취소한다고 해서 재임 자체가 부정되는 것은 아니며, 다른 훈장들은 취소하면서 무궁화대훈장을 남겨둔 것은 그 자체가 이들의 헌정질서를 유린한 불법적 행동을 용인(容認)하는 것이다(이철호, 한국사회의 '훈장잔치'와 역사바로세우기, 「법무사」 2014년 4월호, 5면; Lee cheol・ho, The Story of the "Order of Merit Party" and the Cancellation of Awards Issued to Chun Doo-Hwan's New Military, 「DONGGUK LAW REVIEW」 Vol.4(2014.5), pp.151-183 참조).

3부

헌법과 공직(公職)

헌법과 특권제도

I. 서언

특권(特權)이란, 사전적 의미로 특정한 개인이나 집단에 대하여 인정하는 특별한 권리나 이익, 또는 의무의 면제를 의미한다.

우리 헌법 제11조 제1항은 "모든 국민은 법 앞에 평등하다. 누구든지 성별·종교 또는 사회적 신분에 의하여 정치적·경제적·사회적·문화적 생활의 모든 영역에 있어서 차별을 받지 아니한다." 규정하고, 제2항은 "사회적 특수계급의 제도는 인정되지 아니하며, 어떠한 형태로도 이를 창설할 수 없다."고 규정하고 있으며, 제3항에서는 "훈장 등의 영전은 이를 받은 자에게만 효력이 있고, 어떠한 특권도 이에 따르지 아니한다."고 하여 평등의 원리를 규정하고 있다.

이러한 헌법상의 평등권에 대한 예외적인 특권으로서 일반결사에 대한 정당의 특권(헌법 제8조), 국회의원의 불체포특권(제44조)과 면책특권(제45조), 내란 또는 외환의 죄를 범한 경우를 제외하고는 재직중 형사상의 소추를 받지 아니하는 대통령의 형사상 특권(제8조)이 있다.

그러나 헌법현실에서는 특히, 국회의원에 대한 헌법상의 특권이 원래의 목적과는 달리 특권계급화[1]의 역할을 해내고 있는 것으로 국민들 눈에 비춰지고 있다.[2] 이러한 국회의원의 특권

---

1) 최장집 교수는 정치의 대표체제로서 국회의원을 시민대중의 이익을 대표하고 사회에 대해 책임성을 갖기보다 그들 스스로의 이익을 실현하고자 하는 정치계급(political class)화 된 존재로 파악하고 있다(최장집, 『민주화 이후의 민주주의』, 후마니타스, 2002, 5면·203면 참조).

2) 대통령선거자금 부정모금 등의 범죄와 연루되어 있는 사안과 관련하여 15대 국회에서는 야당(한나라당)이 소속국회의원 강경식·이신행·서상목·정형근의 검찰 소환과 체포를 막기 위해 단독으로 임시국회를 17차례나 소집하여 특별한 안건 없이 245일을 허비하였다. 이를 두고서 '서상목·이신행 국회'니 '방탄국회'니 '뇌사(腦死)국회'라고 국민들에게 회자되고 이는 국회의원의 불체포특권 남용 사례를 단적으로 보여주었다. 16대 국회에서는 2000년 5월 30일 임기가 시작된 뒤 2004년 3월 5일까지 정기국회나 임시국회가 열리지 않은 달은 모두 합쳐 석달에 불과하다. 국회가 특별한 현안이 없을 때에도 거의 매달 회의를 소집하는 것은 비리 혐의 국회의원을 보호하기 위해서라는 게 이미 국민들 사이에는 상식이 되어 있다.

인정은 헌법상 평등의 원칙에 위배되는 것이 아닌가의 문제가 제기될 수 있다. 그러나 국회의원에게 특권을 인정하는 것은 그 자체가 곧 사회적 특수신분의 인정이나 창설을 의미하는 것은 아니며, 단지 국회의원의 원활한 직무수행과 의회의 자유·독립을 보장하기 위한 것이므로 이는 합리적인 근거에 의한 차별로서 평등의 원칙에 위배되는 것은 아니다.[3] 그러나, 실제로 불체포특권이 국회의원들의 직무수행이 아니라 그 직무관련 비리를 비호하는 '위인특권(爲人特權)'으로 엉뚱하게 운용되어 헌법정신(憲法精神)을 비웃는 것에 주권자인 국민들은 신물이 나있다.

Ⅱ. 정당의 특권제도

정당의 특권(Parteiprivileg)은 본래적 의미로 헌법상 국민의 정치의사형성(政治意思形成)이라는 중대한 과제를 지고 있기 때문에 함부로 강제해산(强制解散)될 수는 없다. 따라서 정당은 헌법재판소의 심판에 따라서만 해산될 수 있는 것으로, 일반결사(一般結社)와는 달리 정당만이 갖는 특권을 의미하는 것이다.[4]

헌법상 정당의 특권은 크게 (1) 설립·활동·존립의 특권과 (2) 선거운동의 특권, (3) 재정상 특권으로 분류할 수 있다.[5]

헌법상 '정당은 법률이 정하는 바에 의하여 보호를 받는다'(헌법 제8조 제3항)는 것은 정당이 재정적 원조·면세 등의 특혜조치를 받는 것 등을 말하지만, 특히 집권당의 탄압으로부터 야당의 존립을 보호하자는 데 그 의의가 있다.[6] 특히, 헌법 제8조 제4항에서 "정당의 목적이나 활동이 민주적 기본질서에 위배될 때에는 정부는 헌법재판소에 그 해산을 제소할 수 있고, 정당은 헌법재판소의 심판에 의하여 해산된다"고 규정하고 있다. 이는 정당의 의무에 관한 규정인 동시에 정당의 특권에 관한 규정이라고 할 수 있다.

그러나, 헌법상의 정당보호조항이 있다는 이유만으로, 정당의 현실이 어떠하든지 정당이 국민의 정치적 의사를 대변하지 못하고 특정 정당지도자들의 의사만을 대변하더라도 헌법이 정당보호를 규정하고 있다는 이유만으로, 정당의 우월적 지위를 가감 없이 인정한다면, 이는 헌

---

3) 정만희, 『憲法과 議會政治』, 법문사(1991), 46면.
4) 계희열, 『헌법학(상)』, 박영사(1995), 268면.
5) 김학성 교수는 정당의 특권을 ① 존립의 특권, ② 意思形成權, ③ 財政上 特權으로 분류하고 있으며(김학성, 『헌법학강의』, 성민사, 2001, 156면 참조), 권영성 교수는 ① 설립·활동 및 존립상의 특권, ② 정치적 특권, ③ 재정·경제상의 특권으로 분류하고 있다(권영성, 『헌법학원론』, 법문사, 2002, 193면 참조).
6) 김철수, 『헌법학개론』, 박영사(2001), 172면.

법현실과 유리된 법학이고 지나친 법실증주의적 접근방법이다.[7]

1. 설립 · 활동 · 존립의 특권

정당은 일반결사에 비하여 설립, 활동, 존립에 있어서 특권을 누린다. 정당은 그 목적이나 활동이 민주적 기본질서에 위배되고 헌법재판소의 심판에 의하지 아니하고는 해산되지 아니하므로 일반결사가 법령위반을 이유로 행정처분에 의해 해산되는 점과 비교할 때 정당은 특권을 부여받고 있다고 볼 수 있다.

헌법상 정당의 설립과 활동의 자유를 보장하고 있는 것은 선거제도의 민주화와 국민주권을 실질적으로 현실화하고 정치적으로 자유민주주의 구현에 기여하는데 그 목적이 있는 것이지 정치의 독점이나 무소속후보자의 진출을 봉쇄하는 정당의 특권을 설정할 수 있는 것을 의미하는 것은 아니다.[8]

헌정사적으로 제1공화국 당시 진보당(進步黨)에 대해서 대법원은 그 강령이나 정책 자체가 위헌은 아니다는 판결(大判 1959.2.27, 4291형상559)을 내린 바 있으나, 정부는 당시 헌법에 정당보호규정이 없음을 이유로 공보실장의 행정처분으로 진보당을 해산시켰다.[9]

헌법이 정당에 대하여 일반결사와는 다른 특별한 보호와 규제를 하고 있는 이유는, 정당이 국민의 이익을 위하여 책임 있는 정치적 주장이나 정책을 추진하고 공직선거의 후보자를 추천 또는 지지함으로써 국민의 정치적 의사형성에 참여함을 목적으로 하여 조직된 단체이고 또 그러한 목적수행에 필요한 조직을 갖추고 있기 때문인 것으로 이해되고(정당법 제1조, 제2조 참조), 반대로 일반결사에 대하여 정당의 경우와 같은 헌법상의 보호와 규제가 없는 것은 그러한 단체는 각기 자기고유의 설립목적이 따로 있고 국민의 정치적 의사형성에 참여함을 직접 목적으로 하여 조직된 것이 아니며 또 그러한 의사형성에 참여하는데 필요한 조직도 갖추고 있지 않기 때문인 것이라고 보고 있다.[10]

현행헌법 제8조 제4항의 위헌정당해산제도는 방어적 민주주의를 구체화시킨 대표적 헌법규정이면서 한편으로는 그 문언상(文言上) 정당에 대한 규제임이 분명함에도 불구하고 일반결사와는 달리 헌법재판소의 결정에 의해서만 해산된다는 절차상의 특수성으로 인하여 오히려

---

7) 李明雄, "憲法 第8條(政黨條項)의 兩面性", 『憲法論叢』 제13집, 2002, 506 · 507면.
8) 헌재 1992. 3. 13. 92헌마37등, 헌법판례집 제4권, 137-144.
9) 진보당사건의 헌법적 검토는 이철호, "진보당 사건의 현대적 조명", 『법과사회』 제16 · 17 합본호, 1999, 35-53면 참조.
10) 헌재 1995. 5. 25. 95헌마105, 헌법판례집 제1권 1집, 826면-842면.

정당특권으로까지 불리 우고 있다.[11]

　헌법재판소의 해산결정이 있으면 그 때부터 그 정당은 모든 특권을 상실한다.[12] 따라서, 중앙선거관리위원회의 해산 공고는 확인적(確認的) 효력밖에 없다. 또한, 해산된 정당의 강령과 동일 또는 유사한 정당 즉 대체정당의 설립이 금지되며 동일한 정당의 명칭 사용도 금지된다. 해산된 정당의 잔여 재산은 국고에 귀속된다(정당법 제41조 제3항).

　해산된 정당에 소속된 국회의원의 의원자격상실 문제와 관련하여, ㉮ 의원자격을 박탈하지 않는다면 정당제 민주주와 방어적 민주주의에 위반하여 해산결정 그 자체를 무의미하게 만들기 때문에 의원자격이 상실된다는 견해[13]와 ㉯ 의원자격을 상실시키는 것은 대의제도(代議制度)의 정신에 반하기 때문에 무소속의원으로 남는다는 견해[14], ㉰ 전국구의원만 상실된다는 견해가 대립하고 있다.

　우리 헌법이 '방어적 민주주의'를 수용하고 있는 이상, 위헌적 정당으로 해산된 정당에 소속되어 있는 국회의원의 의원직을 박탈하는 것이 논리적으로 타당하다고 본다.

2. 선거운동의 특권

　정당은 공직선거에 참여하거나 여론형성을 주도하는 방법으로 적극적으로 국민의 정치적 의사형성에 참여할 권리(헌법 제8조 제2항), 선거에 관한 경비를 원칙적으로 부담하지 않을 권리·균등한 경쟁기회를 보장받을 권리(헌법 제116조 제2항)를 보장받고 있다. 또한 정당은 각급 선거관리위원회 위원추천권과 선거참관인 지명권 등의 특권을 가진다(선관위법 제4조 및 공직선거법 제181조).

3. 재정상 특권

　정당은 법률이 정하는 바에 따라 정당의 운영에 필요한 자금을 국가로부터 보조받을 수 있다(헌법 제8조 제3항). 또한, 정당이 수령하는 기부나 찬조 기타 재산상의 출연에 대한 면세의 특혜를 받는다(정치자금법 제27조).

　정당에 대한 보호와 국가로부터 정당보조는 정당이 국민의 이익을 위하여 책임있는 정치적

---

11)　장영수, 『민주헌법과 국가질서』, 홍문사(1997), 187면.
12)　헌법재판소의 결정이 있기 전에 신청 또는 직권으로 정당활동을 금지하는 가처분결정을 할 수 있다(헌법재판소법 제57조).
13)　권영성, 앞의 책, 198면; 허영, 『한국헌법론』, 박영사(2002), 816면.
14)　구병삭, 『新韓國憲法論』, 일신사(1989), 171면; 김철수, 앞의 책, 174면.

주장이나 정책을 추진하고 공직선거의 후보자를 추천 또는 지지함으로써 국민의 정치적 의사형성에 참여함을 목적으로 하는 국민의 자발적 조직으로서 다른 집단과는 달리 그 자유로운 지도력을 통하여 무정형적(無定型的)이고 무질서한 개개인의 정치적 의사를 집약하여 정리하고 구체적인 진로와 방향을 제시하며 국정을 책임지는 공권력으로까지 매개하는 중요한 공적 기능을 수행하기 때문인 것이며 그와 같은 정당의 기능에 상응하는 지위와 권한을 보장하고자 하는 헌법정신의 표현이라 할 수 있다.[15]

Ⅲ. 국회의원의 특권제도

국회의원은 독립된 헌법기관이면서 국민전체의 대표기관이다. 국회의원이 국민의 대표자로서 양심에 따라 소신껏 직무를 수행할 수 있기 위해서는 막강한 조직을 가진 행정부, 소속정당, 사회의 거대세력들 및 유권자집단, 심지어 동료국회의원(들)로 부터 어떤 보호장치가 있지 않으면 안 된다.[16] 이에 대한 헌법상 보호장치 장치가 국회의원의 면책특권(免責特權)과 불체포특권(不逮捕特權)이라 할 수 있다.

국회의원들이 면책특권을 악용하여 근거가 부족한 허위·비방성 폭로의 수단으로 악용하는 사례가 잇따르면서 헌법상 보장하고 있는 면책특권의 제한 필요성이 제기되고 있으며, 제16대 국회는 2003년 12월 30일 각종 범법행위에 연류된 국회의원 7명에 대한 체포동의안 전부를 부결시킴으로서 국민의 공분(公憤)을 불러일으키고 있다. 또한, 불행하게도 우리 헌정사에서 국회는 불체포특권을 내세워 무작정 방탄국회[17]를 열어 중대한 범죄를 범한 동료 의원들에 대한 형사사법집행을 방해하고, 일부 의원들은 면책특권을 남용하여 다른 사람의 명예를 훼손하는 행위를 하거나 갖은 핑계로 검찰 소환에 불응하고 재판을 지연시켜 왔다.[18] 회기중 불체포특권을 「비리 보호막(非理保護幕)」으로 전락시켜 헌법을 비웃어온 탓으로 국회의원의 불체포특권 제한 논의가 사회적으로 이슈가 되고 있다.

[표1]에서 보는 바와 같이, 2003년 12월 29일 헌정사적(憲政史的)으로 초유의 체포동의안(逮捕同意案) 부결로부터 10일 후인 2004년 1월 벽두 검찰의 영장 재청구와 법원의 영장발부는 헌정 초유로 현역국회의원이 무더기 구속으로 이어졌다. 그리고, 2004년 2월 9일 비리혐의로

---

15) 헌재 1991. 3. 11. 91헌마21, 헌법판례집 제3권, 91면 이하 참조.
16) 홍성방, 『헌법(Ⅱ)』, 현암사(2000), 431면.
17) 2004년 2월 9일 국회에서 서청원 의원 석방동의안 처리로 인해 「탈옥국회(脫獄國會)」라는 표현까지 등장했다.
18) 대한변협 성명서, 불체포특권은 제한되어야 한다(2003년 12월 31일) 참조.

구속된 서청원의원 '석방 요구 결의안'을 표결로 통과시키기까지 했다.[19]

[표 1] 국회의원 체포동의안 처리 결과

의 원	혐 의	찬성	반대	기권	무효
최돈웅(한나라당)	불법대선자금 모금 주도	99	133	2	2
박주천(한나라당)	국감증인 제외 대가로 5천만원 수수	34	197	4	1
박재욱(한나라당)	대학 공금 수십억원 횡령	67	165	2	2
박명환(한나라당)	세무조사 무마 명목 6천만원 수수	33	198	4	1
이훈평(민주당)	하도급 청탁 대가로 뇌물수수	43	186	5	2
박주선(민주당)	나라종금 뇌물수수	43	188	4	1
정대철(열린우리당)	굿모닝시티뇌물수수	71	159	4	2

출처 : 한겨레신문, 2003년 12월 31일, 1면.

1. 불체포특권

헌법 제44조는 "① 국회의원은 현행범인인 경우를 제외하고는 회기중 국회의 동의없이 체포 또는 구금되지 아니한다. ② 국회의원이 회기 전에 체포 또는 구금된 때에는 현행범인이 아닌 한 국회의 요구가 있으면 회기 중 석방된다."고 국회의원의 불체포특권을 규정하고 있다.[20]

---

19) 서청원 의원 석방 추진 의원과 의사일정변경동의안에 서명한 의원은 아래와 같다.

석방요구 결의안 서명(2월 6일)	의사일정변경동의안 서명(2월 9일)
박종희,임인배,박혁규,권태망,심재철,윤두환, 이해구,김낙기,이양희,박원홍,김용학,심규철, 신현태,김동욱,김황식,서상섭,김진재,박시균, 김용균,전용학,이규택,이승철,맹형규,전용원, 정문화,이상희,황우여,권오을,서정화,백승홍, 윤경식(31명)	박종희,맹형규,이승철,권오을,조웅규,이재오, 박세환,이상희,권기술,강창희,이규택,윤두환, 심재철,심규철,신현태,임인배,권태망,박혁규, 김진재,박시균,김학송,안경률(22명)

* 출처 : 한겨레신문, 2004년 2월 11일, 5면.

20) 한국헌정과정에서 불체포특권 조항의 변천내용은 다음과 같다. 제헌헌법은 제49조"국회의원은 현행범을 除한 外에는 會期中 국회의 동의없이 체포 또는 구금되지 아니하며 會期前에 체포 또는 구금되었을 때에는 국회의 요구가 있으면 회기중 석방된다."라고 규정하였고, 제1차 개정헌법(1952.7.7)에서는 제49조에서 "국회의원은 현행범을 除한 外에는 회기중 그 院의 동의없이 체포 또는 구금되지 아니하며 會期前에 체포 또는 구금되었을 때에는 그 院의 요구가 있으면 회기중 석방된다."라고 규정하였다. 제5차 개정헌법 (1962.12.26)은 전면개정과 동시에 조항도 개정하여 제41조에 "① 국회의원은 현행범인인 경우를 제외하고는 회기중 국회의 동의없이 체포 또는 구금되지 아니한다. ② 국회의원이 회기전에 체포 또는 구금된 때에는 현행범인이 아닌 한 국회의 요구가 있으면 회기중 석방된다."고 규정하였다. 제7차 개정헌법 (1972.12.27)도 제5차 개정헌법과 동일한 규정을 제79조에 규정하였다. 제8차 개정헌법(1980.10.27) 제80

국회의원의 불체포특권을 규정하고 있는 법률로는 계엄법(제13조)과 국회법(제26·27·28·112·150조) 등이 있다.

(1) 불체포특권의 의의와 연혁

불체포특권(不逮捕特權)은 행정부의 부당한 간섭을 배제하여 의원의 신체의 자유를 확보함으로써 국회의 자주적 활동을 보장함을 그 목적으로 한다.

불체포특권은 면책특권과 동시에 근대의회제의 발전과정에서 성립한 관념으로 역사적으로 군주권력과 사법부(司法府)의 의회에 대한 간섭을 배제하여 의회의 자율성(自律性)을 보장하고자 한 것이다.[21] 불체포특권은 영국의 의회특권법(Privilege of Parliament Act, 1603)에 기원을 두고있으나, 근대헌법의 발달과정에서 국회의원의 불체포특권을 최초로 명문화한 것은 미연방헌법이다(미연방헌법 제1조 6항).

오늘날 이러한 국회의원의 불체포특권은 군주의 집행권으로부터 국회의원을 보호하려는 본래의 목적은 유명무실하게 되었다. 그에 대신하여 불체포특권을 정당화하는 근거는 의회(議會)의 기능과 신망(信望)을 유지하는 데에서 찾게 되며, 그 결과 불체포특권은 개개 국회의원의 특권으로 인정하기보다는 오히려 의회의 특권으로 나타난다.[22]

(2) 불체포특권의 법적 성질

국회의원의 불체포특권의 법적 성질은 몇 가지 관점에서 견해의 대립이 있다. 첫째, 보장의 목적(불체포특권의 존재목적)에 관하여 ① 의회의 정상적인 활동을 보장하기 위한 것이라고 보는 의회활동보장설(議會活動保障說), ② 정부권력에 의하여 국회의원의 직무수행이 방해되지 않도록 신체적 자유를 보장하는 것이라고 보는 국회의원의 신체적 자유보장설(身體的 自由保障說), ③ 행정권과 사법권의 체포권남용으로부터 국회의원의 자유로운 활동을 보장하고 또한, 의회의 자주성을 확보라는 점으로 이해하는 병합설(倂合說)이 있다.[23]

둘째, 불체포특권이 국회의원의 특권인가 의회의 특권인가에 관하여 ① 국회의원 개인의 특권이 아니라 국회의 특권이라고 하는 견해[24]와 ② 국회의원 개인의 특권임과 동시에 국회의 특권이라고 보는 견해[25]가 대립하고 있다. 그러나 어느 견해를 따르건 국회의원은 이 특권을

조에 동일한 규정을 두었다.

21) 長尾一紘, 『日本國憲法』, 世界思想史(1998), 357면.
22) Konrad Hesse, 계희열 譯, 『독일헌법원론』, 박영사(2001), 369면.
23) 上田正一, 『日本國憲法要綱』, 高文堂出版社(1997), 353면.
24) 김철수, 앞의 책, 963면.

포기할 수 없다고 본다.

셋째, 불체포특권은 형사책임 그 자체를 면제받는 것이 아니라 회기중에 체포를 일시적으로 유예(猶豫)받는 것을 의미하는 것으로 소송법상의 특권일 뿐이다.

(3) 불체포특권의 내용

불체포특권은 ① 국회의원이 현행범인(現行犯人)인 경우와 국회에서 동의한 경우를 제외하고는 회기중(會期中)에 체포 또는 구금할 수 없으며, ② 국회의원이 회기전(會期前)에 체포 또는 구금되었더라도 국회의 석방요구가 있으면 회기 중에 석방해야 한다.

(가) 불체포특권의 향유자는 '현행범인'아닌 국회의원이다. 따라서 현행범인인 경우에는 불체포특권이 인정되지 아니한다. 현행범인은 형사소송법상 범죄의 실행 중에 있거나 실행 직후에 있는 자를 말한다(형사소송법 제211조). 현행범인은 부당한 체포·구금의 위험이 없으므로 명백한 범죄인을 국회의원이라는 신분 때문에 보호하는 것은 평등의 원칙에 반하고 헌법이 금지하고 있는 특권계급(特權階級)의 창설을 의미하는 것이 되어 부당하기 때문이다.[26] 그러나 회의장 내의 현행범인인 경우라도 국회의장의 명령 없이 의원을 체포할 수 없다(국회법 제150조). 이는 국회의 자율권을 존중하기 위한 것이다.

(나) 회기중(會期中)에는 의원을 체포·구금할 수 없다. 회기중이란 정기회든 임시회든 집회일로부터 폐회일까지의 기간으로서 휴회기간도 포함된다. 체포·구금은 형사소송법상의 강제처분뿐만 아니라 행정상의 강제처분까지도 포함된다.

(다) 국회의 동의가 있는 경우에는 불체포특권이 인정되지 아니한다. 따라서 국회의 동의가 있으면 회기중(會期中)에도 의원을 체포·구금할 수 있다. 정부가 의원을 체포 또는 구금하기 위하여 국회의 동의를 얻으려고 할 때에는, 검찰이 관할법원에 구속영장을 신청하고, 관할법원의 판사는 영장을 발부함이 타당하다고 인정되면, 영장을 발부하기 전에 체포동의요구서(逮捕同意要求書)를 정부에 제출하여야 한다. 정부는 이를 수리(受理)한 후 지체 없이 그 사본을 첨부하여 국회에 체포동의를 요청하여야 한다(국회법 제26조).

국회는 정부로부터 체포동의요청이 있으면, 위원회의 심사를 거치지 아니하고, 본회의에서 정부로부터 체포이유에 대한 설명을 듣고, 토론 없이 동의여부를 무기명투표로 표결한다(국회법 제112조 제5항). 정부의 체포동의요청에 대하여 의원은 질의를 할 수 있으며, 체포동의요청이 있는 의원은 스스로 변명하거나 다른 의원으로 하여금 변명하게 할 수 있다. 국회의 동

---

25) 강경근, 헌법, 754면; 김학성, 앞의 책, 714면; 권영성, 앞의 책, 890면; 허영, 앞의 책, 898면.
26) 김철수, 앞의 책, 964면; 성낙인, 『헌법학』, 법문사(2002), 752면.

의는 헌법과 국회법의 일반의결정족수인 재적의원과반수의 출석과 출석의원과반수의 찬성으로 한다(헌법 제49조 및 국회법 제109조).

국회의 동의와 관련하여 ① 정부의 체포동의 요청을 국회가 거절할 수 있는가, ② 국회가 동의를 함에 있어서 조건이나 기한을 붙일 수 있는가 하는 문제이다. ①의 경우 국회의 동의여부는 국회의 재량이라고 하는 재량설(裁量說)[27]과 범죄의 혐의가 농후하고 증거인멸이나 도주의 우려가 있는 등 체포·구금의 이유가 명백하고 정당한 경우에는 동의를 해야 한다고 하는 구속설(羈束說)이 대립하고 있다. ②의 경우 동의 여부에 재량이 있는 한 동의에 조건이나 기한을 붙일 수 있다는 긍정설[28]과 국회가 동의를 한 뒤의 문제는 법원의 판단에 위임하여야 하므로 조건이나 기한을 붙일 수 없다는 부정설[29]이 대립하고 있다.

(라) 불체포특권은 회기전(會期前)에 체포·구금된 때에도 현행범인이 아닌 한, 국회의 요구가 있으면 회기중 석방된다(헌법 제44조 제2항). 여기서 '회기전'이라 함은 회기가 시작되기 이전뿐만 아니라 전회기(前會期)도 포함된다. 왜냐하면 비록 전회기(前會期)에 있어서 국회가 체포·구금에 동의를 하였다 할지라도 '전회기(前會期)의 의사(意思)'와 '현회기(現會期)의 의사(意思)'와는 다르므로 일사부재의(一事不再議)의 원칙에 위배되지 않는다고 보기 때문이다.[30]

국회의원이 동료의원의 석방요구를 발의하려면 20인 이상의 연서로 석방이유를 첨부한 요구서를 국회의장에게 제출하여야 한다(국회법 제28조). 국회의 석방요구안의 의결에 관해서는 헌법과 국회법상 명문규정이 없으므로 일반의결정족수인 재적의원 과반수의 출석과 출석의원 과반수의 찬성으로 의결한다(헌법 제49조 및 국회법 제109조).

(4) 한국헌정과 불체포특권

제헌국회 이래 현재까지 의원에 대한 총 40건의 체포동의요청이 있었는데 그 처리결과를 보면 가결 8건, 부결 11건, 철회 1건, 폐기 20건(사직 2건 포함)이다. 총인원은 38명인데 1명은 같은 사안으로 2회 체포동의요청에 대해 2회 폐기되었으며, 다른 1명은 같은 사안으로 체포동의 요청되어 철회된 후 다시 체포동의 요청되어 폐기되었다.

1996년 5월 30일 출범한 제15대 국회에서는 12건에 대한 체포동의요청에 대하여 1건은 부

---

27) 강경근, 『헌법학』, 법문사(1997), 875면; 김철수, 앞의 책, 964면; 권영성, 앞의 책, 892면; 김학성, 앞의 책, 715면; 홍성방, 앞의 책, 435면.
28) 강경근, 앞의 책, 875면; 김철수, 앞의 책, 965면; 성낙인, 앞의 책, 752면.
29) 김학성, 앞의 책, 716면; 권영성, 앞의 책, 892면; 허영, 앞의 책, 899면.
30) 김철수, 앞의 책, 965면.

결되었고, 나머지 11건은 회기 중 미처리로 폐기되었다. 2000년 5월 30일 출범한 제16대 국회에서 13건에 대한 체포동의요청에 대하여 1건은 철회되었고, 5건은 폐기되었으며(재판일시 경과 1건, 영장유효기간 만료 3건, 인치일시 도과 1건), 7건은 부결되었다.[31]

(5) 불체포특권의 개선 방향

국회의원의 회기중 불체포 특권은 비리의원 보호장치가 아니다. '방탄국회'의 부끄러운 고리를 이제는 끊어야 한다. 그러자면 국회에 회부되는 의원 체포동의안을 그때그때 법이 정하고 있는 절차대로 처리해야 옳다. 헌정과정에서 그 동안 정략 때문에 체포동의안을 처리하지 않아 법집행을 가로막고 법의 형평성을 깨뜨렸다(동아일보, 1999년 2월 7일).

일본의 경우 우리와는 대조적으로 국회의원의 뇌물수수나 선거법 위반에 대해 체포동의안이 의회에 제출되면 방탄국회를 열거나 체포동의안을 부결시키는 경우는 극히 드물다는 점이다. 일본의 경우 지난 45년 동안 비리혐의가 있는 동료위원에 대해서는 온정주의(溫情主義)가 통하지 않았다. 일본 중의원(衆議院)은 지난 45년 동안 검찰의 체포허락 청구(체포동의안 요구)를 1-3일 만에 모두 가결했고, 일본 현행헌법이 시행된 1948년 이후 검찰이 체포허락을 청구한 20건 가운데 불허한 사례는 1954년과 1958년 각 한차례씩에 그쳤다.[32]

[표 2] 일본 국회의원 체포허락청구 내역

이 름	소속정당	죄 명	청구일	의결일	허락여부	재판결과
아라이 만주오	개진당	수뢰	1954.4.15	1954. 4. 24	불허	불기소
다카이시 고사부로	자민당	선거법 위반	1958.6.10	1958. 7. 1	불허	불기소
세키타니 가쓰리	자민당	수뢰	1967.12.20	1967. 12.22	허락	공소포기 (사망)
나카무리 기시로	자민당	알선수뢰	1994.3.8	1994. 3.11	허락	유죄
야마구치 도시오	신진당	배임	1995.12.4	1995. 12.6	허락	1심 유죄
도모베 다쓰오	신진당	사기	1997.1.28	1997. 1, 29	허락	유죄
아라이 쇼케이	자민당	증권거래법 위반	1998.2.18	의결전 자살		
스즈키 무네오	자민당	알선수뢰	2002.6.17	2002. 6.19	허락	재판중
스즈키 다카노리	자민당	정치자금법 위반	2003.3.6	2003. 3.7	허락	재판중
아라이 마사노리	자민당	선거법 위반	2003.12.29	비회기중 경찰에 체포		

* 출처 : 한겨레신문, 2003년 12월 31일, 3면.

---

31) 한국헌정과정에서 국회의원 체포동의요청에 대한 자세한 실태는 김갑배, "불체포 특권 제한입법의 방향", 『「국회의원의 불체포 특권」에 관한 공청회 자료집』, 대한변호사협회(2004.2.9), 15-19면 참조.

32) 樋口陽一・大項賀明, 『日本國憲法資料集(第4版)』, 三省堂(2001), 145면.

국회의원의 불체포특권은 헌법상 평등원칙의 예외로서 좁게 해석할 필요가 있다.[33] 개정 공직선거법에도 국회의원의 불체포특권을 일부 제한하는 조항을 신설하였다(공직선거 및 선거부정방지법 제270조의2). 공직선거법은 선거범에 관한 재판에서 피고인이 2회 이상 정당한 사유없이 불출석한 경우 '궐석재판'을 진행할 수 있도록 하는 조항을 신설하였다. 과거 현역국회의원이 공직선거법 위반혐의로 피소되었을 때 불체포특권을 악용하여 재판을 고의로 지연시켜 온 관행에「궐석재판제도」의 도입으로 제한을 가한 것이다.[34]

불체포특권에 대한 개선방향으로, 정부에 의한 체포동의요구서가 국회에 제출된 때에는 국회의장은 지체 없이 본회의에 부의(附議)하도록 하되, 본회의는 공개하며, 표결방법은 기명투표에 의하고, 당해 의원은 본회의에 절대 참여하지 못하도록 하여야 한다. 또한, 당해 의원은 스스로 국회의장에게 불체포특권을 포기하는 의사표시를 할 수 있어야 하고, 국회가 체포동의요구서를 제출 받은 때로부터 5일 이내에 본회의에 부의(附議)하여 의결하지 아니한 때에는 이 특권을 포기한 것으로 간주하여야 한다.[35] 또한, 체포동의안 의결정족수를 낮추고, 석방요구안 발의정족수를 높이는 국회법 개정도 이루어져야 한다.[36]

2. 면책특권

헌법 제45조는 "국회의원은 국회에서 직무상 행한 발언과 표결에 관하여 국회외에서 책임을 지지 아니한다."고 규정하고 있다.[37]

---

33) 高乘正臣・佐伯宣親,『現代憲法學の論点』, 成文堂(1996), 258면.
34) 국회의원이 선거재판에서 불체포특권과 재판부기피신청을 악용한 재판지연술책에 대한 자세한 내용은 拙稿, "국회의원 선거재판 연구 - 제16대 국회를 중심으로",『亞・太公法研究』제12집(2004) 참조.
35) 법률신문, 2004년 1월 12일(제3234호), 2면 사설 참조.
36) 대한변협에서는 국회의원들이 그 직무를 충분히 수행하여 의회의 기능을 다할 수 있도록 하고 국민의 대표자로서 행정권에 대한 견제기능을 다할 수 있게 하기 위하여 직무수행상 인정되는 국회의원의 불체포특권과 면책특권은 헌법규정에 부합하도록 법적 한계가 정해져야 한다는 내용의 '국회법중개정법률안에 관한 청원서'를 2004년 2월 13일 국회에 제출하였다. 대한변협은 同 請願書에서 석방요구안의 발의 정족수 강화라는 면에서 국회의원들이 석방요구할 수 있는 발의 정족수 20인을 '재적의원 1/4로' 강화하는 의견을 제출하였다.
37) 한국 헌정과정에서 면책특권에 대한 규정의 변천을 살펴보면, 制憲憲法은 제50조에서 "國會議員은 國會內에서 發表한 意見과 表決에 관하여 外部에 대하여 책임을 지지 아니한다."고 규정하였고, 제헌헌법상의 면책특권조항은 제5차 개정헌법(1962.12.16)에서 개정되어 제42조에서 "國會議員은 國會에서 職務上 행한 發言과 表決에 관하여 國會外에서 責任을 지지 아니한다."고 규정하였다. 제8차 개정헌법(1980.10.27)은 제81조에 동일한 규정을 두었다.

(1) 면책특권의 의의

헌법 제45조가 규정하고 있는 국회의원의 면책특권(免責特權)이란, 국회의원이 국회에서 직무상 행한 발언과 표결에 관하여 국회 외에서 책임을 지지 아니하는 특권을 말한다.

면책특권은 국민의 대표자의 지위에 있는 국회의원이 행정부 등으로부터의 부당한 탄압이나 압력을 받음이 없이 자신의 양심에 따라 국회에서의 자유토론과 야당활동보호를 위한 의회민주주의의 전제조건으로 받아들여지고 있다.

면책특권은 의회의 독립과 자율을 보장하기 위한 불가결의 제도적 장치로서 근대의회제도(近代議會制度)의 발달과 함께 형성되어 왔으며 오늘날 대부분의 국가에서 채택하고 있다.[38] 또한, 면책특권은 국회의 의결로도 그 효력을 제한할 수 없는 일종의 절대적인 권리이기 때문에 의원의 임기 동안은 물론이고 임기가 끝난 후에도 계속적인 효력을 갖는 대의정치의 기본이 되는 제도이다.[39]

면책특권은 1689년 영국의 권리장전(權利章典, Bill of Rights) 제9조[40]에서 처음으로 인정된 후 미국헌법에서 의원의 특권으로 인정되고 오늘날은 세계 각국 헌법에서 이를 규정하고 있다.

(2) 면책특권의 법적 성질

면책특권의 법적 성질과 관련해서 몇 가지 점에서 견해가 대립하고 있다. 첫째, 면책특권이 국회의원의 특권이냐 의회의 특권이냐 하는 문제, 둘째 형벌을 조각하느냐 아니면 위법성을 조각하는 하는 문제, 셋째 소송법상 특권이냐 실체법적 특권이냐 하는 점이다.

(가) 우리나라에서 면책특권은 ① 국회의원 개인의 특권이라는 견해와 ② 국회 자체의 특권이라고 보는 견해, ③ 국회의원 개인의 특권인 동시에 국회 자체의 특권이라고 보는 견해[41]가 대립하고 있다. 다만, 의원은 면책특권을 포기할 수 없다는 점에서는 견해가 일치하고 있다.

(나) 헌법 제45조의 면책특권은 "의원이 원내에서 직무상 행한 발언·표결에 관하여 원외에

38) 정만희, 앞의 책, 46면.

39) 허영, 앞의 책, 900면.

40) 권리장전(權利章典) 제9조는 "議會에서의 討論과 討議 또는 議事節次의 自由는 議會 이외 裁判所나 어떠한 장소에서도 訴追되거나 責任지지 아니한다(That the freedom of speech and debates or proceedings in Parliament ought not to be impeached or questioned in any court or place out of Parliament)"고 규정하고 있다.

41) 김문현, "국정조사권과 사법권의 독립 및 국회의원의 면책특권의 인정여부", 고시계(1994.7), 205면; 정만희, 앞의 책, 49면; 강경근, 『헌법』, 법문사(2002), 756면.

서 책임을 지지 아니한다."라고 규정하고 있는데서 '책임을 지지 않는다'를 두고서 위법성(違
法性)이 조각된다는 견해[42]와 인적처벌(人的處罰)이 조각된다는 견해[43]가 대립하고 있다. 형
법이나 민법의 체계를 무시할 수 없고, 헌법이 규정하고 있는 면책특권이 국회의원의 활동을
보장하기 위한 제도적 장치임을 고려할 때, 헌법 제45조 규정은 인적처벌조각사유를 나타내
고 있다고 해석하는 것이 타당하다고 본다.

(3) 면책특권의 내용

1) 면책특권의 주체

헌법상 면책특권의 주체는 국회의원이다. 국회의원이 아닌 국무총리·국무위원이나 증인·
참고인 및 지방의회의 의원 등에게는 면책특권이 인정되지 아니한다. 미국의 경우 그레이블
(Gravel) 사건에서 의회보조인에게도 면책특권을 인정한 바 있다.[44]

국회의원인 국무위원에 대하여 면책특권을 인정할 것인가에 대하여 ① 국무위원으로서의
발언과 국회의원으로서의 발언을 구별하여 후자에 대하여는 면책특권을 인정해야 한다는 견
해[45]와 ② 의원인 국무총리·국무위원 등의 경우에는 이를 구별하기가 어려우며 어떤 자격으
로서 행한 발언인지의 여부를 불문하고 모두 면책된다고 보는 견해[46]가 대립하고 있다. 국회
의원으로서의 발언과 국무위원으로서의 발언을 구별하여 국회의원 자격에서 행한 원내발언
에 대해서는 면책특권을 인정하여야 한다고 본다.

2) 면책특권의 대상

면책의 대상이 되는 행위는 국회의원이 국회내(國會內)에서 직무상 행한 발언과 표결이다.
여기서 말하는 국회란 국회의사당 내만을 의미하는 것이 아니라, 국회의 본회의나 위원회는
물론 국회가 활동하는 모든 장소를 의미한다. 국회의 개념은 물리적 개념이 아니라 국회의 실
질적 기능을 중심으로 판단해야 한다.

직무행위에는 직무집행 그 자체는 물론이고, 직무행위와 관련이 있는 그 선후의 행위와 직

42) 김영천, "議會의 自律權에 관한 比較法的 硏究", 고려대 박사학위논문, 1991, 303면; 성봉경, "우리 헌법상
의 국회의원의 특권에 관한 연구", 서울대 석사학위논문, 1984, 93면 이하 참조.
43) 강경근, 헌법, 755면; 김학성, 앞의 책, 716면; 권영성, 앞의 책, 886면; 성낙인, 앞의 책, 749면; 홍성방, 헌법
학, 792면.
44) Gravel v. U. S. 606. 1972
45) 권영성, 앞의 책, 887면; 성낙인, 앞의 책, 749면; 허영, 앞의 책, 901면.
46) 김철수, 앞의 책, 967면.

무집행에 부수된 행위도 포함된다. 대법원도 '유성환(兪成煥)의원사건'에서 직무부수행위가 면책특권의 대상이 된다고 판시 한 바 있다.[47]

　면책대상이 되는 행위는 직무상 행위이기 때문에 의사당내에서 행한 발언일지라도 직무와 관계없는 사담(私談), 다른 사람에 대한 야유와 모욕 등은 면책대상이 될 수 없다. 국회법은 "의원은 본회의 또는 위원회에서 다른 사람을 모욕하거나 다른 사람의 사생활에 대한 발언을 할 수 없다."고 규정하여 모욕 등 사생활에 관한 발언을 금지하고 있다(동법 제146조).

　국회 내에서의 발언과 표결은 의사표시만이 아니라 퇴장이나 의사진행방해와 같이 의제에 대한 의견이나 찬·반의 표시를 뜻하는 행위도 이에 포함된다. 직무상 발언과 표결에는 언어적인 발언이 아닌 물리적인 발언은 포함되지 않는다.[48]

3) 면책특권의 효과

　면책의 효과는 국회외에서 책임을 지지 아니한다는 것이다. 국회외에서 책임을 지지 않는다는 것은 민사상·형사상 책임을 지지 않음을 의미한다. 따라서, 국회 내에서의 징계책임은 물을 수 있다. 또한, 소속정당에 의한 징계책임과 유권자에 의한 정치적 책임까지 면제되는 것은 아니다.

　면책되는 기간은 면책특권이 인적처벌조각사유에 해당하므로 재임 중에 국한되는 것이 아니고 임기만료 후에도 계속 적용된다.

4) 면책특권의 한계

　국회의원이 국회에서 행한 직무상 발언과 표결일지라도 의원이 그것을 그대로 원외(院外)에서 발표하거나 출판 등을 하였을 경우에는 면책특권이 인정되지 아니한다. 다만, 공개회의의 회의록을 일반에게 그대로 공개 또는 반포하는 것은 면책된다. 이 경우의 면책은 면책특권의 효과라기보다는 국민의 알권리나 언론의 자유(보도의 자유)의 효과 때문이라고 보는 것이 타당하다.[49] 그러나, 출석의원 과반수의 찬성(헌법 제50조 제1항) 또는 국회의장이 비밀을 요하거나 국가안전보장을 위하여 필요하다고 인정한 부분으로서 회의록에 게재하지 아니하기로 한 내용을 일반에게 반포한 경우에는 면책되지 아니한다(헌법 제50조 및 국회법 제118조).

---

47)　大判1992. 9. 22, 91도3317, 공 1992, 3038.
48)　허영, 앞의 책, 901면.
49)　권영성, 앞의 책, 889면; 김학성, 앞의 책, 718면; 성낙인, 앞의 책, 751면; 허영, 앞의 책, 902면.

5) 면책특권의 문제점과 개선방안

(가) 면책특권의 문제점

[표 3]이 보여주듯이, 면책특권이 여·야 할 것 없이 정치적 공세 수단으로 악용되어 확인되지 않은 내용을 국회 내에서 근거가 부족한 허위·비방성폭로 및 인격모독의 발언으로 물의를 빚고 있다. 사회적 파장을 불러 사회적 혼란을 조장하고도, 헌법상 면책특권의 장막 뒤에 숨어 피해 상대방에 대해서는 법적 책임을 전혀 지지 않고 있는 것 또한 현실이다.

(나) 면책특권의 개선방안

독일 기본법은 제46조 제1항 단서에서 "국회 내의 행위라고 하더라도 모욕적(侮辱的)이거나 명예훼손적(名譽毀損的)인 경우에는 면책되지 않는다."고 명문으로 규정하여 면책특권을 제한하고 있다.

헌법상 국회의원에게 부여하고 있는 면책특권의 본래 취지는 국회의원이 국민의 대표자로서 행정권에 대한 견제기능을 다할 수 있게 하기 위하여 직무수행의 범위에 속하는 한 인정되는 것이다. 그러나 앞에서 기술하였듯이 면책특권이 헌정과정에서 국회의원들이 개인의 정치적 이익과 특정 정파의 위기 돌파용으로 근거 없이 비방과 폭로를 일삼아 사회적 혼란을 조장하고 상대방의 인격을 모독하는 경우가 대부분이었다.

최근 면책특권을 둘러 싼 논의의 쟁점은 국회의원의 국회 내 발언 중 '명예훼손'의 문제를 면책특권의 범위에 포함시킬 것인가 여부가 쟁점이다.

국내에서 국회의원의 면책특권의 남용문제와 관련하여 입법으로 제한하자는 견해와 국회에서 직무상 행한 발언이라도 허위·비방에 의한 명예훼손적 발언이면 면책특권에서 제외하자는 견해도 있다. 또한, 면책특권은 행정부의 통제 간섭으로부터 의원을 보호하기 위한 제도적 장치이므로 이를 규제하는 것은 문제가 있으므로 입법을 통한 제한에 반대하는 견해도 있다. 아울러, 국회 기능 위축을 우려해 국회 자체의 징계제도를 활용하자는 견해도 있다.[50]

결론적으로 '명예훼손죄'는 국회의원의 면책특권의 범위를 벗어나는 것이라고 판단된다. 왜냐하면 우리 헌법 제45조에 명문으로 규정하고있지는 않지만 국회법 제146조의 내용으로 보아 면책특권의 내재적 한계를 명시한 것으로 볼 수 있다. 따라서, 국회내에서의 명예훼손은 국

---

50) 국회 자체의 징계제도를 활용하자는 견해와 관련하여 징계제도의 유명무실론이 제기되고 있다. 제16대 국회에서 윤리특별위원회에 징계심사에 회부된 의원은 12명이다. 그러나 징계절차가 완료된 의원은 1명도 없다(경향신문, 2004년 2월 13일, 5면 참조). 국회 윤리위원회의 외부인사로 구성되는 인적 구성에 대한 변화 없이 면책특권의 남용에 국회의 자체 징계제도를 활용하자는 견해에는 동의할 수 없다.

회의원의 면책특권이 적용되지 않는다고 해석하는 것이 타당하다고 본다. 따라서 국회의원들이 면책특권을 악용하여 무책임한 폭로와 명예훼손 행위를 방지하고 책임정치 구현과 건전한 정치발전을 위하여 면책특권의 한계를 명문으로 규정할 필요가 있다.

[표 3] 국회의원 면책특권 악용 논란 사례

발언자	시 기	폭로내용	결 과
심규철 (한나라당)	2003년 10월 21일 국회 대정부질문	"정대철 대표가 대선 때 에스케이쪽에서 200억 받았다고 고백했다더라"	(진행 중)
김무성 (한나라당)	2003년 10월 17일 국회 대정부질문	"유시민 의원이 지난 대선 직전 베이징의 북한 대사관 수차례 방문해 이회창 후보의 부친에 대한 자료를 가지고 왔다"	사실 무근으로 드러나, 김의원이 본회의장에서 공식 사과
이원창 (한나라당)	2003년 10월 2일 국회 한국방송공사 감사	"정연주 한국방송공사 사장은 간첩 황인욱과 함께 활동한 사람"	정사장·황인욱씨 반박 뒤 흐지부지
이재오 (한나라당)	2002년 10월 10일 국회 대정부질문	"노벨상 수상 대가로 현대가 스웨덴·노르웨이 합작회사에 특혜 줬다"	정부와 해당 회사 사실 무근이라고 해명한 뒤 흐지부지
송석찬 (당시 민주당)	2002년 10월 10일	"이회창 한나라당 후보 부친이 일제시대 마루야마 아키오로 창씨개명했다"	정부가 "동일인인지 확인 불가능하다"고 해명한 뒤 흐지부지
홍준표 (한나라당)	2002년 9월 30일	"정몽준 의원이 김홍업씨에게 활동비로 6억원을 줬다"	대검 수사결과 사실무근으로 확인된 뒤 흐지부지

* 출처 : 한겨레신문, 2003년 10월 23일, 5면.

그러나 가장 이상적인 방안은 국회의 자율권을 존중하여 국회 내부적으로 실질적인 징계권을 통하여 면책특권의 문제를 해결하는 것이 바람직하다고 생각한다. 다시 말해서, 국회의 '윤리심사특위'의 지위를 강화할 수 있도록 입법적 보완을 서두를 필요가 있다.

3. 세비(歲費) 등 기타의 권리(특전·특권)

국회의원은 법률이 정하는 바에 의하여 수당과 여비를 받으며(국회법 제30조), 국유(國有)의 철도·선박과 항공기에 무료로 이용할 수 있다. 다만 폐회(閉會)중에는 공무의 경우에 한한다(국회법 제31조)고 규정하고 있다.

국회의원 세비지급의 역사는 중세의 등족회의(等族會義)에서 의원이 단체의 대리인적 특수신분이었기에 그에게 보수를 준 것에서 유래한다. 그 후 근대 초에는 의원을 명예직(名譽職)

으로 보아 무보수주의(無報酬主義)를 일반적으로 취했었고, 근대민주제에서는 의원에게 국고
(國庫)에서 세비를 지급하게 되었다. 이 점은 의원에게 봉사하는 직무활동과 품위유지에 필요
한 최소한의 실비를 보전하기 위해서였다.[51]

우선, 국회의원이 지급 받는 세비의 법적 성격과 관련하여 ① 직무를 행함에 필요한 비용의
변상이라고 보는 비용변상설(費用辨償說)(手當說)[52]과 ② 국회의원의 근무에 대한 보수로 보
는 보수설(報酬說)[53]이 대립하고 있다. 국회의원의 세비는 국회의원과 그 가족의 생활보장을
위하여 국고(國庫)에서 지급되는 급여의 성격을 가지고 있으며, 국회의원이 명예직(名譽職)이
아니고 본업(本業)으로서 직업의 하나로 볼 수 있으므로 세비를 보수로 파악하는 것이 타당하
다고 생각한다.

그러나 「국회의원수당등에관한법률」 제1조는 "이 법은 국민에게 봉사하는 국회의원의 직무
활동과 품위유지에 필요한 최소한의 실비를 보전하기 위한 수당등에 관한 사항을 규정함을
목적으로 한다."고 규정하여 국고(國庫)에서 국회의원에게 지급하는 세비(歲費)에 대하여 실
비변상설(實費辨償說)에 입각하고 있다.

세비와 기타 교통편익을 받을 권리가 국회의원의 지위에서 가지는 당연한 권리인가 아니면
특권인가가 논란이 될 수 있으나, 이는 국회의원의 의정활동을 보조하기 위한 당연한 권리라
고 보는 것이 옳다. 따라서 국회의원에게 부여된 특권은 아니다.

Ⅳ. 대통령의 특권제도

대통령의 행정권행사가 국정운영에 올바로 반영되도록 대통령에게는 신분상 특권이 부여되
고 있다. 우리 헌법 제84조는 대통령은 그 재직중 형사상 소추를 받지 아니한다. 또한, 탄핵결
정에 의하지 않고서는 공직으로부터 파면되지 아니한다(헌법 제65조 제4항).[54]

---

51) 長尾一紘, 前揭書, 359면; 구병삭, 앞의 책, 701면.
52) 朴奉國, 『國會法』, 박영사(2002), 212면.
53) 長尾一紘, 前揭書, 359면; 강경근, 헌법, 753면; 김철수, 앞의 책, 970면; 김학성, 앞의 책, 722면; 성낙인, 앞
   의 책, 753면; 허영, 앞의 책, 895면; 독일연방헌법재판소(Vgl. BVerfGE40,296ff).
54) 대통령의 형사상 특권에 대하여 "한국의 대통령은 재임중 내란과 외환의 죄를 범한 경우이외에는 소추당하
   지 않는 형사상 특권이 있다. 군주의 지위에 준하는 특권이라고 할까? 미국 대통령에게는 그러한 특권이 있
   지 않다. 따라서 글자 그대로 법앞에 평등으로서 사법적 정의가 구현되어야 한다고 하는 것이 보장된다. 대
   통령에게 형사상 특권을 인정해야만 그 권위가 선다고 하는 것은 그에게 무법적 특권을 인정해서 그 존재
   가 국민을 초월하는 존재로 인정해야 한다고 하는 것인데, 이야말로 민주적이지 못한 사고방식이고 관행이
   아닌가? 대통령은 재임중 살인을 해도 소추할 수 없다는 말이 되는데 이는 납득이 안되는 것이다. 이러한

헌법 제84조가 대통령의 형사상 특권을 인정한 이유는 ① 대통령이 대내적으로 국회와 더불어 국민을 대표하는 기관이라는 점과 ② 대외적으로는 국가를 대표한다는 점에 비추어 그 정상적인 직무수행 및 위신유지를 위하여 형사범죄에 대하여 잠정적으로 형사소추를 유예하자는 데 그 취지가 있다.[55] 헌법재판소 판례 또한, 헌법상 대통령에게 불소추특권(不訴追特權)을 부여하고 있는 것은 "대통령이라는 특수한 신분에 따라 일반국민과는 달리 대통령 개인에게 특권을 부여한 것으로 볼 것이 아니라 단지 국가의 원수로서 외국에 대하여 국가를 대표하는 지위에 있는 대통령이라는 특수한 직책의 원활한 수행을 보장하고, 그 권위를 확보하여 국가의 체면과 권위를 유지하여야 할 실제상의 필요 때문에 대통령으로 재직중인 동안만 형사상 특권을 부여하고 있는 것이다."[56]

1. 형사상 특권

형사소추(刑事訴追)란 본래 공소의 제기를 의미하나, 헌법 제84조의 소추(訴追)라 함은 체포·구속·수색·검증까지 포함하는 것으로 본다(통설). 다만, 재직중(在職中)이라도 내란 또는 외환의 죄를 범하였거나 또는 퇴직 후에는 형사소추가 가능하다. 이러한 헌법상 대통령에게 형사상 특권을 부여하고 있어도 재직중 탄핵소추(彈劾訴追)나 민사상·행정상 책임까지 면제되는 것은 아니다.

우리 헌법과는 달리 미국연방헌법은 현직 대통령의 형사소추나 체포 및 구금의 가능성에 대하여 명백한 규정을 두고 있지 않다. 실제로 1974년 '워터게이트 사건'에 닉슨(Nixon) 대통령이 공범으로 판단되었지만 기소는 되지 않았는데 그 이유중의 한가지는 현직대통령을 형사소추 할 수 있는지에 대한 논란이 해결되지 않았기 때문이다.[57]

특권을 인정하여 놓고 탄핵을 한다고 하는 것은 실현불가능한 비현실적 제도를 만들어 놓고 있는 것이다. 한국 대통령의 만능에 가까운 권한과 특권의 제도의 한 보기라고 할 것이다."라 하는 견해도 있다(한상범, "법적 관점에서 본 권력구조의 문제", 『우리 나라 권력구조의 문제와 대안』, 한국공공정책학회 학술회의 자료집, 1997, 9면).

55) 김선택, 『憲法事例演習』, 법문사(2001), 969면.
56) 헌재, 1995. 1. 20, 94헌마246, 헌법판례집 제7권 1집, 49면 이하.
57) 김종철, "대통령의 특권과 사법", 『國家權力의 存在와 限界』 제26회 한국헌법학회 학술자료집(2003. 5. 23), 115면.

2. 신분보장

대통령은 탄핵결정(彈劾決定)에 의하지 아니하고는 공직으로부터 파면(罷免)되지 아니한다
(헌법 제65조 제4항).

대통령이 국회로부터 탄핵소추의 의결을 받은 경우에는 헌법재판소의 탄핵결정이 있을 때
까지 그 권한행사가 정지된다. 헌법재판소의 탄핵결정은 공직으로부터 파면함에 그칠 뿐이
며, 그 결과가 민사상이나 형사상의 책임까지 면제되는 것은 아니다(헌법 제65조 제4항).

3. 전직대통령의 예우

'전직대통령 예우에 관한 법률'은 전직대통령(前職大統領)들에 대하여 "교통·통신 및 사무
실의 제공등의 지원"을 규정하고 있다(동법 제6조 제3항 2호). 그리고 동법 시행령은 "교통·
통신 및 사무실의 제공 등의 지원"에 대하여 "사무실 및 차량의 제공과 기타 운영경비의 지급"
이라고만 규정하고 있을 뿐이다(동법 시행령 제7조의3 제1호). 또한 '전직대통령 예우에 관한
법률'은 전직대통령이 ① 재직중 탄핵결정을 받아 퇴임한 경우, ② 금고(禁錮)이상의 형이 확
정된 경우, ③ 형사처분을 회피할 목적으로 외국정부에 대하여 도피처 또는 보호를 요청한 경
우, ④ 대한민국의 국적을 상실한 경우에는 전직대통령으로서의 예우를 하지 않는다(동법 제7
조 제2항)고 규정하고 있다.[58]

---

58) 문제는 전직 대통령들에 대한 '교통예우'가 너무 지나치다는 점이다. 전직 대통령들이 밥먹고 이발소 가는
데도 교통신호를 조작하여 이로 인한 교통체증이 심하여 일반시민들에게 극도로 불편을 주고 있다는 것이
다. 전직대통령들이 외출할 때마다 쉽고, 빨리 움직일 수 있게 도로의 교통신호기를 파란불로 바꾸거나 차
량을 막는 방법으로 교통을 조작하고 있다. 이는 '전직대통령 예우에 관한 법률'에도 규정이 없다는 것이다
(경향신문, 2002년 8월 15일, 19면 참조). 특히, 전두환·노태우 전직대통령들은 '12·12군사반란과 5·
18민주화운동'과 관련하여 실형을 선고받은 사람들로서 경호·경비를 제외하고는 「전직대통령 예우에 관
한 법률」(동법 제7조 제2항)이 정하고 있는 예우를 받지 못하게 되어있음에도 교통신호 조작으로 일반 시
민에게 극도의 불편을 주는 것은 특권부여라고 볼 수 있다.

공직과 인사청문회

"인사청문회를 앞둔 공직후보자가 가장 좋아하는 노래는? (과거를 묻지 마세요)"- 이철호

"경찰관이 음주운전을 하다 적발되면 파면(罷免) 당하는 세상이다. 법이 서민과 하위직 공무원들에게는 엄격하고 장관 등에게는 관대한 현실이 부끄럽다." (내일신문, 2010년 8월 26일, 23면, '내일시론' 중에서)

"병역비리에도 트렌드가 있다. 맹모(孟母)는 위장전입을 하지 않았다. 이제는 덤덤해진 '탈세'의 추억 공직자의 투기 '너희는 월급으로 살아'"(이춘석, 『인사청문회와 그들만의 대한민국』, 도서출판 담, 2013년, 103면)

Ⅰ. 서론

미국사회에서 인사청문회와 관련하여 "고위 공직에 진출하고 싶은 야심이 있다면 늦어도 다섯 살 때는 결심을 하고 이후에는 그 기준에 맞춰 살아가야 한다."는 말이 농담처럼 회자(膾炙)되곤 한단다.

인사청문회 제도가 2000년 도입된 이후 인사청문회의 '3대 악습(惡習)'으로 ① 국회의원 출신은 100% 통과한다. ② 청문위원인 국회의원들의 일방적 질문만 있고, 후보자 답변은 없다. ③ 추문(醜聞) 파헤치기는 많고, 능력 검증은 적다 등을 들고 있다. 국회의원 출신인 국무총리・장관 후보자는 전원이 청문회를 통과한 반면 비(非)국회의원 출신 후보자는 20%가 낙마한 것으로 나타났다.[1][2]

---

1) 바른사회시민회의, 「인사청문회 개선 방안 보고서; 인사청문회의 역할을 묻는다」, 2014.7 참조.

2) 위의 보고서에 의하면, 2000년 인사청문회 도입 이후부터 2014년 6월말까지 국무총리, 각부 장관을 지낸 사람은 100여명(총리 서리(署理) 제외)이며, 이 가운데 국회의원 출신은 26명으로 이들 국회의원 출신의 국무위원 26명은 모두 인사청문회를 통과해 임명된 반면, 인사청문회 도입이후 국회의원 출신이 아닌 비(非)의원 출신은 74명 중 14명(19%)이 낙마했다. 이를 두고서 「바른사회시민회의」는 "인사청문회에서도

인사청문회(Confirmation Hearing) 제도의 근본적인 목적은 공위공직자에 대한 대통령의 인사권을 국민의 대표기관인 국회가 견제하는 것이다. 따라서 인사청문제도는 의회 다수당이 내각을 구성하는 권력융합형 정부형태인 의원내각제 국가보다는, 엄격한 삼권분립을 특징으로 하는 대통령제 국가에서 주로 시행되고 있다.[3)]

청문회를 인류 역사상 최초로 도입한 나라는 미국인데,[4)] 1787년 연방헌법을 만들 당시 연방 정부 공직자들의 임명 권한 대통령에게 줄 것이다, 아니면 각 주 정부를 대표하는 상원의원들이 맡아야 하는가를 놓고 논란이 벌어졌다. 즉, 주와 연방 좀 더 정확히 말하자면 각 주를 대표하는 의회와 연방을 대표하는 대통령 사이의 권력 균형점을 찾자는 논란이다. 이런 논란 속에서 마침내 절충안이 만들어졌는데, 그 절충안이란 연방 고위공무원을 대통령이 지명하되 연방 상원에서 이를 인준하는 방식이었다. 이런 절충안은 마침내 1787년 헌법제정의회에서 채택되어 고위 공직자에 대한 국회 인준권을 규정하게 되는데 이를 근거로 지금까지 인사청문회가 이루어지고 있다. 다시 말하면 임명권은 대통령에게 주되 이를 의회가 통제해서 각 주의 이익을 반영하겠다는 취지라고 할 수 있다. 이것이 바로 중앙 권력에 대한 견제라고 할 수 있는데, 이를 보면 결국 인사청문회는 견제를 위한 수단으로 생겨났음을 알 수 있다. 그렇기 때문에 입법권력과 행정권력이 융합되는 의원 내각제를 실시하는 국가에서는 청문회를 찾아보기 힘들다.[5)]

2000년 인사청문회제도가 도입되어 시행된 이후, 박근혜 정부 출범 후 인사권자인 대통령의 지명 후 국민의 대표기관인 국회의 인사청문회에 가보지도 못하고 자진사퇴하는 공직후보자가 늘자, '신상털기식 인사청문회는 안된다'며 청와대와 여당이 인사청문회를 도덕성의 비공개 검증[6)]과 정책 검증의 국회 공개 검증이라는 이원적 운영의 개선을 요구하고 있다. 또한 박

국회의원 특권이 등장"했다고 비판하고 있다(바른사회시민회의, 앞의 보고서, 7면 참조).

3)   전진영, "영국 하원 사전인사청문제도의 특징과 시사점", 「이슈와 논점」 제858호(2014.5.23), 국회 입법조사처, 1면.

4)   미국 인사청문회제도에 대해서는 강승식, "미국 연방대법원 대법관의 임명절차", 「공법연구」 제35집 제2호(2006); 김일환外, "미국 연방헌법상 인사청문회제도", 「미국헌법학연구」 제21권 제3호(2010.12); 박찬표, "미국 의회의 인준청문회 제도", 「현안요약」 제128호(1998); 이재홍, "미국의 의회청문회의 절차", 「법조」 1989년 9월호; 정성호, "미국 정치적 임명제도의 특징과 쟁점", 「한국인사행정학회보」 제7권 제1호(2008); 전원배, "미국의 청문회제도와 그 시사점", 현안분석 제143호(1997); 전진영, "미국 상원의 인준청문회와 공직후보자 검증절차", 「이슈와 논점」 제599호(2013.2.6), 국회 입법조사처; 전충렬, 『인사청문의 이해와 평가』 도서출판 에드민(2013) 참조.

5)   신 율, "인사청문회는 합리적 인사와 공정사회의 기본", 「국회보」 2011년 3월호, 69면.

6)   새누리당의 이른바 '2단계 인사청문회론'의 도덕성 비공개 검증 문제를 지적하는 사설이 있다. "새누리당이 추진하는 인사청문회 제도 개편은 자신들이 '밀실'에서 모든 것을 판단하고 결정할 테니 국민은 그냥 닥

근혜 대통령은 공직후보자에 대한 사전검증 부실로 인한 인사실패를 인사청문회제도 탓을 하고 그 책임을 야당과 언론에 떠넘기고 있다. 한편 인사청문회에 대해 집권전·후의 발언이 180도 달라진 모습을 보이고 있다.[7]

현행 인사청문회 제도는 여당과 야당의 지위 변동이라는 정치적 입장 차이에 따라 도입 여부, 인사청문 대상의 확대 여부에 대한 입장이 달라지기는 하였으나, 민주화 이후에도 반복되었던 공위 공직자 임명 과정에서의 대통령의 자의적(恣意的) 인사권 행사의 문제점을 해결하기 위한 '국민적 합의'를 통해 도입된 제도라는 독자적인 역사성을 갖는다. 따라서 현행 인사청문회 제도 도입의 취지에 반하는 인사청문회 무용론, 인사 청문의 사실상 무력화를 가져올 수 있는 최근의 '인사청문회 제도개선론'은 반헌법적(反憲法的) 주장임과 동시에 우리 헌정사(憲政史)의 발전에 역행하는 반역사적 발상이라 할 수 있다.[8]

II. 인사청문회제도의 기능과 역사

1. 인사청문회제도의 헌법적 성격

행정부의 수반으로서 대통령이 행하는 임명권과 관련하여 국회가 인사청문회를 개최하고 의견을 개진하는 것은 대통령을 견제한다는 의미가 강하다고 할 수 있다. 그러나 최고의 사법기관인 대법원을 구성할 대법원장을 비롯한 대법관을 임명하고, 최고의 헌법재판기관인 헌법재판소 소장을 임명할 권한 등에 대하여 국회가 동의권을 행사하는 것은 단순히 대통령을 견제하는 의미 외에 국가의 주요기관을 공동으로 구성한다는 의미가 있다고 하겠다. 즉 이 경우에는 국가 주요기관을 구성하기 위한 '협동행위'(協同行爲)를 국민대표기관인 대통령과 국회가 함께 한다고 보아야 할 것이다.[9]

치고 있으라는 것이나 마찬가지다. 국민의 알권리나 국정 참여 권리 등은 안중에도 없다. 인사청문회가 비공개로 진행되면 공직자 후보한테 제기된 도덕성 문제가 어떤 것들인지, 본인의 해명과 주장은 합당한지 등을 국민은 전혀 알 길이 없다. 국가의 공복을 결정하는 중요한 과정에서 국민은 철저히 소외되는 것이다."(한겨레신문, 2013년 2월 2일 23면, [사설] 국회 인사청문회마저 '밀봉'하겠다니 참조).
7) 박근혜 대통령의 인사청문회에 대한 과거 검증 관련 발언에 대해서는 경향신문, 2013년 2월 1일 3면 참조.
8) 좌세준, "인사청문회 제도개선론에 대한 몇 가지 단상", 「박근혜 정부 인사참사 과연 제도 탓인가?–국회 인사청문제도의 개정은 필요한가?」 토론회 자료집(유인태 의원 주최), 2014년 7월 16, 57면.
9) 임종훈, "국회인사청문제도의 개선방안에 관한 연구", 국회운영위원회정책연구개발과제보고서(2010), 16면.

2. 인사청문회제도의 기능

인사청문제도의 기능[10)]으로는 ① 민주적 정당성의 제고, ② 권력분립원리의 실질화, ③ 국민의 알권리 충족과 공직자의 자세 계몽, ④ 공직자의 직무적합성과 청렴성의 확보 등을 들 수 있다.

(1) 민주적 정당성의 제고

공위 공직후보자에 대한 인사청문회는 공직후보자가 해당 직위에 적합한 인물인지를 검증하는 절차를 거침으로써 공위공직자의 임명에 정당성을 부여한다. 한편 국민의 대표자인 의회의 자질 검증을 통하여 임명된 고위공직자는 주권자인 국민으로부터 권력을 간접적으로 아마 위임받아 행사하는 지위를 인정받은 것으로도 이해될 수 있다.[11)] 따라서 인사청문회제도는 미국에서 발달한 제도로서 정부구성에 관한 권한은 대통령에게 주어지지만 국민의 대표기관인 국회의 검증을 거치도록 한 것이다.[12)]

(2) 권력분립원리의 실질화

권력분립주의(權力分立主義)는 국가권력을 행정·입법·사법으로 분리하고 그 각각을 독립된 기관에 분립시킴으로서 기관상호간의 견제와 균형을 유지하도록 하여 국가권력의 집중과 남용을 방지하고 국민의 자유와 권리를 보장하기 위한 자유민주적 통치구조의 조직원리를 말한다.[13)] 인사청문제도의 중요한 기능 중의 하나가 국민대표기관인 국회가 행정권력과 사법권력을 견제하는 수단이다.[14)]

---

10) 인사청문회의 기능을 순기능과 역기능으로 분류하며 순기능으로는 ① 지위에 적합한 인물의 선정과 배치, ② 부패방지 기능, ③ 국회의 권력통제기능, ④ 헌법기관 구성원이 정당성 확보, ⑤ 참여민주주의의 실현, 역기능으로는 ① 고위공직자의 권위 실추, ② 국정공백 초래, ③ 조직장악 및 조직관리의 곤란성 ④ 공직후보자 개인의 기본권 침해를 기술하고 있다(김강운, "인사청문회의 법적 근거와 문제점", 「원광법학」 제26권 제3호, 81-84면 참조). 또한 정일섭은 인사청문회제도의 필요성이라고 하여 ① 정무직 인사에 대한 통제, ② 적격자 임용, ③ 고위공직자의 권위 확보, 행정의 안정성 확보를 들고 있다(정일섭, "인사청문회제도에 대한 연구", 「한국지방자치학회보」 제15권 제3호, 2003, 197-199면 참조).
11) 권건보·김지훈, 『인사청문회에 대한 비교법적 고찰』, 한국법제연구원(2012), 26면.
12) 문광삼, 『한국헌법학』, 삼영사(2010), 1011면.
13) 남궁승태·이철호, 『헌법강의』, 21세기사(2014), 407면 이하 참조.
14) 전진영(c), "가장 모범적으로 운영되고 있는 미국의 인사청문제도", 「국회보」 2013년 3월호, 59면.

(3) 국민의 알권리 충족과 미래 공직자 자세 계몽·교육 기능

인사청문회제도는 청문 진행과정에서 해당 공직 분야와 해당 부처의 현안 문제와 당면 과제 등에 대한 국민의 관심과 공감대의 형성을 이끌어낼 수 있다. 뿐만 아니라 인사청문회의 검증 과정이 중계방송 등을 통해 국민들에게 공개됨으로써 공직후보의 적격성이 투명하게 드러 나게 되고, 해당 공직분야의 업무나 정책 등에 대한 정보도 대중들에게 제공됨으로써 국민의 알권리를 충족하는 기능을 수행할 수 있다.[15] 한편 미래에 고위공직자로 임용되기를 희망하 는 사람들에게 전문적인 업무수행능력을 갖추어야 될 뿐만 아니라 국가와 시민에 봉사하고 자 하는 사람들에게 고위공직자로서 봉사하기 위해서는 평소 어떻게 생활해야 하며, 어떻게 살아야 되는가를 인사청문회의 대상이 된 공직후보자들의 인사청문 과정을 지켜보며 반면교 사(反面敎師)로 삼을 수 있는 계몽 및 자기관리 교육 기능을 수행한다고 볼 수 있다.

(4) 공직자의 직무적합성과 청렴성의 확보

국회에서 개최되는 인사청문회 과정에서 공직후보자의 정무적(政務的) 판단능력과 정책능 력은 물론이고, '부동산 투기'라 불리는 불법이나 편법적인 재산형성 과정이나 병역의무 이행 여부, 탈세, 논문 표절, 전관예우(前官禮遇), 위장전입 등과 같은 과거의 행적에 대해서도 검증 이 이루어진다. 이를 통하여 업무수행능력이 부족한 사람이나 과거 부패혐의자가 공위 공직 에 임용될 가능성이 차단될 수 있다. 이러한 점에서 공직후보자 인사과정에서 투명성을 확보 하고 공직자의 공직기강을 확립하는 기능을 수행한다. 또한 인사청문회는 소관부처의 업무에 대한 전문성, 적합성, 공직수행능력 등을 고루 갖춘 검증된 인물을 찾아내고 그에 적합한 업무 를 선정하고 능력에 합당한 자리에 배치하는 역할을 한다.[16]

3. 인사청문회제도의 역사

우리나라에서 인사청문회 제도의 필요성이 국민의 대표기관인 국회에서 공식적으로 논의되 기 시작한 것은, 1993년 제14대 국회 국회의장 자문기구로 설치된 '국회제도개선위원회'에서 의제(議題)가 되기 시작하면서 부터였다.[17] 국회 인사청문회 도입과 확대는 주도한 것은 새누 리당의 전신인 한나라당이다. 집권당에서 야당으로 바뀐 한나라당이 대통령 인사권 견제를

15) 국회사무처,『국회법 해설』, 2008, 737면.
16) 권건보·김지훈, 앞의 논문, 27면.
17) 서복경, "인사청문제도의 연혁", 「국회보」 2013년 3월호, 52면.

목적으로 먼저 요구하여 2000년 6월 23일 제16대 국회에서 「인사청문회법」이 제정된 것이다.[18][19] 그리고 인사청문회법에 따라 2000년 6월 26일부터 이틀간 헌정사상 최초로 국무총리의 인사청문회가 실시되었다.[20] 인사청문회 도입이후 김대중 정부의 총리 지명은 순탄하지 않았다. 헌정사상 첫 여성 총리 후보자였던 장상 전 이화여대 총장은 위장전입과 농지취득 등의 의혹을 받고 낙마했다. 장대환 총리 후보자 임명동의안도 비슷한 의혹 때문에 부결됐다.

참여정부 출범 직후 2003년 2월 여소야대(與小野大) 상황에서 한나라당이 주도하여 국회법을 개정하면서, 대통령당선인이 국무총리후보자에 대한 인사청문회의 실시를 요청하는 경우에도 인사청문특별위원회를 두도록 하는 규정이 추가되었고, 이른바 4대 권력기관장(국정원장, 검찰총장, 경찰청장, 국세청장)을 인사 청문 대상에 포함시켰다. 또한 박근혜 대통령이 한나라당 대표시절인 2005년 7월 28일 국회법 개정을 통하여 대통령과 대법원장이 요청한 헌법재판소 재판관과 중앙선거관리위원회 위원을 비롯하여 청문대상을 국무위원 전원으로 확대하였고,[21] 공직후보자에 대한 철저한 도덕성 검증을 주도했다. 이 때 공직자 재산등록과 재산공개를 동시에 실시했다.

2006년 12월 30일 국회법 개정에서는 합참의장을 청문대상으로 추가 했고, 2007년 12월 14일 국회법 개정에서 대통령당선인이 지명하는 국무위원 후보자를 청문대상으로 추가 했다. 2008년에는 방송통신위원회 위원장을, 2012년 3월에는 공정거래위원장·금융위원회 위원장

---

18) 인사청문회 제도는 김대중 전 대통령의 공약이기도 했지만, 실제 제도 도입을 주도한 것은 한나라당이었다. 인사청문회 도입 및 강화가 모두 여소야대 국면에서 야당인 한나라당이 주도해 이뤄졌는데, 거꾸로 여당이 된 뒤에는 꾸준히 인사청문회 기능 축소를 요구하고 있다(한겨레신문, 2014년 6월 27일, 5면 참조).

19) 인사청문회는 1997년 15대 대선의 산물이다. 당시 새정치국민회의 김대중(DJ) 후보는 고위공직자에 대한 인사청문회 도입을 주요 공약으로 내걸었다. 그러나 대선 직후부터 삐걱댔다. DJP 연합의 파트너였던 자유민주연합 김종필(JP) 총재를 초대 총리로 앉히려는데 인사청문회를 할 경우 JP가 청문회 무대에 서야 했다. 인사청문회 도입을 뒤로 미루려고 하자 야당이던 한나라당은 "DJ의 대선 공약을 반드시 지켜야 한다"고 압박했다. 그러나 새정치국민회의는 소극적이었다. 하지만 99년 김태정 법무장관 부인 등이 옷로비 사건에 연루됐다는 의혹을 받으면서 고위공직자에 대한 비난 여론이 커졌다. 결국 2000년 2월 임시국회에서 헌법에 따라 국회의 임명 동의를 필요로 하는 국무총리와 대법원장·감사원장 등에 대한 인사청문회 제도가 도입됐다(중앙일보, 2014년 5월 14일 참조).

20) 우리 헌정사상 첫 인사청문 대상은 이한동 국무총리였다. 이한동 국무총리는 부동산 투기 의혹 등도 제기됐지만 찬성 139표, 반대 130표로 국무총리 인준을 받았다.

21) 2005년 4월 8일 박근혜 당시 한나라당 대표의 국회 교섭단체 대표연설에서 노무현 정부의 인사시스템을 비판하며, 인사청문회법 개정을 추진했다. "그토록 시스템을 강조해 온 이 정부(노무현 참여 정부)에서 가장 중요하고 기본적인 인사시스템조차 작동되지 못했다. 국회 인사청문회 대상을 확대하고 청문회의 실효성을 높이기 위한 인사청문회법 개정을 추진하겠다."(아시아경제, 2014년 7월 9일, "[인사청문회] 대한민국 청문회, 어떻게 발전했나"; 한겨레신문, 2014년 6월 26일, 5면 "인사청문회의 역사" 참조).

·국가인권위원회 위원장·한국은행 총재를 각각 인사청문 대상으로 추가되었다. 2014년 3월 18일 특별감찰관이, 2014년 5월 28일 한국방송공사 사장이 청문대상으로 확대되었다.

　노무현 정부[22]에서는 인사청문회 전체 후보자 중 8.5%만이 임명 동의안이 부결이나 지명철회, 청문회 전·후로 사퇴, 청문보고서 미채택을 하였으나, 이명박 정부는 26.2%, 박근혜 정부(2013.2~2014.6)는 30.4%로 대폭 증가하고 있다.[23] 박근혜 정부에서의 '인사 참사'(人事慘事)의 근본적인 원인은 인사청문회제도에 있는 것이 아니라 사점검증을 소홀히 했거나 사전검증을 제대로 하지 않은 것에 있다.

〈표 1〉 고위공직자 인사청문회 실시 결과

정부	청문회 대상 공직 후보자	청문회 결과		
		부결,지명 철회사퇴 (청문회 전, 후)	미채택 후 임명	계
참여정부 03.2~08.1	71 (100%)	3 (4.2%)	3 (4.2%)	6 (8.5%)
이명박정부 08.2~13.1	103 (100%)	10 (9.7%)	17 (16.5%)	27 (26.2%)
박근혜정부 13.2~14.6	46 (100%)	7 (15.2%)	7 (15.2%)	14 (30.4%)

* 2014년 6월 30일 기준(준선관위 상임위원은 통계에서 제외)
* 자료 : 「박근혜 정부 인사참사 과연 제도 탓인가? – 국회 인사청문제도의 개정은 필요한가?」 토론회 자료집
　　(유인태 의원 주최), 2014년 7월 16일, 15면.

III. 현행 인사청문회제도의 주요 내용과 문제점

　현행 인사청문회제도는 인사청문의 대상에 따라 '인사청문특별위원회'와 '소관 상임위원회'로 이원화되어 운영되고 있다.

---

22)　노무현 참여정부 인사시스템의 특징과 인사권 행사 전반에 대한 내용은 박남춘 대표집필, 『대통령의 인사』, 책보세(2013) 참조.
23)　박남춘, "박근혜 정부 인사참사, 과연 제도 탓인가?", 토론회 자료집(유인태 의원 주최), 2014년 7월 16일, 14면.

1. 인사청문회제도의 주요 내용

(1) 인사청문 실시의 주체

현행 인사청문회제도는 인사청문의 대상에 따라 '인사청문특별위원회'와 '소관 상임위원회'로 이원화(二元化)되어 운영되고 있다.

국회는 헌법에 의하여 그 임명에 국회의 동의를 요하는 대법원장·헌법재판소장·국무총리·감사원장 및 대법관과 국회에서 선출하는 헌법재판소 재판관 및 중앙선거관리위원회 위원에 대한 임명동의안 또는 의장이 각 교섭단체대표의원과 협의하여 제출한 선출안등을 심사하기 위하여 인사청문특별위원회를 둔다. 다만, 대통령직인수에관한법률 제5조 제2항[24]의 규정에 의하여 대통령당선인이 국무총리후보자에 대한 인사청문의 실시를 요청하는 경우에 의장은 각 교섭단체대표의원과 협의하여 그 인사청문을 실시하기 위한 인사청문특별위원회를 둔다(국회법 제46조의3 제1항). 인사청문회법에 따라 인사청문특별위원회의 위원정수는 13인으로 한다(인사청문회법 제3조 제2항).[25] 인사청문특별위원회의 위원은 교섭단체 등의 의원수의 비율에 의하여 각 교섭단체대표의원의 요청으로 국회의장이 선임 및 개선(改選)한다. 이 경우 각 교섭단체대표의원은 인사청문특별위원회가 구성된 날부터 2일 이내에 의장에게 위원의 선임을 요청하여야 하며, 이 기한내에 요청이 없는 때에는 의장이 위원을 선임할 수 있다. 어느 교섭단체에도 속하지 아니하는 의원의 위원선임은 의장이 이를 행한다. 인사청문특별위원회는 위원장 1인과 각 교섭단체별로 간사 1인을 호선하고 본회의에 보고한다. 인사청문특별위원회는 임명동의안등이 본회의에서 의결될 때 또는 인사청문경과가 본회의에 보고될 때까지 존속한다(인사청문회법 제3조 참조).

한편 국회 소관 상임위원회는 다른 법률에 따라 인사청문 대상이 되는 공직자와 대통령당선인 요청의 국무위원후보자에 대하여 인사청문을 실시한다(국회법 제65조의2). 국회 소관 상

---

24) 대통령직인수에관한법률 제5조(국무총리 후보자의 지명 등) ① 대통령당선인은 대통령 임기 시작 전에 국회의 인사청문 절차를 거치게 하기 위하여 국무총리 및 국무위원 후보자를 지명할 수 있다. 이 경우 국무위원 후보자에 대하여는 국무총리 후보자의 추천이 있어야 한다. ② 대통령당선인은 제1항에 따라 국무총리 및 국무위원 후보자를 지명한 경우에는 국회의장에게 「국회법」 제65조의2 및 「인사청문회법」에 따른 인사청문의 실시를 요청하여야 한다.

25) "인사청문회 청문위원에게 주어지는 시간은 1차례 기준 답변포함 7분이다. 제대로 된 질의조차 하기 어려운 게 현실이다. 대개 18명 내외의 청문위원들이 참여한다. 게다가 중요한 인사청문회는 방송에서 생중계를 하는데 물리적으로 2–4시간 이상 방영할 수가 없다. 이 시간 안에서 청문위원들은 준비한 핵심 킬러 컨텐츠를 선보여야 한다. 그러니 묻는 말에만 대답하라, 예 아니오만 하라고 고함을 지를 수밖에 없다. 이러한 문제의 대안은 청문위원 수를 3분의 1로 줄이는 것이다."(김용태, "청문위원 3분의 1로 줄여 내실 기해야", 「국회보」 2011년 3월호, 61면 참조).

임위원회 인사청문 대상자를 보면, ① 대통령이 각각 임명하는 헌법재판소 재판관·중앙선거관리위원회 위원·국무위원·방송통신위원회 위원장·국가정보원장·공정거래위원회 위원장·금융위원회 위원장·국가인권위원회 위원장·국세청장·검찰총장·경찰청장·합동참모의장·한국은행 총재·특별감찰관 또는 한국방송공사 사장의 후보자, ② 대통령당선인이 「대통령직인수에 관한 법률」 제5조 제1항에 따라 지명하는 국무위원후보, ③ 대법원장이 각각 지명하는 헌법재판소 재판관 또는 중앙선거관리위원회 위원의 후보자이다(국회법 제65조의2 제2항).

〈표 2〉 인사청문 실시기관과 청문대상자

실시기관	구 분	대 상	인원
인사 청문 특별위원회	국회 동의 대상	국무총리(국무총리후보자 포함), 대법원장, 헌법재판소장, 감사원장, 대법관 13인	17
	국회 선출 대상	헌법재판소 재판관 3인, 중앙선거관리위위원회 위원 3인	6
		소 계	23
소관 상임위원회	주요 기관장	국가정보원장, 국세청장, 검찰총장, 경찰청장. 합동참모의장, 방송통신위원회 위원장, 공정거래위원회 위원장, 금융위원회 위원장, 국가인권위원회 위원장, 한국은행 총재, 특별감찰관, 한국방송공사 사장	12
	헌법재판소 재판관	대통령 임명 3인, 대법원장 지명 3인	6
	중앙선거위위원	대통령 임명 3인, 대법원장 지명 3인	6
	국무위원	행정각부장관	16
	소 계		38
합 계			63

(2) 인사청문회의 진행절차와 구속력

대통령은 고위공직자를 내정하고 그에 대한 임명동의안을 첨부서류를 갖추어 국회에 제출한다. 임명동의안이 제출된 경우 국회의장은 임명동의안 등이 제출된 때에는 즉시 본회의에 보고하고 위원회에 회부하며, 그 심사 또는 인사청문이 끝난 후 본회의에 부의하거나 위원장으로 하여금 본회의에 보고하도록 한다. 국회는 임명동의안등이 제출된 날부터 20일 이내에 그 심사 또는 인사청문을 마쳐야 한다(인사청문회법 제6조).

인사청문을 진행하는 위원회는 임명동의안등이 회부된 날부터 15일 이내에 인사청문회를 마치되, 인사청문회의 기간은 3일이내로 한다(인사청문회법 제9조 제1항). 위원회는 임명동의안등에 대한 인사청문회를 마친 날부터 3일 이내에 심사경과보고서 또는 인사청문경과보고서를 의장에게 제출한다(인사청문회법 제9조 제2항). 위원회가 정당한 이유없이 기간내에 임명동의안등[26]에 대한 심사 또는 인사청문을 마치지 아니한 때에는 의장은 이를 바로 본회의에 부의할 수 있다(인사청문회법 제9조 제3항).

인사청문회가 종료되고 난 이후부터 진행되는 고위공직자 임명과정은 헌법에 따라 국회의 동의를 필요로 하는 공직과 그렇지 않은 공직별로 서로 다른 절차에 따라 진행된다. 전자의 경우 인사청문특별위원회의 인사청문회가 종료된 이후 후보자에 대한 임명동의안이 국회 본회의에 상정된다. 국회의원들은 임명동의안에 대하여 무기명으로 찬반 인준투표를 실시하는데 재적의원 과반수 투표에 투표의원 과반수 찬성으로 국회의 인준이 이루어진다(국회법 제112조 참조).[27]

국무위원이나 경찰청장 등 국회의 임명동의를 요하지 않는 공직의 경우에는 소관 상임위원회가 인사청문회를 마친 후, 3일 이내에 인사청문 경과보고서를 작성하여 국회의장에게 제출한다. 국회의장은 인사청문 경과보고서를 본회의에 보고하고, 이를 대통령 또는 대법원장에게 송부하는 것으로 인사청문회의 모든 절차가 종료된다. 이들에 대해서는 본회의 표결절차가 없으며, 소관 상임위원회가 경과보고서를 채택하지 못하더라도 대통령이 공직후보자를 임명하는 것이 가능하다.

부득이한 사유로 정해진 기간 이내에 헌법재판소 재판관 · 중앙선거관리위원회 위원 · 국무위원 · 방송통신위원회 위원장 · 국가정보원장 · 공정거래위원회 위원장 · 금융위원회 위원장 · 국가인권위원회 위원장 · 국세청장 · 검찰총장 · 경찰청장 · 합동참모의장 · 한국은행 총재 · 특별감찰관 또는 한국방송공사 사장의 후보자에 대한 인사청문회를 마치지 못하여 국회가 인사청문경과보고서를 송부하지 못한 경우에 대통령 · 대통령당선인 또는 대법원장은 인사청문기간의 다음날부터 10일 이내의 범위에서 기간을 정하여 인사청문경과보고서를 송부하여 줄 것을 국회에 요청할 수 있다(인사청문회법 제6조 제3항). 연장요청기간 이내에 후보자에 대한 인사청문경과보고서를 국회가 송부하지 아니한 경우에 대통령 또는 대법원장은 헌법재판소 재판관등으로 임명 또는 지명할 수 있다(인사청문회법 제6조 제4항).

국회 소관 상임위원회의 인사청문 이후에 행하는 소관 상임위원회의 보고는 대통령이 공직

---

26) 국회법 제65조의2 제2항의 규정에 의하여 다른 법률에서 국회의 인사청문을 거치도록 한 공직후보자에 대한 인사청문요청안을 제외한다.
27) 최준영 · 조진만, 『견제와 균형』, 씨네스트(2013), 34면.

후보자를 임명하는데 있어서 참고자료에 불과하다는 점에서,[28] 헌법상 국회의 임명동의를 받아야 하는 공직후보자의 경우와 구별된다.[29] 결과적으로 헌법에 의해 국회의 임명 동의를 요구하는 공직과 그렇지 않는 공직에 대하여 이루어지는 인사청문 과정의 가장 큰 차이는 국회의 임명동의권이 법적인 구속력을 지니고 있는지 여부라고 할 수 있다.[30] 국회 소관 상임위원회에서 실시된 인사청문회의 결과는 대통령을 구속하지 않는다. 그러나 정치적으로 존중하여야 할 것이다.[31][32]

---

28) "(4) 국회의 견해를 수용하지 않은 행위 : 대통령이 2003. 4. 25. 국회 인사청문회가 고영구 국가정보원장에 대하여 부적격 판정을 하였음에도 이를 수용하지 아니한 사실, 2003. 9. 3. 국회가 행정자치부장관 해임결의안을 의결하였음에도 이를 즉시 수용하지 아니한 사실이 인정된다. (가) 대통령은 그의 지휘·감독을 받는 행정부 구성원을 임명하고 해임할 권한(헌법 제78조)을 가지고 있으므로, 국가정보원장의 임명행위는 헌법상 대통령의 고유권한으로서 법적으로 국회 인사청문회의 견해를 수용해야 할 의무를 지지는 않는다. 따라서 대통령은 국회 인사청문회의 판정을 수용하지 않음으로써 국회의 권한을 침해하거나 헌법상 권력분립원칙에 위배되는 등 헌법에 위반한 바가 없다. (나) 국회는 국무총리나 국무위원의 해임을 건의할 수 있으나(헌법 제63조), 국회의 해임건의는 대통령을 기속하는 해임결의권이 아니라, 아무런 법적 구속력이 없는 단순한 해임건의에 불과하다. 우리 헌법 내에서 '해임건의권'의 의미는, 임기 중 아무런 정치적 책임을 물을 수 없는 대통령 대신에 그를 보좌하는 국무총리·국무위원에 대하여 정치적 책임을 추궁함으로써 대통령을 간접적이나마 견제하고자 하는 것에 지나지 않는다. 헌법 제63조의 해임건의권을 법적 구속력 있는 해임결의권으로 해석하는 것은 법문과 부합할 수 없을 뿐만 아니라, 대통령에게 국회해산권을 부여하고 있지 않는 현행 헌법상의 권력분립질서와도 조화될 수 없다. (다) 결국, 대통령이 국회인사청문회의 결정이나 국회의 해임건의를 수용할 것인지의 문제는 대의기관인 국회의 결정을 정치적으로 존중할 것인지의 문제이지 법적인 문제가 아니다. 따라서 대통령의 이러한 행위는 헌법이 규정하는 권력분립구조 내에서의 대통령의 정당한 권한행사에 해당하거나 또는 헌법규범에 부합하는 것으로서 헌법이나 법률에 위반되지 아니한다."(헌재 2004. 5.14, 2004헌나1, 헌법재판소 판례집 제16권 제1집, 649-650면).
29) 권건보·김지훈, 앞의 논문, 43면.
30) 최준영·조진만, 앞의 책, 36면.
31) 김철수, 『헌법개설』, 박영사(2013), 310면.
32) 이명박 정부에서 국회 청문보고서가 채택되지 않았음에도 임명한 주요 사례를 보면 다음 같다(경향신문 2011년 1월 28일, 8면 참조).

공직자	청문보고서 채택 안된 주요 이유	임명 시점
김성이 보건복지부장관	논문중복 게재, 임대소득 축소 신고 의혹	2008년 3월 13일
최시중 방송통신위원장	소득·증여세 탈루 의혹	2008년 3월 26일
김성호 국가정보원장	측근 인사와 증인 출석 문제로 청문회 무산	2008년 3월 26일
임태희 노동부장관	상가 분양권 불법 전매 의혹	2009년 9월 30일
이귀남 법무부장관	위장전입, 탈세, 부동산 투기 의혹	2009년 9월 30일
백희영 여성부장관	부동산 투기, 자녀 병역기피 의혹	2009년 9월 30일
최경중 지식경제부장관	부동산 투기, 세금 탈루 의혹	2011년 1월 27일

〈표 3〉 한국과 미국의 인사청문회 비교

구 분	한 국	미 국
도 입	2000년	1787년
인사청문대상	국무총리, 대법원장, 감사원장, 국무위원, 주요기관장 등 총 63개(2014년 기준)	연방대법원 대법관, 행정부의 장차관, 각국 대사 등 1,217개(2012년 기준)
소관 위원회	「인사청문특별위원회」와 「소관 상임위원회」로 대상에 따라 이원화	상원의 소관 상임위원회
위원회 성격	비상설특별위원회	상설위원회
공개 여부	공개, 단 예외적으로 비공개	공개, 단 예외적으로 비공개
심사 기간	20일 내외	법정기관 없음(통상 60~90일)

* 자료 : 「박근혜 정부 인사참사 과연 제도 탓인가?–국회 인사청문제도의 개정은 필요한가?」 토론회자료집(유인태 의원 주최), 2014년 7월 16일, 25면.

2. 현행 인사청문회제도 운영의 문제점

현행 인사청문회 제도 운영의 문제점으로는 ① 국회에 인사청문회 전문 기구의 부재, ② 개관적으로 일관된 인사검증 기준과 평가 기준이 없음, ③ 청문회 일정이 짧아 너무 촉박하게 진행되는 점, ④ 국무위원(장관), 경찰청장 등 인사청문회 결과와 무관하게 국회의 의견을 무시하고 대통령이 임명을 강행하는 문제, ⑤ 공직적합성의 검증 보다는 지나친 도덕성 가조로 정책 인사청문회가 불가능 하다는 점을 들 수 있다.[33][34] 가장 심각한 문제점으로는 엄격히 적용된 '인사 검증 기준'[35]이 정권이 바뀌면 고무줄처럼 약화된다는 것이다. 특히 문제는 대법관이나 헌법재판소 소장 등에 대한 청와대의 사전검증 부실로 인해 재판의 지연과 파행으로 국민의 기본권이 침해된다는 점이다. 또한 도덕성 검증으로 인사청문회가 본래 취지를 벗어나 운영되고 있다는 것이다. 이는 공직자에 대한 전문성과 정책을 검증하지 못하고 있다. 미국의 경우 대통령의 공직후보자에 대한 인선단계부터 철저한 사전검증 및 의회지도자들과의 협의

---

33) 서울신문, 2014년 6월 30일, 3면 참조.
34) 현행 인사청문회제도 운영의 문제점으로 ① 지나치게 짧은 인사청문 기간, ② 이원적 청문절차의 문제점, ③ 후보자 허위진술에 대한 제재 미흡, ④ 자료 미제출 및 증인 불출석의 문제, ⑤ 도덕성 검증 위주의 청문회 운영, ⑥ 인사청문회의 여·야의 정쟁 도구화 등을 들고 있기도 한다(전진영, "국회 인사청문제도의 현황과 개선방안", 「이슈와 논점」 제106호(2010.8.30), 2면 이하; 권건보·김지훈, 앞의 논문, 45-48면 참조).
35) 노무현 참여정부에서 엄격히 적용되던 논문 중복 개제, 군복무 특혜, 부동산 투기, 위장전입 등 인사검증 기준이 이명박 정부와 박근혜 정부에서는 아무런 문제도 되지 않고 유야무야 넘어가고 있다는 점이다.

를 거쳐 문제인물을 사전에 충분히 걸러내고 있는 반면에 우리나라는 인선단계에서 도덕성 등 부실 검증으로 인해 본 인사청문회에서 도덕성을 검증하다 보니 정책 인사청문회가 되지 못한다는 것이다. 인사청문회를 정권교체로 인해 입장이 바뀌면 균형감각을 상실하여 '이중 잣대' 청문회를 운영하고 있다는 점이다.

(1) 집권세력에 따른 '인사 검증 기준'의 이중적(二重的) 적용

인사청문회제도 운영과정에서 가장 심각한 문제점은 엄격히 적용된 '인사 검증 기준'이 정권이 바뀌면 고무줄처럼 약화되고 일관성(一貫性)없이 적용된다는 것이다. 김대중 정부와 노무현 참여정부에서 엄격히 적용되던 논문 중복 개제, 군복무 특혜, 부동산 투기, 위장전입 등 인사검증 기준이 이명박 정부와 박근혜 정부에서는 아무런 문제도 되지 않고 유야무야(有耶無耶) 넘어가고 있다는 점이다.

(2) 지나치게 짧은 '인사 청문' 기간

현행 인사청문회법에 따르면 대통령이 공직후보자 임명동의안을 국회에 제출하면, 국회는 이로부터 20일 이내에 모든 인사청문을 마치도록 되어 있다(인사청문회법 제6조 제2항). 또한 인사청문위원회는 임명동의안등이 회부된 날부터 15일 이내에 인사청문회를 마치되, 인사청문회의 기간은 3일이내로 한다(인사청문회법 제9조 제1항). 이처럼 인사청문위원회의 소속 국회의원은 공직후보자에 대해 자료제출을 요구한 후 이를 제출받아 검토하고, 소관 위원회가 인사청문회를 개최하여, 인사청문경과보고서를 채택해야 하는 것이다. 20일 이내에 모든 청문절차를 마치는 것은 지나치게 짧아 인사청문회를 실시하는 본래적 의미의 실효성을 떨어뜨린다고 할 수 있다.

(3) 이원적(二元的) 청문절차의 문제

현행 인사청문회 운영 구조는 공직후보자의 대상자에 따라 인사청문특별위원회와 소관 상임위원회로 이원화되어 있다. 공직후보 대상자에 따라 인사청문의 실시주체를 달리하여 운영할 필요가 있는지 의문이다. 더욱이 헌법재판소 재판관이나 중앙선거관리위원회 위원의 경우 국회가 선출하는 3인에 대해서는 인사청문특별위원회가, 대통령이 임명하는 3인과 대법원장이 지명하는 3인은 소관 상임위원회가 각각 인사청문을 실시하게 된다. 이처럼 같은 직위에 대해서조차 인사청문의 주체가 달라지는 것은 납득하기 어려운 일이다.[36]

인사청문특별위원회는 사전조사권이 없고, 이를 보조할 '인사청문보조기관'이 없으며, '검증'을 의결로 제한하고 있기 때문에 인사청문회가 요식행위로 전락했다고 보는 견해37)도 존재한다.

(4) 후보자 허위진술에 대한 제재 미흡

인사청문회 과정에서 공직후보자가 본인에게 제기된 의혹에 대해 사실과 다르게 진술을 하는 경우가 많이 발생하고 있다. 공직후보자는 증인이 아니기 때문에 「국회에서의 증언 및 감정에 관한 법률」에 근거하여 처벌하기가 어렵다. 현행 인사청문회에서 공직후보자가 국회의원의 질문에 허위 거짓 진술과 같이 위증(僞證)을 한 공직후보자를 처벌하는 규정이 없다.38) 이는 인사청문회에서 공직후보자를 처벌할 수 없는 입법적 미비이다.

(5) 자료 미제출 및 증인 불출석의 문제

공직후보자에 대한 도덕성과 직무적합성 등을 검증하기 위해서는 인사검증에 필요한 관련 자료의 제출을 요구하고(인사청문회법 제12조),39) 공직후보자와 관련된 사항에 답변할 증인을 채택하는 것이 필수적이다. 인사청문회법은 이와 관련 규정을 「국회에서의 증언 및 감정에 관한 법률」을 준용하도록 하고 있다(인사청문회법 제19조). 이에 따르면 정당한 사유 없이 국회의 자료제출요구를 거부하거나 출석을 거부하는 경우에는 3년 이하의 징역이나 1천만원 이하의 벌금에 처하도록 하고 있다. 그러나 인사청문회의 증인으로 채택되었음에도 여러 가지 이유를 내세워 인사청문회에 출석하지 않는 행태는 일상화되어 있다. 또한 국회가 관련 자료의 제출을 요구하여도 성실하게 자료제출을 하지 않는 경우가 허다하다.

---

36) 권건보・김지훈, 앞의 논문, 46면.

37) 문병주, "인사청문제도, 어떻게 바꿔야 하는가?", 「이슈브리핑」 2013-3호(2013년 2월 15일), 민주정책연구원, 2면.

38) "인사청문회에서 위증 혐의로 국회가 고발한 일이 3차례 있었지만 검찰은 근거조항이 없다며 모두 무혐의 처리했다. 위증 후보자를 처벌하자는 인사청문회법 개정안이 18대 국회에만 10여건 발의됐지만 모두 지지 부진하다 임기 만료로 자동 폐기됐다"(한겨레신문, 2014년 7월 17일, 여현호, [유레카] "위증의 벌" 참조).

39) 인사청문회법 제12조(자료제출요구) ① 위원회는 그 의결 또는 재적의원 3분의 1 이상의 요구로 공직후보자의 인사청문과 직접 관련된 자료의 제출을 국가기관・지방자치단체, 기타 기관에 대하여 요구할 수 있다. ② 제1항의 요구를 받은 때에는 기간을 따로 정하는 경우를 제외하고는 5일 이내에 자료를 제출하여야 한다. ③ 제1항의 규정에 의하여 자료의 제출을 요구받은 기관은 제2항의 규정에 의한 기간 이내에 자료를 제출하지 아니한 때에는 그 사유서를 제출하여야 한다. 이 경우 위원회는 제출된 사유서를 심사경과보고서 또는 인사청문경과보고서에 첨부하여야 한다. ④ 위원회는 제1항의 규정에 의하여 자료의 제출을 요구받은 기관이 정당한 사유없이 제2항의 규정에 의한 기간 이내에 자료를 제출하지 아니한 때에는 당해 기관에 이를 경고할 수 있다.

(6) 「도덕성 검증」 위주의 청문회 운영

미국 인사청문회는 엄격한 사전검증 및 의회와 협의를 통해서 이루어진다. 대통령의 공직후보자에 대한 인선단계부터 철저한 사전검증 및 의회지도자들과의 협의를 거쳐 문제인물을 사전에 충분히 걸러내고 있다. 대통령은 공직후보자에 대하여 사전에 충분한 조사가 가능하도록 대략 인선 한 달 전에 관계기관에 각종 조사를 의뢰할 뿐만 아니라, 인사발표 전에 의회지도자 및 관련단체 등의 의견도 수렴한다.[40) 그러나 우리나라의 인사청문회에서 매우 특징적인 것 하나는 공직후보자의 직무적격성보다 도덕성에 대한 검증에 치중하고 있다는 점일 것이다.

한국은 권위주의적 독재정권이 상당히 오랜 기간 유지되면서 사회 전반적으로 부정부패(不正腐敗)에 무감각한 흐름이 만들어졌다. 또한 이 시기에 물질적으로는 고도성장을 이룩하였으나 법적·제도적·정신윤리적 차원은 이를 쫓아가지 못하고 뒤처지게 되는 상황이 발생했다. 이러한 괴리는 원칙과 현실 사이에 관행(慣行)이란 이름의 괴물이 똬리를 틀게 만드는 계기가 되었고, 따라서 이러한 시기에 청장년기를 보낸 대부분의 정치엘리트들은 직·간접적으로 비도덕적인 일에 연루될 가능성이 높아지게 되었다. 지금까지의 대부분의 인사청문회는 야당과 야당이 공직후보자의 과거행적에 대해 일차원적인 수준에서 논쟁하는 식으로 진행되고 있다.[41)

(7) 인사청문회의 여·야의 정쟁 도구화

인사청문회가 여·야간 정쟁 도구화되는 원인은 '승자독식(勝者獨食)'의 정치문화에 기인하고 있다.[42) 현행헌법 하의 권력구조에서는 정당이 존재해도 정상적인 정당정치를 기대할 수 없다. 또한 정상적인 정당정치를 할 수 있는 정당의 육성 자체가 불가능하다. 그 이유는 대통령제 하에서는 대통령을 국민이 직접 선출하기 때문에 의원내각제에서와는 달리 정당이 정권을 창출(創出)할 수 없게 되어 정당이 그 본래의 기능을 발휘할 수 없다. 따라서 집권정당은 국회의원이 아닌 대통령을 당 총재로 추대하고 그 권력 하에서 기생할 수밖에 없다. 야당은 국정참여의 길이 봉쇄됨으로 그 명맥을 유지하기 위해서는 극한투쟁(極限鬪爭)으로 일관할 수밖에 없게 된다.[43) 집권 여당의 경우 대통령의 권력 하에 기생하여야 함으로써 대통령의 정책

40) 권건보·김지훈, 앞의 논문, 63면.
41) 최준영, "성공적인 인사청문회제도를 위하여", 「국회보」 2013년 3월호, 62면.
42) 이철호, "국회 날치기 暴力史와 국회폭력 방지 방안−제16대∼18대 국회를 중심으로−", 「國家法研究」 제8집 제2호(2012년 11월), 105면 이하 참조.

에 무조건 지지를 하여야 하는 수비대(守備隊)의 역할을 할 수밖에 없다. 야당의 경우 대통령의 임기 동안에는 정권교체의 가능성이 전무하기 때문에 정책대결이라는 정당정치 본연의 임무를 수행하기보다는 차기 대통령선거에서 승리하기 위한 선거운동의 일환으로서 선동적인 정책을 개발하는 데 주력할 수밖에 없다. 따라서 현행헌법의 권력구조 아래서는 정상적인 의회정치나 정당정치를 기대하기 어렵고, 따라서 거기에는 야당은 공격하고 여당은 수비하여야 한다는 대립과 충돌의 도식(圖式)을 뛰어넘을 수 없게 된다.[44] 이러다 보니, 우리나라의 인사청문회의 운영 모습을 보면, 여당과 야당 사이의 정쟁적(政爭的) 대립구도를 그대로 보여주고 있다. 일반적으로 여당 소속 국회의원들은 공직후보자를 낯부끄러울 정도로 두둔하는 모습을 보이고, 야당 소속 국회의원들은 공직후보자의 부정적인 모습을 부각시키는데 치중하면서 임명권자인 대통령이나 여당을 공격하는 기회로 삼는 경향이다.[45][46] 이는 인사청문회 제도가 행정부 수반인 대통령에 대한 행정부 견제수단의 일환이라는 점에서는 바람직한 양상이라고 보기는 어렵다.

(8) 공직후보자의 이야기를 '듣기'보다는 청문위원의 말하기 치중 문제

청문회(hearing)란 인사청문위원인 국회의원들이 말하기보다는 듣는 자리임에도 불구하고, 국회의원은 공직후보자에게 발언할 기회를 주기보다는 후보자에 대한 평가나 비판을 말하는 데 치중하고 있는 모습으로 국민에게 비춰지고 있다.

미국 상원의원들은 짧은 질문을 한 뒤 공직후보자에게 충분히 답변할 시간을 주고 있다. 우리 국회는 발언시간 제한 규칙이 있는 반면에 미국 상원의 경우 특별히 발언시간에 제한을 가하고 있지 않다는 점을 감안한다고 해도, 우리나라 국회의원은 공직후보자의 말을 듣기보다는 자신들의 말하기에 치중하고 있다는 특징을 발견할 수 있다.[47] 공직후보자에게 충분한 답변시간을 보장해주는 제도적 장치가 갖추어져 있지 않다는 점이다.

---

43) 장석권, "現行憲法上 大統領制의 問題點", 『憲法學과 法學의 諸問題』(김계환교수회갑기념논문집), 박영사(1996), 199면.
44) 장석권, 위의 논문, 120면.
45) 권건보·김지훈, 앞의 논문, 48면.
46) 박근혜 정부 2기 내각 청문회에서도 일부 야당 의원의 의혹 부풀리기와 인신공격성 질의는 여전했다. 또 일부 여당 의원들의 일방적인 후보자 옹호라는 고질병도 재발했다.
47) 권건보·김지훈, 앞의 논문, 74면.

Ⅳ. 인사청문회제도의 개선방안

　대통령의 공직후보자 지명 발표 전 사점검증의 부실, 사전검증의 부실화로 인해 도덕성 검증에만 치우치는 경우가 많아 인사청문회 본래 취지를 일탈하여 운영되는 점, 검증기준의 이중성(二重性), 짧은 청문기간, 공직후보자의 위증에 대한 처벌규정 부재 등 현행 인사청문회제도의 문제점을 살펴보았다. 이에 대한 보완 또는 개선방안으로는 아래와 같다.

1. 사전검증의 강화(내실화) 및 제도화

　미국의 경우 대통령은 공직후보자에 대한 인준동의안을 상원에 제출하기 이전에 후보자에 대한 사전검증을 철저히 실시한다. 대통령의 공직후보자 추천은 백악관 대통령 인사실(OPP: White House Office of Presidential Personnel)에서 담당하지만, 대통령이 백악관 인사실과 협의하여 후보자를 결정하면, 백악관 법률보좌관실(Office of Counsel)의 주관 하에 해당공직의 소관부처와 연방수사국(FBI)·국세청(IRS)·정부윤리실(OGE: Office of Government Ethics) 등이 후보자에 대한 사전 검증과정에 참여한다.[48] 또한 상원 인사청문회 개최 전 대통령의 공직후보자 지명과정은 6단계에 걸쳐 이루어진다.[49] 대통령실에서 사전검증 기간은 보통 3개월 이상 걸린다.

　우리나라는 청와대에서 사전검증하여 국회에 임명동의안을 보낸 공직후보자마다 ① 위장전입, ② 병역문제, ③ 세금탈루, ④ 재산증식, ⑤ 다운계약서 등 위법사실이 단골메뉴로 나오고 이러한 문제를 지적하는 것이 마치 청문회 제도가 잘못된 것처럼 정치적 공격을 가한다. 도덕성과 청렴성은 고위공직자의 덕목이다. 공직후보를 지명하기 전 이 문제가 사전에 걸러지지 않는다면 청문제도를 보완하더라도 공위공직자의 자질과 전문성, 직무적합성은 부차적 검증에 그치고 말 것이다.[50] 따라서 향후 미국식 사전검증 제도를 도입해 공직후보자의 과거 행적

---

48) 전진영(c), "가장 모범적으로 운영되고 있는 미국의 인사청문제도", 「국회보」 2013년 3월호, 58면.

49) 제1단계는 백악관 인사실의 공직후보자 물색(selection)에 관한 것이다. 제2단계는 추천된 후보자에 대한 대통령의 내부의 승인에 관한 것이다. 제3단계는 연방수사국(FBI)과 국세청(IRS)의 공직후보 신원조회에 관한 것이다. 제4단계는 최종후보자에 대한 대통령자문변호사실(Office of Counsel to the President), 연방수사국(FBI), 국세청(IRS) 등 관계기관의 신원조사에 관한 것이다. 제5단계는 백악관 인사실의 의회의원 및 전문위원들과 인준문제에 대해 협의하여 청문회를 준비하는 단계이다. 제6단계는 대통령의 공식지명 및 인준동의안 제출에 관한 것이다. 미국에서 상원 인사청문회 개최 전 대통령의 공직후보자 지명과정에 대한 6단계의 자세한 내용은 김일환外, "미국 연방헌법상 인사청문회제도", 「미국헌법학연구」 제21권 제3호(2010.12), 224-226면 참조.

50) 강기정, "정부차원의 시스템 마련으로 사전검증 강화해야", 「국회보」 2013년 3월호, 51면.

을 철저히 사전 조사하는 절차를 거쳐야 한다.

2. 인사청문 기간의 확대

현행 인사청문회법상 국회의 인사청문은 국회는 임명동의안등이 제출된 날부터 20일 이내에 그 심사 또는 인사청문을 마쳐야 한다(인사청문회법 제6조 제2항). 20일 이내에 국회의원은 공직후보자에 대한 자료제출을 요규한 후 이를 제출받아서 검토하고, 소관위원회가 인사청문회를 개최하며, 인사청문경과보고서를 채택해야 하는 것이다. 이 기간은 공직후보자에 대한 충분한 인사검증을 하기에는 지나치게 짧다는 것이다.[51]

따라서 인사청문회 활동기간을 전체적으로 확대할 필요가 있다. 우선 현재 20일인 전체 활동기간을 30일 정도로 확대하여 국회에 임명동의안이 제출된날부터 30일 이내에 모든 인사청문회 절차를 마치도록 하는 방안을 검토할 필요가 있다. 그리고 청문회 자체의 기간도 현재의 3일을 5일 정도로 확대하여 위원회가 여유 있게 활용할 수 있게 하여야 한다.[52]

3. 인사청문회 주관위원회의 일원화

현행 인사청문회 주관위원회가 이원적으로 운영되다 보니 동일한 공직에 대해서도 국회가 선출하느냐, 대통령이 임명하느냐에 따라 인사청문특별위원회, 소관 상임위원회와 같이 실시 주체가 상이한 현상이 나타나고 있다.[53] 또한 인사청문특별위원회의 경우 위원 선임 등 특위를 구성하는데 시일이 소용되는 경우도 발생한다. 따라서 이에 대한 개선책으로 인사청문 주관위원회를 '소관 상임위원회'로 일원화해야 한다.[54]

---

51) 미국 제105대 의회의 경우 의회가 후보자를 인준하는데 평균 73일이 소요되었다는 점과 비교할 때, 20일만에 모든 인사청문 절차를 마치는 것은 매우 촉박한 기한이라 할 수 있다(전진영, "국회 인사처문제도의 현황과 개선방안", 2면).

52) 임종훈, 앞의 논문, 48면.

53) 헌법재판소 재판관이나 중앙선거관리위원회 위원의 경우 국회가 선출하는 3인에 대해서는 인사청문특별위원회가, 대통령이 임명하는 3인과 대법원장이 지명하는 3인은 소관 상임위원회가 각각 인사청문을 실시한다.

54) 임종훈, 앞의 논문, 38면; 전진영, "인사청문 주관 위원회 일원화 청문회 기간 확대 등 개선해야", 「국회보」 2011년 3월호, 77면. 인사청문회를 실시하는 위원회를 청문 대상 후보자가 근무하게 될 기관을 관장하는 상임위원회로 일원화하게 되면 국무총리에 대한 인사청문회는 정무위원회에서 실시하게 되고, 대법원장을 비롯한 대법관 전원과 헌법재판소 소장을 미롯한 헌법재판소 재판권 전원 및 감사원장 그리고 검찰총장에 대한 인사청문회는 법제사법위원회에서 관장하게 된다. 중앙선거관리위원회는 위원 전원에 대한 인사청문회는 안전행정위원회로 일원화 된다. 이렇게 되면 법제사법위원회의 전체적인 업무량이 과도하게 많

4. 공직후보자의 허위 진술에 대한 처벌규정을 통한 「정책 청문회」

사전검증 및 청문과정에서 공직후보자가 고의로 거짓을 진술하는 위증(僞證)을 방지하기 위해 '형사적 처벌을 받겠다'는 선서를 의무화하여, 청문회 과정에서 새로운 범법행위가 밝혀질 경우 이에 대한 처벌을 법제화할 필요가 있다.[55] 공직후보자의 허위진술은 형사적인 불이익이나 제재를 목표로 하는 수사행위나 법적 진술에 관한 것이 아니므로 '형사상 불리한 진술'에 포함된다고 보기 어렵다. 특히 단순히 자신의 치부를 숨기려고 하는 차원이 아니라, 국회의 결정에 영향을 줄 고의를 가지고 적극적으로 기망하는 경우라면 자기부죄금지원칙과 별도로 형사처벌을 하는 것이 가능할 것이다.[56] 특히 제3자인 증인이나 참고인의 허위진술인 위증에 대해서는 처벌하면서, 정작 자질에 대한 검증을 받는 공직후보자가 국회를 기망하는 행위에 대해서 처벌을 할 수 없다는 것은 형평에도 맞지 않다고 볼 수 있다. 따라서 후보자의 허위진술에 대해서 미국의 경우처럼 '국회모욕죄'를 적용하는 것도 방안이 될 수 있다.[57][58] 인사청문회가 본래적 의미의 「정책 청문회」가 되기 위해서는 청문대상자들이 "오래전 일이라 생각이 안난다" "모른다"라고 할 때, 이를 제재할 수 있는 법적 장치가 강구되어야 한다. 우리는 이런 공직후보자를 청문회에서 창피 주는 정도에서 그치지 말고 사법처리를 하는 선례를 만들어야 한다는 것이다.[59]

5. 인사청문회 개최전 「검증소위원회」 도입과 검증 자료제출 의무화

현행 우리나라의 인사청문회에서 매우 특징적인 것 하나는 공직후보자의 직무적격성보다 도덕성에 대한 검증에 치중하고 있다는 점일 것이다. 국회 인사청문과정에서 도덕성 검증 역시 후보자가 갖추어야 할 중요한 자질이고, 도덕성 논란이 불거질 수 있는 후보자를 대통령이 처음부터 지명하지 않는 것이 바람직하다. 그러나 국회 역시 인사검증 절차를 강화하여 지나

게 된다면 국회법을 개정하여 법제위원회와 사법위원회를 분리하는 방안도 검토할 필요가 있다(임종훈, 앞의 보고서, 38-39면 참조).

55) 문병주, 앞의 글, 5면.

56) 공직후보자의 허위진술에 대하여 처벌이 가능한지에 대해서는 견해가 대립하고 있다. 이에 대한 자세한 사항은 임종훈, 앞의 논문, 64-67면 참조.

57) 전진영(a), 앞의 논문, 4면.

58) 미국의 경우, 연방수사국(FBI) 국세청 그리고 공직자윤리위원회의 사전검증을 위한 도덕성, 청렴성, 개인의 프라이버시 및 주변 평판 등의 문항에 대해 허위진술을 한 것으로 드러나면 5년 이하의 징역에 처하는 규정을 법제화하고 있다.

59) 신율, 앞의 논문, 71면.

치게 후보자의 도덕성 검증에 매몰되지 않을 필요가 있다. 이를 위해서 인사청문회를 개최하기 이전에 후보자의 재산이나 경력, 병역 등 과거행적에 대한 서류검증을 철저히 하기 위한 「검증소위원회」를 구성할 필요가 있다. 검증소위원회에서는 후보자가 출석하지 않은 상태에서 후보자의 인사검증 서류를 중심으로 서류로써 확인가능한 도덕성 측면을 집중할 수 있다.[60]

아울러 사전검증 자료 공개가 필요하다. 위장전입과 다운계약서, 탈세 등 사전검증에서 손쉽게 걸러낼 수 있는 문제점을 후보자 지명 과정에서 미리 공개하는 방안을 검토해야 한다. 이는 청와대가 사전검증 자료를 공개하면 근거 없는 의혹의 확산을 줄이는 기재로 작동할 수 있다. 따라서 청와대의 사전검증 자료들을 국회가 제출받을 수 있는 제도적 장치가 필요하다.[61]

국회의 공직후보자에 대한 자료제출 요구권이 실효성을 갖도록 하기 위해서는 국회에 제출되는 자료 중 공직후보자의 민감한 사생활 관련 자료 등은 인사청문회의 국회의원이 열람만 하고 대외적으로는 공개하지 않는 '비공개 열람'제도를 신설하고 인사청문회 국회위원이 비공개 자료를 공개하는 경우에 제재방안을 마련하여야 한다. 또한 인사검증 자료제출 거부 사유를 보다 엄격하게 제한할 필요가 있다.

6. 인사청문회 여야의 정쟁(政爭) 자제 및 정치문화의 개선

인사청문제도는 국회의 행정부 견제수단의 일환이라는 점을 고려할 때, 여당과 야당을 떠나 공직후보자의 직무적합성과 자질을 검증하여 대통령의 인사권이 올바르게 행사될 수 있도록 해야 한다는 관점에서 인사청문회 제도를 실시할 필요가 있다.[62] 인사청문회 과정에서 근거가 없이 허위로 공직후보자 개인의 인신공격성 발언이나 사생활의 침해[63]로 공직수행의 어려움을 초래될 수 있으므로 질문자의 질문내용이나 태도가 중요시되며, 공직후보자의 인격존중, 사실위주의 질문, 자질과 관련된 것만 질문하도록 하고 청문위원인 국회의원이 품위를 지키도록[64] 노력해야 한다. 다시 말해서 우리의 정치문화(政治文化)를 한 차원 발전시켜야 한다.

---

60) 전진영(c), 앞의 논문, 77면.

61) 임석규, "박근혜 정부 인사참사와 인사청문회 제도 개선론", 「박근혜 정부 인사참사 과연 제도 탓인가?—국회 인사청문제도의 개정은 필요한가?」 토론회 자료집(유인태 의원 주최), 2014년 7월 16일, 71면.

62) 전진영(a), 앞의 논문, 3면.

63) 인사청문회과정에서 공직후보자와 그 가족의 사생활 침해에 대해서는 김대환, "인사청문회와 공직후보자 및 그 가족의 인격권", 「언론중재」 2010년 겨울호, 134–139면 참조.

64) 김강운, "인사청문회의 법적 근거와 문제점", 「원광법학」, 제26권 제3호(2010), 92면.

7. 공직후보자의 답변권 보장

인사청문회에서 의원들은 공직후보자에게 그의 도덕성과 직무수행능력을 검증하기 위하여 여러 가지를 질의하게 되는데, 문제는 정작 답변을 할 기회와 시간을 제대로 확보해주지 않는다는 것이다. 이러한 현상이 발생하는 것은 충분한 질의·답변시간이 개별 의원들에게 주어지지 않은 상태에서 청문회가 중계 방송되는 것을 의식하여 의원들이 자신의 입장만을 최대한 발표하고 후보자의 답변기회를 배려하지 않기 때문이다.[65] 인사청문회 청문위원에게 주어지는 시간은 1차례 기준 답변포함 7분이다. 제대로 된 질의조차 하기 어려운 게 현실이다. 대개 18명 내외의 청문위원들이 참여한다. 게다가 중요한 인사청문회는 방송에서 생중계를 하는데 물리적으로 2-4시간 이상 방영할 수가 없다. 이 시간 안에서 청문위원들은 준비한 핵심 킬러 콘텐츠를 선보여야 한다. 그러니 묻는 말에만 대답하라, 예 아니오 로만 하라고 고함을 지를 수밖에 없다. 청문회에서 공직후보자의 답변권을 보장하는 대안은 청문위원 수를 3분의 1로 줄이는 것이다.[66] 아울러 청문기간을 확대하여 국민을 대신하여 국회의원들이 충분한 질의를 할 수 있도록 개선할 필요가 있다.

8. 인사검증기준의 원칙 마련

공직자에 대한 국민의 눈높이는 달라지고 있다. 인사청문회가 본래적 의미의 대통령 인사권에 대한 견제수단이 아니라, 대통령이 지명한 공직후보자 누구를 잡아야 정국 주도권을 확보할 수 있다는 식의 정치싸움이 인사청문회를 좌우해서는 곤란하다. 나아가 정치적으로 누구를 희생시키면 누구는 봐줄 수 있다는 식의 정치적 협상이 인사청문회의 결론이 되어서는 더더욱 곤란하다.[67] 그 동안 인사청문회 운영과정에서 가장 심각한 문제점은 '인사 검증 기준'이 정권교체에 따라 일관성(一貫性)없이 적용되고 있다는 것이다. 따라서 우리 실정에 적합한 인사청문회를 정착시키기 위해서는 여야가 인사검증기준을 명확히 합의할 필요가 있다.

---

65) 임종훈, 앞의 논문, 64면.
66) 김용태, 앞의 글, 61면.
67) 김용태, 앞의 글, 63면.

V. 맺음말

인사청문회(confirmation hearing)는 의회가 헌법기관이나 이에 준하는 중요한 국가공직의 임명 전에 공직후보자의 자질, 도덕성, 업무적합성 등을 미리 검증할 목적으로 공직후보자를 의회에 출석시켜 질의하고 답변과 진술 등을 듣는 절차이다. 이러한 인사검증의 결과를 토대로 하여 의회는 인사권자에게 공직후보자의 적합성에 대한 의견을 제시하거나 혹은 공직후보자의 지명에 대한 인준 여부를 직접 결정한다. 정부의 정책 개발 및 집행에 큰 영향을 미치는 고위 공직자에 대한 임명이 올바르게 이루어지지 못하면 국가적으로 커다란 손실이 아닐 수 없다. 이러한 점에서 인사청문회는 고위 공직자에 대한 정치적 임용이 올바르게 이루어지도록 할 필요성 때문에 고안된 제도라고 할 수 있다.[68]

박근혜 정부는 '인사 실패'로 날을 지새우고 있다. 국무총리 후보자의 연쇄 낙마에 이어 2기 내각에서 8명의 장관 후보자 중 2명이 물러났다. 정권 출범 1년 5개월 만에 총리·장관 후보자 9명이 낙마했다. 역대 정부에서 볼 수 없었던 '인사 참사'다. 잇따른 '인사 실패'는 박 대통령의 자기 사람 중심의 편협한 인사 틀과 청와대의 검증 부실이 겹쳐져서 일어난 것이다. 김명수 후보자의 연구윤리 비리, 정성근 후보자의 의혹들은 기초적인 검증 사항이다. 청와대 검증에서 이를 파악 못했다면 애초 검증할 의지가 없었다는 것이고, 알고도 넘겼다면 국민 눈높이에도 못맞추는 그들만의 검증 잣대를 들이댔다는 얘기다. 박 대통령이 수첩과 비선에 의존해 점찍은 사람에 대해 청와대 검증시스템은 무용지물이었던 것이다. 의리와 충성심에 초점이 맞춰진 박 대통령의 '사설 검증'으로는 도덕성과 자질의 흠결을 걸러낼 수 없다.[69]

박근혜 정부 2기 내각 인사청문회를 결산해 보면, 결국 문제는 현행 인사청문회 제도 자체가 아니라 후보자들의 과거행적과 자질에 있었다. 청와대와 새누리당이 인사청문회를 개선하는 것보다 인사청문회에 자질 미달의 후보자를 보낸 청와대 인사검증시스템 개혁이 우선이라는 점이 이번 청문회를 통해 여실히 드러난 셈이다. 청와대의 인사검증 절차가 정상적으로 작동됐다면 김명수·정성근 후보자와 같은 부실 인사청문회는 애초 필요 없었을 것이란 지적이 나오는 이유다.[70]

인사청문회제도의 모국(母國)이라 할 수 있는 미국에서도 대통령이 지명한 공직후보자가 낙마는 이유는 사전 검증이 부실했거나, 사전 검증을 통해 문제점을 확인하고도 정치적 파장에

---

68) 권건보·김지훈, 앞의 논문, 24면.
69) 경향신문, 2014년 7월 17일, "[사설] 집권 17개월 만에 총리·장관 후보자 9명 낙마" 참조.
70) 경향신문, 2014년 7월 12일, 3면.

대한 정무적 판단을 잘못하기 때문이란다.

박근혜 정부에서의 '인사 참사'(人事慘事)의 근본적인 원인은 인사청문회제도에 있는 것이 아니라 사점검증을 소홀히 했거나 사점검증을 제대로 하지 않은 것에 있다.

박근혜 정부 출범 후 인사권자인 대통령의 지명 후 국민의 대표기관인 국회의 인사청문회에 가보지도 못하고 자진사퇴하는 공직후보자가 늘자, '신상털기식 인사청문회는 안된다'며 청와대와 여당이 인사청문회를 도덕성의 비공개 검증과 정책 검증의 국회 공개 검증이라는 이원적 운영의 개선을 요구하고 있다.

그러나 이른바, '2단계 인사청문회론'은 ① 비공개로 공직후보자의 사생활을 검증하자는 것으로 희망과 달리 주변인의 제보나 언론의 취재 등 더 공개적인 방식으로 이루어질 수 있기 때문에 비현실적이다. 또한 ② 현재 한국의 인사청문회는 청와대에서 공직후보자를 발표하기 전에 사전검증을 제대로 안 하는 게 근본적인 문제점[71]이라고 지적할 수 있다.

새누리당 사람들은 "지금의 엄격한 도덕성 기준으로 과거 30~40년 전의 일을 재단하는 것은 옳지 않다"고 주장하며 도덕성 판별의 원칙과 기준을 새로 정하자고 말한다. 그러나 인재를 널리 구하지 않아서 그렇지 우리 사회에는 부동산 투기나 위장전입 등과 담을 쌓고 살아온 청렴한 인물들이 많이 있다. 문제는 좁은 바닥에서 고만고만한 인물들만 놓고 고민하는 편협한 시각이지 도덕성 잣대가 엄격해서가 아니다. 제대로 된 사전검증을 할 생각은 하지 않고 인사청문회 탓부터 하는 것은 본말이 전도된 것이다.[72] 국회 인사청문제도는 대통령제 국가에서 대통령에게 집중된 고위 공직자 임명의 엽관성(獵官性)을 견제할 수 있는 거의 유일한 장치이다. 2008년부터 의원내각제 국가인 영국도 하원 「사전인사청문회제」(pre-appointment hearing)[73]를 도입하여 인사청문제를 실시하고 있으며, 그 인사청문 대상 직위는 2013년 11월 기준 16개 부처에 60여개에 이른다. 오랜 민주주의 전통을 지닌 영국이 그동안 시행하지 않던 '사전 인사청문제도'를 도입했다는 사실은 공직자 인사에 대한 의회의 감독과 책임성 확대가 민주주의의 성공적 운영을 위한 중요 요소임을 보여주고 있다.[74]

인사청문제도는 국회의 행정부 견제수단의 일환이라는 점을 고려할 때, 국회는 여당과 야당

---

71) 이준한, "인사청문회의 정착과 과제−미국 사례의 시사점", 「박근혜 정부 인사참사 과연 제도 탓인가?−국회 인사청문제도의 개정은 필요한가?」 자료집(유인태 의원 주최), 2014년 7월 16일, 51면.

72) 한겨레신문, 2013년 2월 2일, 23면 "[사설] 국회 인사청문회마저 '밀봉'하겠다니".

73) 영국 하원의 사전인사청문제도에 대해서는 전진영, "영국 하원 사전인사청문제도의 특징과 시사점", 「이슈와 논점」 제858호(2014.5.23) 참조.

74) 임석규, "박근혜 정부 인사참사와 인사청문회 제도 개선론", 「박근혜 정부 인사참사 과연 제도 탓인가?−국회 인사청문제도의 개정은 필요한가?」 토론회 자료집(유인태 의원 주최), 2014년 7월 16, 77면.

을 떠나 공직후보자의 직무적합성과 자질을 검증하여 대통령의 인사권이 올바르게 행사될 수 있도록 해야 한다는 관점에서 인사청문회 제도를 실시할 필요가 있다.[75]

　미국 인사청문회는 공직후보자의 직무적합성 등 공직수행능력 못지않게 도덕성을 중요하게 다루고 있다. 2000년 인사청문회 도입 후 공직자의 자질과 도덕성을 평가할 때 더 높은 검증 기준을 적용해야 한다는 것이 국민의 생각이다. 도덕성을 갖추지 못한 공직후보자가 제대로 된 직무를 수행할 수 없다. 또한 도덕적이지 못한 공직자가 하는 공직 수행을 국민은 신뢰하지 않는다. 그러한 행위는 국민의 불신만 가중시킬 뿐이다. 공직후보자의 높은 도덕성을 아무리 강조해도 지나치지 않는다. 국민 눈높이에 맞도록 앞서 제시한 방안 등을 검토하여 인사청문회의 내용과 절차를 개선하는 것이 국회에 부여한 국민의 지상명령이다.

---

75) 전진영(a), 앞의 논문, 3면.

4부

헌법과 폭력

전두환 정권기 국가폭력과 인권침해

"우리 동네 사시는 / 29만원 할아버지 / 아빠랑 듣는 라디오에서는 맨날 29만원밖에 없다고 하시면서 / 어떻게 그렇게 큰 집에 사세요? / 얼마나 큰 잘못을 저지르셨으면 / 할아버지네 집 앞은 / 허락을 안 받으면 못 지나다녀요? / 해마다 5월 18일이 되면 / 우리 동네 이야기가 나오는데 / 그것도 할아버지 때문인가요?
호기심 많은 제가 그냥 있을 수 있나요? / 인터넷을 샅샅이 뒤졌죠. / 너무나 끔찍한 사실들을 알게 되었어요. / 왜 군인들에게 시민을 향해 / 총을 쏘라고 명령하셨어요? / 얼마나 많은 시민들이 죽었는지 아세요? / 할아버지가 벌 받을까 두려워 / 그 많은 경찰아저씨들이 지켜주는 것인가요?
29만원 할아버지! / 얼른 잘못을 고백하고 용서를 비세요. / 물론 그런다고 안타깝게 죽은 사람들이 / 되살아나지는 않아요. / 하지만 유족들에게 더 이상 / 마음의 상처를 주면 안 되잖아요. / 제 말이 틀렸나요? / 대답해 보세요! / 29만원 할아버지!".

— '29만원 할아버지'*, 유승민(2012년, 연희초등학교 5학년) —

I. 머리말

헌정사는 입헌국가에서 헌법질서의 정치적 발전에 관한 것, 즉 정치적 현상을 헌법규범적 관점에서 고찰하는 것이다.

한국 헌정사는 여러 가지 인적·상황적 사유로 인하여 자유민주사회이 정통적인 헌정(憲政)으로부터 굴절되고 왜곡된 면이 많았다. 한국 헌정의 굴절과 왜곡의 원인은 첫째, 자유민주사회의 기본적 전제인 시민적 부르주아 계급의 형성이 박약한 상태에서 헌정을 수호할 사회의 주인이라고 할 세력이 보이지 않았다는 점이다. 둘째, 급격한 산업화, 국가주도의 발전전략, 공산주의 북괴와의 대치 등은 위로부터의 쿠데타를 가능케 하는 상황적 요인으로 작용하였다. 셋째, 저개발 약소국의 현실과 국제간의 국가경쟁이라는 국제적 상황이 자유민주질서만을 절대가치로 신봉할 수 없게 한 요인이다. 넷째, 규범의식의 미발달 등을 들 수 있다.[1]

---

* 2012년 '5.18 32주년 기념—제8회 서울 청소년대회'에서 서울연희초등학교 5학년 유승민 군은 이 글로 우

한국헌정사에서 박정희 유신체세의 몰락은 1979년 8월 9일 YH무역 여성노동자들의 신민당사 점거농성과 강제해산,[2] 신민당 김영삼 총재의 의원직 제명, 1979년 10월 16일 유신정권의 뿌리를 흔드는 부마항쟁으로 이어져 10·26사태라 불리는 박정희 피살로 18년 장기독재는 막을 내리게 된다. 「10·26 박정희 피살 사건」 이후의 권력 공백기에 전두환은 박정희 대통령 암살 사건을 수사한다는 명분하에 계엄사령관 겸 육군참모총장을 군 통수권자의 허락없이 체포하는 12·12군사반란을 주도했다. 권력 공백기에서 권력의 실세로 등장한 전두환 신군부는 보안사 내에 언론조종반을 설치하고 정권 탈취 공작인 'K공작계획'을 추진했다. 신군부는 이러한 집권공작을 통하여 군사독재정권의 5공화국을 출범시켰다.

한편 국가폭력의 네트워크는 폭력 행위를 정당화하는 지배 이데올로기로서 반공과 레드콤플렉스의 동원, 무소불위의 힘인 국가보안법 체계와 그 구체적인 실행체로서 '남산', 억압된 사회화 과정을 통해 국민들로부터 무의적 동의를 이끌어내는 제도 교육, 지배 이데올로기를 선전하고 확산하는 반동적 보수언론, 권력에 영합하는 해바라기성 지식인들의 '먹이사슬 카르텔'로 구성되어 있었다.[3]

II. 제5공화국(전두환정권) 출범 前史

1. 「10.26사건(1979)」과 최규하 체제의 출범

박정희 유신체제의 몰락은 1978년 12월 12일 실시된 제10대 국회의원선거 결과가 예정하고 있었다고 볼 수 있다. 제10대 국회의원 선거에서 집권당인 공화당은 엄청난 규모의 금권(金權)과 관권(官權)을 동원하고도 31.7%를 득표하여 32.8%를 득표한 야당인 신민당에 1.1%가 뒤지는 저조한 득표율을 기록했다. 집권여당인 공화당이 선거에서 실질적으로 야당에게 패배한 것이다. 이는 영구집권을 꿈꾸며 만들어진 유신헌법(維新憲法)과 국민의 생존권을 희생시키던 개발독재(開發獨裁)라는 박정희 절대권력에 대한 국민들의 준엄한 심판이며 경고를 내

수상(서울지방보훈청장상)을 수상했다.

1) 김기영, 憲法講義, 박영사(2002), 144-146면 참조.

2) 1979년 8월, 회사의 부당한 일방적 폐업조처 철회와 정상가동을 요구하며 야당인 신민당의 당사에서 농성 중이던 가발업체 YH무역의 여성노동자 170여명을 경찰이 무자비한 폭력을 동원하여 강제해산 시키는 과정에서 여자 노동자인 김경숙이 사망한 사건이다. 당시 경찰의 폭력적인 공권력 개입은 정치·사회적으로 많은 비난을 불러왔고, 민주화 투쟁을 가속화시키는 결과를 낳았다. YH사건은 유신체제가 갖는 모순을 가장 첨예하게 노출시킨 사건이다.

3) 조현연, 『한국 현대정치의 악몽—국가폭력』, 책세상(2000), 22면.

린 것으로 볼 수 있다.

1979년 8월 9일 YH무역 여성노동자들의 신민당사 점거농성과 강제해산, 신민당 김영삼 총재의 총재직 정지가처분과 의원직 제명파동[4]), 1979년 10월 16일 유신정권의 뿌리를 흔드는 부마항쟁(釜馬抗爭)[5])으로 이어져 10·26사태라 불리 우는 박정희 피살로 18년 5개월간의 장기독재는 막을 내리게 된다. 「10·26사건」은 유신체제에 대한 정면 도전이었던 부마항쟁의 대응 방식과 유신체제의 붕괴를 극복하려는 방안을 두고 벌어진 박정희 체제 내부의 권력갈등에서 비롯되었다.[6])

대통령이 궐위됨에 따라 최규하 국무총리가 대통령 권한대행으로 취임했고, 그는 1979년 10월 27일 새벽 4시를 기해 제주도를 제외한 전국에 비상계엄을 선포했다.

12월 6일 통일주체국민회의는 최규하 대통령 권한대행을 유신헌법에 따라 제10대 대통령으로 선출하였다. 이로서 과도기의 최규하 정권이 출범했다. 최규하 대통령[7])은 12월 7일 긴급

---

4) 1979년 8월 13일 신민당 3개 원외지구당 위원장이 신민당 총재단 직무정지 가처분 신청을 하였고, 9월 8일 서울민사지방법원 신민당 총재단 직무정지 가처분 결정을 내렸다. 이에 대해 김영삼 총재가 「뉴욕타임지」에 '박정희정권 타도 선언' 기자회견을 하였고, 김영삼 총재의 기자회견 내용을 문제 삼아 공화당과 유정회(維政會)는 10월 3일 합동조정회의를 열어 김영삼 총재를 국회에서 제명하기로 결의하였다. 10월 4일 국회 경호권을 발동하여 무술경위를 출동시켜 놓고 국회 본회의장이 아닌 국회 별실에서 김영삼 총재 국회의원직 제명안을 변칙 처리하였다.

5) 신민당 김영삼총재에 대한 제명안이 변칙통과된 직후부터 김영삼씨의 선거구(選擧區)인 부산지역에서 1979년 10월 16일과 17일 이틀 동안 부산대와 동아대 학생 및 시민들이 "유신철폐", "독재타도" 등의 구호를 외치며 격렬한 항의시위를 벌였고, 이 시위는 마산으로까지 번져 나갔다. 박정희대통령은 경찰력으로는 사태진압이 불가능하다고 판단하여 10월 18일 새벽 0시를 기해 부산직할시 일원에 비상계엄을 선포하였다. 계엄선포와 동시에 3공수여단에 병력을 투입하여 시위군중을 진압하기 시작했으며 통금을 연장 실시하였다. 시위가 마산을 비롯하여 인근지역으로 번지자 39사단 병력과 장갑차를 투입하였고 10월 20일에는 마산·창원에 위수령을 발동하여 진압한 사건이다.

6) 10·26사건의 발달 원인을 부마항쟁의 대응방식에 대한 강경책과 온건책이라는 정책상의 대립보다는 개인적인 원한(怨恨)에서 찾는 입장도 있다. "유신체제의 종말은 어떤 의미에서는 어처구니없게 왔다. 그것은 최고 통치자를 보필하던 피후원자들간의 개인적인 권력 투쟁과 원한의 결과로 왔다. 물론 이들 간의 대립은 부마사태에 대한 강경책과 온건책이라는 정책상의 대립의 양상도 띠고 있었으나, 김재규가 박정희와 차지철을 살해한 극단적 행동은 정책상의 이견보다는 개인의 원한 때문이다. 중앙정보부장 김재규는 군의 한참 후배인 경호실장 차지철의 월권행위와 자신에 대한 무례, 그리고 그에 대한 대통령의 편애를 참을 수 없었다. 그는 부마사태의 심각성을 인식하고 온건 대책을 건의하였으나, 강경진압을 주장한 차지철의 견해가 득세했다."(김영명, 『한국현대정치사』, 을유문화사, 1999, 226-227면 참조).

7) 최규하 前대통령은 1995년 김영삼 대통령의 「문민정부」로부터, 전두환 신군부가 사법처리의 대상에 올라 법원에서 수차례 증언 요청을 받지만, 그는 법정 증언을 끝까지 거부하였다. 증언을 거부하면서 비망록을 남겨놓았으니 비망록을 참고하라고 하여 이때 많은 사람들이 재임 당시 신군부에 관련된 일을 기록으로라도 남겨놓지 않았을까 기대했지만 끝내 무덤까지 비밀을 가져갔다. 그의 비망록 행방은 현재 오리무중이

조치 9호를 해제하였다.

2. 「12·12군사반란」과 「5·17쿠데타」

(1) 12·12 군사반란

12·12 군사반란(軍士反亂) 1979년 12월 12일, 전두환과 노태우 등을 중심으로 한 신군부 세력이 최규하 대통령의 승인 없이 계엄사령관인 정승화 육군 참모총장, 김재규 중앙정보부장 등을 체포, 연행한 사건이다.[8]

12월 12일 보안사령관 전두환 육군 소장은 제9사단장 노태우 육군 소장 등 영남출신 고급장교들로 이루어진 군부내 비밀사조직 〈하나회〉를 동원하여 지휘계통을 무시하고 계엄 사령관직에 있던 정승화 육군 참모총장과 노재현 국방부장관, 장태완 수도경비사령관, 정병주 특전사령관, 김재규 중앙정보부장 등을 체포·구금하고, 국방부, 육군본부, 수도경비사령부 등 주요 군시설을 점령하여 군부의 실권을 완전 장악했다. 이 과정에서 하나회 출신 군부세력 장교들은 정병주 특전사령관을 체포하는 과정에서 정병주 사령관의 비서실장인 김오랑　소령을 사살하기도 했다.[9] 그리고 국방부와 육군본부를 점령하고 국방부장관도 체포하여 군부의 실권을 장악했다. 이 과정에서 총격전이 발생하여 다수의 사상자가 발생하였다.

(2) 5·17쿠데타

「5·17 군사정변(쿠데타)」은 1980년 5월 17일 전두환 등 신군부에 의해 내려진 조치로 민주화를 요구하는 학생, 정치인 등이 이로 인해 대량 체포되었다. 신군부 세력은 1981년 1월 24일 비상계엄령이 해제 될 때 까지 비상계엄 전국확대가 실시된 기간 동안 국민의 민주화 요구 탄압을 탄압하면서 인권을 유린하고 헌정을 파괴하였다.

다. 1979년 10·26사태 이후부터 1980년 8월 16일 대통령직을 사임할 때까지의 역사적 격동기를 이끌었던 그는 당시의 진실에 대해 아무런 언급도 하지 않은 채 말없이 2006년 10월 22일 향년 88세를 일기로 사망하여 역사의 무대를 떠났다.

8) 군형법상 반란죄는 다수의 군인이 작당하여 병기를 휴대하고 국권에 반항함으로써 성립하는 범죄이고, 여기에서 말하는 국권에는 군의 통수권 및 지휘권도 포함된다고 할 것인바, 반란 가담자들이 대통령에게 육군참모총장의 체포에 대한 재가를 요청하였다고 하더라도, 이에 대한 대통령의 재가 없이 적법한 체포절차도 밟지 아니하고 육군참모총장을 체포한 행위는 육군참모총장 개인에 대한 불법체포행위라는 의미를 넘어 대통령의 군통수권 및 육군참모총장의 군지휘권에 반항한 행위라고 할 것이며, 반란 가담자들이 작당하여 병기를 휴대하고 위와 같은 행위를 한 이상 이는 반란에 해당한다(대법원1997.4.17, 96도3376 전원합의체 판결[집45(1)형,1;공1997.5.1.(33),1303]).

9) 김오랑 소령은 김영삼 「문민정부(文民政府)」에 와서 복권되고 중령에 추서되었다.

5월 17일 24시 신군부는 비상 계엄령을 내려 18일 1시부로 전국으로 확대했다. 신군부는 5월 17일 오전 '전군주요지휘관회의'를 열어 전군이 '시국수습방안'을 지지하는 것처럼 포장하여 대통령과 국무총리에게 '비상계엄 전국확대', '비상기구 설치' 등을 실시하도록 강요하였다. 동년 5월 17일 21시 집총한 군인들이 도열하고 외부와의 연락이 끊어진 상황 속에서 국무회의가 열려 특별한 토의 없이 '비상계엄 전국확대'를 선포하였다. 5월 18일 새벽 2시 신군부는 국회를 점령한 뒤 무력으로 봉쇄하여 헌정중단 사태가 발생했다. 보안사에서는 대통령과 계엄사령관의 재가 없이 계엄 포고령 제10호를 발표하여 정치활동 금지, 대학교 휴교령, 보도 사전 검열 등의 조치를 내렸다. 김대중·김종필 등 정치인 26명은 합동수사본부로 연행되었고 6백여 명의 학생, 교수, 민주인사 등이 체포되었다. 동시에 신민당 총재 김영삼은 무장헌병들에 의해 가택 연금되었다. 이어 각 대학에는 휴교령이 내려졌고, '서울의 봄'은 허무하게 막을 내렸다.

III. 전두환 신군부 집권과정의 불법성과 국가폭력의 내재

전두환 신군부(新軍部)는 육사 11기의 선두그룹인 전두환을 위시한 하나회를 중심으로 박정희 정권의 비호 아래 그 힘을 키워 온 정치장교 집단이었다. 이들은 1980년 당시 전두환을 중심으로 12·12군사반란과 5·17쿠데타[10]를 주도하여 권력의 핵심을 장악했으며 광주민중항쟁을 무력으로 진압한 뒤 정권장출에 발빠르게 나섰다. 이미 마련된 정권창출을 위한 시나리오에 따라 신군부는 5월 31일 전두환을 상임위원장으로 하는 국가보위비상대책위원회를 설치해 입법, 행정, 사법의 3권을 실질적으로 장악했으며, 이어 8월 16일 최규하 대통령의 하야, 8월 22일 전두환의 대장 전역, 그리고 8월 27일 전두환을 유신헌법에 의해 대통령에 선출함으로써 신군부의 집권을 완료했다.

집권과정에서 정권의 정통성을 결여한 전두환 정권은 그에 다른 정치적 불안을 해소하고자 '정치·사회정화'를 명분으로 사회 각 부문을 폭력적으로 장악하는 한편, '집회 및 시위에 관

---

10) 박정희가 1961년 5월 하순경에 그를 강제예편시킬 것이라는 사실을 알게 되자 서둘러 5·16쿠데타를 결행했듯이, 전두환 또한, 정승화 육군참모총장이 전두환 자신을 1979년 12월중에 수도권에서 멀리 떨어진 동해안경비사령관으로 전출시킬 것을 계획하고 그 구상을 국방부장관과 협의한 것으로 알려지자 자신의 동해안 전출 전에 12·12군사반란을 일으켰다(李祥雨, 12·12사태, 『現代韓國을 뒤흔든 60大事件』, 「신동아」 1988년 1월호 별책부록, 275면 참조).

한 법률', 제3자 개입금지[11]를 규정한 '노동쟁의조정법' 등 반민주악법을 양산해 사회통제를 강화했다.[12]

전두환 정권은 집권의 불법성과 정통성 결여는 집권기간 동안 국가폭력의 내재를 안고 있었다.

집권기반 및 체제정비에 어느 정도 성공하고, 또 한편으로는 강권통치의 한계에 다다른 전두환 신군부는 1983년 미국 레이건 대통령의 방한과 1984년 5월 교황 방한, 86아시안게임과 88서울올림픽 개최를 앞두고 국제여론을 의식하지 않을 수 없었던 전두환 정권은 1983년 2월부터 단계적으로 유화조치를 펴기 시작했다. 중·고등학생의 교복과 두발자유화, 야간통행금지의 해제, 학원자율화 조치 등 '우민문화정책'[13]으로 국민적 관심을 호도하면서 제적학생의 복학과 해직교수의 복직허용, 민주인사의 특별사면·복권, 학원자율화조치 등을 단행했다.

그러나 유화조치는 전두환 정권의 의도와는 반대로 민족·민주화운동을 활성화시키는 계기가 되자 1985년 9월부터 다시 탄압조치로 되돌아갔다.

우리나라에서 국가폭력의 네트워크는 폭력 행위를 정당화하는 지배 이데올로기로서 반공이데올로기와 레드 콤플렉스의 동원, 무소불위의 힘인 국가보안법 체계와 그 구체적인 실행체로서 '남산', 억압된 사회화 과정을 통해 국민들로부터 무의식적 동의를 이끌어내는 제도 교육, 지배 이데올로기를 선전하고 확산하는 반동적 보수언론, 권력에 영합하는 해바라기성 지식인들의 '먹이사슬 카르텔'로 구성되어 있다.[14]

이하에서는 전두환 신군부의 집권기반이 된 기구와 배경을 살펴보기로 한다.

1. 「국가보위비상대책위원회」

신군부는 5·17 군사정변에 항거하여 발생한 5·18 광주 민주화 운동을 무력으로 진압한 다음 준군정기구인 「국가보위비상대책위원회」를 설치하여 정권을 실질적으로 장악하였다. 국보

---

11) 노동쟁의조정법 제13조의 2는 제3자 개입금지를 "직접 근로관계를 맺고 있는 근로자나 당해 노동조합 또는 사용자 기타 법령에 의하여 정당한 권한을 가진 자를 제외하고는 누구든지 쟁의행위에 관하여 관계 당사자를 조종·선동·방해하거나 기타 이에 영향을 미칠 목적으로 개입하는 행위를 하여서는 아니된다"고 규정하고 있다.
12) 김인걸 외 편저, 『한국현대사강의』, 돌베개(1998), 385~386면 참조.
13) 쿠데타와 광주민중항쟁을 유혈진압하고 집권한 전두환 신군부는 '3S정책' 중에서도 스포츠인 프로야구와 86아시안게임, 88올림픽을 통하여 국민들을 탈(脫)정치화시켰다. 특히, 1982년부터 시작한 프로야구는 '지역연고제'를 도입하여 지역감정을 조장하여 지배도구로 활용하였다. 또한, 88올림픽은 대학가의 민주화운동과 노동운동을 탄압하는 기재로 활용되었다.
14) 조현연, 『한국 현대정치의 악몽-국가폭력』, 책세상(2000), 22면.

위 상임위원장에 전두환 보안사령관이, 상임위 분과위원에 모두 현직 군인들이 선임되었다.

국가보위비상대책위원회(國家保衛非常對策委員會)는 10·26사태로 유신체제가 붕괴되고 생긴 권력 공백기를 틈타 12·12군사반란을 일으켜 세력을 키운 전두환 신군부 세력이 국정 전반에 대한 실권을 장악하기 위해 1980년 5월 27일 대통령령 제9897호로 설치가 확정되었고, 1980년 5월 31일 발족했다. 국보위는 형식상 대통령의 자문·보좌기관이나 내용상으로는 행정·사법 등 사회전반에 주요업무를 지휘·감독·통제·조정하는 기관이었다.

국보위는 대통령을 의장으로 하고, 8명의 각료와 14명의 장군 등 26명으로 구성되었으며, 상임위원회를 두고 위원장에 전두환 장군이 임명되었다. 이 상임위원회는 국회와 같이 13개 분과위원회를 설치하고 국정(國政) 전반에 걸쳐 통제기능(統制機能)을 하는 한편 민원실(民願室)을 두고 자료를 수집하고, 8천여 명의 공무원 숙청과 사회 각계의 정화(淨化)에 많은 실적을 남겼다고 공포하고, 10월 27일 새 헌법 공포와 함께 「국가보위입법회의(國家保衛立法會議)」로 확대·전신하였다.15)

국가비상대책위원회는 국정전반에 걸쳐 통제기능을 하는 한편, 최규하 대통령의 사임 강요,16) 신군부의 정권찬탈을 위한 밀실헌법개정작업과 아울러 공무원사회의 숙청, '김재규 재판'에 비협조적인 대법관 사임 강요, 사회정화조치, 교육개혁, 사회일소를 위한 특별조치로서 삼청교육의 추진, 언론통폐합과 언론인 대량 해직 등을 단행하였다. 그러나 전두환 정권은 '정치·사회정화'라는 명분으로 신군부 쿠데타에 반대하는 정치인·언론인·대학교수 등 지식인들을 대대적으로 숙청했고, 김대중 내란음모 사건 조작 등을 주도하며 제5공화국을 설립할 기초를 다졌다.

1980년 5월 31일에 발족되어 새 헌법의 성립과정을 주도한 국가보위비상대책위원회는 위헌·위법적인 기관이다. 이 기구는 '국가보위비상대책위원회설치령'이라는 대통령령(제9897호)에 의거 설치되었으나, 이는 당시의 정부조직법 제2조에 위반하는 것이고, 국회의 입법권에 관한 규정(당시 헌법 제75조) 및 대통령령에 관한 규정(당시 헌법 제52조)에 저촉되는 것이었다. 당시 정부조직법 제2조에 따르면, "중앙행정기관의 설치 및 직무범위는 법률로 정하고, 그 보조기관의 설치 및 분장은 법률로 정한 것을 제외하고는 대통령령으로 정한다"고 되어 있는데,

---

15) 구병삭, 『신헌법원론』, 박영사(1996), 140면; 갈봉근, 제5공화국 헌법의 성립과 그 발전과정, 한태연 外, 『韓國憲法史(下)』, 한국정신문화연구원(1991), 272면.

16) 1980년 7월 30일 신군부의 부탁을 받고 김정렬은 청와대로 찾아가 최대통령과 5시간 담판을 하여 최대통령의 하야(下野)를 요구하였다. 최규하 대통령은 동년 8월 16일 대통령직과 일체의 공직을 모두 사임한 것으로 전해지고 있다.

국가보위비상대책위원회는 단순한 보조기관으로 볼 수 없기 때문이다.[17]

　국가보위비상대책위원회는 공직자숙청, 언론인 해직, 언론통폐합 등 중요한 국정시책을 결정하고 이를 대통령과 내각에 통보하여 시행하도록 함으로써, 국가보위비상대책위원회가 사실상 국무회의 내지 행정 각부를 통제하거나 그 기능을 대신하여 헌법기관인 행정각부와 대통령을 무력화시켰다. 특히 국가보위비상대책위원회 전체회의는 불과 2회만 형식적으로 개최되었을 뿐 상임위원장과 상임위원회 중심으로 운영되었다.

　상임위원회 아래 내각과 비슷한 13개 분과위원회를 설치하여 주요 정책을 결정하였고, 전두환은 국가보위비상대책위원회 상임위원장 취임 직후 헌법개정안 요강을 작성, 정권을 장악할 경우의 권력구조 등을 검토했다.　결국 이 위원회는 대통령 긴급조치에 의한 비상기구보다는 행정 각부를 통제하는 권력기구로 운영함으로써 전두환이 국정의 주도자임을 내외에 과시하는데 이용됐다고 할 수 있다.[18] 따라서 국가보위비상대책위원회를 설치하여 헌법기관인 행정각부와 대통령을 무력화시킨 것은 행정에 관한 대통령과 국무회의의 권한행사를 강압에 의하여 사실상 불가능하게 한 것으로 국헌문란(國憲紊亂)에 해당한다(大判 96도3376).

2. 「국가보위입법회의」를 통한 집권기반 마련

　1980년 9월 1일 제11대 대통령으로 취임한 전두환은 계엄령 아래 5공화국헌법을 만들고, 초헌법적 기구인 '국가보위입법회의'를 통하여 정권유지에 필요한 법적 장치들을 마련했다.

　국가보위입법회의는 국회가 구성될 때까지 국회의 권한을 대행하고(제5공화국 헌법 제6조 제1항) 여기서 제정한 법률과 이에 따라 행해진 재판 및 예산 기타 처분 등은 제소하거나 이의를 제기할 수 없도록 되어 있었다(같은 조 제3항). 이와 같이 비록 헌법상의 근거를 마련하기는 하였으나 국민의 선출에 의한 정당한 대표권을 가지지 아니한 이 기구는 과거의 5·16 직후의 국가재건최고회의와 같은 쿠데타입법기구로서의 성격을 모면할 길이 없었다.[19]

　5공화국 헌법이 채택되자 신군부는 부칙 조항을 이용하여 모든 정당을 해산시키고 국회를 폐쇄했으며 일체의 정치활동을 금지시켰다. 때를 맞추어 국회기능을 대체시키기 위해 1980년 10월 28일 국가보위입법회의를 발족시키고 정당법, 정치자금법, 선거관리위원회법, 국가보안법, 대통령선거법, 국회의원선거법, 집시법, 노사협의회법, 언론기본법, 국회법, 사회보호법,

17)　양 건, 『헌법연구』, 법문사(1995), 69면.
18)　김영수, 『韓國憲法史』, 박영사(2000), 629면.
19)　박원순, 『국가보안법연구(1)』, 역사비평사(1992), 214면.

국회법 등 189건의 법률을 개정하거나 새로이 제정하여 5공 출범을 뒷받침했다. 특히, 민주적 정당성과 정통성이 없는 신군부는 자신들에 대한 반대를 원천적으로 봉쇄 금지시키기 위해 '정치풍토 쇄신을 위한 특별 조치법'과 유신시대의 반공법을 흡수한 '국가보안법'을 제정하였다. '언론기본법'을 제정하여 언론을 통폐합하고 언론에 대한 통제를 강화하였다. 특히, 국가보안법의 반국가단체의 애매한 규정 등 제정 당시부터 악용의 소지를 안고 있던 국가보안법은 전두환 정권아래서의 조직사건을 비롯하여 전두환 정권에 대항하는 민주화운동세력을 탄압하는 도구로 악용되어 '정권안보법'이라 불릴 정도였다.

국가보위입법회의 입법의 특성을 간추려 보면, ① 국가보안법과 사회보호법 등 사회통제를 위한 입법, ② 정치인의 참정권제한을 통한 정치적 반대파에 대한 억압을 강화시키기 위한 입법, ③ 노동운동을 억압하는 입법 등이 주종을 이루었다.

3. 신군부 세력의 「일본 극우세력」과의 연계

1979년 10·26사태이후 신군부가 일본측과 수차례 비밀접촉을 갖고 12·12군부 쿠데타 계획과 정권탈취계획 등을 사전 통보하는 등 협조와 지원을 요청했다는 사실이 밝혀졌다. 또한 일본은 1980년 5월 광주민주화운동을 전후해 '북한 남침기도설' 등의 정보공급을 통해 비상계엄령 발동 명분을 제공하는 등 10·26이후 신군부가 광주민주화운동 무력진압을 거쳐 정권을 탈취하기까지 10개월 여 동안 적극적인 측면지원에 나섰다.[20]

신군부 세력은 정권탈취 후에도 계속하여 일본 우익세력과 연계하여 정치적 조언과 자문을 구하는 외세 의존적인 행태를 보였다. 그 대표적인 것이 일본이 1945년 패전 당시 만주의 관동군 참모장교였던 세지마 류조(瀨島龍三)[21]와의 연계이다.

세지마 류조(瀨島龍三)는 스스로 한국 역대 대통령인 '박정희로부터 전두환, 노태우에 이르는 군사정권 지배층의 대부이고 고문이며 후원자였다'고 한 것을 볼 수 있다.[22]

신군부의 핵심인물이었던 전두환은 세지마 류조(瀨島龍三)에게 국민 집결의 아이디어와 경제활성화 방안 등의 지도와 조언을 구하기도 하였다.[23]

---

20) 박선원, "한·미·일 삼각동맹안보체제의 정치적 역동성: 1979-1980년 한국의 정권 교체기에 나타난 일본의 영향력", 영국 워릭(Warwick)대 박사학위논문(한국일보, 2000년 5월 18일, 1~8면 참조).
21) 세지마 류조는 '만주국' 관동군 참모부에 있던 일본 육군사관학교 출신의 군인이다. 세지마가 1980년대 한국군 하나회 출신인 전두환·권익현 등에의 접근과정과 교류과정 등에 대해서는 정경모, '한강도 흐르고 다마가와도 흐르고' 연재 참조(한겨레 2009년 9월 15일 27면); 교토통신사 사회부 편, 『침묵의 파일-세지마 류조는 무엇이었는가』, 양억관 옮김, 《〈일본은 살아 있다〉》, 프리미엄북스(1997) 참조.
22) 이에 대한 자세한 내용은 세지마 류조(瀨島龍三)의 회상록인 瀨島龍三, 『幾山河』, 産經新聞社, 1995 참조.

4. 보안사·안기부 등 억압기구 및 「관계기관대책회의」

　　전두환 신군부는 자신들의 불법적 집권에 대항하는 시민들의 저항을 억누르기 위해 정보기관, 군, 경찰 등 각종 억압기구를 동원하였다. 정보기관인 국가안전기획부(안기부)뿐만 아니라 군부대의 사찰·감찰 업무를 관장하던 국군보안사령부(보안사)까지 동원하여 민주탄압에 이용하였다. 보안사는 자신들의 집권에 장애가 되는 민주인사들의 동태를 감시하고, 보안사 요원들을 대학가에 상주시켜 정보를 캐고 탄압을 가했다.

　　신군부는 '중앙정보부'를 '국가안전기획부'로 개편하고 권한을 강화와 동시에 민주화운동세력에 대한 사찰을 강화하여 신군부의 안전판 역할을 담당하게 하였다.

　　전두환 정권은 국가안전기획부와 보안사령부라는 강압적인 국가기구를 동원하여 정권유지의 보호막으로 삼아왔다. 특히 국가안전기획부가 중심이 되어 활동한 '관계기관대책회의'는 공작정치와 민주화운동 탄압의 대표적인 산실이었다.

　　'관계기관대책회의'는 1979년 10·26직후 전두환 보안사령관이 조직한 '합동수사본부'를 모체로 하고 있다. 전두환은 10월 27일 '합동수사본부'를 발족시키고 자신이 본부장이 되었다. 합동수사본부장이 군을 비롯하여 중앙정보부, 경찰, 검찰까지 통제를 할 수 있는 체계였다.

　　'관계기관대책회의'는 안기부가 주도해 왔던 정권 내의 핵심적 권력통제기구로서 부천서 성고문사건(1986) 처리과정, 박종철 고문치사사건(1987) 처리과정 등 여러 가지 사건에서 주도적 역할을 하였다. 전두환 정권은 '관계기관대책회의'를 통해 정치·경제·사회 등 사회 모든 분야를 통제하여 정권을 유지하였다.

Ⅳ. 전두환 정권의 국가폭력의 전개와 인권침해

1. 광주민주·민중항쟁과 강제진압과정의 국가폭력

　　신군부의 집권과정은 광주에서 시민들의 저항에 직면하였고, 전두환 신군부는 광주시민을 대상으로 대량 살육을 자행하여 수 백 명의 희생자를 내는 국가폭력을 서스럼 없이 저질렀다. 광주에서의 유혈진압 후 자신들이 장악한 언론을 동원하여 광주의 참상과 진실을 호도하고, 광주를 다른 지역과 고립시키며 공수부대의 만행을 왜곡하였다. 신군부의 나팔수가 된 각종 신문·방송을 비롯한 언론은 광주와 광주시민을 '폭도'와 '무정부 상태'로 그려 신군부의 집권을 도왔다.

---

23) 한상범, 『일제잔재 청산의 법이론』, 푸른세상(2000), 65-72면 참조.

2. 삼청교육대 운영과정의 국가폭력

일명 「삼청교육대(三淸敎育隊)사건」이라 불리며, 80년대 한국사회 최대의 인권유린사건으로서 국가보위비상대책위원회의 사회악일소를 위한 특별조치의 방침에 따라 각종 사회악사범과 시국사범, 무고한 시민 등을 마구잡이로 검거하여[24] 순화교육이라는 이름 하에 군부대 내에 가혹한 훈련을 받게 하여 다수의 희생자를 낸 것을 말한다.

국가보위비상대책위원회는 1980년 8월 4일 각종 사회악을 짧은 시간 내에 효과적으로 정화하여 사회개혁을 이룬다는 명분으로 「사회악일소 특별조치」를 발표하여 폭력·사기·마약밀수사범에 대한 일제검거령을 내리고 계엄사(戒嚴司)는 포고령 제13호로 이를 시행하였다. 이 포고령에 따라 1981년 1월까지 5개월 동안 4차에 걸쳐 6만755명이 검거되어, 검사·경찰서장·보안사 요원·중앙정보부 요원·헌병대 요원·지역정화위원에 의해 A·B·C·D 4등급으로 분류되어,[25] A급 3,252명은 군법회의에 회부되고, B급과 C급 3만 9,786명은 4주교육 후 6개월 노역, 2주교육 후 훈방에 각각 처해졌으며 D급 1만 7,717명은 경찰에서 훈방되었다.

삼청교육대의 가장 큰 문제점으로 지적할 수 있었던 것은 삼청교육의 대상자로 분류되었던 사람들이 마구잡이로 검거되었을 뿐만 아니라 당사자들이 소명(疏明)할 수 있는 반론권이 전혀 부여되어 있지 않았으며, 군부대 입소 후 가혹행위로 인해 인권을 유린하였다는 점이다. 삼청교육대 사건은 광주 항쟁 유혈진압과 함께 1980년 정권을 불법적으로 찬탈한 신군부가 저

---

24) 삼청교육 대상자가 된 피해자의 유형을 살펴보면, ① 군사정권에 반대성향이 있다고 보이면서 특별하게 법률로 처벌할 약점이 없는 소시민층들 중에서 걸러든 자 예를 들면 야당 쪽에서 비판세력의 일원이 되어 온 지방의 정치지향의 유지나 인사, ② 군사정권의 정책 시행에 걸림돌이 되고 말을 안들어 먹고 불편한 존재라고 찍힌 사람 예를 들면 지방방송국의 책임을 지는 자인데 방송소유경영권을 포기하지 않을 것 같은 사람, ③ 직장이나 지역의 사회정화위원회가 밀고하고 지목한 사람들 예를 들면 기업체의 노조간부나 비판적 인사, ④ 과거나 당시 현재에 약점이 있는 사람으로 찍히거나 우연히 걸러든 사람, ⑤ 개인 사이의 사사로운 감정으로 밀고 당하고 모략중상과 모함을 당해 끌려간 사람, 그 밖에 수사기관이나 공무원 등 지방유지와 감정이 좋지 않은 사람으로 밀고 당한 사람 등을 들 수 있다(한상범, 삼청교육의 불법성과 피해자의 명예회복 및 피해배상을 위한 법리, 『삼청교육대백서(상)』, 2001, 494-495면 참조).

25) A급은 조직폭력·공갈·치기배의 수괴 또는 중간간부급, 상습폭력배 중 폭력 實刑前科 2범 이상, 기타 흉기소지 극악한 자, 강도·절도·밀수·마약의 현행범 등으로 이들을 구속하여 軍裁회부 또는 검찰에 송치하였고, B급은 조직폭력·공갈치기배의 행동대원, 기타 경제·정치폭력배, 상습도박·사기꾼·폭력우범자, 강도·절도·밀수·마약 전과자로서 再犯의 위험성이 있는 자와 가타 이에 준하는 자 등으로 軍部隊에 인계하여 4주간 순화교육 후 6개월마다 본인의 죄질 및 改過遷善의 정도를 참작, 재심사 분류하여 사회에 복귀시키고, C급은 폭력사실이 경미하고 우발적인 범죄자와 B급 해당자중에서 정상이 참작된 자로서 군부대에서 醇化敎育후 사회에 복귀, D급은 초범으로 극히 사안이 경미하고 정상적인 학생이나 소년으로 직업과 거주가 일정하여 改悛의 情이 현저하고 再犯하지 않겠다는 본인의 서약과 후견인의 보증으로 받고 훈방하였다(국가보위비상대책위원회, 『國保委 白書』, 1980, 41-42면 참조).

지른 가장 야만적인 인권탄압 사례이다. '깡패 순화'라는 명목으로 무고한 시민까지 마구잡이로 잡아다가 몇 달씩 혹독한 구타와 고문을 일삼았다.

1988년 노태우 대통령은 특별담화를 발표해 삼청교육 피해자들의 명예회복과 보상을 약속한 바 있다. 그러나 국회에 상정됐던 삼청교육보상 특별법은 10년을 끌다가 결국 통과가 안되었다. 법원에 낸 보상소송들은 시효가 만료됐다는 이유로 받아들여지지 않았다. 국민의 정부 들어와 지난해 '민주화운동 관련자 명예회복 및 보상 등에 관한 법률'이 만들어졌으나, 삼청교육대 피해자는 포함이 되지 않았다.[26] 그러다가 2004년 3월 국회에서 '삼청교육피해자의 명예회복및보상에관한법률'이 제정되어 명예회복의 길이 열렸다.

신군부의 삼청교육캠프의 운영은 헌법상의 신체의 자유 등을 침해한 위헌·위법의 행위였다는 점이다. 구체적으로는 법의 절차에 위반한 불법적 검거, 무죄추정의 원칙과 강제노역의 부과 문제, 재판을 받을 권리의 침해, 일사부재리의 원칙 법리를 침해한 것 등이다.

1980년 전두환을 비롯한 신군부가 자신들의 권력찬탈을 합리화하기 위해 자행한 삼청교육캠프의 운영으로 인한 국가폭력과 인권침해는 그 어떠한 이유로도 그 정당성을 찾을 수 없다.[27]

3. 학생운동(강제징집과 녹화사업)과정의 국가폭력

대학가는 전두환 신군부에 대한 가장 강력한 저항의 근거지였으며, 경찰의 대학가 상주와 감시아래서도 독재정권에 대한 학생운동을 전개하였다. 한편으로는 광주민중항쟁을 계기로 미국의 실체를 인식하게 된 대학가는 1982년 부산 미문화원 방화사건과 1985년 서울 미문화원 점거농성을 계기로 반미운동을 전개하였다.

전두환 정권의 강압정책에도 불구하고 대학가의 반독재 민주화운동은 계속되었다. 1983년 신군부의 유화정책 기조로 문교부가 1983년 12월 21일 학원자율화조치(學園自律化措置)를 단행하였다. 이 학원자율화조치의 골자는 1980년.5·17 이후 학원사태와 관련하여 제적된 전국 65개 대학 1,363명에 대해 1984년 신학기부터 복학을 허용하는 것이며, 신군부 출범 후 처벌위주의 학원대책에서 선도위주의 정책으로 전환하는 것을 내용으로 하고 있다.

전두환 정권의 학원자율화조치로 제적생 1,363명 중 복학을 희망한 727명이 대학으로 돌아

26) 한겨레신문, 2001년 8월 11일, 4면 사설 참조.
27) 이철호, 1980년 삼청교육대 인권침해사건과 해결방안, 「삼청교육대 피해자의 명예회복 및 피해배상특별법 제정을 위한 대토론회」 세미나 자료집, 삼청교육대 인권운동연합(2001. 9. 28), 52면.

왔다. 제적생들의 복학은 대학가 학생운동의 기폭제로서 학생운동을 활성화시키는 계기가 되었다.

1984년 3월에는 대학별로 '학원자율화추진위원회' 및 '학원민주화추진위원회'가 조직되어 대학가 학생운동 탄압의 수단이었던 「지도휴학제」와 「강제징집 철폐」, 군복무 중 사망한 학우의 사망 원인 규명, 학자추 또는 총학생회 공식인정, 해직교수 원적대학 복직, 학원사찰 중지, 학도호국단 해체, 언론기본법 철폐. 노조탄압 중지, 집시법 폐지 등 학내민주화와 사회민주화를 내걸고 교내시위와 가두시위 및 철야농성 등 활발한 반정부 투쟁을 전개했다.

1984년 11월 14일 고려대·연세대·성균관대 학생 264명이 민정당사를 점거했다가 전원 연행되었다. 1985년 4월 12일 대학생 2,000여명이 서울 신당동에서 청계피복노조합법화·노동3권 보장을 요구하며 시위를 벌였다. 동년 4월 17일 고려대학에서 전국 23개 대학생 1,200여명이 '전국학생총연합'(全學聯)결성 후 시위를 전개하였다.

1985년 5월 23일 서울 5개대학 대학생 76명이 광주민중항쟁의 유혈진압에 대한 미국의 책임인정과 공개사과를 요구하며 서울미문화원 도서관을 점거하고 단식농성사건 이후, 전두환 정권은 9개대학에 경찰을 투입하여 삼민(三民)투쟁위원회 수배 학생 66명을 검거·연행했으며, 전국 110개 대학을 일제 점검하는 조치를 취하였다.

1985년 8월 7일에는 대학생들의 독재정권에 대한 반정부 시위를 탄압하기 위해 정부와 민정당이 '학원안정법(學園安定法)'[28]을 제정하려다가 야당·재야 등 국민들의 반발로 8월 17일 입법보류 방침을 발표하여 철회하는 해프닝을 연출하기도 하였다. 1985년 11월 4일 고대생 30여명이 새마을중앙본부에서, 서울 7개대학 14명이 주한미상공회의소 점거농성을 벌였고, 11월 18일 재경 14개 대학의 대학생 185명이 민정당 중앙정치연수원을 점거하여 시국토론회 등을 요구하며 농성을 벌이기도 했다. 1986년 10월 28일 26개 대학 2,000여명의 대학생들이 건국대에서 열린 '전국반외세반독재애국학생투쟁연합회(애학투)'발족식 집회 후 경찰의 진입에 밀려 출입을 봉쇄당한 채 건물을 점거하고 4일간 철야농성을 벌였다. 전두환 정권은 학생들의 구호와 유인물에 나타난 '용공 좌경 성향'을 문제삼아 학생들을 공산혁명분자로 몰아 1,525명을 연행하고 1,288명을 구속하였다. 구속자 중 890명이 기소유예로 풀려났고, 395명

---

28) 1985년 '학원안정법'파동은 대학가에서 서울미문화원 점거농성사건, 삼민투위사건 등이 발생하는 등 대학가의 민주화운동이 거세어지자, 학생운동을 탄압하기 위한 학원안정법 제정을 극비리에 추진하다가 민정당내 온건파로 분류되던, 이한동(당시 민정당 사무총장)·이종찬(당시 원내총무)의원이 반대의사를 표명하자, 민정당이 당직을 개편하고 입법추진을 본격적으로 추진하다가 8월 7일 정부가 학원안정법 시안을 공개함으로써 야당인 신민당과 재야 39개 단체가 학원안정법 철회를 요구하며 공동성명을 발표하는 등 사회 각계가 저항하자 8월 17일 전두환 대통령이 '입법보류' 방침을 밝힘으로써 일단락 된 사건이다.

이 기소됐다. 1986년 4월 28일 서울대생 김세진·이재호가 전방부대 입소거부 시위도중 '반전반핵'을 외치며 분신 자살하였다.

전두환정권은 학생운동에 대한 탄압 수법으로 경찰을 학원에 상주시키거나 강제징집 등의 탈법적인 방법을 동원하였다.

강제징집과 녹화사업은 전두환 신군부 집권과정의 불법성을 밝히기 위한 학생운동의 싹을 자르기 위한 공작차원에서 이루어진 문제이다.

강제징집이란 시위현장에서 체포된 시위단순가담자, 뚜렷한 혐의 사실도 없이 문제학생으로 지목당한 학생, 노동자들에게 배움의 기회를 주기 위해 야학활동에 참여했던 학생들이 병역법에 규정되어 있는 절차(병무청 시행령 제19조에 규정된 신체검사 통지서의 20일전 송달 및 입영영장의 30일전 송달)을 무시당한 채 경찰서에서 곧바로 군부대로 끌려가는 것을 의미한다.[29] 또한, 녹화사업은 전두환의 집권 초기에 강제 징집된 학생운동 출신 대학생들을 '특별정훈교육'으로 순화(馴化)한다는 명목으로 보안사가 마련한 계획이다.

녹화사업이 불법적 강제징집 조치와 연동되어 5공화국 출범과 정권안보를 위한 학원대책의 일환으로 계엄상황 하에서 실시한 사실에 대해 확인했다.

강제징집은 당시, 중정(안기부)·보안사·치안본부·문교부·병무청 등 관련 기관들이 역할을 분담하여 시행하였고, 이를 위한 다층적인 대책회의가 상시적으로 운영되었으며 1988년 5공 특위에서 밝혀진 447명에 대한 강제징집 이전에도 포고령 위반, 야학회, 학림 사건 등 각 기관이 개입하여 초법적으로 진행하였으며, 전두환 신군부 집권 후 보안사령부의 주도로 실시된 녹화사업은 1982년 9월경 보안사령부 공작과에서 분리한 심사과를 통해 계엄 상황 하에서 강제징집된 학생들의 전역과 학원복귀를 앞두고 정권안보를 목적으로 실시되었으며 "순화교육" "교육사업" 이라는 대외적인 명분과 다르게 대공첩보를 수집한다는 이유로 활용(프락치)공작을 서슴지 않았다. 더욱이 강제징집된 사람들 가운데는 징집면제 또는 보충역 대상자처럼 군대에 갈 만한 상황이 아닌 사람들도 많았다.

녹화사업은 강제적인 사상 개조, '관제'프락치 강요, 사건과 관련이 있을 시 관련자(민간인)를 불법으로 연행하여 강압 수사를 포함하는 것으로 알려지고 있다. 또한, 녹화사업은 당시 권력의 핵심자의 지시에 의하여 입안되었고, 이른바 '문제학생'들에 대한 사회격리 차원에서 진행되었다. 보안사령부(현 기무사령부)의 녹화사업은 ① 강제징집한 자의 경우 ② 정상 절차를 통해 입대한 사병이라 해도 과거 학생운동 전력이 드러난 경우, 사회에서 시국사건과 관련성

---

29) 의문사 진상규명을 위한 학술회의 자료집, 1999, 278면.

이 드러난 경우 근원 발굴 차원에서 진행되었다.

1982년 9월부터 본격화되어 전두환 군부정권에 비판적이며 저항하는 대학생들을 강제로 징집한 뒤 동료 학생들에 대한 프락치 활동을 강요한 녹화사업 대상자는 무려 1,100여명에 이르는 것으로 알려졌다. 특히, 군사독재정권의 잔혹함은 프락치 활동을 거부하면 가혹행위를 하고, 그 과정에서 숨지는 사람이 생기면 월북을 기도하다 자살했다는 식으로 조작하였다는 점이다. 의문사진상규명위원회가 밝혀낸 「이윤성씨 사망사건」은 녹화사업이 얼마나 가혹했으며, 국가권력의 끝없는 추락을 보여주고 있다.

1982-83년사이 강제징집과 녹화사업의 과정에서 정성희(1982.7.23. 사망, 5사단), 이윤성(1983.7.2, 사망, 7사단), 김두황(1983. 6. 8. 사망, 5사단), 한영현(1983. 7. 2. 사망. 7사단), 최온순(1983. 8. 14. 사망. 15사단), 한철희[30](1983. 12. 11. 사망. 5사단) 등이 사망하였다. 당시 보안사는 이들의 죽음에 대해서 대부분 신상 비관으로 발표하였으나, 의문사진상규명위원회의 조사 결과 대부분의 사망 과정에 보안사의 개입과 연관성이 있음이 확인되고 있다.

4. 노동운동 과정의 국가폭력

12・12군사반란과 5・17쿠데타로 정권을 찬탈한 전두환 신군부는 노동운동에 대해서도 탄압을 노골화하였다. 1980년 민주노조 간부들에 대하여 '사회정화'를 내세워 강제사표 및 해고조치를 하였고, 그 중 20명은 삼청교육대에 끌려가 순화교육을 받았다.

1980년 12월 전두환 신군부는 노동관계법을 개정하였다. 주로 민주노조운동을 봉쇄하기 위한 각종 장치를 마련하고 사용자측의 요구를 일방적으로 받아들인 것이 아닌가 하는 의구심을 자아낼 만큼 반근로자적(反勤勞者的)・반노동조합적(反勞動組合的)이었다.

노동조합법의 개악은 기업별 조직형태의 강제, 단위노조의 설립요건 강화(근로자 30인 또는 전체근로자의 1/5 이상), 노조임원의 결격사유 및 임기제한, 노조전임임원의 겸임금지, 단체교섭권의 제3자 위임금지, 행정관청의 단체협약 취소・변경명령, 단체협약의 유효기간연장(3년), 유니언 숍(union shop) 규정의 삭제 등에 의하여 자주적 단결권에 상당한 제약을 가하였다.

노동쟁의조정법에서는 국가・지방자치단체・국공영기업체 및 방위산업체의 쟁의행위 금지, 사업장 밖의 쟁의행위 금지, 제3자개입금지, 냉각기간의 연장(일반사업 30일, 공익사업 40일), 공익사업뿐만 아니라 일반사업 쟁의행위에 직권중재 허용을 규정하여 정부가 모든 노동

---

30) 한철희의 경우는 강제징집자가 아니라, 정상적인 입영자로서 공안사건 관련으로 보안사 심사과의 조사를 받았다.

쟁의를 중지시킬 수 있게 개악했다.

　전두환 정권은 동원 가능한 모든 수단을 동원하여 노동운동의 싹을 제거하려고 하였다. 그러한 과정에서 민주노조들이 파괴되고 어용화의 길을 가게 된다. 1981년 1월 청계피복노동조합의 강제해산, 서울통상과 태창섬유·원풍모방 노동조합이 어용화되었다.

　전두환 정권의 '유화조치' 속에서 1983년 블랙리스트 철폐투쟁, 1984년 4월 8일 청계피복 노동자들이 노조복구대회를 열러 노동조합활동을 개시하였다. 그러나 '청계 피복 노조'는 다시 활동을 시작하자마자 국가권력에 의해 극심한 탄압을 당해야 했다.[31] 경찰은 노조사무실을 무단 침입하여 자료와 사무실 집기를 탈취하였고 조합원들에 대한 무차별적 폭행과 연행이 다반사로 이루어졌다.

　1984년 5월 25일 대구에서 택시 기사들이 노조결성 방해 중지 및 사납금 인하 등을 요구하면서 총파업에 돌입하자, 그 파국이 부산·강릉·대전 등으로 파급되었다. 이 투쟁은 택시 노동조합을 탄생시키는 계기가 되었고 전두환 집권기 노동탄압에 숨죽이고 있던 노동운동 전반에 크나큰 영향을 미쳤다.

　1984년 6월 9일 대우어패럴 노동자들이 노동조합 결성대회를 열고, 노동조합 설립신고서를 제출하여 노동조합이 결성되었다. 1985년 4월 16일 대우자동차 부평공장 노동자들이 임금인상을 요구하며 파업을 했다. 1985년 6월 22일 구로공단내 대우어패럴 노동자들이 구속자 석방과 노동조합 탄압금지를 요구하며 농성을 시작했다. 6월 24일 대우어패럴 파업을 계기로 구로동맹파업이 시작되었다. 이 동맹파업에는 10개 노동조합 2,500명이 참가했다.

　노동운동이 조직적으로 성숙해가면서 노동자층에 대한 경찰과 정보기관의 감시도 강화되었고, 생존권을 위해 노동조합 활동을 하는 무고한 근로자를 연행하고 고문을 통해 조직사건을 만들어 내는 경우도 드물지 않았다.

5. 고문(拷問)이라는 야만적 국가폭력

　1980년대 전두환 정권아래서 독재를 반대하고 민주를 옹호했다는 이유로 학교에서 제적되고 직장에서 해고, 수배·구속이 되풀이되었다. 민주화운동을 하던 민주인사와 학생들에게

---

31) 청계피복노동조합은 집행부와 규약 등을 갖춘 노동조합이었으나, 노동조합 '신고필증'이 교부되지 않음으로써 노동조합으로서 '합법성'을 인정받지 못했다. 전두환 정권하의 '노동조합법'은 '기업별 노동조합'만을 허용하고 있었는데, 청계피복노조는 '지역연합노조'였다. 또한, 청계피복노동조합 위원장은 해고자인 민종덕 씨는 노사관계를 맺지 않고 있었기 때문에 제3자 금지 금지조항에 해당한다면서 청계피복조의 합법성을 부정하였다.

가해진 국가폭력의 전형적인 방법은 '고문(拷問)'이었다. 전두환 정권아래서 수많은 고문사건이 발생하였지만, 대표적인 인권침해 사건으로 부천경찰서 성고문사건과 박종철군 고문치사 사건을 들 수 있다.

(1) 부천경찰서 '성 고문사건'

부천경찰서 '성 고문' 사건은 타인의 주민등록증을 절취, 변조해 위장 취업했다는 공문서위조 등의 혐의로 1986년 6월 4일 경기도 부천경찰서에 연행되어 조사를 받던 권인숙(당시 23살, 서울대 의류학과 4년 제적)이 부천경찰서 문귀동 경장(警長)으로부터 성적 모욕과 폭행을 당한 사건이다.[32]

문귀동은 「5·3인천사태」 관련 수배자의 소재지를 파악하기 위해 1986년 6월 6일 새벽 4시 30분경부터 2시간 반 동안, 그리고 7일 밤 9시 30분경부터 2시간 동안 권양에게 성고문을 가하며 진술을 강요했다. 사건발생 약 1개월 만인 7월 3일 권양은 문귀동을 강제추행 혐의로 인천지검에 고소했다. 그러나 문귀동은 7월 4일 사실을 은폐한 채 권양을 명예훼손 및 무고혐의로 맞고소 했다.

7월 5일에는 홍성우·조영래·이돈명 변호사 등 권양의 변호인단이 문귀동 경장을 비롯하여 옥봉환 부천경찰서장 등 관련 경찰관 6명을 독직·폭행 및 가혹행위 혐의로 고발했다. 7월 5일 문경장은 권양을 무고혐의로 2차 고소했다.

인천지검은 곧바로 수사에 착수하여 7월 16일 수사결과를 발표했다. 검찰은 권양의 성고문 주장에 대하여 "이번 사건에서 문제가 된 권양의 '성적 모욕'이라는 주장은 운동권 세력이 상습적으로 벌이고 있는 소위 의식화 투쟁의 일환"이라고 지적하며, 일선수사기관의 위신을 실추시킴으로써 반체제 혁명투쟁을 사회 일반으로 확산시켜 정부의 공권력을 무력화시키려는 의도로 판단된다며 부천경찰서 성고문 사건을 성격 지우며 권인숙 양을 '혁명을 위해서는 성도 도구화하는 극력 좌경세력의 행동대원'으로 매도했다. 변호인단은 "검찰의 수사결과는 전혀 상식적으로 납득이 되지 않으며 국민들도 믿지 않을 것이라며, 검찰이 전례없이 진지한 자세로 수사에 임한 결과 권양의 '성(性) 고문' 주장이 진실임을 밝혀냈으나 발표과정에서 왜곡하고 은폐해버렸다"며 항의 성명서를 발표했다.

검찰의 발표에 진상규명 및 공정수사를 촉구하는 국민여론이 빗발치고 7월 19일에는 서울

---

32) 부천경찰서 성고문사건은 1987년 민주화투쟁의 시작이며 전두환 정권의 종말을 앞당기는 원동력이 된 사건으로 헌정사적으로도 그 의미가 큰 사건이다. 또한, 한국의 권위주의 군사독재정권 하에서 검찰과 사법부·언론의 자세와 주소를 파악할 수 있는 리딩 케이스라 할 수 있다.

명동성당에서 「성 고문 폭로대회」가 개최되어 경찰과 충돌로 이어졌고, 7월 28일에는 인천지검 현관복도에 불을 지르는 사건까지 발생했다.

8월 19일 인천지검은 문경장을 기소유예, 불기소처분(不起訴處分)했고, 옥봉환 서장 등은 무혐의 결정을 내렸다. 9월 1일 166명으로 구성된 권양의 변호인단은 검찰의 결정에 불복, 인천지검에 재정신청을 냈으나, 인천지검과 서울지검에서 잇따라 기각당하였고, 서울고등법원에서도 재정신청을 기각당했다.

재정신청은 접수 1년 4개월만에 대법원에서 받아들여졌다. 1988년 1월 29일 대법원 현사4부는 권양의 재정신청 재항고사건중 문귀동 경장 부분을 파기, 서울고법으로 돌려보냈다. 파기환송된 재정신청에 대한 심리를 맡은 서울고법 형사4부는 한달만인 1988년 2월 29일 재정신청을 받아들이고 재판회부결정을 내려 문귀동 경장은 법정에 서게 됐다. 재판부는 문귀동 경장을 독직폭행 및 가혹행위 혐의로 인천지법에 기소했다. 문귀동 피고인에 대한 첫 공판은 1988년 5월 17일 인천지법에서 열렸다. 7월 16일 조영황 특별검사는 문귀동 피고인에게 법정 최고형인 징역 15년에 자격정지 10년을 구형했다. 7월 23일 재판부는 문귀동 피고인에게 독직폭행, 가혹행위죄와 준강제추행죄를 적용, 징역5년에 자격정지 3년을 선고했다. 1심판결에 대해 피고인 및 공소유지 담당 변호사 양쪽이 모두 항소했다. 항소심은 서울고법 형사2부 심리로 열렸으나 1988년 12월 6일 쌍방의 항소를 모두 기각, 원심형량을 그대로 유지했다. 1989년 3월 14일 대법원 4부는 문귀동 피고인의 상고를 기각함으로써 형량을 최종 확정했다. 한편 권양은 문귀동 피고인에 대한 재판이 진행되는 도중 국가를 상대로 손해배상 및 위자료 청구소송을 제기 4천만원의 승소판결을 받아냈다.

「부천경찰서 성고문 사건」은 그 진실확인의 과정에서 민주세력을 분기시키고 공권력의 부도덕성을 폭로하여 정권의 본질을 국민에게 인식시키는 데 공헌하였다. 특히, 이 사건은 성(性)이 고문의 도구로 이용되었다는 점에서 국민적인 충격과 공분(公憤)을 자아내게 했다. 또한, 문귀동이라는 '비정상적'인 한 개인에 의하여 우발적인 충동으로 저질러진 단독범행이 아니고 경찰권력 조직 내부의 조직범죄로 여겨진다는 점에서 국민에게 더 큰 충격을 주었다. 더욱이 순결한 한 처녀가 온몸을 던져 진실을 폭로하고, 모든 민주세력이 이를 지원하고 나섬으로써 이 땅에 용기와 정의와 양심을 세울 수 있었던 인권운동의 위대한 승리였다.[33]

---

33) 이상수, 부천서 성고문 사건, 신동아 1988년 1월호 별책부록 『現代韓國을 뒤흔든 60大事件』, 동아일보사, 324면 참조.

(2) 박종철 군 고문치사사건

1987년 1월 14일 서울대생 박종철(朴鍾哲, 당시 21살 서울대 언어학과 4학년)이 치안본부 남영동 대공분실에서 서울대 「민주화추진위원회사건」 관련 수배자 박종운(朴鍾雲)의 소재 파악을 위한 조사를 받던 중 조사요원 조한경(趙漢慶)경위와 강진규(姜鎭圭)경사의 고문으로 숨진 사건이다.

경찰은 처음에는 '책상을 탁 치자 억하고 쓰러졌다'며 단순 쇼크사로 발표하였으나, '물 고문'과 '전기고문'의 심증을 굳히게 하는 최초 검안의 오연상(당시 중앙대 의대 교수)의 증언과 국립과학수사연구소의 황적준 부검의(剖檢醫)의 증언이 잇따라 신문지상에 보도되자 사건발생 5일 만인 1987년 1월 19일 물고문 사실을 공식 시인하고, 수사경관 조한경과 강진규를 특정범죄가중처벌법 위반(고문치사) 혐의로 구속하였다.

사건진상의 일부가 공개되자 신민당은 임시국회소집과 국정조사권 발동을 요구하는 등 정부 여당에 대하여 대대적인 공세를 개시하였으며, 재야종교단체들은 규탄성명을 발표하고 진상규명을 요구하며 농성에 들어가는 한편, 각계인사 9천 명으로 구성된 '박종철군 국민추도회 준비위원회를 발족하여 「2·7추도회」와 「3·3대행진」 등이 경찰의 원천봉쇄로 무산되었다.

전두환 정권은 내무부장관 김종호와 치안본부장 강민창의 전격 해임과 고문근절대책 수립 등으로 고문정권규탄과 민주화투쟁사태를 수습하려 하였다.

1987년 5월 21일 박종철군이 고문으로 숨진 지 130일이 지난 후 「천주교 정의구현전국사제단」은 박종철군의 고문치사사건에 가담한 경찰은 5명이었으며 박처원 치안감, 유정방 경정, 박원택 경정 등 대공간부 3명에 의해 사건이 축소·조작됐었다는 성명발표를 하였다.

전두환 정권은 5월 26일 노신영 국무총리, 장세동 안기부장, 정호용 내무부장관, 김성기 법무부장관, 서동권 검찰총장 등 정권의 핵심인물에 대한 문책성 개각으로 국면전환을 꾀하였지만, 박종철군 고문치사사건과 경찰과 검찰의 사건은폐조작시도는 부도덕한 권력에 대한 국민의 반독재 민주화투쟁으로 전개되어 1987년 6·10시민항쟁으로 이어져 전두환 정권의 몰락을 가져오는 계기가 되었다.

칼과 몽둥이의 힘보다 더 강한 것은 시민적 용기와 도덕적인 힘이라는 사실을 우리는 바로 '박종철 군 고문치사 사건'을 통해 우리 역사현실에서 인식하였으며, 진실은 영원히 은폐되거나 조작될 수 없으며 진실에 바탕을 두지 않은 어떠한 공권력작용도 결국은 그 권력이 지향하는 안정을 약속해 줄 수 없다는 사실도 배웠다.[34]

---

34) 김일수, 박종철군 고문치사사건, 신동아 1988년 1월호 별책부록 『現代韓國을 뒤흔든 60大事件』, 동아일보사, 345면.

6. '간첩조작' 사건과 인권침해

전두환 정권은 대규모 '용공조작'사건을 악용·날조하는 정보공작(情報工作)수법을 동원하여 정권을 유지하였다. 좌경용공조작 사건은 안기부와 보안사령부가 주도했다.

'간첩 사건'이야말로 민주적 정당성과 정통성을 결여한 군사독재정권의 정권유지와 안정에 가장 긴요한 수단이었다. 간첩사건은 특히, 독재정권이 위기에 처할 때마다 정권안보를 위한 대국민 선전용으로 조작한 것이라는 비난을 받아왔다.[35]

간첩사건의 정치적 이용은 이들 사건을 취급하는 정보수사기구의 난립과 경쟁을 가져왔고, 그 결과 수사관들의 반민주적·반인권적 만행은 날로 커져만 갔다. 특히, 전두환 정권 아래서 정보수사기구들의 경쟁은 개인의 승진과 표창에 직결되며 조직간의 역학관계에 영향을 미치는 것으로 군부독재정권 실세들은 정보수사기관들의 이러한 경쟁을 유발하여 전략적으로 정권유지에 악용한 것이다.[36]

전두환 집권 초기 대표적인 공안조작사건은 '아람회 사건'과 '오송회 사건'을 들 수 있다. '아람회 사건'은 1981년 중학교 윤리교사였던 박해전을 비롯한 고교동문이며 당시 육군 대위였던 김난수 씨의 딸 아람 양의 백일잔치에서 좌익 단체를 결성했다는 혐의로 기소돼 각각 최소 집행유예에서 징역 10년까지의 형이 확정된 반국가단체 조작사건이다. '전두환 광주 살육 작전' 등 유인물을 통해 광주학살의 진실을 알리는 등 5.18 직후 신군부에 비판적 태도를 보이고 전두환 심판을 촉구한 인사들을 1981년 7월 조직적으로 국가공권력을 악용해 반국가단체로 영장 없이 보안분실에 가둬놓고 일주일 이상 잠재우지 않기, 물고문, 집단구타 등의 고문 등을 가하여 조작한 5공의 대표적 반인권적 국가폭력 범죄 사건이다.[37] 또한, '오송회 사건'[38]은

---

35) 박원순, 『국가보안법연구(2)』, 역사비평사(1992), 389면.

36) 박원순, 위의 책, 390·391면 참조.

37) 아람회 사건 관련자들은 2007년 7월 「진실·화해를 위한 과거사정리위원회」의 재심 권고 결정으로 무죄 판결을 받았다. 2010년 3월 9일 서울고법 민사11부는 '아람회 사건' 피해자 박모씨와 가족 등 37명이 국가를 상대로 낸 손해배상 청구 소송 항소심에서 서울고법이 206억원 배상 판결을 내렸지만 국가는 손해배상 소송을 제기할 수 있는 기간이 지났다며 판결에 불복해 사건이 대법원에 계류 중이다.

38) 오송회 사건이란 그 시절의 공안사건이 대부분 그렇듯 참으로 황당한 사건이다. 우선 명칭부터가 그랬다. 전북도경에서는 처음에 사건 핵심 5명을 이리 남성고 출신으로 알고 '오성회' 사건으로 불렸는데, 그중 한 명이 다른 학교 출신이라 이름을 부랴부랴 '오송회'로 바꿨다. '오송'이란 말도 다섯 그루 소나무라고도 하고, 소나무 밑에서 교사 5명이 모였기 때문이라고도 한다. 선생님들이 출옥한 뒤 누군가가 오송이 어디 있느냐고 물었더니 아무도 몰랐다고 한다. 오송은 그들이 즐겨 찾던 군산 제일고 뒷산이 아니라 사건을 조작한 자들의 흑심 속에 있었던 것이다. 백일잔치에 모인 사람들이 걸리면 아기 이름을 따 '아람회'가 되고, 금강에 놀러 갔던 사람들이 걸리면 '금강회'가 되던 시절이었다(한겨레신문, '한홍구 교수가 쓰는 사법부-회한과 오욕의 역사(42) 암흑시대의 빛나는 판결들(중), 2010년 3월 15일 참조).

1982년 군산 제일고 전·현직 교사들이 4·19 기념행사를 치르고, 시국 토론을 하며 김지하 시인의 '오적'을 낭송한 모임에 대해 공안당국이 이적단체로 규정한 대표적인 공안조작사건이다.39)

1985년에만 26건의 간첩사건이 발표되었다. 이 해에는 김대중이 미국에서 귀국, 12대 국회 의원 총선거, 신민당 중심의 야당통합 합의, 대우자동차 노조파업, 전국학생 총연합회 결성, 대학생 미문화원 점거농성, 구로공단 동맹파업 등 중요한 사건들이 많이 일어났다.40) 간첩조작사건들은 대부분 잠 안재우기·구타·협박 등의 고문과 장기간의 밀실 불법구금에 의해 만들어졌다.

5공화국 정권 아래서 간첩조작사건의 전형적인 사례는 '수지金 사건'이다. 이 사건은 외국에서 한 여성이 피살되고 그 범인이 남편인 것을 아는 정보기관이 진실을 은폐하고 피살자를 간첩이라는 누명을 씌워 친정과 그 가족들의 인권을 유린하고 가정을 파괴한 반인륜적인 악질적 범죄이다.41) 그 중앙에 정보기관인 「국가안전기획부」가 자리 잡고 있다. 이 사건은 1987

---

39) 군산제일고등학교 국어교사였던 이광웅 시인은 선배 신석정 시인 집에 있던 오장환 시집 〈병든 서울〉을 복사해 갖고 있었다. 그 시집을 동료 교사들과 나눠 보기 위해 다시 복사를 했고, 박정석 선생이 갖고 있던 복사본을 서울대에 다니던 한 제자가 빌려가서 버스에 두고 내렸다. 그 시집을 버스 안내양이 발견해 경찰에 갖다 주자, 경찰은 전북대 철학과 한 교수에게 시집의 내용에 대해 감수를 구했다. 그 교수는 '인민의 이름으로 씩씩한 새 나라를 세우려 힘쓰는 이들' 등의 구절을 지적하며, 지식인 고정간첩이 복사해 뿌린 것 같다고 진단했다. 경찰은 시집 겉장을 싼 종이가 인문계 고교 국어 시험문제인 것을 단서로 석 달 이상을 추적해 1982년 11월 2일 이광웅 시인을 비롯해 독서모임을 꾸린 교사들을 비밀리에 연행했다. 대공 경찰은 43일 동안 교사들에게 북한의 연계 여부, 광주항쟁의 중심인물인 윤한봉과의 관계를 추궁하며 통닭고문, 전기고문, 물고문 등으로 위협한 끝에 '오송회'라는 반국가단체를 조작해 발표했다. 사실 오송회란 이름도 당국에서 지어줬다. 1982년 4월 19일 교사 5명이 학교 뒷산 소나무 아래서 4·19혁명이 국가기념일에서 제외된 것을 한탄하며 막걸리를 마시고 4·19와 5·18 희생자를 위해 잠깐 묵념을 했다고 붙였단다(한겨레신문, 〈길을 찾아서〉 연재기사, 2010년 7월 7일 참조).

40) 서준식, '조작간첩사건과 일본사회', 「분단조국의 희생양 조작간첩」, 천주교 조작간첩 진상규명대책위원회, 1994년, 6면.

41) 1986년 8월 윤태식과 수지 金(본명 김옥분)이 홍콩에서 동거를 시작했고, 1987년 윤태식이 홍콩 아파트에서 수지김을 살해했다. 1월 4일 윤태식이 싱가포르에 도착하여 북대사관으로 월북시도했으나, 1월 8일 안기부는 여간첩 수지김이 북공작원에 피살되었고 윤태식으로 하여금 납치모면을 주장하도록 방콕 기자회견을 열었다. 이로서 간첩과 전혀 상관없는 사람이 억울한 죽음을 당하였지만, 군사독재정권의 야만성은 그 억울한 사자(死者)를 간첩으로 조작되어 정권유지에 악용했다. 또한, 수지김 가족들은 간첩의 가족이라는 빨간칠로 형제자매들의 가정은 풍지박산났다. 그러다가 2000년 1월 경찰이 수지김 사건에 대하여 내사를 하자, 국가정보원 김승일 대공국장이 당시 이무영 경찰청장을 방문하여 수사중단 요청을 하였고, 경찰이 내사중단을 하였다. 수지김 가족이 3월 9일 살인혐의로 윤태식을 서울지검에 고소하였고, 검찰의 재수사 결정으로 2001년 10월 24일 검찰이 윤태식을 살인혐의로 긴급체포하였고, 12월 10일에는 이무영·김승일이 사건 은폐의혹으로 구속되었다.

년 전두환 정권 말기 국민들의 저항에 직면하여 정권위기를 돌파하기 위해 공안정국 조성에 혈안이 된 정보기관이 조직적으로 국가권력을 악용하여 억울한 피살자를 간첩으로 조작하고, 살인범을 반공투사로 만든 대표적 사건이었다.

V. 맺음말

전두환 신군부는 5·18 민주화운동의 유혈진압을 시작으로 김대중 내란음모 사건의 조작, 삼청교육대 운영, 강제징집과 녹화사업, 민주화운동과 노동운동에 대한 국가폭력의 행사, 간첩조작사건 등 끝없는 국가폭력으로 인권을 유린하고 의문사를 양산했다. 전두환 신군부의 국가폭력의 야만성은 부천경찰서 성고문 사건과 박종철 고문치사 사건, '수지金 간첩조작 사건'에서 극에 달했다.

국가폭력과 의문사는 단순히 지나간 과거의 문제가 아니다. 의문사 진상규명활동은 국가폭력의 청산과 권위주의 군사독재정권 아래서 저질러진 과거를 파헤쳐 진실을 규명하는 것으로 그치는 것이 아니다. 앞으로 다시는 그러한 불행한 역사가 되풀이되지 않도록 하기 위한 인권옹호를 위한 작업이다.

간첩조작사건 등 국가폭력과 관련하여 특히, 사법부의 과거청산 의지가 중요하다고 본다. 국민일보 취재팀이 「진실·화해를위한과거사정리위원회」가 재심 및 국가 사과 권고 결정을 내린 사건 44건 중 재심 법원에서 무죄 확정 판결을 받은 1960~80년대 시국사건 17건을 전수조사한 결과 판결문에 사과의 뜻을 담은 재심 재판부는 오송회, 아람회 사건 단 2건에 불과했다.[42] 민족일보 조용수 사장 사건 등 3건은 재심 재판부가 과거 판결을 뒤집고 수 십년 만에

---

42) 유죄판결을 받았던 과거 시국사건의 재심을 맡아 무죄를 선고한 재판부는 사법 피해자들에 대한 진심어린 사과를 상당부분 외면했지만 일부 판사들은 판결문에 직접 사과문을 넣었다. 2009년 5월 서울고법 형사3부 이성호 부장판사가 작성한 '아람회 사건' 판결문에서 그는 "법관으로 대표되는 사법부는 법치주의 이념을 구현하는 최후의 보루"라면서 "민주주의에 대한 소박한 신념을 가졌던 교사와 마을금고 직원 등 피고인들이 재판과정에서 불법구금과 고문으로 허위자백을 강요당했다고 절규했는데도 당시 법관이 외면해 사법부 본연의 역할을 다하지 못했다"고 고백했다. 이 부장판사는 "피고인 중 돌아가신 분은 하늘에서 편안하게 쉬고 나머지 피고인들은 여생이 평화롭고 행복하길 진심으로 바란다"고 덧붙였다. 또한 광주고법 형사1부 이한주 부장판사가 2008년 11월 작성한 '오송회 사건' 판결문에도 진심어린 사과의 뜻이 담겨있다. 그는 "피고인이 협박과 고문에 못 이겨 허위자백을 했다는 사실을 밝혀내려는 당시 재판부의 의지가 부족했던 점이 아쉽다"며 "우리 재판부는 '그 누구도 그 무엇도 두려워 마라. 법대 위에서 법관은 오로지 헌법과 법률, 양심에 따라 정의를 실현하라'는 문구를 가슴에 묻게 됐다"고 말했다. 당사자에게 깊은 사과를 하고 싶다는 말도 덧붙였다(http://news2.kukinews.com/article/view.asp?page=1&gCode=kmi&arcid=0003143853&cp=du).

무죄를 선고하면서도 어떤 형태의 유감 표명 또는 사과도 하지 않았다. 이수근 간첩조작 사건 등 3건에선 재심 재판부가 원심 판결의 잘못을 인정했지만 사과로 이어지지 않았다. 납북 어부 서창덕 간첩조작 사건 등 8건은 재판부가 구두로 유감을 표명했지만 판결문에 반영되지 않았다. 1건은 별도로 사과문이 게재됐다(국민일보, 2010년 1월 14일 참조).

국가권력에 의해 저질러진 간첩조작사건 등 인권유린, 인권침해사건은 우리 현대사의 어두운 그늘이다. 사법부가 독재와 권위주의 정권 아래서 독립성을 지키내지 못하고 정치권력에 침묵하거나 특히, 공안기관의 요구에 묵시적 동조했던 사법기관의 명예를 벗어던지는 것은 과거 조작사건이나 인권유린사건에 대한 반성과 재심을 통한 무죄선고를 하는 것이다.

정치권력으로부터의 사법부의 독립은 스스로 지켜야 한다. 그 출발은 과거 인권유린 사건에 대한 철저한 반성과 인적 청산 그리고 관련사건에 대한 재심과 무죄선고이다.

우리에게는 지난날 군사독재정권의 실세들과 그 추종세력들이 과거 자신들이 저지른 국가 폭력에 대하여 진실로 사과하고 참회한 적이 없다. 단순히 과거를 묻어 두는 것만이 국민화합의 전부가 아니다. 국민화합의 진정한 의미는 가해자들이 과거의 잘못을 진정으로 참회하고 진실규명에 협조함으로써 용서받고 화해의 길로 나아가는 것이다.

국회 날치기 폭력사(暴力史)

I. 서론

한국 헌정사(憲政史)에서 전제나 독재는 법으로 위장된 폭력지배였다. 현대판 독재는 제도화된 테러리즘과 회유와 그에 따른 전 국민의 억압적 관리에의 시도였다.

한국사회는 여전히 19세기 정치문화를 가지고서, 20세기 국회의원이, 21세기 국민을 지배하려고 한다. 그 과정에서 국회의원 자신들이 소속되어 있는 정치세력과 소속정당 및 자신들만의 이익을 위해 서로 싸우다가, 자신들에게 불리한 상황이 발생하면 언제 싸웠느냐는 듯, 여야(與野)가 똘똘 뭉쳐 자신들의 이익을 관철하려고 한다. 말 그대로 '그들만의 리그'이고 국회의원 자신들만의 세상이다.

민주주의를 하자는 것은 폭력 대결을 대신하여 말(언어)과 표(투표)로써 승패를 겨루자고 하는 것이다. 민주주의는 대화와 타협의 문화이며, 다수결의 원리가 기본원리이다. 그래서 민주주의가 인류가 만들어 낸 정치제도에서 가장 바람직한 제도라고 하는 것이다.[1]

집권여당이 나약한 야당을 몰아내고 민의(民意)와는 전혀 상관없이 단독강행한 날치기 통과 사례는 근대의회 정치의 원조(元祖)인 영국과 200여년의 헌정사를 가진 미국에서도 그 예를 찾을 수 없고, 일본의 경우도 1987년 4월 15일 집권 자민당(自民黨)[2]이 중의원 예산위에서 매상세(賣上稅) 도입을 반대하는 야당의원들과의 충돌 속에서 1987년 예산안을 통과시킨 예가 있을 뿐이다. 한편 대한민국 헌정사에서는 1988년까지 국회안에서 19회, 비상국무회의에서 1회, 총 20회의 날치기 통과와 여당 단독개원 1회 등 총 21회에 걸친 집권여당의 정치권력 남용이 자행되었다.[3] 제13대 국회인 1990년부터 7차례, 제14대 국회에서는 2회, 제15대 국회에서

1) 한상범, 『官僚主義와 基本的 人權』, 교육과학사(1992), 45면.
2) 일본 자민당에 관해 연구로는 현대일본연구회, 『自民黨의 長期執權연구』, 한길사(1982) 참조.
3) 정운현, "여당국회의 날치기 통과史", 「월간중앙」, 1988년 11월호, 541면.

는 4회, 제16대 국회는 3회, 제17대 국회는 5회, 제18대 국회는 6회의 국회 날치기 통과가 행해졌다.

국민의 대표기관인 국회에서의 폭력은 어제 오늘 일만은 아니다. 헌정과정을 거슬러 올라가면 제1공화국부터 국회의 폭력사태가 시작됐다. 1958년 12월 24일 집권 자유당은 야당인 민주당과 협상이 실패로 돌아가자 강력한 언론제한을 골자로 하는 「신 국가보안법」을 경호권까지 발동해 강행 통과시켰다. 자유당은 농성중인 야당의원들을 무술경위를 동원해 강제로 끌어낸 뒤 법을 통과시켰다. 그 뒤에는 1966년 9월 22일에는 재벌 밀수사건에 관한 대정부 질의가 진행 중이던 국회 본회의장에서 김두한(金斗漢) 당시 의원이 국무위원석에 오물을 던진 '국회 오물투척사건'이 있었다. 이로 인해 김두한 의원은 국회의원직을 잃고 국회의장모욕, 공무집행방해 등의 혐의로 구속 기소됐다.

헌정사상 처음으로 여소야대(與小野大)[4]가 된 13대 국회에서는 1988년 8월 전두환 전대통령 일가 16명에 대한 출국금지안을 「5공특위」에서 여당이 불참한 가운데 야3당 단독으로 처리함으로써 야당주도의 최초의 날치기가 이루어졌다. 이후 3당 합당[5]으로 탄생한 민자당은 역대 최다 날치기 정당으로서 1990년 3월 국군조직법 개정안, 1991년 12월 추곡수매안까지 총 18차례나 날치기 처리했다.[6]

한나라당은 1998년 12월 30일 국회 529호실이 '정치사찰(政治査察)을 위한 안기부 분실'이라며 해머로 문을 부수고 들어갔다. '노무현 정권'에서는 다른 어느 정권보다 국회에서 여야 대립이 극심한 양상을 보였다. 2004년 3월 12일 박관용 국회의장은 경호권을 발동한 가운데 국회 본회의를 열어 노무현 대통령 탄핵소추안을 무기명 비밀투표로 가결시켰다.

국회에서 법(률)안이나 예산안의 '날치기'폭력 통과는 우리국회가 얼마나 토론과 합의문화에 익숙하지 못했는가의 척도가 적나라하게 드러나는 대목으로 주로 독재 군사정권들이 야당과의 대화나 타협보다는 의석수에서의 절대적 우세를 바탕으로 각종 법(률)안과 정책 등을 날치

---

4) 민의(民意)의 전당인 국회에서 '여소야대'의 정치지형은 유신헌법에서 폐지되었던 국정감사를 16년 만에 부활 실시했으며, 5공화국 비리 청문회 등 군사정권 시절에 발생했던 사건들을 세상에 드러내는 성과를 거뒀다. 헌정사적으로 이러한 면에서 삼권분립이라는 국회 본연의 역할을 시도했다는 평가를 받고 있다.

5) 1990년 1월 집권당인 민정당 총재인 노태우 대통령은 김영삼 민주당 총재와 공화당 김종필 총재와 3당합당을 선언하며, 원내 221석의 「민자당」(民自黨)을 창당시킨다.

6) 3당 합당 이후에는 국회 날치기 방법도 세련돼 다른 정권이 주로 몸싸움과 경호권 발동 등의 물리적 수단을 이용한 데 반해, 민자당 정부는 물리적인 방법보다는 여당의원들끼리만 따로 모여 법안을 통과시킨다거나 국회의장이 국회본회의장 의장석에서 벗어난 의원석에 앉아 있다가 기습적으로 법안을 통과시키는 방법을 주로 사용하고 있다. 이에 따라 날치기 통과 시간도 2–3분의 시간이 소요되었으나 근래에는 2–30초 심지어는 10초 만에 법안을 처리한 경우도 있었다(김희경外, 『어처구니없는 한국현대사』 지성사, 1996, 228면).

기로 통과시켰다.

국회 날치기 폭력과정에서 사용되어진 도구도 철봉에서, 쇠사슬과 전기톱, 해머, 빠루, 공중부양[7], 최루탄 등 진화의 연속이다.[8] 제헌국회 직후에는 국회의사당에 이른바 '다방 재떨이'가 놓여 있었고 이는 흉기에 가까웠기 때문에 제7대 국회(1967년)는 맞아도 경상(輕傷)만 입는 '양은 재떨이'로 일괄 교체했고, 나중에는 아예 책상에 고정시키기도 했다. 그러나 이 재떨이마저 뜯어내 던진 경우도 있었다고 한다. 명패는 초기 목재(木材) 명패에서 제6대 국회(1963년)부터 맞아도 덜 아픈 플라스틱으로 바뀌었다. 1988년 5공청문회,[9] 2004년 대통령 탄핵 등 주요 대치 국면에선 플라스틱 명패가 하늘을 날았지만 2005년 9월 본회의장 전산화로 인해 명패는 사라지고 고정식 전자명패가 그 자리를 차지했다. 그러나 투표함, 컵, 서류, 넥타이 심지어 구두에 지팡이까지, 지금도 무기로 사용할 수 있는 소재들은 국회 본회의장에 널려 있고, 또 새로 개발되고 있다.[10]

민주노동당 김선동 의원의 '국회 최루탄 투척 폭력 사건'에 대해 2012년 4·11총선을 앞두고서 여·야간 이해득실과 야권공조 등을 앞세워 책임을 묻지 않으려는 분위기이다. 토론과 표결을 하는 국회 본회의장에서 폭력을 행사한 것은 민주주의에 대한 테러이다. 대한민국 국회는 폭력 앞에 여전히 관대하다. 폭력은 어떤 이유로도 정당화 될 수 없고, 정당화 되어서도 안 된다.

II. 국회 날치기 폭력사

1. 역대 국회 날치기 소사(小史) : (제헌국회-제15대 국회)

우리 국회의 첫 날치기는 2대 국회인 1952년 7월 자유당의 발췌개헌안(1차개헌)으로부터 시작하여 제3대 국회 시절인 1954년 11월 자유당이 사사오입개헌(2차개헌) 날치기 통과, 제4대

---

7) 2009년 1월 5일 강기갑 민주노동당 의원이 국회의사당 중앙홀 현수막 철거에 항의하기 위해 국회 사무총장실에 들어가 탁자 위로 '공중부양'하듯 뛰어올라 등장한 용어이다.

8) 철봉이 국회 폭력과정에서 등장한 것은 1985년 12월 2일 민정당이 새해 예산안을 단독처리하려 하자 장기욱 신민당 의원이 국회 본회의장 앞에서 철봉으로 출입문을 부수면서 이다. 전기톱은 2007년 12월 14일 「BBK 특검법」 처리를 놓고 국회 본회의장 출입문이 봉쇄되자 한나라당 의원들과 국회사무처 직원들이 전기톱을 이용해 문을 열면서 등장했다. 해머는 2008년 12월 18일 국회 외통위 앞에서 한나라당 의원들이 한·미 자유무역협정 비준안을 단독상정하려하자 문학진 민주당 의원이 해머로 출입문을 부수면서 등장했다.

9) 1988년 광주청문회에서도 故人이 된 제16대 노무현 대통령도 전두환 씨에게 '살인마'라고 소리치면서 명패를 집어던지며 울분을 토해냈다(한상범·이철호, 『전두환 체제의 나팔수들』, 패스앤패스, 2004, 145면).

10) 조선일보, 2008년 5월 21일, A6면 참조.

국회 시절에는 자유당이 보안법 개정안을 통과시키는 과정에서는 유혈사태까지 발생했다.

　1960년대의 박정희 정권은 쿠데타로 정권을 잡은 만큼 대화와 타협보다는 힘으로 밀어붙이는 모습을 많이 보였다. 박정희의 공화당 정권은 제6대 국회에서만 언론윤리위원회 법안과 월남파병동의안, 한일협정비준동의안 등 3개를 날치기로 처리하고 제7대 국회에서는 1967년 7월 총선부정선거 시비속에 여당 단독개원을 강행했으며, 1968년에는 향토예비군 법안과 '3선개헌'을 포함한 5건의 민감한 법안들을 날치기 처리했다.

　또한 박정희 군사정권이 본격적으로 독재화된 제8대 국회부터는 1971년 12월 국가비상사태를 선포한 상태로 국가보위특별조치법안을 통과시키고 1972년 10월에는 사상초유의 독재헌법인 유신헌법을 「비상국무회의」에서 일방적으로 처리하는 등 2건을 날치기 처리했다. 이후 제9대 국회에서는 1975년 3월 국가모독죄 신설을 위한 형법개정안을 1979년 10월에는 경호권을 발동시킨 가운데 김영삼 의원에 대한 제명동의안을 날치기 처리했다.

　제10대와 제11대 국회에서 잠잠하던 날치기의 역사는 제12대 국회에서 다시 부활하여 민정당이 1985년 11월 조세감면규제법 개정안과 1986년 10월 국시논쟁을 불러일으킨 유성환 당시 신민당 의원에 대한 체포동의안 등 6건을 날치기 처리했다.[11]

　헌정사상 처음 여소야대가 된 제13대 국회에서는 1988년 8월 전두환 전대통령 일가 16명에 대한 출국금지안을 「5공특위」에서 여당이 불참한 가운데 야3당 단독으로 처리함으로써 야당 주도의 최초의 날치기가 이루어졌다. 이후 3당 합당으로 탄생한 민자당은 역대 최다 날치기 정당으로서 1990년 3월 국군조직법 개정안, 1991년 12월 추곡수매안까지 총 18차례나 날치기 처리했다. 제14대 국회에 들어서도 모두 4차례 날치기가 이뤄졌으며, 특히 1994년 12월 '95년 예산안'등 42개 법안을 날치기로 통과시킬 때는 여당의 이춘구 부의장이 본회의장 2층 지방기자석에서 무선마이크로 가결을 선포하는 등 유례없는 코믹한 상황이 연출되기도 했다.[12] 제15대 국회에서는 4차례의 날치기 통과가 이루어졌다. 1996년 12월 안기부법 개정안을 다루는 정보위원회에서 날치기로 통과 선포했고, 1998년 3월 2일에 김종필 총리 임명 동의안 처리를 위한 본회의(제189회 제1차 본회의)에서 여야간에 물리적 충돌이 발생했다. 1999년 1월 6일 교원노조 설립법 등 66건의 안건을 본회의(제199회 제16차 본회의)에서 국회의장 직권으로 상정하여 변칙으로 처리했다. 또한 1999년 1월 7일 「경제청문회 국정조사계획서」를 처리하는 국회 본회의에서 의결정족수가 충족된 상태에서 본회의장 통로에 있던 김봉호 국회부의장이 미리 준비한 핸드마이크와 의사봉을 이용하여 동 안건을 상정, 곧바로 가결 선포하여 변칙 처리하기도 했다.

2. 제16대 국회 날치기 폭력사(2000.5.30-2004.5.29)

제16대 국회는 정권을 장악, 유지하기 위한 '의원 꿔주기'라는 퇴행적 정치행보로 여야의 치열한 몸싸움을 벌였다. 철새 정치인의 등장뿐만 아니라 과반 의석을 확보한 야당이 자당 의원들의 체포를 막기 위해 무려 17차례나 단독으로 '방탄국회'[13]를 연 것도 입법부의 치욕스런 역사로 기록되고 있다.[14] 제16대 국회는 특히 정기국회 100일 중 44일을 공전했으며, 파행 이유도 여야의 선거부정과 검찰수뇌부 탄핵처리 공방 등 당리당략 때문이었다.

제16대 국회는 임기 말인 2004년 3월 12일 대통령 탄핵소추를 추진하면서 국민이 뽑은 대통령을 입법부가 탄핵하는 상황이 벌어졌고, 곧이어 치러진 총선 결과 '여소야대(與小野大)'에서 '여대야소(與大野小)' 구도로 재편되는 결과를 초래했다.

1) 국회법 개정안 날치기 통과(2000.7.24) : 16대 국회가 구성된 지 얼마 되지 않은 2000년 7월 24일 국회 의사당에서 국회법 개정안 날치기의 주된 내용은 원내 교섭단체 구성요건 완화하는 것을 핵심골자로 하고 있다. 김대중 「국민의 정부」 출범의 한 축은 'DJP연합'으로 일컬어지는 자민련(자유민주연합)의 김종필 세력이었다. 자민련은 교섭단체 구성을 집권 민주당과의 공조조건(共助條件)으로 내걸었다. 공동정부의 한 축을 이루고 있는 자민련) 제16대 국회의원을 선출하는 2000년 4·13총선에서 불과 17석을 얻는데 그치고, 독자적인 원내 교섭단체 구성이 불가능하게 되었다.

---

13) 2004년 2월 9일 제16대 국회에서 당시 서청원 의원 석방동의안 처리로 인해 「탈옥국회(脫獄國會)」라는 표현까지 등장했다.

14) 제16대 국회는 2003년 12월 30일 각종 범법행위에 연루된 국회의원 7명에 대한 체포동의안 전부를 부결시킴으로서 국민의 공분(公憤)을 불러일으켰다. 또한 불행하게도 우리 헌정사에서 국회는 불체포특권을 내세워 무작정 방탄국회를 열어 중대한 범죄를 범한 동료 의원들에 대한 형사사법집행을 방해하고, 일부 의원들은 면책특권을 남용하여 다른 사람의 명예를 훼손하는 행위를 하거나 갖은 핑계로 검찰 소환에 불응하고 재판을 지연시켜 왔다. 회기 중 불체포특권을 「비리 보호막(非理保護幕)」으로 전락시켜 헌법을 비웃어 온 탓으로 국회의원의 불체포특권 제한 논의가 사회적으로 이슈가 되었다(이철호, "헌법상의 특권제도", 「헌법학연구」 제10권 제4호, 2004년, 435면).

원내교섭단체 구성 요건인 20석을 10석으로 완화하는 국회법 개정안을 통과시키는 것이 정부여당인 민주당의 당면현안이 되었고, 이 국회법 개정안을 민주당과 자민련은 한나라당의 실력저지를 뚫고 국회 운영위에 날치기로 상정 처리했다. 정균환 운영위원장이 한나라당 의원들에게 격렬한 몸싸움 끝에 저지당하자 천정배 원내수석부총무가 마이크를 잡고 기습적으로 개의를 선언한 뒤 "심사 보고는 유인물로 대체하고 토론은 생략한다."며 "원안대로 의결하고자 하는데 찬성하는 분은 기립해 달라."고 찬성여부를 물어본 뒤 손바닥으로 책상을 세 번 치는 것으로 가결을 선포했다. 이 과정에서 국회는 욕설, 몸싸움 등으로 아수라장이 됐다. 이 날치기 통과가 16대 국회 첫 날치기이며, '의원 꿔주기'라는 퇴행적 정치행태를 헌정사에 남겼다.

2) 정치개혁 관련법안 정치개혁특별위원회 날치기 기습상정(2003.12.23) : 2003년 12월 23일 밤 한나라당과 민주당, 자민련은 국회 정치개혁특별위원회에서 국회의원 정수를 현행 2백73명에서 2백89명으로 16명 늘리는 내용의 '선거구 획정 의결사항'을 편법적으로 상정했다. 목요상 국회정개특위 위원장을 필두로 한나라당, 민주당 의원들은 이날 총무회담이 결렬된 후 목요상 정개특위 위원장은 열린우리당 소속 의원 25명이 점거하고 있는 삼엄한 저지망을 뚫고 정개특위 회의장으로 이날 밤 9시 10분경에 회의장으로 들어가 마이크를 당겨 "성원이 되었으므로"라며 개회선언을 하려 하자, 김희선 의원이 "이런 법이 어디 있냐"며 다시 마이크를 뺏는 실랑이를 벌였다. 목요상 위원장은 열린우리당 김희선 의원에게 위원장 자리에서 비켜줄 것을 요구하다 마이크를 잡고 "의사일정 제1안 공직선거 및 부정선거방지법중 개정법률안을 상정한다"고 기습적으로 선언한 뒤 의사봉 대신 주먹으로 책상을 세번 두들겨 상정됐음을 선포했다. 제안설명은 회의장에 뿌려진 유인물로 대체가 됐다. 이에 열린우리당 의원들이 위원장석으로 몰려가 거세게 항의하고 한나라당 의원들과 열린우리당 의원들이 몸싸움을 벌이면서 회의장은 순식간에 아수라장이 됐다. 열린우리당의 실력 저지로 표결 처리에는 실패했다.15)

3) 노무현 대통령 탄핵안 통과 (2004.3.12) : 제16대 국회 후반기인 2004년 3월 12일 한나라당이 헌정사상 초유로 노무현 대통령 탄핵소추안을 격렬한 몸싸움과 혼란끝에 통과시켰다.16)17)

---

15) 경향신문, 2003년 12월 24일; pressian, 2003년 12월 24일 자 참조.
16) 한나라당의 노무현 전 대통령 탄핵안 강행처리도 기록에 남을 날치기였다. 2004년 3월 야당이었지만 다수당인 한나라당은 옛 민주당과 함께 소수집권당인 열린우리당의 저지를 물리력으로 봉쇄하고 노무현 대통

제16대 국회의 야당이었지만 다수당인 한나라당은 당시 민주당과 함께 노무현 대통령 탄핵안을 통과시켰다. 2004년 3월 12일 오전 11시 소수집권당인 열린우리당의 강력한 저항속에 본회의를 열어 노무현 대통령 탄핵소추안에 대한 표결을 강행해 투표 참여의원 195명 가운데 찬성 193, 반대 2표로 탄핵안을 통과시켰다. 이 과정에서 열린우리당 의원들은 의장석을 점거한 채 투표를 저지했으나, 박관용 의장이 질서유지권을 발동하면서 국회 경위들과 한나라당과 민주당 의원들이 열린우리당 의원들을 강제로 본회의장에서 끌어냈고 격렬한 충돌이 빚어졌다. 본회의 개시 직전 본회의장 밖에서도 박관용 의장을 진입시키려는 한나라당과 민주당 당직자들과 이를 저지하려는 열린우리당 당직자들 사이에 극심한 몸싸움이 벌어지기도 했다.

국회의장이 질서유지권인 경호권(警護權)을 발동하여 소수집권당인 열린우리당의 저지를 물리력으로 봉쇄하고 노무현 대통령의 탄핵소추안을 가결시켰던 한나라당과 민주당은 촛불집회 등 범(凡)국민적 저항에 부딪쳤고, '탄핵 역풍'으로 2004년 4월 15일 실시된 제17대 총선에서 참패했고, 원내 1당 자리는 열린우리당이 차지했다.

3. 제17대 국회 날치기 폭력사(2004.5.30-2008.5.29)

제17대 국회는 2004년 국가보안법, 과거사법, 사립학교법, 신문법 등 여당의 '4대 개혁입법'은 야당과 이념전선을 형성, 극한 대립으로 치닫게 했다. 제17대 국회 후반부에 접어들면서 여야는 국민연금법과 사학법, 로스쿨법 처리 과정에서 또 다시 이념과 정치적 이익을 앞세운 대립이 재현되기도 했다.

령의 탄핵안을 가결시켰다.
17) 한나라당과 민주당이 헌정 사상 최초로 대통령 탄핵안을 통과시킨 날은 한국 민주주의 역사에서 가장 부끄러운 날로 기록될 것이다. 이 땅에 민주화를 실현하기 위해 수많은 사람들이 희생하며 한발한발 어렵게 다져온 길을 일거에 후퇴시킨 '야만의 정치'가 판을 친 슬픈 날로 기록될 터이다. 꺼져가는 권력을 놓지않으려고 마지막 안간힘을 쓰는 낡은 정치세력이 합법을 가장한 '의회 쿠데타'를 감행해 권력을 찬탈하려 한 날이기 때문이다. 두 야당의 폭거는 국민의 뜻을 대변해야 하는 대의 민주주의 원칙에 대한 도전이자 훼손이다. 정해진 4년 임기를 마치고 불과 한달 뒤면 새로 국민의 심판을 받아야 할 국회의원들이 4년 남짓 임기가 남은 대통령을 다수의 힘으로 몰아내는 것이 과연 어떤 정당성을 지니고 있는지 묻지 않을 수 없다. 국민이 뽑은 대통령을 물러나는 국회의원들이 탄핵할 수 있는 것인가. 더구나 모든 여론조사 결과 국민들이 대통령 탄핵을 원하지 않고 있음이 분명히 드러난 터이다. 그런데도 이를 무시하고 군사작전을 하듯 날치기로 탄핵안을 통과시킨 한나라당과 민주당의 안하무인과 오만불손에 분노를 금할 수 없다. 나라의 앞날이 어찌 되든 국민의 고통이 얼마나 심하든 아랑곳 않고 오로지 정파 이익에 따라 무슨 짓이라도 한다는 후안무치한 행태에 울분을 참을 수 없다(한겨레신문, 2004년 3월 13일 사설 참조).

   1) 국보법 폐지안 법사위 상정 날치기(2004.12.5) : 2004년 12월 6일 제17대 국회에서 「국가보안법 폐지안」[18]을 법제사법위원회에 상정하는 과정에서 날치기, 욕설, 몸싸움 등이 재연된 것이다. 법사위 전체회의가 예정된 2004년 12월 6일 오후 여야 의원들은 법사위원장석을 둘러싸고 몸싸움을 벌였고, 타 상임위 소속인 한나라당 최구식(崔球植) 김재원(金在原) 의원이 법사위원장석에 엎드려 저지하는 가운데 오후 4시 12분께 열린우리당측 간사인 최재천(崔載千) 의원이 위원장석 옆에 선채 돌연 개의를 선언했다. 「국가보안법 폐지안」이 열린우리당 최재천 의원에 의해 2004년 12월 6일 법사위에서 기습상정됐다.[19] 최재천 의원은 "국회법 50조 5항에 따라 위원장직을 열린우리당 법사위 간사가 대행합니다. 국가보안법 폐지안을 비롯한 11개 안건을 상정합니다.[20] 이의 없습니까?"라고 물으며 최재천 의원은 개의선언시 손바닥으로 세 차례, 법안상정 시 국회법 법령집으로 세 차례 책상을 내리쳤다. 이에 우리당 우원식 의원이 "이의 없습니다"라 답했고, 최재천 의원은 법령집으로 책상을 3차례 내리치며 곧바로 산

---

18) 국가인권위원회는 2004년 9월 3일 〈국가보안법폐지〉를 국회의장과 법무부장관에게 권고했다. 국가인권위의 국가보안법폐지 권고문의 결론은 다음과 같다. "먼저, 국가보안법은 그 제정과정에서부터 태생적인 문제점을 안고 있을 뿐만 아니라, 국가의 기본법인 형법이 제정된 이후에 이루어진 수차례의 개정도 국민적 합의 없이 절차적 정당성을 결한 채 이루어졌다. 따라서 국가보안법은 법률의 규범력이 부족한 법으로서 그 존재 근거가 빈약한 반인권적법이라고 본다. 둘째, 국가보안법은 행위형법 원칙에 저촉되며 죄형법정주의에 위배되며, 사상과 양심의 자유, 표현의 자유 등 인간의 존엄성을 해할 소지가 많은 점이 지적되고 있다. 셋째, '국가안보' 관련 사안은 형법 등 다른 형벌 법규로 의율이 가능하여 국가보안법이 폐지되더라도 처벌 공백이 거의 없다고 볼 수 있다. 단 필요시, 미흡한 부분에 대하여는 형법의 관련 조문을 개정·보완하는 방안을 강구할 수도 있을 것이다. 마지막으로, 우리나라는 국제사회의 일원으로서 국제사회의 여론과 결정을 수용할 필요가 있으며, 시대적 환경 변화에 부응하는 자세로 북한에 대한 대응책을 마련해야 한다. 국가보안법은 몇 개 조문의 개정으로는 이상에서 지적한 문제점들이 치유될 수 없고, 그 법률의 자의적 적용으로 인한 인권 침해 역사, 법 규정 자체의 인권 침해 소지로 인해 끊임없는 논란을 일으켜온 현행 국가보안법은 '전면 폐지'하는 것이 시대적 요구라고 판단된다. 이에 국가인권위원회법 제19조 제1호의 규정에 의하여 국회의장과 법무부장관에 국가보안법의 폐지를 권고한다."

19) 여당이 「국가보안법 폐지안」 단독상정을 시도하던 순간, 법사위 최연희(崔鉛熙) 위원장은 법안심사 제2소위원회의에 참석중이었고, 한나라당 법사위원 중에서는 김정훈(金正薰)·주성영(朱盛英) 의원만 입장한 상태였다.

20) 당시 국가보안법 폐지안의 법사위 상정 절차의 적법성을 두고 논란이 일었다. 국회법 제50조 제5항은 "상임위원장이 위원회의 개회 또는 의사진행을 거부, 기피하는 경우 위원장이 소속하지 않은 교섭단체 간사 중 위원 수가 많은 교섭단체의 간사가 위원장의 직무를 대행한다."고 규정하고 있다. 이에 따라 국보법 폐지안 상정에 나흘째 불응해온 최연희 법사위원장의 행동이 국회법 제50조 제5항에서 규정한 '의사진행 거부·기피' 사유에 해당되느냐에 대한 논란이 있었고, 국회법 제49조 "상임위원장은 위원회의 의사일정과 개회일시를 간사와 협의해서 정하도록 규정하고 있다."에 따라 2004년 12월 6일 국보법 폐지안을 기습 상정했지만, 효력은 하루에 불과한 것으로 해석되면서 논란이 일었다. 또한 개의(開議)에 필요한 의사정족수 요건 충족 여부와 제안 설명 누락 여부 등을 두고도 의견이 분분했다.

회를 선포했다.[21]

2) 행정도시특별법안 처리 (2005.3.2) : 2005년 3월 2일 여야는 국회 본회의에서 욕설과 몸싸움, 물컵 투척 등 정치권이 보여줄 수 있는 사실상의 모든 추태를 여과 없이 보여줬다. 여야만 역할을 바꿨을 뿐이지 2004년 3월 노무현(盧武鉉) 대통령 탄핵안이 가결됐을 때 연출됐던 본회의장 상황이 판박이처럼 그대로 재연됐다.

2005년 3월 2일 오전 5시 한나라당 이재오(李在五) 의원 등이 행정도시특별법안의 처리를 저지하기 위해 국회 법사위 회의장을 점거하면서 시작된 여야간 농축된 긴장은 김덕규(金德圭) 국회의장 직무대리가 이 법안을 본회의에 직권상정하면서 일순간에 폭발했다. 김 의장대리는 이날 108개의 안건을 일사천리로 처리한 뒤 "법사위에 금일 오후 9시30분까지 특별법안을 심사토록 지정했지만 심사를 마치지 못함에 따라 교섭단체 대표들과 협의한대로 특별법안을 상정한다"고 전격 선언했다. 김 의장대리의 발언이 끝나기도 전에 이재오 김문수(金文洙) 박계동(朴啓東) 배일도(裵一道) 의원 등 한나라당 의원 20여명이 "초헌법적 행위다"라고 소리치며 의장석을 향해 뛰어들어 육탄저지에 나섰다. 한나라당 의원들이 달려들자 열린우리당 의원들이 몸으로 의장석을 사수했다. 열린우리당 선병렬(宣炳烈) 의원은 여성인 한나라당 전재희(全在姬) 의원을 거칠게 밀치면서 의장석 접근을 막았다. 단상을 주변으로 여야 의원들이 몸싸움을 벌이는 가운데 열린우리당 김한길 의원은 특별법안의 제안설명자로 나섰다가, 한나라당 의원들이 던진 서류뭉치에 머리를 맞자 짜증섞인 표정으로 단상을 내려왔다. 박근혜(朴槿惠) 대표와 김덕룡(金德龍) 원내대표 등 한나라당 의원 40여명은 여야 의원간 몸싸움이 발생한 이후 본회의장에 입장했지만 몸싸움에 참가하지 않고, 의원석에 앉아 상황을 지켜봤다. 반대토론자로 나선 한나라당 안상수(安商守) 의원은 "숫자를 가지고 맘대로 해도 됩니까. 수도를 옮기는 것을 이렇게 억지로 처리해도 됩니까"라고 항의했다. 한나라당의 항의가 계속되자 김 의장대리는 "안되겠다. 회의를 계속 진행하겠다"며 의결을 선포했다. 한나라당 의원들의 강한 반발이 계속되는 동안 표결이 진행됐고, 특별법안은 찬성 158, 반대 13, 기권 6표로 가결됐다. 김용갑(金容甲) 심재철(沈在哲) 의원 등이 서류뭉치를 의장석 방향으로 어지럽게 쏘아대는 가운데 김 의장대리가 특별법안 가결을 선포하자 한나라당 의원들의 반발은 더욱 거

---

21) 당시 「국가보안법 폐지안」 법사위 상정 절차의 적법성을 놓고 열린우리당은 "최연희 위원장이 사실상 사회를 기피하고 거부하는 만큼 여당 간사가 위원장의 직무대행으로 나섰다"며 "법적인 하자가 전혀 없다"고 주장하는 반면 한나라당은 "최연희 위원장이 잠시 회의장에 출석하지 않았을 뿐 위원장 집무실에 있었던 만큼 공식적인 회의 개회가 선포되지 않았다"면서 "장난에 불과하다"고 원인무효로 주장했다.

세졌다. 김문수 의원은 의장석 앞으로 뛰쳐나가 의장 명패를 단상 위에 내리쳤다. 여당 의원들에 의해 단상 밖으로 끌려나온 김 의원은 물컵을 의장석을 향해 "투척"하기도 했다. 김 의원은 또 의장석까지 뛰쳐나가 "그렇게 맘대로 해도 됩니까"라고 거칠게 항의하다가 정봉주(鄭鳳株) 최재성(崔宰誠) 이화영(李華泳) 의원 등 여당의 386 의원들에 의해 제기당했다. 한나라당 의원들의 반발이 잦아들 기미를 보이지 않았지만 김 의장대리는 경호권을 발동하지 않고 의사진행을 계속했다. 경호권을 발동할 경우 "역풍"이 불 수 있다는 점을 감안한 것으로 보였다. 단상 주변의 한나라당 의원들은 지난해 탄핵안 가결시 열린우리당 의원들이 보여줬던 애국가 합창 장면을 연출했지만, 여당 의원들은 어이가 없다는 표정을 지어보였다. 열린우리당 최재천(崔載千) 의원은 "의회주의를 말살하는 사람들이 애국가는 왜부르냐"고 쏘아붙였다. 김 의장대리는 "의장에게는 제지할 권한도 있고 퇴장시킬 권한도 있다"며 "원활한 의사진행을 위해 진정해달라"고 말했다(http://media.daum.net/economic/others/view.html?cateid=1041&newsid=20050303071400277&p=yonhap./2011.12.20).

3) 사립학교법 개정안 통과 (2005.12.9) : 여당이 된 열린우리당은 2005년 12월 9일 한나라당과 몸싸움 끝에 직권상정을 통해 개방형 이사제를 골자로 하는 사립학교법 개정안을 통과시켰다. 김원기(金元基) 국회의장이 회의장으로 입장하는 순간 본격적인 소란이 시작됐다. 의장석 주변에서 대치하고 있던 우리당 의원들과 대치하고 있던 한나라당 의원들은 '정부여당 사학법, 전교조에게 모든 것을 내주자는 것'이라고 적힌 피켓을 흔들어댔다. 일부 의원들은 "직권상정, 날치기 반대"라는 구호를 외쳤다. 국회 경위 30여명을 대동한 채 별다른 어려움 없이 의장석에 올라 선 김 의장이 당초 이날 5번째 안건으로 예정됐던 사학법 개정안을 첫번째 의사일정으로 상정하자 소란은 가중됐다. 열린우리당 정봉주(鄭鳳株) 의원이 제안설명자로 나섰지만, 한나라당 임인배(林仁培)의원이 달려들어 원고를 빼앗으면서 제안설명이 중단됐다. 동시에 한나라당 권경석(權炅錫) 의원이 마이크를 빼앗았고, 공성진(孔星鎭), 정문헌(鄭文憲) 이인기(李仁基) 김재원(金在原) 송영선(宋永仙) 의원 등이 단상을 점거했다. 단상 주변에선 심한 몸싸움이 벌어졌다. 정봉주 의원은 단상 밑에서 한나라당 주성영(朱盛英) 의원의 목을 조르는 모습이 목격됐다. 몸싸움 과정에서 바닥에 넘어진 우리당 서갑원(徐甲源) 김형주(金亨柱) 의원은 한나라당 의원들의 발에 밟혔다. 한나라당 일부 의원들은 본회의장에 놓여져 있던 서류 뭉치를 단상과 의장석 방향으로 투척하기도 했다. 이 같은 상황이 계속되자 김 의장은 "이런 상황에선 제안설명을 할 수 없으니, 제안 설명은 단말기에 있는 것을 참고해 달라"고 말한 뒤 표결을 선언했다. 김 의장이 사학법 개정안에 대한 전자투표를 선언한 뒤에도 난장판

은 계속됐다. 열린우리당 의원들은 의장석으로 다가오는 한나라당 의원들과 몸싸움을 벌이면서 교대로 투표했다. 이 때문에 전자투표가 7분이나 계속되는 이례적인 모습이 연출됐다. 투표가 진행되는 동안 김 의장은 한나라당 의원들을 향해 손가락질을 하며 분노를 숨기지 않았다. 김 의장은 "세상에 어느 나라 선진국회가 표결을 폭력으로 방해하느냐"며 "부끄러운지 알라"고 소리를 질렀다. 그러나 한나라당 의원들은 "원천무효"라는 구호를 외치면서 무시했다. 열린우리당 의원들은 전자투표 진행상황이 표시되는 전광판에 투표 참여자수가 의결정족수인 150명을 넘어서자 환호를 보내기도 했다. 한편 한나라당 의원들은 우리당의 일부 의원들이 의장석 주변에서 몸싸움을 벌이던 같은 당 소속 의원들을 위해 '대리투표'를 했다는 주장을 제기하기도 했다. 김 의장은 우리당 의원들의 박수속에 사학법 개정안 가결을 선언한 직후 "오늘은 이런 상황에서 더 이상 회의를 진행할 수 없다"며 산회를 선포했다(http://media.daum.net/politics/assembly/view.html?cateid=1018&newsid=20051209163420618&p=yonhap/2011.12.20).[22]

4) 비정규직 관련 법안(2006.2.27) : 2004년 11월 발의된 뒤 여야 대립으로 15개월간 장기 표류해온 비정규직법이 2006년 2월 27일 밤 질서유지권이 발동된 상태에서 민노당과의 물리적 충돌 끝에 상임위를 통과했다. 1년 반 가까이 난항을 겪어온 비정규직법은 열린우리당과 한나라당의 합의로 이경재 위원장이 이날 밤 긴급 전체회의를 소집, 회의 시작 후 20분도 안돼 일사처리로 법안을 처리하면서 일단 종지부를 찍었다. 그러나 비정규직법은 헌정 사상 두번째로 질서유지권이 발동된 상태에서 경위들과 민노당측과의 강한 몸싸움이 빚어지는 등 물리적 충돌이라는 상처를 안은 채 통과되었다(http://www.hani.co.kr/arti/society/labor/105372.html/2011.12.20).[23][24]

---

22) 사립학교법 개정안 통과후 한나라당은 장외투쟁에 나섰고, 사학재단 등 종교계도 '날치기'라며 동참했다. 사립학교법은 2007년 결국 재개정됐다.

23) 이날 법안 처리는 상임위 차원에서 질서유지권이 발동된 것은 2005년 10월 27일 통외통위의 쌀 비준안 의결 당시에 이어 두번째이다.

24) 비정규직법안은 2004년 11월 발의됐지만 수차례에 걸친 민노당의 회의실 점거 등으로 진통에 진통을 거듭하면서 험난한 여정을 거쳐왔다. 2005년 2월과 6월 민노당과 노동계가 회의실을 점거, 소위 자체가 열리지 못하면서 심사 작업이 무기한 지연되는 등 비정규직법 처리는 '첫단추'부터 순탄치 못했다. 이 과정에서 노사정은 환노위 주재로 2005년 4~5월 11차례에 걸친 협상을 벌였으나 핵심 쟁점에 이견을 좁히지 못해 합의가 불발됐고 이 과정에서 우리당 소속의 이목희 당시 법안심사소위원장은 사태 책임을 이유로 소위원장직에서 물러나기도 했다. 소위는 민노당 의원들의 계속된 회의장 점거로 결론을 도출하지 못한 채 17일 법안을 전체회의로 회부했고 20일 전체회의도 민노당 저지로 무산되자 한나라당 소속의 이경재 위원장은 "2

5) 이명박 특검법(2007.12.14) : 2007년 12월 14일 제17대 국회에서는 '이명박 특검법'을 두고 여야가 극한 대립을 펼친 끝에 열린우리당이 법안을 밀어붙여 단독으로 처리하기도 했다. 2007년 12월 14일 이명박 특검법안과 BBK 수사검사 탄핵안 처리 저지를 위해 국회 본회의장 의장석을 점거한 한나라당 의원들이 의장석으로 진입하려는 대통합민주신당 의원들과 거친 몸싸움을 벌였고, 한나라당이 이명박 당시 대선 후보에 대한 여권의 'BBK 특별검사법안' 통과 저지를 위해 본회의장을 쇠사슬로 봉쇄하자, 여당은 전기톱으로 쇠사슬을 잘라내고 진입했다.

4. 18대 국회 폭력과 날치기 통과사(2008.5.30-2012.1.현재)

제18대 국회에서는 2008년 12월 예산안 날치기를 시작으로 2011년 11월 22일 집권여당인 한나라당이 「한·미 자유무역협정(FTA)비준안」을 강행처리한 것까지 여섯 차례의 날치기 통과가 있었다(이하 경향신문, 2011년 11월 22일 참조).

1) 예산안·부수법안, 감세법안 날치기(2008.12.13) : 제18대 국회에서의 첫 번째 날치기는 2008년 12월 13일 새해 예산안 처리였다. 당시 김형오 국회의장은 여야가 2009년도 예산안 처리시한(12월 12일)에 최종 합의를 도출하지 못하자 다음날 국회의장 직권으로 본회의에 예산안과 부수법안 등을 상정해 통과시켰다. 종합부동산세, 양도소득세 등의 감세법안도 함께 처리했다. 당시 민주노동당 의원들이 의장석을 점거했다가 경위들에게 끌려나왔고, 민주당도 강력 반발했다.

2) 외교통상통일위원회 「한미FTA비준안」 날치기 통과와 '해머 폭력 사건'(2008.12.18) : 2008년 12월 18일 국회 외교통상통일위원회는 박진 위원장 등 한나라당 소속 의원만 참가한 가운데 회의장 문을 걸어 잠그고 전체회의를 열어 한미 자유무역협정(FTA) 비준동의안 상정을 강행 처리했다. 단 1분 만에 개의에서 FTA 비준동의안 상정까지 모든 절차가 끝났다. 민주당 등 야당은 상정을 저지하기 위해 안에서 잠긴 회의장 출입문을 해머와 전기톱을 동원해 부쉈고, 이 과정에서 여야 의원과 보좌진이 뒤엉켜 몸싸움을 벌이면서 국회는 난장판이 됐다.

국회에서 벌어진 6시간에 걸친 난투극은 한나라당 외통위원들이 FTA비준동의안을 야당 외

월 국회에 처리하기 위해 물리적 방해가 계속되면 국회법상 필요한 조치를 취하겠다"며 민노당에 최후통첩을 보내기도 했다.

통위원을 배제하고 단독 상정하겠다고 나서면서 시작됐다. 언론 취재가 원천 봉쇄된 상황에서 여당 의원들이 단독 상정을 했다. 회의장 안에는 2008년 12월 17일 오후 회의장에 들어가 밤을 보냈던 황진하 간사를 비롯해 구상찬 이춘식 정몽준 정옥임 홍정욱 등 한나라당 소속 외통위원 10명이 일찌감치 들어가 있었다. 회의는 12월 18일 오후 2시로 예정돼 있었다. 오전 8시 20분 민주당 외통위 문학진 간사와 송영길 의원이 회의장에 들어가려다 질서유지권 발동으로 동원된 국회 경위에게 출입을 저지당하자 보좌진 등 300여 명이 외통위 회의장 주변에 모여들어 진입을 시도하기 시작했다. 10시 30분부터 출입구 문을 떼어 내기 위한 해머, 망치, 정 등 '공구'들이 동원됐다. 멱살잡이와 욕설이 뒤섞인 가운데 11시 20분쯤 출입구 왼쪽 문이 뜯겨졌다. 안쪽에서는 '질서유지권' 발동으로 동원된 국회 경위들이 소파, 책상, 의자 등 집기들로 바리케이드를 쌓아 야당 측 진입은 쉽지 않았다. 이 과정에서 일부 민주당 당직자와 경위들이 서로 던진 가구 파편 등에 맞아 손에 피를 흘렸으며, 회의장에 있던 한나라당 정옥임 의원은 공포에 질려 울기도 했다. 민주당은 복도 벽에 있던 소화전을 부수고 소방호스를 꺼내 물을 뿌리며 다시 진입을 시도했고, 회의장 내부의 경위들은 소화기 분말을 뿌리며 맞섰다. 양측에서 "물 대포가 등장했다" "최루탄 아니냐"는 고성이 오갔고, 회의장 밖 대형 유리창이 깨져 한나라당 보좌관이 손을 다쳐 병원에 실려 갔다. 오후 2시 정각이 되자 회의장 안에서는 한나라당 외통위 의원 10명만 참석한 가운데 FTA 비준동의안을 상정했고, 단 1분 만에 처리를 끝내고 밖으로 나왔다. 한나라당 의원들은 이날 FTA 비준동의안을 상정하기 위해 7시간을 회의장 안에서 페트병에 소변을 보며 견뎠다. 김밥과 라면 등도 미리 준비할 정도로 군사작전을 방불케 했다.[25][26][27]

────────────

25)　김상만, 의회 민주주의의 죽음, 「미디어오늘」 2008년 12월 19일.

26)　국회사무처는 2008년 12월 18일 국회 본관 외교통상통일위원회 회의장(401호) 안팎에서 빚어진 폭력사태와 관련, 문학진 의원(민주당) 이정희 의원(민주노동당) 등 국회의원 2인과 민주당 및 민주노동당 소속 보좌직원 등 5인을 동년 12월 23일 밤 서울남부지방검찰청에 고발했다. 문학진 의원과 이정희 의원은 국회회의장모욕죄(형법 제138조)와 공용물건손상죄(형법 제141조)로, 다른 5인은 국회회의장모욕죄(형법 제138조) 공용물건손상죄(형법 제141조) 특수공무방해치상죄(형법 제144조 제2항) 집단적 폭행죄(폭력행위 등 처벌에 관한 법률 제3조) 등으로 각각 고발 조치했다.

27)　"문학진 의원이 해머를 든 것이 잘했다는 것은 아니지만 그가 폭력을 행사하기 위해서 해머를 든 것이 아니라 국회의원으로서의 권한을 행사하기 위한 행위였다는 점을 놓쳐서는 안 된다. 2008년 12월 18일 외교통상통일위원회 회의가 열렸다. 한미FTA 비준안을 상정하기 위한 회의였는데 이 과정에서 한나라당 소속 박진 위원장이 비준안 상정에 반대하는 야당의원들이 회의장에 들어오지 못하게 출입문을 봉쇄했다. 그렇다면 문 의원 등 야당의원들은 문이 닫혔으므로 문밖에서 기다리는 것이 최선이겠느냐는 점을 따져봐야 한다. 국회의원으로서 당연히 의안을 심사할 권한이 있고, 동시에 이것은 국회의원의 책무이기도 한데 여당이, 여당 소속의 상임위원장이 일방적으로 야당의원들의 권한과 책무를 방해했을 때 속수무책으로 있어야

3) 신문법·방송법 등 미디어법 날치기(2009.7.22) : 제18대 국회에서의 세 번째 날치기는 대기업·신문의 방송 진출을 가능케 하는 미디어법 처리였다. 2009년 7월 여야는 미디어법, 즉 신문법·방송법·IPTV법(인터넷 서비스망을 통한 멀티미디어 콘텐츠 제공 서비스 법안) 개정안 처리를 놓고 대치하고 있었다. 그러다 레바논 파병연장 동의안 처리를 위해 본회의가 잠깐 열린 15일, 여야는 상대편 점거를 막기 위해 본회의장에 남아 며칠간 동시농성을 벌이는 진풍경을 연출했다. 2009년 7월 22일 당시 이윤성 국회부의장은 김형오 국회의장으로부터 사회권을 넘겨받아 미디어 관련 3법을 직권상정했다. 당시 민주당, 민주노동당 등 야당 의원들과 당직자들이 본회의장 앞을 막고 격렬하게 항의하면서 여당 의원 중 일부만 표결에 참여할 수 있었다. 이 때문에 다른 의원을 대신해 투표해 주는 등 이른바 '대리투표'가 벌어졌고 방송법 개정안은 투표 종료 뒤 정족수 부족을 뒤늦게 확인한 이 부의장이 '재투표'를 실시하기도 했다. 2009년 7월 22일 제283회 국회임시회 본회의에서 야당 의원들의 강력한 반대속에 여당 의원들은 미디어법 처리 투표를 강행했고, 결국 법률안 가결을 선포했다.

야당은 미디어법 처리가 무효라고 주장하면서 헌법재판소에 권한쟁의심판을 청구했다. 헌법재판소는 2009년 10월 29일 1차 권한쟁의심판에 대해 국회의원들의 법률안 심의·표결권이 침해당했다며 과정상의 문제점을 지적했지만, 법률안의 효력에 대해서는 국회가 자체판단 해야한다며 법률안 가결선포행위 무효확인청구는 기각했다. 2009년 12월 18일 야당 의원들이 이를 근거로 "미디어법 가결선포행위가 국회의원들의 법률안 심의·표결권을 침해한 것이라는 헌재 결정이 나온 만큼 국회의장은 미디어법에 대한 표결권을 행사할 수 있는 조치를 취해야한다"며 2차 미디어법 권한쟁의심판을 청구했다. 이에 대해 헌법재판소는 2010년 11월 25일 '미디어법 2차 권한쟁의심판' 청구사건에서 "야당 의원의 권한 침해가 인정된다"면서도 법안무효 청구는 기각했다.

4) 예산안 날치기(2009.12.31) : 2009년 12월 31일에도 제18대 국회의 네 번째 날치기가 있었다. 2010년도 예산안과 부수법안이었다. 당시 여당은 본회의 처리 전 거쳐야 하는 예결위원

하는 점을 따져봐야 한다. 더 큰 폭력은 야당의원들을 회의장에 들어오지 못하게 만든 여당에게 있다. 국회 사태에 대해 야당의원들만 폭력의 가해자로 몰아가는 것은 바람직하지 않다. 문학진 의원이 해머로 상임위원회 회의실 문을 부수고 강기갑 의원이 국회 사무총장의 탁자위에 올라가 발을 구르는 행위는 독립적으로 일어난 단독행위가 아니다. 문 의원의 행위는 여당의 일방적 탈법적인 국회운영을 저지하는 과정에서 우발적으로 일어난 사건이다. 강 의원의 행위는 국회 사무처의 처사에 항의하는 과정에서 역시 우발적으로 일어났다. 정당하거나 잘했다는 것이 아니다. 전후 사정을 참작하지 않고 하나의 행위만 단독으로 떼어내 폭력이라 딱지 붙이고 처벌하려는 것은 바람직한 대응이 아니다."(손혁재, 2009: 31).

회의 예산안 처리를 예결위 회의장이 아닌 국회 245호 회의실에서 불시에 강행했다. 이어 김형오 국회의장은 본회의를 열고 예산안과 부수법안들을 통과시켰다.

5) 예산안과 친수구역활용특별법 등 날치기(2010.12.8) : 박희태 국회의장 취임 후에도 2010년 12월 8일 새해 예산안을 날치기 처리했다. 4대강 주변지역의 개발을 가능케 하는 친수구역활용특별법, UAE파병동의안 등 쟁점 법안도 함께 날치기 처리됐다.[28] 당시 국회 본회의장 주변은 여야 보좌진과 의원들의 육탄전으로 난장판이 됐다. 김성회 한나라당 의원과 강기정 민주당 의원간 주먹다짐을 비롯해 여야 보좌진간 폭행은 고소·고발로 이어졌다. 국회의원은 물론 보좌진까지 코뼈가 부러지고 실신하는 등 폭력으로 국회가 마비됐다.[29][30]

---

28) 2010년 12월 8일 오전 8시 한나라당이 국회의사당 본청 245호실에서 '비공개' 의원총회를 소집하는 등 상황이 긴박하게 돌아가면서 '충돌 우려감'이 깊어지기 시작했다. 245호실은 한나라당 의원과 일부 보좌진만 출입이 허용됐다. 당일 오전 11시. 예결특위 회의장(제2회의장)이 245호실로 급히 변경됐다는 내부 방송이 흘러나온 직후 한나라당 소속 이주영 예결특위 위원장은 한나라당 소속 예결특위 위원 29명이 모두 참석한 상태에서 예결특위를 단독으로 열었고, 4분여 만에 '뚝딱' 통과시켰다. 본회의 개의 예정시각(오후 2시) 10분여를 앞두고 마침내 폭발했다. 민주당 당직자와 보좌진이 국회 로텐더홀에서 본회의장 정문 출입구를 막아섰고, 이들의 2배쯤 많은 한나라당 '몸싸움 부대'가 결사적으로 진입을 시도하면서 양당은 격렬하게 충돌했다. 고성과 욕설과 비명이 터져나왔고, 주먹다짐 사태도 이어졌다. 극심한 육박전 도중에 혼절해 실려나가는 당직자들이 속출했다. "한나라당 김성회 의원이 갑자기 주먹으로 가격했다"는 피해자(민주당 강기정 의원)도 등장했다. 김 의원 측은 "강 의원이 먼저 주먹을 날렸다"고 반박했다. 한나라당은 3~5분 간격으로 이어지는 몸싸움 한번에 자당 의원 두세 명을 본회의장 안으로 들여보내는 작전을 폈고, '로텐더홀 전투'의 승세는 서서히 한나라당 쪽으로 기울었다. 오후 2시 반쯤 한나라당은 의결 정족수(150명)가 넘는 의원들이 진입한 것을 '자축'하며 환호성을 질렀다. 1차 저지선(본회의장 출입구)이 뚫리자 야당 의원 50여 명은 최후 방어선으로 국회의장석을 겹겹이 에워쌌다. 한나라당 의원들이 오후 4시15분쯤 단상을 점거한 야당 의원들을 하나하나 끌어내리기 시작했다. 김무성 원내대표가 단상 아래에서 한나라당 의원들을 향해 "다 나와"라고 하자, 중진급을 제외한 의원 대부분이 앞으로 몰려나가 육탄전에 가세했다. 여기에 박희태 국회의장이 발동한 질서유지권으로 국회 경위들이 나서면서 야권의 방어벽은 서서히 무너지기 시작했다. 의장석을 지키던 민주당 최영희 의원이 한나라당 여성 의원 손에 이끌려 먼저 내려갔다. 완강히 버티던 민주노동당 이정희 대표도 단상에서 끌려 내려온 뒤 결국 들것에 실려 나갔다. 마침내 오후 4시35분쯤 의장석에 선 한나라당 소속 정의화 국회 부의장이 본회의 개회를 선언하면서 대치 상황은 정리됐다. "날치기 무효"라는 야당 의원들의 야유 속에 오후 4시46분쯤 정 부의장이 예산안을 상정했고, 한나라당과 미래희망연대 의원 등 166명이 참여한 투표에서 찬성 165명, 반대 1명으로 통과됐다. 상정 후 5분 만이었다. 뒤이어 예산부수법안과 UAE(아랍에미리트) 국군파병동의안 등 쟁점법안이 일사천리로 처리되었다(세계일보, 2010년 12월 9일 참조).

29) 집권여당인 한나라당이 국회에서 〈2011년 예산안〉 날치기 처리 후 당시 '주먹 의원'으로 상정되는 의원에게 대통령·청와대 비서실장·특임장관·경기도지사 등이 격려전화를 했다고 신문은 전하고 있다. 대통령까지 나서 폭력을 행사한 의원을 격려하는 풍토를 어떻게 보아야 하는가. 자세한 내용은 한겨레신문, 2010년 12월 16일, 3면 참조. 이 전화격려를 다룬 사설은 다음과 같이 활자화하고 있다. "이 대통령의 태도

6)「한・미 FTA 비준안」날치기(2011.11.22) : 제18대 국회의 여섯 번째 날치기인 한・미 FTA 비준안 처리에서 의사봉을 쥔 정의화 국회부의장은 본회의 비공개 동의안부터 상정해 통과시켰다.[31] 이번엔 날치기를 하면서도 그 현장을 아예 드러내지 않는 방법을 택한 것이다. 2011년 11월 22일 오후 한나라당은 본회의장을 기습 점거한 가운데 비공개 본회의를 통해 한미FTA 비준동의안을 속전속결로 통과시켰다. 야당의 거센 반발 속에 국회 본회의장 4층 방청석 유리가 깨지고 회의장 내에서 최루탄이 터지는 초유의 사태가 벌어졌다. 김선동 민주노동당 의원이 노트북 가방에 넣고 온 최루탄을 의장석에 앉아 있는 정의화 국회부의장을 향해 터뜨렸다.

Ⅲ. 국회 폭력의 원인과 폭력 방지 방안

1. 국회 폭력의 원인

대한민국 국회에서 날치기 등 국회폭력이 매년 끊이지 않고 반복되는 악순환의 원인은 근본적으로 ① 대통령의 국회를 바라보는 의식구조와 승자독식형 권력구조의 문제, ② 중앙당 중심의 공천권 행사, ③ 정당정치의 부조화 및 승자독식의 정치문화, ④ 국회의원 자율권 불인정과 당론정치의 문제, ⑤ 다수결 원칙과 소수의견 존중 부재 문화, ⑥ 정치논리를 앞세운 처벌의 부재와 폭력에의 관대 및 국회「윤리특별위원회」의 형해화(形骸化)를 들 수 있다.[32]

는 여전히 실망스럽다. 그는 날치기 직후 김성회 한나라당 의원에게 격려전화를 했다고 한다. 김 의원은 날치기 사태 당시 야당 의원을 주먹으로 때려 폭력 국회의 상징이 된 인물이다. 그런 이를 격려했으니 국회 폭력을 두둔한 꼴이다"(한겨레신문, 2010년 12월 17일, 35면 사설 참조).

30) 예산안 졸속심사 때문에 결식아동 예산을 배정하지 않아 여론의 비난이 봇물을 이뤘고, 템플스테이 지원 예산이 누락돼 조계종은 '이명박 정부 및 한나라당 인사 사찰 내 출입금지' 현수막을 내걸며 강력 반발하기도 했다.

31) 집권 여당인 한나라당은 2011년 11월 22일 낮 12시경 박희태 국회의장에게 직권상정을 요청했으며, 박 의장은 이를 받아들여 오후 4시 본회의를 소집하고, 같은 시각까지 비준안을 심의해 줄 것을 요청하는 내용의 심사기일 지정을 선언했다. 박희태 국회 의장은 직권상정을 위한 심사기일을 지정한 뒤 사회권을 정의화 국회부의장에 넘겼으며, 정 부의장은 질서유지권과 경호권이 발동된 상황에서 비준안을 직권상정했다. 한나라당은 이날 오후 4시 30분경 민주당과 민주노동당 등 야당 의원들의 강력 저지 속에 한미 자유무역협정(FTA)비준안을 표결에 부쳐 재적의원 295명중 170명이 참석한 가운데 찬성 151명, 반대 7명, 기권 12명으로 비준안을 통과시켰다. 한나라당은 이어 한미 FTA 이행을 위한 14개 법안에 대한 표결에 들어갔다. 이들 법안은 한미FTA에 대한 야당의 강력한 반발로 각 상임위를 통과하지 못한채 한미FTA 비준안 통과 직후 국회의장 직권으로 차례로 본회의에 상정돼 표결에 부쳐 가결됐다. 한편 민노당 김선동 의원은 표결에 앞서 본회의장내 의원 발언대에서 최루탄을 터뜨려 본회의장이 한때 아수라장으로 변하기도 했다.

32) 국회의사당에서 법안 등의 날치기 통과와 같은 폭력적 충돌의 원인으로 ① 의회내 폭력충돌은 소수당 이익

1) 대통령의 의식구조와 승자독식형 권력구조의 문제

　국회폭력의 원인 중 하나는 국회를 '통법부'(通法府) 또는 '거수기'로 여기는 대통령의 의식구조에 있다고 본다.[33][34] 대통령이 국회를 거수기처럼 여기고 집권당이 대통령이나 청와대의 하명(下命)을 실행하는 관계로 보는 의식구조다.[35] '제왕적 대통령'[36][37]로 불리는 현행

　　표출의 절차메커니즘과 소수권리의 제도적 보장메커니즘의 결여와 직접 관계되며, ② 한국은 민주화 이후 공정한 선거를 바탕으로 하는 대의민주주의 의회의 환경을 갖추었으나, 국회 운영에 여전히 권위주의 시대의 해묵은 관습 및 관행이 잔존하는 상황은 폭력적 충돌이 쉽게 발생할 수 있는 환경으로 작용했다. ③ 정당 간 견해와 입장 차이가 뚜렷하고 국회 내 자원의 결핍으로 인한 경쟁의 추세가 나타날 때 소수당이 게임의 규칙에 따른 협상의 방식을 채택하지 못하고 굳이 폭력충돌의 방식으로 문제를 해결하려 하는 것은 국회 내 사회자본의 부족, 특히 국회 내 정당 간 신뢰부족, 기대와 의무의 호혜관계의 결여, 그리고 네트워크의 수직적 특성으로 인한 사회자본 총량의 부족과 밀접히 관계된다고 분석하고 있는 시각도 있다(홍정, "한국 국회의 쟁점법안 처리에 나타난 폭력적 충돌에 대한 연구", 서울대학원 정치학 박사논문, 2011년 8월 참조).

33) 제14대와 제16대 국회의장을 지낸 이만섭 전 국회의장의 인터뷰 기사에서도 대통령의 국민의 대표기관인 입법부(立法府)와 그 수장인 국회의장(國會議長)을 청와대 비서실의 아랫사람 정도로 취급하는 의식구조를 파악할 수 있다. 「이만섭 전 국회의장은 대통령의 직권상정 요구를 거부한 것도 큰 자랑으로 여기고 있었다. 이 전 의장은 "1993년 말 김영삼 전 대통령이 새해 예산안 등을 단독처리하라고 지시했지만 거부했고 2000년에는 김대중 전 대통령이 공동여당이던 자유민주연합(자민련)을 원내교섭단체로 만들기 위해 교섭단체 구성 의석을 10석으로 낮추는 국회법 개정안을 처리하라고 요구했지만 끝까지 거절하고 국회의 권위를 지켰다"고 말했다」(문화일보 2011년 11월 18일, 30면 참조).

34) 정부여당이 청와대의 거수기였다는 것을 증명하는 사례로는 ① 2009년 12월 13일 이명박 대통령이 당시 김형오 국회의장에게 직접 전화를 걸어 노동관계법 개정안 처리를 독려했다는 정황을 들 수 있다. 김형오 국회의장은 애초 노동관계법을 직권상정하지 않겠다고 몇 차례 공언했다가 갑자기 대통령과 전화통화 후 노동관계법 개정안은 국회의장에 의해 직권상정되었다. 또한, ② 2010년 12월 16일 한나라당 초·재선 소장파 의원들과 일부 중진 의원들이 청와대 거수기 역할을 거부하며, 향후 국회내 모든 강행처리에 동참하지 않기로 한 성명서 발표를 들 수 있다. 2010년 12월 16일 한나라당 4선의 황우여, 남경필 의원과 3선의 이한구, 권영세, 정병국, 그리고 소장파 초·재선 의원 22명은 '국회 바로 세우기를 다짐하는 국회의원 일동' 명의로 성명서를 발표했다. 성명서에는 "앞으로 우리는 물리력에 의한 의사 진행에 동참하지 않겠다"며 "이를 지키지 못할 때는 19대 총선에 출마하지 않겠다"고 선언했고, "독립성을 갖는 헌법기관임에도 불구하고 정부가 제출한 예산안을 국민의 입장에서 심의·의결하지 못했고 행정부를 견제해야 하는 의무를 수행하지 못했다"고 반성했다.

35) 정부가 그제 밤 당·정·청 모임에서 한나라당에 한·미 자유무역협정(FTA) 비준안을 오늘까지 통과시켜 달라고 요구했다고 한다. 정부가 10·26 재·보선의 충격을 벗어나지 못하고 있는 여당에 한·미 FTA 비준을 압박하고 나선 것이다. 이명박 정부가 민심을 외면한 채 한나라당, 나아가 국회를 거수기로밖에 보지 않음을 새삼 확인시켜 주고 있다(경향신문 2011.10.31 사설 참조).

36) 현행 헌법상의 '제왕적 권력구조'의 문제점을 지적한 논문으로는 한상범, "법적 관점에서 본 권력구조의 문제", 한국공공정책학회 1997년 학술회의 「우리나라 권력구조의 문제와 대안」 자료집, 1997년 11월 19일, 서울대학교 호암교수회관 마로니에 룸, 3-15면 참조.

37) 여당 대표도 원하는 대로 만들 수 있는 이명박 정권의 '제왕적 대통령' 행태를 지적했다. 그는 "우리가 다 알고 있는 사실은 청와대 '오더'(명령)로 전대가 치러진다는 것"이라며 "모든 사람한테 인기 있는 사람이 당 대

헌법상의 대통령의 권한이 집중된 부분도 있지만, 근본적으로는 삼권분립이라고 하는 차원에서 국회를 인식하지 않고 대통령의 하급기관 정도로 보는 시각을 고치지 않는 한 국회폭력은 계속될 수밖에 없다.[38] 제18대 국회에서만 보더라도 매년 정부 여당이 여야가 첨예하게 대립하며 강행처리나 날치기 폭력 수순을 밟았던 예산안이나 4대강 사업과 관련된 친수구역 활용에 관한 특별법, 미디어법 등은 모두 청와대의 의중이 깊게 반영된 법안들이다.

2) 중앙당 중심의 공천권 행사

국회의원은 개개인이 독립된 헌법기관으로서 의정활동도 독립적으로 이루어진다고 보아야 한다. 그러나 현실은 정반대이다. 여·야간 쟁점법안으로 대립하면 의원들은 정당 지도부의 지시에 따라 동원되고 몸싸움도 감수할 수밖에 없다. 그 이유는 국회의원의 의정활동은 다음 공천권을 쥐고 있는 당 지도부의 눈치를 볼 수밖에 없기 때문이다. 국회의원은 다음 선거의 공천권을 의식해 공천 여부를 좌지우지할 수 있는 막강한 권한을 가진 중앙당 당 대표를 비롯한 지도부에 예속될 수밖에 없다.[39] 따라서 정부 여당소속 국회의원은 거수기(擧手旗)로서, 야당 국회의원은 떼쓰기에 동원되어 여·야간에 첨예하게 대립하는 쟁점법안의 처리과정에서 국회폭력을 유발하고 있다.

표가 되면 무리할 이유가 없다"고 답했다. 그는 "청와대가 편한 사람이 대표 했으면 좋겠다고 오더가 내려지고, 그걸 만들어내려다 보니까 동원을 하고 그런 것 아니겠느냐"고 반문한 뒤 "번번이 그랬다"고 강조했다. …중략…18대 국회의 전반기를 맡은 김형오 국회의장이 날치기를 할 때마다 막판까지 고심했던 것과 달리 후반기의 박희태 국회의장은 청와대의 의중을 소신인 양 대변해온 것도 의심쩍다. 낙천한 그가 권력자의 의지로 보선을 통해 구제되고 의장직에까지 오를 수 있었던 배경과 무관하지 않을 것 같다(경향신문 2012.1.13 사설 참조).

38) 대통령이 국회의장에 직접 전화를 건 행위의 부적절함과 대통령의 전화에 〈청와대 하수인〉쯤으로 처신한 국회의장의 행태를 지적한 신문 사설이 이를 잘 말해주고 있다. "무엇보다 여야가 대치하고 있는 상황에서 대통령이 직접 입법부의 수장에게 전화를 건 것부터가 합당하지 않다. 이 대통령은 여당 대표가 제안한 3자회동 제의는 거부한 채 법안 통과의 방망이를 쥐고 있는 국회의장을 압박하는 비상식적 방법을 선택했다. 이 대통령의 행위도 부적절했지만 대통령의 요구를 덜컥 받아들인 김 의장의 태도는 더욱 호되게 비판받아 마땅하다. 자신이 입법부의 수장인지, 아니면 대통령의 지시를 받아 움직이는 꼭두각시인지를 분간하지 못했기 때문이다. 김 의장은 입법부 최고책임자다운 기개나 자존심을 보여주기는커녕 국회를 청와대의 하수인쯤으로 전락시키고 말았다."(한겨레신문, 2010년 1월 7일 사설 참조).

39) 기초자치단체 정당 공천제 문제도 이러한 부작용을 내포하고 있다. 차기 지방선거의 공천과 관련하여 지역 국회의원에게 예속되어 기초자치단체장과 기초의원이 제역할을 하지 못하는 점이 많다는 것이다. 기초자치단체의 「정당 공천제」는 지방자치발전에 걸림돌이 아닌가 하는 의문을 가지고 있다.

3) 정당정치의 부조화와 '승자독식(勝者獨食)'의 정치문화의 문제

현행헌법 하의 권력구조에서는 정당이 존재해도 정상적인 정당정치를 기대할 수 없다. 또한 정상적인 정당정치를 할 수 있는 정당의 육성 자체가 불가능하다. 그 이유는 대통령제 하에서는 대통령을 국민이 직접 선출하기 때문에 의원내각제에서와는 달리 정당이 정권을 창출(創出)할 수 없게 되어 정당이 그 본래의 기능을 발휘할 수 없다. 따라서 집권정당은 국회의원이 아닌 대통령을 당 총재로 추대하고 그 권력 하에서 기생할 수밖에 없다. 야당은 국정참여의 길이 봉쇄됨으로 그 명맥을 유지하기 위해서는 극한투쟁(極限鬪爭)으로 일관할 수밖에 없게 된다.[40] 집권 여당의 경우 대통령의 권력 하에 기생하여야 함으로써 대통령의 정책에 무조건 지지를 하여야 하는 수비대(守備隊)의 역할을 할 수밖에 없다. 야당의 경우 대통령의 임기 동안에는 정권교체의 가능성이 전무하기 때문에 정책대결이라는 정당정치 본연의 임무를 수행하기보다는 차기 대통령선거에서 승리하기 위한 선거운동의 일환으로서 선동적인 정책을 개발하는 데 주력할 수밖에 없다. 따라서 현행헌법의 권력구조 아래서는 정상적인 의회정치나 정당정치를 기대하기 어렵고, 따라서 거기에는 야당은 공격하고 여당은 수비하여야 한다는 대립과 충돌의 도식(圖式)을 뛰어넘을 수 없게 된다.[41]

4) 국회의원 자율권 불인정과 당론정치의 문제

우리나라 국회의원은 국회 구성원인 헌법기관으로서의 지위를 가진다(헌법 제41조 제1항). 현대정당국가에서 국회의원은 국회구성원인 동시에 정당구성원이기도 하므로 의원들은 일면 전체국민의 대표자로서의 지위와 일면 소속정당의 이익을 위해 활동하는 정당소속원으로서의 지위라고 하는 이중적 지위를 가지고 있다. 또한 국회 내에서는 동일정당소속의원으로 이루어진 원내교섭단체의 구성원으로서의 지위도 가지고 있다.

국회의원은 국민전체의 대표자로서의 지위와 정당소속원으로서의 지위가 충돌할 경우, 의원은 직무를 수행하는데 있어 국가이익우선의무(헌법 제46조 제2항)가 있으므로 국민대표자로서의 지위가 정당소속원으로서의 지위가 우선한다.

「국회법」 제114조의2는 "의원은 국민의 대표자로서 소속정당의 의사에 기속되지 아니하고 양심에 따라 투표한다."고 규정하여 자유투표(自由投票)를 명시하고 있다. 하지만 대한민국 국회의원들의 현주소는 헌법상의 지위와 국회법이 규정하고 있는 자유투표와는 동떨어져 있

---

40) 장석권, "現行憲法上 大統領制의 問題點", 『憲法學과 法學의 諸問題』(김계환교수회갑기념논문집), 박영사(1996), 199면.
41) 장석권, 위의 논문, 120면.

다. 독립된 의사결정이 아닌 의사결정의 대부분을 소속된 정당의 '당론'에 따라야 하고, 선수(選數)에 따라 몸싸움에 동원되는 것이 현실의 모습이다.

　쟁점법안을 둘러싸고 되풀이되는 여야의 극한 대립과 물리력을 동원한 국회 폭력은 차기 국회의원 선거의 공천과 상임위원회에서 불이익을 받을까 우려하는 국회의원들이 당론을 관철하려는 각 정당 지도부의 지시에 따라 행동대원으로 몸싸움을 하고 관련 상임위원회 등에서 토론이 봉쇄되고, 당론과 다른 의견을 제시할 수 없는 현실이라는 점이다. 당론과 다른 의견을 제시하거나 극한대립을 피하기 위한 차선으로 타협안을 제시하는 경우, 소속 정당으로부터 배신자 취급당하는 것이 정당에 소속돼 있는 대한민국 국회의원의 자화상이다.[42]

　국회의원 개인의 판단과 의사결정을 존중해 주는 정치문화의 부재가 국회폭력의 한 원인으로 작용하고 있다. 다시 말해서 국회의원 개개인의 판단과 의견을 존중하지 않는 중앙당의 '당론(黨論)정치'가 국회폭력을 조장하는 원인의 하나이다.

5) 다수결 원칙과 소수의견 존중 부재 문화(타협문화의 미숙)

　다수결의 원칙이란 기관이나 단체의 의사결정 내지 대표자선출 등을 그 기관 또는 단체의 다수의견에 의하여 행하는 원칙을 말하며 대의민주정치와 더불어 민주정치의 기본원칙을 이루고 있다. 다수결원칙의 사상적 근거에는 국민평등의 원리와 다수의 결정에 따르는 것이 보다 합리적이라는 경험적 판단과 독단이나 전제를 배제하는 상대주의적 견해가 포함되고 있다. 의회의 운영과정에서 다수결의 원칙이 제대로 반영되기 위하여는 1인 1표주의의 평등원칙과 소수의견존중의 원칙 아래 자유로운 토론과 실득이 보장되어야 하며, 소수는 다수결의 결정에 승복하고 따라야 한다. 다수결의 원칙은 단순한 수의 지배가 아니라 자유로운 토론을 통한 이성의 지배이기 때문이다. 다수결의 원칙은 실제 국회운영이나 국회법을 해석함에 있어서 다른 원리·원칙에 우선하는 기준이 된다.[43] 다수결 원칙이 국회를 비롯한 국가의 의사

---

42) 2011년 10-12월 동안 국회는 한미 자유무역협정(FTA) 비준동의안 처리를 둘러싸고 극한 대립이 이어졌다. 이 과정에서 여야의 소신파 의원들이 설 자리는 없었다. 2010년 말 예산안 처리 과정에서의 극심한 충돌 이후 국회폭력 추방을 위해 나섰던 여야 의원들은 졸지에 '해당행위자' 신세가 됐다. "물리적 충돌 속에 법안 등이 강행처리되면 불출마하겠다"고 선언했던 22명의 한나라당 '국회 바로세우기 모임' 의원들은 한미 FTA 비준동의안 처리의 걸림돌로 몰렸다. 민주당 쪽에서도 '민주적 국회운영 모임' 소속 김성곤 의원 등이 파국을 막기 위해 노력했지만 돌아온 것은 '배신자' 취급이었다. 여야 모두 과거 총재나 대표 밑에 있던 원내총무를 17대 국회부터 원내대표로 격상시켰지만 원내대표들조차 중앙당 중심 당론 정치의 족쇄에서 자유롭지 못하다. 황우여 한나라당 원내대표는 2011년 대학등록금 부담 완화를 위해 야당과 명목상 등록금 인하 협상을 진행하다가 당 지도부의 비판에 밀려 후퇴해야 했다(문화일보, 2012년 1월 19일 참조).
43) 박봉식, 『국회법』, 박영사(2000), 284면.

결정방법으로 정당하게 승인되기 위해서는 일정한 전제조건이 충족되고, 그 한계가 분명히 지켜져야 한다.

다수결 원칙은 투표자 간의 견해가 상이하다는 것을 전제로 하여 다양한 이견(異見)의 존재가 능성이 당해 정치체제 내에서 승인되어야 하며, 자유로운 토론과 실질적인 타협을 통하여 상이한 이익과 의견을 변증법적으로 통합하는 것이어야 한다.

「헌법」제49조는 "국회는 헌법 또는 법률에 특별한 규정이 없는 한 재적의원 과반수의 출석과 출석의원 과반수의 찬성으로 의결한다. 가부동수인 때에는 부결된 것으로 본다."고 규정하고 있다. 이를 일반적으로 다수결 원칙이라 한다.

다수결의 원칙은 비합리적 횡포를 이성적 토론과 표결로써 순화시키는 제도이다. 다수의 횡포가 만성화되게 되면 소수는 정책적 대력보다는 극한투쟁의 방법을 채택하게 된다.

대한민국 국회에서는 진정한 의미의 다수결원칙은 찾아볼 수 없다. 다수결의 원칙에 따르지 않는 것이 한 가지 있다면 그건 인간 '양심의 자유'와 관련된 문제이다.[44] 그러나 대한민국 국회에서 예외적으로 여당과 야당 할 것 없이 국회의원들의 이해관계가 걸린 사안에는 다수결의 원칙이 철저하게 지켜진다.

국회 표결과정에서 다수결의 원칙, 즉 대화와 타협·양보를 존중하기 보다는 당리당략(黨利黨略)이나 모든 정치의 중심에 있는 청와대의 지시에 의해 극단적인 대결과 난투극만이 난무하는 수적(數的) 우위의 다수의 횡포와 소수의 저항이 존재할 뿐이다. 한국의 정치문화·의회문화는 승자독식(The Winner-Take-All)의 문화다. 승리한 자가 모든 것을 가지는 정치문화이다 보니, 대화와 타협이 없는 극단적인 대결주의가 지배할 뿐이다. 정치(政治)를 정치(正治)로 인식하지 않고, 정치(征治)로 인식하는 '정치의 전투화', '죽기 살기'식의 정쟁(政爭)만이 존재한다.

여야가 쟁점법안을 두고 협상테이블로 나와 타협이니 양보를 앞세우지만, 그 대화는 단지 대국민 설득의 요식행위로서 연기(演技)일 뿐이다. 협상테이블에 나올 때 여·야할 것 없이 양보와 타협은 없고, 이미 정해진 당론(黨論)이나 정당 지도부의 지시, 집권 여당의 경우는 청와대의 의중을 쫓는 입장만을 앵무새처럼 되풀이 할 뿐이며, 시간보내기 식이다.

이처럼 국회에서 쟁점법안에 대해 '전부 아니면 전무(All or Nothing)'라는 이분법적 사고방식과 타협문화의 부재가 국회 날치기·국회폭력의 한 원인이다.

---

44) Harper Lee, 『앵무새 죽이기』, 문예출판사(2011), 200면.

6) 정치논리를 앞세운 처벌의 부재와 폭력에의 관대 문화 및 윤리특위의 형해화

우리 사회에는 위법과 불법에 대해 너무 관대하고, 혹여 처벌이 된다하더라도 '솜방망이'처벌에 그쳐 폭력을 조장하는 면이 많다.[45] 그 동안 국회폭력에 대해서도 또한 너무 관대하게 취급 된 부분이 많다. 국회에서 벌어진 폭력에 대해서 법보다 정치논리를 앞세워 해결하려 한 의식이 강했고, 그러한 정치논리가 우세하다보니 법적 책임을 물은 적이 거의 없다. 심지어 법률적으로 문제 삼다가도 시간 끌기, 시간벌기 작전으로 유야무야시켜왔다. 이러한 처벌 부재의 문화가 국회의사당 날치기 폭력을 조장했다고 볼 수 있다.

국회의사당 내에서 발생한 국회의원의 폭력은 '국회자율권' 존중이라는 점에서 국회 윤리특별위원회가 정상적으로 작동·운영되어 처리해야 한다.[46] 하지만 우리 국회의 윤리특별위원회는 예나 지금이나 여전히 국회법(國會法) 속의 장식적인 특별위원회의 하나로 존재할 따름이다.[47][48] 「국회법」 제156조 제1항은 국회의장에게 국회법 제155조[49]가 규정하고 있는 행위

---

45) 우리 사회의 중대 범죄에 대한 솜방망이 처벌로 남용되는 것이 '집행유예'이다. 이러한 처벌의 관대는 또 다른 범죄를 되풀이하게 하는 면이 있다. 특히 국내 재벌그룹 총수의 법집행의 문제를 다루고 있는 이철호, "한국의 기업인 범죄와 법집행의 문제", 「한국경찰학회보」 제18호, 2008, 239면 이하 참조.

46) 대한민국 국회는 국회의 자정기능 강화를 통하여 국회 스스로 권위를 유지하고 국민들로부터 신뢰받는 국회상(國會象)을 정립하기 위해, 1991년 2월 7일 '국회의원 윤리강령'을 제정·선포했고, 1991년 5월 8일 '국회의원윤리실천규범'을 제정했고, 동년 5월 31일 국회법을 개정해 국회내에 윤리특별위원회를 설치하도록 했다.

47) 국회에서 폭력으로 징계위에 회부된 최초의 의원은 제2대 국회때 본회의장에서 강세형의원을 폭행한 鄭성태의원이었으나 회기가 끝나자 징계동의안이 폐기됐고, 제6대때 金斗漢의원은 본회의장에 출석한 국무위원들에게 오물을 던졌다가 징계동의안 가결로 의원직을 상실했다. 제헌국회부터 제18대 국회 전반기까지 징계안이 윤리위에 회부된 경우는 179건이었다. 이 중에서 본회의 표결까지 간 안건은 불과 6건이다. 이마저도 의원직을 상실한 경우는 1979년 제10대 국회에서 김영삼 당시 신민당 총재가 제명된 게 유일했다. 2011년 5월 30일 오후 국회 윤리특별위원회는 전체회의를 열고 여대생 성희롱 발언 파문을 일으킨 무소속 강용석 의원에 대한 의원직 제명안을 통과시켰다. 국회의원에 대한 제명안이 윤리특위를 통과한 것은 헌정 사상 처음이다. 국회는 2011년 8월 31일 오후 본회의를 열어 강용석 의원 제명안을 무기명 표결에 부쳤으나, 재적 259명중 찬성은 111명에 불과해 가결 요건인 재적의원 3분의 2(198명)에 못 미쳐 부결됐다. 반대표를 던진 사람은 134명이었고 기권 6표, 무효 8표가 나왔다. 국회는 이날 오후 본회의에서 강용석 의원 제명안이 부결되자, 제명보다 한단계 낮은 수위의 징계인 30일간 국회 출석을 정지하는 '출석정지안'을 상정, 출석정지 징계안은 재석 186명 중 찬성 158표, 반대 28표로 가결됐다. 강용석 의원 제명안과 출석정지안 표결은 박희태 국회의장의 지시로 취재진과 방청객을 모두 본회의장에서 퇴장시킨 가운데 비공개로 진행하였고, 본회의를 중계하는 국회방송까지 꺼버렸다.

48) 국회 윤리특별위원회에 따르면 제17대 국회의원에 대한 윤리위 제소 82건 중 징계안(징계사유가 법적으로 규정된 사건)은 37건, 윤리심사안(국회의원 윤리실천규범, 윤리규범에 관한 규정 사건)은 45건이다. 37건의 징계안 중 이미 처리가 된 21건 중 가결된 사건은 겨우 10건(부결 5건, 폐기 1건, 철회 5건)에 불과하다. 10건도 경고 8건, 사과 1건, 5일 출석정지 1건으로 낮은 처벌에 그쳤다.

를 한 징계대상의원이 있을 때에는 이를 윤리특별위원회에 회부하고 본회의에 보고하도록 규정하고 있다. 징계대상 국회의원을 윤리특별위원회에 넘길 책임은 전적으로 국회의장에게 있다. 우리 국회의장들은 직무유기로 일관해 왔다고 해도 과언이 아니다. 국회 윤리특위가 제 역할을 수행하지 못한 것도 국회폭력 원인의 하나이다.

2. 국회 날치기와 국회폭력방지 방안

국회의사당 날치기 처리와 같은 법률안 등의 변칙적 통과 및 그 과정에서 발생하는 국회폭력을 방지하기 위한 방안으로는 ① 국회의장의 직권상정제도의 제한과 자동상정제도 등의 도입, ② 국회의원의 자율성 강화와 자유투표의 보장, ③ 국회「윤리특별위원회」구성원의 외부 개방, ④ 다수결 원칙의 정착, ⑤ 날치기 졸속 입법의 통제 강화, ⑥ 국회 폭력에 대한 징계 강화 등을 들 수 있다.

(1) 국회의장「직권상정 제도」의 제한과「자동상정제」등의 도입

국회의장의 직권상정제도는 야당 반대로 정상적인 절차를 밟아 법안 등을 통과시키기 어려울 때 여당이 상임위원회 통과 등 중간과정을 건너뛰고 바로 본회의 단독 표결처리를 하는 것으로 악용됐다.

국회의장의 직권상정제도는 1973년 제9대 국회에서 처음 도입됐다. 제9대부터 11대까지는 한 차례도 시도되지 않다가, 제12대 국회부터 집권여당에 의해 날치기 처리의 수단으로 이용되기 시작했다.[50] 제18대 국회에서 여당인 한나라당이 밀어부쳤던 4대강 사업과 관련된 친수

---

49) 국회법 제155조(징계) 국회는 의원이 ①「대한민국헌법」제46조 제1항 또는 제3항을 위반하는 행위를 한 때, ② 제54조의2 제2항을 위반한 때, ③ 제102조를 위반하여 의제 외 또는 허가받은 발언의 성질에 반하는 발언을 하거나 이 법에서 정한 발언시간의 제한규정을 위반하여 의사진행을 현저히 방해한 때, ④ 제118조 제3항을 위반하여 불게재부분을 다른 사람에게 열람하게 하거나 이를 전재(轉載) 또는 복사하게 한 때, ⑤ 제118조 제4항을 위반하여 공표금지 내용을 공표한 때, ⑥ 제145조 제1항에 해당되는 회의장의 질서문란 행위를 하거나 이에 대한 의장 또는 위원장의 조치에 불응한 때, ⑦ 제146조를 위반하여 본회의 또는 위원회에서 다른 사람을 모욕하거나 다른 사람의 사생활에 대한 발언을 한 때, ⑧ 정당한 이유 없이 국회집회일부터 7일 이내에 본회의 또는 위원회에 출석하지 아니하거나 의장 또는 위원장의 출석요구서를 받은 후 5일 이내에 출석하지 아니한 때, ⑨ 탄핵소추사건의 조사를 함에 있어서「국정감사 및 조사에 관한 법률」에 따른 조사상의 주의의무를 위반하는 행위를 한 때, ⑩「국정감사 및 조사에 관한 법률」제17조에 따른 징계사유에 해당한 때, ⑪「공직자윤리법」제22조에 따른 징계사유에 해당한 때, ⑫「국회의원윤리강령」이나「국회의원윤리실천규범」을 위반한 때의 어느 하나에 해당하는 행위를 한 때에는 윤리특별위원회의 심사를 거쳐 그 의결로써 이를 징계할 수 있다.

구역 활용에 관한 특별법이나 미디어법, 예산안, 한미 자유무역협정(FTA)까지 모두 국회의장의 직권상정으로 통과했다.

「국회법」 제85조 제1항은 "의장은 위원회에 회부하는 안건 또는 회부된 안건에 대하여 심사기간을 지정할 수 있다. 이 경우 의장은 각 교섭단체대표의원과 협의하여야 한다."규정하고 있으며, 동법 제85조 제2항은 "제1항의 경우 위원회가 이유없이 그 기간내에 심사를 마치지 아니한 때에는 의장은 중간보고를 들은 후 다른 위원회에 회부하거나 바로 본회의에 부의할 수 있다."고 규정하여 국회의장 직권상정제도를 두고 있다.

현행 「국회법」 제85조에 따라 국회의장은 위원회에 회부된 안건에 대해 심사기간을 지정할 수 있고, 심사기간 내에 위원회가 심사를 마치지 않은 경우 직권으로 의안을 본회의에 상정할 수 있도록 되어있다. 그동안 여·야간의 이견으로 법안이 정상적으로 상임위원회에서 심사되지 않을 경우 직권상정 처리해 왔던 국회의장 직권상정 제도의 개선이 필요하다.

'국회 의안처리 개선 및 질서유지 관련 국회법 등 개정안'의 내용과 같이 국회의장 직권상정 요건은 천재지변이나 전시·사변 또는 이에 준하는 국가비상사태의 경우, 그리고 각 교섭단체 대표의원간 합의가 있는 경우로 제한하여야 한다.

또한, 의안이 관련위원회에 회부된 뒤 일정기간이 지나면 자동상정 되도록 하는 「자동상정 제도」와 의안이 소관 상임위원회에서 일정기간 내에 심사를 완료하지 못할 경우 법제사법위원회로 자동 회부하고, 법제사법위원회에서도 일정기간 내 심사를 마치지 못하면 국회 재적의원 과반수 요구로 본회의에 회부하는 「신속처리(패스트트랙) 제도」의 도입을 통하여 법률안과 같은 의안의 상정과 처리를 둘러싼 국회의사당의 날치기 폭력을 사전에 예방해야 한다.

(2) 국회의원의 자율성 강화와 자유투표의 보장

정당정치에서 당론을 정하는 것은 자연스러운 일이지만 '민주 대 반민주' 구도가 뚜렷했던 과거와 달리 민주화되고 다양화 시대에는 국회의원 개개인의 자율성이 보다 더 보장되고 강

---

50) 역대 직권상정을 통한 날치기 중 가장 큰 파장을 불러일으켰던 것은 1996년 노동법 날치기였다. 당시 여당인 신한국당은 '제3자 개입 금지' 등을 위해 노동법 개정을 추진했다. 야당과 노동계의 반발로 진척이 없자, 여권은 기상천외한 방법을 동원했다. 1996년 12월 26일 새벽 신한국당 의원 155명은 본회의장에 '몰래' 모였고, 노동법 등을 날치기 통과시켰다. 야당은 격렬하게 반발했고, 노동계의 파업은 한 달여간 이어졌다. 파업 등으로 3000여명이 구속되는 전례 없는 상황이 벌어졌다. 놀란 여권은 1997년 3월 야당 및 노동계와 협상을 통해 민주노총을 합법화하고, 3자개입 금지 조항을 없애는 내용으로 노동법을 재개정했다. 하지만 민심은 여당으로부터 등을 돌렸고, 이후 한보사태에 이어 외환위기를 거치면서 한나라당은 1997년 대선에서 패배했다(http://news.khan.co.kr/kh_news/khan_art_view.html?artid=200907261809155&code=910402).

화되어야 한다.

독립적 헌법기관인 국회의원들을 '거수기'로 전락시키는 당론정치의 폐해는 과거부터 개혁 대상으로 지적되어왔다. 제15・17대 국회에서도 '중앙당 공천권 폐지', '원내중심정당화(化)' 등이 대안으로 제시됐다. 최소한 국회의원들의 자율적 표결 가능성을 차단하는 '강제적 당론'은 없애야 한다는 게 주된 문제의식이었다. 제16대 국회까지 '제왕적 총재'의 대리인 수준이었던 원내총무(the whip)를 제17대 국회부터 원내대표로 격상시켜 당 대표와 '투톱 체제'를 이루게 한 것도 당론정치의 폐해를 개선하기 위한 차원이었다. 1987년의 민주화 과정을 거치면서 국회의 운영방식은 과거의 다수당 중심에서 원내교섭단체간의 협의에 의존하는 방식으로 변경되었다.[51] 특히 2002년 3월에는 국회가 '의원은 국민의 대표자로서 소속정당의 의사에 기속되지 아니하고 양심에 따라 투표한다.'는 조항(제114조의2)을 신설하는 내용의 국회법 개정안을 만장일치로 통과시켜 국회의원의 자유투표를 보장하고 있다.

이제부터라도 국회의 정상적 운영이라는 관점에서 국회의원 개개인의 의견과 판단을 존중하는 의회문화를 만들어가야 한다. 각 정당은 현행 국회법이 규정하고 있는 소속 국회의원의 자유투표를 보장해야 한다. 아울러 자유투표는 국회의원 스스로가 지키고자 하는 의지가 무엇보다도 중요하다.

(3) 국회 「윤리특별위원회」 구성원의 외부 개방

국회는 솜방망이 처벌 반복을 막겠다는 취지로 2010년 5월 국회법의 개정을 통해 국회의원이 아닌 외부인사 중심의 「윤리심사자문위원회」를 운영하고 있지만(국회법 제46조 제3항 및 제46조의2)[52], 의결권이 없기에 그 효과는 기대에 미치지 못하고 있다.

---

51) 국회입법조사처, 『국회 및 주요국 의회의 질서유지제도』, 2009, 23면.

52) 국회법 제46조(윤리특별위원회) ③ 윤리특별위원회는 의원의 징계에 관한 사항을 심사하기 전에 제46조의2에 따른 윤리심사자문위원회의 의견을 청취하여야 한다. 이 경우 윤리특별위원회는 윤리심사자문위원회의 의견을 존중하여야 한다. 국회법 제46조의2(윤리심사자문위원회) ① 의원의 징계와 관련된 사항에 관하여 윤리특별위원회의 자문에 응하기 위하여 윤리특별위원회에 윤리심사자문위원회를 둔다. ② 자문위원회는 위원장 1인을 포함한 8인의 자문위원으로 구성하며, 자문위원은 각 교섭단체대표의원의 추천에 따라 의장이 위촉한다. ③ 각 교섭단체대표의원이 추천하는 자문위원 수는 교섭단체소속의원 수의 비율에 따른다. 이 경우 소속의원 수가 가장 많은 교섭단체대표의원이 추천하는 자문위원 수는 그 밖의 교섭단체대표의원이 추천하는 자문위원 수와 같아야 한다. ④ 자문위원회 위원장은 자문위원 중에서 호선하되, 위원장이 선출될 때까지는 자문위원 중 연장자가 위원장의 직무를 대행한다. ⑤ 의원은 자문위원회의 자문위원이 될 수 없다. ⑥ 그 밖에 자문위원의 자격, 임기 및 자문위원회의 운영에 필요한 사항은 국회규칙으로 정한다.

국회 폭력 등을 방지하는 방안의 하나는 국회 윤리특별위원회의 외부 개방이다. 국회의원이 동료 국회의원을 심사하는 현 시스템과 국회법 규정은 한계가 존재할 수밖에 없다. 다시 말해서, 징계를 심사하는 의원들이 동료 의원이다 보니 서로 눈치를 보며 징계를 꺼릴 수밖에 없고, '제 식구 감싸기'의 동업자 의식이 발동될 수밖에 없다. 따라서 국회의 자정기구인 윤리특별위원회를 정상적으로 기능하도록 하기 위해서는 국회의원이 아닌 국회 밖의 민간전문가를 윤리특별위원회에 과반수이상 포함시켜 의결권을 부여하여 운영해야 한다.

(4) 의회 운영의 출발인 「다수결 원칙」의 정착

다수결은 민주주의를 유지하는 중요한 제도적 장치이다. 다수결이 의미를 갖기 위해서는 자유토론이 중요하다. 다수는 일차적으로 양의 다수이다. 양의 다수가 질의 다수가 되기 위해서는 토론이 필요하다. 토론을 통해서 소수는 자신들이 소수라는 걸 이해하고 다수는 소수의 주장 가운데 질적으로 나은 것은 받아들일 때 비로소 다수결이 의의를 갖는다. 토론 절차 없이 일방적으로 다수로만 밀어붙이려는 것은 다수의 횡포이다. 이런 다수의 횡포를 막기 위한 야당 의원들의 물리적 폭력을 부각시키고 있지만 물리적 폭력보다는 토론 없이 다수당 맘대로 하려는 여당의 제도적 폭력이 더 문제이다.[53]

다수결 원칙은 상대를 인정하면서 토론하고 쟁점사안에 대하여 반대 세력을 설득하는 절차가 전제되어야 한다. 앞서 보았듯이 국회의사당에서 날치기처리와 그 과정에서 발생하는 폭력은 법(률)안 등의 상정과 처리를 둘러싼 여·야간의 갈등에서 비롯되었고, 쟁점사안을 두고서 여·야간의 토론과 상대방을 설득하고 승복하는 의회문화(議會文化)의 부재에서 비롯되고 있다.

다수당인 집권여당은 쟁점법안이나 예산안 처리에 시간이 걸리더라도 야당이나 소수 정파를 설득하고, 토론하는 절차를 거치는 것이 무엇보다 중요하다. 또한 의회의 소수당이나 소수 세력은 국회법 등이 정한 의회 운영절차에 따라야 하고, 표결 결과에 승복하는 자세를 보여야 한다.

(5) 국회 자율권과 날치기 졸속입법의 통제

법률안과 예산안 등의 '날치기 통과'란 법률안 등에 대한 질의·토론이나 표결 절차를 제대로 거치지 않고 법률안 등을 통과시키는 것을 말한다. 국회 날치기 통과는 제13대 국회 이전

---

53) 손혁재, "2009년, 민주주의, 국회", 「제3회 토론회: 민주주의 법안 토론 자료집-'국민의 민주주의, 국회의 민주주의」, 국회의원회관 제128호, 2009년 2월 19일, 32면.

에도 있었지만 제13대 국회 초기의 여소야대(與小野大)의 정치판도가 여대야소(與大野小)로 바뀐 뒤인 1990년부터 빈번해졌고 더욱 변칙적인 모습을 보여주었다.54)

　법률안 등에 대한 국회 날치기 통과에 대해 위헌 심사를 회피하는 이론도 있을 것이다. 그러나 헌법상 명백히 규정된 입법절차에는 국회도 구속되고 법도 구속되는 한 재량의 여지가 있을 수 없음은 재량의 개념상으로도 자명하고 입법재량을 인정하더라도 한계가 있다. 헌법상 법치주의 원리는 헌법의 기본원리로서 이 원리는 법이 그 내용상 헌법에 합치될 뿐만 아니라 그 성립과정도 헌법에 합치될 것을 요구한다. 또한 적법절차의 원리도 입법절차를 준수한 법에 따를 것을 요구한다. 따라서 이러한 요구를 충족하여 이루어진 입법인지 아닌지 여부에 대한 심사를 위한 헌법재판이 필요한 것이다.55)

　1988년 헌법재판소 설립 이후 2010년 10월 4일까지 헌법재판소에 청구된 국회의원 권한쟁의심판 사건은 총 17건이며, 이 중 날치기 의안 통과와 관련된 사건은 8건인 것으로 조사됐다. 헌법재판소가 국회에서 날치기 통과된 의안에 대해 무효 결정을 내린 사례는 한 건도 없다. 이처럼 헌법재판소는 그 동안 국회의장과 국회의원 간의 권한쟁의 등의 문제에 대해 '국회 자율권 존중'이라는 이유로 사법소극주의로 일관해 왔다.56)

　국회의 자율권은 국회가 고유한 권한을 행사할 때 다른 국가기관의 간섭이나 개입을 막고자 하는데 그 목적이 있다. 만약 국회가 법률안 등 의안을 처리하는 과정에서 헌법이나 국회법이 정하고 있는 절차를 위반했다면 적극적으로 옳고 그름(是是非非)을 가려야 한다. 헌법재판소가 앞으로 계속해서 국회 권한쟁의 등의 문제에 대해 국회 자율권 존중이라는 이유를 내세워 정치권력을 의식한 사법소극주의(司法消極主義)로 일관한다면 헌법재판소 존재 의의를 상실하게 될 수도 있다.

(6) 국회폭력에 대한 징계의 강화

　2011년 11월 김선동 의원의 국회의사당 최루탄 투척사건은 국회가 그동안 보여준 반민주적 폭력행위의 극단적인 표출이라고 할 수 있다. 국회의원이 자신이 활동하는 「국회의사당」에 최루탄을 투척하겠다는 발상을 하고 행위를 한 것도 상식을 훨씬 벗어난 것이고, 그런 기막힌 행위에도 국회법에 제재조항이 없는 것은 더 황당한 문제이다. 이러다보니 국회의 폭력은 지

54)　정재황, "국회의 날치기통과 등 졸속입법에 대한 통제", 「법과 사회」 제6호(1992), 34면.
55)　정재황, "위의 논문", 43면.
56)　국회의 자율권에 대한 사법심사 문제에 대해서는 김상겸, "의회의 자율권과 사법−독일의 경우를 중심으로", 「헌법학연구」 제9권 제2호(2003.8), 93면 이하 참조.

속적으로 반복되고 있으며, 그 폭력의 수위도 점차 높아지고 있다. 현행 국회법을 보면 국회의 질서유지와 관련하여 제143조에 국회의장에게 경호권을 부여하고 있으며, 회의의 질서유지를 위하여 회의진행을 방해하는 행위를 금지하고 있다. 즉 국회법 제145조는 회의장질서를 문란하게 한 자에 대한 제재를 규정하고 있고, 제146조는 다른 사람을 모욕하는 행위를 규제하고 있다. 또한 국회법 제147조는 폭력행위와 소란행위를 금지하고, 제148조는 회의진행에 방해가 되는 물건이나 음식물의 반입을 금지하고 있다. 그런데 국회법은 제145조와 제146조의 위반행위는 징계위원회 회부 등 제재조치를 규정하고 있지만, 제147조와 제148조의 위반에 대해서는 어떤 조치도 규정하고 있지 않다.[57]

국회 의사당내에서 의안처리과정 등에서 폭력을 행한 의원에 대해서는 자동적으로 윤리특별위원회에 회부되도록 해야 한다. 또한, 국회 날치기 폭력사태 등을 막기 위해 국회폭력으로 벌금 100만원 이상을 선고받으면 의원직을 상실하고, 5년간 피선거권을 박탈하도록 해야 한다.[58] 국회폭력에 대해 누구를 막론하고 엄벌주의로 대처해야만 그 뿌리를 뽑을 수 있다. 그래야만 국회의원이 정당 지도부의 법안 날치기 통과 지시에 동원되는 것을 막을 수 있고, 국회를 정상적으로 운영할 수 있게 된다.

IV. 맺음말

대한민국 국회의사당은 매년 '원시적(原始的) 폭력'이 난무하는 곳이다. 민주주의와 법치주의 및 다수결의 원리는 교과서에 나오는 사어(死語)나 진배없다. 국회 날치기 등 국회폭력을 바라보는 시각도 여당이냐, 야당이냐에 따라 천양지차(天壤之差)를 보인다. 우리 헌정과정에서 다수당에 의한 국회 의안의 단독 처리를 규정하는 용어 또한 다양하다. 강행처리니 '날치기'니 합법적 표결 등 여야 각 정당의 입장과 위치에 따라 자의적으로 해석하기 때문이다.

법안 및 예산안 등의 국회 날치기 통과를 전후한 국회 의사당 불법점거로 인한 국회파행과 물리적 충돌의 역사는 지난 수 십 년간 반복될 정도로 뿌리가 깊다. 국회 날치기 통과, 국회폭력은 민심이반(民心離反)이라는 역풍을 맞아도 매 국회마다 되풀이되고 여당과 야당이 역할

---

57) 김상겸, "국회폭력의 근절을 위한 방안", 「국회의사당내 최루탄 테러 사태를 통해 본 국회폭력의 실태와 개선방안」 바른사회시민회의 토론회 자료집, 4·19기념도서관(2011.11.24), 12면.
58) 국회의사당 폭력 의원 처벌에 관한 국회법 개정안으로는 한나라당 안경률 의원이 대표 발의한 안이 있다. 개정안의 내용을 보면, "국회의사당 내에서의 폭행 또는 기물파손 행위로 300백만원 벌금형 이상의 형을 선고받고 그 형이 확정된 날부터 5년이 지나지 아니한 자는 「공직선거법」에 따른 피선거권이 제한되도록 한다."(안 제164조 제2항).

만 바뀔 뿐 법률안 등 날치기 통과를 되풀이 하는 한국정치의 고질적인 문제로 고착화됐다.

　국회의사당에서 날치기 통과가 되풀이 되는 근본적인 이유는 어디에 연유하고 있는가? 우리 정치사에서 역대 군사정권의 집권자들이 정치를 적으로 격파하는 군사작전식으로 해나갔기 때문이다. 그러나 민주정치는 시민의 동질성과 당파사이의 공평한 경쟁을 룰(rule)에 따라서 지기도 하고 이기기도 하는 국민다수의 지지를 얻기 위한 경쟁이다. 정치를 전쟁판으로 본 군정 독재자들은 '다수결의 원칙'과 같은 시민사회 자체의 싹을 뭉개버린 것이다(한상범, 1998: 301). 이러한 과정에서 국회의사당에서도 군사작전식 의사 절차라 할 수 있는 '날치기 통과'가 주를 이루었다. 현하(現下) 절차적 민주주의가 성숙되었다고 하지만 국정을 책임지고 있는 대통령과 국회를 구성하고 있는 의원들의 의식구조 속에는 여전히 정치적 상대를 적으로 간주하고, 정치를 수단·방법을 가리지 않고 목적만 달성하면 된다고 하는 '성과지상주의'를 지상명제로 삼는 군사작전식으로 보는 의식을 청산하지 못하고 있기 때문이다.

　민의(民意)의 전당이라는 국회에서 발생한 국회 날치기와 폭력은 매년 반복되고 있으며, 국회날치기 폭력의 수법과 방법도 매번 달라지고 있다. 집권 여당의 국회의사당 날치기가 교묘해지면 교묘해질수록, 야당의 날치기 저지도 적극적으로 대처하게 된다. 여당의 법안 등의 날치기 처리를 막기 위해서 야당은 아예 국회의장 공관에서 농성을 벌여 국회의장의 국회 등원을 원천 봉쇄하게 되고, 심지어 국회부의장을 교외로 따돌리고 국회 의장단의 출근을 막아 역대 야당으로서 여당 날치기를 저지하기도 했다.[59][60]

　우리 헌정사를 보면 입법부가 독재 권력에 오랜 기간 대항하면서 그 수단과 방법에 있어서 폭력성을 어느 정도 용인 받은 어쩔 수 없었던 현실적인 문제가 있었다. 국회에 상정된 의안들이 상당수 위헌적인 내용을 갖고 있었고, 민주적인 의사절차가 제대로 이행되지 않고 소수의 의사가 묵살되는 상황에서 이른바 저항이 허용되었던 것이다. 그러다보니 위법한 의사절차와 날치기처리를 저지하기 위한 몸싸움, 본회의장과 상임위원회 회의실 점거 등 다양한 형태의 대응방법이 동원되었고, 이런 국회 소수당의 대응에 국민도 어느 정도 동의했다고 볼 수도 있었다. 그렇지만 이제 시대가 변하였다. 과거 오물투척까지 하면서 저항해야 했던 시기는 지났다. 국회는 민의의 전당이지만 민주주의를 실천하는 요람이다. 민주적 의사절차를 통하여 소수의 의사가 충분히 전개될 기회가 주어졌다면 표결절차를 통하여 의안이 처리되어야 한다.

---

59) 김희경, 앞의 책, 228면.
60) 한국 헌정사에서 이에 대한 실증적 사례로는 1995년 4월 집권 여당인 민자당(民自黨)이 지방자치법을 개정하려는 움직임을 보이자, 야당인 민주당의원들이 당시 국회의장인 황낙주 국회의장 공관에서 농성을 벌여 날치기 저지를 관철시켰다.

국회에서 여야가 대립하는 주요 안건마다 '강행처리'니 '결사저지'니 하는 용어가 난무 하는 것을 보면 국회 스스로가 의회민주주의를 파괴하는 자학적인 행동을 하고 있는 것 같아, 그 의식구조가 의심스럽지 아니할 수 없다.[61]

국회의사당 폭력 방지를 위해서는 단기적으로 (1) 국회의장「직권상정 제도」의 제한과「자동상정제」및 필리버스터(filibuster)제 등의 도입, 국회폭력의 징계 강화, 국회 윤리특별위원회 구성원을 외부에 개방하는 것이다. 장기적으로는 (2) 국회를 통법부로 여기는 대통령의 인식 변화와 현행 헌법상 제왕적 권력구조의 개선, 정치를 '전부 아니면 전무(All or Nothing)'라는 이분법적 사고의 탈피 등 정치문화 개선과 대화와 타협을 전제로 하는 다수결 원칙이 지켜지고 의회절차에 따른 결과에 승복하는 의회문화의 정착이 이루어져야한다. (3) 헌법재판소도 국회의 날치기 졸속입법 등으로 제기되는 권한쟁의심판 사건 등에 시시비비를 가리는 자세를 가져야 한다. (4) 대한민국 국회에서 의사당 날치기 폭력을 막을 수 있는 근본적인 방안은 정당정치의 회복이다. 앞서 국회 의사당 폭력의 원인에서 언급했듯이, 중앙당의 공천권 행사와 당론정치를 불식시킴으로서 국회를 정상화 시키고 국회폭력을 예방할 수 있다고 본다.

국회의사당 날치기 폭력 예방의 출발은 헌법기관인 각 국회의원이 스스로 당론정치에 구속되지 않는 자율성을 강화하고 자유투표(自由投票)를 관철하고자 하는 의지에 달렸다.

---

61) 김상겸, 앞의 논문, 2011, 11면.

아직도 칼 춤 추는 매카시즘

　매카시즘(McCarthyism)의 발원을 보면, 1950년 미국 공화당 상원의원 매카시(McCarthy)가 국무부 안에 205명의 공산주의자가 침투했다는 근거 없는 조작된 발언을 공개하고 미국 언론들이 '마녀사냥'식으로 대서특필함으로써 미국 정계를 비롯한 미국 사회 전체를 혼란의 도가니로 소용돌이치게 한 사건에서 비롯된다. 이 매카시즘은 '공산주의자' 또는 '공산주의 동조자'라는 낙인을 찍어서 일부 극우부류가 못마땅한 인사나 당파를 매도하고 박해하는 반민주적·반인권적 행위이다.

　한국 사회에서 매카시즘은 어떠한 모습으로 존재해 오는가? 한국 사회에서 매카시즘의 뿌리는 일제강점기 친일파의 생존술에서 찾을 수 있다. 1948년 정부수립 이후 이승만 정권과 친일세력들은 자신들의 생존을 위해 반민족행위자처벌법의 법제화를 주장하고 반민특위 활동에 적극적이던 노일환·김약수 등의 국회의원을 공산당의 주구(走狗)라고 몰아치고 '국회프락치사건'[1]을 조작하여 구속하는 매카시즘 수법을 동원하여 민족·민주세력들을 제거하였다.

　이승만은 강력한 정치적 라이벌이었던 조봉암을 제거하기 위해 매카시즘 수법을 동원하여 조봉암과 진보당 간부들에게 간첩혐의를 들씌우고 진보당의 평화통일 주장을 문제 삼아 구속하고 진보당 등록을 취소했다. 매카시즘의 광풍은 여기에 그치지 않고 '진보당 사건'의 1심 재판장인 유병진 판사가 간첩혐의는 무죄로 하고, 조봉암 등에게 징역 5년을 선고하자 판결 후 법원 청사에 반공청년을 자처하는 수 백 명의 젊은이들이 난입하여 법정을 난장판으로 만들었고, "친공 판사 유병진을 타도하라"는 등의 구호를 외쳤다. 자유당은 친공판사 규탄대책위원회를 만들어 깡패와 검찰을 후원하기도 하는 등 자신들의 입맛에 맞지 않는 판결을 내렸다고 용공판사로 공격하는 매카시즘의 불놀이를 조장하였다.

---

1)　국회 프락치 사건에 대한 자세한 내용은 김정기, 『국회 프락치사건의 재발견(Ⅰ)(Ⅱ)』, 한울아카데미(2008) 참조.

5·16쿠데타로 집권한 박정희 정권은 혁명(?)공약으로 '반공을 국시(國是)의 제1'로 내세웠다. 그러한 가운데 4·19 직후 혁신계의 논리를 대변하던 대표적 신문이었던 민족일보 조용수 사장은 신문사 설립당시부터 서북청년단 출신 보수정치인으로부터 조총련과 연계되었다는 근거없는 의심을 받았고 그러한 의심으로 5·16쿠데타 세력에 의한 매카시즘의 희생물이 되었다.[2]

10·26이후 전두환 신군부는 자신들의 집권을 용이하게 하기 위해 「김대중 내란음모사건」[3]을 날조하였고, 88올림픽을 앞두고서는 국회에서 '대한민국의 국시(國是)가 반공이 아니라 통일'이라고 발언했던 유성환 의원을 구속하는 등 매카시즘의 선풍을 불러일으켰다.

1987년 6·10시민항쟁 이후에도 매카시즘은 여전히 질긴 생명력을 이어가며 우리 사회에 똬리를 틀었다. 1989년 문익환목사 방북사건 등으로 시작된 공안한파와 1992년 김일성 사망을 계기로 빚어진 조문파동, 1998년 수구언론사의 대통령자문 정책기획위원장이던 최장집교수의 논문을 시비 걸어 시대착오적인 사상검증으로 냉전유령을 되살리려는 매카시즘은 칼춤을 추며 계속 이어져 왔다.

미국에서의 매카시즘은 1950년대 초 1회성 광풍으로 끝났지만, 한국 사회에서 매카시즘은 이승만 정권에서 현재까지 남북분단과 대결이라는 특수상황을 이용하여 민주적 정당성이 결여된 쿠데타세력들의 정권장악과 군사독재정권의 집권 연장을 위한 선거를 앞두거나, 정권위기를 돌파하기 위한 국면전환과 수구기득권 세력의 입지가 위태로워질 때마다 주기적이며 지속적으로 악용되어져 왔다는 점이 다르다. 또한 1989년 디제이(DJ)정권을 기점으로 이전에는 공안기관을 중심으로 한 「권력에 의한 매카시즘」에서 '안보상업주의'와 야합한 일부 언론 등 「사회세력에 의한 매카시즘」으로 전환되어 이어져 오고 있다는 점이다.

특히, 2004년 의문사진상규명위원회의 '전향공작'으로 숨진 비전향 장기수에 대한 '의문사 인정'결정을 두고서 일부 보수언론들이 조장한 '남파 간첩을 민주투사로 결정'했다는 색깔공세와 여론몰이식 매카시즘은 위원회 결정의 본래 취지를 심각하게 왜곡하여 국민들에게 전달하여 과거청산과 국민화합이라는 본래 목적을 크게 훼손하였다.

여기서 우리가 주목해야 할 것은 과거의 DJ시대와도 사회 분위기가 달라졌다는 점이다. 국민은 매카시즘적 용공낙인 소동에 겁내고 피하지 않으며 또 예전처럼 왕창 속지는 않는다. 누가 왜 그런 짓을 하는가를 냉정하게 바라보고 있다.

---

2) 민족일보 조용수사건의 자세한 법률적 분석은 한상범·이철호, 『법은 어떻게 독재의 도구가 되었나』, 삼인(2012), 169-193면 참조.

3) 이문영 외, 『김대중 내란음모의 진실』, 문이당(2000) 참조.

매카시즘이란 우민정책은 결코 자유민주주의가 아니다. 그 용공몰이가 자유민주를 오히려 가장 훼손하는 주범임을 스스로 자백하고 있는 추태를 본다. 우리는 이런 것을 방관만 하고 있을 것인가?

의문사와 국가폭력
-의문사 진상규명위원회의 위상과 논란-

1. 의문사위원회의 설치와 운영

　　의문사진상규명위원회(이하 '의문사위'라 한다)는 군사독재정권 아래서 국가폭력에 의해 희생된 의문사 유가족들이 422일에 걸친 엄동설한에도 불구하고 국회 앞 천막농성을 통하여 개혁입법의 하나로 제정된 '의문사 진상 규명에 관한 특별법'에 의해 탄생한 기구이다. 의문사위의 활동이 정부의 다른 어떤 특별기구보다 국민의 기대와 주목을 받고 있는 이유는 의문사특별법과 의문사위의 발족이 유가족과 민주화 운동세력의 희생과 투쟁을 통한 '아래로부터의 성과물'이라는데 있다.

　　의문사위의 활동은 과거 권위적인 국가권력이 휘두른 무소불위의 국가폭력에 희생된 억울한 죽음의 진상규명과 죽은 이들의 명예회복과 숨겨진 역사의 진실을 밝혀내 과거를 청산하고 뒤틀린 역사를 바로 세우기 위한 작업이다. 의문사위의 조사활동은 의문사 유가족들의 정당한 의혹해소 요구를 국가가 수용하여 피해자의 입장에서 과거의 국가기관과 관련된 사건을 재조사함으로써, 지배하고 군림하는 국가가 아니라 국민의 인권을 보호하고 국민의 요구에 봉사하는 정부 본연의 인권옹호와 과거청산 노력의 선언적 계기가 되었다.

　　의문사위는 대통령에 소속된 기관이지만 위원회의 위원은 외부의 어떠한 제지나 간섭도 받지 아니하고 독립하여 그 직무를 수행한다. 이는 의문사위가 조직상 대통령에 소속되었다는 의미이지, 업무와 신분에 관련해서는 대통령도 간섭할 수 없다는 실질적인 업무상 독립기관이라고 보아야 한다. 이러한 업무와 신분상의 독립성을 보장하기 위해 위원 임명시 위원 개개인에 대하여 국민의 대표기관인 국회의 동의를 받도록 하고 있다. 또한, 의문사위는 다루는 직무의 성격상 직무처리에 신중성과 공정성이 더욱 요구되기 때문에 위원장과 위원의 합의에 운영하는 합의제기관이다. 위원회의 결정은 재판과 같이 위원이 독립심판관으로서 각자 개인의 판단과 책임에 따라 하는 것으로 준사법적(準司法的) 성격을 가지고 있다.

2. 의문사위 활동에 대한 '수구 반개혁 세력'의 방해

2기 의문사위의 조사활동이 지난 6월 30일로 종료되었다. 3기 의문사위의 재출범을 놓고서 위원회의 활동이 계속되어야 한다는 주장과 편향(?)된 위원들이 계속 위원으로 활동하는 한 위원회를 폐지시켜야 한다는 주장 등 사회적으로 논란이 일고 있다.

의문사위가 활동하는 동안 진상규명을 반대하는 수구세력들은 위원회가 초헌법적 기구로서 3권분립의 원칙을 훼손하고, 특정 성향의 인사들이 위원회에 편중되어 있어 국민화합을 깨뜨리고 있다고 주장하며, 헌법소원이나 명예훼손 등 각종 소송으로 위원회 활동을 조직적으로 방해해 왔다. 특히 국정원·기무사 등은 의문사위활동의 한시성(限時性)을 이용하여 관련 자료의 제출을 지연시키는 등 자료협조와 실지조사 거부로 일관했다.

의문사위의 조사에 대하여 특정한 기관(또는 그 전신기관)이나 개인이 명예를 훼손당하는 것으로 받아들여서는 안 된다. 오히려 의문사위의 조사활동에 적극 협조하는 것은 결과적으로 과거의 잘못된 관행으로부터 단절할 수 있는 좋은 기회이고, 그 국가기관 및 구성원이 일반 국민들로부터 받고 있는 부정적인 인식으로부터 벗어날 수 있는 기회가 될 것이란 점을 강조해 둔다.

노무현 대통령이 8·15광복절 경축사에서 "국가기관들의 과거 인권침해와 불법행위 진상을 규명하는데 용기 있게 진실을 밝혀야 한다"고 언급 뒤 국정원과 국방부 등이 여러 의혹사건에 대하여 자체 조사를 시작하는 한편 외부 기관의 진상규명 조사에 적극적으로 협조하기로 한 것은 늦었지만 그나마 다행이라고 본다.

3. 의문사위의 비전향장기수에 대한 '의문사' 결정과 관견(管見)

의문사위는 2004년 7월 1일 1970년대 사상전향공작과정에서 강제전향을 거부하다가 옥사한 비전향 장기수 3인에 대하여 의문사 결정을 내렸다.

의문사위는 비전향 장기수 3인은 사상전향공작에 목숨을 걸고 저항했고, 이런 항거는 사상전향제도와 이를 대체한 준법서약제도의 폐지를 가져왔으며, 이러한 제도의 폐지는 인간의 기본권(사상·양심의 자유)을 보장하고 신장시키는데 기여했다는 점에서 의문사 결정을 한 것이다.

의문사특별법과 '민주화운동 관련자 명예회복 및 보상 등에 관한 법률' 제2조는 민주화운동을 '권위주의적 통치에 항거해 민주헌정질서 확립에 기여하고, 국민의 자유와 권리를 회복·신장시킨 활동'으로 규정하고 있다.

법이 예정한 민주화 운동은 자유민주적 기본질서를 문란케 하는 통치행위에 항거하는 저항권의 발로로 볼 수 있고, 여기서 말하는 '항거'에는 적극적 항거뿐만 아니라 국민의 기본권 보장을 침해하는 것에 소극적으로 불복종하고 부작위에 의해 저항하는 것도 포함시켜야 할 것이다.

사상전향제도는 사회주의 또는 공산주의 사상을 갖고 있는 것으로 규정된 수형자로 하여금 기존에 갖고 있던 사상을 포기하고 대한민국의 정체를 적극적으로 수용·지지할 것을 '전향서'라는 문서로 공식화하도록 선언하는 제도이다. 이 제도는 1969년부터 법무부 훈령에 의하여 좌익 재소자를 각종 처우에서 제외하고, 독거수용을 원칙으로 운영되다가 1972년 유신이후 전향공작전담반을 통하여 고문, 구타 등의 폭력적인 방식으로 운용되어 왔다.

인권은 역사적으로 자신의 존엄성과 권리를 찾고 지키기 위하여 투쟁하는 과정에서 발전해 왔지, 타인을 위하고 민주화에 기여하기 위해 의식적으로 의도된 과정에서 발전한 것은 아니다.

의문사위는 폭행과 고문 등 살인적인 강제전향강요공작에 대하여 생명을 걸고 전향거부 및 단식투쟁을 권위주의적인 통치에 항거행위로 평가한 것이다.

의문사위의 '전향공작'으로 숨진 비전향 장기수에 대한 '의문사 인정'결정을 두고서 일부 보수언론들이 조장한 '남파 간첩을 민주투사로 결정'했다는 색깔공세와 여론 몰이식 매카시즘은 위원회 결정의 본래 취지를 심각하게 왜곡하여 국민들에게 전달함으로써 과거청산과 국민화합이라는 본래 목적을 크게 훼손하였다.

의문사위의 결정은 비록 전력이 간첩이나 빨치산출신일지라도 인간의 존엄성과 자신의 기본권을 지키기 위해 온 몸으로 저항 – 그 저항이 의식적이던, 무의식적이던 – 한 결과 전향제도의 폐지를 가져오게 하였고 그러한 일련의 과정이 민주화의 진전에 기여한 것으로 평가한 것이다. 이는 비로소 우리 사회가 「인간의 눈」으로 인권 문제를 제자리에서 정자세로 제대로 보기 시작했다는 것을 의미한다. 또한, 의문사위의 결정은 정부수립 이후 그 동안 적어도 우리와 다른 생각을 가진 집단 특히, 간첩에 대해 고문을 비롯한 국가폭력을 행사해도 상관없고, 당연히 고문을 가해야 한다는 국민들의 머리속에 부지불식간에 인식된 사고에 일대 전환을 가져온 것이라고 평가한다.

4. 과거청산과 의문사위원회의 방향

30여 년에 걸쳐 군사독재정권이 저지른 국가폭력에 대한 과거청산작업을 군부독재세력과 연관이 있거나 그 추종기득권세력들은 '국민화합'과 '공소시효 법리' 등을 거론하며 과거청산 활동에 사사건건 시비를 걸며 방해를 해오고 있다.

　우리 사회가 의문사위 등을 비롯한 과거청산 활동을 하는 이유는 과거의 아픔과 치유를 통하여 민주발전과 국민화합을 이루고자 하는 것이다. 수구세력들이 자신들의 방패막이로 내세우는 국민화합의 진정한 의미는 가해자들이 과거의 잘못을 진정으로 참회하고 진실규명에 협조함으로써 용서받고 화해의 길로 나아가는 것이다.

　과거청산은 과거 권위주의 독재정권의 인적・물적 청산을 동시에 하는 과정이다. 이 과정에서 당연히 과거 수구기득권세력의 반발과 저항 및 갈등이 있을 수밖에 없다. 갈등 없는 사회는 없다. 과거청산과정에서의 갈등은 우리 사회가 성숙되고 발전하기 위해서 반드시 거쳐야 하는 과정이다. 언제까지 군사독재정권의 패거리들과 그 추종세력들의 방해책동을 용인할 것인가? "먹으로 쓴 거짓말은 결코 피로 쓴 사실을 은폐하지 못하며, 빚이란 오래 미룰수록 더 많은 대가를 요구하게 된다"는 노신(魯迅)의 말을 기억할 필요가 있다.

　나라의 민족 정기를 바로 잡고 정의가 살아 숨쉬는 사회를 만들기 위해서 친일과 군부 독재의 인권유린 범죄는 반드시 청산되어야 한다.

　의문사진상규명활동은 군사독재정권 아래서 저질러진 국가폭력의 과거를 파헤쳐 진실을 규명하는 것으로 그치는 것이 아니다. 앞으로 다시는 그런 불행한 역사가 되풀이되지 않도록 하기 위한 작업이다.

　따라서, 과거청산작업으로서 의문사진상규명위원회의 활동은 계속되어야 한다. 의문사위가 과거청산이라는 역사적인 소임을 다할 수 있도록 국회는 하루속히 의문사특별법을 개정해야 한다.

'의문사특별법' 개정

제2기 의문사진상규명위원회의 조사활동이 2004년 6월 30일로 끝났다. 의문사위의 활동은 과거 권위적인 국가권력이 휘두른 무소불위의 국가폭력에 희생된 억울한 죽음의 진상규명과 죽은 이들의 명예회복 및 숨겨진 역사의 진실을 밝혀내 과거를 청산하고 뒤틀린 역사를 바로 세우는 작업이다.

조사권 강화없이 조사기한만 연장해 준 상태에서 2003년 7월 재출범한 2기 의문사위는 1기 위원회가 '기각' 또는 '진상불능'으로 결정한 44건의 사건에 대해 조사를 해왔다. 의문사 44건 중 24건에 대해 '진상규명불능' 결정을 내렸고, 11건에 대해서 의문사 인정을 하였다. 2기 의문사위는 의문사관련기관의 비협조 속에서도 장준하 사건의 경우 유족으로부터 입수한 사진으로 컴퓨터 시뮬레이션을 통하여 추락사가 아님을 밝혀냈다. 또한 보안사가 동료 사병들에게 돈이나 특별외박증 등으로 감시자 노릇을 시키는 '보안사 수법'과 녹화사업에 대학과 문교부가 적극 개입한 사실 등 새로운 성과도 많다. 30년 이상 지속된 군사독재정권이 지배하여 온 한국사회에서 정치적 목적으로 저질러진 각종 의문사의 진실을 밝히는 작업은 짧은 기간에 할 수 있는 결코 쉬운 일이 아니다.

1. 수구세력 조직적 방해

이 작업은 의문사위를 비롯하여 국회, 정부 등 모든 관련기관과 국민이 관심을 가지고 적극적으로 협조·협력할 때 해결 가능하다. 그러나 현실은 위원회가 활동하는 동안 진상규명을 반대하는 세력들은 위원회가 초헌법적기구로서 3권분립의 원칙을 훼손하고, 특정 성향의 인사들이 위원회에 편중되어 있어 국민화합을 깨뜨리고 있다고 주장하며 헌법소원이나 명예훼손 등 각종 소송으로 위원회 활동을 조직적으로 방해해왔다. 특히 국정원·기무사 등은 위원회활동의 한시성을 이용하여 관련 자료의 제출을 지연시키는 등 자료협조와 실지조사 거부로 일관하였다. 이는 의문사특별법의 입법과정에서 국가폭력을 자행한 공권력을 상대로 진상규명할 수 있는 수사권 등 필수적 권한을 수구세력의 반발에 의해 다 빼버린 탓이다.

'장준하 선생 사건'에서 보듯, 의문사 사건에 연관됐을 혐의가 짙은 국가기관과 개인이 의문사위원회의 조사활동에 협조하지 않는 상황에서 위원회의 진상규명에 대한 성과를 기대하기는 힘들다. 의문사위의 노력에도 불구하고 아직도 많은 의문사 사건의 진실이 규명되지 못하였다. 권한 미약으로 밝혀내지 못한 진실규명의 목적을 달성할 수 있도록 '의문사특별법'의 개정이 시급하다.

2. 조사권한 대폭 강화

첫째, 오래 전에 발생한 의문사사건의 현장과 관련기록이나 자료가 충분하지 않다는 점을 고려할 때 충분한 조사가 이루어질 수 있도록 조사기한을 연장해야 한다.

둘째, 조사대상 기관에서 자료 제출을 거부할 경우 위원회가 법원에 압수수색 영장을 청구할 수 있는 권한, 위원회의 출석요구에 특별한 이유 없이 응하지 않을 경우 구인영장을 청구할 수 있도록 하는 등 조사권한이 강화되어야 한다.

셋째, 의문사사건의 진상규명에 협조하지 않는 사람, 위증 및 허위 진술로 활동을 방해하는 사람, 자료 제출을 거부하는 사람 등에 대하여 징역형까지 가능하도록 처벌조항이 강화되어야 한다.

넷째, 의문사의 개념을 '부당한 공권력의 직·간접적인 행사에 의해 사망했다고 의심할 만하고, 사인이 밝혀지지 않은 죽음'으로 확대하여 공권력에 의한 사망은 확실하나, 민주화 운동 관련성을 밝혀내지 못하여 기각 또는 방치된 의문사 사건에 대하여 폭넓은 재조사가 이루어지도록 해야 한다.

의문사는 단순히 지나간 과거의 문제가 아니다. 의문사진상규명활동은 권위주의 군사독재 정권 아래서 저질러진 국가폭력의 과거를 파헤쳐 진실을 규명하는 것으로 그치는 것이 아니다. 앞으로 다시는 그러한 불행한 역사가 되풀이되지 않도록 하기 위한 '인권옹호 작업'이다.

17대 국회는 의문사위가 역사적인 소임을 다할 수 있도록 활동시한 연장과 실질적인 권한 강화로 의문사특별법을 개정하여 과거 청산작업이 두 번 다시 실패하지 않도록 해야 한다.

5부

헌법정신과 친일청산

헌법정신과 친일진상규명법의 개정 방향

　제16대 국회 마지막 본회의에서 통과되었던 친일진상규명특별법의 제정 의의는 1949년 반민특위 해체 이후 중단됐던 친일역사 청산의 전기를 마련하였다는 점과 그 동안 민간 차원에서 이루어진 친일청산 작업이 정부 주도 아래 공식화되었다는 점에서 그 의의를 찾을 수 있다. 친일진상규명특별법이 열린우리당 김희선 의원의 분투와 친일청산을 바라는 국민들의 여론에 힘입어 어렵게 국회를 통과하여 시행을 앞두고 있지만, 법률이 시행되기도 전에 개정을 논의하는 이유는 '보수 기득권 세력'들이 법안 발의 때부터 집요하게 법안 통과를 반대하고 심지어 '색깔론'까지 들고 나와 법안 원안의 중요 내용이 삭제되거나 축소되었으며, 친일진상규명 작업을 방해하기 위한 조항들이 신설되기 때문이다. 이것은 특별법이 반민족행위자들에게 오히려 면죄부를 주는 것이 아닌가 하는 우려를 낳고 있다. 특별법안은 법제사법위원회의 심의 과정을 거치면서 특별법 제정의 본래 정신을 침해할 정도로 심각하게 변질·왜곡돼 있어 실제로는 진상규명이 불가능할 정도로 많은 문제점을 가지고 있다. 간단히 몇 가지만 지적하면, 첫째 조사 대상의 축소와 제한 문제이다. 이는 국회 법사위가 법안의 조항에 '전국적 차원에서'라는 문구를 집어넣어, 지방에서 적극적으로 친일행위를 하여 일제 강점하 민족정신을 오염시킨 친일 문화예술인과 지식인, 언론인 등 대다수의 친일세력들이 조사대상에서 제외되는 결과를 낳게 한다. 둘째, '친일반민족행위진상규명위원회'의 권한 미약으로 인한 조사활동의 제약이다. 셋째 친일 진상 규명 대상자의 보호를 강화한다는 이유로 친일 진상 규명과 관련된 국민의 알권리와 언론출판의 자유를 침해할 수 있는 위헌적 조항의 존재이다. 넷째 친일반민족행위진상규명위의 활동기간도 5년에서 3년으로 단축되었다. 국회에 제출된 원안의 5년도 그리 긴 기간이 아니다. 몇년 전의 사건을 다루는 것도 아니고, 수십년 전의 사안을 다루는 일이므로 많은 시간이 소요될 것은 분명한데도, 단축한 것은 문제가 있다. 이 법안을 반대한 세력들이 주장하는 것처럼, 졸속활동을 방지하기 위해서도 위원회의 활동기간을 늘려야 한다. 다섯째 친일반민족행위진상규명위의 위원 9명 모두를 비상임으로 규정한 것도 문제이다. 위원회 위원의 비상임화는 위원회 운영의 부실과 친일 진상 규명의 부실조사 및 책임소재 불명을 가져올 수 있다. 이는 위원회의 위상을 격하시키는 것이며 궁극적으로는 친일청산을 무력화시키는 고사작전으로 밖에 볼 수 없다. 따라서, 위원 중 위원장을 포함하여 최소 3인의 상임위원으로 운영해야 한다고 본다. 17대 국회개원 초 시급하게 다루어져야 할 친일진상규명특별법의 개정방향은 국회에 제출되었던 법안 원안대로 다시 개정하는 것이 올바른 방향이라고 본다. 아울러 특별법의 개정과정에서 추가되어야 할 사항으로, 친일청산이라는 민족사의 중차대한 일을 처리하는 위원회에 그에 상응하는 권한과 조사 대상자들의 비협조에 대한 처벌규정이 추가되어야 한다. 그 동안 과거청산을 위해 탄생한 각종 정부 위원회 특히, 의문사진상규명위원회 같은 경우 권한의 미약과 정부 관련부처의 비협조로 조사활동에 제약을 받는 것을 보고 있지 않은가. 또한, 위원회에서 친일인물로 판정된 인물에 대한 훈장의 박탈 및 그 인물에 대한 기념관 등의 건립을 금지하는 조항이 추가되어야 한다. 아울러, 한발 더 나아가 친일파의 재산에 대한 국고환수 문제까지 포함해야 한다. 왜냐하면 민족반역행위인 친일의 대가로 취득한 재산은 법의 보호대상이 될 수 없기 때문이다.

Ⅰ. 헌법정신과 친일파 재산 보호의 문제

이재극은 왕실의 종친으로서 1905년 을사조약 체결시 궁내 동정을 친일파에 제공하는 등 조약체결에 협조한 인물로 일본 천황으로부터 남작 작위와 매국공채2만5천원을 받았고 1919년에는 이왕직장관에 임명된 대표적인 친일 인물이다.

2003년 4월 25일 서울고등법원 민사20부는 친일파 이재극의 손자며느리가 "시조부인 이씨로부터 물려받은 부동산을 돌려 달라"며 국가를 상대로 낸 소유권확인청구소송 항소심에서 "친일파라 해서 재판을 받지 못하게 한 1심판결은 부당"하고 "헌법과 법률에 규정한 사유 이외에 '민족감정''국민정서' '정의' 등 추상적 사유로 특정 범주의 사람들이 청구하는 특정 범주의 재판을 거부하는 것은 헌법에 의해 모든 국민에게 보장된 재판청구권을 박탈하는 것"이라고 판결하였다.

서울고법의 항소심재판부는 1심 재판부가 민족감정, 정의 등 추상적 사유로 특정범주의 재판을 거부하는 것은 헌법에 의해 보장된 재판청구권을 박탈했다고 보고있다. 그러나 항소심재판부는 헌법정신과 헌법전문의 법적 성격을 간과하고 있다. 헌법전문은 헌법본문과 함께 헌법전의 일부를 구성하고 있으며 헌법규범 중에서 가장 근본적이고 최상위의 규범이라고 보는 것이 우리 헌법학계의 통설이다. 헌법전문은 최고규범으로서 헌법본문을 포함한 모든 법령에 우월하며, 헌법본문을 포함하여 모든 법령의 해석기준이 되므로 재판과정에서 직접 원용될 수 있는 재판규범이다.

헌법 전문은 "…3・1운동으로 건립된 대한민국 임시정부의…법통을 계승하고"라고 명시하고 있다. 현행 헌법정신은 임시정부의 건국정신인 '건국강령'을 실천하여 민족정기와 사회기강을 바로 세우는 것이다.

1심 재판부는 원래 재판청구권을 침해한 것이 아니다. 그것은 이재극 손자며느리의 재판청구권을 보장하는 것보다 헌법정신에 입각하여 민족반역친일행위의 대가로 취득한 재산의 보호를 법에 구한 소유권확인청구소송은 법원심판의 가치조차 없다고 판단한 것이다.

정당하게 획득한 사유재산은 마땅히 보호되어야 한다. 그러나 헌법상 사유재산제도가 보장된다고 해서 부정과 불법에 의한 재산도 무한정 보장한다고 해석하는 것은 정의에 어긋나는 것이다. 불법으로 취득한 재산은 장물로서 법의 보호 대상이 될 수 없다. 현행 법체계도 불법과 부정한 방법으로 취득한 재산은 '몰수'제도와 '추징금'제도의 시행으로 정의를 실현하고 있다.

아무리 사유재산이라 할지라도 민족반역 행위인 친일의 대가로 취득한 재산은 그자체가 부정하고 불법이므로 장물일 수밖에 없고 부당이득이어서 법의 보호 대상이 될 수 없다. 사유재산보호법리나 시효의 법리는 정상적인 사회에서 정당하게 취득한 재산을 보호하는 법리이지, 불법과 부정을 정당화하는 법리가 아니다.

친일파와 그 후손은 시효제도와 소급입법금지를 들먹거리며 친일의 행적을 은폐・왜곡하며, 역사의 수레바퀴를 거스르려 하고 있다. 2001년 1월16일 서울지법 제14민사부의 판결은 그 동안 친일파의 불법적인 재산을 보호해 주던 사유재산보호이론의 형식적 논리의 법리를 극복하고, 헌법정신에 기초하여 나라를 팔아먹은 대가로 불법적으로 취득한 재산은 보호하지 않는다는 판결로써 우리 사법사에 길이 남을 판결로 그 의미가 매우 중요하다.

우리 사회에서는 친일민족반역자에 대해 민족의 이름으로 심판다운 심판을 해보지 못했다. 이러다 보니 친일인물의 후손이 형식적 법 논리를 앞세워 민족반역으로 얻은 재산을 되찾겠다고 하는 후안무치가 통하는 사회가 되고 말았다. 지금도 늦지 않았다. 이번 판결을 계기로 '친일매국재산 국고환수운동'을 전개해야 한다. 아울러, '민족정통성 회복을 위한 특별법'제정운동도 전개해야한다. 하늘이 무너져도 '민족정기'와 '정의'는 바로 세워야한다.

Ⅱ. 친일재산환수특별법을 제정해야 하는 이유

을사오적 이근택의 친형이자 일제로부터 남작 작위를 받은 친일파인 이근호의 손자가 조부의 땅을 되찾겠다고 지방자치단체들을 상대로 소송을 낸 사실이 최근 밝혀졌다. 친일파 후손들의 '조상땅 찾기' 소송은 이번 일만이 아니다. 이완용 후손의 소송에 이어 송병준 후손과 이

재극의 손자며느리가 조상 땅을 반환해 달라는 소송을 진행하여 땅을 찾아간 사례도 있고, 재판이 진행중인 경우도 있다.

정부수립 뒤 오늘에 이르기까지 민족을 팔고 나라를 판 친일 인물들을 법적으로 처단하지 못하고 친일인물들이 오히려 법의 이름으로 보호받게 되는 결과를 가져오고 말았다. 많은 문제점을 안고 있지만 '친일진상규명특별법'의 제정으로 친일 민족반역자를 역사법정에서 심판할 수 있는 인적 청산의 토대는 이제 마련됐다. 그러나 물적 토대를 이루고 있는 친일재산의 문제는 아직 손도 대지 못하고 있다. 따라서 친일진상규명특별법의 개정과 아울러 가칭 '친일재산환수특별법'의 제정이 시급하다.

친일파 후손들은 헌법상의 재산권과 소급입법 금지원칙 등을 자신들의 방패막이로 악용하고 있다. 친일세력들이 자신들의 보호막으로 내세우는 법리들은 정상적인 사회상태에서 적용되는 법원칙으로 친일반민족행위 등에는 적용될 수 없다.

첫째, 매국의 대가로 형성·취득한 친일재산이 헌법상 재산권의 객체로서 보호할 가치가 있는가 하는 점이다. 헌법 전문은 "대한민국 임시정부의…법통을 계승하고"라고 명시하고 있다. 현행 헌법 전문의 '상해임시정부 법통 계승'의 명문화는 일제 식민지배에 협력한 친일세력과 지배수단이 된 법체계를 부정하고 임시정부의 건국정신과 이념을 계승한다는 것이다. 특히, 임시정부 건국정신의 토대가 된 '대한민국 건국강령'은 건국 후 식민시대의 인적·물적 청산의 기본원칙을 규정하였다. 따라서 1948년 제헌헌법의 재산권 규정에 친일의 대가로 취득한 반민족행위자의 친일재산은 포함되지 않는 것이다. 아울러 현행 헌법상의 재산권 규정에서 보호되는 재산권 속에도 반민족행위자의 재산권은 포함되지 않는다.

둘째, 친일재산환수특별법 제정이 '소급 입법'에 해당하는가 여부다. 현행 헌법 제13조 제2항은 소급입법에 의한 참정권과 재산권 박탈을 금지하고 있다. '실정법 지상주의자'들은 헌법의 소급입법 금지원칙을 깰 경우 법적 안정성을 흔들어 사회불안을 조성할 수 있고 국민화합을 해칠 수 있다는 이유를 들어 친일재산 환수를 위한 특별법 제정을 꺼려한다. 그러나 반민족행위로 취득·형성된 친일재산 환수문제는 단순히 형식논리적인 법리로 다룰 수 있는 성질의 사안이 아니다. 반민족행위의 대가로 취득·형성한 재산의 보호에 정상적인 사회상태의 법률질서의 적용을 요구하는 것은 헌법정신과 국민들의 정의관념에 반하는 것이다.

현행 헌법 제23조 제2항은 재산권 행사의 사회적 의무성을 규정하고 있다. 재산권 행사의 사회적 의무는 재산권의 악용 또는 남용으로 인한 사회공동체 질서의 파괴를 방지하고 사회정의를 구현하고자 하는 것이다. 매국의 대가로 취득·형성한 재산은 정당한 방법으로 취득한 사유재산이 될 수 없다. 따라서 친일재산의 재산권을 주장하고 행사하는 것은 재산권의 남용으로 사회공동체 질서를 파괴하는 것이다.

'친일재산환수특별법' 제정은 친일 후손들의 재산권 보장이라는 법적 안정성을 물리치고도 남을 만큼 월등히 중대한 공익, 요컨대 민족정기의 회복과 사회정의 실현을 추구하고 있다고 본다. 따라서 친일재산환수특별법 제정이 현행 헌법이 금지하고 있는 소급입법에 의한 재산권 박탈 금지조항에 위배되지 않는 것이다. 늦은 감이 없지 않으나 이제라도 친일재산환수특별법을 제정하여 '민족정기'와 '사회정의'를 바로 세워야 할 것이다.

Ⅲ. 상해 임시정부의 법통과 친일재산 환수법 제정

최근 1965년 한·일협정이 체결된 지 40년 만에 한·일협정 문서의 일부가 공개됐다. 한·일협정 체결은 5·16쿠데타로 헌정을 유린하고 집권한 박정희 정권의 취약한 정통성을 경제개발로 보충하기 위한 방편이었고, 일제강점하 강제징용·징병 피해자들의 개인청구권을 희생시켰다. 한·일협정 문서의 일부 공개로 일제에 강제로 끌려가 징용·징병 등에 동원된 국내 피해자 및 유족들의 보상 요구가 쏟아지고 있다. 또 한·일협정에 대한 개정 또는 재협상의 요구가 거론되고 있다.

반대로 사회 일각에서는 친일파 후손들의 재산반환소송이 잇따르고 있다. 한·일협정 문서의 일부 공개로 인한 일제 강제 징용·징병 피해자 및 그 유족들의 보상 요구와 친일파 후손들의 재산반환소송 제기는 해방 이후 친일청산이라는 역사적 과제를 철저하게 수행하지 못한 데서 비롯된 문제이다.

민족문제연구소 백동현 박사의 연구에 의하면, 친일파 후손들의 재산반환 소송은 27건에 25만3천7백49평에 이르고 있다. 완결된 토지소송의 승소율도 절반을 넘어서고 있다. 땅찾기 소송의 문제는 한일합병 때 일제로부터 작위와 은사금(恩賜金)을 받은 '매국형(賣國型) 친일파'에 속하는 후손들에 의해 이루어지고 있다는 점이다. 사유재산권의 법리만을 앞세워 친일재산반환소송을 청구하는 친일파 후손들은 그것이 매국의 대가로 취득한 장물이라는 것을 잊고 있다. 장물은 민족정기 및 정의의 개념에 반하는 것이다.

1. 매국의 대가로 취득한 장물

후안무치한 소송을 막기 위해서라도 '친일재산환수특별법' 제정은 시급하다. 독립운동가의 후손들이 생활고에 허덕이며 어렵게 생활하고 있는 사이 친일 후손들이 친일 대가의 재산권을 행사하고 법원의 힘을 빌려 조상의 땅을 찾는 것을 용인하는 것은 민족정기와 사회정의의 실종이다.

2001년 친일파 이재극의 손자며느리가 국가를 상대로 낸 소유권 확인소송에서 서울지법 제14민사부가 "반민족행위자가 친일행위로 취득한 재산을 보호해 달라는 것은 현저히 정의에 반하는 것으로서 부적법하다"며 소를 각하한 것을 제외하고는 대다수 법원 판결은 친일파 후손들의 손을 들어줬다. 반민족적 범죄행위로 취득 형성한 친일재산을 단순히 소유권 보호라는 형식 논리적인 법리로 옹호하는 것은 실질적 정의를 유린하고 오히려 헌법 질서를 파괴하는 것이다.

우리 헌법은 대한민국 임시정부의 법통을 계승하고 있다. 임시정부 건국정신의 토대가 된 '대한민국 건국강령'은 건국 후 식민시대의 인적·물적 청산의 기본원칙을 규정하고 있다. 건국강령과 제헌헌법의 헌법 전문과 부칙 제101조는 친일 반민족행위를 범죄로 보고 있으며 '매국친일의 대가'로 취득 형성한 재산은 반민족행위의 범죄로 인한 '장물'에 불과하다. 제헌헌법을 비롯한 현행 헌법상의 사유재산 보호의 법리는 범죄로 인한 장물을 보호 대상으로 삼지 않는다. 따라서 반민족행위자의 재산까지 보호하는 것은 아니다.

또 친일재산환수특별법은 소급입법에 의한 재산권 침해가 아니다. 법치국가에서 소급입법은 개인의 신뢰 보호와 법적 안정성을 확보하기 위해 허용되지 않는 것이 원칙이다. 하지만 소급입법을 통해 달성하려는 공익이 매우 중대한 경우에는 예외적으로 소급입법이 가능하다.

2. 징용피해자 등 보상에 써야

제헌헌법 제정 후 현재까지 수차례 헌법을 개정했지만 48년 제헌헌법 부칙 제101조에 규정된 반민족행위자 처벌 정신은 반민법의 폐지로 소멸된 것이 아니다. 왜냐하면 그 동안 제헌헌법의 헌법정신을 부정하는 헌법이 제정된 일이 없기에 친일재산환수특별법의 제정도 가능하다. 이제라도 친일재산환수특별법 제정으로 친일인물들의 반민족적 범죄로 취득한 장물재산이 오히려 법의 이름으로 보호받는 모순을 바로잡아야 한다.

친일과 매국의 대가로 취득한 친일파의 재산을 환수하는 것은 민족정기를 바로 세우고 사회정의를 회복하는 첫걸음이다. 친일재산환수법을 제정해 매국의 대가로 형성한 친일재산을 몰수, 일제 강점하에 강제징용·징병 등으로 피해를 입은 이들의 보상기금으로 활용하는 방안을 마련해야 한다.

친일인사 서훈 취소 소송 관견(管見)

I. 문제의 제기

친일파와 그 후손들은 해방 후에 조국창설자라는 그럴싸한 옷으로 갈아입었고, 그들은 친일의 과거행적과 정체를 감추고 반공주의와 민주주의 수호자라는 그럴싸한 가면과 의복으로 우리 사회에서 원로·유지 또는 실력자로 군림해 왔다. 한편 국권을 되찾기 위해 풍찬노숙(風餐露宿)을 마다하지 않으며 자기희생을 무릅쓴 독립운동가의 후손들은 생활고에 허덕이며 하루하루 어렵게 생활해왔지만, 친일파의 후손들은 친일대가의 재산을 행사하고 떵떵거리면서 후안무치(厚顔無恥)한 얼굴로 유지행세를 하며 '조상 땅'을 찾는다는 명분으로 소송을 하였던 게 우리사회의 현실이었다.[1]

1993년만 하더라도 이완용, 송병준 등 친일파 후손들의 친일조상땅찾기 소송은 활화산 같은 국민들의 분노와 국회에서 '이완용 명의 토지재산 국고 환수 추진을 위한 공청회'와 시민단체들의 입법청원 등이 전개됨으로써 꼬리를 내렸지만, 일회성 국민여론으로 인해 친일파 후손들의 친일조상땅찾기 소송을 계속하였다.

시민단체와 국회의 노력으로 친일잔재 청산작업은 「친일반민족행위진상규명법」제정으로 이어졌다. 이 법에 근거하여 법적 정부기구로 「친일반민족행위진상규명위원회」가 구성되었으며, 이 위원회는 2009년까지 1005명의 친일 반민족행위자 명단을 확정했다.

역사상 식민지배를 겪었던 많은 나라들은 식민지배 상태를 극복하고 해방을 쟁취한 후 새롭게 건설한 국가공동체의 정당성을 회복하고 사회정의를 세우기 위하여 기존 식민지배에 복무했던 세력들을 강력히 단죄하는 작업을 해 왔다. 이에 반해, 우리의 경우에는 반민법에 의해 재판을 받은 사건의 수도 미미할 뿐 아니라 이미 선고된 판결들의 효력도 모두 상실되는 등 일

---

1) 이철호, 일제잔재 청산에는 시효 없다, 동대신문, 1997년 8월 25일, 3면 참조.

제 과거사 청산 작업들이 실효적으로 이루어지지 못한 측면들이 있었다. 종래의 일제 과거사 청산의 작업들이 그 역사적 소임을 충분히 달성하지 못하였다는 사회적인 공감대가 형성됨에 따라 친일재산귀속법의 제정 필요성이 제기되었다. 그 결과 제17대 국회에서 169명의 여·야 의원이 2005. 2. 24. 일본 제국주의 식민통치에 적극적으로 협력하고 우리 민족을 탄압한 반민족행위자의 재산을 국가의 소유로 함으로써 정의를 구현하고 민족정기를 바로 세우기 위하여 친일재산귀속법의 초안을 발의하였고, 2005. 4. 19. 법제사법위원회의 심사 및 2005. 6. 17. 공청회 개최 등의 절차를 거쳐 2005. 12. 8. 친일재산귀속법이 재석의원 155명의 찬성으로 통과되었다. 그 후 친일재산귀속법은 2005. 12. 29. 공포되고 시행되었다.[2][3]

정부는 1962년부터 일제강점에 저항하거나 독립운동 경력이 있는 이들에게 건국훈장(대한민국장, 대통령장, 독립장, 애국장, 애족장), 건국포장, 대통령 표창 등을 수여해왔다. 포상을 받은 이들은 보훈급여금, 교육·취업·의료 지원 등의 예우를 받는다. 대한민국 정부 수립 이후 대한민국 정부 수립 이후 2013년까지 독립유공자로 포상을 받은 분은 대한민국장 30, 대통령장 93명, 독립장 806명, 애국장 3,845명, 애족장 4,852명, 건국포장 1,036명, 대통령표창 2,507명 등 총 13,374명에 이른다.

국가보훈처가 2010년 장지연 〈황성신문〉 주필과 윤치영 초대 내무부 장관, 이종욱 전 동국대 이사장 등 〈친일인명사전〉에 등재된 19명의 독립유공자에 대한 서훈 취소를 결정한 것으로 확인됐다. 유족들이 '친일반민족행위 진상규명위원회'의 친일행위 결정에 대해 행정소송을 진행 중인 김성수 〈동아일보〉 창업주는 일단 제외됐다.[4] 국가보훈처가 서훈 취소 결정을 한

---

2) 법률 제7769호로 2005년 12월 29일 제정된 「친일반민족행위자 재산의 국가귀속에 관한 특별법」은 일본 제국주의 식민통치에 협력하고 우리 민족을 탄압한 반민족행위자가 축재한 재산을 국가에 귀속시키고 선의의 제3자를 보호하여 거래의 안전을 도모함으로써 정의를 구현하고 민족의 정기를 바로 세우며 일본제국주의에 저항한 3. 1운동의 헌법이념을 구현하려는 것을 목적으로 하고 있다. 동법이 제정된 이후 두 차례 개정되었다(2006. 9. 22/2011. 5. 19).

3) 친일재산의 성립과 친일재산 국가귀속 등에 관한 자세한 사항은 친일반민족행위자재산조사위원회 편, 『친일재산에서 역사를 배우다』, 리북(2010) 참조.

4) 우편향 논란을 빚고 있는 뉴라이트 성향의 고교 한국사 교과서(교학사)가 친일 반민족 행위자로 평가받는 〈동아일보〉 설립자 인촌 김성수를 항일 인사인 것처럼 미화한 것으로 드러났다. 또 대표적인 친일 문학가인 육당 최남선을 다루면서도 '잘한 점이 있다'는 '공과론'을 들고 나왔다. 이는 역사학계는 물론 친일반민족행위 진상규명위원회 및 법원의 판단과도 어긋나는 것으로, 심각한 역사 왜곡이라는 지적이 인다. 친일 인물로 판결난 동아일보 설립자 김성수를 항일인사로 미화하는 교학사판(版) 한국사 교과서는 우리사회가 그동안 친일잔재 청산을 위한 국가적·사회적 노력을 통해 규명된 사실관계와 전혀 부합하지 않는다. 법적 기구인 '친일반민족행위 진상규명위원회'는 2009년 김성수를 친일 반민족 행위자로 지목했다. 이에 김

친일인사 19명은 대부분 1920년대 독립운동을 했다가 중일전쟁이 시작된 1930년대 말부터 친일로 전향한 이들이다. 보훈처는 2010년 11월 23일 행정안전부에 '독립유공자 서훈 취소 요청'이란 제목의 공문을 보냈다. 공문은 〈친일인명사전〉에 등재된 19명의 서훈을 취소해 달라는 내용으로, 보훈처는 2010년 11월 11일과 15일 두 차례 독립유공자 서훈취소 심사위원회를 열어 이런 내용을 의결했다. 취소 결정이 난 19명 가운데는 친일규명위가 친일행위를 했다고 결정한 김응순 장로교 목사 등 5명도 포함됐다. 보훈처의 서훈 취소 결정은 국무회의 의결과 대통령 재가를 거쳐 확정된다. 보훈처는 1996년에도 친일행위가 드러난 박연서 목사, 서춘 〈매일신보〉 주필 등의 서훈을 박탈한 바 있으며, 이번 결정이 두 번째다.[5]

정부는 2010년 4월 5일 김황식 국무총리 주재로 열린 국무회의에서 장지연의 서훈취소를 의결했다. 이는 국가보훈처가 친일행적이 드러난 장지연 등 19명의 서훈 취소를 요청한 데 따른 후속 조처다. 이날 서훈이 취소된 사람은 장지연 외에 정부 수립 이후 초대 내무장관을 지낸 윤치영을 비롯해 김응순, 강영석, 김우현, 김홍량, 남천우, 박성행, 박영희, 유재기, 윤익선, 이동락, 이종욱, 이항발, 임용길, 차상명, 최준모, 최지화, 허영호 등이다.[6][7]

2010년 국가보훈처가 친일행적이 확인된 독립유공자 19명의 서훈을 취소하자, 그 중 7명의 후손이 2011년 행정법원에 서훈취소처분 취소·무효소송을 냈다. 일제강점기 친일행적이 발견돼 서훈이 취소된 독립유공자의 유족들이 낸 소송에서 하급심의 판단이 엇갈려 대법원의 최종 판단이 주목된다. 1심은 유족들 모두에게 승소판결했으나, 2심에서는 청구를 각하해 사실상 패소판결을 내렸다.

성수의 후손들이 진상규명위 결정을 취소해 달라며 제기한 소송에서 서울행정법원은 2011년 10월 진상규명위가 제시한 사실관계를 대부분 인정했다. 우선, 김성수의 친일 행위는 언론 기고만이 아니라 일제 고위직 역임 등에 걸쳐 폭넓게 이뤄졌다. 김성수는 1938년부터 1944년까지 일제에 의해 만들어진 '국민정신총동원조선연맹'과 '국민총력조선연맹'의 발기인·이사·참사·평의원 등으로 활동했다. 이 부분에 대해 법원은 "일본 제국주의의 강압으로 각 연맹에 이름만 등재했다고 보기는 어렵고, 활동 내역도 일본 제국주의의 식민통치 및 침략전쟁에 적극 협력한 것으로 봄이 상당하다"고 판단했다. 또 1943년 '대의에 죽을 때 황민됨의 책무는 크다'(〈매일신보〉) 등 법원이 인정한 김성수의 전쟁 참여 독려 기고와 강연만 해도 22건에 이른다. 법원은 "학병·지원병 또는 징병을 전국적 차원에서 주도적으로 선전 또는 선동한 것으로 봄이 상당하다"고 판단했다. 매일신보 대필설을 두고도 "인촌은 김병규에게 대필을 허락하고, 직접 글을 검토하는 과정을 거쳤기 때문에 인촌의 글로 봄이 상당하다"며 받아들이지 않았다. 해당 사건은 서울고법에 계류 중이다(한겨레신문, 2013년 9월 2일, 1-2면 참조).

5) 한겨레신문, 2010년 12월 10일, 1면.
6) 한겨레신문 2011년 4월 6일, 14면.
7) 서훈 취소가 결정된 주요 독립유공자들의 포상과 친일행위

II. 헌법상의 영전제도와 독립유공자 예우

1. 헌법상의 영전제도

(1) 헌법상 영전수여의 원칙과 상훈법

헌법 제80조는 "대통령은 법률이 정하는 바에 의하여 훈장 기타의 영전을 수여한다."고 규정하고 있고, 이에 따라 상훈법 및 같은 법 시행령은 훈장, 포장의 종류와 서훈의 기준, 절차 등에 관하여 규정하고 있다.

헌법이 대통령에 영전수여권(榮典授與權)을 부여한 것은 대통령이 국가원수의 지위를 갖기 때문인 것이라 하겠다.[8]

영전을 수여한다는 것은 신분제사회에서 귀족작위의 부여 등과 달리 특권이나 신분을 창설하기 위한 것이 아니며 국민평등원칙에 의하여 어떠한 특권부여도 인정되지 않는다. 영전은 이를 받은 자에게만 효력이 있다(헌법 제11조 제3항). 다만 부상은 같이 줄 수 있다(상훈법 제3조).[9]

서훈은 대한민국국민이나 우방국민으로서 대한민국에 뚜렷한 공적을 세운 자에게 수여하는 바(상훈법 제2조), 각 중앙행정기관의 장 등 서훈 추천권자가 각 부처 공적심사위원회의 심사를 거쳐 행정안전부에 서훈을 추천하면(상훈법 제5조), 국무회의의 심의를 거쳐 대통령이 서훈대상자를 결정하게 된다(상훈법 제7조).

이 름	대표경력	독립유공자 포상(년)	친일행위
장지연	〈황성신문〉 주필	건국훈장 독립장(1962)	식민통치 미화·옹호 글
윤치영	초대 내무부 장관	건국포장(1982)	전쟁찬양 글 기고, 조선임전보국단 평의원
이종욱	동국대 이사장, 조선불교 조계종 총무원장	건국훈장 독립장(1977)	전쟁헌금, 징병 적극 권유
김응순	장로교 목사	건국훈장 애국장(1993)	국민총력 조선예수교장로회 총회연맹 이사장
김홍량	일제강점기 황해도 도회의원	건국훈장 독립장(1962)	국방금품 헌납, 국민동원총진회 이사
윤익선	보성전문학교 교장	건국훈장 독립장(1962)	대동일진회 동학원 교장

* 출처 : 친일인명사전 및 한겨레신문 2012년 12월 10일 8면.

8) 김철수 외, 『주석헌법』, 법원사(1992), 433면.
9) 법제처, 『헌법주석서(III)』, 582면.

(2) 서훈의 원칙과 기준

대한민국 훈장(勳章) 및 포장(褒章)은 대한민국 국민이나 우방국 국민으로서 대한민국에 뚜렷한 공적(功績)을 세운 사람에게 수여한다(상훈법 제2조).

서훈의 기준은 서훈 대상자의 공적 내용, 그 공적이 국가와 사회에 미친 효과의 정도 및 지위, 그 밖의 사항을 고려하여 결정한다(상훈법 제3조). 동일한 공적에 대하여는 훈장 또는 포장을 거듭 수여하지 아니한다(상훈법 제4조).

(3) 서훈의 추천과 확정

서훈의 추천은 중앙행정기관의 장(대통령 직속기관 및 국무총리 직속기관의 장을 포함한다)[10], 국회사무총장, 법원행정처장, 헌법재판소사무처장 및 중앙선거관리위원회사무총장이

---

10) 「상훈법」제5조 제1항에 따른 "대통령직속기관"의 의미가 무엇인지를 판단하기 위하여 관련 법령의 규정을 살펴보면, 「정부조직법」제4조에서는 행정기관에는 그 소관사무의 범위에서 필요한 때에는 대통령령으로 정하는 바에 따라 시험연구기관·교육훈련기관·문화기관·의료기관·제조기관 및 "자문기관" 등의 "부속기관"을 둘 수 있도록 하고 있고, 「행정기관의 조직과 정원에 관한 통칙」제2조 제3호부터 제5호에서는 "부속기관"이란 행정권을 직접적인 행사를 임무로 하는 기관에 부속하여 그 기관을 지원하는 행정기관을, "자문기관"이란 부속기관 중 행정기관의 자문에 응하여 행정기관에 전문적인 의견을 제공하거나, 자문을 구하는 사항에 관하여 심의·조정·협의하는 등 행정기관의 의사결정에 도움을 주는 행정기관을, "소속기관"이란 중앙행정기관에 소속된 기관으로서, 특별지방행정기관과 부속기관을 각각 말한다고 하고 있습니다. 한편, 「지방자치법」제113조에 따르면, 지방자치단체는 그 소관 사무의 범위 안에서 필요하면 자치경찰기관, 소방기관, 교육훈련기관, 보건진료기관 및 시험연구기관 등을 "직속기관"으로 설치할 수 있도록 하고 있고, 같은 법 제116조의2에 따르면, 지방자치단체는 그 소관 사무의 범위에서 심의회·위원회 등의 "자문기관"을 설치·운영할 수 있도록 하고 있으며, 「지방자치단체의 행정기구와 정원기준 등에 관한 규정」제2조 제4호 및 제5호에서는 "소속기관"이란 "직속기관·사업소와 출장소"를 말한다고 하고 있고, "직속기관"이란 「지방자치법」제113조에 따른 직속기관으로 지방농촌진흥기구, 지방공무원교육훈련기관, 보건환경연구원, 보건소, 지방소방학교, 소방서와 공립의 대학·전문대학을 말한다고 하고 있습니다. 위 관련 규정에 따르면, 국가행정조직에 관한 법인 「정부조직법」과 관련 시행령에서는 "자문기관"은 부속기관의 하나로서 "소속기관"에 포함되는 것으로 규정하고 있을 뿐, "직속기관"의 정의나 범위에 대한 명시적인 규정은 두지 않고 있고, 지방행정조직에 관한 법인 「지방자치법」과 관련 시행령에서는 "자문기관"은 "소속기관"에는 포함되나, 소속기관 중의 하나인 "직속기관"에는 포함되지 않으며, 해당 "직속기관"은 자문기관을 제외한 집행권한이 있는 부속기관만을 포함하는 것으로 규정하고 있는바, 이러한 규정을 종합하면, "직속기관"이란 부속기관 중에서 집행권한이 있는 행정기관을 말하는 것으로서, "자문기관"은 원칙적으로 제외되는 것으로 보는 것이 타당하다 할 것입니다. 특히, 「상훈법」제5조제1항에서는 서훈의 추천을 중앙행정기관의 장(대통령직속기관 및 국무총리직속기관의 장을 포함한다), 국회사무총장, 법원행정처장, 헌법재판소사무처장 및 중앙선거관리위원회사무총장이 행하도록 함으로써, 해당 규정상의 서훈의 추천권은 「헌법」상의 조직구분에 따라 정부, 국회, 법원, 헌법재판소 및 선거관리위원회를 각각 대표할 수 있는 행정기관을 대별하여 인정하고 있는바, 해당 규정상의 대통령직속기관이란 대통령에 소속된 모든 부속기관의 각각을 말하는 것이 아니라, 중앙행정기관 또는 다른 대통령직속기관으로부터 독립된 기관으

한다(상훈법 제5조 제1항). ② 제1항에 규정된 추천권자의 소관에 속하지 아니하는 서훈의 추천은 행정안전부장관이 한다(상훈법 제5조 제2항). 서훈의 추천은 대통령령으로 정하는 바에 따라 공적심사를 거쳐야 한다(상훈법 제5조 제3항).11) 서훈 대상자는 국무회의의 심의를 거쳐 대통령이 결정한다(상훈법 제7조).12)

로서, 중앙행정기관에 준하는 정도의 성격을 가진 행정기관을 말하는 것으로 한정해서 보아야 할 것입니다. 이에 따라 「국가균형발전 특별법」, 「국가경쟁력강화위원회 규정」 및 「미래기획위원회 규정」 등을 살펴보면, 지역발전위원회, 국가경쟁력강화위원회, 미래기획위원회 등 위원회는 각 중앙행정기관의 장이 해당 위원회의 당연직 위원으로 참석하고, 각 부처에서 파견된 공무원 등으로 추진단 등을 구성함으로써 행정기관간 협의기구의 성격이 있는 조직으로서, 대통령실 소속 비서관이 해당 위원회의 간사위원이나 추진단의 단장으로 임명되어 실질적인 운영업무를 담당하고 있고, 해당 위원회의 운영경비가 법령 소관 중앙행정기관(지식경제부, 기획재정부 등)의 예산에서 대부분 집행되고 있습니다. 이러한 점에 비추어 볼 때, 위 위원회는 해당 법령 및 예산 소관 중앙행정기관이나 대통령직속기관 중의 하나인 대통령실로부터의 완전한 독립성이 인정된다고 보기 어렵고, 해당 위원회는 대통령의 자문에 응하기 위한 자문위원회로서, 직접적인 의사결정권한과 장기적인 정책집행권한이 있는 중앙행정기관에 준하는 정도의 성격을 가진 행정기관으로 보기도 어렵다 할 것입니다. 따라서 지역발전위원회, 국가경쟁력강화위원회, 미래기획위원회 등의 위원회는 법령 소관 중앙행정기관이나 대통령실을 통하거나 「상훈법」 제5조 제2항에 따라 행정안전부장관을 통하여 서훈을 추천하는 것은 별론으로 하더라도, 「상훈법」 제5조 제1항에 따른 대통령직속기관에는 해당되지 않아 직접적인 서훈 추천권은 인정되지 않는다 할 것입니다(지역발전위원회 등 대통령 소속 자문기관이 「상훈법」 제5조 제1항의 대통령직속기관에 해당하는지 여부(「상훈법」 제5조 제1항 등 관련)[법제처 09-0367, 2009.12.4, 행정안전부 상훈담당관]).

11) 상훈법 시행령 제2조(공적심사위원회 및 서훈의 추천) 서훈대상자의 추천을 심사하게 하기 위하여 법 제5조의 규정에 의한 추천권자의 소속하에 서훈공적심사위원회를 둔다(상훈법 시행령 제2조 제1항). 서훈공적심사위원회는 당해 기관의 장이 위촉하는 위원장 1인 및 5인이상 10인이내의 위원으로 구성한다(상훈법 시행령 제2조 제2항). 서훈의 추천은 공적심사위원회의 심사를 거쳐 서훈예정일 30일전에 공적조서를 첨부하여 행정안전부장관에게 제출(전자문서에 의한 제출을 포함한다)하여야 한다. 다만, 서훈대상자가 외국인인 경우에는 동서식에 의한 영문공적조서를 함께 첨부하여야한다(상훈법 시행령 제2조 제3항). ④법 제5조의 규정에 의한 다른 추천권자가 소속공무원이 아닌 자의 서훈을 추천함에는 그 공무원의 소속기관장의 동의를 얻어야 한다. 다만, 군인이 외국인인 경우에는 국방부장관 기타의 외국인은 외교통상부장관과 협의하여야 한다(상훈법 시행령 제2조 제4항). 서훈 추천권자 및 행정안전부장관은 서훈대상자의 공적심사를 위하여 필요한 경우에는 관계 법령에서 정하는 바에 따라 서훈대상자의 범죄경력, 그 밖에 필요한 정보의 제공을 해당 정보를 보유하는 기관의 장에게 요청할 수 있다(상훈법 시행령 제2조 제5항).

12) 헌법 제80조 및 상훈법령에 따른 서훈은 대통령의 권한으로서 행정자치부장관은 서훈에 관한 추천의 권한만을 가질 뿐이고, 나아가 대통령이 위와 같은 헌법과 상훈법의 규정에 따라 서훈대상자에게 훈장 기타의 영전을 수여하는 것은 국가원수의 지위에서 행하는 고도의 정치성을 지닌 국가작용으로서 그 서훈 여부는 대통령이 그 재량에 의하여 국무회의의 심의를 거쳐 독자적으로 결정하는 것이어서, 관련 법령에서 정한 자격기준이나 위 정부포상업무지침이 정한 자격요건에 해당한다는 이유로 행정자치부장관에게 훈장을 요구할 수 있는 법규상 또는 조리상 권리를 갖는다고 볼 수 없으므로, 훈장수여신청에 대한 거부통지는 항고소송의 대상이 되는 처분으로 볼 수 없다(서울고법 2005.4.27, 선고, 2004누8790, 판결: 확정).

(4) 서훈 수여의 절차와 취소

1) 서훈수여의 절차

훈장수여에 관하여 헌법 제80조는 "대통령은 법률이 정하는 바에 의하여 훈장 기타의 영전을 수여한다."고 규정하고 있고, 이에 따라 상훈법 및 그 시행령은 훈장 및 포장의 종류와 서훈의 기준, 절차 등에 관하여 규정하고 있는바, 위 규정에 의하면 서훈은 대통령의 권한으로서 서훈 여부는 대통령이 그 재량에 의하여 독자적으로 결정하는 것이므로, 훈장을 수여하여 줄 것을 요구할 수 있는 법규상 또는 조리상 권리는 없다.[13] 따라서 각 중앙행정기관의 장 등 서훈 추천권자가 각 부처 공적심사위원회의 심사를 거쳐 안전행정부에 서훈을 추천하면(상훈법 제5조) 국무회의의 심의를 거쳐 대통령이 서훈대상자를 결정하게 된다(제7조).[14]

2) 서훈의 취소

훈장 또는 포장을 받은 사람이 ① 서훈 공적이 거짓으로 밝혀진 경우, ② 국가안전에 관한 죄를 범한 사람으로서 형을 받았거나 적대지역(敵對地域)으로 도피한 경우, ③「형법」(제115조・제117조・제171조 및 제268조는 제외한다),「관세법」및「조세범 처벌법」에 규정된 죄를 범하여 사형, 무기 또는 3년 이상의 징역이나 금고의 형을 받은 경우에는 그 서훈을 취소하고, 훈장 또는 포장과 이와 관련하여 수여한 물건 및 금전을 환수하며, 외국 훈장 또는 포장의 패용(佩用)을 금지한다(상훈법 제8조 제1항). 서훈을 취소하고, 훈장 또는 포장 등을 환수하거나 외국 훈장 또는 포장의 패용을 금지하려는 경우에는 국무회의의 심의를 거쳐야 한다(상훈법 제8조 제2항).

안전행정부장관은 훈장 또는 포장을 받은 사람에게 서훈 취소사유가 발생하였을 때에는 그 서훈의 취소에 관한 의안을 국무회의에 제출하여야 한다. 이 경우 해당 서훈을 추천한 중앙행

---

13) 헌재 2005. 6. 30. 2004헌마859, 판례집 17−1, 1021−1022.

14) 상훈 가운데 최고훈장이라고 규정된 무궁화대훈장의 성격과 대상의 문제이다. 특히 대통령당선자에 대한 무궁화훈장의 수여 결정이나 재직중에 자신에 대한 상훈을 수여하는 것은 공적평가가 공정하게 이뤄진 결과라고 보기 어렵다. 대통령으로서 직무를 수행한 것은 그것만으로도 명예로운 일이므로 스스로 또는 후임대통령에 의하여 영전을 수여하거나 받는다고 하여 그 명예가 더 높아지는 건 아니다. 따라서 대통령 스스로 자신에게 영전을 수여하는 것은 상훈법의 취지에 반하는 것이라고 생각된다. 대통령당선자에게 수여를 결정하는 것은 실제 수여하는 시기가 대통령에 취임한 이후라고 하더라도 대통령이 아닌 자에게 수여한다는 점에서 법률위반임은 두말할 나위가 없다. 또한 훈장이 아무리 현실적인 이익을 수반하지 않는 것이라 할지라도 대통령의 배우자에게 수여하는 것은 재고를 요한다. 국가의 원수가 왕조시대의 유산처럼 부부동반하여 의전을 행하는 경우가 많다고는 해도, 선출된 공무원은 대통령이며 공직을 수행하는 것도 대통령이라면 대통령의 배우자에 대한 상훈의 수여는 그 공적에 따르는 것이어야 하며 대통령의 배우자라는 지위에서만 비롯되는 것이어서는 안 된다(법제처, 앞의 책, 584면).

정기관의 장 등도 안전행정부장관에게 그 서훈의 취소에 관한 의안을 국무회의에 제출할 것을 요청할 수 있다(상훈법 제8조 제3항).

(5) 서훈의 대리 수여와 사후 승인

국방부장관은 전시 또는 이에 준하는 비상사태에서 부득이한 경우에는 대통령을 대리하여 2등급 이하의 무공훈장과 무공포장을 수여할 수 있다. 다만, 2등급 무공훈장의 대리 수여는 전시에만 할 수 있다(상훈법 제30조 제1항). 국방부장관은 대리 수여를 스스로 할 수 없을 때에는 각 군 참모총장, 해병대사령관, 군사령관, 군단장 또는 사단장에게 위임할 수 있다(상훈법 제30조 제2항). 국방부장관이 상훈법의 규정에 따라 무공훈장 또는 무공포장을 대리 수여한 경우에는 지체 없이 해당 공적 사항을 상세히 기록하여 국무회의의 심의를 거쳐 대통령의 승인을 받아야 한다(상훈법 제31조).

2. 독립유공자의 종류와 예우

(1) 독립유공자의 종류

독립유공자는 「독립유공자예우에 관한 법률」따라 순국선열과 애국지사로 구분할 수 있다. 순국선열(殉國先烈)은 일제의 국권침탈(1895년)전후로부터 1945년 8월 14일까지 국내외에서 일제의 국권침탈을 반대하거나 독립운동을 하기 위하여 항거하다가 그 항거로 인하여 순국한 분으로서 그 공로로 건국훈장·건국포장 또는 대통령표창을 받은 분을 말하며, 애국지사(愛國志士)는 일제의 국권침탈 전후로부터 1945년 8월 14일까지 국내외에서 일제의 국권침탈을 반대하거나 독립운동을 하기 위하여 항거한 사실이 있는 분으로서 그 공로로 건국훈장·건국포장 또는 대통령표창을 받은 사람을 말한다.

독립유공자로의 포상여부와 훈격은 독립유공자공적심사위원회에서 독립운동에의 참여 정도와 조직에서의 위치 그리고 독립운동사에 미친 영향 등을 평가하여 결정한다. 위원회의 일반적인 포상추천기준은 ㉠ 건국훈장 독립장(3등급)이상은 8년 이상 활동 또는 8년 이상 옥고, ㉡ 건국훈장 애국장(4등급)은 5년 이상 활동 또는 4년 이상 옥고, ㉢ 건국훈장 애족장 (5등급)은 2년 이상 활동 또는 1년 이상 옥고, ㉣ 건국포장은 1년 이상 활동 또는 10개월 이상 옥고, ㉤ 대통령표창은 6개월 이상 활동 또는 3개월 이상 옥고 등이다.[15]

---

15) 국가보훈처는 독립유공자 포상 여부를 심사한 회의록 내용을 포상 신청자에게 공개해야 한다는 판결이 나왔다. 서울행정법원 행정2부(재판장 윤인성 부장판사)는 2013년 3월 28일 이모씨가 국가보훈처를 상대로 낸 행정정보

(2) 독립유공자 예우지원

독립유공자와 유가족의 생활안정과 복지향상을 도모하기 위한 방안으로 그에 합당하는 급여를 지급하고 있는데, 현금급여,16) 현물급여17)가 있다. 현금급여는 일반예산에서 지출되는 보훈급여금과 순애기금에서 지급되는 특별예우·가계지원금 등으로 대별할 수 있으며, 전자는 국가유공자 차원에서 지급하는 것으로 연금형식의 보상금, 사망일시금, 생활조정수당 등으로 세분되고, 후자는 유공자, 유족 등을 특별예우 차원에서 지급하고 있다. 독립유공자 및 유족들의 예우를 위한 현물지원은 교육, 취업, 생업, 의료, 대부, 양로, 양육, 수용시설, 고궁 등의 이용 및 주택 우선 분양 등의 다양한 지원이 이루어지고 있다.18)

Ⅲ. 친일인사 서훈 취소소송의 동향과 판례의 검토

2010년 국가보훈처는 〈친일인명사전〉에 수록된 독립유공자 20명 중 19명(행정소송 중이던 김성수는 제외)에 대해 서훈 취소 결정을 행정안전부19)에 요청했다. 친일행적이 확인된 독립유공자 19명의 서훈을 취소하자, 그 중 이항발, 김우현을 비롯해 장지연, 김응순, 윤치영, 김홍량, 이종욱 등 7명의 후손들은 국가보훈처의 결정에 반발해 "서훈 취소 처분이 부당하다"며 2011년 행정법원에 서훈취소처분 취소·무효소송을 냈다.

1심은 유족들 모두에게 승소판결했으나, 2심에서는 서울행정법원 담당 재판부에 따라 판결이 엇갈리고 있다. 일제시대 친일행적이 발견돼 서훈이 취소된 독립유공자의 유족들이 낸 소송에서 하급심(고등법원)이 엇갈려 대법원의 최종 판단이 주목되고 있다.

공개청구 거부처분 취소소송(2012구합32420)에서 원고일부승소 판결했다. 판결문에서 "포상 적용 대상자로 인정된 사람은 서훈, 금전 등 혜택을 받을 수 있기 때문에 독립유공자 관련 신청을 한 당사자에게는 어떤 과정을 거쳐 독립운동 공적이 인정됐는지가 중대한 관심사"라며 "회의록을 비공개해 보호하는 업무수행의 공정성보다 국민의 알권리 보장과 국정운영의 투명성 확보 등 공개로 인해 얻는 이익이 크기 때문에 회의록을 비공개 정보로 보기 어렵다"고 밝혔다. 그러나 의결에 참여한 위원의 명단과 발언자의 이름, 주민등록번호 등의 정보도 공개해야 한다는 이씨의 주장에 대해서는 "자유롭고 활발한 심의가 보장되기 위해서는 심의 회의가 종료된 이후에도 누가 어떤 발언을 했는지 공개되지 않도록 보장해야 한다"며 받아들이지 않았다(법률신문, 2013년 4월 5일 참조).

16) 현금급여는 일반예산에서 지출되는 보훈급여금과 순애기금에서 지급되는 특별예우·가계지원금 등으로 대별할 수 있으며, 전자는 국가유공자 차원에서 지급하는 것으로 연금형식의 보상금, 사망일시금, 생활조정수당 등으로 세분되고, 후자는 유공자, 유족 등을 특별예우 차원에서 지급하고 있다.

17) 독립유공자 및 유족들의 예우를 위한 현물급여(지원)는 교육, 취업, 생업, 의료, 대부, 양로, 양육, 수용시설·고궁 등의 이용 및 주택 우선 분양 등의 다양한 지원이 이루어지고 있다.

18) 국가보훈처, 『친일재산귀속 활용방안연구』, 2009, 18~23면 참조.

19) 2013년 3월 23일 정부조직법 개정으로 '안전행정부'로 바뀌었다.

1. 친일인사 서훈 취소소송 판례의 동향

(1) 2010년 국가보훈처가 친일행적이 확인된 독립유공자 19명의 서훈을 취소하자 그 중 7명의 후손이 지난해 행정법원에 서훈취소처분 취소·무효소송을 냈다.[20]

1심 재판부는 모두 "서훈취소 처분은 국가보훈처장이 했지만, 국가보훈처는 서훈취소 권한이 없다"며 원고승소 판결했다. "헌법 제80조는 대통령이 법률이 정하는 바에 의해 훈장 기타 영전을 수여한다고 규정하고 있고, 구 상훈법 제7조도 서훈대상자는 국무회의의 '심의'를 거쳐 대통령이 '결정'한다고 규정하고 있으므로 서훈의 취소권자는 대통령의 권한"이라는 것이다. 또 "대통령의 서훈취소 권한이 헌법과 법률에 맞게 보훈처에 위임됐다고 볼 수 없고 대통령이 서훈취소의 권한을 위임할 수 있다는 법적 근거도 없다"며 "서훈취소 권한 없는 보훈처장에 의해 이뤄졌으므로 처분은 위법하다"고 설명했다.

(2) 보훈처는 1심에서 패소하자 곧바로 항소했고, 7건의 사건은 서울고등법원의 4개 행정부에 배당됐다. 이 중 2건을 심리한 서울고등법원 행정4부(재판장 성백현 부장판사)는 2012년 11월 6일 1심 판결을 뒤집고 청구를 각하했다.

재판부는 김우현씨의 유족이 낸 소송에서 "서훈취소는 헌법과 상훈법에 의하면 대통령이 법률이 정하는 바에 의해 훈장 기타 영전을 수여하고, 서훈 대상자는 국무회의의 심의를 거쳐 대통령이 결정한다"며 "이 같은 규정에 따라 대통령은 국무회의 의결을 거쳐 김우현 선생에 대한 서훈취소 서류에 결재하고 국무총리 및 행정안전부 장관이 부서하는 방식으로 서훈취소를 결정해 서훈취소는 적법하다. 보훈처는 대통령이 확정한 서훈취소 대상자의 관계인에게 사실을 통보하고 실무적인 후속조치를 할 권한만 위임받은 것이다."라고 밝혔다. 이어 "보훈처장이 서훈을 취소한 행정청이라고 할 수 없어 피고 적격이 없는 자를 상대로 해 부적법하다"고 각하판결 했다(2012누3257). 재판부는 또 대통령을 상대로 소송을 냈더라도 서훈취소는 대통령의 통치행위(統治行爲)에 해당해 사법심사(司法審査)의 대상이 아니라는 이유를 덧붙였다.

재판부는 이항발씨의 유족이 낸 사건에서 "서훈대상자를 결정하는 행위는 국가에 공로가 있는 자를 표창할 목적으로 일정한 상훈을 부여하는 행위로, 대통령의 국가원수로서 행하는 국가적 차원의 정치적 결단과 정치적 형성을 내용으로 하는 통치행위"라고 밝혔다. 이어 "대통령이 서훈취소대상자 여부를 결정하는 고도의 정치적 형성에 관한 판단 부분은, 법원이 사법심사의 대상에서 제외해야 할 영역이므로 이 부분을 다투는 소는 부적법하다"고 설명했다.[21]

---

20) 법률신문, 2012년 11월 23일 참조.

(3) 2012년 12월 27일 서울고법 행정9부(재판장 조인호 부장판사)는 구한말 언론인 장지연 씨의 유족이 국가보훈처장을 상대로 낸 독립유공자 서훈취소결정 무효소송 항소심(2012누 5369)에서 1심과 마찬가지로 원고승소 판결했다.

재판부는 판결문에서 "헌법 제80조는 대통령이 법률이 정하는 바에 의해 훈장 기타 영전을 수여한다고 규정하고 있고, 구 상훈법 제7조도 서훈대상자는 국무회의의 '심의'를 거쳐 대통령이 '결정'한다고 규정하고 있으므로 서훈의 취소권자는 대통령의 권한"이라고 밝혔다. 이어 "서훈취소의 근거법인 상훈법이나 시행령은 대통령이 서훈취소에 관한 권한을 국가보훈처에 위임하고 있지 않으므로 보훈처장이 한 서훈취소 통지는 권한 없는 기관에 의한 행정처분으로 하자가 중대 명백해 당연무효"라고 설명했다. 재판부는 서훈취소는 대통령의 통치행위로 사법심사의 대상이 아니라는 국가보훈처의 주장에 대해 "기본권을 보장하고 법치주의 이념을 구현해야 할 법원의 책무를 포기하면서까지 사법심사를 자제해야 할 고도의 정치성을 띤 행위로 볼 수 없다"며 받아들이지 않았다.[22]

(4) 2012년 12월 6일 서울고법 행정11부(재판장 김의환 부장판사)는 독립 유공자 박성행 선생의 후손이 서훈을 취소한 것은 부당하다며 국가보훈처를 상대로 낸 소송에서 "친일행적이 나중에 발견됐다고 해서 서훈을 취소한 것은 위법이다. 서훈 취소를 대통령의 통치행위로 보더라도 국가보훈처가 서훈 취소 결정 통보서를 작성하면서 행정행위가 이뤄졌다며 국가보훈처의 결정이 소송 대상이 된다."고 판결했다.[23)24]

---

21) 법률신문, 2012년 11월 9일 참조.
22) 법률신문, 2012년 12월 27일 참조.
23) 동아일보, 2012년 12월 7일, A12면; 조선일보, 2012년 12월 7일, A10면 참조.
24) 서울고법 행정11부(재판장 김의환 부장판사)는"서훈을 받은 독립유공자의 친일 행적이 뒤늦게 발견됐더라도, 이를 관련법상 공적이 거짓으로 판명된 경우로 보고 서훈을 취소할 수 없는 일"이라며 "박성행 선생의 경우 과오보다 공적이 더 많은 것으로 보이는데, 친일 행적을 이유로 서훈을 박탈한다면 후손에게 불명예와 불이익을 주게 된다"고 밝혔다("親日행위만으로 서훈박탈 안돼, 독립운동 공과 따져야"첫 판결, 조선일보, 2012년 12월 7일, A10면 참조). "서훈을 받은 독립유공자의 친일 행적이 뒤늦게 발견됐더라도, 이를 관련법상 공적이 거짓으로 판명된 경우로 보고 서훈을 취소할 수 없는 일이라"는 논리를 전개하는 재판부의 입장을 이해할 수 없다. 작위든 부작위든 간에 친일 행적을 감추고 독립유공자로 서훈을 받은 것은 「상훈법」제8조 제1항의 '공적이 거짓으로 판명된 경우'에 해당하는 그 이상 아닌가?. 독립유공자들의 과거 행적을 따져서 이들의 친일행적이 공적보다 크다고 판명될 경우 서훈을 박탈하는 것은 지극히 당연한 일이다.

2. 친일인사 서훈 취소소송 판례의 검토

상훈법 제8조는 공적이 거짓이거나, 국간안전에 관한 죄나 형법 등에 규정된 죄를 범해 금고 이상의 형을 받은 사람에게 국무회의 의결을 거쳐 서훈을 취소할 수 있도록 규정하고 있다.

국가보훈처가 친일행적이 드러난 장지연 등 19명의 서훈 취소를 요청한 데 따른 후속조치로, 정부는 2010년 4월 5일 김황식 국무총리 주재로 열린 국무회의에서 장지연 등의 서훈을 취소했다. 친일인사 서훈 취소소송 판례의 쟁점인 ① 국가보훈처의 서훈취소 결정 처분이 소송 대상이 되는지 여부 문제, ② 친일인사의 서훈을 취소한 국무총리 주재 「국무회의」의 효력 문제 등을 검토하기로 한다.

(1) 국가보훈처의 서훈취소 결정 처분이 소송 대상이 되는지 여부 문제

국가보훈처의 처분이 소송 대상이 되는지에 대해 서훈취소결정 무효소송 항소심(2012누5369)에서 "서훈취소라는 행정행위의 외부적 성립은 보훈처가 서훈취소 결정 통보서를 작성함으로써 이뤄졌기 때문에 보훈처의 행위는 행정처분에 해당돼 소송 대상이 된다."고 판단한 반면, 서울고법 행정4부(부장판사 성백현)는 "대법원 판례에 따르면 소송의 대상이 되는 행정처분은 국민의 권리의무에 직접적인 변동을 초래하는 행위인데, 국가보훈처의 통보는 단지 대통령의 취소결정과 이에 따른 훈장과 훈장증의 환수를 알리는 것이어서 소송의 대상이 될 수 없다."고 판단했다.

헌법과 상훈법에 의하면 대통령이 법률이 정하는 바에 의해 훈장 기타 영전을 수여하고, 서훈 대상자는 국무회의의 심의를 거쳐 대통령이 결정한다. 서훈의 취소 또한 이 같은 규정에 따라 대통령은 국무회의 의결을 거쳐 서훈취소 서류에 결재하고 국무총리 및 안전행정부 장관이 부서하는 방식으로 서훈취소를 결정해 행한 서훈취소는 적법하다고 본다.

보훈처는 대통령이 확정한 서훈취소 대상자의 관계인에게 사실을 통보하고 실무적인 후속조치를 할 권한만 위임받은 행정청이다. 헌법과 상훈법상 서훈의 취소권자는 대통령이므로, 보훈처장이 서훈을 취소한 행정청이라고 할 수 없다. 따라서 보훈처장은 피고 적격이 없다고 봄이 타당하다고 본다.

(2) 친일인사의 서훈을 취소한 국무총리 주재 「국무회의」의 효력 문제

친일인사의 서훈취소를 대통령이 아닌 국무총리가 주재한 것이고, 행정안전부 장관은 상훈에 관한 사무를 관장할 뿐 대통령이 서훈 취소 권한을 위임했다는 법적 근거가 없기에 권한 없는 국가보훈처장이 서훈을 취소한 것은 그 하자가 중대하고 명백해 당연무효라는 판단을 하고 있다.

친일인사의 서훈취소를 국무회의에서 안건으로 다루었는데, 대통령이 아닌 국무총리가 주재한 것이므로 당연무효의 하나로 보는 논리라면, 대통령이 외국순방 중 국무총리 주재로 진행된 「국무회의」의 안건은 모두 효력을 부인해야 된다. 이는 타당한 논리가 아니다.

대통령은 국무회의의 의장이 되고, 국무총리는 대통령을 보좌하고 국무회의의 부의장이 된다(헌법 제88조 제3항). 대통령은 국무회의의 의장으로서 회의를 소집하고 이를 주재한다(정부조직법 제12조 제1항). 의장이 사고(事故)[25]로 인하여 직무를 수행할 수 없을 때에는 부의장인 국무총리가 그 직무를 대행한다(정부조직법 제12조 제2항). 국무회의의 의장인 대통령이 외국순방 등 국무회의에 참석할 수 없는 정당한 사유가 발생한 경우 국무총리가 대통령을 대행하여 국무회의를 주재할 수 있다. 따라서 국무총리가 정당한 사유로 적법하게 주재한 「국무회의」에서 서훈취소를 의결했고, 당시 헌법과 법률에 따라 대통령이 문서로 유공자에 대한 서훈 취소를 결정한 것은 법리적으로 타당하다.

(3) 상훈법 개정을 통한 서훈취소 강제의 명문화

친일파 후손들이 조상들의 친일대가로 취득한 재산을 지키기 위해 헌법상의 재산권과 소급입법 금지원칙 등을 자신들의 방패막이로 악용하여 왔다. 친일인사들의 서훈 취소에는 서훈취소는 대통령의 권한인데 국가보훈처장에게 그 권한을 위임하거나 대리권을 수여했다는 근거가 없다는 법리 등을 내세워 친일 행적을 감추고자 하고 있다.

서훈의 취소(상훈법 제8조)가 임의적인 것으로 해석되기도 하므로, 헌정질서파괴나 인류에 반하는 범죄와 일정한 형벌 이상을 선고받은 경우 그 취소가 강제적인 것으로 개정할 필요가 있다.[26] 특히, 친일인사들의 서훈취소도 반드시 강제적인 것으로 개정하여 친일기득권세력들이 형식적인 법리들 앞세워 친일행적을 없애고 감추려는 역사조작을 못하도록 막아야 한다.

IV. 맺음말

헌법전문(Preamble)은 헌법의 본문 앞에 쓰여진 문장으로서, 헌법의 지도이념 등이 구체화된 헌법전의 일부를 구성하고 있는 헌법서문을 말한다. 이 전문에는 대체로 헌법제정의 역사

---

25) 사고(事故)란 대통령이 재위하지만 신병 · 해외순방 또는 탄핵소추의 의결로 권한행사가 정지된 경우 등을 의미한다(남궁승태 · 이철호, 『헌법강의』, 21세기사, 2013, 452면).
26) 법제처, 앞의 책, 585면.

적 과정 및 목적, 헌법의 기본원리 내지 근본사상 등을 명시하고 있다. 또한 헌법전문은 인간의 자유와 권리와 같은 사회조직의 기본원리를 엄숙하게 선언하고 있는 인권선언과 같은 기능도 행하고 있다.[27]

현행헌법 전문은 "유구한 역사와 전통에 빛나는 우리 대한국민은 3·1운동으로 건립된 대한민국임시정부의 법통과 불의에 항거한 4·19민주이념을 계승하고, …후략…"라고 규정하여 대한민국임시정부의 법통(法統)을 계승하고 있음을 명문으로 기술하고 있다.

현행헌법이 대한민국 임시정부 법통을 계승하고 있으니 만치 임시정부가 공포한 1941년의 건국강령과 1948년에 제정된 헌법전문과 부칙 101조에 정한 바대로 친일 반민족행위는 범죄이다. 특히 친일파가 매국대가로 취득한 재산은 범죄로 인해 취득한 "장물"이다. 또한 작위든 부작위든 친일행적을 감추고 대한민국 정부로부터 받은 서훈(敍勳)도 사기(詐欺)로 "훔친 물건(盜品)"이나 다름없다.

일제패망 후에도 '친일파'라 불리는 인사들은 기득권을 고수하기 위하여 미군정(美軍政)에 편승 야합하고 이승만의 실세가 되고 군사독재의 하수인이 되었다. 특히 일제패망 후 8월 15일부터 9월초에 미군이 상륙해 일본제국지배를 종결시키기 전까지 공백기에 일제 총독부와 군부는 기밀문서를 소각하였다. 그리고 한국의 친일파는 일본인 재산의 은익 보관을 도왔고, 그 일부 자금이 이승만 등의 정치자금이 되었을 것이라는 추측을 할 수 있다. 일제 재산 중에 토지 건물 등 부동산은 미군정에서 관리하다가 정부수립(1948) 후에는 "귀속재산"이라 하여 정부가 인수해 관리하면서 개인에게 불하여 일부 착복하기도 하여서 친일관료와 야합한 부류가 축재했다.

친일인사들의 서훈취소에 대한 보도행태도 양극화되어 있다. 친일인사들과 관련된 언론사들은 친일인사들에 대한 서훈취소 판결이 위법하다는 1심판결이 나오자 "보훈처, 위암 장지연 서훈 취소는 무효"[28], "보훈처에 서훈 취소 권한 없다"[29]·"법 절차도 안 지키고 장지연 훈장

---

27) 남궁승태·이철호, 앞의 책, 63면 참조.

28) 동아일보, 2012년 1월 21일, 12면.

29) 서울행정법원은 1990년 건국훈장 애족장을 받았으나 올해 4월 서훈을 취소당한 독립유공자 강영석 김우현 씨의 후손이 제기한 소송에서 "헌법과 상훈법에 훈장은 대통령이 수여하는 것으로 명시돼 있으므로 서훈 취소도 대통령만이 할 수 있다"고 판시했다. 국가보훈처가 지난해 12월 이들을 포함한 독립유공자 19명에 대해 서훈 취소를 결정하고 올해 4월 국무회의가 확정한 조치가 근본적으로 잘못됐다는 판결이다. 당시 서훈 취소는 내용 면에서도 공정성과 역사적 형평성을 상실했다. 서훈 취소를 결정한 심사위원들은 해당 인사들의 친일행위가 밝혀졌다는 것을 취소 이유로 내세웠다. 그러나 취소 대상에 포함된 장지연 황성신문 주필은 1905년 을사늑약이 체결되자 '아 원통한지고. 이천만 동포여 살았는가. 죽었는가'라며 민족의 항거를 촉구한 '시일야방성대곡(是日也放聲大哭)'을 쓴 대표적인 항일 언론인이다. 노무현 정권 때 '과거사

박탈한 정부"30)라는 사설을 싣기도 했다. 반면에 한겨레신문 등은 친일인사들의 서훈취소과정을 자세히 기사화 해오고 있다.

청산'을 목적으로 조직된 대통령직속 친일반민족행위진상규명위원회도 '친일 혐의를 엄격히 적용하기에는 다소 미흡하다'며 대상에서 제외했다. 보훈처는 심사위원들의 명단을 공개하라는 요구를 '사생활 보호'라는 이유로 거부했다. 독립유공자를 하루아침에 '친일 인사'로 격하시킨 이들의 결정은 분명히 공적(公的) 활동인데도 왜 명단을 못 밝히는 것인지 납득할 수 없다. 심사위원 가운데 '친일인명사전' 편찬 등에 참여한 좌(左)편향 인사가 여럿 포함돼 공개를 꺼리는 것은 아닌가. 이들의 잣대는 이중적이다. 좌파 진영에서 떠받드는 인물 중 하나인 여운형은 태평양전쟁 때인 1943년 11월 '청년은 세계를 향해 총을 들고 나가지 않으면 안 된다'라며 일본군 입대를 미화하고 권유하는 글을 썼다. 하지만 노무현 정부는 2005년 그에게 건국훈장 대통령장을 추서한 뒤 좌파 진영에서 미흡하다는 불만의 소리가 나오자 2008년 2월 노 대통령의 퇴임 직전에 최고 등급인 건국훈장 대한민국장을 다시 추서했다. 자신들과 노선이 다른 인물에 대해서는 '흠집 내기'에 열을 올리는 일부 민간단체의 정치적 의도에 보훈처가 놀아났다는 비판을 받을 만하다. 정부는 억울하게 서훈을 취소당한 인사들의 명예를 원상회복해야 한다. 광복 이후 오랜 기간에 걸쳐 역사가 축적된 서훈을 일개 정권이나 각료가 멋대로 좌지우지해서는 안 된다(동아일보, 2011년 12월 27일, A35면 사설 "보훈처에 서훈 취소 권한 없다").

30) 국가보훈처가 구한말 황성신문 주필을 지낸 위암 장지연에 대한 서훈을 취소한 것은 잘못됐다는 판결이 나왔다. 서울행정법원은 어제 장지연의 후손이 제기한 소송에서 '헌법 제80조와 상훈법 제7조에 훈장 수여는 대통령이 결정하는 것으로 명시돼 있으므로 서훈 취소 역시 대통령에게 권한이 있다. 대통령이 아닌 보훈처가 서훈 취소를 결정한 것은 무효'라며 원고 승소 판결을 내렸다. 장지연은 1962년 건국훈장 독립장을 받았으나 2010년 12월 보훈처가 장지연 등 독립유공자 19명의 서훈 취소를 결정한 데 이어 지난해 4월 국무회의가 서훈 박탈을 최종 의결했다. 정부가 독립유공자에게 법 절차를 무시한 채 훈장을 줬다 빼앗았다는 것은 국가 민족에 대한 이들의 헌신과 기여를 모욕하는 처사다. 장지연은 구한말 항일 언론인으로서 뚜렷한 족적을 남겼다. 그가 1905년 을사늑약 직후 쓴 '시일야방성대곡(是日也放聲大哭)'은 민족의 항일 의지를 북돋웠던 명(名)논설로 아직도 널리 인용되고 있다. 그가 사장과 주필로 일했던 황성신문은 민족의식을 고취했던 대표적인 신문으로 일제의 극심한 탄압을 받았다. 그는 1921년 세상을 떠났으나 당대 조선인은 그를 독립투사로 추모했고 일제는 그를 경계했다. 독립운동가 오세창 선생은 친필로 그의 비명을 썼으며 1935년 조선사회에서 장지연의 글을 출판하려 하자 조선총독부는 불허했다. 노무현 정부가 과거사를 청산하겠다며 발족한 대통령 직속 친일반민족행위진상규명위원회도 2009년 6월 장지연에 대해 "구한말 애국계몽운동에 주도적 활동을 했다"고 인정했다. 이 위원회는 "친일 행위를 엄격히 적용하기에는 다소 미흡하다"는 결론을 내리고 친일 명단에서 제외했다. 2000년대 들어 제기된 그의 말년을 둘러싼 일부 친일 논란도 대부분 일부 학자의 추론(推論) 수준에 머물고 있다. 그럼에도 보훈처는 심사위원회를 앞세워 서훈 취소를 강행했다. 심사위원회에 좌편향적 시각을 지닌 인사들이 참여했다는 비판이 지속적으로 제기됐으나 보훈처는 무슨 이유인지 서훈 취소를 밀어붙인 심사위원의 명단 공개조차 거부했다. 보훈처는 서훈 취소가 '잘못된 결정'이라는 판결이 나온 이상 지금이라도 자세한 경위를 국민 앞에 공개할 필요가 있다. 국무회의가 제동을 걸지 못한 것도 납득할 수 없다. 이명박 정부의 역사인식 자체에 회의를 갖지 않을 수 없다. 서울행정법원은 지난해 12월 장지연과 함께 서훈을 취소당한 독립유공자 강영석 김우현의 후손이 제기한 소송에서도 같은 취지의 판결을 내렸다. 이 대통령은 국가보훈처의 취소 결정을 바로잡고 애국선열의 명예를 회복시키는 조치를 취해야 한다(동아일보, 2012년 1월 21일, A23면 사설 제목 "법 절차도 안 지키고 장지연 훈장 박탈한 정부").

한편, 국가보훈처가 2012년 1월 국가유공자의 서훈 수여여부와 등급을 결정하는 공적심사위원회에서 친일인명사전 편찬에 참여한 진보적 성향의 역사학자들을 교체했다.[31] 국가보훈처가 독립유공자 공적심사위원회에서 이만열 숙명여대 명예교수(전 국사편찬위원장) 등 원로 사학자들을 대거 교체한 사실이 뒤늦게 알려졌다. 보훈처가 독립운동 분야에서 탁월한 연구성과를 인정받는 학자들을 갑작스레 교체한 것은 박승춘 보훈처장의 이념성향 및 행태와 따로 떼놓고 판단하기 어렵다. 맹목적 보수우익 색채의 박승춘 처장이 이념을 잣대로 양식 있는 학자들을 솎아낸 것으로 해석할 수밖에 없다. 이만열 명예교수 등은 〈친일인명사전〉 발간을 주도하고, 만주국 장교로 항일세력을 탄압한 고 박정희 대통령을 사전에 올렸다. 또 2010년에는 국방부가 추진한 백선엽 예비역 대장의 명예원수 서훈에 반대해 없던 일로 되돌리기도 했다. 만주국 중위였던 백선엽 대장의 친일행적이 문제였기 때문이다. 육군 중장 출신으로 전시작전통제권 환수 반대운동을 이끄는 등 보수 성향이 뚜렷한 박승춘 처장에겐 이 명예교수 등이 '눈엣가시'였을 소지가 크다. 2011년 보훈처가 위암 장지연, 윤치영 초대 내무부 장관 등 19명의 서훈을 취소한 뒤 보수언론의 맹비난[32]을 받은 것도 이번 심사위원 교체에 영향을 끼쳤을 것으로 보인다.[33]

---

31) 국가보훈처가 올해 독립유공자 서훈 공적심사위원회에서 진보 성향의 역사학계 원로 인사들을 제외한 것은 보수언론들의 공적심사위 때리기와 연결지어 보는 시각이 많다. 또 그 배경에는 보수우익 색깔이 짙은 군 출신 박승춘 보훈처장이 자리하고 있다는 분석도 나온다. …중략…서훈 취소 결정 뒤 〈조선일보〉 등 보수언론은 정부를 맹비난했다. 보훈처 공적심사위도 집중적인 공격 대상이 됐다. 공교롭게도 이번 위원 재위촉에서 제외된 학자들은 공적심사위에서 중추적인 역할을 맡고 있었다. 이만열 교수가 서훈 등급을 최종 결정하는 2심 위원장을, 윤 전 총장과 서중석 교수는 2심 위원으로 일해왔다. 이준식 교수는 1심 2분과 위원장을 맡아왔다. 공적심사위원회는 1심(33명)과 2심(17명)으로 구성돼 있는데, 1심은 1분과(3·1운동 이전), 2분과(국내 항일), 3분과(해외 항일)로 나뉜다. 공적심사위에 몸담았던 한 관계자는 "서훈 취소 뒤 보수언론이 끈질기게 물고 늘어져 보훈처로서도 부담이 컸을 것"이라고 말했다. 이번 사학계 원로들 배제는 김성수 서훈 취소를 앞둔 사전 정지작업 아니겠냐는 시각도 있다. 10년가량씩 공적심사위원으로 일해온 원로 학자들이 갑작스레 교체되자, 의혹의 눈길은 박승춘 보훈처장을 향한다. 노무현 정부 시절 국방정보본부장(육군 중장)을 끝으로 전역한 뒤 전시작전통제권 환수 반대 운동을 주도하는 등 강한 정치색을 보여왔기 때문이다. 올해 초 보훈처 관료 출신인 장대섭 보훈심사위원장(1급)은 사직과 함께 자신의 블로그에 "일방적으로 독립유공자들의 독립정신과 민주정신은 배제하고 안보교육에만 치중하고 있다"며 박 처장을 비판하는 글을 올렸다. 보훈처 관계자는 "공적심사위원회를 운영해오다가 변화를 줄 필요가 있다고 판단돼 위원들 일부를 교체한 것일 뿐 처장과는 관련이 없다"고 말했다(한겨레신문, 2012년 2월 13일, 6면).

32) 월간 조선(月刊 朝鮮) 2011년 10월호는 「'항일 언론인' 장지연 서훈취소 전말, 확인된 보훈처 심사위원 6명 中 5명이 좌파 성향의 민족문제硏 〈〈친일人名사전〉〉 편찬위원 보훈처, 심사위원 명단 공개 거부…고양이에게 생선가게 맡긴 꼴」이라는 제하로 서훈 취소의 내용을 광고 바 있다. 김정우, "위암 장지연 서훈취소의 전말 : 확인된 보훈처 심사위원 6명 中 5명이 민족문제硏 〈〈친일人名사전〉〉 편찬위원", 「月刊朝鮮」, 통권 제379호(2011년 10월), 62-77면 참조.

헌법재판소는 "일제로부터 작위를 받았다고 하더라도 '한일합병의 공으로' 작위를 받지 아니한 자는 종전의 친일재산귀속법에 의하여 그 재산이 국가 귀속의 대상이 되지 아니할 것이라고 믿은 제청신청인의 신뢰는 친일재산귀속법의 제정경위 및 입법목적 등에 비추어 확고한 것이라거나 보호가치가 크다고 할 수 없는 반면, 이 사건 법률조항에 의하여 달성되는 공익은 매우 중대하므로 이 사건 법률조항은 신뢰보호원칙에 위반되지 아니한다. '일제로부터 작위를 받거나 계승한 자'의 경우, 일본제국주의의 식민통치에 협력하고 우리 민족을 탄압하는 행위를 하였다고 볼 수 있고, 작위를 거부·반납하거나 후에 독립운동에 적극 참여한 자와 같이 친일 정도가 상대적으로 경미한 자는 제외되는 점에서 친일 정도가 중대한 경우에 한정되고 있으며, 이 사건 법률조항은 정의를 구현하고 민족의 정기를 바로 세우며 일본제국주의에 저항한 3·1운동의 헌법이념을 구현하기 위한 것인 점 등을 고려할 때, 이 사건 법률조항이 과잉금지원칙에 위반하여 제청신청인의 재산권을 침해한다고 할 수 없다."[34]는 결정을 하였다. 이는 일제로부터 작위를 받은 자는 친일세력의 상징적 존재로, 친일세력의 형성·확대에 기여하고 일제 강점의 유지·강화에 협력해 다른 친일반민족 행위자와 질적으로 다르다고 할 수 없다고 판단한 것이다.

친일파 후손들이 제기한 친일인사 서훈취소 소송에서 1심 재판부는 친일인사 후손들의 손을 들어주었다. 1심 재판부는 "권한이 없는 국가보훈차장이 서훈을 취소한 것은 하자가 중대하고 명백해 무효"라고 판결했다. 친일인사의 서훈 취소는 대통령만이 할 수 있는 일이라는 논리로 절차상의 문제를 지적한 판결이었다. 그러나 2심 재판부는 1심과 다른 판결을 내렸다. "국가보훈처의 통보는 단지 대통령의 취소 결정과 이에 따를 훈장과 훈장증의 환수를 알리는 것이어서 소송 대상이 될 수 없다"며 원고의 청구를 각하한 것이다.

헌법과 법률에 따라 대통령이 문서로 유공자에 대한 서훈 취소를 결정했고, 통보 권한을 위임받은 국가보훈처는 이를 유족에게 통지했을 뿐이라는 것이다. 또한 "관련 절차는 권한이 있는 자에 의해 적법하게 이뤄졌고, 서훈 취소를 대통령이 결정했으므로 국가보훈처장은 피고가 될 수도 없다"고 밝혔다. 이렇게 서울고등법원 행정4부가 1심 재판부의 판결을 뒤집음에 따라, 2심이 진행 중인 다른 5건의 소송 결과에도 관심이 집중되고 있다.[35]

일본 제국시대의 민족반역자나 독재정권하의 반민주행위자나 부정축재자가 그대로 자기의 기득권을 법률의 이름으로 고수하면서 사회적 지배층으로 행세하는 부조리가 시정되지 않으

---

33) 한겨레신문, 사설 "보훈처의 유공자 심사위원 교체 몰상식이다", 한겨레신문, 2012년 2월 13일, 31면.
34) 헌재 2013. 7. 25. 2012헌가1, 공보 제202호, 898 [합헌, 각하]
35) 민족문제연구소, 월간 「민족사랑」 2012년 10월호, 2면.

면 민족정기를 바로 세우고 민주주의를 관철할 수 없다.[36]

친일인사들에 대한 서훈 박탈은 과거 잘못에 대한 단순한 앙갚음이 아니다. 그것은 역사의 시시비비(是是非非)를 올바로 가려 민족정기를 바로잡고 후세에 경종을 울리는 엄숙한 작업이다.[37]

친일인사에 대한 서훈 취소 조치는 민족정기를 회복하고, 우리 후손들에게 정의(正義)가 무엇인지 가르치는 출발이다. 또한 모든 것을 버리고 풍찬노숙(風餐露宿)을 하며 조국의 국권회복을 위한 일념으로 자기희생을 무릅쓴 순국선열(殉國先烈)과 애국지사(愛國志士)에 대한 '최소한의 예의'라고 본다.

친일인사에 대한 잘못된 서훈을 박탈하는 작업이 지속적으로 이루어져야 하는 동시에 반민족행위자(친일인물)의 행적의 오기(誤記)나 그들의 작품이 제거되고 그와 동일한 조치가 유적 비석 등 전시물에도 취해져야 한다.[38]

---

36) 한상범, "日帝殘滓의 淸算을 위한 法理上의 諸問題 – 친일파·민족반역자에 대한 처리에 있어서 재산몰수 등에서 제기되는 법률상의 문제에 대하여", 남송한봉희교수화갑기념논문집 『現代民法의 課題와 展望』, 밀알(1994), 1404면.

37) 한겨레신문, 사설 "친일인사 서훈 박탈, 이번에도 시늉에 그칠 건가", 2010년 10월 9일, 27면.

38) 한상범, 『일제 잔재, 무엇이 문제인가』, 법률행정연구원(1996), 224면.

찾아보기

이철호

남부대학교 경찰행정학과 교수
(헌법, 인권법, 경찰행정법)

동국대학교 법과대학을 졸업하고 동 대학원에서 법학박사학위를 취득했다. 모교인 동국대학교를 비롯하여 덕성여자대학교, 평택대학교 등 여러 대학에서 헌법, 비교헌법론, 법학개론, 경찰행정법 등을 강의 했으며, 현재는 광주광역시(光州廣城市)에 소재하고 있는 남부대학교 경찰행정학과에서 헌법·경찰과 인권·경찰특별법규 등을 가르치고 있다.

이철호는 역사에 토대를 둔 학문을 하고자 하며, "과거 청산에는 시효나 기한이 있을 수 없다"라는 신념으로 군사독재 정권의 왜곡된 법리 문제를 논구(論究)하고자 애쓰고 있다. 한편으로 우리 사회 '인권'의 불침번이 되려는 노력을 게을리 하지 않는다.

학교 안에서는 학과장, 입학홍보실장, 생활관장, 경찰법률연구소 소장으로 봉사하였고, 학교 밖에서는 중앙선거관리위원회 자문교수, 개인정보분쟁조정위원회 전문위원, 광주지방경찰청 징계위원, 경찰청 치안정책 평가위원, 경찰청 과학수사센터 자문교수, 광주 광산경찰서 집회·시위자문위원회 위원장, (사)한국투명성 기구 정책위원, 광주광역시 지방세 심의위원, 대검찰청 수사심의위원 등으로 활동하고 있다.

그 동안 발표한 논문으로는 CCTV와 인권, 성범죄의 재범 방지 제도와 경찰의 성범죄 전력자 관리, 전·의경의 손해배상청구권 제한의 문제점과 해결방안, 국회 날치기 통과사와 국회폭력방지방안, 한국의 기업인 범죄와 법집행의 문제, 선거관리위원회의 위상과 과제, 헌법상 종교의 자유와 종교문제의 검토, 헌법상 인간의 존엄과 성전환의 문제, 친일인사 서훈 취소 소송에 관한 관견(管見), The Story of the "Order of Merit Party" and the Cancellation of Awards Issued to Chun Doo-Hwan's New Military 등 다수 논문이 있고, 〈헌법강의〉, 〈헌법입문〉, 〈경찰행정법〉, 〈경찰과 인권〉, 〈의료관계법규〉, 〈법학입문〉(공저), 〈법은 어떻게 독재의 도구가 되었나〉(공저), 〈동국의 법학자〉 등의 저서가 있다.

헌법과 인권

1판 1쇄 인쇄 2018년 08월 20일
1판 1쇄 발행 2018년 08월 30일
저   자 이철호
발 행 인 이범만
발 행 처 **21세기사** (제406-00015호)
        경기도 파주시 산남로 72-16 (10882)
        Tel. 031-942-7861   Fax. 031-942-7864
        E-mail : 21cbook@naver.com
        Home-page : www.21cbook.co.kr
        ISBN 978-89-8468-809-4

정가 30,000원